Ihr Vorteil als Käufer dieses Buches

Auf der Bonus-Webseite zu diesem Buch finden Sie zusätzliche Informationen und Services. Dazu gehört auch ein kostenloser **Testzugang** zur Online-Fassung Ihres Buches. Und der besondere Vorteil: Wenn Sie Ihr **Online-Buch** auch weiterhin nutzen wollen, erhalten Sie den vollen Zugang zum **Vorzugspreis**.

So nutzen Sie Ihren Vorteil

Halten Sie den unten abgedruckten Zugangscode bereit und gehen Sie auf **www.galileocomputing.de**. Dort finden Sie den Kasten **Die Bonus-Seite für Buchkäufer**. Klicken Sie auf **Zur Bonus-Seite / Buch registrieren**, und geben Sie Ihren **Zugangscode** ein. Schon stehen Ihnen die Bonus-Angebote zur Verfügung.

Ihr persönlicher **Zugangscode**: z8fy-d349-bmji-xhrw

Kai Laborenz

CSS
Das umfassende Handbuch

Liebe Leserin, lieber Leser,

Kai Laborenz begleitet CSS-Entwickler mit seinem Standardwerk »CSS-Praxis« bereits seit 2002 bei der täglichen Arbeit. Unverzichtbar im Umgang mit Cascading Stylesheets, mit Webstandards, mit modernem Webdesign. Sein neues umfassendes Handbuch versammelt nun die Erfahrung aus fast zehn Jahren und ergänzt und erweitert dieses Know-how durch viele neue CSS-Trends. Natürlich kommt dabei auch CSS3 nicht zu kurz. Die Änderungen und Neuerungen sind so zahlreich, dass wir uns als Verlag für eine Titeländerung entschieden. Denn: So viel CSS war noch nie in einem Buch!

Kai Laborenz ist Webentwickler und CSS-Praktiker der ersten Stunde. Aus seinem eigenen Agenturalltag kennt er alle Tipps und Kniffe, aber auch alle Probleme, die bei der konsequenten Arbeit mit CSS auftreten können. Zahlreiche Leserrückmeldungen, die die kompetente und praxisnahe Darstellung loben, zeigen, dass der Autor es versteht, seine Kenntnisse fachgerecht zu vermitteln. So erlernen Sie Schritt für Schritt die Grundlagen von CSS und erfahren vor allem, wie Sie mit CSS gestalten und layouten sowie praxistaugliche, plattformunabhängige Websites entwickeln. So nutzen Sie wirklich alle Möglichkeiten von CSS.

Dieses Buch wurde mit großer Sorgfalt geschrieben, begutachtet, lektoriert und produziert. Sollte dennoch etwas nicht so funktionieren, wie Sie es erwarten, dann scheuen Sie sich nicht, sich mit mir in Verbindung zu setzen. Ihre freundlichen Anregungen und Fragen sind jederzeit willkommen.

Viel Erfolg wünscht Ihnen nun

Ihr Stephan Mattescheck
Lektorat Galileo Computing

stephan.mattescheck@galileo-press.de
www.galileocomputing.de
Galileo Press · Rheinwerkallee 4 · 53227 Bonn

Auf einen Blick

	Vorwort	17
1	Was sind Cascading Stylesheets?	19
2	HTML und CSS	27
3	Das erste Stylesheet – »Hallo Welt!« auf CSS	49
4	Selektoren	55
5	Einbinden von Stylesheets in HTML-Dateien	97
6	Kastenmodell (Box-Modell), Elementtypen und Layoutmodelle	105
7	Positionierung mit CSS	119
8	Layout mit CSS	141
9	Styling mit CSS	201
10	CSS und die Browser	379
11	Effizientes Arbeiten mit CSS	411
12	Arbeiten mit CSS-Frameworks	451
13	Webstandards und Barrierefreiheit	483
14	Ajax, JavaScript und CSS	503
15	Das mobile Web: Stylesheets, Mobiltelefone und PDAs	529
16	E-Mails mit CSS gestalten	561
17	CSS3	579
18	Werkzeuge für CSS-Entwickler	605
A	CSS-Referenz	641
B	Benennungen und Werte für Stylesheets	783
C	HTML5-Elemente	789
D	DVD zum Buch	793

Der Name Galileo Press geht auf den italienischen Mathematiker und Philosophen Galileo Galilei (1564–1642) zurück. Er gilt als Gründungsfigur der neuzeitlichen Wissenschaft und wurde berühmt als Verfechter des modernen, heliozentrischen Weltbilds. Legendär ist sein Ausspruch *Eppur si muove* (Und sie bewegt sich doch). Das Emblem von Galileo Press ist der Jupiter, umkreist von den vier Galileischen Monden. Galilei entdeckte die nach ihm benannten Monde 1610.

Lektorat Stephan Mattescheck, Anne Scheibe
Fachgutachten Bernhard Stockmann
Korrektorat Petra Biedermann
Einbandgestaltung Barbara Thoben, Köln
Typografie und Layout Vera Brauner
Herstellung Steffi Ehrentraut
Satz Typographie & Computer, Krefeld
Druck und Bindung Bercker Graphischer Betrieb, Kevelaer

Dieses Buch wurde gesetzt aus der Linotype Syntax Serif (9,25/13,25 pt) in FrameMaker. Gedruckt wurde es auf chlorfrei gebleichtem Offsetpapier.

Gerne stehen wir Ihnen mit Rat und Tat zur Seite:
anne.scheibe@galileo-press.de bei Fragen und Anmerkungen zum Inhalt des Buches
service@galileo-press.de für versandkostenfreie Bestellungen und Reklamationen
britta.behrens@galileo-press.de für Rezensions- und Schulungsexemplare

Bibliografische Information der Deutschen Nationalbibliothek
Die Deutsche Nationalbibliothek verzeichnet diese Publikation in der Deutschen Nationalbibliografie; detaillierte bibliografische Daten sind im Internet über *http://dnb.d-nb.de* abrufbar.

ISBN 978-3-8362-1725-5

© Galileo Press, Bonn 2011
1. Auflage 2011

Das vorliegende Werk ist in all seinen Teilen urheberrechtlich geschützt. Alle Rechte vorbehalten, insbesondere das Recht der Übersetzung, des Vortrags, der Reproduktion, der Vervielfältigung auf fotomechanischem oder anderen Wegen und der Speicherung in elektronischen Medien. Ungeachtet der Sorgfalt, die auf die Erstellung von Text, Abbildungen und Programmen verwendet wurde, können weder Verlag noch Autor, Herausgeber oder Übersetzer für mögliche Fehler und deren Folgen eine juristische Verantwortung oder irgendeine Haftung übernehmen. Die in diesem Werk wiedergegebenen Gebrauchsnamen, Handelsnamen, Warenbezeichnungen usw. können auch ohne besondere Kennzeichnung Marken sein und als solche den gesetzlichen Bestimmungen unterliegen.

Inhalt

Vorwort 17

1 Was sind Cascading Stylesheets? 19

1.1 Warum sollten Sie Stylesheets nutzen? 20
1.2 Das CSS-Prinzip 22
1.3 Wie sieht ein Stylesheet aus? 23

2 HTML und CSS 27

2.1 Die Grundlage – das semantische HTML-Dokument 27
2.2 Schnelleinstieg HTML 29
2.3 Code follows Content 32
2.4 Sektionen einer Webseite 36
2.5 HTML 4, HTML5 oder XHTML? 39
2.6 HTML5 und CSS 42
    2.6.1 HTML5 im Vergleich zu HTML 4 und XHTML 44
    2.6.2 Neue Elemente in HTML5 44
    2.6.3 HTML5 in der Praxis 46

3 Das erste Stylesheet – »Hallo Welt!« auf CSS 49

4 Selektoren 55

4.1 Die verschiedenen Selektoren 56
    4.1.1 Einfache Element-Selektoren 56
    4.1.2 Class- und ID-Selektoren 58
    4.1.3 Kombinierte Selektoren 65
    4.1.4 Universal-Selektor 68
    4.1.5 Kind-Selektoren 71
    4.1.6 Folgeelement-Selektoren 74
    4.1.7 Attribut-Selektoren (CSS2 und CSS3) 76
    4.1.8 Pseudo-Klassen und Pseudo-Elemente 80
    4.1.9 CSS3-Pseudo-Selektoren 80
    4.1.10 Wiederholungs-Selektoren 82
4.2 Vererbung 85
4.3 Rangfolge und Kaskade 87
    4.3.1 Die Important-Anweisung 94

5 Einbinden von Stylesheets in HTML-Dateien ... 97

- 5.1 Stilanweisungen im HTML-Tag ... 97
- 5.2 Stilanweisungen im Dokumentenkopf ... 98
- 5.3 Verlinkte Stylesheets ... 99
  - 5.3.1 Individuelles Design durch Alternative Stylesheets ... 100
- 5.4 Importierte Stylesheets ... 101
- 5.5 Medienspezifische Stylesheets ... 102
  - 5.5.1 Medienspezifische Stylesheets mit CSS3 ... 104

6 Kastenmodell (Box-Modell), Elementtypen und Layoutmodelle ... 105

- 6.1 Das Kastenmodell ... 105
  - 6.1.1 Zusammenfallende Außenabstände (Collapsing Margins) ... 108
- 6.2 Elementtypen in CSS ... 113
  - 6.2.1 Block-Elemente ... 114
  - 6.2.2 Eingebundene Elemente ... 114
  - 6.2.3 Definition des Elementtyps ... 115
  - 6.2.4 Weitere Elementtypen ... 115
- 6.3 Layout- und Positionierungsmodelle in CSS ... 116

7 Positionierung mit CSS ... 119

- 7.1 Die Positionierungsart (»position«) ... 119
  - 7.1.1 »position: static« ... 120
  - 7.1.2 »position: relative« ... 122
  - 7.1.3 »position: absolute« ... 124
  - 7.1.4 »position: fixed« ... 125
- 7.2 »float« und »clear« ... 128
  - 7.2.1 »float« mit »clear« aufheben ... 133
  - 7.2.2 »clear« ohne zusätzliches Markup ... 135

8 Layout mit CSS ... 141

- 8.1 Fixiert, flexibel, oder elastisch? ... 142
  - 8.1.1 Vor und Nachteile ... 142
  - 8.1.2 Elastische Layouts und Browserzooms ... 144
  - 8.1.3 Auflösungsabhängige Layouts ... 145
- 8.2 Der Zweispalter ... 146
  - 8.2.1 Zweispalter mit float ... 149

8.3		Der Dreispalter	151
	8.3.1	Dreispalter flexibel	152
	8.3.2	Dreispalter mit festen Spaltenbreiten rechts und links	155
	8.3.3	Dreispalter mit flexibler Spaltenaufteilung und freier Wahl der Breiteneinheiten	159
	8.3.4	Elastischer Dreispalter mit Anpassung an Schriftgröße	165
8.4		CSS-Layouttricks	170
	8.4.1	Das Problem der (nicht) gleich langen Spalten	170
	8.4.2	Zentrieren	179
	8.4.3	Minimale und maximale Breiten für flexible Layouts	184
	8.4.4	Feststehende Bereiche und CSS-Frames	187
	8.4.5	Auflösungsflexible Layouts	194

9 Styling mit CSS — 201

9.1		Arbeiten mit Text	201
	9.1.1	Grundlegende Schriftformatierungen	201
	9.1.2	Typografie mit CSS	208
	9.1.3	Einfache Auszeichnungen	209
	9.1.4	Einbindung von Schriftarten per CSS	211
	9.1.5	Konstruktion einer konsistenten Typografie	223
	9.1.6	Überschriften mit CSS	227
	9.1.7	Initialen und Einrückungen	232
	9.1.8	Styling von Zitaten	239
9.2		CSS-Menüs mit Listen	251
	9.2.1	Vertikale Menüs	252
	9.2.2	CSS-Flyout-Menüs	260
	9.2.3	Horizontale Menüs	264
	9.2.4	Menüs mit durchgehendem Hintergrund	273
9.3		Tabellen und CSS	276
9.4		Schönere Formulare	289
	9.4.1	Ordnung ist alles: die Struktur eines Formulars	290
	9.4.2	Pimp my Form	301
	9.4.3	Anpassen von Formular-Rahmenelementen	305
	9.4.4	Interaktionshilfen	306
	9.4.5	Fehlermeldungen	309
9.5		Druckversion per CSS	312
9.6		Arbeiten mit Transparenz	316
	9.6.1	Deckkraft von Ebenen steuern	316
	9.6.2	Ebenentransparenz mit voll deckendem Inhalt	318
	9.6.3	PNG: Grafiken mit weichem Verlauf (Alpha-Kanal)	321

9.7	Arbeiten mit Grafiken		323
	9.7.1	Grafiken per CSS beschneiden	323
	9.7.2	CSS-Sprites	323
	9.7.3	Mehrfache Hintergründe (CSS3)	328
	9.7.4	Grafiken präsentieren – die CSS-Bildergalerie	330
9.8	CSS-Effekte		341
	9.8.1	»Runde Ecken«	341
	9.8.2	CSS-Schatten	342
	9.8.3	Verläufe mit CSS	352
9.9	Elemente per CSS verschieben und drehen		362
9.10	CSS-Übergänge und Animationen		364
	9.10.1	Animierte Übergänge	364
	9.10.2	Animationen mit Keyframes	366
9.11	Stylesheet-Wechsler		370
	9.11.1	Simpler Styleswitcher	374
	9.11.2	Styleswitcher mit JavaScript und Ajax	374
	9.11.3	Browserweichen für Stylesheets	377

10 CSS und die Browser — 379

10.1	Die Browserlandschaft		379
	10.1.1	Browser-Marktanteile	381
	10.1.2	CSS-Unterstützung testen – der Acid-Test	383
	10.1.3	Browser mit WebKit-Engine (Chrome, Safari, Konqueror)	385
	10.1.4	Firefox (Gecko)	387
	10.1.5	Opera (Presto)	389
	10.1.6	Opera Mini und Opera Mobile	390
	10.1.7	Internet Explorer (Trident)	391
	10.1.8	Weitere Browser	393
	10.1.9	Lynx	394
	10.1.10	Screenreader	395
10.2	Problemfall Internet Explorer		396
	10.2.1	hasLayout	397
10.3	Browserweichen und -filter		398
	10.3.1	Strategien für die Anwendung von Browserweichen: »To hack or not to hack«	399
	10.3.2	Doctype-Switching und Browseremulationen	400
	10.3.3	Conditional Comments	403
	10.3.4	Browser-Sniffer	404
	10.3.5	CSS-Bugs per JavaScript beheben	405

10.4	Browsertesting		405
	10.4.1	Virtualisierung	406
	10.4.2	Online-Screenshot-Dienste	408

11 Effizientes Arbeiten mit CSS — 411

11.1	Arbeiten mit HTML-Vorlagen		411
11.2	Design Patterns		414
	11.2.1	Design Pattern und Quellcode von Yahoo!	415
11.3	Objektorientiertes CSS		417
11.4	Alles auf null: Reset-Stylesheets		421
11.5	Kurzschreibweise		426
11.6	CSS-Präprozessoren		427
	11.6.1	Effizient CSS-Anweisungen schreiben mit LESS	429
11.7	Stylesheets organisieren		433
	11.7.1	Ordnung durch Stylesheet-Module	434
	11.7.2	Filter-Management	435
	11.7.3	Kommentieren von Stylesheets	436
	11.7.4	Ein Standard für CSS-Kommentare: CSSDoc	437
	11.7.5	Sprung-Links, Inhaltsverzeichnis und Farbdefinitionen	439
11.8	CSS im Entwurfsverfahren (Rapid Prototyping)		441
	11.8.1	Festlegen der Seitenstruktur in semantischem HTML	442
	11.8.2	Bereiche ausrichten in Ihrem bevorzugten Browser	443
	11.8.3	Einfügen der Inhalte	444
	11.8.4	Dynamische Bereiche umsetzen	445
	11.8.5	Benutzertests	445
	11.8.6	Finetuning, Browsertests und technische Optimierungen	447
11.9	Fehlersuche in CSS-Dateien		447

12 Arbeiten mit CSS-Frameworks — 451

12.1	YAML		453
	12.1.1	Klassische Spaltenlayouts	454
	12.1.2	Flexible Raster mit YAML	457
	12.1.3	YAMLBuilder	461
	12.1.4	Hilfreiche Klassen	462
	12.1.5	Formulare mit YAML	463
	12.1.6	Fazit	463
12.2	Yahoo! Grids		464
	12.2.1	Weitere Aufteilung des Hauptbereichs	467

		12.2.2	Der YUI Grids Builder	469
		12.2.3	Yahoo! Grids anpassen	470
		12.2.4	Semantische Rollen für barrierefreie Grids	471
		12.2.5	Gleich lange Spalten mit Grids und JavaScript	472
		12.2.6	Fazit zu Yahoo! Grids	472
	12.3	Blueprint CSS		473
		12.3.1	Arbeiten mit Blueprint	474
		12.3.2	Blueprint-Raster anpassen	478
	12.4	Weitere CSS-Frameworks		479
		12.4.1	Rastersystem »960«	479

13 Webstandards und Barrierefreiheit ... 483

13.1	Webstandards beachten		483
	13.1.1	Was ist für eine standardkonforme Webseite erforderlich?	484
	13.1.2	Der W3C-Validator	486
13.2	Suchmaschinenoptimierung mit CSS		488
	13.2.1	Schlanke Dokumente durch CSS	488
	13.2.2	Semantik für Suchmaschinen	489
13.3	Zugängliche und benutzbare Websites mit CSS		492
	13.3.1	Grundsätze für zugängliche Websites	493
	13.3.2	Barrierefreie Sprung-Links	496
	13.3.3	Link-Auszeichnungen – Nützlich und barrierefrei	498
	13.3.4	Testen	500

14 Ajax, JavaScript und CSS ... 503

14.1	Austausch eines Stylesheets per JavaScript		503
14.2	Klassen zuweisen mit »className«		504
14.3	Stile mit »style« zuweisen		505
14.4	Formularvalidierung mit CSS und JavaScript		506
14.5	Tageszeitenabhängiger Styleswitcher		511
14.6	Fadenkreuz für Tabellen		514
14.7	JavaScript zur Umgehung von Browsereinschränkungen verwenden		516
	14.7.1	Browser- bzw. Fähigkeitserkennung	517
	14.7.2	JavaScript zur Erweiterung der Browserfähigkeiten nutzen	519

15 Das mobile Web: Stylesheets, Mobiltelefone und PDAs 529

- 15.1 Strategien für das mobile Web: mobilisieren statt miniaturisieren 529
- 15.2 Mobile Standards 530
- 15.3 Stylesheets für mobile Browser ausliefern 531
  - 15.3.1 Stylesheets per Media Query ausliefern 531
  - 15.3.2 User-Agent-Sniffing 533
- 15.4 CSS-Design für den mobilen Einsatz 533
- 15.5 Einzelne Geräte 536
  - 15.5.1 Betriebssysteme für Mobilgeräte und Organizer 536
  - 15.5.2 Safari auf dem iPhone und iPad 537
  - 15.5.3 Chrome auf Android-Geräten 545
  - 15.5.4 Opera Mini und Opera Mobile 547
  - 15.5.5 Weitere mobile Browser 550
- 15.6 Frameworks für die mobile Entwicklung 550
  - 15.6.1 Mobile Boilerplate 550
  - 15.6.2 jQuery Mobile Framework 552
  - 15.6.3 jQTouch 558

16 E-Mails mit CSS gestalten 561

- 16.1 Grundsätzliche Probleme 561
- 16.2 Lokale E-Mail-Clients 565
  - 16.2.1 Microsoft Outlook 565
  - 16.2.2 Mozilla Thunderbird 567
  - 16.2.3 Apple Mail 568
- 16.3 Webmail-Dienste 568
  - 16.3.1 Google Mail 568
  - 16.3.2 Yahoo! Mail und Windows Live Mail 569
  - 16.3.3 GMX 570
  - 16.3.4 Web.de 571
- 16.4 Strategien für E-Mail-Newsletter 572
  - 16.4.1 Techniken für mit CSS gestaltete und alle anderen E-Mails 572
  - 16.4.2 CSS-Eigenschaften im Einzelnen 576

17 CSS3 579

- 17.1 CSS-Spezifikationen 579
  - 17.1.1 CSS3 und die Browser 582

		17.1.2	Von Standards und Hersteller-Präfixen	583
	17.2	CSS3 – was können Sie heute verwenden?		583
		17.2.1	Selektoren	583
		17.2.2	Neue Eigenschaften für das Seitenlayout	584
		17.2.3	Neue Möglichkeiten für das Styling	586
		17.2.4	Übergänge, Transformationen und Animationen	588
	17.3	CSS3 Zen Ocean		588

18 Werkzeuge für CSS-Entwickler 605

	18.1	CSS-Editoren		605
		18.1.1	TopStyle	605
	18.2	Website-Editoren		610
		18.2.1	Adobe Dreamweaver CS5.5	610
		18.2.2	Aptana Studio 2.0	622
	18.3	Analysewerkzeuge		625
		18.3.1	Firebug	625
		18.3.2	Web Developer Toolbar(s)	629
		18.3.3	Accessibility-Toolbar	630
		18.3.4	Calipers	631
	18.4	Optimierungswerkzeuge		632
		18.4.1	CSS-Minifier	632
	18.5	Eigene Tools herstellen: Benutzer-Stylesheets		634

Anhang 639

A	CSS-Referenz			641
	A.1	Alphabetische Übersicht		641
	A.2	Pseudo-Elemente und Pseudo-Formate		644
		A.2.1	:link	644
		A.2.2	:visited	646
		A.2.3	:hover	647
		A.2.4	:focus	648
		A.2.5	:active	649
		A.2.6	:lang	650
		A.2.7	::first-line	652
		A.2.8	::first-letter	654
		A.2.9	:first-child	655
		A.2.10	::before und ::after	656
		A.2.11	:not (CSS3)	658
		A.2.12	:empty (CSS3)	659

	A.2.13	:target (CSS3)	659
	A.2.14	:enabled, :disabled, :checked (CSS3)	660
	A.2.15	:last-child, :nth-child(), :nth-last-child() (CSS3)	660
	A.2.16	:first-of-type, :last-of-type, :nth-of-type(), :nth-last-of-type() (CSS3)	661
	A.2.17	:only-child, :only-of-type (CSS3)	662
A.3		Inhaltserzeugung	662
	A.3.1	content (CSS2, Änderung in CSS 2.1)	662
	A.3.2	counter() und counters()	664
	A.3.3	counter-increment (CSS2)	666
	A.3.4	counter-reset (CSS2)	667
	A.3.5	quotes (CSS2)	668
A.4		Schriftformatierungen	669
	A.4.1	font-family	669
	A.4.2	font-style	673
	A.4.3	font-variant	674
	A.4.4	font-weight	675
	A.4.5	font-size	676
	A.4.6	font-size-adjust (CSS, nicht in CSS 2.1, wieder da in CSS3)	677
	A.4.7	font-stretch (CSS2, nicht in CSS 2.1, wieder da in CSS 3)	678
	A.4.8	font	679
	A.4.9	@font-face (CSS, nicht in CSS 2.1, wieder da in CSS3)	680
	A.4.10	text-decoration	683
	A.4.11	text-shadow (CSS2, nicht in CSS 2.1, wieder da in CSS3)	685
	A.4.12	text-transform	686
	A.4.13	text-size-adjust	687
	A.4.14	letter-spacing	688
	A.4.15	word-spacing (CSS2)	689
	A.4.16	white-space	690
	A.4.17	line-height	690
	A.4.18	text-indent	691
	A.4.19	text-align (Änderung in CSS 2.1)	692
	A.4.20	text-overflow (CSS3)	693
	A.4.21	vertical-align	694
	A.4.22	direction (CSS2)	697
	A.4.23	unicode-bidi (CSS2)	697

A.5 Farben und Hintergründe ... 698
- A.5.1 color ... 698
- A.5.2 background-color ... 699
- A.5.3 background-image (Änderung in CSS3) ... 700
- A.5.4 background-repeat ... 700
- A.5.5 background-attachment ... 702
- A.5.6 background-position (Änderung in CSS 2.1) ... 702
- A.5.7 background-size ... 704
- A.5.8 background ... 704
- A.5.9 linear-gradient (CSS3) ... 706
- A.5.10 radial-gradient (CSS3) ... 707
- A.5.11 repeating-linear-gradient (CSS3) ... 709
- A.5.12 repeating-radial-gradient (CSS3) ... 711

A.6 Kastenformatierungen ... 713
- A.6.1 margin ... 713
- A.6.2 padding ... 715
- A.6.3 border-width ... 716
- A.6.4 border-color ... 717
- A.6.5 border-style ... 718
- A.6.6 border-image (CSS3) ... 720
- A.6.7 border-radius (CSS3) ... 721
- A.6.8 border ... 722
- A.6.9 outline (CSS2) ... 723
- A.6.10 width ... 724
- A.6.11 height ... 725
- A.6.12 overflow (CSS2) ... 726
- A.6.13 clip (CSS2, Änderung in CSS 2.1) ... 727
- A.6.14 float ... 729
- A.6.15 clear ... 731
- A.6.16 position (CSS2) ... 733
- A.6.17 box-sizing (CSS3) ... 734
- A.6.18 top (CSS2) ... 735
- A.6.19 right (CSS2) ... 736
- A.6.20 bottom (CSS2) ... 737
- A.6.21 left (CSS2) ... 737
- A.6.22 visibility (CSS2) ... 738
- A.6.23 opacity (CSS3) ... 739
- A.6.24 z-index (CSS2) ... 740
- A.6.25 box-shadow (CSS3) ... 743
- A.6.26 column-count (CSS3) ... 744

	A.6.27	column-gap (CSS3)	745
	A.6.28	column-rule (CSS3)	745
A.7	Listenformatierungen		746
	A.7.1	list-style-type	746
	A.7.2	list-style-image	748
	A.7.3	list-style-position	748
	A.7.4	list-style	749
A.8	Anzeigemodus		750
	A.8.1	display (CSS1, Erweiterung in CSS2: table, Änderung in CSS 2.1, Erweiterung in CSS3: icon)	750
A.9	Tabellenformatierungen		752
	A.9.1	table-layout (CSS2)	752
	A.9.2	caption-side (CSS2, nicht in CSS 2.1, wieder da in CSS3)	753
	A.9.3	border-collapse (CSS2, Änderung in CSS 2.1)	754
	A.9.4	border-spacing (CSS2)	755
	A.9.5	empty-cells (CSS2)	756
	A.9.6	speak-header (CSS2)	757
A.10	Benutzeroberfläche		757
	A.10.1	cursor (CSS2)	757
	A.10.2	resize (CSS3)	759
A.11	Seitenlayout mit @page		760
	A.11.1	size	760
	A.11.2	marks	761
	A.11.3	:left :right :first	762
	A.11.4	page-break-before, page-break-after	763
	A.11.5	page-break-inside	764
	A.11.6	page	765
	A.11.7	orphans, widows	765
A.12	Sprachausgabe		766
	A.12.1	speak	766
	A.12.2	volume	767
	A.12.3	speech-rate	768
	A.12.4	pause	768
	A.12.5	cue	769
	A.12.6	play-during	770
	A.12.7	voice-familiy	771
	A.12.8	pitch	771
	A.12.9	stress	772
	A.12.10	richness	772

		A.12.11	azimuth	773
		A.12.12	elevation	774
		A.12.13	speak-punctuation	775
		A.12.14	speak-numeral	775
	A.13	Proprietäre CSS-Eigenschaften		776
		A.13.1	Microsoft	776
		A.13.2	Firefox	780
		A.13.3	WebKit	780
		A.13.4	Opera	782
B	Benennungen und Werte für Stylesheets			783
	B.1	Namen für Stylesheets, Klassen und IDs		783
	B.2	Längen- und Größenangaben		783
		B.2.1	Absolute Einheiten	784
		B.2.2	Relative Einheiten	784
	B.3	Prozentwerte		785
	B.4	Farben		785
		B.4.1	Hexadezimal (#RRGGBB oder #RGB)	785
		B.4.2	Prozentwerte rgb(rrr.rr%,ggg.gg%,bbb.bb%)	785
		B.4.3	Dezimalwerte rgb(rrr,ggg,bbb)	785
		B.4.4	Dezimalwerte mit Alpha-Kanal (CSS3)	786
		B.4.5	Schlüsselwörter	786
	B.5	URLs (url)		786
	B.6	Schlüsselwörter		787
	B.7	CSS-Kommentare		787
C	HTML5-Elemente			789
D	DVD zum Buch			793
Index				795

Vorwort

Es ist eine aufregende Zeit für CSS-Entwickler! Der jahrelange Kampf um ein vernünftiges Layouten mit CSS ist vorbei. Komplizierte und unschöne Tricks für altertümliche Webbrowser um einfache Layouts zu erreichen, gehören der Vergangenheit an. Der gefürchtete Internet Explorer 6 und seine noch grausameren Vorfahren sind Geschichte.

Die Browserhersteller überbieten sich in ihren Bemühungen, die offiziellen W3C-Standards einzuhalten und selbst Microsoft hat begriffen, dass es nicht ausreicht, alle Jubeljahre eine neue Browserversion zu veröffentlichen. Alle einigermaßen modernen Browser unterstützen nicht nur die Standardeigenschaften für Gestaltung und Layout leidlich zuverlässig, sondern bieten auch zeitnah Support für allerneueste Erweiterungen der Standards.

Eigenschaften wie `border-radius` (Abschnitt 9.8.1) und `box-shadow` (Abschnitt 9.8.2) lösen Stylingprobleme, die ganze Webdesignergenerationen zur Verzweiflung gebracht haben – mit einer einzigen Anweisung. Wo es noch Löcher in der CSS-Implementation gibt, hilft die Renaissance von JavaScript, um mittels Bibliotheken fehlende Funktionen nachzurüsten. CSS-Frameworks (Kapitel 12) und CSS-Präprozessoren (Abschnitt 11.6) ermöglichen es, CSS effizienter als jemals zuvor anzuwenden.

Die (fast vollständige) Befreiung von Browserbugs und Hacks ermöglicht es Ihnen als Webentwickler, sich auf die Umsetzung der Designidee zu konzentrieren anstatt tage(nächte)lang zu brüten, warum das schöne fertige Design im Internet Explorer wieder ganz anders aussieht.

In diesem Sinne wünsche ich Ihnen viel Vergnügen in der schönen neuen Welt von CSS.

Kai Laborenz
Berlin

Website zum Buch

Unter *www.css-praxis.de* habe ich eine Website zum Buch eingerichtet. Dort können Sie die im Buch abgedruckten Linkcodes eingeben, finden ein Forum zu Fragen zu diesem Buch und über CSS allgemein sowie ggf. Korrekturen zum Buch.

Wenn Sie selbst einen Fehler finden, wäre ich über eine Nachricht an *laborenz@css-praxis.de* (oder per Formular auf der Website) dankbar.

Icons und Hinweise

Um Sie auf bestimmte Dinge aufmerksam zu machen, werden einige Icons in der Marginalie verwendet.

[»] **Hinweis**: Ergänzende Hinweise zum Thema

[x] **Falle**: Browserfehler oder andere Fallen für CSS-Designer

[!] **Warnung**: Warnungen, wichtiger Hinweis

[zB] **Beispiele**: Skripte und Quellcode-Listings

[o] **DVD-ROM**: Ergänzendes Material sowie Skripte zum Verwenden auf der beiliegenden DVD-ROM

Linkcode

Auf der Webseite zum Buch *www.css-praxis.de* finden Sie immer die aktuellen Internetadressen. Hinter jeder URL im Buch finden Sie einen Linkcode. Sollte sich also die Adresse geändert haben, finden Sie hier mithilfe des vierstelligen Codes immer die aktuelle URL. Wenn Sie dennoch feststellen, dass ein Link nicht funktioniert, so schicken Sie mir bitte eine E-Mail. Typografisch erforderliche Umbrüche sind in den URLs im Buch mit ↩ gekennzeichnet.

Im ersten Kapitel erkläre ich Ihnen, was sich hinter dem Begriff »Cascading Stylesheets« verbirgt und welche Vorteile Sie davon haben, mit Stylesheets zu arbeiten. Außerdem sehen Sie das erste Stylesheet dieses Buchs.

1   Was sind Cascading Stylesheets?

Cascading Stylesheets sind Formatvorlagen für Websites. Zusammen mit dem HTML-Markup eines Dokumentes ergeben sie das Aussehen einer Website. Sie können sich Stylesheets wie die »Kleidung« einer Website vorstellen – ohne Stylesheets sieht man nur den nackten unformatierten Inhalt der Website. Wie bei Kleidung kann eine Website mit verschiedenen Stylesheets völlig unterschiedlich aussehen – auch wenn das HTML-Gerüst und die Inhalte gleich bleiben.

Abbildung 1.1   Ein HTML-Dokument erhält durch CSS unterschiedliche Kleidung

1.1 Warum sollten Sie Stylesheets nutzen?

Die Arbeit mit Cascading Stylesheets gibt uns Webdesignern die Möglichkeit, gleichzeitig mehr Flexibilität im Design zu erreichen und dabei die grundlegenden Konzepte von HTML zu bewahren. Die Trennung von Struktur und Gestaltung ist dabei die wichtigste Voraussetzung, um barrierefreie Websites zu erstellen, die auch für Menschen mit Behinderungen zugänglich sind.

Neben dieser Trennung von Struktur und Gestaltung erweitern Stylesheets die Möglichkeiten gewaltig, Elemente eines HTML-Dokumentes zu formatieren. Neben der Schriftart, -größe und Schriftfarbe, die auch mit dem alten HTML-Tag `<font>` beeinflusst werden können, erlauben Cascading Stylesheets beispielsweise die Einstellung der Zeilenhöhe, eines Einzugs sowie weiterer typografischer Parameter. Auch Größe und Platzierung von Elementen lassen sich nahezu beliebig bestimmen. Mit Hilfe von CSS3-Eigenschaften können sogar Animationen erzeugt werden.

»CSS Zen Garden«

Welche Möglichkeiten eine konsequente Trennung von Inhalt und Design bietet, demonstriert eindrucksvoll das Projekt »CSS Zen Garden«, in dem Designer Dave Shea eine HTML-Seite bereitgestellt, die vollständig per CSS gestaltet wird. Er fordert andere Entwickler auf, ihre Gestaltungsvo§rschläge beizusteuern. Inzwischen sind es Hunderte von Varianten, und die Bandbreite der Designs ist atemberaubend! Und als Grundlage dient immer dieselbe HTML-Datei (*http://www.csszengarden.com/*, Linkcode 0036)!

Abbildung 1.2   Die Vielfalt von CSS entdecken – im »CSS Zen Garden«

»CSS Homer Simpson«

Ein völlig anderes – nicht weniger beeindruckendes – Beispiel der Leistungsfähigkeit von CSS liefert der Webdesigner Román Cortéz mit dem rein aus CSS und HTML erstellten Porträt von Homer Simpson, siehe Abbildung 1.3. Das Original sowie den CSS-Code finden Sie auf seiner Website: *http://www.romancortes.com/blog/homer-css/* (Linkcode 0501).

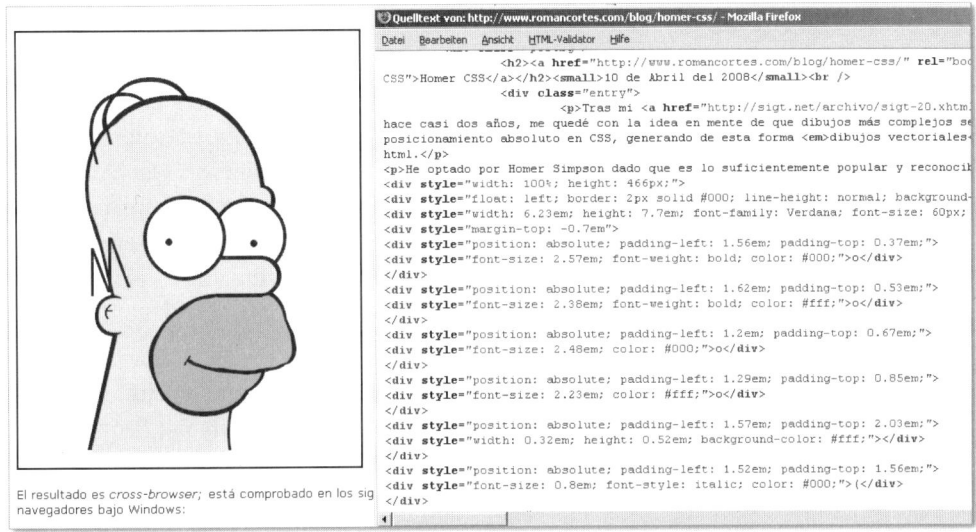

Abbildung 1.3 »Homer Simpson on CSS«

Der Einsatz von Cascading Stylesheets bietet für Webentwickler eine Reihe von Vorteilen:

- **Einfachere HTML-Dokumente**
  Durch die Trennung von Gestaltung und Inhalt wird eine HTML-Seite kleiner und übersichtlicher. Spätere Änderungen werden einfacher.

- **Mehr Kontrolle**
  Die CSS-Anweisungen erlauben mehr Kontrolle über die Formatierung eines Dokuments. Gerade typografisch wichtige Anweisungen, wie beispielsweise die Angabe der Zeilenhöhe, sind mit reinem HTML gar nicht möglich.

- **Neue Möglichkeiten**
  Mit CSS ergeben sich neue Gestaltungsmöglichkeiten, die mit reinem HTML nicht zu erreichen sind. Insbesondere das Ein- und Ausblenden von Elementen und die Möglichkeiten fixierter Bereiche eröffnen neue Horizonte.

▶ **Zugängliche Websites**
Durch den Verzicht auf Formatierungsanweisungen im HTML-Code werden Ihre Seiten auch für Menschen mit Behinderungen oder speziellen Anzeigegeräten (z. B. iPhone oder WebTV) besser zugänglich. Zugänglichkeit oder Barrierefreiheit (englisch: *accessibility*) wird in den nächsten Jahren auch in Deutschland für Websites immer wichtiger werden. Gesetzliche Bestimmungen, die zumindest für staatliche Websites Barrierefreiheit fordern, sind bereits gültig.

▶ **Zukunftssicherheit**
Erfreulicherweise orientieren sich die wichtigsten Browserhersteller immer mehr an den Standards für Websites, die vom Standardisierungsgremium W3C (*World Wide Web Consortium*) veröffentlicht werden. CSS ist ein solcher Standard. Websites, die sich an diese Standards halten, müssen nicht befürchten, mit der nächsten Browsergeneration nicht mehr zu funktionieren, wie es beim Einsatz von HTML-Tricks schon einmal passieren kann.

▶ **Qualitätsbeweis**
Für professionelle Webentwickler ist auch die Frage der Gewährleistung wichtig. Falls es einmal zum Streit um die Qualität einer Website kommt, woran lässt sich dann die Güte von HTML-Code erkennen? Ein Browser, mit dem eine Website schrecklich aussieht, lässt sich immer finden. Da kann es sehr hilfreich sein, internationale Standards bei der Erstellung berücksichtigt zu haben.

1.2 Das CSS-Prinzip

Einem HTML-Dokument kann durch eine Änderung des Stylesheets ein anderes Aussehen gegeben werden. Für unterschiedliche Endgeräte, z. B. einen normalen Desktop-Webbrowser und ein Mobiltelefon, können unterschiedliche Stylesheets bereitgestellt werden. Benutzer können sogar eigene Stylesheets verwenden, beispielsweise um bei einer Sehschwäche die Schriftgröße heraufzusetzen.

Die wesentliche Idee von Cascading Stylesheets ist es, Angaben zu Struktur und Aussehen einer Website so weit wie möglich zu trennen:

▶ HTML-Befehle sind nur für die logische bzw. semantische Beschreibung eines Dokuments zuständig.

▶ Zugeordnete Stilanweisungen sorgen für die Formatierung und das Aussehen des Dokuments.

▶ Die Inhalte stehen als normaler Text zwischen den HTML-Tags.

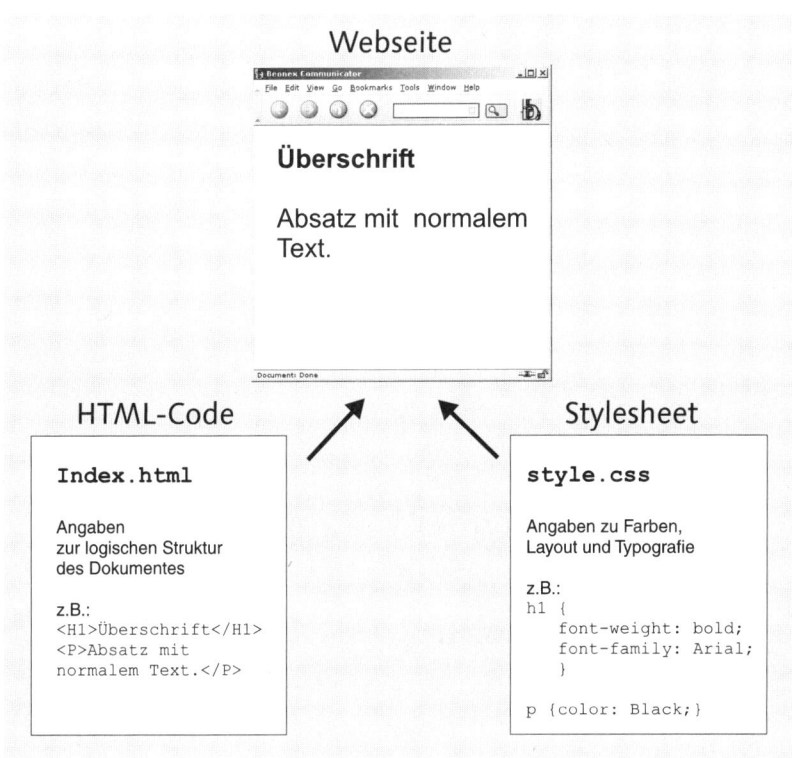

Abbildung 1.4 Aus HTML-Code und Stylesheet entsteht die Webseite

1.3 Wie sieht ein Stylesheet aus?

Um ihnen schon einmal einen Eindruck zu verschaffen, wie Cascading Stylesheets denn nun aussehen, hier ein einfaches Beispiel einer Webseite, die CSS als Gestaltungsmittel nutzt:

```
1:   <!DOCTYPE HTML PUBLIC "-//W3C//DTD HTML 4.01//EN"
     "http://www.w3.org/TR/html4/strict.dtd">
2:   <html>
3:   <head>
4:   <meta http-equiv="Content-Type" content="text/html;
     charset=utf-8">
5:   <title>Ein einfaches Dokument</title>
6:   <style><!--
7:   h1 {
8:     font-family: "Courier New", Courier, monospace;
9:     font-size: 200%;
10:  }
```

```
11:  p {
12:    font-family: Verdana, Geneva, sans-serif;
13:    color: #666666;
14:  }
15:  --></style>
16:  </head>
17:  <body>
18:    <h1>Ein einfaches Dokument</h1>
19:    <p>Dieses Dokument wird per CSS formatiert</p>
20:  </body>
21: </html>
```

Listing 1.1 (Sehr) einfache Webseite mit CSS

Im Webbrowser sieht das aus wie in Abbildung 1.5.

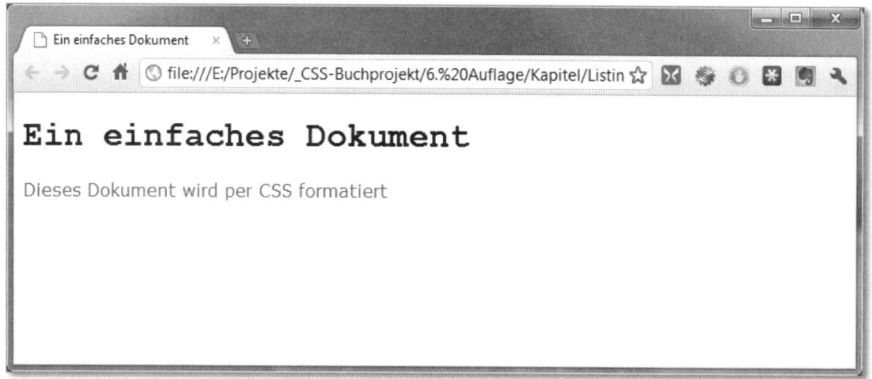

Abbildung 1.5 Einfache Webseite im Browser Chrome

Sie erkennen sicher im unteren Teil des Listings den HTML-Code, der hier nur aus den Elementen `<h1>` (Überschrift erster Ordnung) und `<p>` (Absatz) besteht.

Die per CSS bewirkte Formatierung wird im oberen Teil des Dokuments zwischen den Tags `<style>` und `</style>` definiert. Dort werden für die im HTML-Bereich vorhandenen Elemente entsprechende Eigenschaften notiert. Für das Element `<h1>` sind das:

```
font-family: "Courier New", Courier, monospace
```

und

```
font-size: 200%
```

Für den Absatz `<p>` haben wir

```
font-family: Verdana, Geneva, sans-serif
```

und

`color: #666666`

Es ist nicht schwer, sich vorzustellen, was die Anweisungen bewirken: `font-family` legt die Schriftart fest, `font-size` die Größe und `color` die Schriftfarbe für die betroffenen Elemente in hexadezimaler Schreibweise.

Schriftarten mit Alternative

Ohne zu weit vorzugreifen, kann ich hier auch verraten, was die Nennung von mehreren Schriftarten in einer `font-family`-Anweisung bedeutet: Da ja im Web (bis vor kurzem) nur Schriften verwendet werden konnten, die auf dem Rechner des Benutzers installiert waren, ermöglicht die Aufzählung mehrerer Schriftarten Alternativen.

`font-family: Verdana, Geneva, sans-serif`

bedeutet daher, dass der Browser die Schrift *Verdana* verwenden soll. Falls diese nicht auf dem Rechner zu finden ist, soll er es mit *Geneva* versuchen (eine auf Mac-Systemen verbreitete Schriftart). Falls auch diese Schrift nicht zu finden ist, sorgt die letzte Anweisung `sans-serif` dafür, dass zumindest eine serifenlose Schrift verwendet wird – diejenige, die im Browser des Benutzers als serifenlose Standardschrift eingestellt ist. (Serifen sind die kleinen »Häkchen« an den Enden der Buchstaben, wie sie z. B. bei der Schrift *Times* zu finden sind. *Verdana* und *Arial* sind dagegen serifenlose Schriften.)

Sie werden später sehen, dass die Einschränkung auf bestimmte Schriften, die Designer jahrelang gequält hat, dank CSS inzwischen nicht mehr gilt!

Probieren Sie es selbst einmal aus: Nehmen Sie das Listing von der DVD (oder schreiben Sie den Code schnell ab – so viel ist es ja nicht), und ändern Sie die Schriftgröße oder Farbe. Können Sie auch der Überschrift eine andere Farbe zuweisen?

Etwas allgemeiner formuliert: **Eine CSS-Anweisung besteht immer aus zwei Teilen – dem Selektor und der Deklaration.** Der Selektor beschreibt, was (also welches Element, z. B. `<p>`) formatiert werden soll, und die Deklaration bestimmt, wie dies geschehen soll (also z. B. welche Farbe das Element haben soll). Dabei befindet sich links stets der Selektor und rechts die Deklaration in geschweiften Klammern.

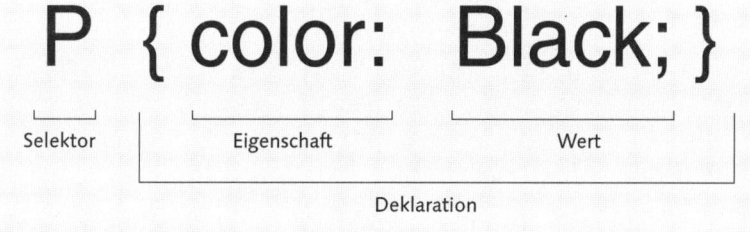

Abbildung 1.6 Aufbau einer CSS-Anweisung

Die Deklaration (in geschweiften Klammern notiert) selbst besteht wiederum aus zwei Teilen: der Eigenschaft und dem dieser Eigenschaft zugeordneten Wert – getrennt durch einen Doppelpunkt.

Die in diesem Beispiel verwendeten Eigenschaften und Werte sind natürlich nur ein kleiner Ausschnitt der Möglichkeiten von CSS. Sie fragen sich vielleicht, ob man die Schriftgröße nicht auch in Pixeln angeben kann (kann man) oder ob es andere Möglichkeiten gibt, Farben anzugeben, als die etwas unintuitive hexadezimale Schreibweise (gibt es). Aber bevor wir weiter in die Details von CSS einsteigen, müssen wir uns ein wenig mit HTML befassen.

Grundlage für die Anwendung von Cascading Stylesheets ist die Struktur des Dokuments – der HTML-Code. In diesem Kapitel geht es um HTML, Semantik und wie HTML und CSS zusammenwirken.

2 HTML und CSS

2.1 Die Grundlage – das semantische HTML-Dokument

Als Tim Berners-Lee im Jahr 1990 die Sprache HTML entwickelte, dachte er nicht an das Aussehen von Dokumenten. Ihm ging es um eine Sprache, mit der sich Struktur und Inhalt einer Seite beschreiben lassen. Er entwarf daher eine Sprache, mit der man die strukturelle Bedeutung eines Dokumentelements beschreiben kann – unabhängig von seiner Darstellung. Deshalb enthält HTML Elemente wie »Überschrift erster Ordnung« (`<h1>`) oder »ungeordnete Liste« (`<ul>`).

Das in Deutschland wohl bekannteste und beliebteste Kompendium zu HTML ist SelfHTML von Stefan Münz. Das in der Version 8 aufgelegte elektronische Tutorial ist nicht nur eine gute Einführung und ein unverzichtbares Nachschlagewerk für HTML, sondern bietet auch Informationen zu XML, CSS, JavaScript und anderen Programmiersprachen, die für Webentwickler interessant sind (siehe Abbildung 2.1).

Ergänzt wird es durch allgemeine Hinweise über das Publizieren im Web. Unter der URL *http://de.selfhtml.org/* (Linkcode 0003) existiert ein Online-Portal mit der aktuellen Version, News, Tipps und Diskussionsforen rund um HTML. Da das grundlegende Dokument seit 2007 nicht mehr aktualisiert wurde, sind neuere Entwicklungen wie HTML5 dort nicht mehr vertreten. Das im Aufbau befindliche Wiki wird von den Betreibern selbst noch nicht als Anlaufstelle empfohlen.

HTML-Dokumente bestehen so aus einer Ansammlung von ineinander verschachtelten Elementen, die eine hierarchische Struktur (ähnlich der Ordnerstruktur eines Dateisystems) darstellen.

Das erste und oberste Element einer jeden HTML-Seite ist das `<html>`-Element. Darin befinden sich die Elemente `<head>` und `<body>`, die wiederum ihrerseits Elemente enthalten (z. B. Absätze oder Bilder im `<body>`-Element).

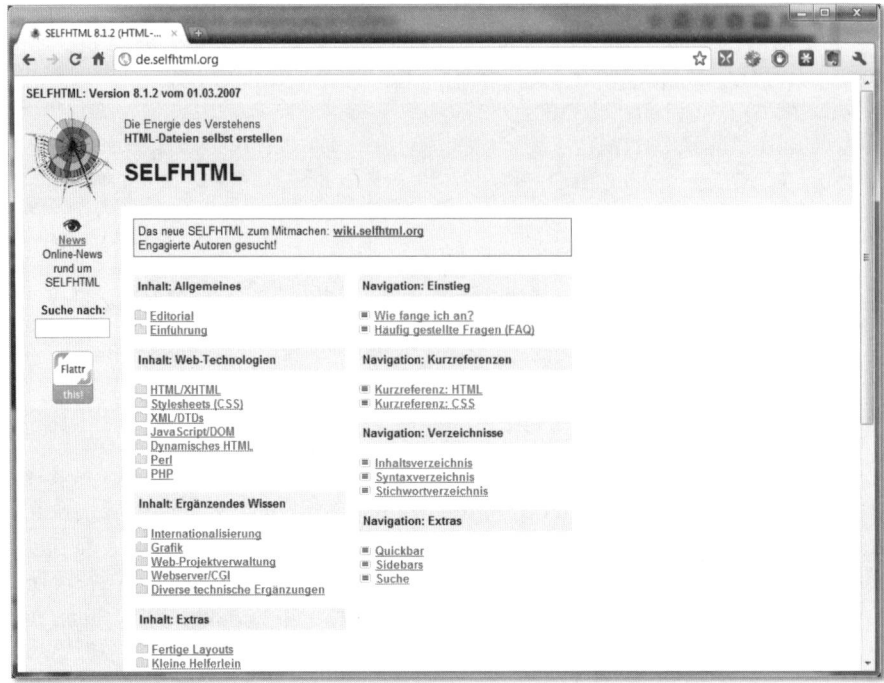

Abbildung 2.1   Aktuell seit 2007: SelfHTML 8.1.2

So finden sich im Sprachschatz der ersten HTML-Versionen auch nur Befehle, die die Funktion oder Bedeutung eines Dokumentenbestandteils beschreiben. Beispiele sind:

- `<p> ... </p>` steht für einen Absatz.
- `<h1> ... </h1>` stellt eine Überschrift erster Ordnung dar.
- `<a href="..."> ... </a>` erzeugt einen Link auf ein anderes Dokument.

Strukturierte Dokumente mit HTML

Die Idee dieser Konstruktion war es, ein Dokument so zu beschreiben, dass es auf vielen unterschiedlichen Anzeigegeräten gemäß seiner Bedeutung (»logische Auszeichnung«) wiedergegeben werden kann.

So ist es für ein HTML-Dokument im Prinzip egal, ob es auf einem hochauflösenden 30-Zoll-Monitor oder einem winzigen Handy-Display angezeigt werden soll. Das jeweilige Endgerät entscheidet selbst, wie beispielsweise eine Überschrift erster Ordnung aussehen soll.

2.2 Schnelleinstieg HTML

Um eine Webseite mit Stylesheets zu gestalten, muss eine HTML-Struktur vorhanden sein. Grundsätzlich wirken die im Stylesheet notierten Eigenschaften immer auf bestimmte HTML-Elemente. Obwohl es in diesem Buch nicht in erster Linie um HTML geht, hier also ein kleiner Ausflug ins HTML.

Die grundsätzliche Struktur eines HTML-Dokuments haben Sie in Kapitel 1 schon kennengelernt. Hier kommt sie noch einmal – zunächst auf das Minimum reduziert:

```
1:  <!DOCTYPE HTML PUBLIC "-//W3C//DTD HTML 4.01//EN"
    "http://www.w3.org/TR/html4/strict.dtd">
2:  <html>
3:    <head>
4:      <meta http-equiv="Content-Type" content="text/html;
          charset=utf-8">
5:      <title>Dokumententitel</title>
6:    </head>
7:    <body>
8:    </body>
9:  </html>
```

Listing 2.1 Minimales HTML-Dokument nach dem Standard HTML 4.01

Danach beginnt ein HTML-Dokument mit dem sogenannten Doctype, der angibt, in welcher Sprachversion das Dokument geschrieben ist – hier 4.01 (in der Variante »strict«). Sie werden später sehen (in Abschnitt 10.3.2, »Doctype-Switching und Browseremulationen«), dass unterschiedliche Sprachversionen auch die Darstellung des CSS deutlich beeinflussen.

Als Nächstes folgt das öffnende `<html>`, das am Ende des Dokuments auch wieder geschlossen sein muss: `</html>`.

Diese hierarchische Ordnung ist ein Grundprinzip von HTML: Ein Dokument besteht aus verschiedenen ineinander verschachtelten Elementen oder Schichten, ähnlich wie die russischen Matroschka-Figuren. Im Gegensatz zu Matroschka-Puppen kann ein HTML-Element allerdings beliebig viele »Kinder« haben ...

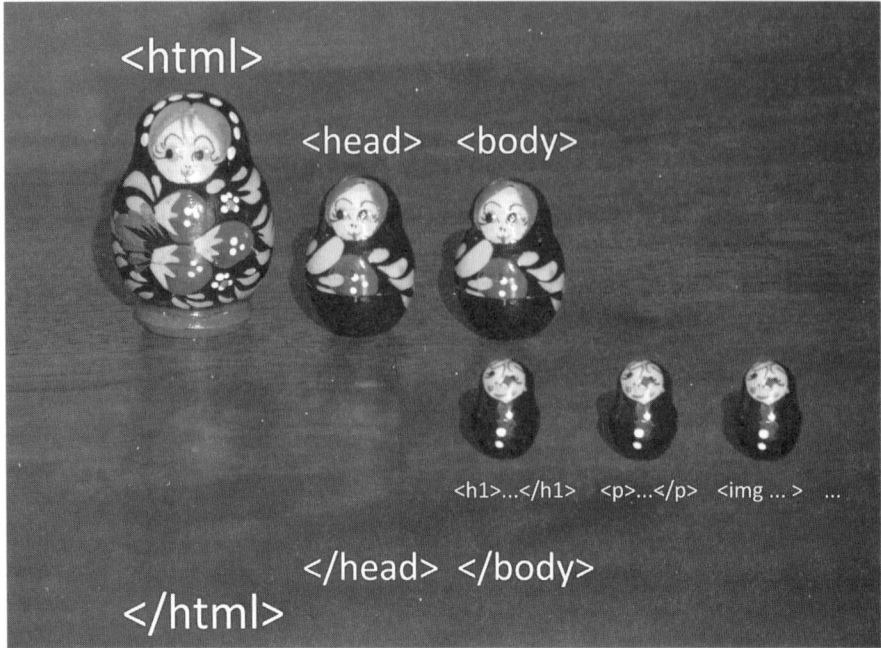

Abbildung 2.2 Eine Webseite ist ein Stück weit wie eine Matroschka-Puppe: Elemente in Elementen in Elementen ...

Die nächste Schicht bilden dann die Elemente <head> ... </head> und <body> ... </body>. Da sie sich innerhalb des HTML-Elements befinden, werden sie auch »Kind« oder »child« genannt. Im Gegenzug ist dann das <html> ein »Elternelement« oder »parent« von <head> und <body>. Manchmal wird von dem Elternelement auch als »übergeordnetes Element« gesprochen.

Auch dies ist ein Prinzip, das wir später noch oft antreffen. Innerhalb von anderen Elementen platzierte Elemente werden als »Kinder« bezeichnet und »erben« von ihren »Eltern« Eigenschaften. Das ist meist sehr praktisch, da Sie oft benötigte Eigenschaften wie die verwendete Schrift nur einmal notieren müssen, nämlich für das oberste Element, quasi den Stammvater (oder die Stammmutter).

Diese Art, Elemente zu verschachteln, ist von der objektorientierten Programmierung bekannt. Dort wird auch von einer Objekthierarchie gesprochen, die aus einem HTML-Dokument gebildet wird.

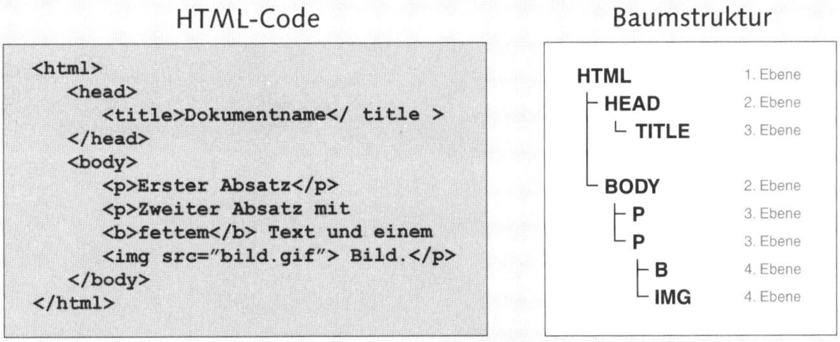

2.2 Schnelleinstieg HTML

```
HTML-Code

<html>
   <head>
      <title>Dokumentname</ title >
   </head>
   <body>
      <p>Erster Absatz</p>
      <p>Zweiter Absatz mit
      <b>fettem</b> Text und einem
      <img src="bild.gif"> Bild.</p>
   </body>
</html>
```

```
Baumstruktur

HTML           1. Ebene
├ HEAD         2. Ebene
│  └ TITLE     3. Ebene
│
└ BODY         2. Ebene
   ├ P         3. Ebene
   └ P         3. Ebene
      ├ B      4. Ebene
      └ IMG    4. Ebene
```

Abbildung 2.3 Baumstruktur eines HTML-Dokuments

Das Document Object Model (DOM)

Tatsächlich betrachtet ein Webbrowser eine HTML-Seite als Objekt. Somit sind sämtliche Elemente einer Webseite Unterobjekte – Kinder – des ersten Elements HTML und können z. B. per JavaScript angesprochen werden. In diesem Zusammenhang ist oft vom *Document Object Model*, kurz DOM, die Rede. Gemeint ist damit der Baum aller Objekte, aus denen eine HTML-Seite aufgebaut ist.

Im Grunde ist mit `<html>`, `<head>`, `<title>` und `<body>` auch schon ein vollständiges, syntaktisch korrektes HTML-Dokument geschrieben. Allerdings noch ohne Inhalte. Diese werden dann im Bereich `<body>` notiert. In unserem ersten Beispiel sind das eine Überschrift (`<h1>`) und ein Absatz (`<p>`):

```
1:   <body>
2:      <h1>Ein einfaches Dokument</h1>
3:      <p>Dieses Dokument wird per CSS formatiert</p>
4:   </body>
```
Listing 2.2 Inhalt gehört in den <body>.

Der Bereich `<head>` ist zusätzlichen Angaben über das Dokument vorbehalten. Diese werden nicht (oder zumindest nicht direkt) im Browser angezeigt, sondern enthalten Informationen, die dem Browser das Darstellen des Dokuments ermöglichen. Bei uns gibt es hier eine Metainformation über das Dokument – nämlich die Angabe des Zeichensatzes UTF-8, den Titel des Dokuments und unser Stylesheet.

```
1:   <head>
2:      <meta http-equiv="Content-Type" content="text/html;
        charset=utf-8">
3:      <title>Ein einfaches Dokument</title>
```

```
 4:     <style><!--
 5:       h1 { font-family: "Courier New", Courier, monospace;
 6:       font-size: 200%; }
 7:       p  { font-family: Verdana, Geneva, sans-serif;
 8:       color: #666; }
 9:     --></style>
10:   </head>
```

Listing 2.3 Im <head> werden Informationen über das Dokument gegeben.

2.3 Code follows Content

Der erste Schritt beim Erstellen einer Website ist es daher, sich Gedanken über die semantische Struktur der Inhalte zu machen. Bei Überschriften und Absätzen ist das noch recht einfach, bei anderen Elementen fällt dies schon etwas schwerer, und für viele Situationen gibt es (noch) kein passendes HTML-Element.

Für Überschriften werden die Elemente <h1> bis <h6> verwendet. Dabei gibt die Nummer der Überschrift deren Bedeutung an – als <h1> wird die erste, wichtigste Überschrift der Seite verwendet, in der Regel der Seitentitel. <h2> wäre dann die nächstwichtigste usw. Um ein regelkonformes, semantisches Dokument zu erstellen, dürfen auch keine Überschriftenebenen ausgelassen werden. Ein weiteres schon bekanntes Element ist der Absatz <p>.

Semantik findet sich auch bei den Textauszeichnungen: Statt einen kursiven Text mit dem ebenfalls verfügbaren Element <i> auszuzeichnen, sollten Sie das Element <em> verwenden. Das sichtbare Ergebnis ist dasselbe: der Text wird »schräg«. Während <i> jedoch lediglich besagt, dass der markierte Text kursiv (*italic*) dargestellt wird, trägt das Element <em> eine semantische Bedeutung und markiert den Text als betont (*emphasised*). Wird der Text später einmal von einem Screenreader vorgelesen, kann dieser mit <em> etwas anfangen – mit <i> nicht. Das gilt auch für Fettdruck. Statt hier <b> (*bold*) zu verwenden, ist <strong> die semantisch richtige Wahl.

Die Verwendung der Listenelemente <ul> und <ol> im Inhaltsbereich ist klar – eben für unsortierte und sortierte (nummerierte) Listen. Seit einiger Zeit hat es sich eingebürgert, auch Navigationsmenüs als Listen auszuzeichnen. Schließlich ist ein Navigationsmenü nichts anderes als eine Liste von Links:

```
<ul>
   <li><a>...</a></li>
   <li><a>...</a></li>
   <li><a>...</a></li>
</ul>
```

Aber auch in anderen Situationen ist eine Liste geeignet – wie sieht es z. B. mit dieser Bildergalerie aus?

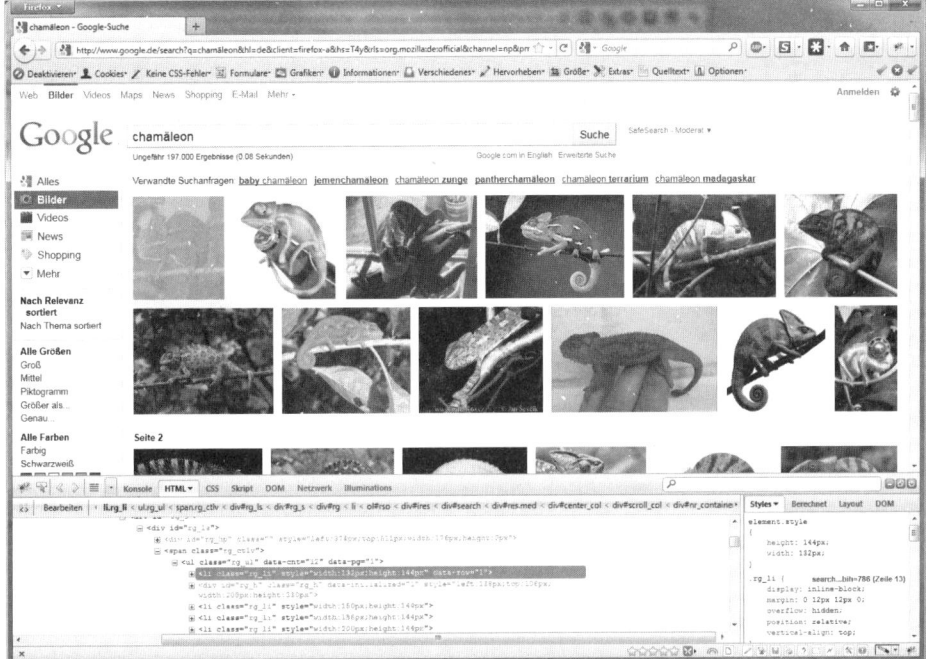

Abbildung 2.4 Eine Bildergalerie ist auch eine Liste.

Eindeutig eine Liste von Bildern! Warum sie also nicht auch so auszeichnen?

```
1:  <ul>
2:    <li><img src="bild1.gif" alt="Erstes Bild"></li>
3:    <li><img src="bild2.gif" alt="Zweites Bild"></li>
4:    <li><img src="bild3.gif" alt="Drittes Bild"></li>
5:  </ul>
```

Listing 2.4 Ungeordnete Liste als semantisches Element für Bildergalerien

Nun sieht die Bildergalerie erst einmal nicht so aus, wie wir es von üblichen Textlisten kennen. Statt untereinander sind die Bilder nebeneinander angeordnet, und Aufzählungszeichen gibt es auch keine. Hier helfen uns die Möglichkeiten von CSS, alle bekannten Eigenschaften von HTML-Elementen umzudefinieren. Ich zeige später in Abschnitt 9.7.4, »Grafiken präsentieren – die CSS-Bildergalerie«, an einem konkreten Beispiel einer Bildergalerie, wie das geht.

In anderen Fällen ist die Situation nicht so einfach zu entscheiden, oder es gibt mehrere semantisch geeignete Möglichkeiten für ein Element. Wie sieht es z. B.

mit der auf vielen Websites vorhandenen »Brotkrumen-Navigation« aus, die anzeigt, wo sich ein Besucher befindet?

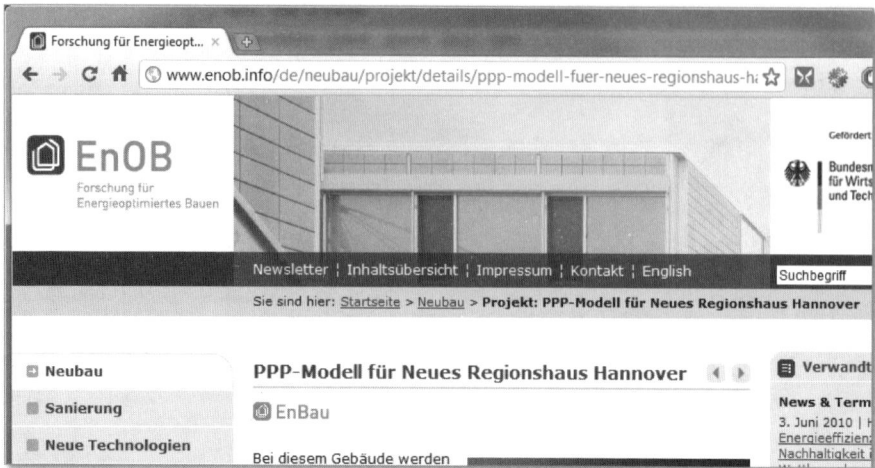

Abbildung 2.5 Typische Breadcrumb-Navigation

Statt einfach Links aneinanderzusetzen, lassen sich die Breadcrumbs als Pfad in die Struktur einer Website begreifen, wobei es zwei Möglichkeiten der Auszeichnung gibt (vielleicht fallen ihnen ja noch weitere ein).

Eine etwas umständliche Möglichkeit wäre es, die Breadcrumbs als Menge ineinander verschachtelter Listen von Links zu sehen, wobei die Verschachtelungstiefe der Listen der Struktur der Website entspricht.

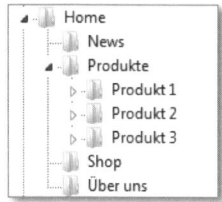

Abbildung 2.6 Struktur einer einfachen Webseite

Sieht also die Webseite so aus wie in der obigen Abbildung, könnten Sie die auf der Seite »Produkte 2« angezeigte Brotkrumenleiste so darstellen:

```
1:  <div  id="breadcrumbs">Sie sind hier:
2:  <ul>
3:    <li><a href="#">Startseite</a>
4:      <ul>
5:        <li><a href="#">Produkte</a>
```

```
6:          <ul>
7:            <li>Produkt 2</li>
8:          </ul>
9:        </li>
10:     </ul>
11:   </li>
12: </ul>
13: </div>
```

Listing 2.5 Breadcrumbs als verschachtelte Listenkonstruktion

Genauso passend und etwas weniger aufwendig wäre es, eine einzige Liste zu verwenden und die Ebenentiefe durch eine Nummerierung darzustellen. Glücklicherweise gibt es in HTML ein Element für sortierte Listen. Das sähe dann so aus:

```
1: <div  id="breadcrumbs">Sie sind hier:
2:   <ol>
3:     <li><a href="#">Startseite</a></li>
4:     <li><a href="#">Produkte</a></li>
5:     <li>Produkt 2</li>
6:   </ol>
7: </div>
```

Listing 2.6 Breadcrumbs als einzelne sortierte Liste

Ohne Stylesheet sieht das beides noch recht unschön aus, aber mit ein paar gezielten Anweisungen bekommen Sie eine schöne und semantische Breadcrumb-Navigation. In Abschnitt 9.2, »CSS-Menüs mit Listen«, zeige ich die einzelnen Schritte, um Menüs zu verschönern (siehe Abbildung 2.6).

Was Sie im unteren Teil des Screenshots sehen, ist im Übrigen die extrem nützliche Firefox-Extension »Firebug«. Sie beschreibe ich detaillierter in Kapitel 18, »Werkzeuge«. Vielleicht blättern Sie einmal kurz vor und installieren diese Extension. (Besuchen Sie einfach das Erweiterungsportal Ihres Firefox-Browsers, und suchen Sie dort nach »Firebug«. Auch für andere Browser gibt es entsprechende Erweiterungen – auch dazu mehr in Kapitel 18.) Es wird sich auch für die später folgenden Beispiele lohnen.

Ein ganzes Buch zum Thema »Auswahl passender HTML-Strukturen« zu inhaltlichen Vorgaben ist »Transcending CSS« von Andy Clarke, das informativ und leicht verständlich anhand konkreter Beispiele das Prinzip verdeutlicht.

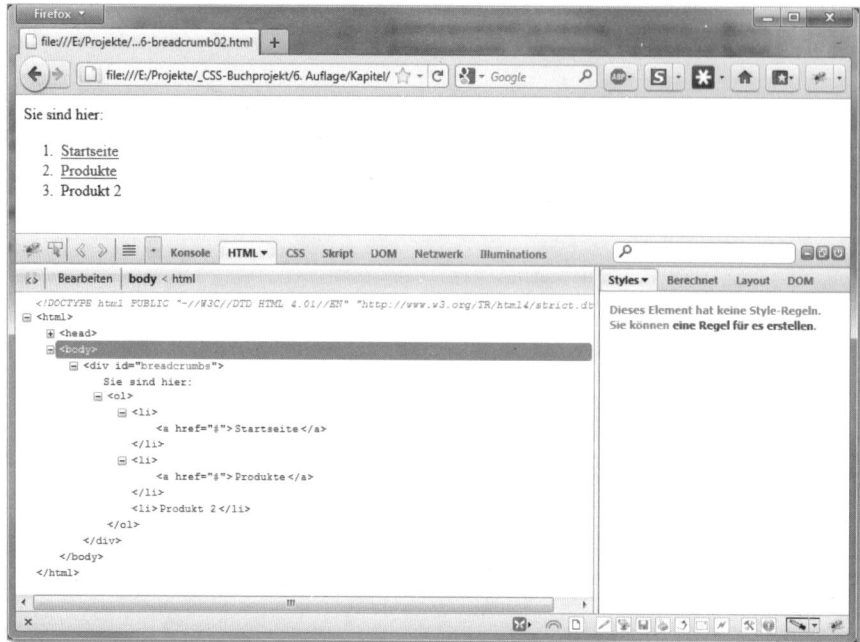

Abbildung 2.7 Per CSS gestaltete Breadcrumb-Navigation mit semantischem Unterbau

2.4 Sektionen einer Webseite

Viele Webseiten sind strukturell gesehen sehr ähnlich: Sie haben ein Hauptmenü, eine Art Identitätsbereich oder Header (meist ein Logo am oberen Rand der Seite, eventuell mit einem Bild), einen Inhaltsbereich für die Hauptinhalte sowie oft eine Marginalie für weniger wichtige Inhalte – manchmal mehrere Spalten mit Inhalt. Darüber hinaus gibt es meist eine Art Fußzeile, die das Impressum oder andere formale Informationen aufnimmt.

Zum Unterteilen einer Webseite gab es vor HTML5 nur ein Element – das `<div>` (*division*). Dabei hat das `<div>` keine spezielle Bedeutung, zeichnet also keinen bestimmten Bereich aus, sondern wird für alle Arten von Bereichen, Sektionen oder Container verwendet. Um unterschiedliche Bereiche später leichter wiederzuerkennen und unterschiedlich gestalten zu können, müssen Sie die `<div>`-Elemente also unterschiedlich kennzeichnen. HTML bietet dazu ein passendes Attribut: die ID.

```
<div id="irgendwas"> ... </div>
```

Damit tatsächlich auch alle Bereiche unterscheidbar sind, müssen IDs eindeutig sein, das heißt, in einem Dokument darf eine ID nur einmal vorkommen.

In unserem Beispiel könnten wir einen Seitenkopf (*Header*) und eine Fußzeile ergänzen.

```
 1: <!DOCTYPE HTML PUBLIC "-//W3C//DTD HTML 4.01//EN"
    "http://www.w3.org/TR/html4/strict.dtd">
 2: <html>
 3:   <head>
 4:     <meta http-equiv="Content-Type" content="text/html;
          charset=utf-8">
 5:     <title>Ein einfaches Dokument</title>
 6:     <style><!--
 7:       ...
 8:     --></style>
 9:   </head>
10:   <body>
11:     <div id="header"> Kopfzeile </div>
12:     <div id="main">
13:       <h1>Ein einfaches Dokument</h1>
14:       <p>Dieses Dokument wird per CSS formatiert</p>
15:     </div>
16:     <div id="footer"> Fußzeile </div>
17:   </body>
18: </html>
```

Listing 2.7 HTML-Dokument mit Sektionen

Besserung ist allerdings in Sicht: In der aktuellen HTML5-Spezifikation gibt es eine größere Auswahl an Elementen, um spezifische Sektionen zu beschreiben.

Als (zunächst) Letztes fügen wir noch einen Bereich für ein (Haupt-)Menü in unsere Seite ein:

```
 1: <!DOCTYPE HTML PUBLIC "-//W3C//DTD HTML 4.01//EN"
    "http://www.w3.org/TR/html4/strict.dtd">
 2: <html>
 3:   <head>
 4:     <meta http-equiv="Content-Type" content="text/html;
          charset=utf-8">
 5:     <title>Ein einfaches Dokument</title>
 6:     <style><!--
 7:       ...
 8:     --></style>
 9:   </head>
10:   <body>
11:     <div id="header"> Kopfzeile </div>
12:     <div id="mainnav"> Navigation </div>
```

```
13:     <div id="main">
14:         <h1>Ein einfaches Dokument</h1>
15:         <p>Dieses Dokument wird per CSS
            formatiert</p>
16:     </div>
17:     <div id="footer"> Fußzeile </div>
18: </body>
19: </html>
```
Listing 2.8 Komplette Seite mit Navigationsmenü

Mit diesem einfachen HTML-Dokument sind Sie nun gut gerüstet, um es mit CSS zu verschönern.

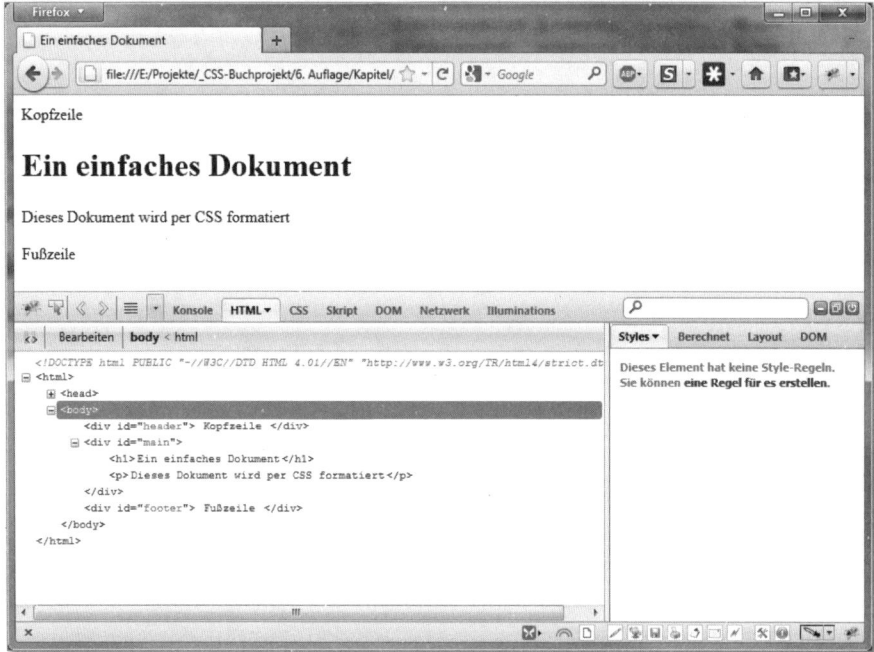

Abbildung 2.8 Noch sieht unsere Webseite recht nackt aus.

> **Exkurs: Das Browser-Stylesheet**
>
> Auch wenn Sie einem HTML-Dokument kein Stylesheet zugeordnet haben, werden die Elemente in einer bestimmten Gestaltung angezeigt. So sind die Überschrift »wie von selbst« größer als der normale Text, und die Abstände zwischen den Elementen sind unterschiedlich. Wie kommt das?

Jeder Browser hat bereits ein Stylesheet eingebaut, das dann zum Einsatz kommt, wenn auf der aufgerufenen Webseite kein eigenes Stylesheet vorhanden ist. Leider sind die Voreinstellungen der verschiedenen Browser recht unterschiedlich, z. B. was Schriftgrößen und Abstände betrifft, so dass Sie später lernen, wie Sie diese Unterschiede durch ein »Reset-Stylesheet« verhindern.

Aber vorher werfe ich noch einen Blick in die inzwischen recht nahe Zukunft und zeige auf, was HTML für uns bereithält.

2.5 HTML 4, HTML5 oder XHTML?

Einige Zeit sah es so aus, als ob HTML 4 die letzte Version von HTML sein würde – das internationale Standardisierungsgremium W3C (World Wide Web Consortium) hatte sich auf XHTML als Nachfolger von HTML festgelegt. Auch viel Entwickler (mich eingeschlossen) waren schon auf den neuen Standard umgestiegen. Im gleich folgenden Abschnitt 2.6 beschreibe ich, warum das eventuell etwas voreilig war. Aber zunächst einmal zu den Unterschieden zwischen HTML und XHTML.

XHTML funktioniert sehr ähnlich wie HTML, und auch der Code selbst unterscheidet sich kaum. XHTML ist jedoch eine vollständig und korrekt per XML definierte Sprache.

Allerdings ist die Diskussion in der »Webstandardista«-Szene zu diesem Thema sehr kontrovers. Tatsächlich ist es für die Qualität des Codes unerheblich, ob er in HTML oder XHTML geschrieben ist. Bedeutsamer ist eher die Verwendung einer `strict`-Variante, die keine Unsauberkeiten mehr zulässt.

> **»application/xml« oder »text/html«**
>
> Ein Streitpunkt unter Experten ist die Art, wie ein Dokument ausgeliefert wird. Ein in XHTML geschriebenes Dokument ist ein XML-Dokument und müsste vom Webserver demzufolge als `application/xml` an den Browser gesendet werden, was aber der Internet Explorer nicht versteht. Daher liefern die meisten Anwender auch XHTML-Dokumente als `text/html` aus, was zwar funktioniert, aber streng genommen nicht korrekt ist.

Sie finden die Spezifikation von XHTML im Internet unter *http://www.w3.org/TR/xhtml1/* (Linkcode 0008) oder in einer deutschen Übersetzung unter *http://www.websitedev.de/xhtml/xhtml1/* (Linkcode 0009).

[«]

XHTML 1.0 transitional, strict, XHTML 1.1 oder gar XHTML 2.0?

Mit `XHTML 1.0 transitional` liegt eine spezielle Sprachvariante vor, die auch auf ältere Browser Rücksicht nimmt.

Im Unterschied zur Variante `transitional` nimmt `XHTML 1.0 strict` keine Rücksicht auf Kompatibilität mit HTML 4. Rigoros sind alle Attribute aus dem XHTML-Code entfernt, die sich auf die Präsentation beziehen. Bei der Erstellung neuer Dokumente lassen sich fast alle verlorenen Attribute durch CSS ersetzen, aber beim Umbau bestehender Seiten ist mit einigem Zusatzaufwand zu rechnen.

XHTML 1.1 ist gegenüber `XHTML 1.0 strict` kaum verändert, eine `transitional`-Variante gibt es allerdings nicht mehr. Aufgrund eines Problems mit dem Internet Explorer 6 ist die Verwendung allerdings problematisch. Ausführliche Diskussionen zum Thema »XHTML media types« finden Sie im XHTML-Forum unter: *http://www.xhtmlforum.de/* (Linkcode 0010). Ein Besuch lohnt sich auch aufgrund des vorhandenen CSS-Forums.

Unterschiede gegenüber HTML

1. Die Angabe des Dokumenttyps und des Namensraumes:
   Während bei HTML die Angabe eines Dokumenttyps (`Doctype`) aufgrund der Fehlertoleranz der marktüblichen Browser ohne Schaden weggelassen werden konnte, ist diese Angabe bei XHTML unverzichtbar.

   Dabei hat die exakte Formulierung des Dokumententyps großen Einfluss auf die Darstellung eines Dokuments, da viele Browser die Doctype-Angabe verwenden, um unterschiedliche Layoutmodi anzusteuern.
   ```
   <!DOCTYPE html PUBLIC "-//W3C//DTD XHTML 1.0 Transitional//
   EN" "http://www.w3.org/TR/xhtml1/DTD/xhtml1-transitional.dtd">
   ```
   Diese Angabe muss am Anfang eines jeden Dokuments stehen, gefolgt von der Nennung des Namenraums.
   ```
   <html xmlns="http://www.w3.org/1999/
   xhtml" xml:lang="en" lang="en">
   ```
   Beziehungsweise für ein deutschsprachiges Dokument:
   ```
   <html xmlns="http://www.w3.org/1999/
   xhtml" xml:lang="de" lang="de">
   ```
   Außerdem ist ein sogenannter *XML-Prolog* vorgesehen, der einen Hinweis auf die XML-Version und den verwendeten Zeichensatz liefert:
   ```
   <?xml version="1.0" encoding="utf-8"?>
   ```

Dieser Prolog ist optional, und da er beim Internet Explorer 6 zu Schwierigkeiten führt (siehe Abschnitt 11.2.1, »Doctype-Switching«), sollten Sie ihn lieber weglassen.

2. Alle Tags und Attribute müssen kleingeschrieben werden. Während es in HTML egal war, ob Tags groß-, klein- oder gemischt geschrieben wurden, verlangt XHTML die Kleinschreibung von Tags und Attributen.

   Statt `<TITLE>` oder `<Title>` ist nur `<title>` korrekt.

3. In XHTML müssen sämtliche Attribute der Tags in Anführungszeichen gesetzt werden. Statt `<img src="bild.gif" height=20 width=300>` müssen Sie nun `<img src="bild.gif" height="20" width="300" />` schreiben.

4. Attribute dürfen nicht allein stehen. Sie müssen einen Wert haben, notfalls den Namen des Attributs. Statt `<td nowrap>` muss es nun `<td nowrap="nowrap">` heißen.

5. Alle Tags **müssen** geschlossen werden. In HTML konnte in vielen Fällen auf das Schließen von Tags verzichtet werden. Die marktbeherrschenden Browser nahmen das Ende eines Absatzes an, wenn ein neuer Absatz begonnen wurde. Für verschiedene HTML-Tags, für `<br>` beispielsweise, existiert sogar kein schließendes Tag.

   In XHTML müssen sämtliche Tags geschlossen werden. Anstatt am Ende eines Absatzes ein einzelnes `<p>` zu notieren, muss jeder Absatz mit `<p>` beginnen und mit `</p>` enden.

   Selbst einzeln stehende Tags müssen formal beendet werden. Dazu wird am Ende des Tags ein Schrägstrich (/) notiert. Ein Leerzeichen vor dem Schrägstrich ist inzwischen nicht mehr erforderlich – ich verwende es nur noch aus Gewohnheit und weil ich das Tag dadurch etwas besser lesbar finde. So wird beispielsweise aus `<img src="bild.gif">` in XHTML `<img src="bild.gif" />`, und aus `<br>` wird `<br />`.

6. Skripte müssen maskiert werden. XHTML erwartet zur Kennzeichnung von Skripten in JavaScript und Stylesheets eine Kennzeichnung als CDATA-Bereich (Character Data):

```
<script type="text/javascript">
   // <![CDATA[
     ...
   // ]]>
</script>
```

bzw.

```
<style type="text/css">
   /*<![CDATA[*/
```

```
    ...
    /*]]>*/
</style>
```

Um diese XHTML-Tags vor sehr alten Browsern zu verbergen, können Sie sie zusätzlich auskommentieren.

```
<script type="text/javascript">
    <!--
    // <![CDATA[
        ...
    // ]]>
    -->
</script>
```

und

```
<style type="text/css">>
    <!--
    /*<![CDATA[*/
        ...
    /*]]>
    -->
</style>
```

7. Generell wird bei XHTML-Dokumenten empfohlen, alle Skripte in eigene Dateien auszulagern.

8. Das Attribut `name` zur Benennung von Ankern wird durch die universelle Bezeichnung `ID` ersetzt. In `XHTML strict` ist auch das `target`-Attribut nicht mehr erlaubt.

2.6 HTML5 und CSS

Eigentlich sollte der Weg von XHTML 1.0 weiter in Richtung X(HT)ML gehen, so hatte es das W3C vorgegeben und schon begonnen, an XHTML 2 zu arbeiten. Aus verschiedenen Gründen gingen wesentliche Browserhersteller diesen Weg jedoch nicht mit, sondern schlugen stattdessen einen eigenen Weg ein: HTML5. 2006 hat das W3C eine eigene Arbeitsgruppe zu HTML5 ins Leben gerufen und setzt nun auch auf HTML5. Die Entwicklung von XHTML 2 wurde eingestellt.

> **Exkurs: Wer sagt eigentlich, was HTML ist?**
>
> Das W3C (World Wide Web Consortium) ist ein Standardisierungsgremium für HTML und andere Webtechnologien. Es veröffentlicht zu allen behandelten Technologien sogenannte Empfehlungen (*recommendations*), die zwar keinen gesetzlich bindenden

Charakter haben, aber als Quasi-Standards beschreiben, wie der fachlich korrekte und empfehlenswerte Gebrauch dieser Technologien aussieht. Da auch Browserhersteller diese Empfehlungen (mehr oder weniger) befolgen, sollten Sie sich so weit wie möglich an diese Empfehlungen halten. Das W3C betreibt auch eine Validierungssoftware, mit der sie Ihren Code testen können. Nähere Informationen finden Sie unter *http://www.w3.org/* (Linkcode 0107) und *http://validator.w3.org/* (Linkcode 0035).

Grundsätzlich ist HTML5 ein Schritt in Richtung Pragmatismus und ist in vielen Fällen wesentlich toleranter als es der XHTML 2-Standard vorgesehen hatte. Auf XHTML.com sind die beiden Technologien im Vergleich dargestellt: *http://xhtml.com/de/future/x-html-5-versus-xhtml-2/ /* (Linkcode 0502).

Im Moment hat HTML5 den Status eines Arbeitspapiers – diverse Bestandteile werden von modernen Browser allerdings schon interpretiert. In anderen Browsern lässt sich mittels JavaScript oder anderen Tricks auch eine Anzeige erreichen.

Die Möglichkeiten von HTML5 sind allerdings verführerisch; das W3C hat daher HTML5 ein eigenes Logo und eine eigene – sehr schick gestylte – Webseite spendiert: *http://www.w3.org/html/logo/* (Linkcode 0608).

Abbildung 2.9 Eins, zwei, drei, ganz viele HTML5-Logos ...

Die Seite gibt einen guten Überblick über die verfügbaren Technologien, auch wenn CSS eigentlich kein Teil von HTML5 ist, sondern eine eigene Spezifikation. Und wenn Sie wollen, können Sie sich ein Logo-Badge generieren, das alle Technologien anzeigt, die Sie auf Ihrer Website verwenden (irgendwie erinnert mich das doch sehr an die 90er im Webdesign ...).

2.6.1 HTML5 im Vergleich zu HTML 4 und XHTML

Worin unterscheidet sich HTML5 nun von XHTML 1 und HTML 4? Ein erster erfreulicher Unterschied ist der Doctype. Während es bei HTML 4 und XHTML 1 eine Vielzahl von recht komplizierten Doctypes gab, lautet der Doctype von HTML5 schlicht:

```
<!DOCTYPE html>
```

Alle modernen Browser verstehen diesen Doctype und stellen damit ausgezeichnete Dokumente in der standardkonformen Art dar.

2.6.2 Neue Elemente in HTML5

HTML5 führt eine ganze Reihe neuer Elemente ein, die u. a. dazu gedacht sind, die Struktur eines Dokumentes besser darzustellen. Zur Auszeichnung der Struktur einer Webseite stehen die in Tabelle 2.1 genannten Elemente zur Verfügung.

Element	Verwendung
section	inhaltlich zusammenhängender Bereich
nav	Navigationsbereich
article	eigenständiger Inhaltsblock, Artikel
aside	nebengeordnete Informationen, z. B. Marginalien
hgroup	Gruppe von Überschriften
header	Kopfbereich
footer	Fußzeile

Tabelle 2.1 Neue HTML-Elemente in HTML5

Unser Beispiel von vorhin (Listing 2.8) würde jetzt so aussehen (der Übersicht halber zeige ich nur den `<body>`-Bereich):

```
1:  <body>
2:    <header> Kopfzeile </header>
3:    <nav> Navigation </nav>
4:    <section>
```

```
5:      <article>
6:          <h1>Ein einfaches Dokument</h1>
7:          <p>Dieses Dokument wird per CSS formatiert.</p>
8:      </article>
9:    </section>
10:   <footer> Fußzeile </footer>
11: </body>
```

Listing 2.9 Nachher: HTML5

Viel beachtet wurden die neuen Elemente `<video>` und `<audio>`, die eine native Darstellung von Multimedia im Browser versprechen. Insbesondere da Apple auf seinen iPhones und iPads die Ausführung von Flash unterbindet, haben viele Entwickler voller Hoffnung auf diese neuen Elemente geblickt. Tatsächlich unterstützen moderne Browser wie Firefox, Chrome, Safari und Opera und der Internet Explorer 9 (!) das Element. Als Problem stellt sich allerdings heraus, dass sich die verschiedenen Beteiligten aus lizenzrechtlichen und marktstrategischen Überlegungen nicht auf ein einheitliches Kodierungsformat einigen konnten und somit verschiedene Formate angeboten werden müssten.

Ein Artikel der »Webkrauts« beschreibt, wie das Element zu nutzen ist und wie dem Problem der unterschiedlichen Formate begegnet werden kann: *http://www.webkrauts.de/2009/09/28/sehen-und-hoeren/* (Linkcode: 0609).

Ein weiteres interessantes neues Element ist das Element `<canvas>`, mit dem Sie per JavaScript Grafiken direkt im Browser zeichnen können. Auch hierzu ein passender Artikel bei den Webkrauts (lesen Sie auch die nachfolgende Diskussion): *http://www.webkrauts.de/2009/09/29/malen-nach-zahlen/* (Linkcode: 0610).

Eine ganze Reihe von Verbesserungen gibt es für Formulare – meiner Meinung nach überfällig! Hier sind es nicht neue Elemente, sondern neue Typen und Attribute für das bekannte Element `<input>`. So gibt es u. a. die in Tabelle 2.2 genannten.

Type	Bedeutung
date	ein gültiges Datum in lokalisierter Form
datetime	eine Kombination aus Datum und Zeit
url	ein gültiger URL
number	eine Zahl
range	ein Zahlenbereich (von ... bis)
email	eine gültige E-Mail-Adresse

Tabelle 2.2 Auswahl neuer HTML5-Möglichkeiten für Formulare

Als Attribut steht unter anderem das sehr mächtige `pattern` zur Verfügung. Hierbei können Sie mit Hilfe eines regulären Ausdrucks vorgeben, welche Form als Eingabe erlaubt ist. Mit

```
<input type="text" name="PLZ" pattern="([0-
9]{5})" required="required" title="5stellige Postleitzahl" />
```

würde die Eingabe als fünfstellige Zahl validiert.

Sie sehen hier auch, dass in HTML5 die typische XHTML 1-Schreibweise mit selbstschließenden Elementen (/ am Ende) und dem ebenfalls in XHTML vorgeschriebenen `required="required"` verwendet und erlaubt ist. Sie ist aber nicht mehr erforderlich – genauso gültig wäre:

```
<input type="text" name="PLZ" pattern="([0-
9]{5})" required title="5stellige Postleitzahl">
```

Ein Element, auf das ich mich schon lange gefreut habe, ist das Element `<wbr>`. Damit ist es nun endlich möglich, Trennungsmöglichkeiten vorzugeben. Bei besonders langen Begriffen kann so verhindert werden, dass es in engen Bereichen (z. B. einem vertikalen Menü) zu unschönen Layoutfehlern kommt:

```
Donau<wbr>dampf<wbr>schiff<wbr>fahrts<wbr>gesell<wbr> schafts<wbr>bü
ro<wbr>räume
```

Auch bei langen URLs ist das Tag sehr nützlich. Eine echte Silbentrennung ersetzt es allerdings nicht – oder wollen Sie ganze Texte mit `<wbr>`-Elementen versehen?

Es gibt auch einige altbekannte Elemente, die in HTML5 verschwunden sind: Insbesondere die Elemente `<frame>` und `<frameset>` sind nicht mehr möglich – zum Glück. Und auch `<font>` ist ausgestorben, ebenso wie `<acronym>` (stattdessen wird jetzt nur noch `<abbr>` für Abkürzungen verwendet). Eine komplette Liste der nicht mehr verfügbaren Elemente samt Alternativen finden Sie beim W3C: *http://www.w3.org/TR/html5-diff/#absent-elements* (Linkcode: 0611).

Eine komplette Liste aller in HTML5 enthaltenen Elemente mit Hinweisen, welche neu sind und welche nicht mehr verwendet werden können, finden Sie in Anhang C.

2.6.3 HTML5 in der Praxis

Grundsätzlich wäre es auch heute schon möglich, die neuen HTML5-Elemente zu verwenden – sie lassen sich per CSS genau so ansprechen, wie wir es mit es mit den üblichen Elementen schon kennen.

Statt

```
p { font-family: Verdana, Geneva, sans-serif;
    color: #666; }
```

ließe sich auch

```
header { font-family: Verdana, Geneva, sans-serif;
    color: #666; }
```

schreiben. Aber Sie haben sicher schon den Konjunktiv in meinem ersten Satz entdeckt. Leider werden alle HTML5-Elemente vom Internet Explorer in den Version bis und inklusive 8 komplett falsch interpretiert. So ist der Einsatz von HTML ohne Tricks unmöglich.

Peter Kröner hat in einem Artikel die Möglichkeiten erläutert, HTML5 auch in etwas älteren Versionen des Internet Explorers zu verwenden: *http://www.peterkroener.de/html5-was-geht-heute-schon-was-geht-nicht-der-grosse-ueberblick/* (Linkcode 0612), und auch beim englischsprachigen HTML5Doctor macht man sich Gedanken, was heute schon in der täglichen Arbeit eingesetzt werden kann (*http://html5doctor.com/how-to-use-html5-in-your-client-work-right-now/*, Linkcode: 0613). Einige populäre Frameworks setzen bereits auf HTML5 – mit JavaScript-Unterstützung (lesen Sie dazu auch Kapitel 12, »Arbeiten mit CSS-Frameworks«).

Besser sieht die Situation allerdings im mobilen Bereich aus: Alle wichtigen Browser auf Smartphones (iOS-Familie, Android, Blackberry, Symbian) unterstützen HTML5 nativ – für den geringen Anteil mobiler Internet Explorer ist die JavaScript-Lösung leicht zu verschmerzen.

Für dieses Buch werde ich – außer in einigen speziellen Beispielen – auf besondere Elemente von HTML5 verzichten und in Folge nur den HTML5-Doctype verwenden. Das macht die Listings etwas übersichtlicher und schadet auch nicht.

Stylesheets zu schreiben ist nicht schwer. In diesem Kapitel fangen Sie damit an und erstellen Ihr erstes eigenes Stylesheet.

3 Das erste Stylesheet – »Hallo Welt!« auf CSS

Traditionell ist das erste Beispiel für Programmiersprachen die Ausgabe des Textes »Hallo Welt!«. Obwohl CSS und HTML keine Programmiersprachen sind, möchte ich mich hier anschließen – ein einfacheres Beispiel ist auch kaum vorstellbar. Im Prinzip kennen Sie die Struktur ja schon aus dem ersten und zweiten Kapitel. Ich habe nur erst einmal die im `<head>` untergebrachten Styles weggelassen.

```
 1:  <!DOCTYPE html>
 2:  <html>
 3:    <head>
 4:      <meta http-equiv="Content-Type" content="text/html; charset=utf-8">
 5:      <title>Hallo Welt!</title>
 6:    </head>
 7:    <body>
 8:      <div id="header"> Kopfzeile </div>
 9:      <div id="mainnav"> Navigation </div>
10:      <div id="main">
11:        <h1>Hallo Welt!</h1>
12:        <p>Mein erstes CSS-Dokument!</p>
13:      </div>
14:      <div id="footer"> Fußzeile </div>
15:    </body>
16:  </html>
```

Listing 3.1 »Hallo Welt!« in HTML

3 | Das erste Stylesheet – »Hallo Welt!« auf CSS

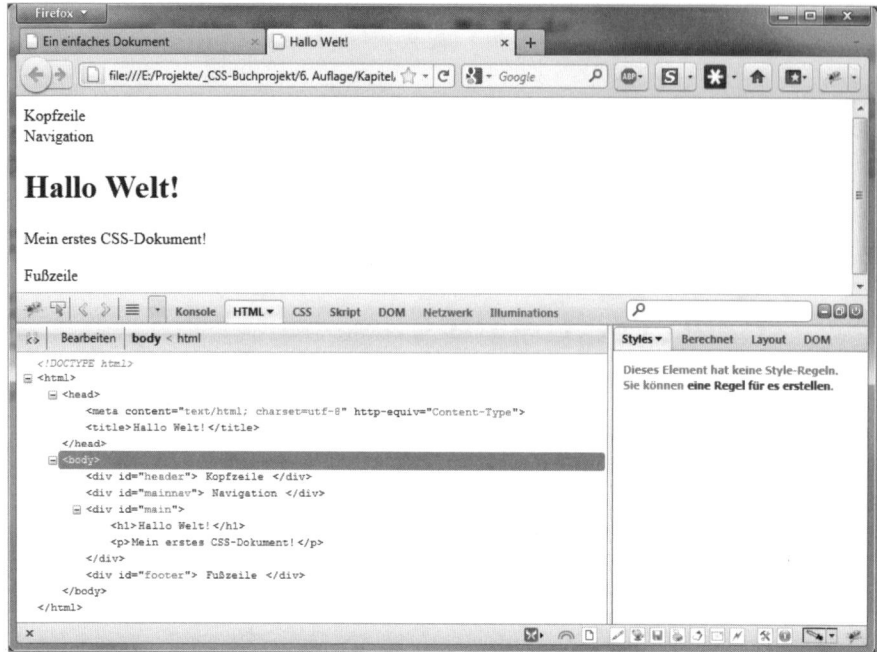

Abbildung 3.1   Das Übungsbeispiel wartet sehnsüchtig auf ein wenig Style.

Bis auf die durch das Browserstandardstylesheet (Sie erinnern sich – Seite 38) vorgegebene größere Schrift für die Überschrift ist das Dokument noch ungestaltet – das werde ich jetzt ändern.

Im Beispiel aus Kapitel 1 habe ich das Stylesheet einfach direkt in den `<head>` des Dokuments geschrieben. Das ist nur eine Möglichkeit, Stylesheets an Dokumente zu binden. Wenn Sie für mehrere Seiten die gleichen Styles verwenden wollen, ist es recht unpraktisch, die gleichen Anweisungen auf jeder Seite zu wiederholen. Glücklicherweise lassen sich Stylesheets einfach auslagern und dann auf mehreren Seiten einbinden.

Statt also im `<head>` Folgendes zu notieren:

```
1:   <style><!--
2:     h1 {
3:       font-family: "Courier New", Courier, monospace;
4:       font-size: 200%;
5:     }
6:     p {
7:       font-family: Verdana, Geneva, sans-serif;
8:       color: #666;
```

```
9:    }
10:   --></style>
```
Listing 3.2 Direkt im <head> notiertes Stylesheet

... fügen Sie einfach einen Link auf das Stylesheet ein:

```
<link rel="stylesheet" type="text/css" href="hallowelt.css">
```

Sämtliche Formatierungsinformationen befinden sich in der ausgelagerten Datei *hallowelt.css*, die folgendermaßen aussieht:

```
1:   h1 {
2:     font-family: "Courier New", Courier, monospace;
3:     font-size: 200%; }
4:   p {
5:     font-family: Verdana, Geneva, sans-serif;
6:     color: #666;
7:   }
```
Listing 3.3 Einfaches Stylesheet »hallowelt.css«

Bei einer Website mit mehreren Hundert oder gar Tausend Dateien, die auf die gleiche Weise formatiert werden, ist das recht praktisch. Anstatt in jeder Datei die Formatierung im HTML-Code vornehmen zu müssen, wird in allen Dateien einfach dasselbe Stylesheet eingebunden. Änderungen werden nun zu einem Kinderspiel, da nur noch eine einzige Datei geändert werden muss!

Damit wäre Ihr erstes per Stylesheet gestaltetes Dokument im Prinzip auch schon fertig. Ein paar Verbesserungen können Sie aber noch anbringen.

Zunächst sollen der Klarheit halber die einzelnen Bereiche einmal voneinander unterscheidbar werden. Dazu weisen Sie ihnen jeweils einen Rahmen zu. Die Eigenschaft zur Formatierung des Rahmens eines Elements heißt border. Mit

```
border: 1px solid grey;
```

weisen Sie Elementen einen grauen Rahmen von einem Pixel Breite zu. Da alle unsere Bereiche als <div> markiert sind, reicht eine Deklaration, um alle mit einem Rahmen zu versehen. Analog zu <h1> und <p> notieren Sie im Stylesheet *hallowelt.css* den folgenden Block:

```
div { border: 1px solid grey; }
```

Viel besser ist das Aussehen noch nicht – alle Elemente kleben ohne Lücken nebeneinander. Das müssen Sie noch beheben – mit Abständen.

CSS kennt für ein Element zwei Arten von Abständen: den äußeren Abstand – `margin` genannt – und den Abstand nach innen – `padding`. Gemessen werden die Abstände immer vom Rahmen aus (ohne die Breite des Rahmens mitzuzählen). Sie geben einmal den Abstand zum nächsten folgenden oder übergeordneten Element an und für den Innenabstand den Abstand zu den Inhalten. Im Detail ist die Vergabe von Abständen dann doch etwas komplizierter – das beschreibe ich in Abschnitt 6.1, »Das Kastenmodell«, genauer. Für heute soll es reichen, dass Sie mit

```
div {
    border: 1px solid grey;
    margin: 5px;
    padding: 10px;
}
```

den `<div>`-Elementen jeweils einen Außenabstand von 5 Pixeln und einen inneren Abstand von 10 Pixeln zuweisen können.

Als Letztes fällt noch auf, dass zwar der Text im Inhaltsbereich die zugewiesenen Schriftformatierungen zeigt, aber die Kopf- und Fußzeile noch in der vom Browser gelieferten Standardschrift und -farbe erscheinen. Kein Wunder – Sie haben ja mit

```
p {
    font-family: Verdana, Geneva, sans-serif;
    color: #666;
}
```

explizit das Element `<p>` angesprochen. In den anderen Bereichen gibt es (noch) keine Absätze, daher greift die Anweisung hier auch nicht. Natürlich könnten Sie auch einfach hier `<p>`-Elemente einfügen – bei längeren Texten wäre das auch semantisch sinnvoll. Was aber wird passieren, wenn wir später einmal eine Liste verwenden wollen – oder ein anderes Element, das kein Absatz ist?

Ein anderer Weg zur gewünschten Schriftzuweisung ist es, auch bei den `<div>`-Elementen die entsprechenden Anweisungen zu notieren. Am elegantesten ist es aber, wenn wir uns die schon angesprochene Eltern-Kind-Beziehung der HTML-Elemente zunutze machen. Erinnern Sie sich? Übergeordnete Eltern-Elemente vererben ihre Eigenschaften an ihre Kinder.

In Beispiel müssen Sie also nur ein Element suchen, das allen anderen Elementen übergeordnet ist und damit Eigenschaften an sie vererben kann. Tatsächlich haben Sie sogar zwei zur Auswahl – können Sie sich denken, welche? Richtig – sowohl `<body>` als auch `<html>` sind verwendbar. Beide sind – und das in jedem

HTML-Dokument – allen anderen inhaltlichen Elementen übergeordnet. Schreiben Sie also den folgenden Code und das Dokument sieht aus wie gewünscht.

```
body {
   font-family: Verdana, Geneva, sans-serif;
   color: #666;
}
```

Warum wird aber jetzt nicht auch die Überschrift <h1> in der gleichen Schrift und Farbe dargestellt? Tatsächlich wird für die Überschrift die Farbe übernommen, aber nicht die Schriftart. Sehen wir uns an, was Sie für <h1> notiert hatten:

```
h1 {
   font-family: "Courier New", Courier, monospace;
   font-size: 200%;
}
```

Sie ahnen es sicher schon: Da für die Farbe keine Angabe gemacht ist, verwendet der Browser die für alle Elemente unterhalb von <body> festgelegte Farbe. Das vorher sichtbare Schwarz war wieder einmal eine Browservoreinstellung.

Für die Schriftart hingegen haben Sie etwas definiert – und damit die allgemeinere Angabe von <body> überschrieben. Offensichtlich gibt es Regeln, die festlegen, was passiert, wenn mehrere CSS-Eigenschaften gleichzeitig auf ein bestimmtes HTML-Element zutreffen.

Abbildung 3.2 Erste Styles geben dem Dokument ein Aussehen.

Da diese Regeln ein fundamentales Prinzip von CSS sind, beschreibe ich sie im nächsten Kapitel im Detail.

Ein wesentlicher Baustein von CSS sind Selektoren. In diesem Kapitel erfahren Sie, was Selektoren sind, wie sie eingesetzt werden und welche verschiedenen Typen von Selektoren es gibt. Außerdem treffen Sie zum ersten Mal auf das Problem der Browserunterstützung

4 Selektoren

Die sogenannten Selektoren regeln, wie die Stileigenschaften den einzelnen Elementen des HTML-Dokuments zugeordnet werden (Was soll »gestylt« werden?).

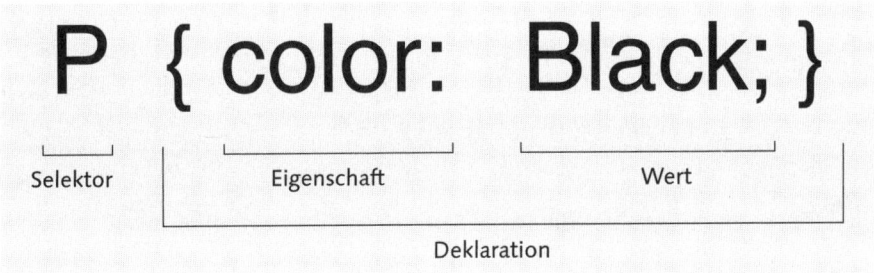

Abbildung 4.1 Zur Erinnerung noch einmal der Aufbau einer CSS-Anweisung (Selektor ganz links)

Dabei nehmen Sie zunächst den Namen des Elements, für den der Selektor wirken soll, und setzen daran die Deklaration (Wie soll der Selektor »gestylt« werden?) in geschweifte Klammern ({ }). In einer Deklaration können Sie eine oder mehrere Eigenschaften ansprechen.

```
Selektor {
    Eigenschaft1: Wert1;
    Eigenschaft2: Wert2;
    Eigenschaft3: Wert3;
    ...
}
```

Sie erinnern sich – Sie haben das im Beispiel des vorherigen Kapitels schon verwendet:

```
p {
    font-family: Verdana, Geneva, sans-serif;
```

```
    color: #666;
}
```

Damit der Browser die einzelnen Deklarationen voneinander trennen kann, wird jede Deklaration mit einem Semikolon abgeschlossen. Streng genommen ist das bei der letzten Deklaration überflüssig, und tatsächlich ist es auch erlaubt, das letzte Semikolon wegzulassen. Da sich aber später beim Hinzufügen weiterer Deklarationen hier leicht Fehler einschleichen, gewöhnen Sie sich besser an, es immer zu setzen.

4.1 Die verschiedenen Selektoren

Die CSS-Spezifikation bietet eine Reihe unterschiedlicher Selektoren, um Elemente möglichst flexibel ansprechen zu können.

4.1.1 Einfache Element-Selektoren

Die einfachste Möglichkeit, einem HTML-Dokument Stile zuzuordnen, besteht in der Zuweisung an ein bestimmtes HTML-Element. Zum Beispiel weisen Sie mit

```
p {color: black};
```

allen HTML-Elementen <p> die Farbe Schwarz zu.

Wenn Sie mehreren Elementen den gleichen Stil zuweisen möchten, notieren Sie die Elemente nacheinander durch Kommata getrennt:

```
p, h1, ol { color: black; }
```

Mehrere Stilanweisungen für ein Element trennen Sie in einer Klammer durch Semikola:

```
p { color: black; background-color: green; }
```

Sie können beide Methoden auch kombinieren:

```
p, h1, ol { color: black; background-color: green; }
```

Hier werden den HTML-Elementen <p>, <h1> und <ol> die Eigenschaften *Schriftfarbe: Schwarz* und *Hintergrundfarbe: Grün* zugewiesen.

Spezielle Tags für CSS: <div> und <span>

Was aber tun Sie, wenn Sie einen Bereich innerhalb eines HTML-Elements formatieren möchten oder einen Bereich, der mehrere HTML-Elemente umfasst? Für diesen Fall sieht HTML ab der Version 4 zwei besondere Elemente für die

Arbeit mit Stilen vor: `<span>` und `<div>`. Diese Tags haben allein keine direkten Auswirkungen auf ein Dokument und wirken erst durch die Kombination mit Stylesheets.

Sie haben das Element `<div>` bereits in unserem Beispiel kennengelernt – es wurde für die Kennzeichnung der Seitenbereiche verwendet. `<div>` und `<span>` lassen sich ansprechen wie alle anderen HTML-Elemente auch.

Wann sollten Sie <div> und wann <span> verwenden?

Während `<div>` ein sogenanntes Block-Element definiert (wie z. B. `<p>` oder `<h1>`) und damit geeignet ist, einen oder mehrere Inhaltsblöcke zusammenzufassen, lassen sich mit `<span>` Bereiche im fließenden Text innerhalb von z. B. Absätzen ansprechen – `<span>` ist also ein Inline-Element wie auch `<strong>` oder `<em>`.

Ein Beispiel – Sie wollen ein Wort in einem Absatz herausstellen:

```
<p>Dies ist ein normaler Absatz. Er enthält mehrere Sätze und ein
Teil ist ein <span>besonderer Hinweis</span>.
Dieser Hinweis wird durch CSS formatiert.</p>
```

Hier ist der Text »besonderer Hinweis« durch das `<span>`-Tag markiert. Noch passiert nichts Besonderes. Aber durch die besondere Markierung können Sie dem Text eine spezielle Formatierung (hier eine vergrößerte Schrift und die Farbe Rot) zuweisen:

```
span { font-size: 120%; color: #ff0000; }
```

Fragen Sie sich aber immer, ob es in solchen Situationen nicht ein passendes semantisches HTML-Element gibt. Einen besonderen Hinweis könnten sie z. B. durch das Element `<em>` (Betonung) oder `<strong>` (starke Betonung) auszeichnen. Das wäre besser, als das semantisch bedeutungslose `<span>` zu verwenden. Aber nicht immer gibt es ein passendes Element, und in vielen Fällen ist es sogar gerade erwünscht, eine semantisch neutrale Markierung zu haben. Ich werde später Beispiele dazu besprechen, z. B. bei der Erstellung von Initialbuchstaben in Abschnitt 9.1.7, »Initialen und Einrückungen«.

Kompatibilitätstabellen

Als Nächstes sehen Sie eine Kompatibilitätstabelle, die anzeigt, wie die marktüblichen Browser das in diesem Abschnitt beschriebene Element interpretieren. Leider werden immer noch einige CSS-Elemente, vor allem neue, nicht von allen Browsern so angezeigt, wie es nach der Spezifikation sein sollte.

Solchen Tabellen werden Sie in den folgenden Kapiteln noch öfter begegnen; sie sollen Ihnen einen schnellen Überblick über die Praxissituation des besprochenen Themas geben.

Ergänzend liegt dem Buch eine farbige Browserreferenzkarte bei, die alle Elemente und Eigenschaften in einer Übersicht zeigt.

Kompatibilität Elementselektoren

Firefox	Internet Explorer	Chrome	Safari	Opera
✓	✓	✓	✓	✓

Eine Zahl nennt dabei die Version des Browsers, ab der die entsprechende Eigenschaft oder Funktion unterstützt wird. Ein Punkt bedeutet, dass die Unterstützung bei allen einigermaßen relevanten Versionen gegeben ist. Zum Zeitpunkt der Bearbeitung dieses Buchs sind das bei Firefox die Versionen ab 3, beim Internet Explorer die Versionen 6–9, bei Chrome die Versionen ab 8, bei Safari die Versionen 4 und 5 und bei Opera die Versionen 10 und 11. Hinzu kommen die mobilen Versionen und Opera Mini, sofern deren Verhalten sich von den »großen« Versionen unterscheidet. Aufgrund der Unzahl an Browserversionen ist es kaum möglich, alle Versionen zu betrachten.

Kleine hochgestellte Zahlen hinter den Buchstaben weisen auf zusätzliche Erläuterungen hin, die jeweils im Abschnitt »Bemerkungen« aufgeführt werden.

4.1.2 Class- und ID-Selektoren

Die bisher behandelten Anweisungen beziehen sich immer auf alle im Geltungsbereich des Stylesheets vorkommenden Instanzen des angegebenen Elements. Das heißt, mit `p {color: black;}` weisen Sie allen Absätzen aller Webseiten, mit denen das Stylesheet verlinkt ist, dieses Format zu.

Klassen und ID-Selektoren zur freien Stilzuweisung

Was aber, wenn Sie nur einem bestimmten Element oder einigen, aber nicht allen Elementen <p> einen Stil zuweisen wollen? In unserem Beispiel würden wir gern die Fußzeile vom Rest der Seite optisch trennen. Da auch der Seitenkopf und der mittlere Inhaltsbereich mit dem Element <div> markiert sind, können wir die Fußzeile nicht einzeln ansprechen.

Für solche Fälle bietet CSS zusätzliche Möglichkeiten an, Elemente zu markieren: die Klassen- und ID-Selektoren `class` und `id`.

Jedes HTML-Element kann mit einer (oder mehreren) Klasse(n), einer (nur einer!) ID oder einer Kombination aus beidem versehen werden. So können Sie einem HTML-Element mit Hilfe unterschiedlicher Klassen verschiedene Formatierungen zuordnen.

Klassendefinitionen beginnen immer mit einem Punkt. So definiert beispielsweise

`.tipp {font-weight: bold; color: red;}`

eine Klasse `.tipp` für nützliche Tipps.

Mit der Notation `<p class="tipp">` ... `</p>` oder `<div class= "tipp">` ... `</div>` weisen Sie diesen oder beliebigen anderen HTML-Elementen die für `.tipp` festgelegten Eigenschaften zu.

Definitionen für ID-Selektoren beginnen immer mit einem Doppelkreuz/einer Raute (#), können aber ansonsten nahezu beliebige Bezeichnungen tragen. Die Anweisung

`#mainnav {background-color: #efefef;}`

definiert für die ID `#mainnav` die Hintergrundfarbe des Elements in einem recht hellen Grau. Mit `<div id="mainnav">` ... `</div>` haben wir ja bereits einen Bereich unseres HTML-Dokuments als Hauptmenü definiert.

> **Nur eine ID**
>
> Im Gegensatz zu Klassen bezeichnen IDs immer dokumentenweit einzigartige Elemente. Also: Es darf einem Element nur eine ID zugewiesen werden, und eine ID darf auf einer HTML-Seite auch nur einmal vorkommen.

Sie erkennen jetzt, warum wir in unserem Beispiel für die Kennzeichnung der Sektionen IDs verwenden. Alle diese Bereiche sind so angelegt, dass sie auf einer Seite nur einmal vorkommen.

Klassen hingegen bezeichnen Eigenschaften (`.hinweis`) oder Gruppen (alle Fehlermeldungen beispielsweise könnten Sie mit einer Klasse `.error` auszeichnen), die im Dokument mehrfach vorkommen können. Sie können einem Element auch mehrere Klassen zuweisen – dazu später mehr.

Aber zurück zu unserer Fußleiste. Wir wollten ja die Fußzeile (ID: `#footer`) bearbeiten. Etwas weiter oben habe ich ja schon unauffällig eine neue passende CSS-Eigenschaft eingeführt, die wir jetzt gut gebrauchen können: `background-color`. Im Gegensatz (oder besser: in Ergänzung) zur bereits bekannten `color` bezieht sich `background-color` auf den Hintergrund eines Elements.

Damit sollten Sie alle Informationen haben, um die Beispieldatei so zu ergänzen, dass die Fußzeile in einer anderen Hintergrundfarbe erscheint. Probieren Sie es doch gleich einmal aus!

Ich werde – damit es nicht so langweilig wird – gleich noch zwei weitere Anweisungen einbauen. Einerseits möchte ich jetzt, da die Fußzeile durch ihre Farbe schon gut erkennbar ist, keinen Rahmen mehr haben. Eine einzelne dezente Linie oberhalb der Fußzeile zur Abgrenzung zum Inhaltsbereich genügt mir. Und ich würde den Inhalt gern zentriert darstellen. Die Eigenschaft border für den Rahmen eines Elements kennen Sie ja schon:

```
border: 1px solid gray;
```

haben Sie für alle <div>-Elemente eingesetzt. Wenn Sie nur eine Seite des Rahmens ansprechen wollen, geht das praktischerweise sehr einfach und intuitiv mit

```
border-top: 1px solid gray;
```

Genauso natürlich für border-bottom, border-left und border-right. Eigentlich sind das auch die wirklichen Eigenschaften für einen Elementrahmen. border ohne Zusätze ist nur eine Kurzschreibweise. Statt

```
border-top: 1px solid gray;
border-right: 1px solid gray;
border-bottom: 1px solid gray;
border-left: 1px solid gray;
```

zu schreiben, reicht

```
border: 1px solid gray;
```

Das spart Zeit und ist weniger fehleranfällig.

Dieses Prinzip gilt bei fast allen Eigenschaften, die sich auf mehrere Seiten eines Elements anwenden lassen – so z. B. auch für die schon verwendeten Eigenschaften margin und padding (Außen- und Innenabstand).

> **Exkurs: Kurzschreibweise**
>
> Es gibt sogar eine Kurzschreibweise, wenn sich die Eigenschaften für die verschiedenen Seiten unterscheiden. Statt z. B.
>
> margin-top: 10px;
> margin-right: 15px;
> margin-bottom: 20px;
> margin-left: 25px;
>
> zu schreiben, können Sie die unterschiedlichen Werte im Uhrzeigersinn nacheinander notieren (beginnen bei top):

```
margin:   10px 15px 20px 25px;
```

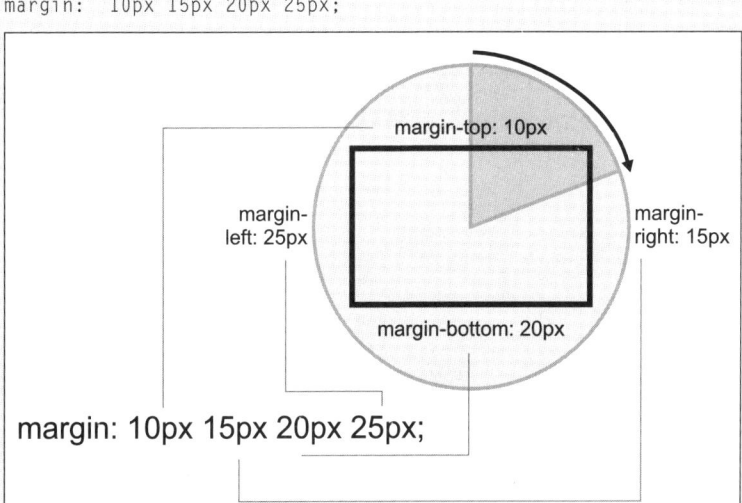

Abbildung 4.2 Benennung der Werte im Uhrzeigersinn

Wenn die Eigenschaften für top und bottom sowie für right und left gleich sind, geht es sogar noch kompakter. Dann müssen sie nur einmal notiert werden. Aus

```
margin-top: 10px;
margin-right: 25px;
margin-bottom: 10px;
margin-left: 25px;
```
wird
```
margin:   10px 25px;
```
Dabei gilt der erste Wert für oben und unten und der zweite für rechts und links. Weitere Kurzschreibweisen finden Sie in Abschnitt 11.5, »Kurzschreibweise«.

Für die Zentrierung benötigen Sie eine neue Eigenschaft. Mit text-align bestimmen Sie die Ausrichtung des Textes. Es stehen die üblichen Formatierungen linksbündig, rechtsbündig, zentriert und Blocksatz zur Verfügung (wobei Blocksatz aufgrund der fehlenden automatischen Trennung und der bescheidenen Layoutfähigkeiten der Browser in der Regel nicht sonderlich elegant aussieht).

Ich habe also am Ende des Stylesheets Folgendes ergänzt:

```
#footer {
    border-top: 1px solid gray;
    background-color: #efefef;
    text-align: center;
}
```

Damit erhalte ich das Design aus Abbildung 4.3.

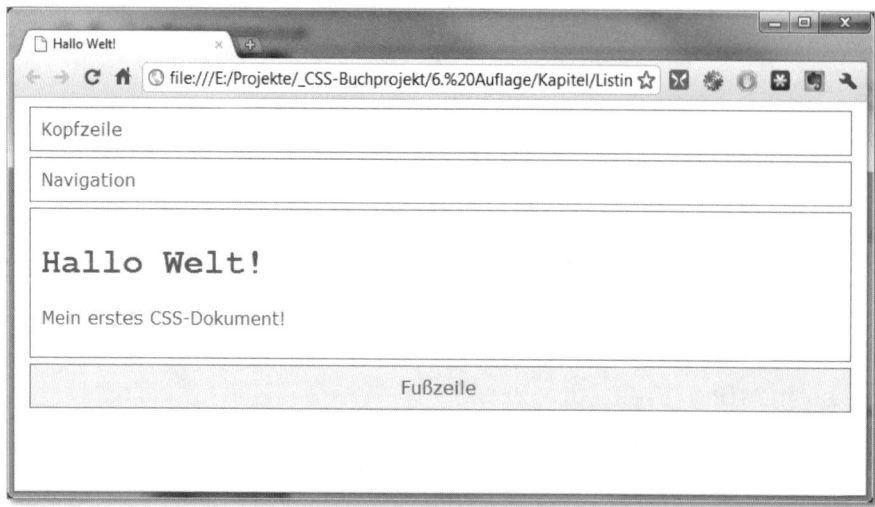

Abbildung 4.3 Fußzeile mit Rahmen

Moment – da stimmt noch etwas nicht. Der Rahmen ist – entgegen meinen Wünschen – immer noch um das gesamte Element gezogen. Finden Sie den Fehler? Genau – aufgrund der vorangegangenen Deklaration

```
div {
   border: 1px solid gray;
   margin: 5px;
   padding: 10px;
}
```

ist immer noch ein Rahmen für alle `<div>`-Elemente definiert. Wenn wir den oberen Rahmen also einzeln definieren, hebt das nicht die schon vorher festgelegten Werte für die anderen Seiten auf. Wir müssen sie explizit löschen.

Dazu dient der Wert none, den wir den drei verbliebenen Rändern zuweisen. Das können wir einzeln für alle drei Seiten machen (border-right: none, border-left: none, border-bottom: none), oder wir machen uns wieder die Eigenschaft von CSS zunutze, dass wir Eigenschaften überschreiben können. Mit

```
#footer {
   border: none;
   border-top: 1px solid gray;
   background-color: #efefef;
   text-align: center;
}
```

löschen wir zuerst alle Rahmen und setzen dann den oberen wieder neu. Hört sich etwas umständlich an, spart aber eine Zeile.

Abbildung 4.4 So soll es aussehen.

Mehrere Klassen zuweisen

Einem HTML-Element können Sie mehrere Klassen zuordnen, die Stilanweisungen ergänzen sich:

```
<p class="hinweis fehler"> ... </p>
```

ordnet dem Absatz die Klassen .hinweis und .fehler zu.

Was passiert, wenn Sie dem Element durch die Zuweisung von mehreren Klassen und IDs widersprüchliche Anweisungen geben? Was passiert z. B. bei dieser Notierung?

```
<p class="hinweis" id="mainnav"> ... </p>
```

und

```
.hinweis { color: red; }
#mainnav{ color: blue; }
```

Der Paragraph würde die Farbe blau zugewiesen bekommen, da nach den internen Regeln von CSS ein ID-Selektor mehr Gewicht hat als eine Klasse.

Das Verhalten regelt die Rangfolge der CSS-Eigenschaften, die Sie in Abschnitt 4.3, »Rangfolge und Kaskade«, kennenlernen.

Elemente und IDs kombinieren

Sie können sowohl Klassen als auch IDs mit HTML-Elementnamen kombinieren:

```
p.hinweis { color: red; }
```

trifft nur auf alle `<p>`-Elemente zu, die mit der Klasse `.hinweis` versehen sind, und nicht auf `<div class="hinweis">`.

```
div#mainnav{ color: blue; }
```

markiert einen Container `<div>`, der die ID `#mainnav` besitzt (diese Notation ist allerdings in den meisten Fällen überflüssig, da ja IDs ohnehin eindeutig sind und in einem Dokument nur einmal verwendet werden können).

Kompatibilität Class- und ID-Selektoren

Firefox	Internet Explorer	Chrome	Safari	Opera
✓	✓	✓	✓	✓

Achten Sie darauf, dass Sie bei Klassen und IDs im HTML-Code nur die Bezeichnungen angeben, nicht aber der Punkte oder das Doppelkreuz. Außerdem sollten Sie weder Umlaute in den Namen verwenden, noch darf das erste Zeichen eine Zahl sein. Am besten benutzen Sie nur die kleinen Buchstaben des ASCII-Zeichensatzes, Zahlen und gegebenenfalls Unter- oder Bindestriche.

Sinnvolle Klassen- und ID-Bezeichnungen

Technisch nicht zwingend, aber sinnvoll ist eine »sprechende«, semantisch passende Benennung der Klassen und IDs. Wenn Sie eine Klasse verwenden, um eine Bildunterschrift zu formatieren, so nennen Sie die Klasse »caption« oder »bildunterschrift«. Wenn Sie eine ID benutzen, um das Hauptmenü zu stylen, so geben Sie ihr den Namen »mainnav« oder »hauptmenue«.

Verführerisch, aber riskant ist es, visuelle Klassennamen zu wählen. So mag »hellrot-fett« als Klassenname für eine fette, hellrote Schriftformatierung zwar naheliegend erscheinen, aber wenn Sie im späteren Verlauf die Farbe einmal ändern, erzeugt der Klassenname einen völlig falschen Eindruck.

Überlegen Sie vor der Vergabe einer neuen Klasse auch, ob es nicht ein passendes HTML-Element gibt. Wichtiger Text kann durch `<strong>` ausgezeichnet werden, ein Zitat durch `<q>` oder `<blockquote>` (je nachdem, ob es sich um ein kurzes Zitat im laufenden Text handelt oder ganze zitierte Absätze). Das spart Code und ist semantisch sauberer.

Mehr zur Schreibweise von CSS-Anweisungen finden Sie in Anhang B, »Benennungen und Werte für Stylesheets«, sowie in Abschnitt 13.1, »Webstandards beachten«.

4.1.3 Kombinierte Selektoren

Es ist ebenso möglich, nur einer bestimmten Kombination von Elementen einen Stil zuzuweisen. So würden die Anweisungen

```
h1 {color: black;}
em {color: red;}
```

allen Überschriften erster Ordnung `<h1>` die Farbe Schwarz und sämtlichen `<em>`-Elementen die Farbe Rot zuweisen. Wenn nun aber nur die `<em>`-Elemente innerhalb von `<h1>`-Elementen gefärbt werden sollen, kann das so ausgedrückt werden:

```
h1 em {color: red;}
```

Hier werden nur die `<em>`-Elemente, die sich innerhalb eines `<h1>`-Elements befinden, rot gefärbt.

> **Achtung**
>
> Die Notation kontextabhängiger Selektoren unterscheidet sich nur durch das fehlende Komma von der Auflistung mehrerer Selektoren aus dem letzten Abschnitt, so dass hier leicht Fehler entstehen.
>
> - **h1, em** spricht sowohl alle `<h1>` als auch alle `<em>` an.
> - **h1 em** spricht nur die `<em>` an, die sich innerhalb von `<h1>` befinden.

Seiten individuell stylen mit kombinierten Selektoren

Mit kombinierten Selektoren ergibt sich eine sehr einfache Möglichkeit, einzelnen Seiten einer Webpräsenz individuelle Stile zuzuordnen. Stellen Sie sich vor, Ihre Website verwendet ein Farbschema zur Unterstützung der Navigation. Auf der Startseite ist die Navigation grün unterlegt, auf einer Seite »Produkte« gelb und in einem weiteren Bereich »Über uns« blau. Die Navigation trägt die ID #navi.

Wenn Sie nun dem `<body>`-Tag jeder Seite eine individuelle ID

```
<body id="home">
<body id="produkte">
<body id="ueberuns">
```

zuweisen, können Sie mit Hilfe der Selektorenkombinationen

4 | Selektoren

```
#home #navi { background-color: green; }
#produkte #navi { background-color: yellow; }
#ueberuns #navi { background-color: blue; }
```

auf jeder Seite der Navigation eine eigene Farbe zuweisen.

Im folgenden Beispiel werden die IDs `home`, `produkte` und `ueberuns` verwendet, um einen Bereich (Klasse `.hintergrund`) mit wechselnden Hintergrundfarben zu versehen, zur Verdeutlichung auch noch mit geänderten Rändern.

[o] Sie finden das komplette Beispiel auf der DVD-ROM im Verzeichnis */beispiele/ kapitel4*.

```
 1:   <!DOCTYPE html>
 2:   <html>
 3:    <head>
 4:       <meta http-equiv="Content-Type" content="text/html;
             charset=utf-8">
 5:       <title>Formatierungen mit body-IDs :
             Homepage</title>
 6:       <link href=" 04-02-bodyid.css" rel="stylesheet"
             media="all" type="text/css">
 7:    </head>
 8:    <body id="home">
 9:       <div id="header"> Kopfzeile </div>
10:       <div id="mainnav">
11:          <ul>
12:             <li><a href="04-01-home.html">Home</a></li>
13:             <li><a href="04-01-produkte.html">
                   Produkte</a></li>
14:             <li><a href="04-01-ueberuns.html">über
                   uns</a></li>
15:          </ul>
16:       </div>
17:       <div id="main">
18:          <h1>Unsere Homepage</h1>
19:          <p>Sed ut perspiciatis unde omnis ... p>
20:          <p>Nemo enim ipsam voluptatem ... </p>
21:       </div>
22:       <div id="footer"> Fußzeile </div>
23:    </body>
24:   </html>
```

Listing 4.1 Seite »Home« mit Body-ID

Und hier das CSS:

```
1:   /* Anweisungen für alle Seiten */
2:   h1 {
3:     font-family: "Courier New", Courier, monospace;
4:     font-size: 200%; }
5:   body  {
6:     font-family: Verdana, Geneva, sans-serif;
7:     color: #666;
8:   }
9:   div {
10:    border: 1px solid gray;
11:    margin: 5px;
12:    padding: 10px;
13:  }
14:  #footer {
15:    border: none;
16:    border-top: 1px solid gray;
17:    background-color: #efefef;
18:    text-align: center;
19:  }
20:
21:  /* nur für Homepage */
22:  #home #main {
23:     border: 4px dotted #000;
24:  }
25:
26:  /* nur für Produkte */
27:  #produkte #header {
28:     background-color: black;
29:     color: white;
30:  }
31:  #produkte #main {
32:     border: 4px solid #000;
33:  }
34:
35:  /* nur für Über uns */
36:  #ueberuns #header {
37:     background-color: lightgray;
38:     color: black;
39:  }
40:  #ueberuns #main {
41:     border: 4px dashed #000;
42:  }
```

Listing 4.2 CSS für alle Seiten

4 | Selektoren

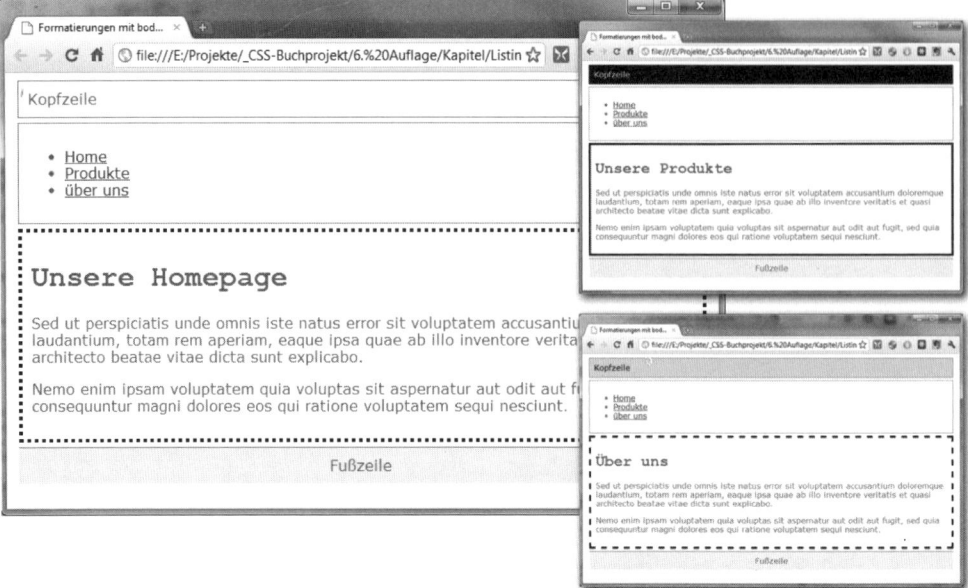

Abbildung 4.5 Das Ergebnis: drei unterschiedlich gestaltete Bereiche durch die Verwendung von Body-IDs

Kompatibilität kombinierte Selektoren

Firefox	Internet Explorer	Chrome	Safari	Opera
✓	✓	✓	✓	✓

4.1.4 Universal-Selektor

Der Universal-Selektor markiert ein beliebiges Element (»Joker«). Er wird durch einen Asterisk (*) markiert.

Die Anweisung

```
#main * {color: black;}
```

setzt die Vordergrundfarbe auf Schwarz für alle Elemente innerhalb des Elements mit der ID #main, aber nicht das Element selbst. Sofern der Universal-Selektor am Anfang einer Deklaration steht, kann er auch weggelassen werden.

```
* p { font-weight: bold; }
```

ist also gleichbedeutend mit

```
p { font-weight: bold; }
```

Dazu ein Beispiel; mit folgendem HTML-Code ergibt sich die Ausgabe aus Abbildung 4.6:

```
1:   <!DOCTYPE html>
2:   <html>
3:     <head>
4:       <meta http-equiv="Content-Type" content="text/html;
             charset=utf-8">
5:       <title>Universal-Selektor</title>
6:       <link href="basis.css" rel="stylesheet" media="all"
             type="text/css">
7:       <style><!--
8:       h2 { font-family:"Courier New", Courier, monospace;
9:           font-size: 150%;
10:      }
11:      #main * h2 {
12:      color: black;
13:      background-color: lightgray;
14:      text-align: center;
15:      }
16:      #main * P {
17:      color: black;
18:      font-weight: bold;
19:      }
20:      --></style>
21:    </head>
22:    <body>
23:      <div id="header"> Kopfzeile </div>
24:      <div id="mainnav"> Navigation </div>
25:      <div id="main">
26:        <h1>Styling mit dem Universal-Selektor</h1>
27:        <p> ... </p>
28:        <h2>Unterüberschrift H2</h2>
29:        <p>Nemo enim ipsam ... </p>
30:        <div>
31:          <h2>Unterüberschrift H2 in einem Kasten</h2>
32:          <p>Sed ut perspiciatis ... </p>
33:        </div>
34:      </div>
35:      <div id="footer"> Fußzeile </div>
36:    </body>
37:  </html>
```

Listing 4.3 Der Universalselektor im Einsatz

Abbildung 4.6 Styling mit dem Universalselektor

Lassen Sie uns das Dokument analysieren. Am Anfang binde ich mit

```
<link href="basis.css" rel="stylesheet" media="all" type="text/css">
```

erst einmal ein paar grundlegende Formatierungen ein, die wir schon aus den vergangenen Kapitel kennen. Dann kommen die eigentlich neuen Styles als direkt im <head> notierte Anweisungen. Sie sehen, die verschiedenen Einbindungen lassen sich auch kombinieren.

Im HTML-Code ist eine neue Überschrift <h2> hinzugekommen, und ein Teil des Dokuments (Zeile 30–33) ist in ein zusätzliches <div> eingepackt. Mit

```
h2 {
   font-family:"Courier New", Courier, monospace;
   font-size: 150%;
}
```

werden die <h2>-Überschriften dokumentenweit gestylt, und dann kommt unser Universal-Selektor zum Einsatz:

```
#main * h2 {
   color: black;
```

```
    background-color: lightgray;
    text-align: center;
}
#main * P {
    color: black;
    font-weight: bold;
}
```

Der Universal-Selektor eignet sich gut, um schnell alle browserspezifischen Stilvorgaben abzuschalten (*reset*). Dazu mehr in Abschnitt 11.4, »Alles auf null: Reset-Stylesheets«.

Kompatibilität Universal-Selektor

Firefox	Internet Explorer	Chrome	Safari	Opera
✓	✓	✓	✓	✓

4.1.5 Kind-Selektoren

Mit dem Kind-Selektor (`child`) sprechen Sie Elemente an, die »Kinder«, also direkt untergeordnete Elemente eines zuvor genannten Selektors, sind. Sie erinnern sich – wir hatten das Konzept der Hierarchie eines HTML-Dokuments in Abschnitt 2.2, »Schnelleinstieg HTML«, besprochen. Jetzt wissen Sie, warum wir uns die Mühe gemacht haben ...

In Abbildung 4.7 sind beispielsweise die Elemente `<head>` und `<body>` Kinder von HTML, während `<b>` und `<img>` Kinder des unteren `<p>` sind.

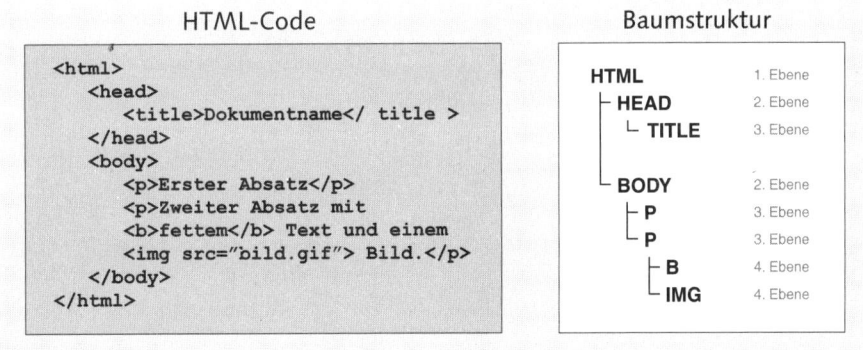

Abbildung 4.7 Baumstruktur eines HTML-Dokuments

Wir können nun mit

`[Elternelement]>[Kindelement]`

bestimmte Elemente ansprechen, die Kinder anderer Elemente sind. Etwas weniger abstrakt sieht das so aus:

```
body>p {
   line-height: 1.8em;
   background-color: #dedede;
}
```

Dies setzt für alle Absätze, die direkte Kinder des <body>-Elements sind, die Zeilenhöhe auf das 1,8-Fache der Schriftgröße und die Hintergrundfarbe auf ein helles Grau. Im Unterschied zu

```
body p {
   line-height: 1.8em;
   background-color: #dedede;
}
```

werden bei der ersten Schreibweise keine Absätze angesprochen, die zwischen <body> und <p> noch ein weiteres HTML-Tag ausweisen.

Das folgende Beispiel zeigt den Unterschied: Während die Anweisung body p alle Absätze mit einem unterbrochenen Rahmen versieht, wirkt body>p nur auf die beiden äußeren Absätze, die direkte Kinder von <body> sind, und färbt ihren Hintergrund hellgrau.

```
1:  <!DOCTYPE html>
2:  <html>
3:  <head>
4:  <meta http-equiv="Content-Type" content="text/html;
    charset=utf-8">
5:  <title>Universal-Selektor</title>
6:  <link href="basis.css" rel="stylesheet" media="all"
    type="text/css">
7:  <style><!--
8:  #main>p {
9:     line-height: 1.8em;
10:    background-color: #dedede
11: }
12: #main p {
13:    border: 1px dashed black
14: }
15: --></style>
16: </head>
17: <body>
18: <div id="header"> Kopfzeile </div>
19: <div id="mainnav"> Navigation </div>
```

```
20: <div id="main">
21:     <h1>Styling mit dem Universal-Selektor</h1>
22:     <p>Dies ist der erste Absatz. Er ist ein Kind vom
        Element &lt;div#main&gt und bekommt die
        Anweisungen für #main &gt; p zugewiesen.</p>
23:     <div>
24:         <p>Dieser Absatz ist noch von einem &lt;div&gt;
            umgeben und somit kein Kind von &lt;div#main&gt;
            (sondern von &lt;div&gt;)</p>
25:     </div>
26:     <p>Hier ist wieder nur ein Absatz vorhanden. Also
        wird wieder die Formatierung #main
        &gt; p angewandt.</p>
27: </div>
28: <div id="footer"> Fußzeile </div>
29: </body>
30: </html>
```

Listing 4.4 Kind-Selektoren

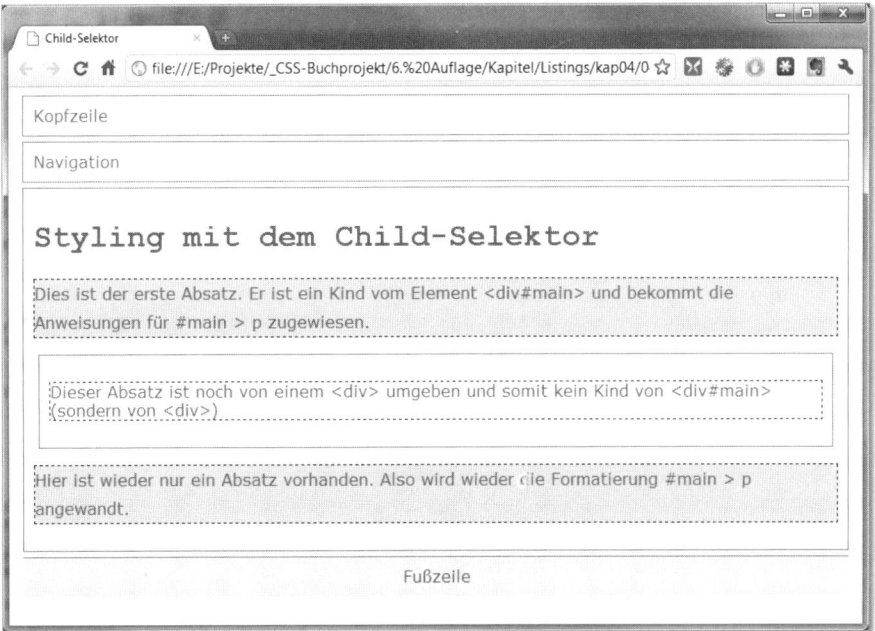

Abbildung 4.8 Anwendung des Kind-Selektors

Kompatibilität Kind-Selektoren

Firefox	Internet Explorer	Chrome	Safari	Opera
✓	7	✓	✓	✓

Bemerkungen: Als einziger noch gebräuchlicher Browser unterstützt der Internet Explorer 6 das Konzept der Kind-Selektoren nicht.

4.1.6 Folgeelement-Selektoren

Im Unterschied zum Kind-Selektor, der ein Element markiert, dass »in« einem anderen Element liegt, spricht der Folgeelement-Selektor (auch »Nachbarschafts-Selektor« genannt) das Element an, das unmittelbar *auf ein anderes Element folgt* und mit diesem denselben Elternteil hat (also neben ihm auf der gleichen Hierarchieebene steht).

```
h1+p {margin-top: -5px;}
```

Dies sorgt dafür, dass der obere Abstand eines Absatzes auf -5px gesetzt wird, sofern er direkt auf eine <h1>-Überschrift folgt.

Allgemeine Folgeelement-Selektoren (CSS3)

Ab CSS3 ist es auch möglich, **alle** folgenden Elemente eines bestimmten Elements anzusprechen. Während

```
h1#tipp01+p {margin-top: -5px;}
```

das nächste, unmittelbar folgende p anspricht, das auf h1#tipp01 folgt, werden mit

```
h1#tipp01~p {margin-top: -5px;}
```

alle p markiert, die nach h1#tipp01 notiert sind. Im folgenden Beispiel probiere ich die Folgeelement-Selektoren alle einmal aus:

```
1:  <!DOCTYPE html>
2:  <html>
3:  <head>
4:  <meta http-equiv="Content-Type" content="text/html;
    charset=utf-8">
5:  <title>Folgeelement-Selektor</title>
6:  <link href="basis.css" rel="stylesheet" media="all"
    type="text/css">
7:  <style>
8:  <!--
9:  h1~p {
10:   border: 1px dotted black;
11: }
```

```
12: h1+p {
13:   border: 1px solid black;
14: }
15: p+p+p {
16:   border: 1px dashed black;
17: }
18: -->
19: </style>
20: </head>
21: <body>
22: <div id="header"> Kopfzeile </div>
23: <div id="mainnav"> Navigation </div>
24: <div id="main">
25: <h1>Styling mit dem Folgeelement-Selektor</h1>
26: <p>Dies ist der erste Absatz.</p>
27: <p>Das ist der zweite Absatz.</p>
28: <p>Und hier kommt der dritte Absatz.</p>
29: </div>
30: <div id="footer"> Fußzeile </div>
31: </body>
32: </html>
```

Listing 4.5 Verschiedene Folgeelement-Selektoren im Einsatz

Zunächst zeichne ich mit

```
h1~p {
   border: 1px dotted black;
}
```

einen gepunkteten Rahmen für alle <p>-Elemente. Dann kommt die Anweisung

```
h1+p {
   border: 1px solid black;
}
```

Sie spricht nur den ersten Absatz an und zeigt dort den Rahmen durchgezeichnet an. Als Letztes sehen Sie, dass Sie durchaus auch drei Elemente verwenden können:

```
p+p+p {
   border: 1px dashed black;
}
```

wird gelesen als »ein Absatz, der nach einem Absatz kommt, der nach einem Absatz kommt«. Selektiert werden hier also alle Absätze in einem Dokument, die immer zwei direkt vorangegangene Absätze haben. Das trifft nur auf den letzten Absatz zu, so dass dieser einen gestrichelten Rahmen bekommt.

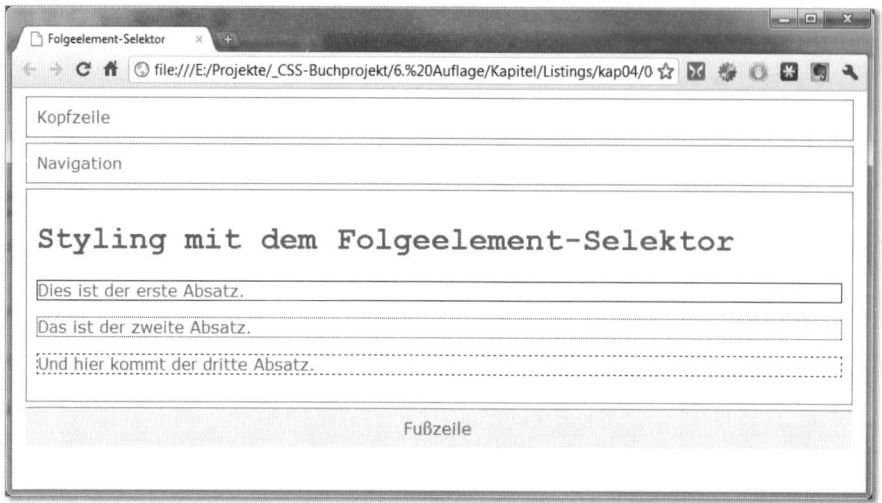

Abbildung 4.9 Folgelemente mit unterschiedlichen Rahmen

In diesem Beispiel ist die Reihenfolge der Anweisungen übrigens wichtig. Wenn Sie die ersten beiden Anweisungen vertauschen, ergibt sich ein anderes Resultat. Das liegt daran, dass beide von der Wertigkeit gleich sind und daher die Reihenfolge entscheidet, welche Anweisung das letzte Wort hat (nämlich die letzte). Wie diese Wertigkeit berechnet wird, erkläre ich etwas weiter in diesem Kapitel in Abschnitt 4.3, »Rangfolge und Kaskade«.

Kompatibilität Folgelement-Selektoren

Firefox	Internet Explorer	Chrome	Safari	Opera
✓	7	✓	✓	✓

Bemerkungen: Als einziger noch gebräuchlicher Browser unterstützt der Internet Explorer 6 das Konzept der Folgelement-Selektoren nicht. Sogar der IE7 versteht den CSS3-Folgelement-Selektor.

4.1.7 Attribut-Selektoren (CSS2 und CSS3)

Ab CSS2 ist es möglich, Elemente anhand ihrer Attribute anzusprechen.

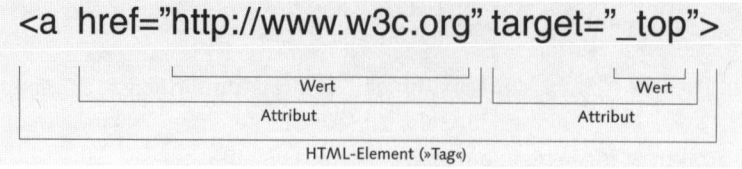

Abbildung 4.10 Das HTML-Element und seine Attribute

Dabei gibt es folgende Vergleichsmöglichkeiten:

- `[att]` markiert ein Element, wenn es das genannte Attribut setzt, unabhängig von seinem Wert.
- `a[href]` markiert alle Hyperlinks (`<a href= ... >`), jedoch keine Anker (`<a name= ... >`).
- `[att=val]` markiert alle Elemente, deren Attribut `att` den Wert `val` hat.
- `a[target="_blank"]` markiert demzufolge alle Links, die ein neues leeres Fenster öffnen.
- `[att~=val]` markiert ein Element, wenn im Attribut `att` der Wert `val` als einzelnes Wort vorkommt.
- `[att|=val]` markiert ein Element, wenn im Attribut `att` der Wert `val` am Anfang einer durch Bindestrich getrennten Zeichenfolge steht (z. B. einer Sprachdefinition nach dem Muster `lang='en-US'`).

In CSS2 gibt es keine Möglichkeit, ein Element anhand von Teilen eines Attributs auszuwählen, die nicht an erster Stelle stehen und durch ein Leerzeichen oder einen Bindestrich abgetrennt sind. Mit CSS3 geht das, wie Sie sehen werden.

Ein gutes Einsatzbeispiel wäre das Erfassen von Checkboxen und Radiobuttons in Formularen. Da diese – genau wie die normalen Eingabefelder – durch das HTML-Element `<input>` erzeugt werden, ist eine unterschiedliche Behandlung erst einmal nicht möglich. Mit `input[type="checkbox"]` bzw. `input[type="radio"]` können Sie diese Elemente elegant erfassen und mit eigenen Styles ausstatten. Stellen Sie sich ein solches Formular vor:

```
1:   <!DOCTYPE html>
2:   <html>
3:   <head>
4:   <meta http-equiv="Content-Type" content="text/html;
     charset=utf-8">
5:   <title>Attribut-Selektor</title>
6:   <link href="basis.css" rel="stylesheet" media="all"
     type="text/css">
7:   <style>
8:   <!--
9:   form ul {
10:    list-style: none;
11:   }
12:   input {
13:    width: 10em;
14:    border: 2px solid lightgray;
15:    padding: 3px;
```

```
16:     margin-left: 10px;
17:   }
18:   -->
19:   </style>
20:   </head>
21:   <body>
22:   <div id="header"> Kopfzeile </div>
23:   <div id="mainnav"> Navigation </div>
24:   <div id="main">
25:   <h1>Styling von Checkboxen und Radiobuttons
      durch Attribut-Selektoren</h1>
26:   <form>
27:     <div>
28:       <label for="name">Name:</label>
29:       <input type="text" id="name" />
30:     </div>
31:     <div>Sie sind
32:       <ul>
33:         <li>
34:           <input type="radio" name="alter"
                 id="ue16">
35:           <label for="ue16">über 16 Jahre
                 alt</label>
36:         </li>
37:         <li>
38:           <input type="radio" name="alter" id="u16">
39:           <label for="u16">unter oder genau 16 Jahre
                 alt</label>
40:         </li>
41:       </ul>
42:     </div>
43:   </form>
44:   </div>
45:   <div id="footer"> Fußzeile </div>
46:   </body>
47:   </html>
```

Listing 4.6 Radiobuttons mit Attribut-Selektoren gestylt

Durch die Zuweisung von Rahmen und Abständen zu <input> bekommen auch die Radiobuttons eine Breite zugewiesen, was unerwünscht ist. Mit

```
input[type="radio"] {
   width: auto;
}
```

ist das Problem gelöst.

Kompatibilität Attribut-Selektoren

Firefox	Internet Explorer	Chrome	Safari	Opera
✓	7	✓	✓	✓

Bemerkungen: Auch hier muss der Internet Explorer 6 passen.

CSS3-Attribut-Selektoren

CSS3 sieht eine Reihe weiterer Selektoren vor, die zum Teil heute schon von mehreren Browsern unterstützt werden.

- **^-Selektor**
  - [att^="text"] selektiert ein Element, dessen Attribut att mit der Zeichenkette »text« beginnt.
  - [href^="http://"] markiert also alle Elemente, deren Attribut href mit »http://« beginnt. Dies ist eine einfache Möglichkeit, externe von internen Links zu unterscheiden.
- **$-Selektor**
  - [att$="text"] selektiert ein Element, dessen Attribut att mit der Zeichenkette »text« endet.
- ***-Selektor**
  - [att*="text"] selektiert ein Element, dessen Attribut att die Zeichenkette »text« enthält.

Kompatibilität CSS3-Attribut-Selektoren

Firefox	Internet Explorer	Chrome	Safari	Opera
✓	7	✓	✓	9

Bemerkungen: Da der IE6 sowohl CSS2- als auch CSS3-Attributselektoren nicht versteht, können Sie ruhig gleich die fortgeschrittenen CSS3-Selektoren verwenden, wenn Sie den IE6 nicht berücksichtigen müssen (der Marktanteil von Opera 9 ist bedeutungslos).

Seitdem der Internet Explorers 7 ausreichend verbreitet ist, ist es endlich möglich, diese nützlichen Selektoren auch praktisch zu verwenden. Vergessen Sie aber nicht, dass der Internet Explorer 6 sie nicht beherrscht! In Kapitel 14, »Ajax, JavaScript und CSS«, zeige ich Ihnen einen Weg, wie Sie diese Einschränkungen umgehen und auch in älteren Internet Explorern mit solchen Selektoren arbeiten können (wenn JavaScript aktiviert ist).

4.1.8 Pseudo-Klassen und Pseudo-Elemente

Eine besondere Form der Selektoren sind Pseudo-Klassen und Pseudo-Elemente. Dabei handelt es sich um Selektoren, die nicht als HTML-Elemente existieren, sondern vom Ausgabegerät (z. B. einem Webbrowser) unter bestimmten Umständen erzeugt werden.

Definitionen für Pseudo-Klassen und -Elemente beginnen mit einem Doppelpunkt. Seit CSS3 verlangt die korrekte Notation von Pseudo-Elementen zwei Doppelpunkte »::«. Pseudoelemente, die auch in CSS2 schon vorhanden sind, können weiterhin mit einem Doppelpunkt markiert werden (obwohl syntaktisch richtig zwei wären), während neue CSS3-Pseudo-Elemente mit »::« eingeleitet werden müssen.

Links mit CSS formatieren

Die wichtigste Pseudo-Klasse ist die Anker-Pseudo-Klasse, mit der Sie die verschiedenen Zustände eines Hyperlinks ansprechen: `a:link {color: red;}` setzt die Link-Farbe auf Rot. `a:visited` spricht besuchte Links an, `a:active` aktive Links (Links, die gerade gedrückt sind), und `a:hover` bezieht sich auf den Zustand, bei dem sich die Maus über dem Link befindet (aber die Maustaste noch nicht gedrückt ist). Außerdem gibt es `a:focus`, mit dem ein vorausgewähltes Element bezeichnet wird. Sie können mit der Tabulatortaste durch die Links einer Webseite springen und diese dann mit ⏎ aktivieren. Wenn Sie ein Element mit der Tabulatortaste angesteuert haben, ist es vorausgewählt.

Andere Pseudo-Elemente sprechen Teile anderer Elemente an, wie zum Beispiel die erste Zeile (`:first-line`) oder den ersten Buchstaben (`:first-letter`) eines Absatzes. Sie finden alle Pseudo-Klassen und -Elemente mit ihren Parametern in Anhang A.

Kompatibilität Pseudo-Elemente und -Selektoren

Firefox	Internet Explorer	Chrome	Safari	Opera
✓	✓	✓	✓	✓

4.1.9 CSS3-Pseudo-Selektoren

In CSS3 wurde auch die Anzahl des Pseudo-Selektoren erweitert. So gibt es jetzt Selektoren wie `:enabled`, `:disabled` and `:checked` für Formulare oder den `:not`-Pseudo-Selektor.

Auch diese Selektoren finden Sie vollständig dokumentiert in Anhang A.

:not-Pseudo-Selektor

Seit CSS3 gibt es auch den :not-Selektor, der interessante Selektionsmechanismen zulässt. Mit :not(irgendwas) wird der Selektor *irgendwas* nicht selektiert. a:not([href]) selektiert beispielsweise alle Anker, die kein Attribut href haben, also zum Beispiel alle gesetzten <a name="..."> ... </a>-Anker.

Mit div#main *:not(ul) selektieren Sie alle Elemente im <div id="main"> außer den unsortierten Listen (aber sehr wohl die in den <ul>-Listen liegenden <li>-Listenpunkte ...).

Im folgenden Beispiel nehmen wir uns noch einmal die Fußzeile unserer Beispielseite vor. Statt erst mit

```
div { border: 1px solid gray; }
```

alle Rahmen zu setzen und danach mit

```
div#footer { border: none; }
```

die Zuweisung wieder zu löschen, können wir einfach schreiben:

```
div:not(#footer) { border: 1px solid gray; }
```

Damit sprechen wir nur die <div>-Elemente an, die nicht die ID #footer haben.

```
 1:   <!DOCTYPE html>
 2:   <html>
 3:   <head>
 4:   <meta http-equiv="Content-Type" content="text/html;
      charset=utf-8">
 5:   <title>not-Selektor</title>
 6:   <style>
 7:   <!--
 8:   h1 {
 9:     font-family: "Courier New", Courier, monospace;
10:     font-size: 200%;
11:   }
12:   body {
13:     font-family: Verdana, Geneva, sans-serif;
14:     color: #666;
15:   }
16:   div {
17:     margin: 5px;
18:     padding: 10px;
19:   }
20:   div:not(#footer) {
21:     border: 1px solid gray;
```

```
22:    background-color: lightgray;
23:  }
24:  div *:not(p) {
25:    color: white;
26:  }
27:  -->
28: </style>
29: </head>
30: <body>
31: <div id="header"> Kopfzeile </div>
32: <div id="mainnav"> Navigation </div>
33: <div id="main">
34:    <h1>Styling mit dem not-Selektor</h1>
35:    <p>Dies ist der erste Absatz.</p>
36:    <p>Das <strong>ist</strong> der <strong>zweite</strong>
       Absatz.</p>
37:    <p>Und hier kommt der dritte Absatz.</p>
38: </div>
39: <div id="footer"> Fußzeile </div>
40: </body>
41: </html>
```

Listing 4.7 Anwendung des :not-Selektors

Kompatibilität CSS3-Pseudo-Elemente und -Selektoren

Firefox	Internet Explorer	Chrome	Safari	Opera
✓	9	✓	✓	✓

4.1.10 Wiederholungs-Selektoren

CSS3 bietet endlich auch eine Möglichkeit, Wiederholungen anzusprechen. So markieren die Pseudo-Klassen :nth-of-type(val) und :nth-child(val) Wiederholungen von Elementen. Im Einzelnen gibt es folgende Wiederholungs-Selektoren:

- :nth-of-type(xn) markiert jedes x-te Vorkommen eines Elements, also wird bei :nth-of-type(2n) jedes zweite Element angesprochen. Zulässig ist auch :nth-of-type(2n+1). Damit würde jedes zweite Element, beginnend mit 1 (also 1, 3, 4, usw.), ausgezeichnet. Mit :nth-of-type(2) sprechen Sie gezielt das 2. Element an.

- :nth-last-of-type(val) funktioniert genauso, nur dass von hinten gezählt wird.

- :nth-child(xn) markiert jedes x-te Kindelement eines Elements, also wird bei :nth-child(3n) jedes dritte Kind-Element angesprochen. Zulässig ist auch :nth-child(3n-2). Damit würde jedes dritte Element, beginnend mit 1 (also 1, 4, 7, usw.), angesprochen. Auch hier können Sie konkret einzelne Kinder ansprechen (:nth-child(333) für Kind 333).
- :nth-last-child(val) funktioniert wie :nth-child(val) – nur wird von hinten (also vom letzten Kind-Element aus) gezählt.

Auch hierzu ein Beispiel:

```
1:   <!DOCTYPE html>
2:   <html>
3:   <head>
4:   <meta http-equiv="Content-Type" content="text/html;
     charset=utf-8">
5:   <title>Wiederholungs-Selektor</title>
6:   <link href="basis.css" rel="stylesheet" media="all"
     type="text/css">
7:   <style>
8:   <!--
9:   ul {
10:    margin: 0;
11:    padding: 0;
12:    list-style: none;
13:   }
14:  li {
15:    background-color: lightgray;
16:    padding: 10px;
17:   }
18:  ul li:nth-child(3n-2) {
19:     background-color: white;
20:     padding: 5px;
21:   }
22:  div:nth-of-type(2) {
23:     border-color: black;
24:   }
25:   -->
26:   </style>
27:   </head>
28:   <body>
29:   <div id="header"> Kopfzeile </div>
30:   <div id="mainnav"> Navigation </div>
31:   <div id="main">
32:   <h1>Styling mit dem Wiederholungs-Selektor</h1>
```

```
33:     <ul>
34:         <li>Listenelement 1</li>
35:         <li>Listenelement 2</li>
36:         <li>Listenelement 3</li>
37:         <li>Listenelement 4</li>
38:         <li>Listenelement 5</li>
39:         <li>Listenelement 6</li>
40:         <li>Listenelement 7</li>
41:         <li>Listenelement 8</li>
42:         <li>Listenelement 9</li>
43:         <li>Listenelement 10</li>
44:     </ul>
45: </div>
46: <div id="footer"> Fußzeile </div>
47: </body>
48: </html>
```

Listing 4.8 Listenelemente anhand ihrer Position markieren

Das sollte jetzt aussehen wie in Abbildung 4.11.

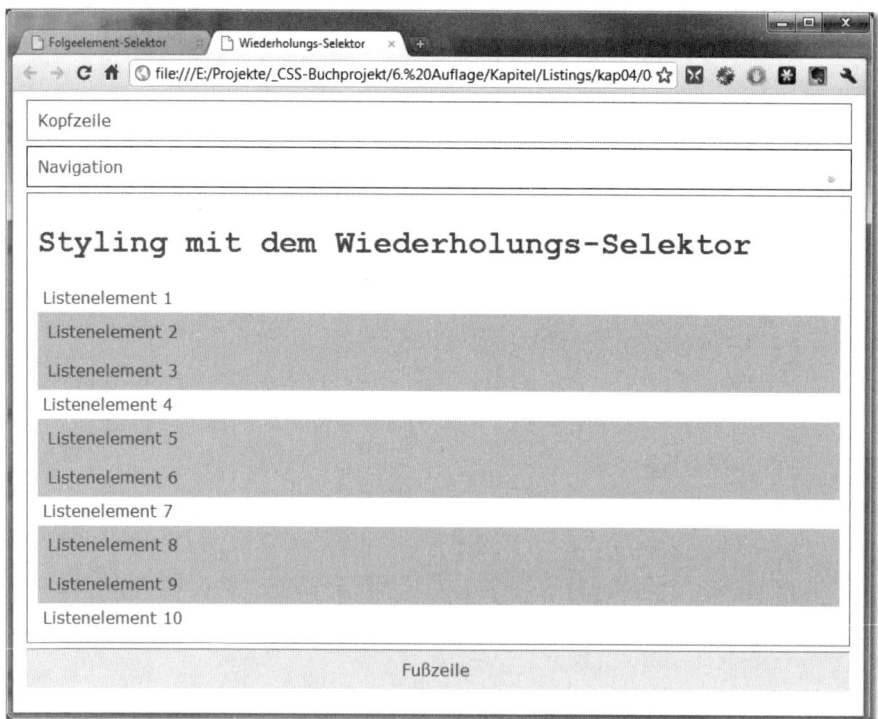

Abbildung 4.11 Der Wiederholungs-Selektor markiert Listenelemente.

Probieren Sie doch selbst einmal ein paar »Berechnungen« aus, und sehen Sie sich das Ergebnis an, um ein Gefühl für die Wirkung des Wiederholungs-Selektors zu bekommen.

Leider steht diese schöne Eigenschaft erst ab dem Internet Explorer 9 zur Verfügung. Aber auch hier gibt es immerhin Hilfsmittel in JavaScript (Abschnitt 14.7.2, »JavaScript zur Erweiterung der Browserfähigkeiten nutzen«).

Kompatibilität Wiederholungs-Selektoren

Firefox	Internet Explorer	Chrome	Safari	Opera
3.5	9	✓	✓	10[1]

Bemerkungen: [1] teilweise fehlerhaft

4.2 Vererbung

Ein weiteres wichtiges Prinzip von CSS ist die Vererbung – die Verwandtschaftsbeziehungen lassen uns nicht los.

Vererbung (*inheritance*) bezeichnet das Prinzip von CSS, bei dem Stileigenschaften von Elementen auf deren untergeordnete Elemente (»Kinder«) weitergegeben (»vererbt«) werden.

```
html {
   color: black;
   font-size: 0.9em;
}
```

Mit dieser Definition werden dem `<html>`-Element die Vordergrundfarbe Schwarz und die Schriftgröße `0.9em` zugewiesen (»em« ist eine weitere Einheit für die Schriftgröße, mit der die Größe der Schrift relativ zu einer anderen, bereits bekannten Größe angegeben wird. Mehr dazu erfahren Sie in Anhang B.2.2, »Relative Einheiten«.

Durch die Vererbung gelten nun für alle untergeordneten Elemente ebenfalls die genannten Schriftanweisungen. Für untergeordnete Elemente (im Falle von `<html>` sind das alle Elemente einer HTML-Seite) müssen sie daher nicht noch einmal festgelegt werden.

Nicht alle Eigenschaften werden vererbt. Die Eigenschaft `margin` beispielsweise nicht. In der CSS-Referenz gebe ich für jede Eigenschaft an, ob sie vererbt wird. [!]

4 | Selektoren

[×] Aufgrund der Vererbung ist ein wenig Vorsicht geboten bei der Verwendung von relativen Einheiten: Wenn Sie `width: 80%` (noch eine relative Einheit) verwenden und dies mehreren Elementen gemeinsam zuweisen, wenden standardkonforme Browser die Anweisung auf jedes Element kumulativ an. Sie erhalten daher schon bei zwei Elementen eine Breite von 64 % (80 % von 80 %)!

Mit der Notation

```
p,h2,#inhalt {
   font-size: 80%;
}
```

weisen Sie den Elementen p und h2 und dem Element mit der ID #inhalt die Schriftgröße 80% zu. Wenn jedoch ein Absatz p innerhalb des #inhalt-Bereichs vorkommt, erhielte er aufgrund der Vererbung eine Schriftgröße von lediglich 64 %.

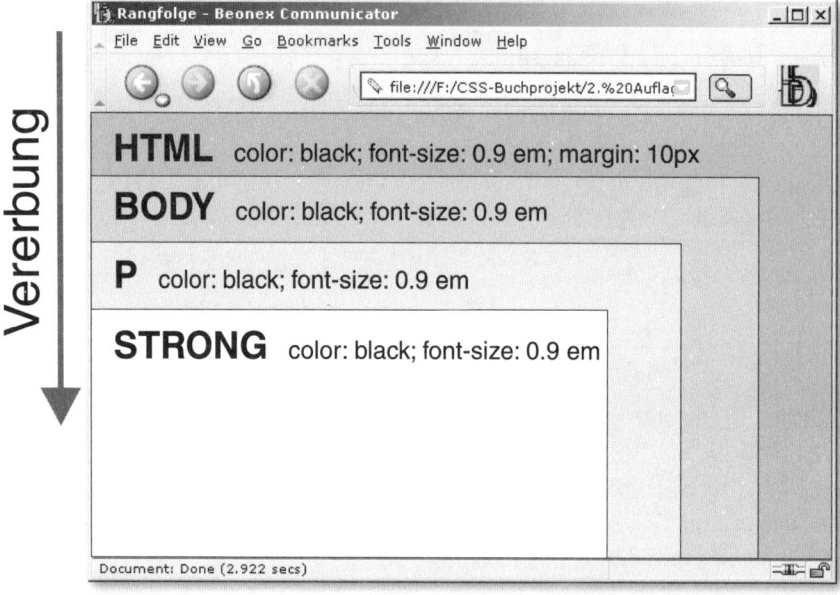

Abbildung 4.12 Weitergabe von CSS-Eigenschaften (»Vererbung«)

Kompatibilität Vererbung

Firefox	Internet Explorer	Chrome	Safari	Opera
✓	✓	✓	✓	✓

4.3 Rangfolge und Kaskade

Da es verschiedene Möglichkeiten gibt, Stilanweisungen zu definieren, können unterschiedliche Definitionen mit widersprüchlichen Anweisungen für ein Element auftreten. In diesem Fall muss eindeutig geregelt werden, wie das Element letztlich formatiert wird. CSS sieht dazu ein Gewichtungssystem vor, mit dem einzelne Anweisungen abhängig von ihrer Reihenfolge und ihrem Ursprung bewertet werden.

Stellen Sie sich folgendes Dokument vor: [zB]

```
1:  <!DOCTYPE html>
2:  <html>
3:  <head>
4:  <meta http-equiv="Content-Type" content="text/html;
    charset=utf-8">
5:  <title>Kaskade Beispiel I</title>
6:  <link href="basis.css" rel="stylesheet" media="all"
    type="text/css">
7:  <style>
8:  <!--
9:  p {
10:   font-size: 90%;
11:   font-style: normal;
12:   color: #000000;
13: }
14: .hinweis {
15:   font-size: 120%;
16:   color: #ff0000;
17: }
18: strong {
19:   font-style: bold;
20: }
21: -->
22: </style>
23: </head>
24: <body>
25: <div id="header"> Kopfzeile </div>
26: <div id="mainnav"> Navigation </div>
27: <div id="main">
28:   <h1>Kaskade Beispiel I</h1>
29:   <p>Dies ist ein Beispiel für die Rangfolge von
      Stylesheets. Hier ein einfacher Absatz. </p>
30:   <p class="hinweis">Dieser Absatz ist mit der Klasse
      hinweis markiert. Darum wird er anders angezeigt. </p>
```

```
31:     <p>Und hier ist ein normaler Absatz, der ein
        <strong>besonders</strong> markiertes Wort enthält. </p>
32:   </div>
33:   <div id="footer"> Kapitel 4 : Die Kaskade </div>
34: </body>
35: </html>
```

Listing 4.9 Kaskade I

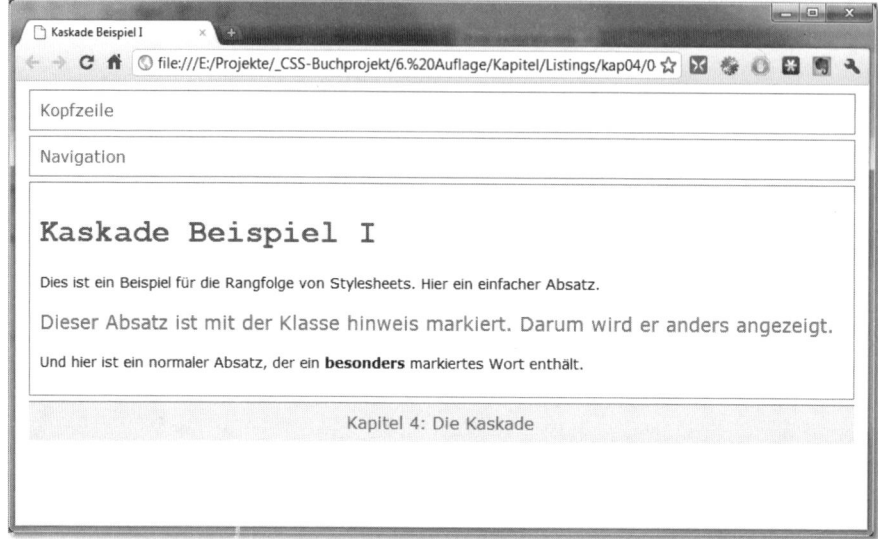

Abbildung 4.13 Rangfolge von CSS-Anweisungen

Der erste Absatz ist für den Browser noch einfach zu interpretieren: Die Schrift soll 90 % der Standardschriftgröße haben und schwarz gefärbt sein. Im nächsten Absatz hingegen wird es kompliziert: Für den Absatz gelten die gleichen Regeln, also Schriftgröße 90 % und Farbe Schwarz. Doch zusätzlich ist eine Klasse definiert, die andere Angaben macht – nämlich die Schrift auf 120 % zu vergrößern und sie rot zu färben.

Wie Sie sehen, hat sich der Browser entschieden, die Anweisungen der Klasse gegenüber denen des HTML-Tags zu bevorzugen. Im dritten Absatz passiert das Gleiche: Die Anweisungen für strong überschreiben die Standardformatierung des Absatzes. In beiden Fällen wird eine allgemeinere Anweisung (nämlich für alle Absätze) durch eine konkretere überschrieben. Für dieses Verhalten gibt es in der CSS-Spezifikation eindeutige Regeln.:

1. Als `!important` (»wichtig«) markierte Anweisungen sind höherwertiger als andere.
2. Spezifischere Anweisungen sind höherwertiger als allgemeine.
3. Anweisungen des Benutzers sind höherwertiger als solche des Dokuments, und diese wiederum sind höherwertiger als die des Anzeigegeräts (des Browsers).
4. Später definierte Anweisungen sind bei ansonsten gleichem Wert höherwertiger als früher definierte.

In der Praxis bestimmen Sie die Wertigkeit einer Anweisung, indem Sie die verwendeten Selektoren »zusammenzählen«. Dabei sind die unterschiedlichen Selektoren unterschiedlich bedeutend:

- Ein ID-Selektor zählt 100 (a),
- eine Klasse zählt 10 (b), und
- ein normales Element (`<p>`) zählt 1 (c).

Die so erhaltene Zahl gibt den Gewichtungswert des Selektors an. Selektoren mit einem höheren Wert überschreiben solche mit niedrigeren Werten. Das bedeutet also, dass ein ID-Selektor (`#hauptmenue`) Vorrang vor einer Klasse (`.hauptmenue`) hat und diese wiederum Vorrang vor normalen Elementen (`<h1>`, `<p>`) – zwei IDs in einer Definition (`#produkte #hauptmenue`) haben Vorrang gegenüber einer ID oder einer ID und einer Klasse. Lassen Sie sich an dieser Stelle nicht verwirren; gleich folgen ein konkretes Beispiel und eine unterhaltsame Methode, um die sogenannte Spezifität darzustellen.

Gezählt werden nur Selektoren, die gemeinsam wirksam werden. In der Kurzschreibweise `p, h1, h2, h3` sind zwar vier Selektoren genannt, sie werden jedoch nur einfach gezählt, da sie ja auch getrennt notiert werden könnten.

[«]

Eine im HTML-Tag definierte Deklaration wird so behandelt, als wäre sie ein am Ende des Stylesheets stehender ID-Selektor. In CSS 2.1 ist eine solche Anweisung höherwertiger als alle anderen.

Grundsätzlich können Sie sich die Wertigkeit auch so verdeutlichen: Je näher die Styleanweisung am HTML-Element steht, desto spezifischer und damit gewichtiger ist sie (ausgenommen `!important`-Anweisungen).

`style="..."` `<style> ... </style>` externes Stylesheet

Darüber hinaus spielt auch die Herkunft der Stylesheets eine Rolle. Alle Browser liefern eigene Stylesheets mit. Diese werden durch Angaben des Entwicklers überschrieben. Wenn allerdings der Benutzer selbst eigene Stylesheets einbindet, haben diese Vorrang vor denen des Entwicklers.

4 | Selektoren

[zB]
```
 1: <!DOCTYPE html>
 2: <html>
 3: <head>
 4: <meta http-equiv="Content-Type" content="text/html;
    charset=utf-8">
 5: <title>Kaskade Beispiel II</title>
 6: <link href="basis.css" rel="stylesheet" media="all"
    type="text/css">
 7: <style>
 8: <!--
 9: body {
10:   font-family: Arial, sans-serif;
11:   font-size: 90%;
12: }
13: p {
14:   color: black;
15: }
16: h1 {
17:   font-size: 120%;
18:   font-weight: normal;
19: }
20: strong {
21:   color: gray;
22:   font-weight: bold;
23: }
24: h2 strong {
25:   color: silver;
26: }
27: .hinweis strong {
28:   color: gray;
29:   font-weight: bold;
30:   text-decoration: underline;
31: }
32: #footer strong em {
33:   color: red;
34:   font-weight: bold;
35:   font-style: italic;
36: }
37: -->
38: </style>
39: </head>
40: <body>
41: <div id="header"> Kopfzeile </div>
42: <div id="mainnav"> Navigation </div>
43: <div id="main">
```

```
44:     <h1>Dies ist eine Überschrift 1. Ordnung, in der Teile
        zusätzlich <strong>wichtig  und fett</strong>
        markiert sind.</h1>
45:     <p>Dies ist ein normaler Absatz.</p>
46:     <p>Hier kommt ein weiterer Absatz, in dem sich ein
        <strong>wichtiges</strong> Wort befindet.</p>
47:     <p class="hinweis">In einem Absatz, der als "hinweis"
        ausgezeichnet ist, sind <strong>wichtige Wörter</strong>
        auch noch unterstrichen.</p>
48:     <h2 class="wichtig">Auch eine <strong>wichtige
        Überschrift</strong> wird so formatiert.</h2>
49: </div>
50: <div id="footer">Und hier ist schließlich ein Footer,
    in dem sich <strong>wichtige
51: (&lt;strong&gt;) und <em>hervorgehobene (&lt;em&gt;)
    Wörter</em></strong> befinden.</div>
52: </body>
53: </body>
54: </html>
```

Listing 4.10 Kaskade II

Stildeklaration	Rangfolge

body {
    font-family: Arial,
    sans-serif;
    size: 11px;
}
	a = 0, b = 0, c = 1
	Gesamtwert = 1

strong {
    color: gray;
    font-weight: bold;
}
	a = 0, b = 0, c = 1
	Gesamtwert = 1

h1 {
    font-size: 120 %;
    font-weight: normal;
}
	a = 0, b = 0, c = 1
	Gesamtwert = 1

p, h1 {
    color: black;
}
	a = 0, b = 0, c = 1
	Gesamtwert = 1
	(immer noch, da durch Komma getrennte Selektoren nur einmal zählen)

h1 strong {
    color: silver;
}
	a = 0, b = 0, c = 2
	Gesamtwert = 2

Tabelle 4.1 Deklarationen und ihre Wertigkeit (a = ID, b = Klasse, c = Element)

Stildeklaration	Rangfolge

.wichtig strong {
    color: gray;
    font-weight: bold;
    text-decoration: underline;
}
	a = 0, b = 1, c = 1
	Gesamtwert = 11

#menue strong em {
    color: red;
    font-weight: bold;
    font-style: italic;
}
	a = 1, b = 0, c = 2
	Gesamtwert = 102

Tabelle 4.1 Deklarationen und ihre Wertigkeit (a = ID, b = Klasse, c = Element) (Forts.)

Die erste Stilanweisung bezieht sich auf das Element <body> und legt als Schrift *Arial* oder eine andere serifenlose Schrift in einer Größe von 90 % der Standardschriftgröße des Browsers (meist 16 Pixel) fest. Diese Anweisung wird auf alle untergeordneten Elemente vererbt, da nirgendwo widersprechende Anweisungen notiert sind. Als Nächstes wird die Schriftfarbe für alle Bereiche auf Schwarz gesetzt, und es werden weitere Anweisungen für <h1> festgelegt.

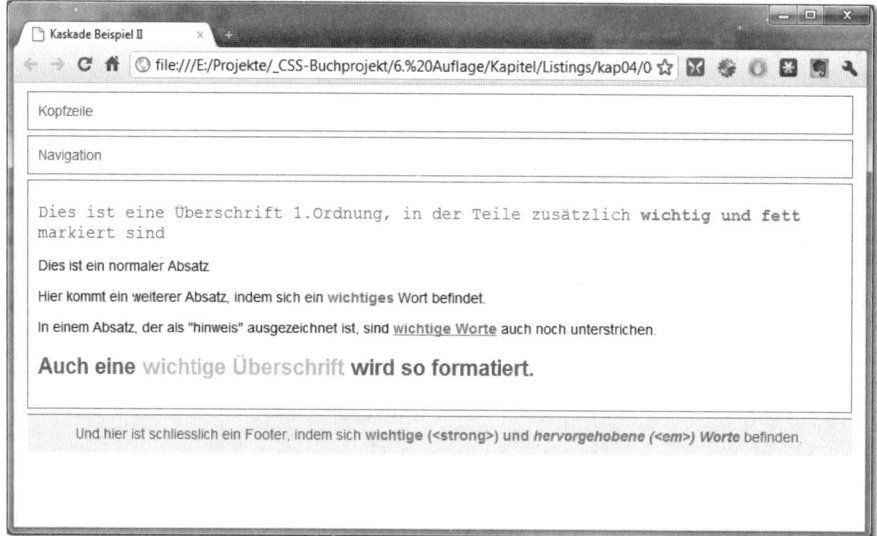

Abbildung 4.14 Kaskade und Rangfolge

In diesem Beispiel werden mit <strong> markierte Bereiche generell mit der Farbe Grau und als fett ausgezeichnet. Befindet sich der als <b> markierte Bereich innerhalb eines <h1>-Absatzes, greift die höherwertige Anweisung h1 strong (Wert = 2) und ändert die Farbe auf Hellgrau (silver). Die Anweisungen für

.wichtig strong sind höherwertiger als das einfache strong sowie h1 strong und sorgen für die Unterstreichung der jeweiligen Passagen.

Im letzten Abschnitt, der als <div id="menue"> markiert ist, befindet sich zunächst ein <strong>-Bereich. Dieser wird entsprechend den Anweisungen für strong formatiert. Erst die zusätzliche Auszeichnung mit <em> lässt die Anweisung #menue strong em zum Tragen kommen, die mit ihrem Wert von 111 alles andere überschreibt.

Specifity of the dark side

Der Webdesigner Andy Clarke erklärt auf seiner Website die Spezifität mit Hilfe von »Star Wars«-Charakteren und bietet auch ein Poster zum Herunterladen an: *http://www.stuffandnonsense.co.uk/archives/css_specificity_wars.html* (Linkcode 0503).

Abbildung 4.15 Die Spezifität à la »Star Wars« (mit freundlicher Genehmigung von Andy Clarke)

Spezifität von Pseudo-Klassen und -Elementen

Auch Pseudo-Klassen wie `:hover` und Pseudo-Elemente wie `:first-line` reihen sich in die Spezifität ein. Das Prinzip ist leicht zu merken, da Pseudo-Klassen die gleiche Wertigkeit haben wie Klassen und Pseudo-Elemente wie reine Elemente (also `<p>`, `<h1>`, etc.). Wenn Sie also `a:hover { ... }` notieren, überschreibt das den Wert für `a { ... }`.

Die Pseudo-Klassen für Links selbst sind gleichwertig, so dass Sie sich angewöhnen sollten, sie immer in der folgenden Reihenfolge zu schreiben:

```
:link { ... }
:visited { ... }
:focus { ... }
:hover { ... }
:active { ... }
```

So stellen Sie sicher, dass beim Klick auf einen Link auch der Style für `:active` wirksam wird, auch wenn in dieser Situation mehrere Pseudo-Klassen gleichzeitig zutreffen. Ein geklickter Link ist ja auch immer ein fokussierter, der Hover-Status trifft auch zu und der allgemeine Link-Status ebenfalls. Da aber später notierte Styles früher notierte überschreiben, behält mit dieser Reihenfolge `:active` das letzte Wort.

Kompatibilität Spezifität

Firefox	Internet Explorer	Chrome	Safari	Opera
✓	✓	✓	✓	✓

4.3.1 Die Important-Anweisung

Als Joker im Spiel mit der Wertigkeit dient die Auszeichnung `!important`. Um einer Anweisung einen höheren Wert zu geben, kann sie als wichtig markiert werden. Dazu stellen Sie der Anweisung ein Ausrufezeichen und das Wort »important« nach:

```
h1 {
    font-face: Arial;
    font-size: 1.3em;
    line-height: 140%;
    color: black !important;
}
```

Hier wurde die Anweisung `color: black` als wichtig markiert. Sie können jede Anweisung durch `!important` aufwerten. Falls mehrere Anweisungen als `!important` markiert sind, gelten unter ihnen wieder die normalen Regeln.

Das letzte Wort in Sachen Styling hat immer der Anwender: Eine als `!important` markierte Anweisung des Anwenders kann nicht überschrieben werden. Das ist insbesondere für Webanwender mit Sehbehinderungen wichtig.

Bei der Fehlersuche ist `!important` hilfreich. Wenn Sie sich fragen, warum eine bestimmte Stilanweisung keine Wirkung zeigt, so notieren Sie `!important` dahinter. Sie erkennen dann, ob das Problem daran liegt, dass eine später definierte höherwertige Anweisung sie wieder überschrieben hat.

Sie sollten `!important` sehr gezielt einsetzen, um Verwirrung zu vermeiden. Nichts ist ärgerlicher, als stundenlang einen Fehler in der Darstellung zu suchen, um dann festzustellen, dass die betroffene Anweisung durch ein vergessenes `!important` irgendwo im Stylesheet überschrieben wurde.

Kompatibilität !important

Firefox	Internet Explorer	Chrome	Safari	Opera
✓	✓	✓	✓	✓

Nachdem geklärt ist, wie die einzelnen Anweisungen im Stylesheet zustande kommen, beschreibt dieses Kapitel, wie die Styles zum Browser kommen – wie Sie Stylesheets in Webseiten einbinden.

5   Einbinden von Stylesheets in HTML-Dateien

Es gibt eine ganze Reihe von Möglichkeiten, Stilanweisungen mit HTML-Dateien zu verknüpfen – einige haben Sie bereits kennengelernt: Sie können Stilanweisungen gesammelt im Kopfbereich eines Dokuments angeben oder eine externe Stylesheet-Datei auf unterschiedliche Weise mit den einzelnen Dokumenten verknüpfen. Außerdem ist es möglich, CSS-Angaben direkt in HTML-Elementen zu notieren. Sie können unterschiedliche Stylesheets für unterschiedliche Ausgabemedien festlegen.

5.1   Stilanweisungen im HTML-Tag

Innerhalb eines HTML-Tags können Sie Stilanweisungen direkt einfügen (*inline styles*). So definiert beispielsweise

```
<p style="color: black; background-color: green;">Das ist
schwarz auf grün!</p>
```

für den aktuellen Absatz Schwarz als Textfarbe und Grün als Hintergrundfarbe.

Sie sehen, Sie können einem HTML-Tag auch mehrere Stilanweisungen zuweisen. Generell ist diese Art der individuellen Zuweisung nur dann sinnvoll, wenn ein einzelner Bereich auf einer HTML-Seite in dieser Form formatiert werden soll. Schnell entsteht dadurch jedoch Unübersichtlichkeit, und es wird sehr mühselig und fehleranfällig, Stile in einer größeren Anzahl HTML-Seiten zu ändern.

In fast allen Fällen wird eine der folgenden Einbindungsmöglichkeiten jedoch geeigneter sein und die Vorteile der Stylesheets besser zur Geltung bringen.

Kompatibilität Stile im HTML-Tag

Firefox	Internet Explorer	Chrome	Safari	Opera
✓	✓	✓	✓	✓

5.2 Stilanweisungen im Dokumentenkopf

Im Kopf eines HTML-Dokuments können Sie ein komplettes Stylesheet unterbringen. Dort definieren Sie die benötigten Stile und rufen Sie später auf. Diese Einbindung haben wir schon eingesetzt, und ich werde sie aus Gründen der Übersicht in den meisten Beispielen verwenden.

[zB]
```
 1:  <!DOCTYPE html>
 2:  <html>
 3:  <head>
 4:   <meta http-equiv="Content-Type" content="text/html;
       charset=utf-8">
 5:   <title>Stylesheet im Seitenkopf</title>
 6:   <style type="text/css">
 7:   <!--
 8:   .hinweis {
 9:      color: black;
10:      background-color: green;
11:   }
12:   -->
13:   </style>
14:  </head>
15:  <body>
16:   <p class="hinweis">Das ist schwarz auf grün.</p>
17:  </body>
18:  </html>
```
Listing 5.1 Stile im Dokumentenkopf

Gegenüber der ersten Variante hat die Einbindung im Dateikopf den Vorteil, dass einmal definierte Stile für das ganze Dokument gültig sind und auch bei mehrfacher Verwendung nur einmal definiert werden müssen. Insbesondere bei Änderungen ist das sehr zeitsparend. Im obigen Beispiel könnten Sie Elemente durch die Zuweisung `class="hinweis"` immer wieder entsprechend neu formatieren.

[»] Eine Eigenschaft von Browsern ist es, unbekannte Befehle zu ignorieren. So würden alte Browser, die den HTML-Befehl `<style>` noch nicht kennen, diesen ignorieren und stattdessen die Stilanweisungen anzeigen. Um das zu verhindern, setzt man sicherheitshalber HTML-Kommentarzeichen (`<!-- ... -->`) um die Anweisungen.

Kompatibilität Stile im Dokumentenkopf

Firefox	Internet Explorer	Chrome	Safari	Opera
✓	✓	✓	✓	✓

5.3 Verlinkte Stylesheets

Noch sinnvoller ist es, das ganze Stylesheet in eine externe Datei auszulagern. So können viele HTML-Seiten auf dasselbe Stylesheet zugreifen.

```
1:   <!DOCTYPE html>
2:   <html>
3:   <head>
4:    <title>Verlinktes Stylesheets</title>
5:    <link rel="stylesheet" type="text/css"
          href=" url_des_stylesheets">
6:   </head>
7:   <body>
8:    <p class="hinweis">Das ist wichtig!</p>
9:   </body>
10:  </html>
```
Listing 5.2 Verlinktes Stylesheet

Ein Stylesheet für viele Webseiten

Auf diese Weise können mehrere HTML-Dokumente ein gemeinsames Stylesheet verwenden. Eine einheitliche Formatierung der gesamten Website ist damit bequem zu realisieren. Sie können mehrere Stylesheets mit einzelnen `link`-Befehlen einbinden. Damit ist es zum Beispiel möglich, bei einer umfangreichen Website mit mehreren Bereichen ein Stylesheet mit Anweisungen zu definieren, die für die gesamte Site gelten, und für die jeweiligen Bereiche spezifische zusätzliche Stile anzubieten. Die Inhalte der beiden Stylesheets werden dabei kombiniert. Falls für dasselbe HTML-Element in mehreren verlinkten Stylesheets unterschiedliche Angaben definiert werden, so überschreibt das später eingebundene Stylesheet die Angaben des vorherigen.

Durch die Konzentration aller Formatierungsanweisungen an einem Ort sind Änderungen am Design einer Seite sehr unkompliziert möglich. Beachten Sie jedoch, dass eine aus Gründen der Übersichtlichkeit sinnvolle Aufteilung der Styles auf viele Stylesheets Auswirkungen auf die Performance einer Website hat. Je mehr Dateien der Webserver einzeln laden muss, desto länger dauert es, bis eine Seite aufgebaut ist.

Im Gegensatz zu den eingebundenen Stylesheets werden bei verlinkten oder importierten Stylesheets keine Kommentare um die Stilanweisungen gesetzt, da externe Stylesheets ohnehin nur von CSS-kompatiblen Browsern geladen werden.

[x]

Kompatibilität verlinkte Stylesheets

Firefox	Internet Explorer	Chrome	Safari	Opera
✓	✓	✓	✓	✓

5.3.1 Individuelles Design durch Alternative Stylesheets

Die CSS-Spezifikation sieht eine Möglichkeit vor, den Benutzern mehrere unterschiedliche Stylesheets anzubieten. Das ist beispielsweise hilfreich, um aus Gründen der Barrierefreiheit eine Version mit besonders hohem Kontrast für Sehbehinderte bereitzustellen oder auch nur, um Benutzern eine Auswahl verschiedener Variationen zu bieten. Dazu werden die Attribute rel und title des <link>-Elements verwendet. Die Spezifikation unterscheidet drei Arten von verlinkten Stylesheets.

1. **Dauerhafte Stylesheets** (*persistent*)
   Sie werden in jedem Fall auf das Dokument angewandt. Dazu erhält das Attribut rel den Wert "stylesheet", und es wird kein Attribut title angegeben:
   ```
   <link rel="stylesheet" type="text/css" href="style.css">
   ```

2. **Standard-Stylesheet** (*preferred*)
   Dieses Stylesheet wird verwendet, falls der Benutzer nicht selbst ein anderes Stylesheet auswählt. Um ein Stylesheet zum Standard-Stylesheet zu erklären, werden rel="stylesheet" und ein beliebiger title notiert:
   ```
   <link rel="stylesheet" type="text/
   css" title="IrgendeinTitel" href="style.css">
   ```

3. **Alternative Stylesheets** (*alternate*)
   Sie können dem Benutzer eine Reihe von Stylesheets zur Auswahl vorlegen. Um ein Stylesheet als Alternative anzubieten, notieren Sie rel="alternate stylesheet" und einen title.
   ```
   <link rel="alternate stylesheet" type="text/
   css" title="Serioes" href="style.css">
   ```

[**x**] Leider halten sich die gängigen Browser nicht konsequent an die Vorgaben des W3C. Um ein Stylesheet dauerhaft einzubinden, sollten Sie es nach allen anderen verlinkten Stylesheets notieren.

Eigentlich sollte der Browser bzw. das Anzeigegerät dem Benutzer eine Möglichkeit bieten, aus den so definierten Stylesheets auszuwählen. Tatsächlich unterstützt der Internet Explorer dieses nützliche Feature erst ab Version 8. Safari und Chrome bieten in ihrer Benutzeroberfläche gar keine Möglichkeit, das Stylesheet zu wechseln. Im Firefox 4 funktioniert die Umschaltung nur bei eingeblendeter Menüleiste (über das Menü ANSICHT • WEBSEITEN-STIL).

In Abschnitt 9.11, »Stylesheet-Wechsler«, zeige ich Ihnen, wie Sie einen browserübergreifenden funktionierenden Mechanismus für alternative Stylesheets realisieren können.

Kompatibilität alternative Stylesheets

Firefox	Internet Explorer	Chrome	Safari	Opera
✓	✓[1]	✓[2]	✓[2]	✓

Bemerkungen:
[1] erst ab Version 8 durch den Nutzer auswählbar. Auswahl umständlich über Internetoptionen • Barrierefreiheit
[2] nicht durch den Nutzer auswählbar

5.4 Importierte Stylesheets

Importierte Stylesheets funktionieren ähnlich wie verlinkte: Die Stilanweisungen sind in einer externen Datei untergebracht, die in das Dokument geladen wird.

```
 1:    <!DOCTYPE html>
 2:    <html>
 3:    <head>
 4:    <meta http-equiv="Content-Type" content="text/html;
       charset=utf-8">
 5:    <title>Importiertes Stylesheets</title>
 6:     <style><!--
 7:        @import url(url_des_stylesheets );
 8:     --></style>
 9:    </head>
10:    <body>
11:     <p class="hinweis">Das ist wichtig!</p>
12:    </body>
13:    </html>
```

Listing 5.3 Importierte Stylesheets

Hier wird eine externe Stylesheet-Datei in ein Dokument importiert. Unter der `@import`-Zeile können weitere Anweisungen folgen, darüber dürfen Sie keine schreiben. Die `@import`-Anweisung muss immer am Anfang eines Styleblocks stehen.

Die `@import`-Anweisung wird auch in externen Stylesheets ausgeführt. So ist es möglich, aus einem Stylesheet ein anderes aufrufen zu lassen. Dies ermöglicht u. a. eine verbesserte Ordnung der Stylesheets (siehe Abschnitt 11.6, »Stylesheets organisieren«).

Kompatibilität importierte Stylesheets

Firefox	Internet Explorer	Chrome	Safari	Opera
✓	✓	✓	✓	✓

5.5 Medienspezifische Stylesheets

CSS bietet die Möglichkeit, Stylesheets für verschiedene Medien wie zum Beispiel einen Bildschirm, einen Drucker oder einen Handheld zu definieren. Das Medium wird dabei mit Hilfe des `media`-Attributs notiert. Dabei können Sie ein Stylesheet auch mehreren durch Kommata getrennten Medien zugewiesen werden. Im Einzelnen unterscheidet CSS die in Tabelle 5.1 genannten Medien.

Attribut	Ausgabegerät
all	alle Ausgabegeräte
aural	aurale Ausgabegeräte (z. B. Screenreader)
braille	blindenschriftfähige Ausgabegeräte
embossed	blindenschriftfähige Drucker
handheld	Handhelds (Palmtops, PDAs, WinCE-Geräte)
print	Drucker
projection	Video-Beamer, Overhead-Projektoren
screen	Bildschirme
tty	Ausgabegeräte mit feststehenden Zeichentypen, z. B. Fernschreiber, Terminals oder ältere Handys
tv	TV-Geräte

Tabelle 5.1 Medienzuweisungen für Stylesheets

[zB]
```
1:   <!DOCTYPE html>
2:   <html>
3:   <head>
4:   <meta http-equiv="Content-Type" content="text/html;
     charset=utf-8">
5:   <title>Verlinkte Stylesheets (medienspezifisch)</title>
6:     <link rel="stylesheet" type="text/css"
       media="screen,print" href="normal.css">
7:     <link rel="stylesheet" type="text/css" media="handheld"
       href="handheld.css">
8:   </head>
9:   <body>
```

```
10:    <p class="hinweis">Das ist wichtig!</p>
11:  </body>
12: </html>
```
Listing 5.4 Medienspezifische Stylesheets verlinkt

oder:

```
1:  <!DOCTYPE html>
2:  <html>
3:  <head>
4:    <meta http-equiv="Content-Type" content="text/html;
      charset=utf-8">
5:    <title>Importierte Stylesheets (medienspezifisch)</title>
6:    <style><!--
7:      @import url(url_normales_stylesheets) screen, print;
8:      @import url(url_mobilstylesheet) handheld;
9:    --></style>
10: </head>
11: <body>
12:   <p class="hinweis">Das ist wichtig!</p>
13: </body>
14: </html>
```
Listing 5.5 Medienspezifische Stylesheets importiert

@media-Anweisungen für einzelne Stildeklarationen

Sie können auch innerhalb eines Stylesheet einzelne Anweisungen speziell für bestimmte Medien definieren. So überschreiben Sie z. B. die Schriftgröße im Ausdruck mit einer für den Druck optimierten Angabe in Punkt.

```
1:  h1 {
2:    font-size: 1.8em;
3:  }
4:  @media print {
5:    h1 {
6:      font-size: 12pt;
7:    }
8:  }
```
Listing 5.6 @media-Stilzuweisung

Besser drucken mit CSS

Die medienspezifische Zuweisung `print` ist besonders interessant, um eine Webseite für das Ausdrucken vorzubereiten. In Kapitel 9, »Styling mit CSS«, zeige ich Ihnen, wie das geht.

Mobiles CSS mit dem Medientyp »handheld«

Auch für mobile Geräte bietet CSS einen Medientyp an: handheld. Tatsächlich unterstützen kaum moderne mobile Browser diesen Typ – aus unterschiedlichen Gründen. Mehr dazu finden Sie in Kapitel 15, »Das mobile Web: Stylesheets, Mobiltelefone und PDAs«.

Kompatibilität medienspezifische Stylesheets

Firefox	Internet Explorer	Chrome	Safari	Opera
✓	✓	✓	✓	✓[1]

Bemerkungen: [1] Auch die Opera-Mobilbrowser unterstützen Medientypen und reagieren auf handheld. Lesen Sie dazu Abschnitt 15.5.4, »Opera Mini und Opera Mobile«.

5.5.1 Medienspezifische Stylesheets mit CSS3

In CSS3 gibt es erweiterte Möglichkeiten, Stylesheets medienspezifisch noch detaillierter auszuliefern – die sogenannten *Media Queries*. Mit Hilfe von

```
<link rel="stylesheet" media="screen and (min-width: 1024px)"
  href="example.css" />
```

würde beispielsweise ein Stylesheet für einen Bildschirm (screen) ausgeliefert, dessen nutzbare Breite (*Viewport*) mindestens 1.024 Pixel beträgt.

Media Queries sind eine Antwort auf die sich immer stärker unterscheidenden Bildschirmgrößen. So ließe sich mit ihrer Hilfe recht komfortabel ein Layout entwickeln, das auf unterschiedliche Bildschirmgrößen mit einer unterschiedlichen Anzahl von nebeneinander angezeigten Spalten reagiert. Leider zeigt uns die Kompatibilitätstabelle, dass insbesondere der Internet Explorer noch nicht so weit ist, diese Technik im Alltag einzusetzen.

Sehr elegant lässt sich damit allerdings im mobilen Bereich arbeiten, zum Beispiel für das Apple iPhone oder Android-Geräte, da die hier verwendeten Browser Media Queries verstehen. Mehr zu den aktuellen Einsatzmöglichkeiten von Media Queries finden Sie in Abschnitt 15.5.2, »Safari auf dem iPhone«.

[o] Die Spezifikation zu Media Queries finden Sie auf der beiliegenden DVD-ROM oder direkt unter *http://www.w3.org/TR/css3-mediaqueries/* (Linkcode 0504).

Kompatibilität Media Queries

Firefox	Internet Explorer	Chrome	Safari	Opera
3.5	9	✓	✓	✓

Beim Layout von Webseiten mit CSS spielen Eigenschaften der einzelnen Elemente und das Layoutmodell zusammen. Im folgenden Kapitel werden diese Eigenschaften und Modell erläutert.

6 Kastenmodell (Box-Modell), Elementtypen und Layoutmodelle

Zwei sehr grundlegende Prinzipien, die zum Verständnis von CSS unumgänglich sind, sind das Kastenmodell (Box-Modell, *box model*) und die Elementtypen (hauptsächlich *block* und *inline*).

6.1 Das Kastenmodell

Prinzipiell werden alle Elemente im Rahmen von CSS als rechteckige Kästen oder als eine Art Streifen (Inline-Elemente, sie werden gleich beschrieben) behandelt. Die Kästen lassen sich mit folgenden Eigenschaften beschreiben:

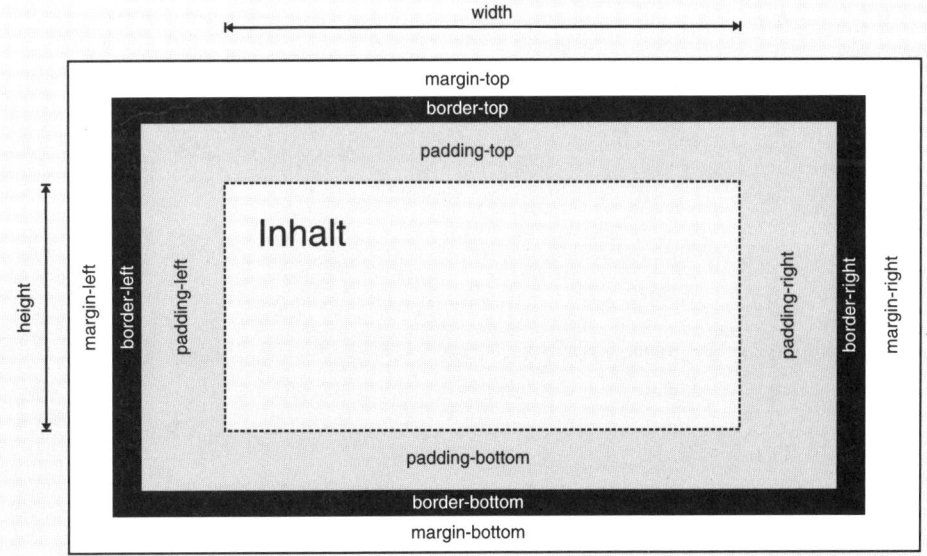

Abbildung 6.1 Das Kastenmodell von CSS

- linker Abstand (left): Abstand nach links
- rechter Abstand (right): Abstand nach rechts
- oberer Abstand (top): Abstand nach oben
- unterer Abstand (bottom): Abstand nach unten
- Breite (width): Breite des Elements
- Höhe (height): Höhe des Elements
- Außenabstand (margin): äußerer Abstand
- Rahmen (border): Rahmen um das Element
- Innenabstand (padding): Abstand vom Rahmen zum Inhalt des Elements

[!] Die meisten Eigenschaften sind recht selbsterklärend. Zu beachten ist, dass nach den Richtlinien des W3C als Breite eines Elements nicht etwa die Gesamtbreite gezählt wird, sondern die Breite des Inhalts (siehe Abbildung 6.1). Das Gleiche gilt für die Höhe. Das bedeutet, dass für den tatsächlichen Platzbedarf eines Kastens noch die Innenabstände und die Rahmen hinzugezählt werden müssen.

Leider ist es in der Praxis im Einzelfall noch komplexer. Worauf sich die Abstände zu den Seiten beziehen, hängt von der Positionierungsart des Elements ab. Zu den verschiedenen Möglichkeiten komme ich im Laufe des Buches.

Aber hier erst einmal ein Beispiel für die einfachste Variante normaler <div>-Elemente, die nicht besonders positioniert sind (zur Positionierung gleich mehr). Dazu verwende ich das Listing aus dem letzten Kapitel (zur Vereinfachung habe ich dem inneren <div> die ID="minibox" gegeben und zeige hier nur den Abschnitt #main):

```
1:  <body>
2:  ...
3:  <div id="main">
4:      <h1>Das Kastenmodell (box model)</h1>
5:      <p>Sed ut perspiciatis ... </p>
6:      <h2>Unterüberschrift H2</h2>
7:      <p>Nemo enim ipsam ... </p>
8:        <div id="minibox">
9:          <h2>Kleiner Kasten</h2>
10:         <p>Sed ut perspiciatis ... </p>
11:       </div>
12: ...
13: </html>
```

Listing 6.1 Ein einfacher Kasten

Die Eigenschaften `border` und `margin` haben Sie schon kennengelernt – jetzt verwende ich noch `padding` für den Innenabstand und `width` für die Breite.

```
#minibox {
   margin: 2em 1em;
   padding: 0;
   width: 600px;
}
```

Es fällt auf, dass die Abstände nach innen zwar in der Horizontalen auf null reduziert sind, aber die Überschrift `<h2>` noch eine Lücke zum oberen Rand des `<div>`s aufweist. Tatsächlich wirken hier noch die Browserstandards für `<h2>`, die Sie mit `h2 { margin: 0;}` abschalten können; praktischerweise integrieren Sie diese Anweisung in die schon vorhandene Deklaration für `#minibox h2`:

```
#minibox h2 {
   margin: 0;
   color: black;
   background-color: #efefef;
   text-align: center;
}
```

Um den Text nicht so dicht an den Kastenrändern kleben zu lassen, ist die Eigenschaft `padding` der richtige Weg. In diesem Fall können Sie sie allerdings nicht auf den Kasten selbst anwenden, da dies auch die Hintergrundfarbe für `<h2>` beeinflussen würde. Daher müssen Sie die untergeordneten Elemente `<h2>` und `<p>` ansprechen. Mit

```
h2, p { padding: 10px; }
```

weisen Sie einen entsprechenden Abstand zu. Ich habe hier die Einheit Pixel verwendet – Sie können natürlich auch `em` einsetzen (siehe Abbildung 6.2).

> **Exkurs: Absolute und relative Einheiten**
>
> Für CSS werden zwei Arten von Einheiten unterschieden: relative und absolute (bezogen auf den Bildschirm). Die Einheit `px` gibt direkt eine Anzahl von Pixeln an, während Einheiten wie `em` oder `%` sich auf andere Einheiten beziehen und in Abhängigkeit von diesen durch den Browser berechnet werden. `em` beispielsweise bezieht sich auf die für das aktuelle Element gültige Schriftgröße: `2em` wären dann das Doppelte der Schriftgröße. In unserem Beispiel haben wir keine Schriftgröße vorgegeben – daher wirkt die Browserstandardeinstellung (meist 16 Pixel). Notieren wir also
>
> ```
> h2, p { padding: 1.25em; }
> ```
>
> berechnet der Browser daraus einen Abstand von 1,25 × 16 = 20 px für `<p>`. Da für `<h2>` schon vorher eine Schriftgröße von 150 % festgelegt ist (16 px × 150 % = 24 px), würde hier der Abstand 30 px betragen. Das ist in bestimmten Fällen sinnvoll – z. B.

um in Texten ein harmonisches System von horizontalen Abständen zu erreichen (siehe Abschnitt 9.1.5, »Konstruktion einer konsistenten Typografie«), aber unpassend, wenn wir eigentlich den Abstand des äußeren Kastens meinen. Daher verwenden wir hier die Einheit px (Pixel).

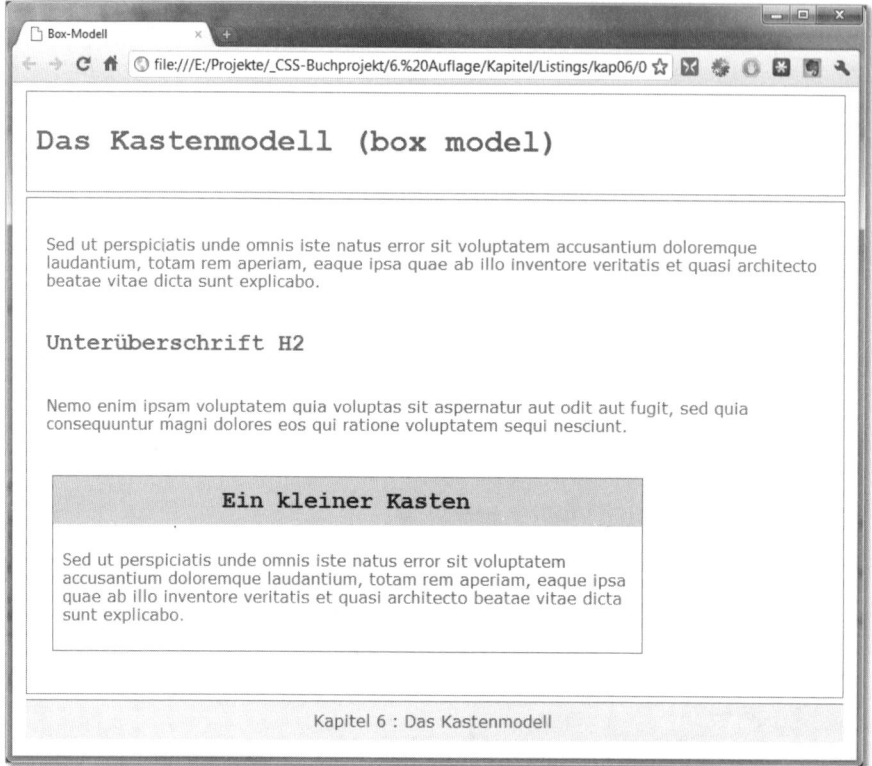

Abbildung 6.2   Ein einfacher Kasten

Probieren Sie jetzt einmal aus,

- wie sich das Layout ändert, wenn Sie padding für das <div> mit der ID minibox (div#minibox) definieren, und
- setzen Sie die Abstände für <p> und <h2> auf 3em, und beobachten Sie die Unterschiede in den errechneten Abständen.

6.1.1   Zusammenfallende Außenabstände (Collapsing Margins)

Eine zu Anfang etwas verwirrende Eigenschaft der Außenabstände ist das »Zusammenfallen« von vertikalen Abständen. Liegen nämlich zwei normal positionierte Kästen nacheinander im Dokumentenquelltext und werden daher untereinander dargestellt, so addieren sich ihre vertikalen `margins` nicht etwa, wie man es zunächst vermuten würde. Stattdessen wird nur der größere der beiden `margins` gezählt, der kleinere Abstand rutscht quasi in ihn hinein.

Nützlich und gedacht ist dieses Verhalten für längere Texte, die aus mehreren Absätzen bestehen und bei denen der Abstand zwischen den Absätzen genau so hoch sein soll wie die Abstände vor dem ersten und nach dem letzten Absatz. Wenn z. B. für die Absätze Außenabstände von `p { margin: 1em 0; }` definiert sind (oben und unten `1em`, rechts und links `0`), erscheinen zwischen den einzelnen Abständen keine riesigen Lücken von `2em`, sondern nur `1em` – genau wie vor dem ersten und nach dem letzten Absatz.

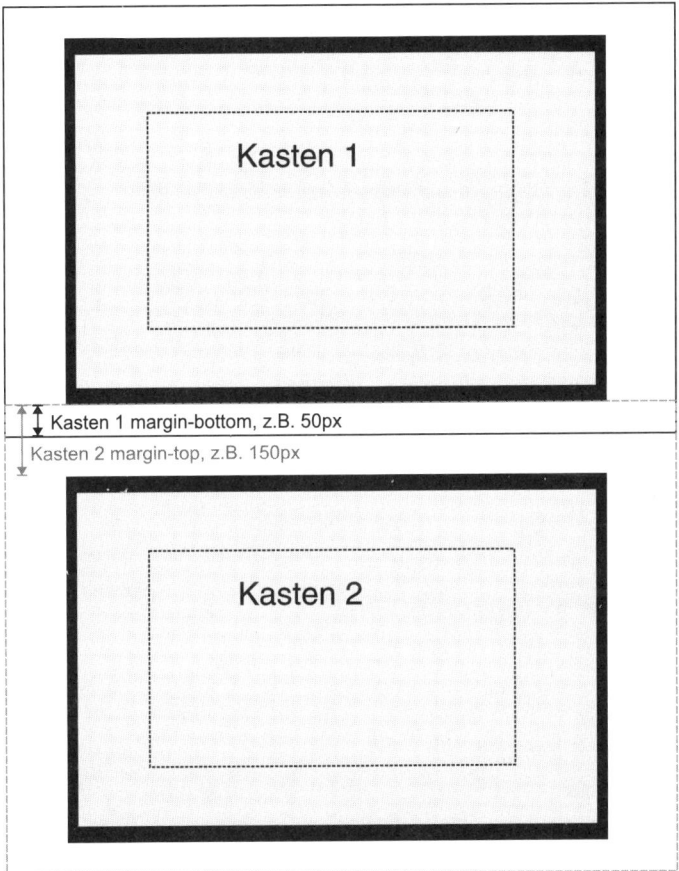

Abbildung 6.3 Bei vertikal untereinander stehenden Kästen überlappen sich die äußeren Abstände.

Sie können das nachvollziehen, indem Sie im Beispiel einfach einen zweiten Kasten einfügen:

6 | Kastenmodell (Box-Modell), Elementtypen und Layoutmodelle

```
 1:  <!DOCTYPE html>
 2:  <html>
 3:  <head>
 4:  <meta http-equiv="Content-Type" content="text/html;
     charset=utf-8">
 5:  <title>Collapsing Margins 1</title>
 6:  <link href="basis.css" rel="stylesheet" media="all"
     type="text/css">
 7:  <style>
 8:  <!--
 9:  h2 {
10:    font-family:"Courier New", Courier, monospace;
11:    font-size: 150%;
12:  }
13:  #minibox {
14:    margin: 2em 1em;
15:    padding: 0;
16:    width: 600px;
17:  }
18:  #minibox h2 {
19:    margin: 0;
20:    color: black;
21:    background-color: lightgray;
22:    text-align: center;
23:  }
24:  h2, p {
25:    margin: 0;
26:    padding: 10px;
27:  }
28:  /* nur zur besseren Übersicht, damit der obere Abstand zu
     erkennen ist */
29:  p.mark {
30:    border-bottom: 1px solid lightgray;
31:  }
32:  -->
33:  </style>
34:  </head>
35:  <body>
36:  ...
37:  <div id="main">
38:    <h1>Das Kastenmodell (box model)</h1>
39:    <p>Sed ut perspiciatis ... </p>
40:    <h2>Unterüberschrift H2</h2>
41:    <p class="mark">Nemo enim ipsam ... </p>
42:    <div id="minibox">
```

```
43:       <h2>Erster kleiner Kasten</h2>
44:       <p>Sed ut perspiciatis unde ... </p>
45:     </div>
46:     <div id="minibox">
47:       <h2>Zweiter kleiner Kasten</h2>
48:       <p>Sed ut perspiciatis ... </p>
49:  </div>
50:  </div>
51:  ...
52:  </body>
53:  </html>
```

Listing 6.2 Zusammenfallende Rahmen bei aufeinanderfolgenden Elemente

Obwohl beide Kästen einen vertikalen Außenabstand von 2em haben und man meinen könnte, der Abstand zwischen ihnen müsste 2 + 2em = 4em betragen, sind es nur 2em – die beiden Abstände sind ineinandergerutscht.

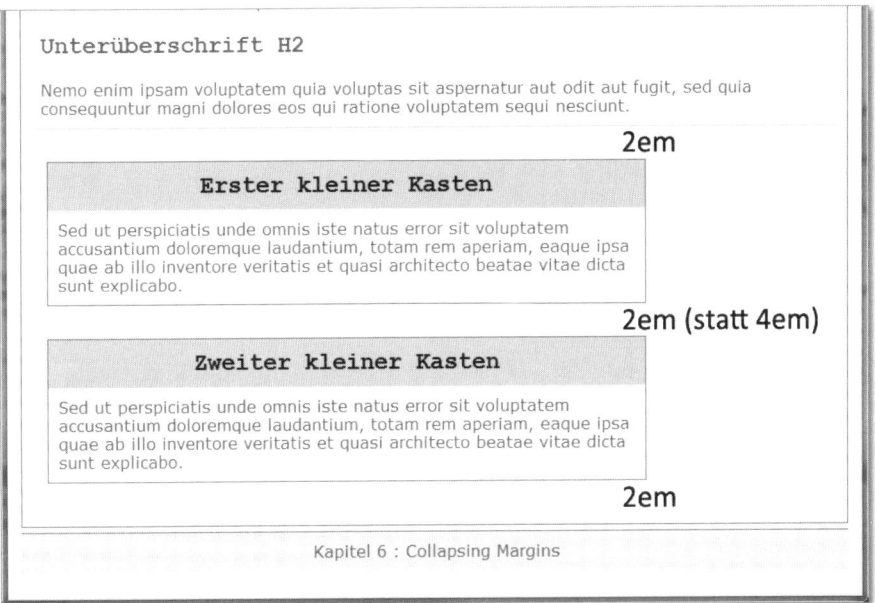

Abbildung 6.4 Zusammenfallende Außenabstände

Ein noch überraschenderes Ergebnis erhalten Sie bei der folgenden Konstruktion:

```
1:  <h2>Beispiel 2</h2>
2:  <div id="kasten0">
3:    <div id="kasten3">
```

```
4:      <div id="kasten4">
5:          <p>Kasten 4</p>
6:      </div>
7:   </div>
8: </div>
```

und diesem Stylesheet:

```
 1: #kasten3 {
 2:   margin: 20px 0;
 3:   width: 300px;
 4:   background-color: #ffffcc;
 5: }
 6: #kasten4 {
 7:   margin: 10px 0;
 8:   width: 300px;
 9:   background-color: #ddd;
10: }
```

Listing 6.3 Collapsing Margins

Hier verschwinden die Außenabstände des inneren Kastens 4 komplett in den `margin`s des Kastens 3 und kommen damit gar nicht zur Wirkung.

Das Zusammenfallen von Abständen wirkt also auch für ineinander verschachtelte Elemente – allerdings nur, wenn kein Rahmen `border` oder Abstand `padding` zwischen den Kästen liegt (nach der CSS-Spezifikation müssen »die `margin`s zusammenstoßen«).

Bei gefloateten, absolut oder relativ positionierten Kästen fallen die Außenabstände niemals zusammen. Ebenso fallen horizontale Abstände niemals zusammen.

Verschwundenen Kästen wieder herzaubern

Leere Kästen können komplett »verschwinden«. Wenn sie keinen Inhalt, kein `padding` und keinen `border` haben, fallen ihr oberer und unterer Abstand zusammen – man könnte das »self-collapsing« nennen. Das ist manchmal verwirrend, wenn ein leeres `<div>` verwendet werden soll, um Platz zu schaffen – und keine Wirkung hat.

Umgehen lässt sich dieses etwas gewöhnungsbedürftige Verhalten, indem Sie statt `margin` `padding` verwenden. In den meisten Situationen ist das möglich.

Ein anderer Trick für den Notfall ist die Verwendung eines Rahmens (`border`) in der Farbe »transparent«. Schon durch einen solchen unsichtbaren Rahmen in der Breite 1 Pixel stoßen die Außenabstände nicht mehr zusammen, und das »collapsing« wird vermieden.

In der Datei *06-03-collapsingmargin2.html* finden Sie drei Beispiele für zusammenfallende Abstände. Entfernen Sie die Kommentarzeichen für den Rahmen am Ende der Stylesektion, und sehen Sie, was passiert. [zB]

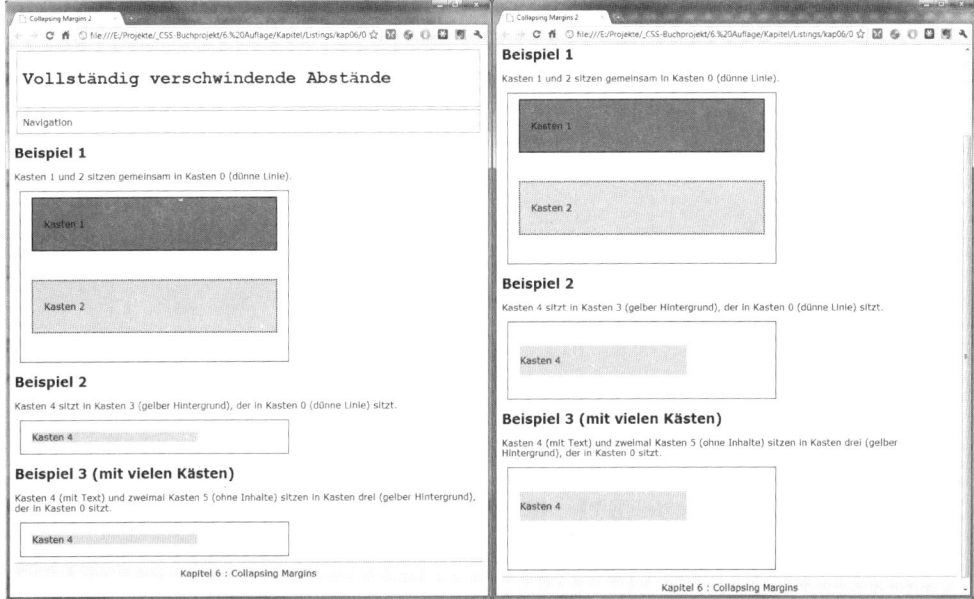

Abbildung 6.5 Völlig verschwundene Außenabstände bei ineinander verschachtelten Kästen (links) und mit Trenner (rechts)

Kommentieren in CSS

Kommentare werden in CSS mit /* begonnen und mit */ geschlossen. Alles, was zwischen den Kommentarmarkern steht, wird vom Browser ignoriert. In der Beispieldatei können Sie die schließenden Kommentarzeichen einfach zwei Zeilen nach oben schieben – dann ist nur der eigentliche Kommentartext auskommentiert. Editoren mit Syntax-Highlighting für CSS stellen auskommentierte Bereiche in der Regel grau dar.

6.2 Elementtypen in CSS

Für die Abstände und viele andere Parameter ist auch noch entscheidend, welchem Typ die jeweiligen Elemente angehören.

Die CSS-Spezifikation unterscheidet Elemente im Wesentlichen nach Block-Elementen (*block-level elements*) und eingebundenen Elementen (*inline elements*). Zusätzlich gibt es die Elemente table und inline-block sowie list-item, die aber weniger häufig Verwendung finden.

6.2.1 Block-Elemente

Block-Elemente beginnen in einer neuen Zeile und darauf folgende Elemente ebenfalls wieder in einer neuen Zeile. Die HTML-Befehle zur Absatzformatierung (`<p>`, `<h1>`, `<h2>`, `<h3>`, ...) sowie `<div>`, `<ul>` und `<ol>` sind Beispiele für Block-Elemente. Für sie gelten die oben genannten Eigenschaften (Außenabstand, Innenabstand, Höhe, Breite, Rahmen). Falls keine anderen Anweisungen existieren, dehnen sich Block-Elemente immer auf die gesamte Breite des umgebenden Bereichs aus. Wir sehen das in unserem Beispiel an den Block-Elementen #header, #mainnav und #footer.

Sie können Block-Elemente »floaten« (»fließen lassen«). Wenn Sie für ein Block-Element `float: left` oder `float: right` notieren, verliert es einige seiner charakteristischen Eigenschaften. So wird es nicht mehr automatisch in der Breite ausgedehnt, und es werden keine Absätze erzeugt.

Die Anweisung `float` ist eines der wichtigsten Werkzeuge beim Layout mit CSS, daher ist ihm ein eigener Abschnitt (Abschnitt 7.2, »›float‹ und ›clear‹«) gewidmet.

6.2.2 Eingebundene Elemente

Eingebundene Elemente (Inline-Elemente) erzeugen keine neuen Zeilen und stehen im normalen Textfluss. Anker `<a>` gehören dazu, genauso wie `<strong>`, `<i>`, `<em>` und `<span>` sowie einzeln stehende Tags wie `<br>` oder `<img>`.

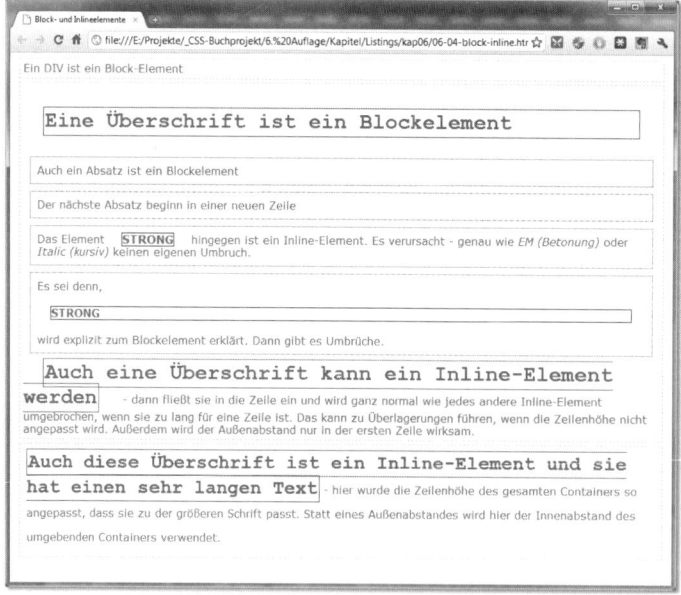

Abbildung 6.6 Block- und Inline-Elemente

Für Inline-Elemente wirken keine vertikalen Außenabstände (`margin`) und auch keine Höhen- oder Breitenangaben! [!]

6.2.3 Definition des Elementtyps

Sie können Elemente, die normalerweise Block-Elemente sind, explizit als Inline-Elemente definieren und umgekehrt. Dazu verwenden Sie die Eigenschaft `display`.

Wenn wir dem `#header` in der Beispielseite mit

```
#header {
    display: inline;
}
```

den Typ `inline` zuweisen, verändert sich seine Breite – sie passt sich dem vorhandenen Inhalt an. Gleichzeitig passiert auch etwas Merkwürdiges – der Rahmen um das Element überlagert sich mit der folgenden Box.

Der Grund: Bei Elementen vom Typ `inline` beeinflusst auch der Innenabstand nicht die Positionierung der folgenden Elemente – es wird im Dokument kein Platz reserviert. Man könnte auch sagen: Inline-Boxen haben keine Innenabstände – allerdings trifft das nur für die Positionierung im Dokument zu; beim Zeichnen eines Rahmens wird der Innenabstand sehr wohl berücksichtigt.

In bestimmten Fällen verändern Elemente durch die Zuweisung anderer Eigenschaften ihren Elementstatus. So verhalten sich Elemente, denen Sie die Eigenschaft `float` zuweisen, teilweise wie Block-Elemente.

Die Zuweisung mittels `display` ändert lediglich die Darstellung eines Elements. Sie können `display` nicht verwenden, um die Verschachtelungsregeln von CSS zu umgehen: Auch ein mittels `display: block` zum Blockelement umdefiniertes `<a>` darf nicht um ein `<p>`-Element gelegt werden.

6.2.4 Weitere Elementtypen

Am Anfang des Kapitels habe ich schon weitere Typen angesprochen, die Sie Elementen ebenfalls mit der Eigenschaft `display` zuweisen können: `inline-block` und `table`.

Ein Inline-Block (oder eine Inline-Box) ist ein Zwischenelement zwischen den bereits bekannten Typen `inline` und `block`. Inline-Blöcke fließen im Text mit (erzeugen also keine Absätze) wie normale Inline-Elemente. Sie können ihnen aber – im Gegensatz zu Inline-Elementen – Höhe, Breite und Außenabstände wie bei den Block-Elementen zuweisen.

Der Elementtyp `table` ist – wie der Name schon vermuten lässt – für die Darstellung von Tabellen gedacht und ist dem HTML-Element `<table>` als Vorgabe zugewiesen.

Dann gibt es auch noch Listen-Elemente, worunter das Element `<li>` fällt. Listen-Elemente haben die Besonderheit, dass sie zwar einen rechteckigen Kasten definieren, aber bestimmte Teile – die Aufzählungszeichen – daraus hervorragen können. Auch dieses Verhalten lässt sich per `display` zuweisen, etwa so:

```
p {display: list; }
```

Eher akademisch ist die Unterscheidung nach ersetzten und nicht ersetzten (*replaced* und *non-replaced*) Elementen. Ersetzte Elemente sind dabei solche, deren Abmessungen außerhalb des Stylesheets vorgegeben werden, etwa Bilder oder Animationen.

6.3 Layout- und Positionierungsmodelle in CSS

Wie sich Elemente auf einer Seite verhalten, wo sie positioniert werden und was mit den nachfolgenden Elementen passiert, legen Sie durch die Eigenschaft `position` fest. Das Layouten mit CSS wird in Kapitel 8, »Layout mit CSS«, ausführlich behandelt, daher folgt hier nur ein Überblick.

Grundsätzlich werden vier Arten der Positionierung unterschieden:

Wenn nichts anderes vorgegeben ist, werden alle Elemente einer HTML-Seite nacheinander so angezeigt, wie sie im Dokument notiert sind (das nennt man den *Dokumentenfluss*). Ein neues Block-Element erzeugt einen Absatz und zwingt nachfolgende Elemente, sich darunter anzuordnen. Eingebundene Elemente hingegen werden so lange nebeneinander angeordnet, bis das Zeilenende erreicht ist, dann geht es in der nächsten Zeile weiter. Diese Positionierungsart wird **statische Positionierung** genannt und gilt als Standardwert für alle Elemente, bei denen nichts anderes definiert ist.

Es ist aber auch möglich, Elemente **relativ** zu ihrer Umgebung zu positionieren. Dabei werden sie zunächst an der Stelle positioniert, wo sie auch bei der statischen Positionierung gelandet wären, aber danach werden sie um einen im Stylesheet genannten Wert vertikal und horizontal verschoben.

Die dritte Art der Positionierung ist die **absolute Positionierung**. Hierbei wird im Stylesheet exakt vorgegeben, wo sich das Element bezogen auf ein übergeordnetes Element befindet. Mit absoluter Positionierung können Sie Elemente beliebig im Browserfenster verteilen, völlig unabhängig davon, wo sie im HTML-Code stehen. Ein absolut positioniertes Element wird aus dem Dokumentenfluss entfernt – alle umliegenden Elemente verhalten sich so, als wäre es nicht mehr da. Wenn von drei aufeinanderfolgenden Elementen das mittlere mit der Eigenschaft `position: absolute` versehen wird (und die anderen beiden statisch positioniert sind), rückt das dritte Element auf den Platz des zweiten nach.

Sehr verwandt mit der absoluten ist die **fixe Positionierung**. Als einziger Unterschied werden fixe Elemente immer von der oberen linken Kante des Browserfensters gemessen und nicht mitgescrollt. Mit fixer Positionierung können Sie also ein festes Menü oder eine Frame-Simulation auf einer Webseite umsetzen.

Neben dem im letzten Kapitel besprochenen Boxmodell bestimmen weitere wichtige Eigenschaften die Art, wie Elemente mit CSS platziert werden können – diese werden Sie im folgenden Kapitel kennen lernen.

7 Positionierung mit CSS

Für die Platzierung von Elementen und das Seitenlayout allgemein werden vor allem die folgenden CSS-Eigenschaften verwendet:

1. `position` und `display` regeln die Art der Anzeige von Elementen.
2. `top`, `bottom`, `left` und `right` geben den Abstand eines Elements zu anderen Elementen an.
3. `float` und `clear` steuern das »Umfließen« von Elementen relativ zueinander.
4. `width`, `height`, `min-width`, `min-height`: Hiermit bestimmen Sie die Ausdehnung eines Elements.
5. `z-index`: Bei mehreren überlappenden Ebenen gibt der `z-index` die Reihenfolge an.

7.1 Die Positionierungsart (»position«)

Eine grundlegende Eigenschaft ist die Positionierungsart (`position`) – ich hatte sie im letzten Kapitel schon kurz erwähnt. Sie gibt an, wie ein Element auf einer Seite positioniert wird.

Dabei haben Sie vier Möglichkeiten:

- `static`
- `relative`,
- `absolute`
- `fixed`

Die beiden ersten Varianten bewirken eine eher variable Positionierung, bei der Elemente in Bezug aufeinander angeordnet werden, z. B. »Kasten 2 wird nach Kasten 1 platziert« oder »Kasten 2 wird 30 Pixel versetzt in Bezug auf Kasten 1 platziert«.

Die Angaben `absolute` und `fixed` hingegen geben Elementen konkrete Platzierungen, die sich auf das Browserfenster oder das übergeordnete (Eltern-)Element beziehen: »Kasten 2 wird 200 Pixel nach unten und 50 Pixel nach rechts von der oberen linken Ecke des Browserfensters platziert.«

7.1.1 »position: static«

`position: static` ist die normale Variante, mit der alle Elemente positioniert werden, für die nichts anderes angegeben ist. Alle Elemente werden nacheinander so angezeigt, wie sie im HTML-Code vorkommen – man spricht auch von »im Dokumentfluss«. Ein Block-Element beginnt direkt unter dem Ende des vorherigen Kastens oder in der linken oberen Ecke seines Eltern-Kastens. Verwirrend für CSS-Einsteiger ist, dass vertikale Außenabstände untereinanderliegender Block-Elemente zusammengefasst werden (siehe auch Abbildung 6.3 und Abschnitt 6.1.1, »Zusammenfallende Außenabstände [Collapsing Margins]«).

Alle Elemente in unserem Beispiel haben `position: static`, da wir nichts anderes zugewiesen haben.

[zB] Der folgende Code zeichnet vier Kästen, von denen jeweils zwei ineinander verschachtelt sind (Kasten 1-1 befindet sich in Kasten 1 und Kasten 2-1 innerhalb von Kasten 2). Mit `position: static` werden sie so gezeichnet, wie es der HTML-Code vorgibt: Kasten 2 folgt auf Kasten 1, Kasten 1-1 befindet sich in Kasten 1 und Kasten 2-1 innerhalb von Kasten 2.

Wenn Sie statische Positionierung verwenden, muss `position: static` nicht angegeben werden, da es die Standardeinstellung ist. Im Listing auf der DVD habe ich es als Kommentar notiert. Entfernen Sie die Kommentarzeichen, und Sie sehen, dass sich die Darstellung nicht ändert.

```
 1:    <!DOCTYPE html>
 2:    <html>
 3:      <head>
 4:        <meta http-equiv="Content-Type" content="text/html;
               charset=utf-8">
 5:        <title>position: static</title>
 6:        <link href="basis.css" rel="stylesheet" media="all"
               type="text/css">
 7:        <style type="text/css">
 8:        <!--
 9:        #kasten1 {
10:          /* position: static; */
11:          height: 100px;
12:          width: 300px;
```

```
13:    padding: 10px;
14:    background-color: #b3d5ff;
15:    border: 1px solid black;
16:  }
17:  #kasten2 {
18:    /* position: static; */
19:    height: 100px;
20:    width: 300px;
21:    padding: 10px;
22:    background-color: #fc9;
23:    border: 1px solid black;
24:  }
25:  #kasten1-1 {
26:    /* position: static; */
27:    height: 50px;
28:    width: 150px;
29:    padding: 5px;
30:    background-color: #fc0;
31:    border: 1px solid gray;
32:  }
33:  #kasten2-1 {
34:    /* position: static; */
35:    height: 50px;
36:    width: 150px;
37:    padding: 5px;
38:    background-color: #9c6;
39:    border: 1px solid gray;
40:  }
41:  -->
42:  </style>
43:  </head>
44:  <body>
45:  <div id="header"> <h1>position: static</h1> </div>
46:      <div id="main">
47:          <div id="kasten1">Kasten 1
48:             <div id="kasten1-1">Kasten 1-1</div>
49:          </div>
50:          <div id="kasten2">Kasten 2<br>
51:             <div id="kasten2-1">Kasten 2-1</div>
52:          </div>
53:          <p>Hier stehen weitere Inhalte.</p>
54:   </div>
55:   <div id="footer"> Kapitel 7: Positionierung </div>
56:  </body>
57:  </html>
```

Listing 7.1 Statisch positionierte Kästen

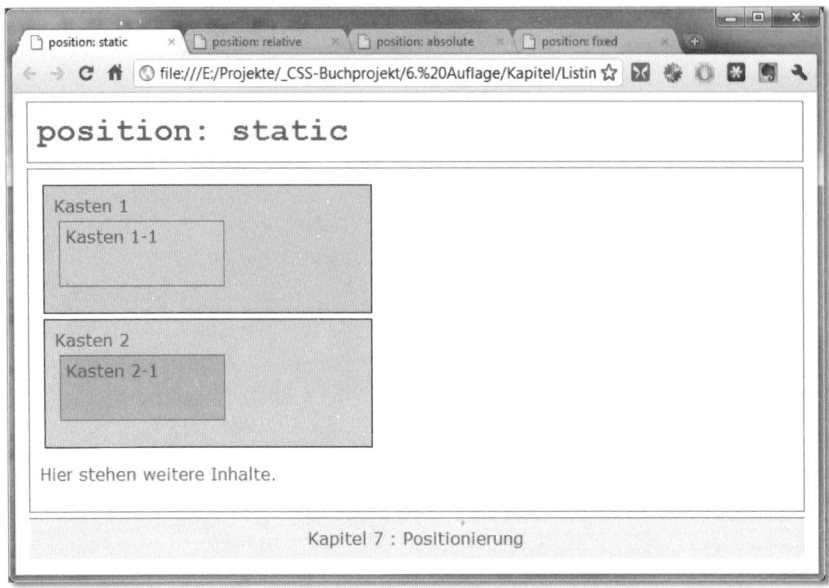

Abbildung 7.1 Anordnung der Kästen nach der Reihenfolge im Dokument – »position: static«

7.1.2 »position: relative«

Ein relativ positioniertes Element bleibt im Dokumentenfluss, wird gegenüber seiner normalen Position entsprechend der Werte für `top`, `bottom`, `left`, `right` verschoben. Da dies andere Elemente nicht beeinflusst, können relativ positionierte Elemente andere überlagern.

[»] Andere Elemente berücksichtigen die veränderte Positionierung des Elements nicht, das heißt, sie verhalten sich so, als wenn sich das Element immer noch an der Stelle befände, die es ohne die relative Verschiebung einnähme. Daher hinterlässt ein Kasten, der mit `top: 50px` relativ nach oben verschoben wird, unter sich eine 50 Pixel hohe Lücke. Oberhalb liegende Elemente werden auch nicht weggeschoben, sondern gegebenenfalls mit dem relativ verschobenen Element überlagert.

Von den Werten `top` und `bottom` bzw. `left` und `right` sollten Sie jeweils immer nur einen verwenden. Die zweite Angabe wird ignoriert, falls sie nicht exakt dem negativen Wert der ersten entspricht. Auch negative Werte sind möglich.

Wer ist der Oberste?

Wenn mehrere relativ (oder auch absolut oder fixiert) positionierte Kästen an der gleichen Stelle angezeigt werden, stellt sich die Frage nach der Reihenfolge. Welches Element steht ganz oben?

Dazu dient die Eigenschaft z-index. Elemente mit einem höheren z-index werden über Elementen mit einem niedrigeren z-index angezeigt. Wenn Sie sich die Webseite als Stapel von Ebenen vorstellen, befinden sich Ebenen mit höherem z-index näher an Ihrem Auge.

So einfach die Theorie. In der Praxis sind zwei Dinge wichtig zum Verständnis der »Stapelung«:

1. Die Stapelung wirkt nicht bei statisch positionierten Elementen. Enthält das Dokument nur statische Elemente, können diese sich nicht gegenseitig überlagern. Bei einer Verwendung von statischen und anders positionierten Elementen in einem Dokument liegen statisch Elemente immer **unter** relativ, absolut oder fixiert positionierten Elementen derselben Ordnungsebene.

2. Die Stapelung bezieht sich auf Elemente, die auf derselben Ordnungsebene im Dokument liegen. Im Beispiel sind das z. B. die beiden Elemente #kasten1 und #kasten2 – oder eine Ebene höher: #header, #nav, #main und #footer. Es ist bei relativer Positionierung nicht möglich, Elemente höher zu legen, als die Position des Elternelements es vorgibt. Wenn im folgenden Beispiel Kasten 2 über einen Kasten 1 positioniert ist, kann ein in Kasten 1 liegender Kasten nicht per z-index über Kasten 2 oder Kasten 2-1 geschoben werden.

Nun wird Kasten 2 relativ zu Kasten 1 mit top: -50px und left: 50px verschoben (hier nur das CSS für Kasten 2 – alles andere bleibt wie im vorherigen Beispiel):

[zB]

```
1:   #kasten2 {
2:     position: relative;
3:     top: -50px;
4:     left: 50px;
5:     z-index: 20;
6:     height: 100px;
7:     width: 300px;
8:     padding: 10px;
9:     background-color: #fc9;
10:    border: 1px solid black;
11:  }
```

Listing 7.2 Relativ positionierte Kästen (nur das CSS für Kasten 2)

Ist das relativ positionierte Element ein Block-Element (wie <div>), so bildet seine veränderte Position die Grundlage für untergeordnete Boxen, also Boxen, die sich in diesem Kasten befinden. Ist es jedoch ein eingebundenes Element, so wird seine neue Position nicht bei der Anordnung untergeordneter Elemente berücksichtigt.

[«]

Die CSS-Spezifikation wurde in diesem Punkt verändert, so dass verschiedene Browser eingebundene, relativ positionierte Elemente unterschiedlich darstellen. Daher ist es sinnvoll, für diese Art der Positionierung nur Block-Elemente zu verwenden. Sie können einem eigentlich eingebundenen Element (wie z. B. `<img>`) auch per CSS die Eigenschaft `display: block` zuweisen.

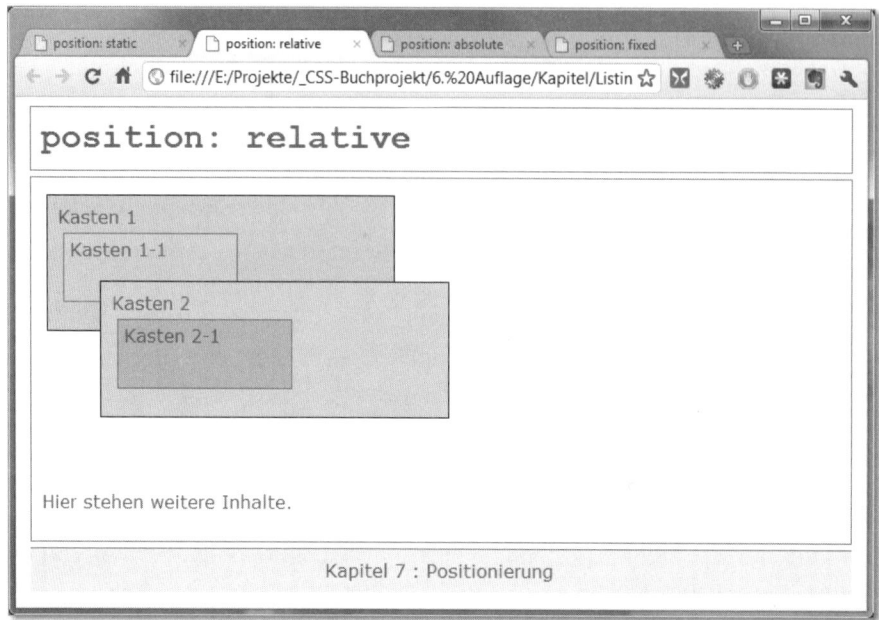

Abbildung 7.2 Der relativ positionierte Kasten 2 ragt über Kasten 1 hinaus.

7.1.3 »position: absolute«

Absolut positionierte Elemente werden aus der normalen Reihenfolge eines Dokuments herausgelöst. Ihre Position wird nicht durch andere Elemente beeinflusst, und sie haben ihrerseits auch keinen Einfluss auf andere Elemente. Sie »schweben« wie auf einer Ebene über allen statisch oder relativ positionierten Elementen.

Ihre Position wird immer von der linken oberen Ecke des nächstgelegenen Eltern-Elements aus gemessen, das absolut, fixiert oder relativ positioniert wurde. Existiert kein solches Element, so beziehen sich alle Positionsangaben auf das Browserfenster (den sogenannten *Viewport*).

Der Abstand zu den oberen Kanten wird durch `top` und `left`, der nach unten durch `bottom` und `right` bestimmt. Die Stapelung wird wie bei `position: relative` über den `z-index` geregelt.

Die Positionierungsart »position« | 7.1

```
1:  #kasten2 {
2:    position: absolute;
3:    top: 150px;
4:    left: 150px;
5:    z-index: 20;
6:    height: 100px;
7:    width: 300px;
8:    padding: 10px;
9:    background-color: #fc9;
10:   border: 1px solid black;
11: }
```

Listing 7.3 Absolute Positionierung (nur das CSS für Kasten 2)

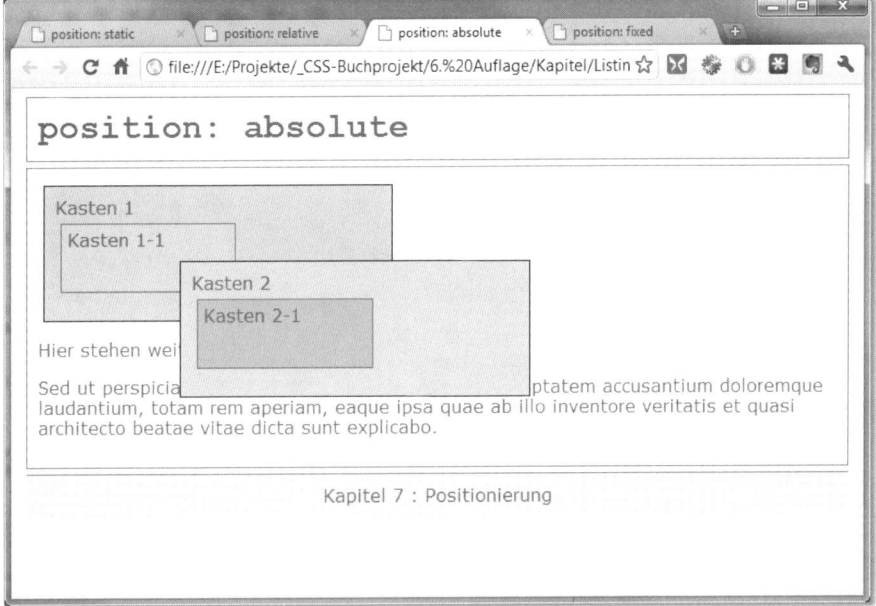

Abbildung 7.3 Ein absolut positionierter Bereich »schwebt« auf der Webseite.

7.1.4 »position: fixed«

position: fixed funktioniert ähnlich wie position: absolute, allerdings wird das betreffende Element **immer** bezogen auf das Browserfenster positioniert. Ein fixiert positioniertes Element bewegt sich also nicht mit, wenn die Webseite gescrollt wird. In dem folgenden Beispiel wird Kasten 2 fixiert positioniert.

```
1:  #kasten2 {
2:    position: fixed;
```

```
3:      top: 50px;
4:      left: 50px;
5:      z-index: 20;
6:      height: 100px;
7:      width: 300px;
8:      padding: 10px;
9:      background-color: #fc9;
10:     border: 1px solid black;
11:  }
```
Listing 7.4 Kasten mit fixierter Position (nur CSS für Kasten 2)

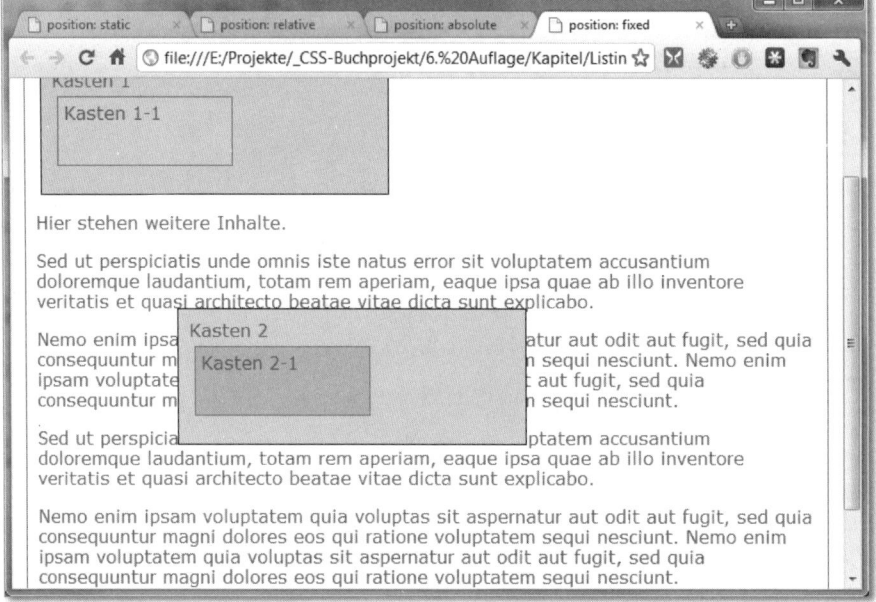

Abbildung 7.4 Der mit »position: fixed« platzierte Kasten wird nicht gescrollt.

Diese Funktion ist natürlich sehr praktisch, um eine Fußzeile am unteren Ende der Seite zu halten. Für das Beispiellayout sind dazu nur ein paar Anweisungen nötig. Mit

```
1:  #footer {
2:      position: fixed;
3:      bottom: 0;
4:      width: 100%;
5:      margin: 0;
6:  }
```
Listing 7.5 Am Boden des Browserfensters fixierte Fußleiste

wird die Fußzeile am unteren Seitenende platziert und fixiert. Bei absolut positionierten Elementen ist es erforderlich, eine Breite anzugeben. Das ansonsten übliche Verhalten von Block-Elementen, sich automatisch nach links bis zum Seitenrand auszudehnen, entfällt. Daher müssen Sie die Breite selbst angeben. Die Fußzeile mit ihrem Hintergrund soll über die gesamte Breite gehen. Daher muss nicht nur für #footer der Außenabstand auf null reduziert werden, sondern auch für das Element <body>.

body { margin: 0;}

Als Letztes haben Sie noch das Problem, dass die Fußzeile als absolut positioniertes Element keinen Platz mehr im Dokument einnimmt. Für den Browser, der die Länge der Seite berechnet, ist sie nach #main zu Ende. Das führt aber dazu, dass der Inhalt der letzten beiden Zeilen nicht mehr sichtbar ist. Wir müssen für die Fußzeile Platz »freisperren«. Das machen Sie mit:

#main {margin-bottom: 2.5em;}

Schon haben Sie eine feste Fußleiste, die immer sichtbar ist, und alle Inhalte bleiben erreichbar.

Abbildung 7.5   Per »position:fixed« realisierte Fußzeile

Ein Beispiel für ein nicht scrollendes Menü, das über (nahezu) alle Browsergrenzen hinweg funktioniert, beschreibe ich in Abschnitt 9.2, »CSS-Menüs mit Listen«.

position: fixed eignet sich auch, um Layouts mit einzeln scrollbaren Bereichen zu erstellen, die aussehen wie Frames-Konstruktionen. In einzelne Kästen einer solchen Frame-Simulation lassen sich natürlich keine neuen Inhalte laden, wie dies bei Frames möglich ist (zumindest nicht ohne die Hilfe von JavaScript).

[✗] Bei absoluter und fixierter Positionierung ist immer damit zu rechnen, dass sich Elemente überlagern können, zum Beispiel wenn der Benutzer eine größere Schriftart verwendet, als von Ihnen geplant, oder dass Inhalte abgeschnitten werden, wenn in einem Bereich mehr Inhalt eingegeben wird, als Platz vorhanden ist.

7.2 »float« und »clear«

Die zweite wichtige Eigenschaft, die beim Layouten mit CSS verwendet wird, ist float.

Elemente lassen sich nach rechts oder links »floaten«. Übersetzen kann man das wohl am besten mit »fließen lassen«. Dabei wird das Element so weit wie möglich in die jeweilige Richtung gerückt. Es wird aus dem normalen Elementfluss entfernt, so dass nachfolgende (nicht floatende) Kästen ein gefloatetes Element überlagern. Allerdings gilt das nicht für die innerhalb eines Block-Elements befindlichen Inhalte (genauer: die *inline box*) wie Texte oder Grafiken.

Am einfachsten ist die Situation, wenn es z. B. um Grafiken in einem Text geht. Hier wird die Grafik in den Text eingefügt, und der Text fließt um das Element herum. Dazu ist es nur nötig, das Bild beispielsweise mittels einer Klasse .links auszuzeichnen und darüber die Eigenschaft zuzuweisen:

.links { float: left; }

Der erste Absatz zeigt ein Bild, das einfach in den Text gesetzt wurde (<img>-Elemente haben standardmäßig den Typ inline-block). Im zweiten Absatz ist das Bild gefloatet (siehe Abbildung 7.6).

Sie sehen hier, dass das Bild nicht nur im aktuellen Absatz gefloatet ist, sondern auch der Text im zweiten folgenden Absatz sich um das Bild legt.

float wirkt also über die Grenzen des aktuellen Elternelements hinaus. Obwohl das Element <img> in Innern eines <p> steckt, wirkt sein »Fließen« auch noch im nächsten folgenden Element. Das liegt an der im ersten Absatz des Kapitels beschriebenen Herausnahme des Elements aus dem Dokumentenfluss. Wenn Sie bei der vorhin schon verwendeten Beispieldatei das Browserfenster weit genug öffnen oder den Text am Ende kürzen, sehen Sie, dass sich das Bild im Zweifel auch noch über die Fußzeile erstreckt. Das ist natürlich nicht so schön – Sie erfahren aber gleich, wie Sie dies verhindern.

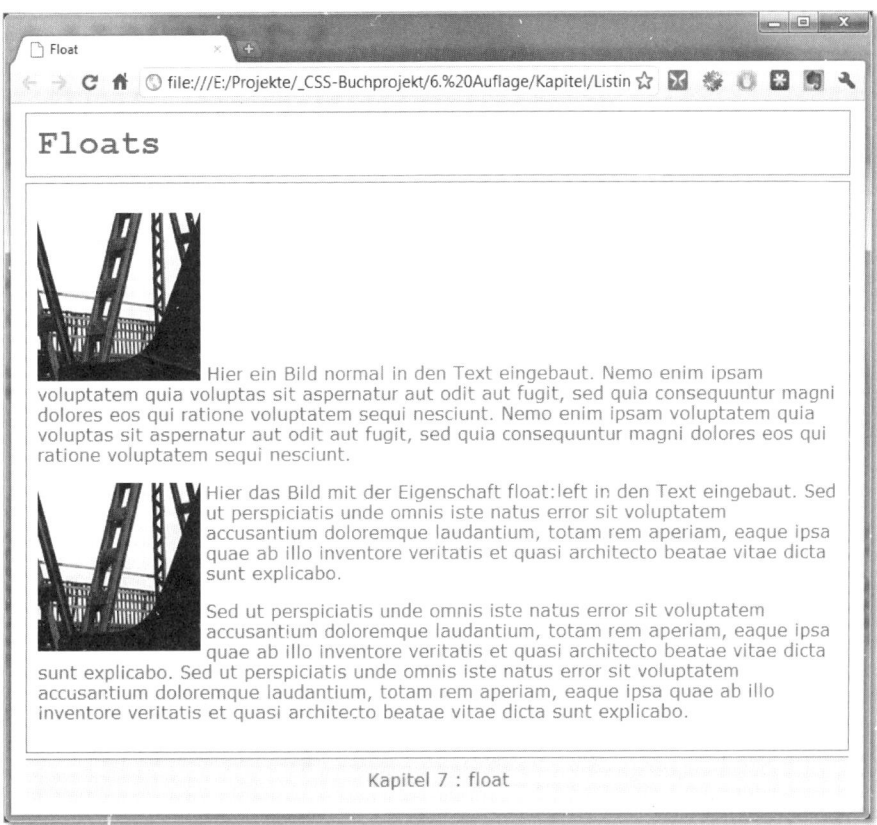

Abbildung 7.6 Einfache Anwendung für »float«

Das »Floaten« von Elementen spielt eine große Rolle bei allen Arten von Layouts, wie Sie in Kapitel 8, »Layout mit CSS«, noch sehen werden. Dabei werden Boxen mit den einzelnen Spalten per float aneinandergesetzt.

Float – The Microsoft Way

Leider interpretiert der Internet Explorer (alle Versionen bis zur Version 7) das float-Modell fehlerhaft. Korrekterweise müsste eine Box mit float: left sich an den linken Rand der Seite begeben, und eine danach folgende statische Box müsste bei ihrer Positionierung keine Rücksicht auf die gefloatete Box nehmen. Wie oben erläutert, wird diese ja aus dem Dokumentenfluss entfernt. Nur die Inhalte der statischen Box würden von der gefloateten Box nach rechts verdrängt – so sieht es die Spezifikation vor. Firefox, Safari, Opera und Chrome machen das seit jeher richtig.

Abbildung 7.7 Etwas unintuitiv, aber den Standards entsprechend: korrektes Floaten

Nur der Internet Explorer bis zur Version 7 tanzt aus der Reihe. Statt die Box Kasten 2 unter Kasten 1 zu legen und nur den Inhalt neben dem Kasten darzustellen, legt er gleich den ganzen Kasten neben den gefloateten.

Abbildung 7.8 Ein völlig anderes Layout beim Internet Explorer (IE7-Modus)

Da dies allerdings oft das gewünschte Verhalten ist – zumindest wenn Sie ein Spaltenlayout erstellen möchten – wird das dann für korrekt gehalten und versucht, Firefox & Co. das »richtige Verhalten« beizubringen. Tatsächlich müssen Sie aber Kasten 2 einen linken Außenabstand zuweisen, um den ganzen Kasten neben Kasten 1 zu positionieren.

```
1:   #kasten1 {
2:     float: left;
3:     height: 100px;
4:     width: 300px;
5:     padding: 10px;
6:     background-color: #b3d5ff;
7:     border: 1px solid #369;
8:   }
9:   #kasten2 {
10:    height: 200px;
11:    width: 400px;
12:    padding: 10px;
13:    margin-left: 322px;
14:    background-color: #fc9;
15:    border: 1px solid #660;
16:  }
```

Statt Kasten 1 nach links zu floaten, können Sie ihn natürlich auch nach rechts schieben. Dann orientiert er sich am rechten Rand des umgebenden Kastens (hier: des Browserfensters), und zwischen den beiden Kästen bleibt eine Lücke.

Abbildung 7.9 Spalten mit »float« in standardkonformen Browsern

Was passiert, wenn beide Kästen gefloatet sind? Nach den CSS-Regeln wird ein Element mit der Eigenschaft `float` im Rahmen der umgebenden Box so weit wie möglich nach oben gesetzt und dann nach links oder rechts verschoben, bis es auf den Rand des umgebenden Kastens oder einen anderen gefloateten Kasten trifft. Das sieht dann aus wie in Abbildung 7.10 und Abbildung 7.11.

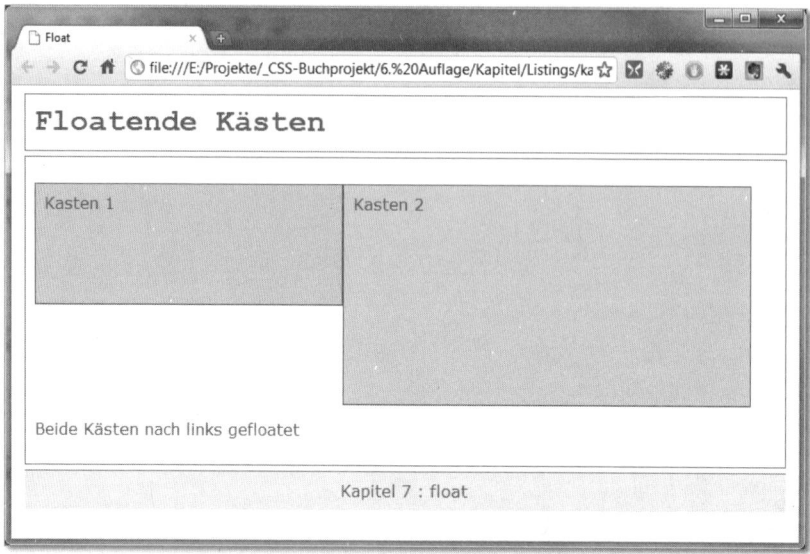

Abbildung 7.10 In Chrome ...

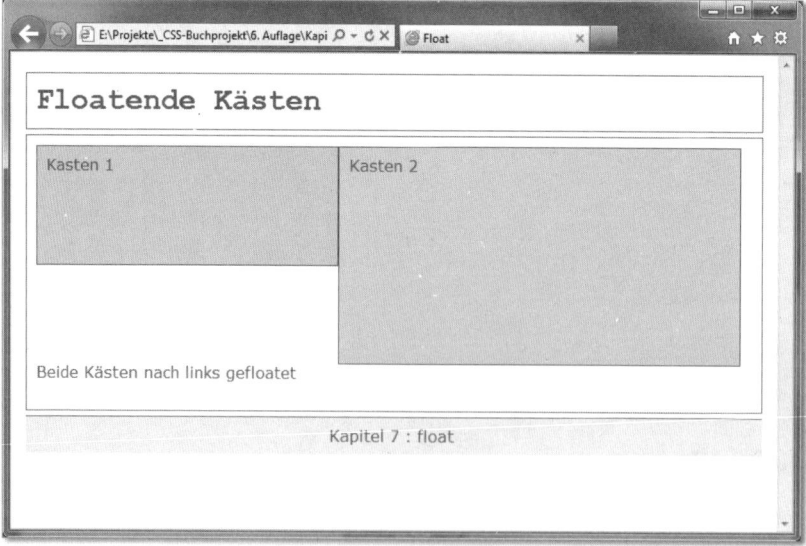

Abbildung 7.11 ... und im Internet Explorer 7 zeigt sich einheitliches Bild.

7.2.1 »float« mit »clear« aufheben

Das Herausnehmen eines gefloateten Kastens aus dem Dokumentenfluss hat noch eine eher unangenehme Folge, die Sie sehen, wenn Sie im Beispiel mit dem Bild die Textmenge neben dem gefloateten Bild reduzieren, vergleiche Abbildung 7.12.

Abbildung 7.12 Sehr unschön – das floatende Bild sprengt das Layout.

Obwohl sich das Bild innerhalb vom Hauptbereich #main befindet, verhält sich der Hauptbereich, als gäbe es das Bild nicht. Nach dem, was Sie inzwischen über float wissen, ist das auch korrekt – erwünscht ist es aber oft nicht.

Der Internet Explorer hingegen dehnt den Kasten eines Elements um eingeschlossene gefloatete Kästen aus, wenn das Element »Layout hat« (lesen Sie zu dieser Microsoft-eigenen Eigenschaft Abschnitt 10.2.1, »hasLayout«). Im Beispiel wird das durch die Angabe einer Breite bewirkt. Wenn Sie diese entfernen, sieht es aus wie in anderen Browsern.

Um den Hauptbereich um das Bild (oder ganz allgemein: umgebende Kästen um darin befindliche gefloatete Elemente) verlässlich und browserübergreifend auszudehnen, müssen wir das floatende Verhalten aufheben.

»clear« beendet »float«

Hier hilft die Eigenschaft `clear` weiter. Mit

- `clear: left`,
- `clear: right` oder
- `clear: both`

beenden Sie einen `float`-Zustand. Wenn wir nun im Quellcode einem nachfolgenden Element die Eigenschaft `clear` zuweisen, wird das Floaten beendet.

Wenn kein passendes Element vorhanden ist, müssen Sie eines hinzufügen (z. B. ein `<hr />`), das dann die `clear`-Eigenschaft aufweist. Im Beispiel könnte z. B. die Fußzeile als Float-Stopp dienen. Mit

`#footer { clear: left; }`

stellen Sie sicher, dass das Bild niemals in die Fußzeile eindringt. Allerdings verhindern Sie dadurch nicht, dass das Bild den Rahmen des Kastens `#main` überlagert – also ist die Lösung noch nicht perfekt.

Abbildung 7.13 Der Footer ist gesichert, aber noch ist das Layout nicht in Ordnung.

In diesem Fall hilft es tatsächlich, erst einmal ein zusätzliches Element `<hr />` einzusetzen, dem Sie die Klasse `.clear` mitgeben. Für `.clear` notieren Sie:

```
hr.clear {
   clear: left;
   visibility: hidden;
}
```

Damit erreichen Sie den Stopp des Floats und blenden das Element `<hr />` aus dem sichtbaren Bereich der Seite aus.

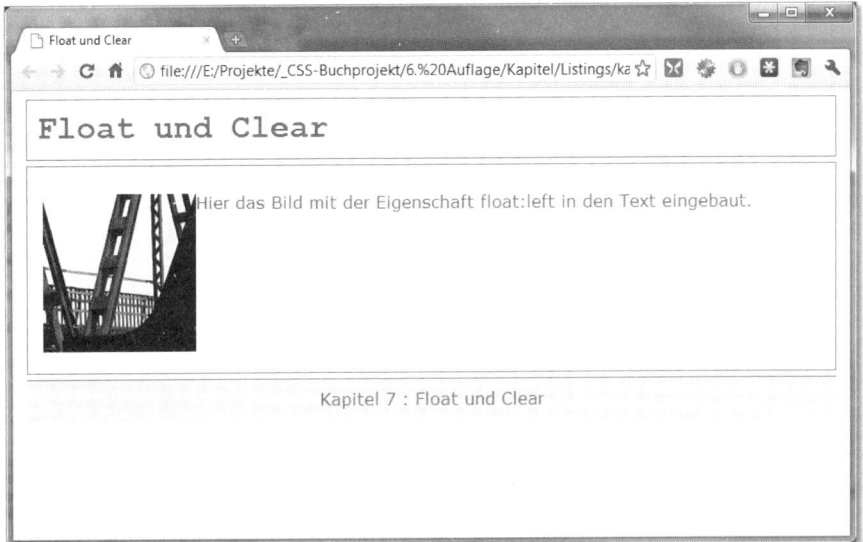

Abbildung 7.14 So ist es richtig: Der umrandete Bereich dehnt sich so aus, dass das Bild immer im Innern bleibt.

7.2.2 »clear« ohne zusätzliches Markup

Zusätzliche Elemente im HTML-Code, die keine inhaltliche oder semantische Bedeutung haben, sind allerdings eher unerwünscht. Schön wäre es, wenn das »Clearen« von `float` auch ohne solche Hilfselemente möglich wäre. Das ist es tatsächlich! Es gibt sogar mehrere Methoden, die je nach Situation einsetzbar sind.

Als Erster hat Tony Aslett eine trickreiche Methode eingeführt, um `float` auch ohne ein zusätzliches Element im Quellcode aufzuheben. Sie ist als »easy clearing« bekannt. Mit

```
.clearfix:after {
   content: ".";
   display: block;
   height: 0;
   clear: both;
   visibility: hidden;
}
```

wird ein Element (nämlich ein Punkt) hinter dem mit `.clearfix` markierten Element generiert. Dieses bekommt die Eigenschaft `clear: both` und löst das Ausdehnen aus.

```
<div id="kasten1" class="clearfix">
  <p id="kasten2">Kasten 2</p>
  Kasten 1
</div>
```

[»] Die Methode funktioniert zwar nicht im Internet Explorer < 8, da dieser Browser die Pseudo-Elemente `:before` und `:after` nicht versteht, aber da er ja wie oben beschrieben den umgebenden Kasten ohnehin ausdehnt, ist die Lösung browserübergreifend anwendbar. Er benötigt allerdings für den äußere Kasten *hasLayout* – siehe dazu Abschnitt 10.2.1, »haslayout« –, was Sie durch die Zuweisung einer Breite, Höhe, `display: inline-block` oder `zoom: 1` (Achtung: Letzteres ist nicht valide) erreichen.

»float« und »float« gesellt sich gern

Eine andere Methode, Kasten 1 um Kasten 2 auszudehnen, ist, dem äußeren Kasten einfach selbst ein `float: left` zuzuweisen. Dann müssen Sie natürlich für die dann folgenden Elemente wieder eine Möglichkeit finden, das `float` – das jetzt für beide Kästen gilt – wieder aufzulösen. Um ein `clear` kommen Sie also letztlich nicht herum; aber vielleicht lässt sich hier das zusätzliche Element einsparen.

Floats clearen mit »overflow«

Eine noch einfachere Methode, die in allen bekannten Browsern funktioniert, beschreibt Anne van Kesteren: die Verwendung der Eigenschaft `overflow`:

```
 1:  <!DOCTYPE html>
 2:  <html>
 3:  <head>
 4:  <meta http-equiv="Content-Type" content="text/html;
      charset=utf-8">
 5:  <title>Clear mit Overflow</title>
 6:  <link href="basis.css" rel="stylesheet" media="all"
      type="text/css">
 7:  <style type="text/css">
 8:  <!--
 9:  #kasten1 {
10:    width: 500px;
11:    padding: 10px;
12:    background-color: #b3d5ff;
13:    border: 1px solid black;
```

```
14:    overflow : auto;
15:    /* IE6-Bugfix - sollte in ein eigenes Stylesheet
       ausgelagert werden.*/
16:    _height: 1%;
17:  }
18:  #kasten2 {
19:    float: left;
20:    height: 100px;
21:    width: 300px;
22:    margin: 0 10px 0 0;
23:    padding: 10px;
24:    background-color: #fc9;
25:    border: 1px solid gray;
26:  }
27:  -->
28:  </style>
29:  </head>
30:  <body>
31:  <div id="kasten1" class="clearfix">
32:      <p id="kasten2">Kasten 2</p>
33:      Kasten 1 </div>
34:  <p>Verschachtelte Kästen mit float - clear ohne
     zusätzlichen HTML-Code mit overflow: auto</p>
35:  </body>
36:  </html>
```

Listing 7.6 Mit »overflow« lassen sich »floats« bequem »klären«.

Hier wird einfach dem umgebenden Container die Eigenschaft `overflow: auto` zugewiesen, was in modernen Browsern das Ausdehnen des Floats über alle inneren Kästen bewirkt.

Prinzipiell wird der Clearing-Effekt durch folgende Werte für `overflow` ausgelöst: `hidden` oder `auto`. Beachten Sie aber, dass `overflow` ja auch eine tatsächliche Wirkung hat: nämlich zu steuern, was passieren soll, wenn der Inhalt breiter ist als der vorgegebene Kasten. Eventuell kommt es zu unerwünschten Scroll-Leisten oder abgeschnittenen Inhalten, falls Sie `overflow: auto` oder `overflow: hidden` verwenden. Hierbei sollten Sie darauf achten, dass der Inhalt nicht größer werden kann als der Kasten (zum Beispiel, indem Sie den Kasten in relativen Einheiten beschreiben).

Nur für die älteren Versionen des Internet Explorers (< 7) benötigen Sie weiterhin Tricks. Entweder nutzen Sie `display: inline-box`, oder Sie weisen dem umgebenden Kasten 1 *hasLayout* zu. Das bewirken Sie z. B. durch die Anweisung `height: 1%` in einem eigenen Stylesheet. Generell rate ich dazu, alle Bugfixes und Tricks für den Internet Explorer (für andere Browser werden eigentlich selten welche benötigt) in ein eigenes Stylesheet auszulagern – dazu später mehr).

Für unsere Beispielseite bedeutet das, dass wir lediglich dem Kasten #main die Eigenschaft overflow: auto zuweisen müssen.

Float Drops

Gefürchtet sind *Float Drops*, wenn Bereiche, die nicht mehr horizontal auf eine Seite passen, in die nächste Zeile rutschen. Das ist zwar das korrekte Verhalten für Float-Konstruktionen und aus Gründen der Zugänglichkeit auch empfehlenswert – immerhin sind die Inhalte so noch wahrnehmbar –, es sieht aber sehr nach einem Fehler aus.

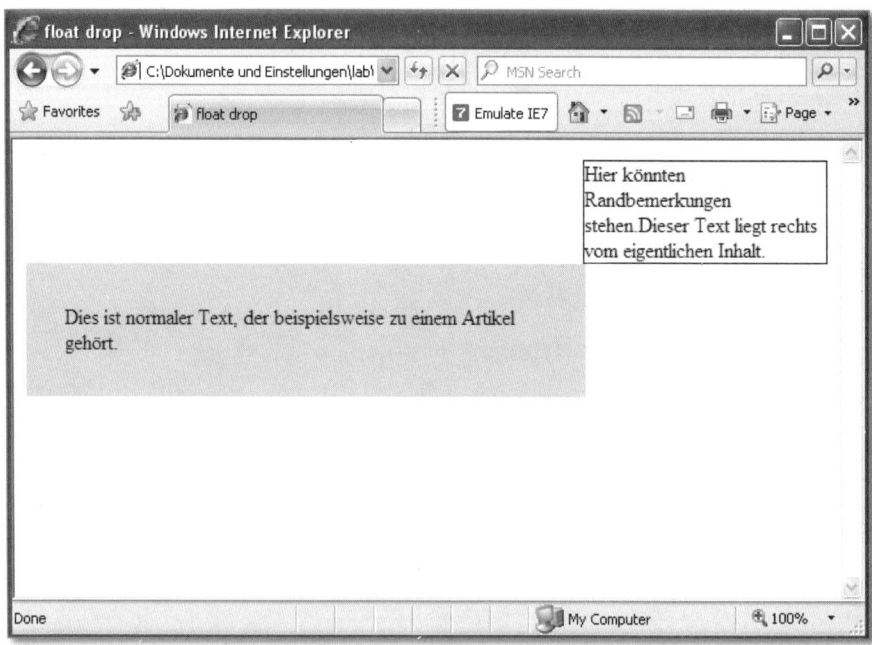

Abbildung 7.15 »Gefallener« Kasten im Internet Explorer

Die Ursachen dafür sind vielfältig:

- Wenn Sie zwei gefloatete Bereiche mit relativen Breiten anlegen, die zusammen 100 Prozent ergeben, so führt schon ein ein Pixel breiter Rahmen zu einem Float Drop. Im Internet Explorer reicht es dazu auch schon, wenn einer der Bereiche gefloatet ist.
- Rundungsfehler führen bei knapp kalkulierten prozentualen Layouts zu Float Drops.

- Der Internet Explorer dehnt einen Kasten so aus, dass die darin befindlichen Inhalte hineinpassen. Das kann schon passieren, wenn ein Text beim Überfahren mit der Maus auf fett oder kursiv gesetzt wird.

Um *Float Drops* zu vermeiden, sollten Sie Float-Konstruktionen nach Möglichkeit mit etwas »Luft« in der Horizontalen anlegen und sie testen, indem Sie das Browserfenster und die Schriftgröße verändern.

Falls Ihnen ein besonders exotischer Fall von `float` Schwierigkeiten macht, dann sehen Sie sich einmal die folgende Sammlung von Beispielen an: *http://css.max⤳ design.com.au/floatutorial* (Linkcode 0150).

Nachdem Sie sich lange genug mit der (wichtigen) Theorie befasst haben, lernen Sie in diesem Kapitel konkrete Anwendungsfälle und praktische CSS-Lösungen kennen. Beginnen möchte ich mit dem Layout von Webseiten per CSS.

8 Layout mit CSS

Lange Zeit war das Layouten mit CSS schwierig und kompliziert. Mit heutigen Browsergenerationen und dem Verschwinden der »älteren Modelle« – insbesondere der Internet Explorers 5 und 6 (selbst Letzterer ist in westlichen Ländern mit weniger als 3 % Marktanteil bedeutungslos) – sind die wesentlichen Probleme beim CSS-Layout überwunden.

Die Beispiele in diesem Kapitel sollen Sie mit den grundlegenden Prinzipien und Herangehensweisen vertraut machen. In Kapitel 12, »Arbeiten mit CSS-Frameworks«, stelle ich Ihnen dann einige fertige Baukästen vor, die Ihnen im Arbeitsalltag viel Kleinarbeit abnehmen. Trotz dieser vorgefertigten Lösungen ist es wichtig, dass Sie sich mit den Grundlagen befassen, auf denen solche Frameworks basieren. Nur so können Sie deren Grenzen verstehen und für jeden Einsatz das passende Werkzeug wählen.

Im folgenden Abschnitt stelle ich Ihnen einige Layoutvarianten vor, die auf Websites häufig eingesetzt werden. Dabei handelt es sich um

- ein zweispaltiges Layout, wie es vor allem in Blogs benutzt wird
- ein dreispaltiges Layout, das auf umfangreicheren Websites, beispielsweise Portalen, oft verwendet wird

Beide Grundformen kommen in einer Reihe von Varianten zum Einsatz: mit Kopf- und/oder Fußzeile und mit unterschiedlicher Anordnung der Spalten im Quellcode.

8.1 Fixiert, flexibel, oder elastisch?

Mit Hilfe von Stylesheets können Sie Layouts mit festen (Maßangaben in Pixel) oder flexiblen (Maßangaben in Prozent) Abmessungen anlegen. Ähnlich wie bei den Schriftgrößen hat beides seine Vor- und Nachteile:

Feste (oder »fixierte«) Layouts werden meist eingesetzt, wenn Grafiken als layoutbildende Inhalte verwendet werden. Allerdings gibt es hier auch die Möglichkeit, durch Verwendung von CSS-Hintergrundbildern flexible und grafisch reiche Designs zu erstellen. Müssen Layouts pixelgenau umgesetzt werden, geht es aber oft nicht ohne feste Positionierung. Dabei wird zumindest die Gesamtbreite der Seite auf einen festen Wert in Pixeln festgelegt, der in der Regel auf eine bestimmte Bildschirmauflösung zielt. Für 1.024 Pixel breite Bildschirme werden fixierte Layouts meist auf eine Breite von 960 Pixeln angelegt, um Betriebssystemelementen und Scrollbars Platz zu lassen.

Bei flexiblen Layouts hingegen wird keine feste Breite vorgegeben – das Layout richtet sich nach der Breite des Browserfensters. Soll für verschiedene Bildschirmgrößen und Nutzergruppen ein Layout gestaltet werden oder ist die freie Veränderung der Schriftgröße für den Besucher vorgesehen (Barrierefreiheit!), dann muss ein flexibles Layout angelegt werden. Dabei werden die Layoutangaben, zum Beispiel zur Breite der Seite, in Prozentwerten angegeben. Das heißt: Vergrößert der Benutzer das Fenster, so »wächst« das Layout mit.

8.1.1 Vor und Nachteile

Was den Einsatz von verschiedenen Layoutansätzen betrifft, gibt es kein absolutes »Falsch« oder »Richtig«. Alle Layoutansätze haben Vor- und Nachteile, die Sie für einen konkreten Einsatzzweck abwägen müssen.

Vorteile fester Layouts

- beste Übereinstimmung mit einer grafischen Designvorlage
- vergleichsweise einfach umzusetzen
- Verhältnis zwischen eingesetzten Grafiken und Gesamtlayout bleibt (meistens) gleich.
- Bei Entwicklung für bekannte, feste Auflösungen (z. B. iPad) treten Nachteile nicht zu Tage.

Nachteile fester Layouts

- Unflexibel – passt sich sehr großen und sehr kleinen Bildschirmen schlecht an.
- schlechte Zugänglichkeit
- Exaktheit ist letztlich eine Illusion, da eine Webseite kein Blatt Papier ist und prinzipiell immer unterschiedlich angezeigt werden kann.

Vorteile flexibler Layouts

- Reagieren flexibel auf Änderungen der Größe des Browserfensters oder der zur Verfügung stehenden Bildschirmfläche.
- Geben dem Besucher größtmögliche Kontrolle über die Anzeige.

Nachteile flexibler Layouts

- Sind meist schwerer zu beherrschen.
- Das Layout ändert sich und sieht unter Umständen deutlich anders aus als eine grafische Vorgabe.
- Bei sehr großen und sehr kleinen Auflösungen kann es zu Problemen mit der Zeilenlänge kommen – hier helfen die Eigenschaften `min-width` und `max-width` weiter.

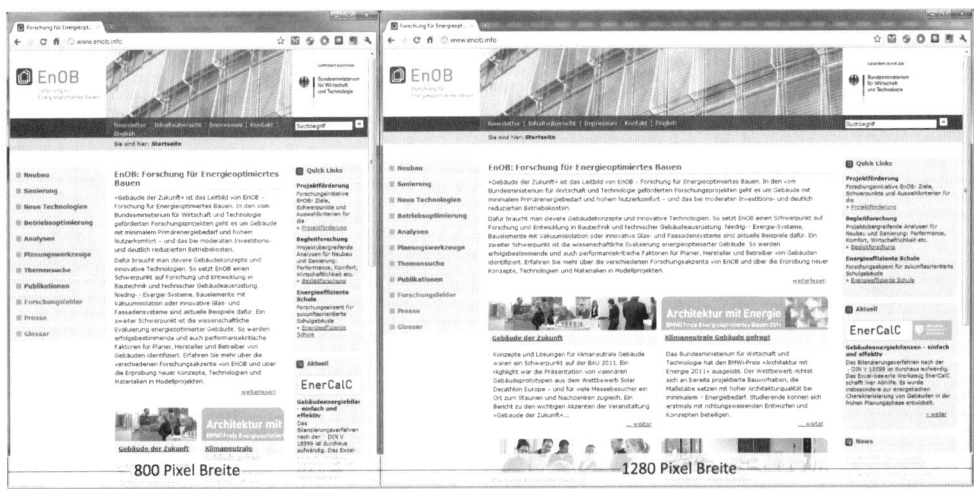

Abbildung 8.1 Immer optimale Platzausnutzung mit flexiblen Layouts

8.1.2 Elastische Layouts und Browserzooms

Ein Kompromiss zwischen fest und flexibel ist die Auszeichnung in der Maßeinheit em. Damit hat das Skalieren des Browserfensters keinen Einfluss auf das Layout, wohl aber eine Änderung der Schriftgröße. So vermeiden Sie auch, dass Benutzer sehr großer Bildschirme extrem lange Zeilen erhalten, die schlecht zu lesen sind. Ein solches Layout wird oft als *elastisches Layout* bezeichnet.

Vorteile elastischer Layouts

- Sie erlauben die Vergrößerung der Schrift und sind damit zugänglicher.
- Durch die Vergrößerung des gesamten Layouts wird das Design nicht verändert.

Nachteile elastischer Layouts

- Durch die Vergrößerung des gesamten Layouts kommt es recht schnell zu horizontalen Scrollbalken.

Layout	Breitenangabe in	Veränderung der Fenstergröße	Veränderung der Schriftgröße
fix	Pixel	keine Änderung	keine Änderung
flexibel	Prozent	Änderung der Kastenbreite	keine Änderung
elastisch	Zeichen (em)	keine Änderung	Änderung der Kastenbreite

Tabelle 8.1 Layoutvarianten und Skalierungsverhalten

Eine ähnliche Funktionalität bieten inzwischen alle modernen Webbrowser: einen Seitenzoom. Diese Lupenfunktion vergrößert eine gesamte Webseite linear – unabhängig von den gewählten Einheiten im Stylesheet oder den Schrifteinstellungen des Benutzers.

Problematisch ist dabei, dass leider auch wieder fast alle Browser diese Funktion etwas anders umsetzen. Aufgrund unterschiedlicher Schrittweite sieht das Ergebnis bei Safari nach zweimaligem Zoomen schon etwas unschön aus, während Opera und Firefox noch eine sehr layoutgetreue Umsetzung bieten. Der IE7 fällt schon deutlicher ab und überlagert Inhalte.

Während der Seitenzoom moderner Browser die Probleme fester Layouts zumindest abfängt und somit elastische Layouts auf Dauer überflüssig machen wird, bietet er doch nicht die optimale Bildschirmausnutzung flexibler Layouts.

Fixiert, flexibel, oder elastisch? | **8.1**

Abbildung 8.2 Unterschiedliche Ansichten nach zweimal Zoomen:
Firefox 4, Opera 11, IE7 (simuliert) und Safari 5 unter Windows

8.1.3 Auflösungsabhängige Layouts

Noch einen Schritt mehr Adaption auf das individuelle System eines Besuchers bieten sogenannte *auflösungsabhängige* oder *adaptive Layouts*. Hier wird die Bildschirmgröße des aktuellen Besuchers (per JavaScript oder Media Query) abgefragt und ihm ein auf seine Situation abgestimmtes Layout präsentiert. Ein Nutzer mit breitem Bildschirm erhält dann beispielsweise ein vierspaltiges Layout, während ein Nutzer mit kleinem Bildschirm nur zwei Spalten sieht – die restlichen Inhalte rutschen nach unten. Am Ende dieses Kapitels gehe ich näher auf solche Layouts ein.

8.2 Der Zweispalter

Doch nun tatsächlich zu dem Layouts. Ein recht einfaches Layout ist der Zweispalter: Eine – meist links angeordnete – Spalte enthält die Navigation und eine zweite, größere die Inhalte.

Mit der Verbreitung von Blogs hat sich eine weitere Variante entwickelt: Die Inhalte werden links angezeigt und ergänzende Navigationsinstrumente, wie eine Liste von Artikeln oder Kommentaren oder ein Kalender der Blognachrichten, stehen rechts davon. Bei einem solchen Design wird auf eine traditionelle Navigation ganz verzichtet oder diese befindet sich horizontal über den Hauptinhalten.

Abbildung 8.3 Nachrichtenmagazin in klassischem Zweispaltenlayout

Ein zweispaltiges Layout lässt sich sowohl über einen positionierten Bereich als auch mit Hilfe von `float` umsetzen.

Zweispalter absolut prozentual

Beim Zweispalter wird die Inhaltsspalte (`#main`) normal positioniert und erhält einen Außenabstand (`margin`), der der Breite des kleineren Bereichs (`#mainnav`)

entspricht. Diese Spalte wird dann mit der Positionierung `absolute` in diesen Abstand hineingeschoben.

Bei dieser Art der Positionierung ist es egal, wo im Quellcode sich die Spalte befindet, die absolut positioniert wird. Gemäß den CSS-Spezifikationen wird ein positioniertes Element (außer) aus der normalen Reihenfolge der Elemente entfernt und entsprechend seiner Positionierung mit `top`, `bottom`, `left` und `right` platziert.

```
 1:  <!DOCTYPE html>
 2:  <html>
 3:  <head>
 4:  <meta http-equiv="Content-Type" content="text/html;
     charset=utf-8">
 5:  <title>Zweispalter absolut</title>
 6:  <link href="basis.css" rel="stylesheet" media="all"
     type="text/css">
 7:  <style>
 8:  <!--
 9:  #mainnav {
10:    position: absolute;
11:    /*  left: 0; */
12:    right: 0;
13:    margin: 0;
14:    padding: 0 1%;
15:    border: 0;
16:    width: 18%;
17:  }
18:  #mainnav h3, #mainnav ul {
19:    margin: 0.3em;
20:    list-style: none;
21:  }
22:  #mainnav ul {
23:    padding-left: 0.5em;
24:  }
25:  #mainnav li {
26:    padding: 0.2em 0;
27:  }
28:  #main {
29:    margin: 0;
30:    padding:  0 2%;
31:    /* margin-left: 20%; */
32:    margin-right: 20%;
33:    border: 0;
34:    width: 76%;
```

```
35:     }
36:     -->
37:   </style>
38: </head>
39: <body>
40: <div id="header">
41:     <h1>Zweispalter mit absoluter Positionierung </h1>
42: </div>
43: <div id="mainnav">
44: <h3>Navigation</h3>
45:     <ul>
46:        <li><a href="#">Seite 1</a></li>
47:        <li><a href="#">Seite 2</a></li>
48:        <li><a href="#">Seite 3</a></li>
49:        <li><a href="#">Seite 4</a></li>
50:        <!--
51:        <li><a href="#">Seite 5</a></li>
52:        <li><a href="#">Seite 6</a></li>
53:        <li><a href="#">Seite 7</a></li>
54:        -->
55:     </ul>
56: </div>
57: <div id="main">
58:     <p>Sed ut perspiciatis unde omnis … </p>
59: </div>
60: <div id="footer"> Kapitel 8 : Zweispalter </div>
61: </body>
62: </html>
```

Listing 8.1 Zweispalter mit absolut positioniertem Bereich

Diese Formatierung funktioniert ohne Änderungen im Quellcode mit einer rechts oder links sitzenden kleinen Spalte. Wenn Sie die auskommentierten Zeilen im CSS aktivieren und stattdessen die darunterstehenden Zeilen, die jetzt aktiv sind, auskommentieren, wandert die Spalte mit dem Menü nach rechts.

Allerdings verursacht die Verwendung von absoluter Positionierung ein Problem, das deutlich wird, wenn Sie das Menü um die Seiten 5–7 erweitern: Es läuft über die Fußleiste hinweg. Da absolut positionierte Elemente für nachfolgende Elemente (hier: die Fußleiste) nicht mehr existieren, wird auch keine Rücksicht auf ihren Platzbedarf genommen. Er richtet sich allein nach dem Bedarf der statisch positionierten Spalte (#main). Wenn Sie sicher wissen, welche Spalte die längere sein wird – und zwar immer –, stört sie das nicht. In der Praxis ist es aber meist nicht sicher, welche Spalte das sein wird, oder es wird unterschiedlich sein.

8.2.1 Zweispalter mit float

Daher gibt es eine zweite – weiter verbreitete – Methode: den Einsatz von zwei gefloateten Bereichen. Hierbei werden die zwei Spalten mit der Eigenschaft float nebeneinander angeordnet.

```
 1:  <!DOCTYPE html>
 2:  <html>
 3:  <head>
 4:  <meta http-equiv="Content-Type" content="text/html;
     charset=utf-8">
 5:  <title>Zweispalter gefloatet</title>
 6:  <link href="basis.css" rel="stylesheet" media="all"
     type="text/css">
 7:  <style>
 8:  <!--
 9:  #mainnav {
10:    float: left;
11:    margin: 0;
12:    padding: 0 1%;
13:    border: 0;
14:    width: 18%;
15:  }
```

Dies ist die Navigationsleiste. Sie wird 20 Prozent der Breite des Fensters einnehmen. In diesem Beispiel gibt es ein padding von je 1% nach rechts und links – dieser Wert muss nach dem Boxmodell von der Breite abgezogen werden, damit insgesamt 20% herauskommen. Damit der Bereich immer links bleibt, wird ihm float: left zugewiesen. Einem per float positionierten Kasten muss immer auch eine Breite zugewiesen werden.

```
16:  #mainnav h3, #mainnav ul {
17:    margin: 0.3em;
18:    list-style: none;
19:  }
20:  #mainnav ul {
21:    padding-left: 0.5em;
22:  }
23:  #mainnav li {
24:    padding: 0.2em 0;
25:  }
26:  #main {
27:    margin: 0;
28:    padding:  0 2%;
29:    float: left;
30:    border: 0;
```

```
31:    width: 76%;
32: }
```

Dies ist der Inhaltsbereich. Er bekommt 76% der Seitenbreite zugewiesen – plus 2 × 2% Innenabstand. Auch der Inhaltsbereich wird mit float: left so weit links wie möglich angeordnet, was hier bedeutet, dass er direkt neben dem ersten linken Bereich platziert wird. Da er ohnehin die gesamte Seitenbreite einnimmt, könnten Sie ihn auch nach rechts fließen lassen (float: right).

```
33: #footer {
34:    clear: both;
35: }
36: -->
37: </style>
38: </head>
39: <body>
40: <div id="header">
41:     <h1>Zweispalter mit Floats </h1>
42: </div>
43: <div id="mainnav">
44: <h3>Navigation</h3>
45:    <ul>
46:       <li><a href="#">Seite 1</a></li>
47:       <li><a href="#">Seite 2</a></li>
48:       <li><a href="#">Seite 3</a></li>
49:       <li><a href="#">Seite 4</a></li>
50:       <li><a href="#">Seite 5</a></li>
51:       <li><a href="#">Seite 6</a></li>
52:       <li><a href="#">Seite 7</a></li>
53:    </ul>
54: </div>
55: <div id="main">
56:     <p>Sed ut perspiciatis unde omnis iste natus ... </p>
57: </div>
58: <div id="footer"> Kapitel 8 : Zweispalter </div>
59: </body>
60: </html>
```

Listing 8.2 Ein mit »float« realisierter Zweispalter

Um die Navigation auf der rechten Seite des Inhalts anzuordnen, muss nur float: left durch float: right ausgetauscht werden.

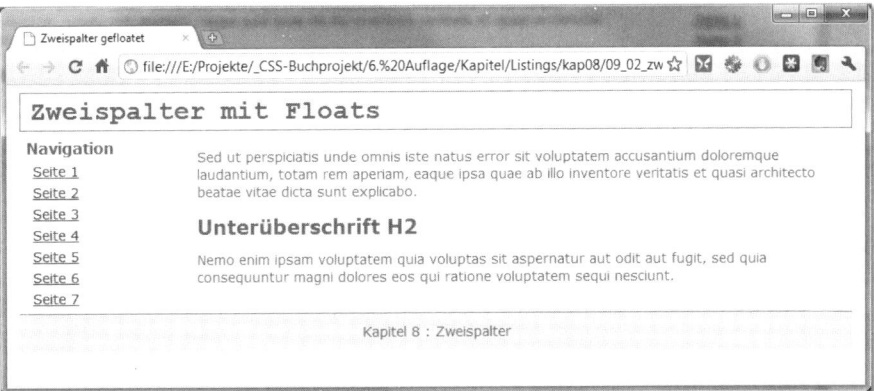

Abbildung 8.4 Ein einfacher Zweispalter

In beiden Fällen habe ich die Spaltenbreiten mit prozentualen Werten angegeben – die Hauptspalte hat 80 % der verfügbaren Seitenbreite, das Menü 20 %. Es ist natürlich genauso möglich, stattdessen Werte in Pixeln anzugeben oder em zu verwenden.

In der Praxis ist es sinnvoll, eine prozentuale Seitenbreite mit Maximal- und Minimalwerten abzusichern – dazu schreibe ich in Abschnitt 8.5.3, »Minimale und maximale Breiten für flexible Layouts«, noch etwas.

8.3 Der Dreispalter

Das im Web wohl am häufigsten verwendete Layout besitzt drei Spalten: Eine Spalte beherbergt die Navigation, eine den Inhalt und eine zusätzliche Informationen, Links oder Ähnliches. Hierzu gibt es eine schon nicht mehr überschaubare Vielfalt von Möglichkeiten, je nach Anwendungsfall und Wünschen:

- Sollen die Spaltenbreiten fest oder flexibel sein?
- Müssen die Spalten gleich lang sein?
- Haben die Spalten Hintergrundfarben, oder sollen gar Grafiken als Hintergrund der Spalten verwendet werden?
- Hat das Layout eine Kopf- oder Fußzeile?
- Soll eine bestimmte Reihenfolge der Spalten erreicht werden?
- Ist ein möglichst sparsamer Markup-Code wichtig?

8 | Layout mit CSS

Abbildung 8.5 Klassisches Dreispalten-Layout

8.3.1 Dreispalter flexibel

In einer einfachen Form hat sich gegenüber dem Zweispalter gar nicht viel geändert (die Bereiche sind im Code fett markiert). Hinzu gekommen ist ein Bereich #margin (Marginalie), der per `float: right` an den rechten Rand gerückt wird. Ansonsten ist nur die Breite des Inhaltsbereichs auf 60 % geschrumpft.

```
1:   <!DOCTYPE html>
2:   <html>
3:   <head>
4:   <meta http-equiv="Content-Type" content="text/html;
     charset=utf-8">
5:   <title>Dreispalter gefloatet</title>
6:   <link href="basis.css" rel="stylesheet" media="all"
     type="text/css">
7:   <style>
8:   <!--
9:   #main, #content, #margin {
```

```
10:    margin: 0;
11:    padding: 0;
12:    border: 0;
13:  }
14:  #mainnav {
15:    float: left;
16:    margin: 0;
17:    padding: 0 1%;
18:    border: 0;
19:    width: 18%;
20:  }
21:  #mainnav h3, #margin h3, #margin p, #mainnav ul {
22:    margin: 0.5em;
23:    list-style: none;
24:  }
25:  #mainnav ul {
26:    padding-left: 0.5em;
27:  }
28:  #mainnav li {
29:    padding: 0.2em 0;
30:  }
31:  #main {
32:    margin: 0;
33:    padding:  0%;
34:    float: left;
35:    width: 59.5%;
36:  }
37:  #margin {
38:    float: right;
39:    width: 20%;
40:  }
```

Hier wird der zusätzliche Bereich #margin im CSS definiert. Er erhält eine Breite von 20 %, die beim Hauptbereich abgezogen wird.

```
41:  #footer {
42:    clear: both;
43:  }
44:  -->
45:  </style>
46:  </head>
47:  <body>
48:  <div id="header">
49:      <h1>Dreispalter mit Floats </h1>
50:  </div>
```

```
51: <div id="mainnav">
52: <h3>Navigation</h3>
53:    <ul>
54:       <li><a href="#">Seite 1</a></li>
55:       <li><a href="#">Seite 2</a></li>
56:       <li><a href="#">Seite 3</a></li>
57:       <li><a href="#">Seite 4</a></li>
58:       <li><a href="#">Seite 5</a></li>
59:       <li><a href="#">Seite 6</a></li>
60:       <li><a href="#">Seite 7</a></li>
61:    </ul>
62: </div>
63: <div id="main">
64:    <p>Sed ut perspiciatis unde omnis… </p>
65: </div>
66: <div id="margin">
67:    <h3>Marginalie </h3>
68:    <p>In der Marginalie werden zusätzliche Inhalte
       dargestellt</p>
69: </div>
```

Das ist die Marginalie im Quellcode. Je nach Float-Richtung von #main sitzt sie rechts oder links des Hauptbereichs.

```
70: <div id="footer"> Kapitel 8 : Dreispalter </div>
71: </body>
72: </html>
```

Listing 8.3 Dreispaltiges Layout mit »float«

Wo die Marginalie angezeigt wird, entscheidet die Float-Richtung des Hauptbereichs. Wenn dieser – wie im Code gewählt – nach links floatet, wird die Marginalie rechts angezeigt. Setzen Sie die Anweisung bei #main auf float: right, wandert der Bereich nach rechts, und die Marginalie wird links angezeigt (siehe Abbildung 8.6).

[»] Ein generelles Problem beim Arbeiten mit flexiblen Bereichen ist das Einfärben bzw. Stylen von Spalten. Grundsätzlich werden – im Gegensatz zu Tabellenzellen – CSS-Bereiche nur so »tief«, wie es für den Inhalt erforderlich ist. Die Marginalie beispielsweise endet also direkt unter»Inhalte dargestellt«. Probieren Sie es einmal aus, indem Sie der Marginalie eine Hintergrundfarbe zuweisen. Es ist zwar theoretisch möglich, über prozentuale Höhenzuweisungen Spalten auch in der Höhe auf die Seite zu beziehen, aber in der Praxis ist das ziemlich kompliziert und funktioniert nur in Ausnahmefällen sicher (Sie müssen dazu alle vertikalen Dimensionen von <html> an deklarieren).

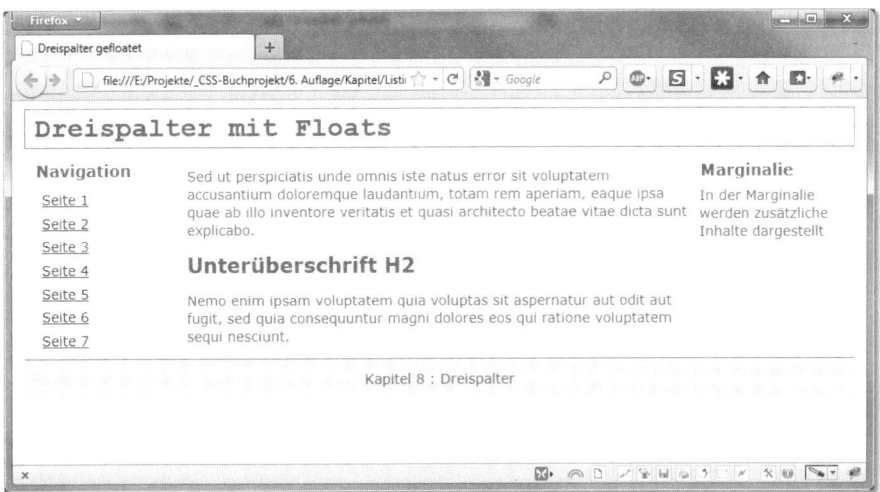

Abbildung 8.6 Einfacher Dreispalter

Wie Sie trotzdem Spalten einfärben oder zumindest einen entsprechenden Eindruck erzielen, erfahren Sie gleich und im weiter unten stehenden Abschnitt »Weitere Methoden zum Erreichen gleich langer Spalten«.

8.3.2 Dreispalter mit festen Spaltenbreiten rechts und links

Das Auszeichnen der seitlichen Bereiche in Prozent hat einen Nachteil: Da sie ohnehin recht klein sind, besteht die Gefahr, dass bei einer insgesamt sehr schmalen Seite die Navigationsspalte einfach zu klein wird, um die dort befindlichen Texte aufzunehmen. Es kommt zu unschönen Überlagerungen oder unlesbaren Inhalten (was bei der Navigation besonders schlecht ist). Um das zu verhindern, können Sie die Breite dieser Spalten in Pixeln angeben – dann bleibt sie immer gleich, egal wie groß oder klein das Browserfenster ist. Den restlichen Bereich für den Inhalt setzen Sie dann so ein, dass er automatisch den verfügbaren Platz einnimmt. Er ist in der Regel ja deutlich größer angelegt und verkraftet eine Verkleinerung besser. Außerdem lässt sich bei fest bemaßten Spalten sehr viel einfacher der Eindruck einer durchgehenden Spalte mit Hintergrundgrafiken erzeugen.

Dieses Layout erfordert Hintergrundgrafiken, um die seitlichen Spalten abzugrenzen. Außerdem ist die Reihenfolge der Spalten vorgegeben. Das Layout soll aussehen wie in Abbildung 8.7.

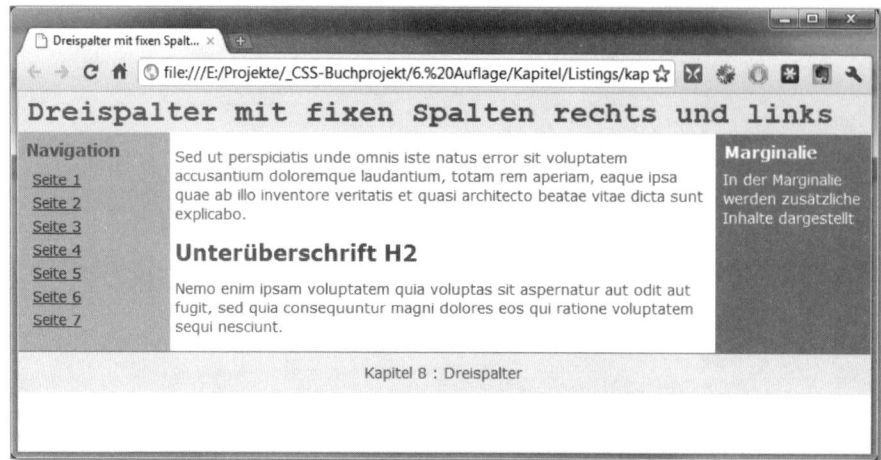

Abbildung 8.7 Dreispalter mit festen Bereichen rechts und links und Spaltensimulation

```
 1:   <!DOCTYPE html>
 2:   <html>
 3:   <head>
 4:   <meta http-equiv="Content-Type" content="text/html;
      charset=utf-8">
 5:   <title>Dreispalter mit fixen Spalten rechts und
      links</title>
 6:   <link href="basis.css" rel="stylesheet" media="all"
      type="text/css">
 7:   <style>
 8:   <!--
 9:   body, div {
10:     margin: 0;
11:     padding: 0;
12:     border: 0;
13:   }
```

Abstände und Rahmen aller Bereiche und des `<body>` werden auf null gesetzt, um ein ganzseitiges Layout zu erreichen.

```
14:   #wrapper {
15:     margin: 0;
16:     padding: 0;
17:     background: url(../assets/bg_rechts1.gif)
          repeat-y top right;
18:   }
```

Dieses zusätzliche Element #wrapper ist erforderlich, um eine zweite Hintergrundgrafik einzusetzen. Mit CSS3 könnte er entfallen, da dann mehrere Hintergründe pro Element möglich sind. In Zeile 17 wird der Hintergrund in Kurzschreibweise definiert (mehr zur Kurzschreibweise der Background-Eigenschaften finden Sie im Anhang in Abschnitt 11.5, »Kurzschreibweise«).

```
19: #header, #footer {
20:   background: #efefef;
21:   padding: 10px;
22: }
23: #mainnav {
24:   float: left;
25:   margin: 0;
26:   border: 0;
27:   width: 150px;
28: }
```

Die Breite der Navigation wird auf 150px festgelegt – das entspricht der Breite der Hintergrundgrafik.

```
29: #mainnav h3,
30: #margin h3,
31: #margin p,
32: #mainnav ul {
33:   margin: 0.5em;
34:   list-style: none;
35: }
36: #mainnav ul {
37:   padding-left: 0.5em;
38: }
39: #mainnav li {
40:   padding: 0.2em 0;
41: }
42: #main {
43:   margin: 0;
44:   padding:  0%;
45:   background: url(../assets/bg_links1.gif) repeat-y
      top left;
46:   overflow: auto;
47: }
```

Auch der Hauptbereich bekommt eine Hintergrundgrafik und simuliert damit die zweite Spalte (mehr zu dieser Technik, die *Faux Columns* genannt wird, schreibe ich etwas weiter unten). Außerdem wird er mit overflow: auto »ausgedehnt«. Sie erinnern sich – Bereiche um gefloatete Bereiche werden nicht automatisch um diese ausgedehnt. Da hier die Bereiche #mainnav und #margin gefloatet sind, würde der Hauptbereich nicht »länger«, wenn eine der beiden Spalten mehr Inhalt hätte als er.

Um den Effekt zu sehen, nehmen Sie das overflow: auto einmal heraus und verändern die Inhaltsmenge in den äußeren Spalten. Vergleichen Sie das Verhalten mit overflow: auto und vermehrten Inhalten.

```
48: #content {
49:   margin-right: 155px;
50:   margin-left: 155px;
51: }
```

Alle Inhalte befinden sich in diesem Bereich. Seine Breite ist nicht festgelegt – nur der Abstand nach rechts und links. In diesen Abstand passen die beiden Spalten (mit 5 Pixeln »Luft«).

```
52: #margin {
53:   float: right;
54:   width: 150px;
55:   color: white;
56: }
```

Auch die Marginalie ist 150 Pixel breit. Sie können die Breite nun ohne Rücksicht auf die Hauptspalte ändern – diese nimmt sich immer den noch verfügbaren Raum. Allerdings müssen Sie jetzt die Grafik immer entsprechend anpassen.

```
57: #footer {
58:   clear: both;
59: }
60: -->
61: </style>
62: </head>
63: <body>
64: <div id="wrapper">
65: <div id="header">
66:    <h1>Dreispalter mit fixen Spalten rechts und links </h1>
67: </div>
```

Für dieses Beispiel habe ich eine etwas andere Struktur des HTML gewählt. Neben dem allumfassenden #wrapper ist jetzt #main der Container für die Spalten #mainnav (war vorher neben #main), #content und #margin.

```
68:    <div id="main">
69:    <div id="mainnav">
70: <h3>Navigation</h3>
71:    <ul>
```

```
72:         <li><a href="#">Seite 1</a></li>
73:         <li><a href="#">Seite 2</a></li>
74:         <li><a href="#">Seite 3</a></li>
75:         <li><a href="#">Seite 4</a></li>
76:         <li><a href="#">Seite 5</a></li>
77:         <li><a href="#">Seite 6</a></li>
78:         <li><a href="#">Seite 7</a></li>
79:     </ul>
80:     </div>
81: <div id="margin">
82:     <h3>Marginalie </h3>
83:     <p>In der Marginalie werden zusätzliche Inhalte
        dargestellt</p>
84: <p> </p>
85: </div>
86: <div id="content">
87:     <p>Sed ut perspiciatis unde … </p>
88: </p>
89: </div>
90: </div>
91: <div id="footer"> Kapitel 8 : Dreispalter </div>
92: </div>
93: </body>
94: </html>
```

Listing 8.4 Ein Dreispalter mit fester Breite der seitlichen Spalten und »Autoclearing«

8.3.3 Dreispalter mit flexibler Spaltenaufteilung und freier Wahl der Breiteneinheiten

Nun gibt es noch zwei Wünsche, die bislang offenblieben:

- ein flexibles oder elastisches Layout für den Dreispalter
- die freie Wahl der Spaltenreihenfolge

Mit dem folgenden Layout können Sie auch diese beiden Wünsche erfüllen.

Obwohl es logisch ein wenig fragwürdig erscheint, erlaubt CSS für die Angabe der Außenabstände auch negative Werte. Das Element rutscht dann um den entsprechenden Betrag nach außen.

Sie beginnen mit einer einfachen HTML-Struktur. (Der besseren Übersicht halber habe ich die Spalten mit den wenig semantischen Bezeichnungen a–c versehen. In der Praxis sollten Sie das natürlich nicht machen, sondern die Bereiche nach ihren Funktionen benennen.)

8 | Layout mit CSS

```
<div id="spalte-a">...</div>
<div id="spalte-b">...</div>
<div id="spalte-c">...</div>
```

Als Beispiel wählen Sie ein flexibles Layout mit prozentualen Breiten. Der Ansatz funktioniert genauso gut mit festen Breiten und in einem elastischen Layout in em.

[zB] **Beispiel 1: Spalte A steht im Quelltext vorn und optisch in der Mitte, Spalte B sitzt links und Spalte C rechts (B – A – C)**

Alle Spalten werden nach links gefloatet und erhalten Breitenangaben in Prozentwerten:

```
1:  #spalte-a {
2:    float: left;
3:    width: 50%;
4:    margin-left: 20%;
5:    background: #99ccff;
6:  }
```

Spalte A (Inhalt) wird auf 50% der Breite gesetzt und bekommt einen positiven linken Außenabstand, in den Spalte B hineinpasst.

```
7:  #spalte-b {
8:    float: left;
9:    width: 20%;
10:   margin-left: -70%;
11:   background: #ccccff;
12: }
```

Spalte B für die Navigation – im Quelltext nach Spalte A notiert – wird um ihre eigene Breite und die Breite von Spalte A (bzw. um die Breite von Spalte A und deren linken Abstand) nach links versetzt. Damit landet sie an linken Rand der Seite.

```
13: #spalte-c {
14:   float: left;
15:   width: 30%;
16:   background: #ffffcc;
17: }
```

Listing 8.5 CSS für Anordnung B – A – C

Spalte C kann dann ganz normal nach Spalte A platziert werden.

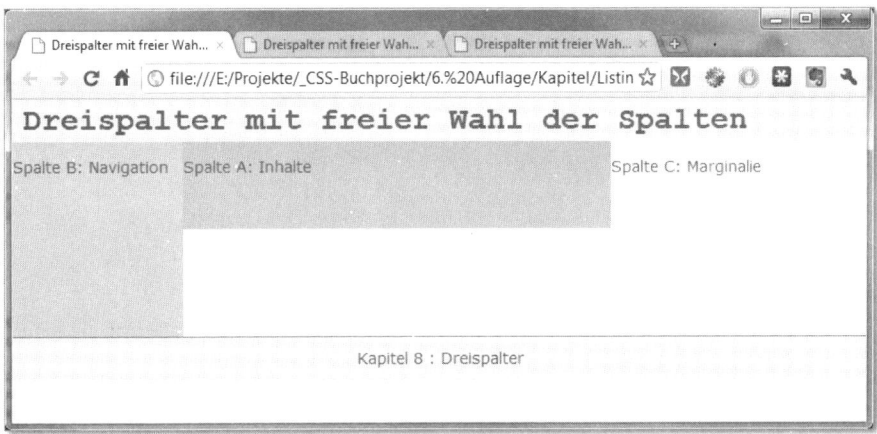

Abbildung 8.8 Variante B – A – C

Für den Internet Explorer 6 benötigen Sie noch einen `<div>`-Container um die drei Spalten, damit der Footer immer unter den Spalten beginnt – unabhängig davon, welche am längsten wird –, und ein `display: inline` für den ersten Block. Außerdem müssen Sie diesem Container *hasLayout* verschaffen – hier durch ein `zoom: 1` (das weisen Sie am besten über Conditional Comments zu – was es mit *hasLayout* auf sich hat, beschreibe ich in Abschnitt 10.2.1, »hasLayout«).

Komplett sieht es dann so aus:

```
1:  <!DOCTYPE html>
2:  <html>
3:  <head>
4:  <meta http-equiv="Content-Type" content="text/html;
    charset=utf-8">
5:  <title>Dreispalter mit freier Wahl der Spalten</title>
6:  <link href="basis.css" rel="stylesheet" media="all"
    type="text/css">
7:  <style>
8:  body, div {
9:    margin: 0;
10:   padding: 0;
11:   border: 0;
12: }
13: #header, #footer {
14:   background: #efefef;
15:   padding: 10px;
16: }
```

```
17: #spalte-a {
18:   float: left;
19:   width: 50%;
20:   margin-left: 20%;
21:   background:#99CCFF;
22:   display: inline;
23: }
24: #spalte-b {
25:   float: left;
26:   width: 20%;
27:   margin-left: -70%;
28:   background:#CCCCFF;
29: }
30: #spalte-c {
31:   float: left;
32:   width: 30%;
33:   background:#FFFFCC;
34: }
35: #footer {
36:   clear: both;
37: }
38: /* nur für IE6 benötigt */
39: #wrapper {
40:   background:#fff;
41:   overflow: auto;
42:   zoom: 1;
43: }
44: </style>
45: </head>
46: <body>
47: <div id="header">
48: <h1>Dreispalter mit freier Wahl der Spalten </h1>
49: </div>
50: <div id="wrapper">
51: <div id="spalte-a">
52:    <p>Spalte A: Inhalte</p>
53:    <p> </p>
54: </div>
55: <div id="spalte-b"> Spalte B: Navigation
56:    <p> </p>
57:    <p> </p>
58:    <p> </p>
59:    <p>  </p>
60: </div>
61: <div id="spalte-c">
```

```
62:     <p>Spalte C: Marginalie</p>
63:     <p> </p>
64:     <p> </p>
65:     <p>  </p>
66:   </div>
67: </div>
68: <div id="footer"> Footer</div>
69: </body>
70: </html>
```

Listing 8.6 Kompletter Quellcode für das flexible Layout (B – A – C)

Wenn Sie nun das Layout in einer anderen Reihenfolge haben wollen, brauchen Sie im Quellcode nichts zu verändern, wie die folgenden Abschnitte zeigen.

Beispiel 2: Spalte A steht im Quelltext und optisch vorn, Spalte B sitzt in der Mitte und Spalte C rechts (A – B – C)

[zB]

Dies ist die normale Reihenfolge im Code und entspricht unseren bereits besprochenen Beispielen, stellt somit also kein Problem dar. Der Vollständigkeit halber hier der CSS-Code:

```
1:  #spalte-a {
2:    float: left;
3:    width: 20%;
4:    background:#99CCFF;
5:  }
6:  #spalte-b {
7:    float: left;
8:    width: 50%;
9:    display: inline;
10:   background:#CCCCFF;
11: }
12: #spalte-c {
13:   float: left;
14:   width: 30%;
15:   background:#FFFFCC;
16: }
```

Listing 8.7 Der CSS-Code für die zweite Variante eines flexiblen Dreispalters (A – B – C) – Ausschnitt

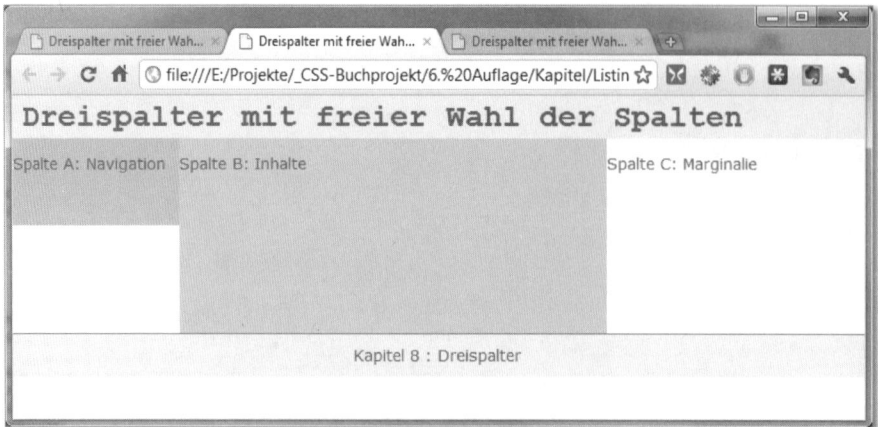

Abbildung 8.9 A – B – C entspricht der Reihenfolge im Code und erfordert keine besonderen Maßnahmen.

[zB] **Beispiel 3: Die erste Spalte in der Mitte, die zweite Spalte rechts und die dritte Spalte links (C – A – B)**

Als weitere Variante könnte auch die Anordnung (C – A – B) in Frage kommen.

```
1:  #spalte-a {
2:    float: right;
3:    width: 50%;
4:    margin-left: -80%;
5:    margin-right: 30%;
6:    background:#99CCFF;
7:    display: inline;
8:  }
```

Der negative Abstand wird hier gleich der ersten Spalte A mitgegeben. Sie wird per `float: right` ganz nach rechts geschoben mit einem Abstand von 30%, und ihr linker Abstand (wo der nächste Kasten beginnt) wird um 80% nach rechts verschoben (der linke Abstand mit negativem Vorzeichen weist nach rechts).

```
 9:  #spalte-b {
10:    float: right;
11:    width: 30%;
12:    margin-right: 0;
13:    background:#CCCCFF;
14:  }
```

Dort landet Spalte B mit 30% der Breite.

```
15:  #spalte-c {
16:    float: left;
```

```
17:    width: 20%;
18:    background:#FFFFCC;
19:  }
```

Spalte C wird nun nach links gefloatet und nimmt den dort vorhandenen Platz von 20% ein.

```
20:  #footer {
21:    background: #efefef;
22:  }
23:  p {
24:    margin: 0;
25:  }
```

Listing 8.8 Anordnung (C – A – B)

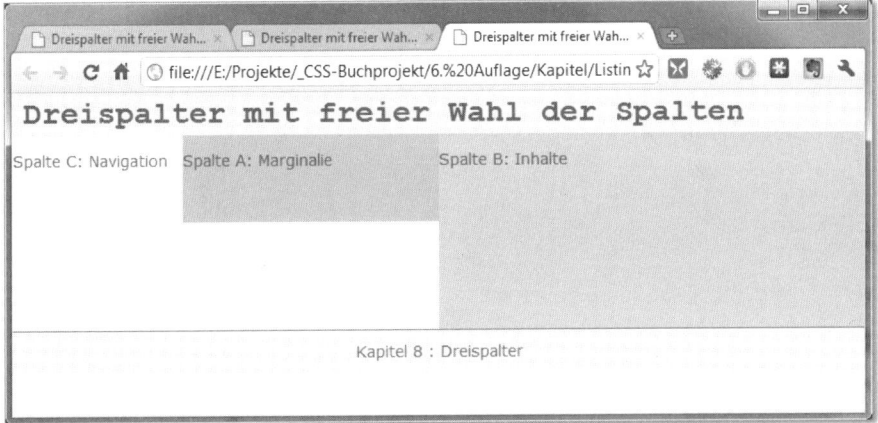

Abbildung 8.10 Auch C – A – B ist möglich – alles ohne den HTML-Code zu verändern.

Ein lesenswerter Artikel zum »Arbeiten mit negativen Abständen« von Ryan Brill wurde im Magazin »A List Apart« veröffentlicht: *http://www.alistapart.com/articles/negativemargins/* (Linkcode 0536).

Sie können diese Technik auch mit fixen oder elastischen Breitenangaben verwenden. Allerdings müssen Sie allen Spalten explizit Breiten zuweisen, was zu einem unflexiblen Layout (in Bezug auf Veränderungen der Browserfenstergröße) führt.

8.3.4 Elastischer Dreispalter mit Anpassung an Schriftgröße

Zu guter Letzt möchte ich Ihnen noch einen flexiblen Dreispalter mit Kopf- und Fußzeile vorstellen. Hier ist die Breite der äußeren Spalten von der Größe der verwendeten Schriften abhängig. Breitenangaben in em machen es möglich. Die mittlere Spalte passt sich dann dem verfügbaren Platz an. Zusätzlich habe ich eine minimale Breite definiert.

```
 1: <!DOCTYPE html>
 2: <html>
 3: <head>
 4: <meta http-equiv="Content-Type" content="text/html;
    charset=utf-8">
 5: <title>3 Spalten mit Kopf und Fuß, Inhalt zuerst und
    Angaben in em</title>
 6: <style type="text/css">
 7: html {
 8:   font-family: Verdana, Geneva, sans-serif;
 9:   font-size: 62.5%;
10:   line-height: 180%;
11:   color: #666;
12: }
13: body {
14:   padding: 0;
15:   margin: 0;
16:   font-size: 1.4em;
17: }
18: h1 {
19:   font-family: "Courier New", Courier, monospace;
20:   font-size: 200%;
21:   margin: 0;
22: }
23: h2, p { padding: 0 0.5em; }
24: p { margin: 0.5em 0; }
25: #wrapper {
26:   border: solid 1px #fff;
27:   border-width: 0 1px;
28:   margin: 0;
29:   min-width: 60em;
30:   width: auto;
31: }
```

Mit der min-width-Angabe erzwingen wir eine Mindestbreite von 60 Zeichen – zumindest in modernen Browsern. Der Internet Explorer vor der Version 7 kann dies nicht, aber er stört sich auch nicht daran.

```
32: #header {
33:   margin: 0;
34:   padding: 1em;
```

```
35: }
36: #outerWrap {
37:   border-left: 14em solid #87C993;
38:   border-right: 14em solid #336666;
39: }
```

Der Kasten `#outerWrap` bekommt nach rechts und links jeweils einen Rahmen, in den später die Spalten rutschen. Die Farbe der Rahmen ist dabei die Hintergrundfarbe der äußeren Spalten. Sie können die Rahmenbreite übrigens auch in Pixel setzen, womit Sie ein Layout wie im ersten Beispiel erreichen, allerdings mit der Inhaltsspalte an erster Stelle im Quellcode.

```
40: #innerWrap {
41:   border: solid 1px #FFCC99;
42:   border-width: 0 1px;
43:   background: #FFCC99;
44:   margin: 0 -1px;
45:   width: 100%;
46:   z-index: 1;
47: }
48: #left, #middle, #right, #SOWrap {
49:   overflow: visible;
50:   position: relative;
51: }
```

Zwei Anweisungen, die diverse Anzeigefehler unterdrücken. Wenn irgendetwas mit `float` nicht klappt, ist `position: relative` immer einen Versuch wert.

```
52: #SOWrap {
53:   float: left;
54:   margin: 0 -1px 0 0;
55:   width: 100%;
56:   z-index: 3;
57: }
```

Dieser Kasten ist notwendig, um die gewünschte Reihenfolge des Quellcodes zu erreichen. Sie setzen die mittlere und die linke Spalte in den Kasten `#SOWrap` und lassen sie nach links floaten. Die mittlere Spalte darin wird dann nach rechts gefloatet. Damit steht sie im Code an erster Stelle, wird aber nach der linken Spalte angezeigt.

```
58: #middle {
59:   float: right;
60:   margin: 0 0 0 -1px;
61:   width: 100%;
62:   z-index: 5;
```

```
63: }
64: #left {
65:   float: left;
66:   margin: 0 1px 0 -14em;
67:   width: 14em;
68:   z-index: 4;
69: }
70: #right {
71:   float: right;
72:   width: 14em;
73:   margin: 0 -14em 0 1px;
74:   z-index: 2;
75: }
```

Die linke und rechte Spalte müssen auf die `border` von `#outerWrap` abgestimmt sein und eine entsprechende Breite (hier: 14em) aufweisen. Dann werden sie per `margin` aus dem umgebenden Kasten nach links bzw. rechts hinausgerückt.

```
76: #footer {
77:   padding: 10px;
78:   border: none;
79:   border-top: 1px solid grey;
80:   background-color: #efefef;
81:   text-align: center;
82: }
83: .clearfix: after {
84:   content: ".";
85:   display: block;
86:   height: 0;
87:   clear: both;
88:   visibility: hidden;
89: }
90: /* nur IE */
91: .clearfix {
92:   zoom: 1;
93: }
```

Mit der Klasse `.clearfix` lösen Sie die Floats auf. `overflow: auto` können Sie hier nicht verwenden, da die `overflow`-Eigenschaft bereits weiter oben eingesetzt wurde und Sie deren Wirkung auflösen würden, wenn Sie hier mit `overflow` arbeiten würden.

```
94: </style>
95: </head>
96: <body>
97: <div id="wrapper">
```

```
 98: <div id="header">
 99:   <h1>Dreispalter, em rechts und links,
       Mitte fluid </h1>
100: </div>
101: <div id="outerWrap">
102:   <div id="innerWrap" class="clearfix">
103:     <div id="SOWrap">
104:       <div id="middle">
105:         <h2>Mittlere Spalte!</h2>
106:         <p>Diese Spalte steht im Quellcode an erster
            Stelle (gut für Suchmaschinen
107:         und Barrierefreiheit). </p>
108:         <p>Lorem ipsum dolor sit amet,... </p>
109:         <p> </p>
110:         <p> </p>
111:         <p> </p>
112:         <p> </p>
113:       </div>
114:       <div id="left">
115:         <h2>Linke Spalte</h2>
116:       </div>
117:     </div>
118:     <div id="right">
119:       <h2>Rechte Spalte</h2>
120:     </div>
121:   </div>
122: </div>
123: <div id="footer"> Kapitel 8 : Dreispalter </div>
124: </div>
125: </body>
126: </html>
```

Listing 8.9 Layout mit flexiblen Außenspalten

Dieses Layoutbeispiel ist eine vereinfachte Form von »skidoo II« von Eric »Rutharian« Tribou, der auf seiner Seite auch noch eine Reihe anderer Varianten zur Verfügung stellt: *http://webhost.bridgew.edu/etribou/layouts/* (Linkcode 0052).

Gegenüber den vorherigen Varianten stellt es eine verbesserte Flexibilität dar, da es auf Größenänderungen des Browserfensters reagiert und die Schriftgröße so berücksichtigt, dass die äußeren Spalten nicht zu klein werden. Bei einer Verkleinerung des Browserfensters bei gleichzeitiger Vergrößerung der Schrift wird es dann im Mittelteil schnell eng. Daher ist eine Mindestbreite definiert, die, falls die Spalte zu schmal wird, einen horizontalen Scrollbalken erzwingt.

Durchgehende Spalten

Ein anderer Vorteil dieser Methode gegenüber der vorherigen ist die Verwendung von `border` anstelle von `margin`. Da `border` auch eingefärbt werden kann, können Sie so (einfarbig) gefärbte Spalten erzeugen, ohne Hintergrundgrafiken einzusetzen. Gerade bei Änderungen ist das deutlich bequemer. Dafür müssen Sie mit einer komplexeren HTML-Struktur und mehreren zusätzlichen `<div>`-Containern leben.

8.4 CSS-Layouttricks

Oft klappt beim Layouten mit CSS nicht alles auf Anhieb so, wie man es sich vorstellt. Deshalb beschreibe ich im Folgenden ein paar typische Probleme und ihre Lösung. Den Anfang macht dabei das beliebte Problem der Spaltenlänge.

8.4.1 Das Problem der (nicht) gleich langen Spalten

Ein Problem, mit dem viele CSS-Einsteiger anfangs zu kämpfen haben: Die Spalten gehen nicht bis zum Seitenende oder sind nicht gleich lang. Bei einfarbigem Hintergrund ist das nicht so schlimm – wenn aber Spalten farbig sein sollen, ist das recht unangenehm. Die CSS-Eigenschaft `height` hilft Ihnen meist nicht weiter, weil Sie ja nicht wissen, wie groß das Browserfenster sein wird.

[!] Im Gegensatz zu den Spalten einer Tabelle gibt es bei CSS keine einfache, praktisch anwendbare Möglichkeit, die Länge eines Bereichs auf einen anderen zu beziehen (CSS kann das schon, aber die Browser ...).

Mit der ersten Idee, durch die Angabe `height: 100%` alle Bereiche auf 100 % der Seitenhöhe zu setzen, kommen Sie leider nur zum Ziel, falls die Seiteninhalte kein Scrollen erfordern.

```
 1:   <!DOCTYPE html>
 2:   <html>
 3:   <head>
 4:   <meta http-equiv="Content-Type" content="text/html;
       charset=utf-8">
 5:   <title>Die Höhe</title>
 6:   <link href="basis.css" rel="stylesheet" media="all"
       type="text/css">
 7:   <style>
 8:   <!--
 9:   html, body {height: 100%; }
10:   #mainnav {
11:     float: left;
```

```
12:    margin: 0;
13:    padding: 0 1%;
14:    border: 0;
15:    width: 18%;
16:    height: 100%;
17:    background: lightgray;
18:  }
19:  ...
20:  #main {
21:    margin: 0;
22:    padding:  0 2%;
23:    float: left;
24:    border: 0;
25:    width: 76%;
26:  }
27:  -->
28:  </style>
29:  </head>
30:  <body>
31:  <div id="mainnav">
32:  <h3>Navigation</h3>
33:  <ul>
34:     <li><a href="#">Seite 1</a></li>
35:     ...
36:  </ul>
37:  </div>
38:  <div id="main">
39:      <h1> Höhe 100% </h1>
40:      <p>Sed ut perspiciatis unde omnis iste natus ... </p>
41:  </div>
42:  </body>
43:  </html>
```

Listing 8.10 Höhe 100 % bezieht sich auf den sichtbaren Bereich.

Verkleinern Sie das Browserfenster des oben gezeigten Beispiels (die vollständige Datei finden Sie auf der DVD), bis ein vertikaler Scrollbalken erscheint. Der Hintergrund der Navigation #mainnav wird nur bis zum Ende des Browserfensters (Viewport) gefärbt. Wenn Sie auch #main: 100% vergeben, passiert dort dasselbe.

Hintergrundgrafiken zur Simulation von Spalten (Faux Columns)

Es gibt mehrere Methoden, mit diesem Problem umzugehen. Eine verhältnismäßig einfache Möglichkeit ist es, mit Hilfe von Hintergrundgrafiken gleich lange Spalten zu simulieren. Sie wird unter dem Namen *Faux Columns* (»vorgetäuschte Spalten«) beschrieben.

Einfach ist das bei einer festen Spaltenbreite der linken (oder rechten) Spalte. Hier müssen Sie nur eine Hintergrundgrafik mit entsprechend aufgeteilten Farbflächen für den body definieren. Außerdem müssen Sie für den zweiten Bereich auf die Breitenangabe verzichten (da wir ja nicht wissen, wie viele Pixel er breit sein wird) und damit auch auf die Eigenschaft float (erfordert zwingend eine Breitenangabe). Stattdessen definieren wir eine linke Spalte mit einem Außenabstand (margin) von 200px, in die dann unsere Navigation »rutscht«.

[o] Sehen Sie sich für ein Beispiel die Datei *zweispalter_links2.html* auf der DVD-ROM (Verzeichnis: */beispiele/kapitel08*) an.

Bei einer flexiblen Spaltengestaltung ist das eben beschriebene Vorgehen so nicht mehr möglich, aber durch eine trickreiche Anordnung der Hintergrundgrafik können Sie sich behelfen. Hierzu verwenden Sie eine Hintergrundgrafik, deren Farbflächen im gleichen Verhältnis wie Ihre Spalten aufgeteilt sind. Diese binden Sie dann mit

```
background: url("bg_20prozent.gif") repeat-y 20% 0%;
```

für den body ein und setzen die Breite der Navigation und den Wert margin des Inhalts auf 20%. Analog funktioniert dies auch für rechtsbündige Bereiche.

Prozentual ausgezeichnete Spalten mit Hintergrundgrafiken

Wie den Zweispalter können Sie auch den Dreispalter mit Hintergrundgrafiken realisieren. Allerdings ist etwas mehr Code erforderlich. Grundlage sind zwei Hintergrundgrafiken, die sich überlagern. Wenn Sie beispielsweise einen Dreispalter realisieren wollen, dessen äußere Spalten je 25 % der Seitenbreite einnehmen sollen (der Rest wird für die mittlere Spalte verwendet), dann erstellen Sie zwei Grafiken von 4.000 Pixel Breite und z. B. 5 Pixel Höhe.

Grafik eins wird über die Breite von 1.000 Pixel vom linken Rand beginnend eingefärbt, der Rest bleibt transparent (als GIF- oder PNG-Datei abspeichern). Grafik zwei wird auf den hinteren 1.000 Pixeln eingefärbt, der vordere Teil bleibt transparent.

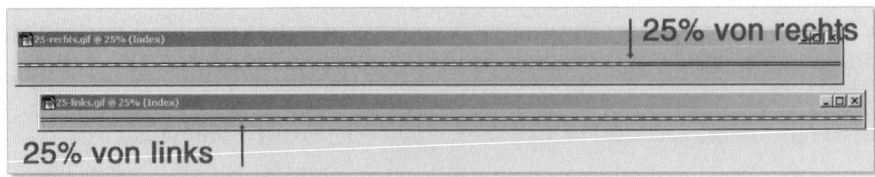

Abbildung 8.11 Grafiken für das dreispaltige Layout

```
 1:  <!DOCTYPE html>
 2:  <head>
 3:  <meta http-equiv="Content-Type" content="text/html;
     charset=utf-8">
 4:  <title>Dreispalter mit prozentualen Spalten</title>
 5:  <style type="text/css">
 6:  * {
 7:    margin: 0;
 8:    padding: 0;
 9:  }
10:  html {
11:    height: 100%;
12:    background: #87B562 url(../assets/25-links.gif)
       25% 0 repeat-y;
13:    font-family: Verdana, Geneva, sans-serif;
14:    font-size: 62.5%;
15:    line-height: 180%;
16:    color: #666;
17:  }
```

Im Element `<html>` wird der Hintergrund für die linke Spalte in Form der Grafik *25-links.gif* und für die mittlere Spalte als Hintergrundfarbe angegeben.

```
18:  body {
19:    min-height: 100%;
20:    background: url(../assets/25-rechts.gif)
       75% 0 repeat-y;
21:    font-size: 1.4em;
22:  }
```

Es folgt die Grafik für die rechte Spalte als Zuweisung an `<body>`.

```
23:  .rechts {
24:    background: url(../assets/25-rechts.gif)
       75% 0 repeat-y;
25:  }
26:  #wrapper {
27:    float: left;
28:    width: 100%;
29:  }
```

Damit die Hintergründe auch beim Scrollen mitwachsen, benötigen Sie noch einen Extra-Container, dem Sie auch noch einmal die rechte Grafik zuweisen.

```
30:  #main {
31:    float: left;
32:    width: 100%;
```

```
33:   padding-bottom: 50px;
34: }
```

Im Hauptbereich müssen Sie ein wenig Platz für später fixiert positionierte Fußzeile schaffen, damit die Inhalte nicht darüberlaufen (die Fußzeile belegt aufgrund ihrer Positionierung keinen Platz im Dokument – siehe Abschnitt 7.1.4, »position: fixed«).

```
35: .spalte {
36:   float: left;
37:   width: 24%; /* Breite der äusseren Spalten */
38: }
39: #mitte {
40:   width: 52%; /* Breite der mittleren Spalte */
41: }
```

Hier werden die eigentlichen Spalten für die Inhalte aufgespannt. Über die Klasse .spalte sprechen Sie alle Spalten an und weisen ihnen einen Wert von 24% zu – danach überschreiben Sie nur die mittlere Spalte mit einem neuen Wert. Das spart Platz im Stylesheet. Beachten Sie, dass Sie bei prozentualen Werten immer mit der Rundungsungenauigkeit der Browser rechnen müssen, also lieber etwas Platz lassen sollten.

```
42: h1, h2 {
43:   font-family: "Courier New", Courier, monospace;
44:   padding: 10px 10px;
45: }
46: h2, p {
47:   padding-left: 20px;
48:   padding-right: 10px;
49: }
50: #header {
51:   padding: 10px;
52:   border-bottom: 1px solid grey;
53:   background-color: #efefef;
54: }
55: #footer {
56:   position: fixed;
57:   bottom: 0;
58:   width: 100%;
59:   clear: both;
60:   padding: 10px 0;
61:   border-top: 1px solid grey;
62:   background-color: #efefef;
```

```
63:    text-align: center;
64:  }
```

Da die simulierten Spalten immer bis ans untere Ende des Browserfensters reichen, sollte auch die Fußzeile sich dort befinden. Um das zu erreichen, weisen Sie ihr eine fixe Positionierung zu und setzen sie mit `bottom: 0` nach unten. Weil `absolute` und `fixed` positionierte Bereiche keinen Platz im Dokument mehr beanspruchen, müssen Sie die Breite selbst setzen und im Hauptbereich Platz reservieren, damit die Inhalte später nicht eventuell über die Fußzeile laufen.

```
65:  </style>
66:  </head>
67:  <body>
68:  <div id="header">
69:  <h1>Prozentuale Spalten</h1>
70:  </div>
71:  <div id="wrapper" class="rechts">
72:    <div id="main">
73:      <div id="links" class="spalte">
74:        <h2>Mittlere Spalte</h2>
75:        <p>Inhalte in der linken Spalte </p>
76:      </div>
77:      <div id="mitte" class="spalte">
78:        <h2>Mittelspalte</h2>
79:        <p>Inhalte in der mittleren Spalte</p>
80:      </div>
81:      <div id="rechts" class="spalte">
82:        <h2>Rechte Spalte</h2>
83:        <p>Inhalte rechts</p>
84:      </div>
85:    </div>
86:    </div>
87:    <div id="footer"> Fußzeile </div>
88:  </div>
89:  </div>
90:  </body>
91:  </html>
```

Listing 8.11 Dreispalter mit prozentual definierten Werten

So erhalten wir einen flexiblen Dreispalter, dessen Spalten immer bis zum Seitenende gehen und auch bei scrollenden Inhalten sichtbar bleiben.

Sie finden den Quellcode und Beispiele für diese Technik im Verzeichnis /Listings/kap08 auf der DVD-ROM.

8 | Layout mit CSS

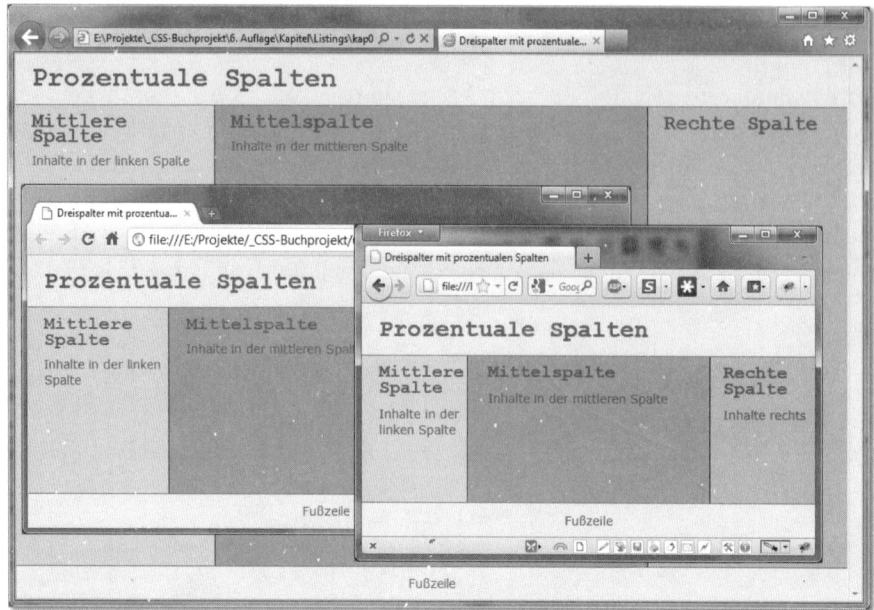

Abbildung 8.12 Dreispalter mit prozentual definierten Spalten von Firefox bis IE (7)

Weitere Methoden für gleich lange Spalten

Eine elegante und einfache Methode für ein tabellenartiges Spaltenlayout mit durchgehenden Hintergründen wäre, für das Layout die Eigenschaften `display: table`, `display: table-row` und `display: table-cell` zu verwenden. Dabei wird ausgenutzt, dass in einer Tabelle alle Zellen einer Zeile automatisch gleich hoch sind. Wenn Sie also den Container für Ihre Spalten als Tabelle mit einer Tabellenzeile verstehen und die einzelnen Spalten als Zellen definieren, sorgt CSS dafür, dass alle drei Spalten (»Zellen«) gleich hoch werden.

Allerdings funktioniert dies nicht im Internet Explorer bis zur Version 7. Erst ab Version 8 wird `display: table` unterstützt. Trotzdem hier als Ausblick ein Beispiel zu dieser Technik, weil sie so schön einfach und elegant ist.

```
1:   <!DOCTYPE html>
2:   <html>
3:   <head>
4:   <meta http-equiv="Content-Type" content="text/html;
     charset=utf-8">
5:   <title>Dreispalter mit display: table </title>
6:   <style>
7:   <!--
8:   html {
```

```
 9:    font-family: Verdana, Geneva, sans-serif;
10:    font-size: 62.5%;
11:    line-height: 180%;
12:    color: #666;
13: }
14: body {
15:    font-size: 1.4em;
16:    margin: 0;
17:    padding: 0;
18: }
19: h1 {
20:    font-family: "Courier New", Courier, monospace;
21:    font-size: 200%;
22:    margin: 0;
23: }
24: #main, #content, #margin {
25:    margin: 0;
26:    padding: 0;
27:    border: 0;
28: }
29: #mainnav {
30:    margin: 0;
31:    padding: 0 1%;
32:    border: 0;
33:    width: 18%;
34:    background: lightgray;
35:    display: table-cell;
36: }
```

Sie müssen nur die einzelnen Spalten als »tabellenzellenartig« definieren.

```
37: #mainnav h3, #margin h3, #margin p, #mainnav ul {
38:    margin: 0.5em;
39:    list-style: none;
40: }
41: #mainnav ul {
42:    padding-left: 0.5em;
43: }
44: #mainnav li {
45:    padding: 0.2em 0;
46: }
47: #main {
48:    margin: 0;
49:    padding:  0%;
50:    background:#FFC;
```

```
51:    display: table;
52: }
```

Dem umgebenden Container weisen Sie Tabelleneigenschaften zu. Die Tabellenzeile wird vom Browser automatisch »dazugedacht«.

```
53: #content {
54:    padding: 10px;
55: }
56: #margin {
57:    width: 20%;
58:    background: lightgray;
59:    display: table-cell;
60: }
```

Auch die Marginalie verhält sich wie eine Tabellenzelle.

```
61: #header, #footer {
62:    padding: 10px;
63: }
64: #footer {
65:    clear: both;
66:    border-top: 1px solid grey;
67:    background-color: #efefef;
68:    text-align: center;
69: }
70: -->
71: </style>
72: </head>
73: <body>
74: <div id="header">
75: <h1>Dreispalter mit display: table </h1>
76: </div>
77: <div id="main">
78: <div id="mainnav">
79:    <h3>Navigation</h3>
80:    <ul>
81:       <li><a href="#">Seite 1</a></li>
82:       <li><a href="#">Seite 2</a></li>
83:       ...
84:    </ul>
85: </div>
86: <div id="content">
87:    <p>Sed ut perspiciatis unde omnis iste ... </p>
88: </div>
89: <div id="margin">
```

```
90:      <h3>Marginalie </h3>
91:      <p>In der Marginalie werden zusätzliche
            Inhalte dargestellt</p>
92:     </div>
93:    </div>
94:    <div id="footer"> Kapitel 8 : Dreispalter </div>
95:   </body>
96:  </html>
```
Listing 8.12 Die Zukunft ist einfach – »display: table« für den Dreispalter.

JavaScript

Sie können auch per JavaScript die Höhe der längsten Spalte ermitteln und die anderen Spalten dynamisch anpassen. In Abschnitt 12.2.5, »Gleich lange Spalten mit Grids und JavaScript«, finden Sie ein Beispiel, wie Sie ein solches Verhalten für das Framework *Grids* von Yahoo! erzeugen. Die beiden folgenden Quellen befassen sich mit der Methode im Detail:

- *http://www.paulbellows.com/getsmart/balance_columns/*
  (Linkcode 0054; umfassend dokumentiert)
- *http://www.saila.com/attic/sandbox/set-height.html*
  (Linkcode 0055; elegante Methode zur Ermittlung der Höhe eines Kastens)

8.4.2 Zentrieren

Eine immer wieder benötigte Funktion ist das Zentrieren eines Inhaltsbereichs in der Mitte des Browserfensters, horizontal sowie auch vertikal.

Beim Zentrieren gibt es mehrere Varianten, die zum Teil unterschiedliches Vorgehen erfordern:

- horizontales Zentrieren mit festgelegter Breite (die meistbenötigte Variante)
- horizontales Zentrieren mit festgelegten Abständen zum Rand (und damit variable Breite des Inhalts)
- vertikales Zentrieren mit festgelegter Breite
- vertikales Zentrieren mit festgelegten Abständen zum Rand

Möglich ist auch eine Kombination von vertikal und horizontal zentrierten Inhalten.

Horizontal zentrieren

Die einfachste Variante ist das horizontale Zentrieren mit festgelegter Breite. Diese kann dabei durchaus in Prozentwerten oder em notiert sein.

Eigentlich genügt es hierbei, die äußeren (horizontalen) Abstände eines Kastens auf `auto` zu setzen, um ihn horizontal zu zentrieren. Dabei wird die Größe des verfügbaren Platzes (also Browserfensterbreite minus Breite des Kastens) gleichmäßig auf beide Seiten verteilt – der Kasten sitzt in der Mitte.

Die Eigenschaft `text-align` hingegen ist für Kästen ungeeignet, da sie sich auf die Ausrichtung von Text innerhalb von Absätzen bezieht. Früher konnte man nur mit `text-align: center` auch Block-Elemente im Internet Explorer zentrieren. Ab dem Internet Explorer 7 reicht die nachfolgend beschriebene Methode.

[zB]
```
 1:  <!DOCTYPE html>
 2:  <html>
 3:  <head>
 4:  <meta http-equiv="Content-Type" content="text/html;
     charset=utf-8">
 5:  <title>Zentrieren horizontal</title>
 6:  <link href="basis.css" rel="stylesheet" media="all"
     type="text/css">
 7:  <style>
 8:  <!--
 9:  #main {
10:    width: 600px;
11:    margin: 0 auto;
```

Hier wird die Zentrierung erreicht.

`margin: 0 auto` ist eine Kurzschreibweise für

`margin-top: 0; margin-bottom: 0;`
`margin-left: auto; margin-right: auto;`

Dabei gilt der erste Wert für die vertikalen Abstände und der zweite für links und rechts.

```
12:  }
13:  -->
14:  </style>
15:  </head>
16:  <body>
17:  <div id="header">
18:  <h1>Zentrieren horizontal</h1>
19:  </div>
20:  <div id="main">
21:    <p>Sed ut perspiciatis unde omnis iste natus ... </p>
22:  </div>
23:  <div id="footer"> Kapitel 8 : Zentrieren </div>
```

```
24:    </body>
25:  </html>
```
Listing 8.13 Einfaches Zentrieren

Um einen flexibel großen Kasten mit einem festen Abstand zu den Seiten zu erreichen, können Sie mit einem Innenabstand für das übergeordnete Element – z. B. den `<body>` – arbeiten. Wenn nur ein Teil zentriert werden soll, benötigen Sie einen umschließenden Container für den Abstand:

```
 1:  <!DOCTYPE html>
 2:  <html>
 3:  <head>
 4:  <meta http-equiv="Content-Type" content="text/html;
     charset=utf-8">
 5:  <title>Zentrieren horizontal</title>
 6:  <link href="basis.css" rel="stylesheet" media="all"
     type="text/css">
 7:  <style>
 8:  <!--
 9:  #wrapper {
10:    padding: 0 60px;
11:    border: 0;
12:  }
13:  -->
14:  </style>
15:  </head>
16:  <body>
17:  <div id="header">
18:  <h1>Zentrieren horizontal</h1>
19:  </div>
20:  <div id="wrapper">
21:  <div id="main">
22:    <p>Sed ut perspiciatis unde omnis iste natus ... </p>
23:  </div>
24:  </div>
25:  </div>
26:  <div id="footer"> Kapitel 8 : Zentrieren </div>
27:  </body>
28:  </html>
```
Listing 8.14 Horizontal zentriert mit festem Abstand

Vertikal zentrieren

Vertikales Zentrieren ist schon etwas schwieriger. Da keine CSS-Anweisung existiert, die für das vertikale Zentrieren von Block-Elementen geeignet ist, gibt es verschiedene Ansätze, die aber alle Nachteile haben.

> **Was macht eigentlich »vertical-align«?**
>
> Ein Studium der CSS-Eigenschaften führt schnell zur Eigenschaft vertical-align, die auf den ersten Blick für die vertikale Anordnung von Elementen geeignet zu sein scheint. Leider stimmt das nur zum Teil.
>
> Die Eigenschaft vertical-align kann auf zwei Arten von Elementen angewandt werden: eingebundene (Inline-)Elemente wie beispielsweise Bilder sowie Tabellen. Je nach Anwendung wirkt sie komplett unterschiedlich:
>
> - Wenn Sie vertical-align auf eine Tabellenzelle anwenden
>   ```
>   <td style="vertical-align: middle;">Inhalt</td>
>   ```
>   dann wirkt vertical-align auf die Elemente im Innern der Zelle (und zentriert diese vertikal auf Basis der Zellenhöhe).
>
> - Wenden Sie vertical-align jedoch auf Inline-Elemente an, zum Beispiel eine Grafik
>   ```
>   <img style="vertical-align: middle;">
>   ```
>   dann bestimmt sie, wie sich das damit ausgezeichnete Element in Bezug auf seine Umgebung (die Textlinie) verhält.
>
> Im Prinzip könnten Sie dieses Verhalten auch für die vertikale Positionierung von Block-Elementen nutzen, indem Sie
> ```
> div {
>     display: table-cell;
>     vertical-align: middle;
> }
> ```
> definieren und damit einem normalen Block-Element die Eigenschaften einer Tabellenzelle verleihen. Sie ahnen es vermutlich schon – dieses Verhalten wird vom Internet Explorer (zumindest bis zur Version 7) nicht unterstützt. Mehr zur Eigenschaft vertical-align und Beispielbilder zur Ausrichtung finden Sie in der Referenz.

Grundsätzlich ist es mit CSS nicht möglich, ein Element vertikal so zu zentrieren, dass die äußeren Abstände vorgegeben werden und sich der innere Kasten anpasst. Das liegt daran, dass Kästen grundsätzlich immer nur so hoch werden, wie der vorhandene Inhalt oder explizit die Eigenschaft height vorgeben. Wenn Sie aber nicht wissen, wie hoch der Kasten ist (weil Sie er sich ja nach der Höhe des Browserfensters richten soll), klappt das nicht. Hier hilft nur, die Höhe des Fensters per JavaScript abzufragen und dem Element dynamisch eine passende Höhe zuzuweisen. Wie CSS-Zuweisungen per JavaScript aussehen, beschreibe ich in Kapitel 14, »Ajax, JavaScript und CSS«.

Was aber geht, ist, eine Box mit bekannter Höhe vertikal zu zentrieren. Horizontal können Sie sich aussuchen, ob die Box eine feste Breite haben soll oder feste Außenabstände (was vertikal gar nicht möglich ist, ist horizontal einfach).

Der Trick besteht darin, ein Hilfselement zu verwenden, dass per absoluter Positionierung in die vertikale Mitte der Seite geschoben wird. Darin befindet sich wiederum ein absolut positioniertes Element, das um 50 % der Seitenbreite eingerückt wird. Das Element beginnt nun genau in der Mitte der Seite – allerdings mit seiner linken oberen Ecke. Daher müssen Sie es nun noch um jeweils die Hälfte seiner Höhe und Breite wieder zurückschieben.

```
 1:   <!DOCTYPE html>
 2:   <html>
 3:   <head>
 4:   <meta http-equiv="Content-Type" content="text/html; charset=utf-8">
 5:   <title>Zentrieren vertikal mit festen Abmessungen</title>
 6:   <style type="text/css">
 7:   <!--
 8:   html {
 9:     font-family: Verdana, Geneva, sans-serif;
10:     font-size: 62.5%;
11:     line-height: 180%;
12:     color: #666;
13:   }
14:
15:   body {
16:     margin: 0;
17:     font-size: 1.4em;
18:   }
19:   h1 {
20:     font-family: "Courier New", Courier, monospace;
21:     font-size: 200%;
22:     margin: 0;
23:     padding: 20px;
24:   }
25:   #zentrierhilfe {
26:     text-align: center;
27:     position: absolute;
28:     top: 50%;
29:     left: 0px;
30:     width: 100%;
31:     height: 1px;
32:     overflow: visible;
33:     visibility: visible;
34:   }
```

Zunächst brauchen Sie ein Hilfselement zum Zentrieren. Es wird per absoluter Positionierung um 50% der Seitenhöhe nach unten gesetzt und auf »nicht sichtbar« geschaltet. Die Höhe ist 1px, aber durch `overflow: visible` werden darin befindliche Elemente nicht abgeschnitten.

```
35: #inhalt {
36:   text-align: left;
37:   background-color: #dedede;
38:   border: 1px dashed black;
39:   margin-left: -20em;
40:   position: absolute;
41:   top: -10em;
42:   left: 50%;
43:   width: 40em;
44:   height: 20em;
45: }
```

Der Inhalt muss um die Hälfte seiner Dimensionen (hier 40 × 20 em – das geht aber natürlich auch mit Pixeln) zurückgeschoben werden.

```
46: #inhalt p {
47:   padding: 1em;
48: }
49: -->
50: </style>
51: </head>
52: <body>
53: <div id="zentrierhilfe">
54: <div id="inhalt">
55:   <h1>Vertikal Zentrieren</h1>
56:   <p>Dieser Bereich wird horizontal und
      vertikal zentriert.<br>
57:   Der Text bleibt linksbündig.</p>
58: </div>
59: </div>
60: </body>
61: </html>
```

Listing 8.15 Horizontale und vertikale Zentrierung

8.4.3 Minimale und maximale Breiten für flexible Layouts

Layouts, die sich der Breite des Browserfensters anpassen, sind in ihrer Flexibilität pixelbasierten Layouts überlegen. In einigen Fällen wünscht man sich jedoch eine Möglichkeit, diese Flexibilität zu beschränken.

So ist es auf der einen Seite meist nicht erwünscht, wenn auf sehr breiten Bildschirmen die Zeilen des Inhalts »unendlich« lang werden. Die optimale Leselänge von Textzeilen beträgt etwa 60 bis 70 Zeichen. Werden die Zeilen länger, hat das Auge Schwierigkeiten, beim Übergang zur nächsten Zeile den Anschluss zu finden. Auf der anderen Seite lassen sich Layouts nicht beliebig verkleinern. Bei drei- oder vierspaltigen Layouts ist es bei weniger als 800 Pixel Breite nur schwer möglich, Überlagerungen zu vermeiden.

Die CSS-Spezifikation trägt dem durch die Eigenschaften min-width und max-width (und auch min-height und max-height) Rechnung.

Mit

```
#main {
    width: 80%;
    min-width: 800px;
    max-width: 60em;
}
```

erzeugen Sie einen Kasten, der sich auf 80% der Seitenbreite ausdehnt, solange diese nicht kleiner ist als 800px und nicht größer als 60em.

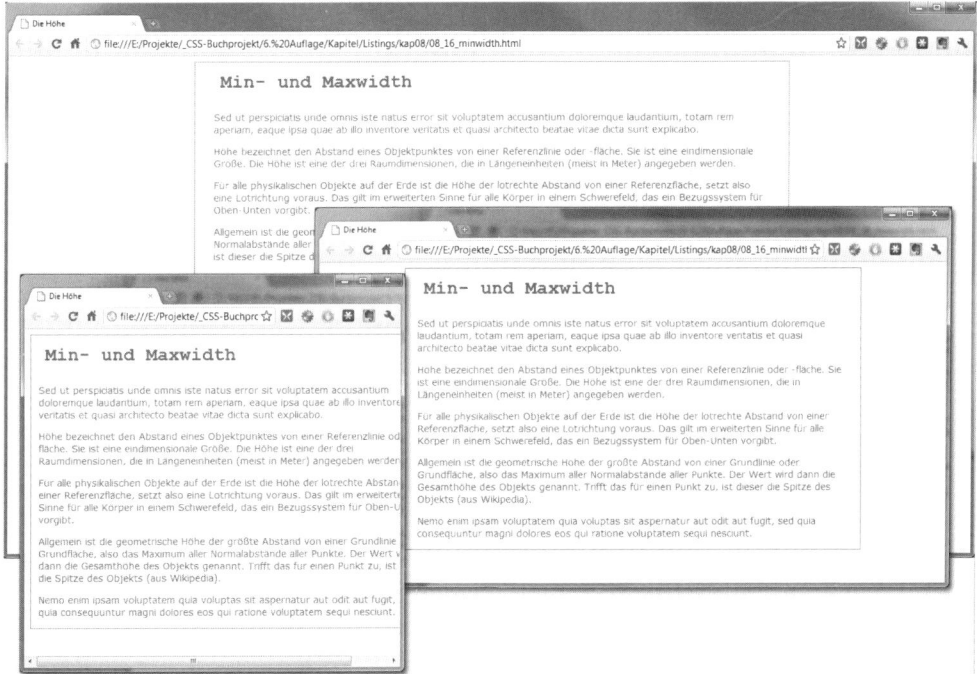

Abbildung 8.13 Box mit Sicherheitsnetz für minimale und maximale Abmessungen

Der Internet Explorer kann ab der Version 7 auch mit diesen Eigenschaften etwas anfangen – für den Fall, dass Sie auch den Internet Explorer 6 noch unterstützen müssen, können Sie die JavaScript-Bibliothek von Dean Edwards verwenden, die neben verschiedenen anderen Hilfen auch einen Ersatz für die fehlenden Eigenschaften bereithält:

dean.edwards.name/ie7 (Linkcode 0007).

Einen ähnlichen Ansatz verfolgt Andrew Clover, der allerdings nur für dieses spezielle Problem ein kleines JavaScript anbietet:

www.doxdesk.com/software/js/minmax.html (Linkcode 0115).

CSS-Expressions

Ein anderer Ansatz basiert ebenfalls auf JavaScript, das im Internet Explorer auch innerhalb von Stylesheets als sogenannte Expression verwendet werden kann. Die folgende Anweisung setzt eine Mindestbreite von 600 Pixeln für ein Element #inhalt:

```
1:   #inhalt {
2:     min-width: 600px;
3:     width: expression(document.body.clientWidth < 600 ?
4:       "600px": "auto" );
5:   }
```
Listing 8.16 »min-width« mit CSS-Expressions

Die obere Eigenschaft gilt dabei für alle Nicht-IE-Browser. In der Expression wird die Breite des Browserfensters abgefragt: Ist sie kleiner als 600 Pixel, wird sie auf den Wert 600px gesetzt.

Umgekehrt funktioniert es für die maximale Breite:

```
1:   #inhalt {
2:     max-width: 1200px;
3:     width: expression(document.body.clientWidth
4:       > 1200 ? "1200px": "auto" );
5:   }
```
Listing 8.17 »max-width« mit CSS-Expressions

Mehr zum Thema CSS-Expressions (auch »Dynamic Expressions«) finden Sie bei WebFX: *http://webfx.eae.net/dhtml/cssexpr/cssexpr.html* (Linkcode 0057).

> **Expressions nur für den Internet Explorer nutzen!** [!]
> Expressions sind eine von Microsoft erfundene Technik, die nur im Internet Explorer (Windows) funktioniert. Sie sollten sie daher keinesfalls als normales Entwicklungswerkzeug verwenden, sondern ausschließlich zum Beheben spezifischer Fehler des Internet Explorers.

8.4.4 Feststehende Bereiche und CSS-Frames

Oft ist es wünschenswert, bestimmte Bereiche einer Webseite, zum Beispiel die Navigationselemente, immer im Sichtbereich des Besuchers zu belassen, während die Inhalte gescrollt werden. Die bekannteste Methode, dies mit HTML zu erreichen, verwendet hierzu Frames. Allerdings haben Frames einige gravierende Nachteile:

- Seiten, die aus mehreren Frames aufgebaut sind, können nicht ohne weiteres als Favoriten bzw. Lesezeichen gespeichert werden.
- Seiten lassen sich schlecht ausdrucken.
- Nicht alle Browser beherrschen Frames. Inzwischen unterstützen zwar alle üblichen Desktop-Webbrowser Frames, anders ist das hingegen oftmals bei Browsern für WebTV, PDAs oder Mobiltelefone.
- Auch für Suchmaschinen sind Frames-Konstruktionen eher ungeeignet und erfordern zumindest einigen zusätzlichen Aufwand bei der Optimierung.
- Sie können nicht sicher sein, dass immer die komplette Seite angezeigt wird (aufgrund von Links direkt in das Frameset).

Letztlich verstößt die Verwendung von Frames auch gegen das Konzept von HTML, dass ein Dokument eine Ausgabeseite repräsentieren soll. Die Bedienung mit alternativen Geräten (Screenreader oder Mobiltelefone) wird durch die Verwendung von Frames ebenfalls erschwert.

Feststehende Menüs ohne die Nachteile von Frames

Mit CSS ist es jedoch möglich, einen festen Navigationsbereich auf einer Seite anzubieten, ohne Frames zu verwenden. Um dies für alle üblichen Browser einigermaßen gleichartig hinzubekommen, müssen wir allerdings wieder auf Tricks zurückgreifen.

Im Prinzip ist es ganz einfach: Die Angabe `position: fixed` für den Bereich, der das Menü enthält, sollte alles regeln. In allen aktuellen Browsern (dies schließt auch den Internet Explorer 7 ein) genügt das auch.

```
1:  <style type="text/css">
2:    body {
```

```
 3:     font-family: Arial, Helvetica, sans-serif;
 4:     font-size: 12px;
 5:     color: black;
 6:     margin: 0;
 7:   }
 8:   #menue {
 9:     position: fixed;
10:     background-color: #dedede;
11:     left: 0px;
12:     top: 0px;
13:     width: 100px;
14:     height: 200px;
15:     padding: 10px;
16:     border: 1px solid black;
17:   }
18:   #inhalt {
19:     position: static;
20:     width: 400px;
21:     margin: 0px 20px 20px 120px;
22:     padding: 10px;
23:   }
24: </style>
```

»position: fixed« für den Internet Explorer 6

Eine Lösung für den Internet Explorer 6 (im Standardmodus) besteht darin, dem Element <html> das Scrollen zu verbieten und es über die gesamte Fensterbreite zu ziehen:

```
html {
   overflow: hidden;
   width: 100%;
   height: 100%;
}
```

Nun können Sie ein Element durch die Angabe von position: absolute anstelle von position: fixed fixieren.

Wie funktioniert das? Die Angabe absolute fixiert ein Element bezüglich des nächsthöheren Eltern-Elements, das ebenfalls positioniert wurde (siehe Abschnitt 7.1, »Die Positionierungsart [›position‹]«), oder des obersten Elements (<html>). Wenn es gescrollt wird, läuft das absolut positionierte Element mit – im Gegensatz zu fixed. Diesem Element haben wir aber das Scrollen verboten, so dass unser Menü ebenfalls stehen bleibt. Nun müssen wir nur noch für body das

Scrollen wieder einschalten, damit unsere anderen Inhalte wieder gescrollt werden können!

Hier das komplette Beispiel:

```
 1:  <!DOCTYPE HTML PUBLIC "-//W3C//DTD HTML 4.01//EN"
     "http://www.w3.org/TR/html4/strict.dtd">
 2:  <html>
 3:  <head>
 4:  <title>Festes Menue mit IE</title>
 5:  <style type="text/css">
 6:  <!--
 7:  body {
 8:    font: 86%/160% "Trebuchet MS", Helvetica, sans;
 9:  }
10:  #menue {
11:    position: fixed;
12:    background-color: #dedede;
13:    left: 0px;
14:    top: 0px;
15:    width: 8em;
16:    padding: 1em;
17:    border: 1px solid black;
18:  }
19:  #inhalt {
20:    margin: 0 0 0 10em;
21:    padding: 1em;
22:  }
23:  -->
24:  </style>
```

Hier beginnt der Teil für den Internet Explorer 6. Ich habe ihn mit Conditional Comments (siehe Abschnitt 10.3.3, »Conditional Comments«) vor anderen Browsern versteckt.

```
25:  <!--[if lt IE 7]>
26:  <style type="text/css">
27:  html {
28:    margin: 0;
29:    padding: 0;
30:    overflow: hidden;
31:  }
32:  body {
33:    margin: 0;
34:    padding: 0;
35:    overflow: hidden;
```

```
36:    height: 100%;
37:    width: 100%;
38:  }
39:  #container {
40:    margin: 0;
41:    padding: 0;
42:    overflow: auto;
43:    height: 100%;
44:    width: 100%;
45:  }
46:  #menue {
47:    position: absolute;
48:  }
49:  </style>
50:  <![endif]-->
51:  </head>
52:  <body>
53:    <div id="menue">
54:    <h3>Hauptmenue</h3>
55:    <ul>
56:      <li>Punkt 1</li>
57:      <li>Punkt 2</li>
58:    </ul>
59:    </div>
60:    <div id="container">
61:    <div id="inhalt">
62:       <p>Die Inhalte beginnen hier.</p>
63:       <p>Lorem ipsum dolor sit amet, consectetuer
64:       Nullam in sapien. Integer vitae interdum nisl.</p>
65:    </div>
66:    </div>
67:  </body>
68:  </html>
```

Listing 8.18 Fixiertes Menü für Internet Explorer 6

[x] Mit dieser Version können wir `position: absolute` natürlich nicht mehr in der Form nutzen, wie es eigentlich funktioniert.

Abbildung 8.14 Ein festes Menü nach CSS-Standard – auch der Internet Explorer 6 macht mit.

CSS-Frames

Mit CSS lassen sich auch komplette Layouts erstellen, die wie Frames-Konstrukte aussehen, ohne deren Nachteile aufzuweisen. Sie haben allerdings eine eigene Einschränkung: Sie können in die einzelnen Bereiche (mit normalen Links) keine neuen Inhalte laden, da es sich ja um Bestandteile eines einzigen Dokuments handelt. Stattdessen ist es nur möglich, neue Inhalte über das DOM und JavaScript in das Dokument zu schreiben (Ajax).

In standardkonformen Browsern ist die Konstruktion wieder recht geradlinig. Wir verwenden dazu drei Bereiche (#header, #main und #footer), die untereinander angezeigt werden sollen. Der mittlere Bereich soll scrollbar sein.

```
1:   <!DOCTYPE html>
2:   <html>
3:   <head>
4:   <meta http-equiv="Content-Type" content="text/html;
     charset=utf-8">
5:   <title>CSS Frames</title>
6:   <link href="basis.css" rel="stylesheet" media="all"
     type="text/css">
7:   <style>
8:   <!--
9:   html {
10:    /* IE */
11:    overflow: hidden;
12:   }
```

Dieser Abschnitt ist nur im Internet Explorer erforderlich, um den leeren Standardscrollbalken abzuschalten.

```
13: html, body, div {
14:   margin: 0;
15:   padding: 0;
16: }
17: #header, #footer {
18:   position: fixed;
19:   width: 100%;
20:   height: 3em;
21: }
22: h1,h2,p {
23:   margin: 10px;
24: }
25: div div {
26:   margin: 10px;
27:   height: 10em;
28:   overflow: auto;
29: }
```

Kopf- und Fußzeile werden fixiert und auf 100% Breite gesetzt (Sie erinnern sich: Bei absoluter und fixer Positionierung verlieren die Elemente ihre Auto-Ausdehnung). Der #header soll bei top: 0 beginnen – das können Sie weglassen, da es der Standardwert ist.

```
30: #footer {
31:   bottom: 0;
32: }
```

Den #footer müssen Sie aber explizit auf bottom: 0 setzen.

```
33: #main {
34:   position: fixed;
35:   width: 100%;
36:   top: 3em;
37:   bottom: 3em;
38:   overflow: auto;
39:   /* IE7-Problem: bei Angabe von padding
         funktioniert Scrollen nicht mehr */
40:   /* padding: 0 10px; */
41:   border: 0;
42: }
```

Der Inhaltsbereich wird so angelegt, dass er oben und unten den Platz freihält, der für Kopf- und Fußzeile benötigt wird. Im IE7 führt die Angabe eines padding dazu, dass keine Scrollbalken mehr erscheinen …

```
43:    -->
44:    </style>
45:    </head>
46:    <body>
47:    <div id="header">
48:    <h1>CSS-Frames</h1>
49:    </div>
50:    <div id="main">
51:    <p>Sed ut perspiciatis unde omnis iste ... </p>
52:    </div>
53:    <div id="footer"> Kapitel 8 : CSS-Frames </div>
54:    </body>
55:    </html>
```
Listing 8.19 CSS-Frames

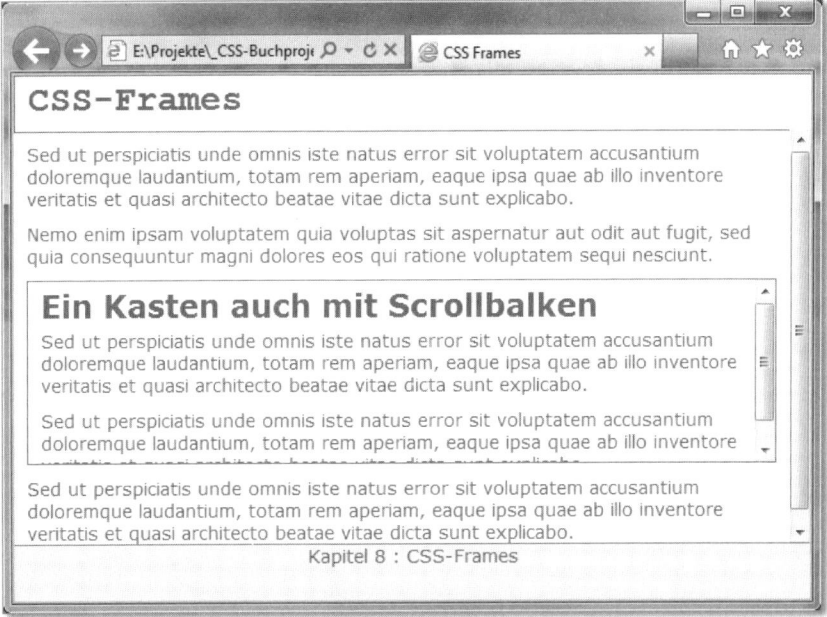

Abbildung 8.15 Frames powered by CSS von Firefox bis Internet Explorer (ab 7)

Indem Sie alle drei Bereiche festlegen, erscheint der Scrollbalken nur neben dem Bereich, der auch gescrollt werden kann, und es entsteht ein echter »Frames-Effekt«.

Der gleiche Effekt lässt sich natürlich für alle Kästen erreichen, indem Sie eine Höhe festlegen, die kleiner ist als die Inhalte, und `overflow: auto` (Standardwert) setzen. Seit CSS3 können Sie im Übrigen auch `overflow-x` und `overflow-y` getrennt setzen.

CSS-Frames für ältere Explorer

Wenn Sie auch den Internet Explorer 6 noch mitnehmen wollen, müssen Sie tief in die Trickkiste greifen. Leider interpretieren alle Internet Explorer vor der Version 7 die Eigenschaften `top` und `bottom` bzw. `left` und `right` nicht gemeinsam. Sofern eine gesetzt ist, wird die jeweils entgegengesetzte ignoriert.

Hier helfen die Microsoft-proprietären Expressions weiter. Dabei handelt es sich um eine Methode, Eigenschaften dynamisch zu berechnen. Weitere Informationen zu Expressions finden Sie auch auf Seite 186.

Mit Hilfe der Expressions können Sie aus der aktuellen Höhe des Browserfensters die notwendige `height`-Angabe für den mittleren Bereich berechnen, um den unteren Bereich richtig zu positionieren. Sie finden eine Beispieldatei zu dieser Technik auf der beiliegenden DVD im Verzeichnis */Listings/kap08/08_css-frames-ie6.html*.

8.4.5 Auflösungsflexible Layouts

Eine durch CSS Media Queries (Teil von CSS3) neu aufgelebte Technik ist das *auflösungsabhängige* oder *adaptive Layout* – in der englischsprachigen Diskussion auch »responsive design« genannt.

Was vorher nur unter Zuhilfenahme von JavaScript funktionierte, geht jetzt auch mit CSS allein: das Abfragen der aktuellen Bildschirmbreite und Ausliefern eines daran angepassten Stylings.

Media Queries können dabei einerseits die festen Eigenschaften eines Displays, also die maximalen Bildschirmabmessungen oder Auflösung, abfragen oder die aktuellen Bildschirmabmessungen – und dabei auch auf Änderungen reagieren. Bei der Abfrage der festen Eigenschaften wird die Eigenschaft `max-device-width` oder `min-device-width` genutzt. Solche Abfragen verwende ich in Kapitel 15, »Das mobile Web: Stylesheets, Mobiltelefone und PDAs«, um ein eigenes Stylesheet für das iPhone auszuliefern.

Jetzt geht es mir um die Abfrage der aktuellen Eigenschaften des Browserfensters, um dem Ergebnis entsprechend das Layout anzupassen. Stellen Sie sich ein vierspaltiges Layout vor. Mit den Erkenntnissen aus diesem Kapitel können Sie es leicht in Prozenten anlegen:

```
1:   <!DOCTYPE html>
2:   <html>
3:   <head>
```

```
 4:   <meta http-equiv="Content-Type" content="text/html;
      charset=utf-8">
 5:   <title>Adaptives Layout</title>
 6:   <link href="basis.css" rel="stylesheet" media="all"
      type="text/css">
 7:   <style>
 8:   <!--
 9:   #main {
10:     overflow: auto;
11:   }
12:   div div {
13:     width: 21%;
14:     float: left;
15:     margin: 1%;
16:     padding: 10px 1%;
17:     background: #efefef;
18:     border: none;
19:   }
20:   -->
21:   </style>
22:   </head>
23:   <body>
24:   <div id="header">
25:   <h1>Adaptives Layout</h1>
26:   </div>
27:   <div id="main">
28:   <div id="k1">
29:      <h2>Kasten 1</h2>
30:      ...
31:   </div>
32:   <div id="k2">
33:      <h2>Kasten 2</h2>
34:      ...
35:   </div>
36:   ...
37:   </div>
38:   <div id="footer"> Kapitel 8 : Adaptives Layout </div>
39:   </body>
40:   </html>
```

Listing 8.20 Ein fluides Layout passt sich der Bildschirmgröße an ...

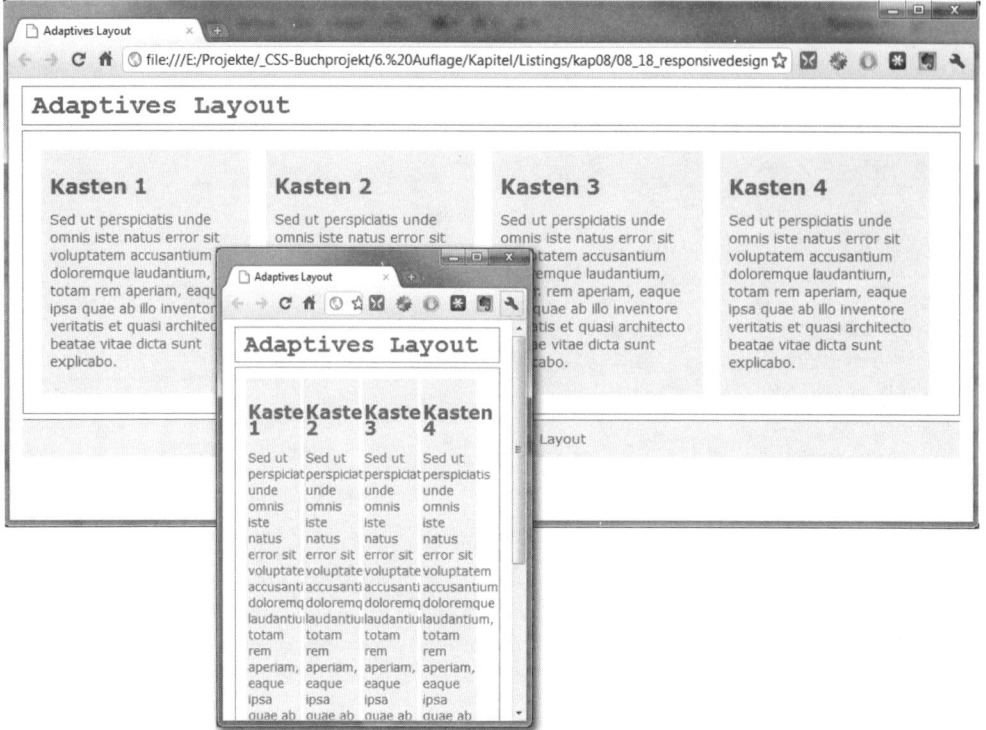

Abbildung 8.16   ... sinnvoll ist das allerdings nur in Grenzen.

Bis zu einer gewissen Bildschirmgröße funktioniert das gut – danach werden die Spalten einfach zu klein. Sie könnten natürlich mittels `min-width: 800px` für den umgebenden Container `#main` einfach eine Grenze für die Skalierung setzen – dann würde ab dieser Größe nicht weiter skaliert, und ein Scrollbalken würde erscheinen. Auch nicht sehr elegant. Besser ist es da schon, den einzelnen Kästen eine minimale Breite mitzugeben und durch die `float`-Eigenschaft einfach die Kästen herunterrutschen lassen.

Dazu schreiben Sie einfach zu den Kästen (ab Zeile 12):

```
min-width: 150px;
```

So erreichen Sie einen Umbruch der Kästen, sobald die Breite der Seite nicht mehr ausreicht.

CSS-Layouttricks | 8.4

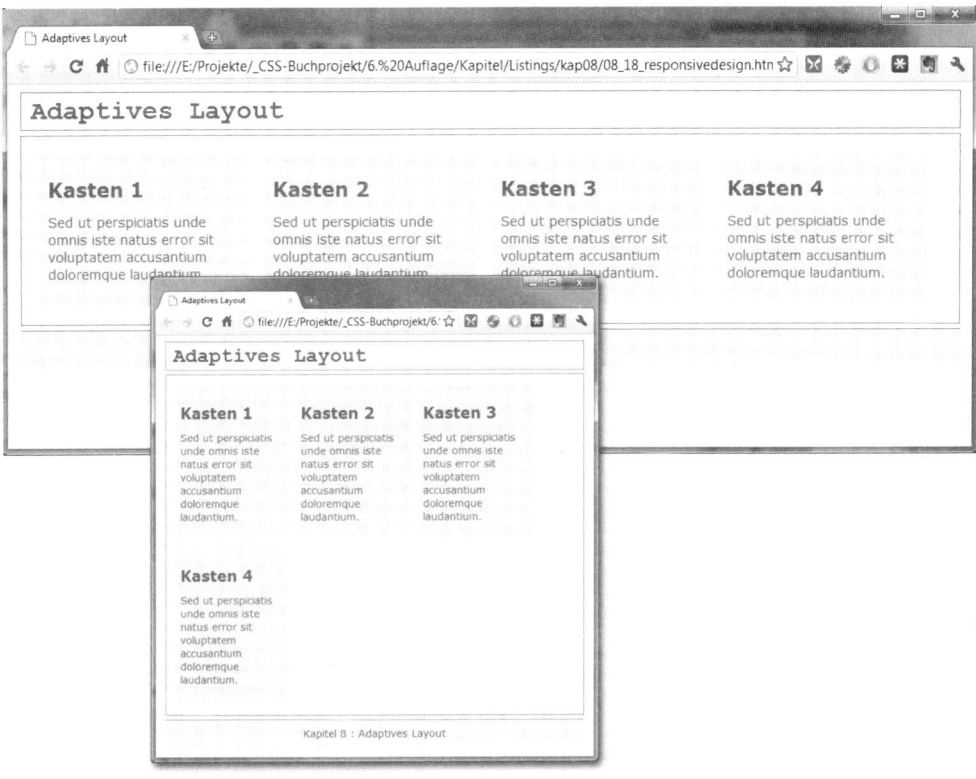

Abbildung 8.17 Schon besser – mit »float«-Eigenschaften und »min-width« verhindern Sie die Zerstörung des Layouts.

Noch besser ist es jedoch, wenn Sie explizit auf die Bildschirmbreite mit einem veränderten Layout reagieren können. Dazu verwenden Sie Media Queries. Statt der Anweisung für div div setzen Sie folgenden Block ein:

```
1:   @media screen and (min-width: 801px) {
2:     div div {
3:       width: 21%;
4:       float: left;
5:       margin: 1%;
6:       padding: 10px 1%;
7:       background: #efefef;
8:       border: none;
9:     }
10: }
```

Der erste Block greift bei einer Fenstergröße von mehr als 800 Pixeln. Dann werden alle Kästen wie gehabt nebeneinander dargestellt.

```
11: @media screen and (max-width: 800px) and
    (min-width: 401px) {
12:   #k1, #k4 {
13:     border: 1px solid gray;
14:     clear: left;
15:     padding 5px 10px;
16:   }
17:   #k2, #k3 {
18:     width: 42%;
19:     float: left;
20:     margin: 2%;
21:     padding: 10px 2%;
22:     background: #efefef;
23:     border: none;
24:   }
25: }
```

Bei kleineren Bildschirmen werden die beiden äußeren Kästen über die gesamte Seite gestreckt, die mittleren teilen sich die Breite.

```
26: @media screen and (max-width: 400px) {
27:   div div {
28:     padding: 10px;
29:     background: #efefef;
30:     border: 1px dashed black;
31:   }
32: }
```

Listing 8.21 Auflösungsabhängiges Bildschirmlayout für drei Bildschirmgrößen

Bei kleinen Bildschirmen passt nur noch ein Kasten in die Seite – alles wird untereinander angeordnet (siehe Abbildung 8.18).

Jeffrey Zeldman beschreibt in seinem Blog weitere Möglichkeiten für adaptives Layout: *http://www.zeldman.com/2010/06/23/responsive-design-is-the-new-black/* (Linkcode 0614). Insbesondere für den Einsatz von unterschiedlichen Grafiken ist der Ansatz sehr interessant.

An dieser Stelle muss allerdings noch erwähnt werden, dass der Internet Explorer leider erst ab Version 9 nativ mit Media Queries umgehen kann. Es gibt aber glücklicherweise auch eine JavaScript-Bibliothek (*http://code.google.com/p/css3-mediaqueries-js/* – Linkcode 0615), die älteren IEs für Media Queries aufrüstet. Lesen Sie dazu auch Abschnitt 14.7.2, »JavaScript zur Erweiterung der Browserfähigkeiten nutzen«.

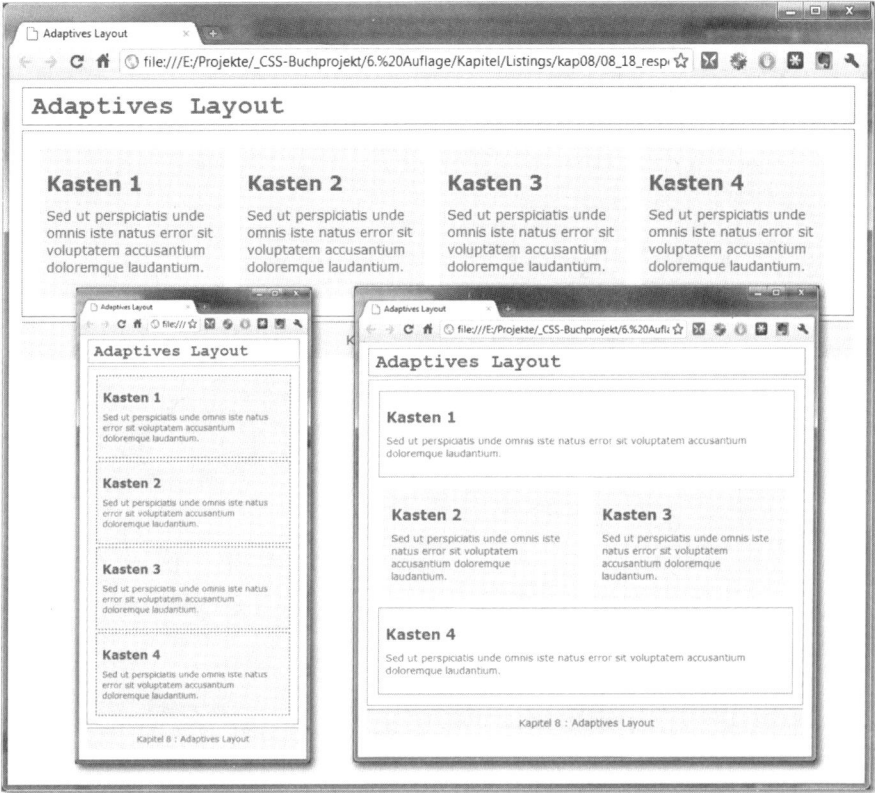

Abbildung 8.18 Mit einem auflösungsabhängigen Layout liefern Sie für unterschiedliche Bildschirmgrößen das passende Design.

In Kapitel 15 über mobile Websites beschreibe ich die Framework-Extension *320 and up*, mit der adaptive Layouts realisiert werden können – nicht nur für mobile Websites. Die Projektwebsite selbst ist auch ein gutes Beispiel, wie sich durch geschickte Anordnung und passende Grafiken ein Layout entwickeln lässt, das an unterschiedliche Auflösungen angepasst ist und immer gut aussieht.

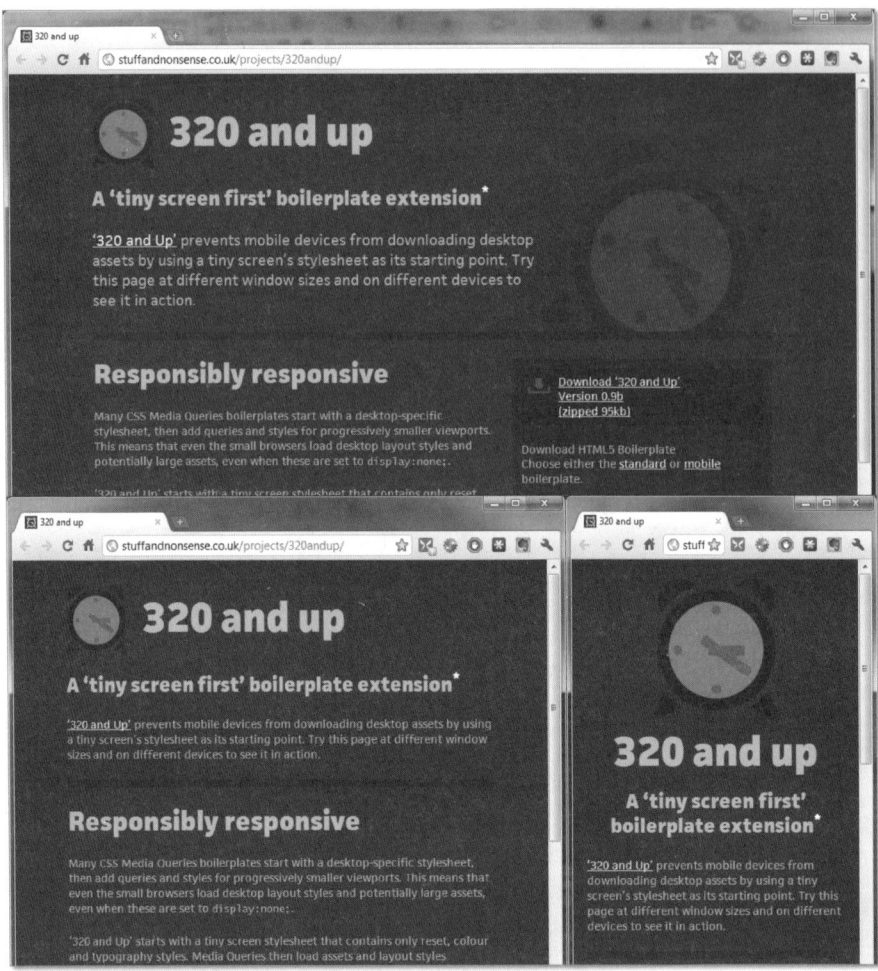

Abbildung 8.19 Passt auf jeden Screen – die Website zu »320 and up«

Nachdem Sie nun wissen, wie Sie den Grundaufbau Ihrer Website mit CSS anlegen, geht es jetzt an die Gestaltung. Von Typografie über weiche Schatten, runde Ecken bis hin zu Animationen lassen sich mit CSS und modernen Browsern inzwischen alle Gestaltungswünsche erfüllen.

9 Styling mit CSS

Text ist immer noch der Hauptbestandteil vieler Websites. CSS bietet weitreichende Möglichkeiten, Texte zu gestalten und zu verschönern, und räumt sogar mit der alten Beschränkung auf nur wenige Schriftarten auf!

9.1 Arbeiten mit Text

9.1.1 Grundlegende Schriftformatierungen

Eine ganze Reihe von CSS-Eigenschaften bezieht sich auf die Formatierung von Text. Dabei geht es einerseits um die Schriftzeichen selbst, aber auch um Abstände, Zeilenhöhen, Ausrichtung und Umbrüche. `margin` und `padding` haben Sie ja schon kennengelernt. In diesem Kapitel werde ich unter anderem die folgenden Eigenschaften zur Textgestaltung erklären:

1. `font` (`font-family`, `font-size`, `font-variant`, `font-style`, `font-weight`, `font-stretch`),
2. `line-height`
3. `text-align`
4. `text-decoration`,
5. `text-transform`
6. `white-space`

Mit der Schrift selbst fange ich an. Die erste Anweisung kennen Sie schon. Mit `font-family` wählen Sie eine oder mehrere Schriftarten zur Anzeige aus. Mehrere Schriftarten sind nötig, um Alternativen anzugeben für den Fall, dass eine Schriftart auf einem Rechner nicht zur Verfügung steht.

```
font-family: Arial, Univers, sans-serif
```

weist den Rechner an, die Schriftart *Arial* zu verwenden. Falls diese nicht vorhanden ist, soll auf *Univers* ausgewichen werden, und falls auch diese Schrift nicht verfügbar ist, wird eine beliebige serifenlose Schrift angezeigt (falls es nicht einmal das gibt, wird die Standardschrift des Anzeigegeräts verwendet).

Sie sollten also neben Ihrer Wunschschrift zumindest noch eine generische Angabe zur Sicherheit machen. Dafür gibt es neben den beiden bekannten Werten `serif` und `sans-serif` auch die in Tabelle 9.1 aufgeführten Möglichkeiten.

Notation	Schrifttyp	Beispiel
`serif`	Schriften mit Serifen	Times
`sans-serif`	serifenlose Schriften	Arial
`monospace`	Schriften mit fester Zeichenbreite	`Courier`
`cursive`	handschriftenähnliche Schriften	Comic Sans
`fantasy`	Schmuckschriften	nicht sinnvoll anwendbar

Tabelle 9.1 Generische Schriftarten als Backup

`font-family` ersetzt das aus HTML bekannte und inzwischen veraltete `<font face="...">` (die Älteren unter ihnen erinnern sich sicher noch) vollständig und bietet darüber hinaus erheblich mehr gestalterische Möglichkeiten.

Ein Problem, mit dem sich Webdesigner herumschlagen, seit Netscape mit der Erfindung des `<font>`-Tags Angaben zur Schriftgestaltung ermöglichte, sind die relativ wenigen Schriften, die lange Zeit ausschließlich zur Verfügung standen. Grundsätzlich war es bis vor kurzem nur möglich, Schriften zu verwenden, die der Betrachter einer Webseite auf seinem Rechner installiert hatte.

Auch die Größe von Text wird auf verschiedenen Browsern und Betriebssystemen unterschiedlich angezeigt. Dies ist auf unterschiedliche Einstellungen im Betriebssystem, verschieden große (und auflösende) Monitore sowie individuelle Einstellungen der Benutzer zurückzuführen.

> **Mythos: Gleiche Schriftart und -größe**
> Eine sichere Methode, bei jedem Benutzer die gleiche Schriftart und -größe anzeigen zu lassen, gibt es im Web nicht!

Tatsächlich wird das Problem der Schriftgrößen durch drei Faktoren bestimmt:

Es gibt immer größere Unterschiede zwischen den verfügbaren Bildschirmauflösungen. Zwischen 480 × 320 (z. B. älteres iPhone) und 1.920 × 1.200 (Breitbildmonitor mit ca. 22 Zoll) und darüber hinaus ist alles möglich.

Moderne Browser verfügen über ausgefeilte Systeme zum Skalieren einer Webseite. Der Internet Explorer 6 als einziger Browser, der Schriften in Pixelangaben nicht skalieren kann, verliert immer mehr an Bedeutung.

Einerseits ist diese Entwicklung sehr positiv, da es (Ausnahme Internet Explorer 6) kaum noch möglich ist, dem Nutzer das Lesen einer Seite tatsächlich unmöglich zu machen. Andererseits gibt es noch weniger als früher eine gemeinsame Basis, auf der Sie beim Entwurf des Designs aufsetzen können.

Und letztlich ist es zwar schön, dass Besucher die Webseite vergrößern können, aber nicht alle Surfer wissen, wie das geht (oder dass es geht), und Sie wollen es ja den Besuchern auch nicht zumuten, nur für Ihre Seiten immer die Vergrößerung anzupassen.

Die immer noch sehr beliebte Vorgehensweise, Schriftgrößen in Pixel zu definieren, kann bei hochauflösenden Monitoren schnell zu unleserlich kleinen Schriften führen. Im Internet Explorer 6 (und in älteren Versionen) lassen sich solche Schriften dann nicht einmal mehr durch den Benutzer vergrößern.

> **Exkurs: Subnotebooks**
> Seit einiger Zeit verwende ich auf Reisen ein Subnotebook mit einer Bildschirmfläche von 1.600 × 768 Pixeln bei einer Displaygröße von 8 Zoll. Aus diesen Werten ergibt sich eine Auflösung von 222 ppi (Pixel pro Zoll). Eine Schrift in der Größe 10 Pixel hat damit gerade einmal eine Höhe von 1,14 mm. Da braucht man schon ziemlich gute Augen, um noch etwas zu erkennen ...

Zur Kennzeichnung der Schriftgröße stehen dabei die Eigenschaft `font-size` und vier Arten von Einheiten zur Verfügung:

- Schlüsselwörter (`xx-small` bis `xx-large`)
- relative Angaben (Prozentangaben, `em`, `ex`)
- Punkte
- Pixel

Es gibt Entwickler, die generell Angaben zur Schriftgröße ablehnen und die alleinige Kontrolle über die Anzeige von Schriften dem Benutzer überlassen wollen. Da die Standardschriften unterschiedlich und meist ziemlich groß angezeigt werden, eignet sich diese Variante tatsächlich nur für sehr einfach gestaltete Seiten.

Schlüsselwörter

Die CSS-Definition sieht sieben absolute Schlüsselwörter für Schriftgrößen vor, siehe Tabelle 9.2.

small	medium	large
x-small		x-large
xx-small		xx-large

Tabelle 9.2 Verfügbare Schlüsselwörter für Schriftgrößen

Hierbei ist `medium` die Basisgröße. Die anderen Werte werden jeweils um den Faktor 1,2 vergrößert oder verkleinert, `xx-small` ist also etwa 0,58-mal so groß wie die Basisschriftart (1 / (1,2 × 1,2 × 1,2)).

Wenn Ihnen die normale Einstellung `medium` etwas zu groß erscheint (16 Pixel in den meisten Browsern), eignet sich `small` recht gut als Standardeinstellung für normalen Text. `small` entspricht bei den meisten Browsern etwa 13 Pixeln.

Relative Angaben

Relative Angaben zur Schriftgröße beziehen die Schriftgröße eines Elements auf sein Eltern-Element und sind daher eigentlich sehr gut geeignet, um die Größenverhältnisse zwischen unterschiedlichen Textelementen zu wahren, dem Benutzer aber die Möglichkeit zu lassen, die Schriftgröße seinen Wünschen anzupassen. Allerdings machen sie das Erstellen von Stylesheets auch etwas komplizierter, da durch sie die Struktur eines HTML-Dokuments Einfluss auf die Schriftgröße nimmt:

```
1:   <style type="text/css">
2:     body { font-size: 0.8em; }
3:     div { font-size: 0.8em; }
4:     p { font-size: 0.8em; }
5:   </style>
```
Listing 9.1 Relative Schriftgrößen werden kumuliert.

Dies führt dazu, dass die Schriftgröße für alle Elemente auf `0.8em` gesetzt wird. Ein Absatz hat also eine Schriftgröße von (0,8 × 0,8) em = 0,64 em (0,8 für den `<body>` und davon noch einmal 0,8 für den Absatz `<p>`). Wenn Sie später noch ein `<div>` um den Absatz legen, verkleinert sich die Schriftgröße nochmals auf 0,512 em.

Auch Mehrfachnotationen wie

```
body,#content,p,table,th,td,tr,ul,ol,li {
    font-family: Arial,sans-serif; font-size: 0.8em;
}
```

führen zu bis ins Unleserliche verkleinerten Schriften.

> **Relative Einheiten benutzen**
> In jedem Fall ist die Auszeichnung durch relative Einheiten die beste Lösung für flexible und barrierefreie Dokumente.

Punkte

Da Punkte (Points) die aus dem Printbereich bekannte Art sind, Schriftgrößen anzugeben, liegt zunächst einmal der Gedanke nahe, sie auch für Stylesheets zu verwenden. Doch Bildschirme sind eben keine Druckerpressen, und die Verwendung von Punkten führt dazu, dass Schriften auf verschiedenen Betriebssystemen unterschiedlich dargestellt werden. Grund dafür ist ein unterschiedlicher Umrechnungsfaktor (zwischen 96 und mehr als 200 ppi) für die Bildschirmauflösung.

> **Verwenden Sie keine Punkte**
> Punkte sind keine geeignete Einheit, um Schriften für Websites zu definieren.

Anders sieht es natürlich aus, wenn Sie ein Stylesheet für die Druckversion einer Seite (siehe auch Abschnitt 9.5, »Druckversion per CSS«) erstellen. Hier sind Punkte genau richtig – die Seite soll ja gedruckt werden.

Pixel

Letztlich wird alles, was am Bildschirm sichtbar ist, in Pixel angezeigt. So ist die Einheit Pixel als »natürliche« Einheit für das Screen-Design die einzige, die unter allen Systemen und Browsern (so gut wie) gleich angezeigt wird. Ein Buchstabe von 12 Pixel Höhe nimmt auf einem Bildschirm mit 800 × 600 Pixeln eben immer zwei Prozent der Bildschirmhöhe ein, egal welcher Browser ihn darstellt. So schwören viele Designer, die komplizierte und exakt positionierte Layouts erstellen, auf Schriftgrößen, die in Pixel definiert sind.

Die Definition in Pixel hat aber einen entscheidenden Nachteil: In Internet-Explorer-Versionen kleiner als 7 ist es nicht ohne weiteres möglich, in Pixel definierte Schriften zu skalieren. Nur dadurch aber können sehbehinderte Menschen eine für sie angenehme Schriftgröße einstellen. Dies betrifft auch die immer größer werdende Gruppe von älteren Menschen, für die kleine Schriften einfach wesentlich schlechter bis gar nicht zu lesen sind. Selbst in modernen Browsern ist es immer noch anstrengend für den Nutzer, die Schrift auf ein für ihn lesbares Maß zu vergrößern. Besser ist es, Ihre Schriftangaben orientieren sich an der vom Benutzer vorgegebenen Standardgröße und bauen darauf auf.

In den meisten Browsern sind dies 16 Pixel. Wenn Ihnen das zu groß erscheint, können Sie Ihre Schriften z. B. als `0.8em` oder `80%` der Basisschriftgröße anlegen. Wenn dann ein Benutzer seine Browserstandardschrift auf 18 Pixel geändert hat (oder in seinem Betriebssystem die Schriften entsprechend vergrößert), wird auch Ihre Webseite passend etwas größer angezeigt.

> **Pixel-Definitionen**
> Durch die Fähigkeit des Internet Explorers 7, auch pixelbasierte Schriften zu skalieren, und durch die Vergrößerungsfunktionen, die in den Browsern der neuesten Generation eingebaut sind, haben sich die Nachteile von Pixel-Definitionen deutlich relativiert. Wenn in Ihren Zugriffsstatistiken der Internet Explorer 6 noch eine gewisse Rolle spielt, sollten Sie jedoch auf Schriftgrößenangaben in Pixel verzichten.

Gemischte Angaben

Prinzipiell ist es natürlich auch möglich, verschiedene Einheiten zu mischen, was bei gleichartigen Elementen kaum sinnvoll ist, da sich die Verhältnisse zwischen den Schriften beim Skalieren verändern.

```
p {font-size: 12px; }
h1 {font-size: 16px; }
h2 { font-size: 1.2em; }
```

Ist im Browser eine Basisschriftgröße von 12 px eingestellt, so ist die Überschrift <h2> mit (1,2 × 12) px = 14,4 px kleiner als <h1>, was auch ihrer Bedeutung entspricht. Wird aber eine Basisschriftgröße von 16 px verwendet, so überragt die <h2>-Überschrift mit 19 px die <h1>. Das ändert den Gesamteindruck des Dokuments und entspricht auch nicht der durch die Formatierung gesetzten Hierarchie (<h1> ist wichtiger als <h2>, und das sollte auch optisch deutlich sein).

Es gibt jedoch durchaus Situationen, in denen gemischte Angaben sinnvoll sind. In einem ansonsten in Pixel definierten Stylesheet kann eine Angabe wie

```
.unwichtig {font-size: 80%; }
```

Arbeit und Flüchtigkeitsfehler ersparen, da bei einer Änderung der generellen Schriftgröße diese Deklaration immer noch passt. Außerdem ist sie auf unterschiedliche Elemente anwendbar: ob im 12 px großen Fließtext, in der 16 px großen Überschrift oder in einem Kasten, der eine Schriftgröße von 14 px besitzt. Die Auszeichnung class="unwichtig" führt immer zu passend verkleinertem Text.

Auch für die Zeilenhöhe (line-height) ist eine relative Angabe immer sinnvoll. Dazu später mehr in Abschnitt 9.1.2, »Typografie mit CSS«.

[×] Sie müssen im Auge behalten, dass durch die Definition einer kleinen Schrift für ein Element an anderer Stelle keine Schriftgrößen entstehen, die unterhalb der Lesbarkeitsschwelle liegen. So würde

```
p {font size: 10px;}
```

bei einer HTML-Konstruktion von

```
<p>Dies ist ein Text mit <span class="unwichtig">unwichtigem Inhalt
</span>.</p>
```

den unwichtigen Text in einer Schriftgröße von 80 Prozent von 10 px, also 8 px, darstellen, was ihn womöglich nicht nur unwichtig, sondern auch unlesbar macht. Die technisch kleinstmögliche Schriftgröße beträgt 8 px; alles darunter führt zur Verstümmelung der Schriftzeichen, da nicht mehr genug Pixel zur Darstellung vorhanden sind. Die einzige Ausnahme sind spezielle Minischriften für Bildschirme, die aber unterhalb von 8 px auch nicht mehr wirklich schön aussehen – von der Lesbarkeit ganz zu schweigen.

Umgekehrt können Sie die Schrift für Menübereiche oder Bildunterschriften, die aufgrund eines festen Layout-Bereichs eine bestimmte Breite einnehmen müssen, auch in Pixel angeben, während der Fließtext relative Größenangaben besitzt. Wenn diese relativ definierten Schriften vergrößert werden, ändert sich natürlich das Verhältnis der Schriften auf der Webseite untereinander, wie es oben schon mit den Überschriftenebenen beschrieben wurde. Das ist unter Umständen aber eher akzeptabel als eine Zerstörung des Layouts. Wenn Sie davon ausgehen, dass am ehesten sehbehinderte Menschen die Schriftdarstellung deutlich vergrößern, dann ist es sinnvoll, am unteren Rand einer Seite eine alternative Textnavigation anzubieten, hier natürlich auch mit relativen Schriftgrößen.

Was also ist die beste Variante für die Angabe von Schriftgrößen? Es kommt darauf an, welche Art von Website Sie planen und wie der (X)HTML-Code der Seiten aufgebaut ist.

Für eine Site mit variablem flexiblem Layout sind Schlüsselwörter, relative Größen wie em oder Prozentangaben die einzig richtige Wahl. Schlüsselwörter sind recht einfach anzuwenden und unproblematisch in Bezug auf die Dokumentenstruktur. Relative Angaben hingegen erlauben eine feinere Abstufung, erfordern allerdings auch etwas mehr Aufmerksamkeit bei verschachtelten Dokumenten.

Trotzdem bevorzuge ich relative Angaben, die eine höhere Flexibilität bei der Anpassung an unterschiedliche Bildschirmabmessungen ermöglichen. Für ein auflösungsabhängiges Layout ist es damit z. B. sehr einfach möglich, durch Änderung der Basisschriftgröße ein Anpassung aller Textinhalte zu erreichen.

Denken Sie auch daran, dass serifenlose Schriften spätestens bei einer Darstellung unter 8 px Höhe nicht mehr lesbar sind; Schriften mit Serifen (wie Times New Roman etwa) sogar noch früher.

Der 62,5 %-Trick

[+] Eine beliebte Methode, sich die Umrechnung von em in Pixel zu erleichtern, ist der von Richard Rutter erdachte »62,5 %-Trick«. Durch eine Definition von

```
body { font-size: 62.5%; }
```

erreichen Sie bei allen Browsern, die eine Standardschriftgröße von 16 px eingestellt haben, eine Schriftgröße von 10 px.

In der Folge entspricht dann 1 em diesen 10 px, und Sie können mit sehr einfachen Umrechnungen arbeiten: Für 12 px sind `1.2em` zu notieren, und für 20 px müssen Sie `2em` angeben.

9.1.2 Typografie mit CSS

Typografie ist die Domäne von CSS. Schon bevor das Layouten von Websites komplett mit CSS möglich war, bot CSS Möglichkeiten zur Schriftgestaltung, die mit reinem HTML nicht zu erreichen waren.

Cascading Stylesheets geben dem Webdesigner die Kontrolle über eine ganze Palette von typografischen Parametern:

Layout-Eigenschaften	Parameter
Schriftart	font-family, (@font-face)
Schriftgröße	font-size
Varianten, z. B. Kapitälchen	font-variant
Gewicht, z. B. fett	font-weight
Stil, z. B. kursiv	font-style
Buchstabenabstand	letter-spacing
Wortabstand	word-spacing
Zeilenabstand (Durchschuss)	line-height
Einrückung	text-indent
Ausrichtung	text-align
Sonderformatierung der ersten Zeile	:first-line
Sonderformatierung des ersten Buchstabens	:first-letter
Abstände	margin, padding
Schrifttransformation (Versalien)	text-transform
Schatten	text-shadow
Leserichtung	direction

Tabelle 9.3 Typografische Möglichkeiten mit CSS

9.1.3 Einfache Auszeichnungen

Die einfachen Schrift- und Textformatierungen sind recht selbsterklärend. `font-family` und `font-size` kennen Sie schon. Die nächste wichtige Eigenschaft bezieht sich auf die Zeilenhöhe bzw. den Zeilenabstand: `line-height`.

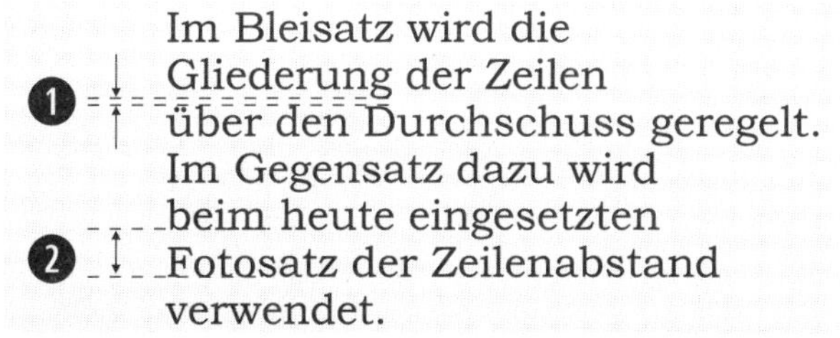

Abbildung 9.1 Durchschuss ❶ und Zeilenabstand ❷

Ein vernünftiger, nicht zu knapper Zeilenabstand ist die Grundlage für angenehm lesbare Texte. Mit einem Zeilenabstand von 120 % wirkt der Text doch arg zusammengedrückt; bei 160 % wirkt es viel besser, aber erst mit 180 % sieht der Text elegant aus.

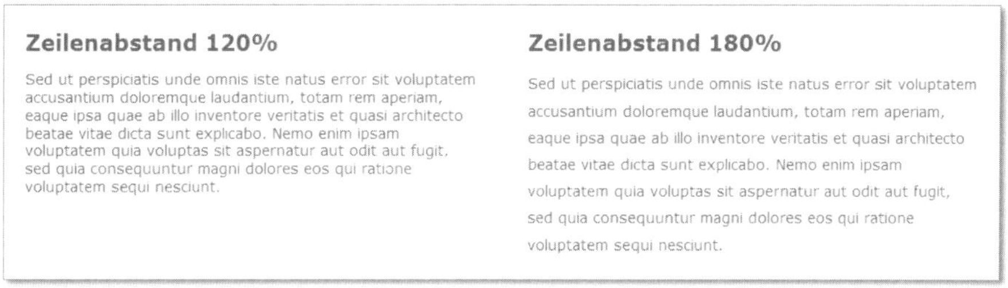

Abbildung 9.2 180 % Zeilenhöhe sorgt für ein elegantes Zeilenbild.

Mit den Eigenschaften `font-weight` (z. B. fett: `bold`), `font-variant` (z. B. Kapitälchen: `small-caps`), `font-style` (z. B. kursiv: `italic`) und `text-transform` (z. B. Großbuchstaben: `uppercase`) steuern Sie das Aussehen einzelner Buchstaben bzw. Wörter. Sie können außerdem den Buchstabenabstand und den Wortabstand verändern sowie Text einrücken und Absätze ausrichten (z. B. zentriert: `text-align: center`). In Anhang A sind alle Eigenschaften mit ihren möglichen Werten detailliert beschrieben.

Schattige Texte mit CSS3

Erst seit CSS3 ist es auch möglich, Schriften mit einem Schatten zu versehen.

Mit

```
text-shadow: [Farbe] [Abstand horizontal] [Abstand vertikal]
[Weichzeichnungsfaktor];
```

realisieren Sie einen Schatten – sogar mit entsprechender Weichzeichnung.

`[Abstand horizontal]` und `[Abstand vertikal]` geben dabei den Abstand des Schattens vom Text nach rechts an (0 bedeutet, dass Schatten und Text übereinanderliegen), und der `[Weichzeichnungsfaktor]` steuert die Stärke der Weichzeichnung (0 bedeutet, dass keine Weichzeichnung stattfindet).

Sie können mit dieser Technik nicht nur einen Schatten erstellen – mit dem Abstand 0 und einer gewissen Weichzeichnung entsteht ein Effekt, der ein Leuchten simuliert.

Es ist sogar möglich, mehrere Schatten zu verwenden. Dazu notieren Sie einzelnen Schatten einfach durch Kommata getrennt nacheinander.

```
text-shadow: red 1px 0 0, green 0 1px 0, blue -1px 0 0, orange 0 -
1px 0;
```

realisiert eine bunte Umrandung für den Text. Wie Sie sehen, sind für den Abstand auch negative Werte erlaubt, die dann den Schatten nach links versetzen. Auf der DVD finden Sie im Verzeichnis */listings/kap09/* eine Beispieldatei mit einigen Schatten.

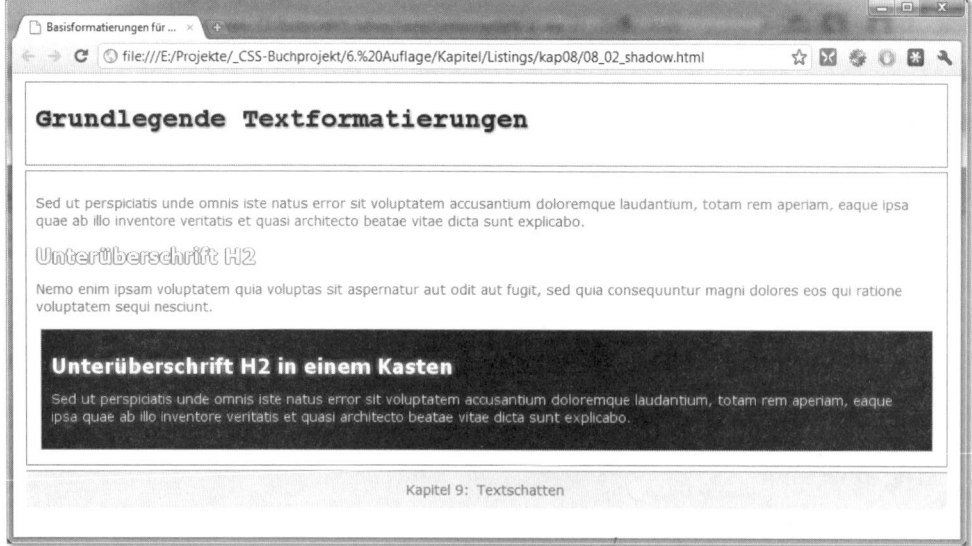

Abbildung 9.3 Die Schatten-Eigenschaft ist vielseitig einsetzbar.

Aber es wäre nicht CSS3, wenn nicht ein Browser fehlen würde. Der Internet Explorer schafft es nicht einmal in der Version 9, diese einfache Eigenschaft zu unterstützen.

Was tun? Da es hier um eine eher kosmetische Verschönerung geht, ist mein Rat: Ignorieren Sie den Internet Explorer einfach. Schließlich sind Sie als Webentwickler nicht für jede Unzulänglichkeit einer Software verantwortlich. Aber das ist natürlich leichter gesagt als dem Kunden erklärt, der den Internet Explorer als Standardbrowser verwendet. Tatsächlich gibt es mehrere Wege, dem Explorer auch einen Schatten anzuheften. Microsoft bietet z. B. die proprietäre Erweiterung der Filter, mit denen Sie auch einen Schatten erzeugen können:

```
.shadow {
    filter: Shadow(Color=#333333, Direction=135, Strength=3);
}
```

Ein vergleichbares Ergebnis erzielen Sie auch mit dem Filter *Dropshadow* (fragen Sie mich nicht, warum es dazu zwei Filter gibt). Allerdings warnt der Internet Explorer 8 vor der Ausführung aktiver Inhalte – ein sehr hoher Preis für ein bisschen Schatten ...

Ein weiterer Ansatz nutzt JavaScript (die Bibliothek jQuery, um genau zu sein), um den fehlenden Schatten zu erzeugen. Der Webentwickler Kilian Valkhof hat ein entsprechendes Skript geschrieben: *http://kilianvalkhof.com/2008/javascript/text-shadow-in-ie-with-jquery/* (Linkcode 0616).

Wenn Sie noch ältere Browser unterstützen müssen, sehen Sie sich einmal dieses Tutorial an, das bis hinunter zum Internet Explorer 5.5 funktioniert: *http://www.workingwith.me.uk/articles/css/cross-browser-drop-shadows* (Linkcode 0617).

9.1.4 Einbindung von Schriftarten per CSS

Ein echter Durchbruch in Sachen Typografie ist die inzwischen fast durchgängige Unterstützung der Einbettung von Schriften in Webseiten. Tatsächlich ist es möglich, beliebige Schriftdateien zur Anzeige per CSS nachzuladen – sogar im Internet Explorer (für ihn natürlich nicht auf die normale Weise). Aber tatsächlich ist damit die jahrelange Einschränkung für Designer verschwunden, immer nur *Arial* und *Times New Roman* (und ein paar wenige andere) verwenden zu können.

Für einen kleinen Ausblick auf die goldenen Zeiten, die nun vor uns liegen, und als Motivation für das folgende Kapitel werfen Sie einmal einen Blick auf die *Web Fonts Gallery*: *http://www.webfontsgallery.com/* (Linkcode 0618).

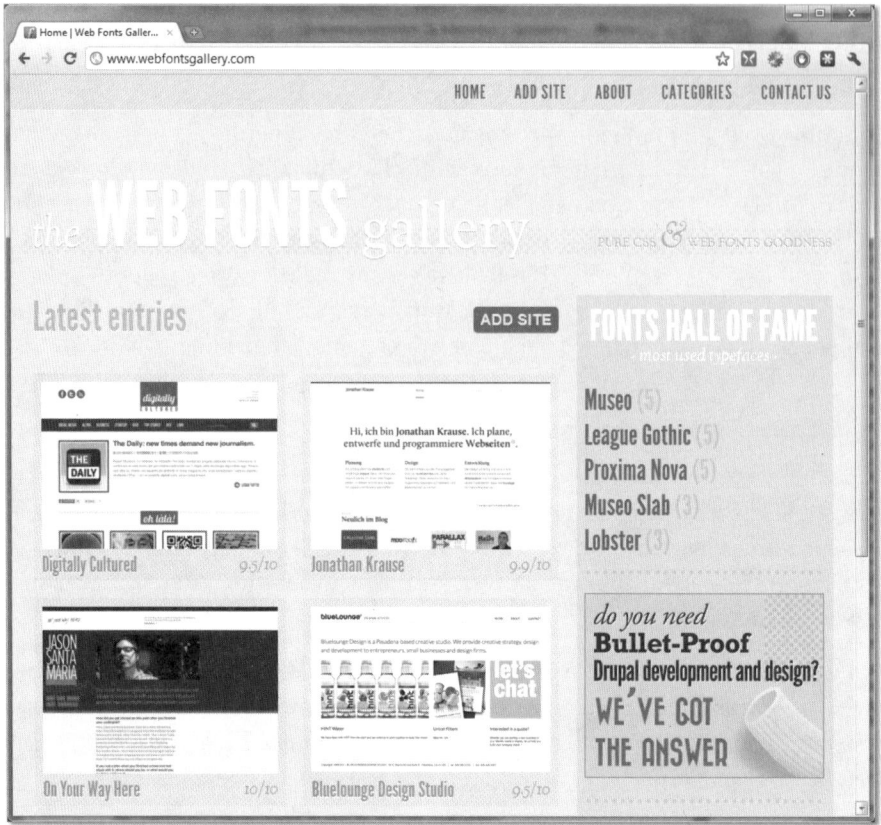

Abbildung 9.4 Die Web Fonts Gallery zeigt anschaulich, was sich mit eigenen Schriften erreichen lässt.

Um selbst solche Kunstwerke zu erstellen ist – zumindest in technischer Hinsicht – nur diese einfache CSS-Eigenschaft erforderlich: `@font-face`. Mit dieser Eigenschaft müssen Sie einmal am Anfang Ihres Stylesheets die einzubettenden Schriften definieren:

```
@font-face {
    font-family: MeineSchrift;
    src: url('MeineSchrift.ttf') format(truetype);
}
```

Mit der ersten Zeile geben Sie der Schrift einen Namen (der sollte dem echten Schriftnamen entsprechen, muss es aber nicht), und in der zweiten Zeile verraten Sie, wo der Browser die Schriftdatei findet. Das ist alles – im Prinzip ... Tatsächlich liegt noch etwas Arbeit im Detail vor uns, um für jeden Browser eingebettete Schriften anzuzeigen.

Zunächst geht es darum, ein passendes Format zu finden. Glücklicherweise beherrschen die meisten Browser – nämlich Firefox, Chrome, Safari und Opera – das zumindest unter Windows weitverbreitete Format *TrueType* (Dateiendung *.ttf*). In diesen Browsern lassen sich TrueType-Schriftdateien direkt einbetten (siehe auch die Syntax oben). Auf dem iPhone geht das erst ab der Version 4.2 des iOS (vorher funktionieren nur Schriften auf SVG-Basis). Der Internet Explorer kann zwar mit TrueType nichts anfangen, unterstützt aber (schon seit der Version 4!) ein eigenes Format (*.eot*). Um dieses Format zu erzeugen, müssen Sie Ihre Schriften zwar erst einmal konvertieren, aber immerhin gibt es von Microsoft ein kostenloses Tool – das Web Embedding Fonts Tool (WEFT). Sie können es hier herunterladen: *http://www.microsoft.com/typography/web/embedding/default.aspx* (Linkcode 0619).

`@font-face` lässt – ähnlich wie `font-family` – praktischerweise alternative Quellen zu, so dass Sie die unterschiedlichen Schriften nacheinander notieren können:

```
@font-face {
    font-family: MeineSchrift;
    src: url('MeineSchrift.eot');
    src: url('MeineSchrift.ttf') format(truetype),
    src: url('MeineSchrift.svg') format(svg),
}
```

Achten Sie darauf, dass nach der Angabe für den Internet Explorer keine Formatangabe folgt, aber ein Semikolon steht, während die Angaben für die übrigen Browser durch Kommata getrennt sind.

Ein Ansatz, das Schriftchaos zu beseitigen, ist das offene Format WOFF (Web Open Font Format). Neben der zukünftigen browserübergreifenden Unterstützung sollen die Schriften hier noch komprimiert werden, um Übertragungszeit zu sparen. Im Moment unterstützen der Internet Explorer ab Version 9, Firefox ab 3.6 und Chrome ab 5 dieses Format.

Dann gibt es noch einen etwas obskuren Trick, um zu verhindern, dass eine lokal installierte Schrift gleichen Namens (die eventuell anders aussieht) verwendet wird: die Smiley-Syntax (siehe auch *http://paulirish.com/2009/bulletproof-font-face-implementation-syntax/#smiley*, Linkcode 0620). Mit allen Zugaben sieht die Angabe dann so aus:

```
@font-face {
    font-family: MeineSchrift;
    src: url(MeineSchrift.eot);
    src: local(''),
    src: url('MeineSchrift.woff') format(woff),
    src: url('MeineSchrift.ttf') format(truetype),
```

```
      src: url('MeineSchrift.svg') format(svg),
}
```

Probieren Sie das einmal im Beispiel aus. Am HTML-Code müssen Sie nichts ändern, nur ein paar Styleangaben und die entsprechenden Schriften:

```
 1:   <style><!–
 2:     @font-face {
 3:       font-family: 'Baroque';
 4:       src: url('BaroqueScript.eot');
          src: local(''),
 5:       url('BaroqueScript.woff') format('woff'),
 6:       url('BaroqueScript.ttf') format('truetype'),
 7:       url('BaroqueScript.svg') format('svg');
 8:     }
 9:     h1, h2 {
10:       font-family: Baroque, cursive;
11:     }
12:   --></style>
```

Listing 9.2 Schriftzuweisung für alle Überschriften

Abbildung 9.5 Browserübergreifend barock

Es geht natürlich auch etwas moderner: Mit der bei Google kostenlos erhältlichen Schrift *Reenie Beanie* und einem leichten Schatten sorgen Sie für eine grafisch anmutende Seitenüberschrift – ganz ohne Grafiken:

```html
 1:    <!DOCTYPE html>
 2:    <html>
 3:    <head>
 4:    <meta http-equiv="Content-Type" content="text/html;
       charset=utf-8">
 5:    <title>Eigene Schriften einbinden</title>
 6:    <link href='http://fonts.googleapis.com/css?family=
       Reenie+Beanie' rel='stylesheet' type='text/css'>
 7:    <style>
 8:    <!--
 9:    html {
10:      font-family: Verdana, Geneva, sans-serif;
11:      font-size: 62.5%;
12:      line-height: 180%;
13:      color: #666;
14:    }
15:    body {
16:      font-size: 1.4em;
17:    }
18:    div {
19:      margin: 10px;
20:      padding: 10px;
21:    }
22:    #header h1 {
23:      font-family: "Reenie Beanie", Arial, sans-serif;
24:      font-size: 6em;
25:      font-weight: bold;
26:      text-shadow: gray 1px 1px 6px;
27:      border: none;
28:      color: black;
29:      margin: 0.3em 0 0 0;
30:    }
31:    #footer {
32:      border: none;
33:      border-top: 1px solid grey;
34:      background-color: #efefef;
35:      text-align: center;
36:    }
37:    -->
38:    </style>
39:    </head>
40:    <body>
41:      <div id="header">
42:         <h1>CSS Spielwiese</h1>
43:      </div>
```

```
44:     <div id="main">
45:         <p>Mit einer besonderen Schrift und etwas CSS wird
                aus einem normalen Text ein grafischer
                Seitenkopf.</p>
46:         ...
47:     </div>
48:     <div id="footer"> Kapitel 9: Schriften einbinden
49:     </div>
50: </body>
51: </html>
52:
```

Listing 9.3 Schrifteneinbettung per Google Web Fonts

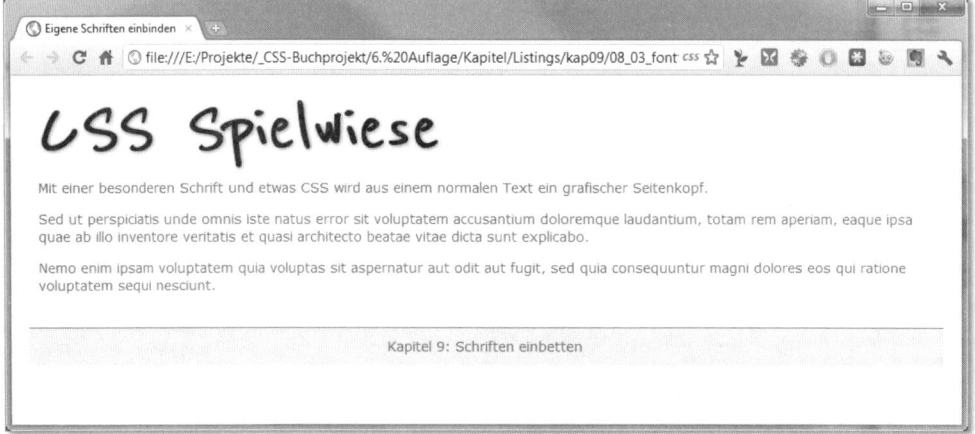

Abbildung 9.6 Ein besonderer Font dient als Header-»Grafik«.

Im Zusammenhang mit @font-face und grundsätzlich bei der Verwendung von stark unterschiedlichen Schriftarten als Alternativen gibt es eine weitere Eigenschaft, die nicht unerwähnt bleiben soll: font-size-adjust.

Ein Problem bei der Verwendung von Listen alternativer Schriften ist das zum Teil sehr unterschiedliche Schriftbild. Die Schriften *Times* und *Verdana* beispielsweise sind so verschieden gestaltet, dass sie bei numerisch gleicher Schriftgröße sehr unterschiedlich groß wirken.

Text in Times
Text in Verdana

Abbildung 9.7 »Times« und »Verdana« bei gleicher nominaler Schriftgröße `font-size-adjust` soll dem Browser eine Möglichkeit geben, eine Alternativschrift entsprechend so zu skalieren, dass sie dem Eindruck der Hauptschrift möglichst nahe kommt. Dazu müssen Sie den Aspekt der Hauptschriftart kennen – der Aspekt ist das Verhältnis von x-Höhe (der Höhe des kleinen »x«) und der Schriftgröße. Diesen Wert stellen Sie für `font-size-adjust` ein.

Im Beispiel ist der Wert für die Header-Schriftart *Reenie Beanie* `4.15` (experimentell ermittelt).

Nehmen Sie die Datei einmal zur Hand, und probieren Sie es aus; allerdings funktioniert diese Eigenschaft im Moment nur bei Firefox (ab 3.1): Simulieren Sie eine fehlende Schrift (einfach durch Ändern des Namens »Reenie Beanie«), und Sie sehen, dass die Schrift *Arial* substituiert wird. Dann kommentieren Sie die `font-size-adjust`-Zeile aus und probieren das Ganze noch einmal. *Arial* ist jetzt viel größer, so dass der Unterschied zwischen den beiden Schriften (noch) dramatischer wird.

Tatsächlich wird die Ersatzschrift so angeglichen, dass die Höher der kleinen Buchstaben bei beiden Schriften identisch ist. Bei so unterschiedlichen Schriften wie *Reenie Beanie* und *Arial* wird der Vorteil nicht so recht deutlich. Besser sehen Sie den Erfolg, wenn Sie ähnlichere Schriften wie z. B. *Calibri* und *Arial* verwenden.

Abbildung 9.8 Mit »font-size-adjust« passen Sie zumindest die x-Höhe der Ersatzschrift an.

Woher bekommen Sie die Werte für den Aspekt der Originalschrift? Sie können sich diese Tabelle bei Webspace Works ansehen (*http://www.webspaceworks.com/resources/fonts-web-typography/43/*, Linkcode 0621) oder den Wert selbst ermitteln.

Schriftart	Aspekt
Arial	0,52
Times New Roman	0,42
Helvetica	0,52
Tahoma	0,55
Trebuchet	0,52
Georgia	0,48
Garamond	0,38
Comic Sans	0,55

Tabelle 9.4 Aspekte populärer Schriften (nach Webspace Works)

Nehmen Sie dazu einen plausiblen Wert an (meist zwischen 0,45 und 0,55), und verändern Sie ihn so lange, bis es keinen Unterschied mehr macht, ob die Zeile mit font-size-adjust auskommentiert ist oder nicht (etwas wissenschaftlicher formuliert es das W3C unter *http://www.w3.org/TR/css3-fonts/#font-size-adjust-prop*, Linkcode 0622).

Online-Schriftendienste

Für eine komplette Schrifteinbindung inklusive Internet Explorer und iPhone müssten Sie jetzt neben dem Microsoft-Schriftformat EOT noch WOFF und SVG erzeugen. Glücklicherweise gibt es inzwischen einige Anbieter, die Ihnen etwas Arbeit abnehmen.

An erster Stelle ist hier die Website *Font Squirrel* zu nennen, sie sich ganz auf Webfonts spezialisiert hat. Sie bietet unter *http://www.fontsquirrel.com/font-face/generator* (Linkcode 0623) einen Online-Generator an, mit dem Sie alle benötigten Formate aus einer hochgeladenen Schriftdatei generieren lassen und herunterladen können (siehe Abbildung 9.9).

Außerdem bietet Font Squirrel eine wirklich beeindruckende Menge an kostenlosen Fontpaketen zum Download an, die Sie völlig ohne weitere Verpflichtungen für Ihre Websites nutzen können. Sogar Symbolzeichensätze gibt es im Angebot.

Auch Google bietet einen Font-Service. Unter *http://code.google.com/webfonts* (Linkcode 0624) können Sie durch das Schriftenverzeichnis blättern und per Link den entsprechenden Font von Google aus einbinden. Um Dinge wie Formate und Konvertierung brauchen Sie sich nicht mehr zu kümmern.

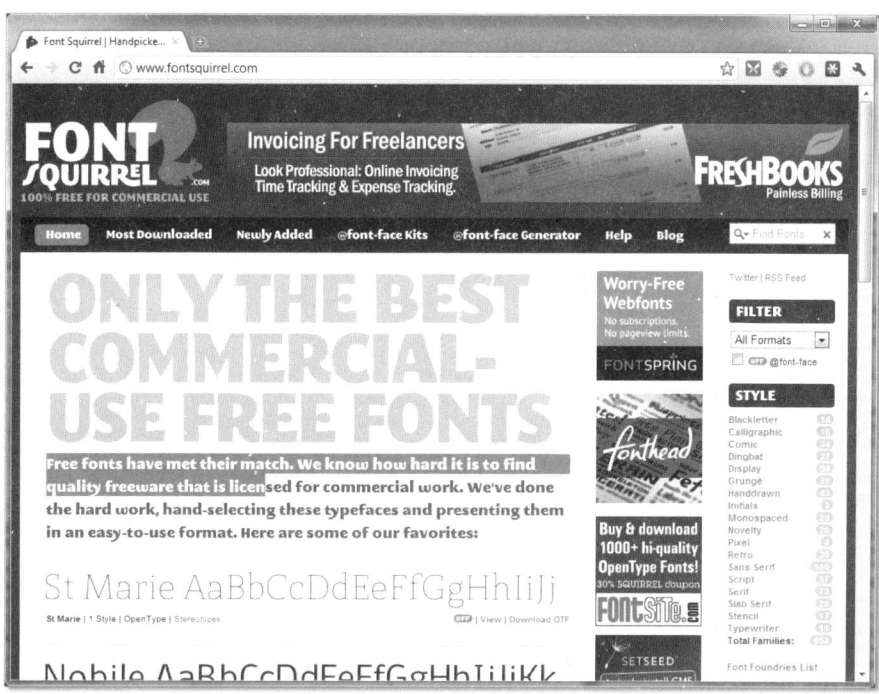

Abbildung 9.9 Natürlich nutzt Font Squirrel auch selbst eingebettete Schriften ...

Für die Schrift *Slakey* z. B. notieren Sie:

```
<link href='http://fonts.googleapis.com/
css?family=Slackey' rel='stylesheet' type='text/css'>
```

Dann können Sie mit

```
h1 { font-family: 'Slackey', arial, sans-serif; }
```

die Schrift einsetzen.

Problematisch wird es, wenn Sie eine bekannte kommerzielle Schrift nutzen wollen oder müssen. Die technischen Möglichkeiten entbinden Sie nicht davon, auch die Lizenzfragen zu prüfen: Gestattet der Lizenzgeber der Schrift das Einbetten und damit Verfügbarmachen seiner Schrift (in den meisten kommerziellen Lizenzen ist dies nicht erlaubt)?

Eine Abhilfe kann da der Onlineservice von Linotype schaffen (*http://web↵ fonts.fonts.com/* – Linkcode 0625). Hier werden die Webfonts Tausender Original-Linotype-Schriften zum Einbetten angeboten, für kleinere Websites mit gewissen Einschränkungen sogar kostenlos.

9 | Styling mit CSS

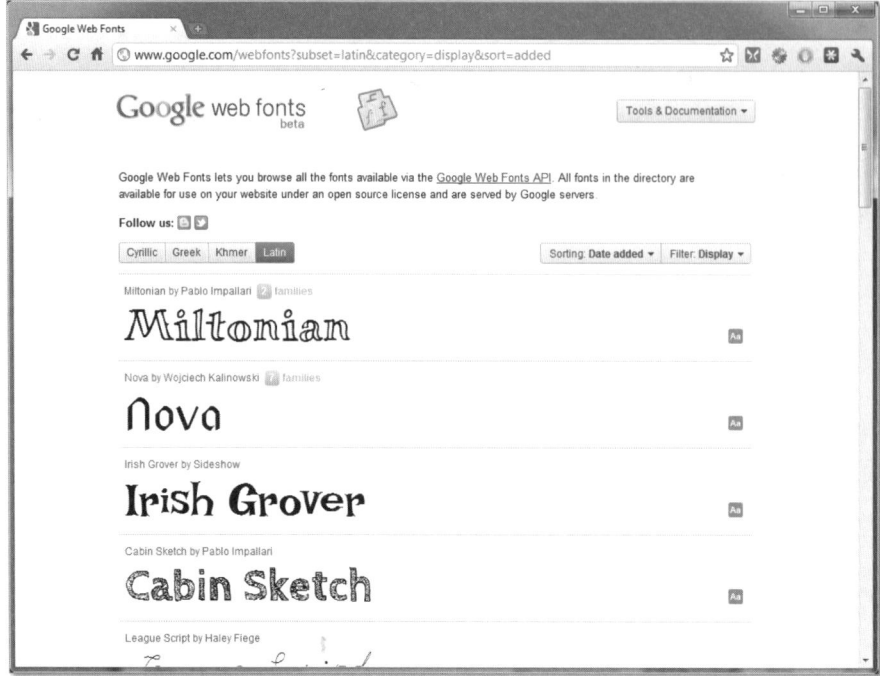

Abbildung 9.10 Auch Google bietet inzwischen einen Einbettungsservice an.

Auch bei diesem Service müssen Sie sich nur ein Paket zusammenstellen und ein JavaScript einbinden. Dieses JavaScript ist dann allerdings auch der Haken dieses Dienstes: kein JavaScript – keine Schriften. Für manche Schrift ist dies aber der einzige legale Weg.

Ein anderer kommerzieller Anbieter ist Typekit (*http://typekit.com*, Linkcode 0626).

Name	URL	Kostenlos	Bemerkungen
Font Squirrel	*http://www.fontsquirrel.com*	ja	mit Webfont-Generator
Google Web Fonts	*http://code.google.com/webfonts*	ja	
Webfonts von Linotype	*http://webfonts.fonts.com*	einge-schränkt	Abomodell, frei mit Traffic-Limit, Banner

Tabelle 9.5 Anbieter von Webfonts

Name	URL	Kostenlos	Bemerkungen
Typekit	http://typekit.com	eingeschränkt	Abomodell, frei mit Traffic-Limit, Banner
WebINK	http://www.webink.com	nein	Abomodell
FontShop	http://www.fontshop.de/Schaufenster/Bereich/Schriften/Webfonts/	nein	Einzellizenzen

Tabelle 9.5 Anbieter von Webfonts (Forts.)

Für die Beispielseite habe ich mich dann doch für eine etwas modernere Schrift aus dem Google-Fundus entschieden und ihr noch einen kleinen Schatten spendiert:

```
 1:  <!DOCTYPE html>
 2:  <html>
 3:  <head>
 4:  <meta http-equiv="Content-Type" content="text/html;
     charset=utf-8">
 5:  <title>Eigene Schriften einbinden</title>
 6:  <link href='http://fonts.googleapis.com/css?family=
     Reenie+Beanie' rel='stylesheet' type='text/css'>
 7:  <style>
 8:  <!--
 9:  html {
10:    font-family: Verdana, Geneva, sans-serif;
11:    font-size: 62.5%;
12:    line-height: 180%;
13:    color: #666;
14:  }
15:  body {
16:    font-size: 1.4em;
17:  }
18:  div {
19:    margin: 10px;
20:    padding: 10px;
21:  }
22:  #header {
23:    font-family: 'Reenie Beanie', arial, sans-serif;
24:    font-size: 6em;
25:    font-weight: bold;
26:    text-shadow: gray 1px 1px 6px;
27:    border: none;
28:    color: black;
```

```
29:    margin: 0.4em 0;
30:  }
31:  #mainnav {
32:    border: 1px solid gray;
33:  }
34:  .contentbox {
35:    border: 1px solid gray;
36:  }
37:  #footer {
38:    border: none;
39:    border-top: 1px solid grey;
40:    background-color: #efefef;
41:    text-align: center;
42:  }
43:  -->
44:  </style>
45:  </head>
46:  <body>
47:  <div id="header"> CSS Spielwiese </div>
48:  <div id="mainnav"> Navigation </div>
49:  <div id="main">
50:  <h1>Überschrift H1</h1>
51:  <p>Sed ut perspiciatis ... </p>
52:  <h2>Die gute alte H2</h2>
53:  <p>Nemo enim ipsam ... </p>
54:  <div class="contentbox">
55:     <h2>H2 im Kasten</h2>
56:     <p>Sed ut ... </p>
57:  </div>
58:  </div>
59:  <div id="footer"> Kapitel 9 : Schriften einbinden </div>
60:  </body>
61:  </html>
```

Listing 9.4 An diesem Beispiel arbeiten Sie gleich weiter.

Schrifteinbettung und Performance

Vergessen Sie bei aller Freude über die neuen Möglichkeiten nicht, dass die Einbettung von Schriften mit zusätzlichen Downloads (nämlich der Schriftdateien) und zusätzlichen Anfragen an den Server verbunden ist.

Gerade bei Google Web Fonts wird jede einzelne Schrift mit einem eigenen Stylesheet referenziert und dann auch noch geladen. Bei Linotype muss erst ein JavaScript geladen und ausgeführt werden, um die Schrift einzubetten.

9.1.5 Konstruktion einer konsistenten Typografie

Wenn ich eine typografische Ordnung für eine Website entwerfe, beginne ich mit der Basisschriftgröße. Die meisten Browser sehen eine Basisschriftgröße von 16 Pixeln vor. Das ist gut lesbar, aber für viele kommerzielle Anwendungen etwas groß, zumal die weitverbreitete Schrift *Verdana* in dieser Größe auch recht plump aussieht.

Wenn ich also eine Zielgröße von beispielsweise 14 Pixeln anstrebe, muss ich die Basisschrift auf 87,5 % verkleinern:

```
body { font-size: 87,5%;}
p { font-size: 1em;}
```

Da weitere typografische Größen grundsätzlich in em auszeichnet werden, muss ich zwischen px und em immer umrechnen. Um die Rechnerei etwas einfacher zu machen, greife ich auf den vorhin besprochenen 62,5 %-Trick zurück und notiere

```
html { font-size: 62,5%;}
```

um die Basisschriftgröße auf 10 px zu reduzieren. Jetzt kann ich alle Umrechnungen von px in em sehr einfach halten. Die gewünschten 14 px sind dann 1,4 em, bezogen auf die Basis von 10 px.

Nach der Basisschriftgröße widme ich mich der Zeilenhöhe und gestalte somit auch den Durchschuss (der Raum zwischen zwei Zeilen). Standardmäßig verwenden die meisten Browser einen Wert von 1,2 (120 %), was ein wenig eng ist. Ich habe hier einen Wert von 150 % (oder 1,5 em) angenommen. Das macht die Zeilen deutlich lesbarer und sieht auch eleganter aus.

Bei einer Schriftgröße von 14 px ergibt sich eine Zeilenhöhe von: 1,5 × 14 px = 21 px

Wie schon mehrfach erwähnt, liefern die Browserhersteller Vorgaben für Abstände und Größen. Es gibt eine ganze Reihe von Vorschlägen, wie mit diesen Vorgaben umzugehen ist – ich komme darauf in Abschnitt 11.4, »Alles auf Null: Reset-Stylesheets«, zurück. Jetzt mache ich einmal »Tabula rasa« und setze alle Abstände auf 0, um meine eigenen Vorstellungen ungestört zu verwirklichen. Am einfachsten geht das mit:

```
* {
   margin: 0;
   padding: 0;
}
```

Nun kann ich alle Abstände selbst setzen. Mit

```
margin: 1.5em 0;
```

erreiche ich einen Abstand von 1,5 em zwischen den Absätzen – das entspricht genau der gewünschten Zeilenhöhe.

Falls Sie sich jetzt fragen, warum der Abstand zwischen den Zeilen nicht 3 em beträgt – immerhin haben Sie ja einen oberen und einen unteren Abstand definiert –, so lesen Sie noch einmal in Abschnitt 6.1.1, »Zusammenfallende Außenabstände« (Collapsing Margins)«, nach, oder sehen Sie sich in der Referenz die Eigenschaft `margin` an.

Auch die Überschriften sollen in diesem Rhythmus bleiben. Ich wähle 24 px = 1,714 em) für Ebene 1 (`<h1>`) und 18 px = 1,286 em für Ebene 2 (`<h2>`). Damit sich auch die dritte Überschriftenebene noch vom Fließtext abhebt, weise ich ihr 1,143 em zu – das ergibt 16 px.

Der Trick, um eine vertikale Synchronität zwischen den Spalten zu erreichen, besteht darin, eine absolut einheitliche Zeilenhöhe zwischen allen Elementen zu behalten. Um mir Umrechnerei zu ersparen, notiere ich die Zeilenhöhe von 150 % gleich für `<body>` – dann gilt sie für alle Elemente. Würde ich sie z. B. bei `<h1>` vergeben, müsste ich sie für jedes Element neu berechnen, da 150 % von 24 px natürlich mehr sind als 150 % von 14 px (Größe der Basisschrift).

Anpassen muss ich auch die vertikalen Abstände (`margin`) – auch sie müssen im Raster bleiben, das durch die Zeilenhöhe von 21 px vorgegeben wird. Hier muss ich die Abstände neu berechnen. Für `<h1>` sind das 24 / 21 px = 0,875 em und für `<h2>` 18 / 21 px = 1,167 em (`<h3>`: 1,313 em).

Tatsächlich könnte ich im Text sogar komplett auf Außenabstände für die Überschriften verzichten, da ja jede Überschrift von `<p>` umrandet ist und bei gleichen vertikalen Außenabständen ohnehin immer nur einer gezählt wird (die »Collapsing Margins«).

Die vorgegebenen Abstandsmaße lassen sich aber natürlich auch verändern. Sie müssen nur bei der Konstruktion des Rasters darauf achten, dass alle Werte einen kleinen gemeinsamen Nenner haben. Eine Überschrift muss inklusive der Abstände immer ein Vielfaches des Basiszeilenabstands aufweisen.

Sie könnten z. B. die oberen Außenabstände für Überschriften verdoppeln – auf 1,75 em für `<h1>` und 2,325 em für `<h2>` bzw. 2,626 em für `<h3>` –, es würde sich nichts an der Registerhaltigkeit ändern.

Sie müssen sich allerdings noch mit zwei Sondersituationen auseinandersetzen:

Einmal können Überschriften natürlich auch zweizeilig werden. Wenn das bei `<h1>` passiert, sieht es bei einer Schriftgröße von resultierenden 24 px und einem Zeilenabstand von nur 21 px nicht gut aus. Daher muss der Zeilenabstand für `<h1>` vergrößert werden – und zwar auf das Doppelte, damit das Raster erhalten bleibt. Bei `<h2>` ist der Zeilenabstand grenzwertig, und `<h3>` können Sie im Beispiel beim Standardzeilenabstand belassen (da die Schrift ja kleiner ist, sinkt auch das Risiko von Zeilenumbrüchen).

Der zweite Sonderfall sind die oberen ersten Elemente der Spalten. Solange alle Elemente den gleichen oberen Abstand haben, ist die Situation unproblematisch – alle Elemente beginnen auf einer Linie. Wenn aber z. B. die Überschriften einen größeren Abstand nach oben haben als der normale Absatz, ergäbe sich eine Verschiebung, sobald eine Spalte mit einer Überschrift beginnt und eine andere mit einem Absatz.

Hier helfen die schon bekannten Pseudo-Selektoren weiter (siehe auch Abschnitt 4.1.8, »Pseudo-Klassen und Pseudo-Elemente«), genauer gesagt die Pseudo-Klasse `:first-child`.

Da im Beispiel alle Überschriften und Absätze in `<div>`-Elementen stecken, können Sie sie mit `div>h1:first-child` bzw. `div>h2:first-child` und `div>p:first-child` ansprechen und individuell mit besonderen oberen Abständen versorgen. Dabei bleibt es Ihnen überlassen, ob Sie das `<p>` mit einem zusätzlichen Abstand versehen oder bei den Überschriften etwas entfernen.

Abbildung 9.11 Layout mit gleichmäßigen und registerhaltigen Zeilen

Damit Sie die Werte nicht immer per Hand ausrechnen müssen, stellen verschiedene Websites Berechnungshilfen zur Verfügung. Einen einfachen Kalkulator finden Sie bei drewish.com: *http://drewish.com/tools/vertical-rhythm* (Linkcode 0627). Etwas komfortabler ist die Adobe-Air-Anwendung von James Whittaker (*http://jameswhittaker.com/journal/em-based-layouts-vertical-rhythm-calculator/* Linkcode 0628).

Abbildung 9.12 Der Kalkulator im Einsatz

Einsatz von Bildern und anderen Elementen

Um die Registerhaltigkeit nicht zu durchbrechen, ist es natürlich erforderlich, auch alle anderen verwendeten Elemente dem durch die Zeilenhöhe vorgegebenen Raster anzupassen. Auch Listen und eingebundene Bilder beispielsweise müssen immer ein Vielfaches der Zeilenhöhe hoch sein. Das bedeutet im Einzelfall ziemlich viel Mühe, belohnt aber durch ein harmonisches Raster über mehrere Spalten.

Unter dem Stichwort »vertikaler Rhythmus« wurde diese Technik online viel diskutiert. Kritisch zu sehen ist der hohe Aufwand, der nötig ist, um alle Elemente in ein Raster zu bekommen. Gerade bei der Verwendung von Bildmaterial müssen Sie dann auch im Betrieb immer darauf achten, die passenden Maße herzustellen.

Seine Stärke spielt der vertikale Rhythmus besonders dann aus, wenn mehrere gleichartige Spalten nebeneinanderstehen – wie im klassischen Zeitungssatz. Diese Situation ist aus verschiedenen Gründen im Web aber eher selten anzutreffen. Die meisten Sites beschränken sich auf zwei Spalten, von denen eine die Hauptspalte ist. Wenn dann in der Nebenspalte (Marginalie) auch eher Bilder, Buttons oder andere Elemente als Fließtext untergebracht sind, ist die Registerhaltigkeit kaum zu bemerken.

Ein weiterer Nachteil ist die Einschränkung bei der Wahl der Zeilenhöhe für Überschriften. Hier stehen eben nur die Zeilenhöhe des Fließtextes und Vielfache zur Verfügung. Bei Schriften wie `<h2>` im Beispiel ist weder das eine noch das andere wirklich passend. Daher müssen Sie im Einzelfall abwägen, ob Ihr Layout vom vertikalen Rhythmus profitiert oder nicht.

9.1.6 Überschriften mit CSS

Durch die neuen Möglichkeiten der Schrifteinbettung gibt es in den meisten Fällen keinen Bedarf für grafische Überschriften mehr. In einigen Situationen kommen Sie aber auch mit eigenen Schriften nicht weiter – z. B. wenn es sich um veränderte Schriftzüge in Logos handelt oder der fragliche Text mit einem Verlauf oder Muster gefüllt ist.

Hier müssen Sie immer noch auf Grafiken zurückgreifen, die in einem entsprechenden Grafikprogramm erzeugt wurden.

Nun könnten Sie die Grafiken einfach in den HTML-Code hineinschreiben, und in manchen Fällen ist das auch sinnvoll. Bei Logos würde ich eher dazu raten, sie als normale Grafik – wenn es sich um das Hauptlogo der Website handelt, gegebenenfalls innerhalb eines `<h1>`-Elements (ja, das geht) – einzusetzen.

Der Grundgedanke einer Grafikersetzung (*image replacement*) ist, dass im Quelltext ein normales Element steht, das mit Hilfe unterschiedlicher Techniken durch eine Grafik ersetzt wird. Das kann neben CSS auch Flash oder JavaScript sein.

Zunächst soll es um die reine CSS-Variante gehen. Grundlage ist eine Überschrift, z. B.

```
<h1>Weihnachtsangebote</h1>
```

Aussehen soll das Ganze dann wie in Abbildung 9.13.

Abbildung 9.13 Weihnachtsschriftzug in zwei Farben mit Sternchen – ohne Grafik nicht zu machen.

Sie können nun dem `<h1>`-Element per CSS eine Hintergrundgrafik zuweisen:

```
background: white url(weihnachtsangebote.gif);
```

Das funktioniert im Prinzip, sieht aber gar nicht so aus wie gewünscht, wie Abbildung 9.14 zeigt.

Abbildung 9.14 Abgeschnitten, zu tief und wiederholt – da muss noch nachstylt werden.

Die Eigenschaft `background` ist Ihnen teilweise schon vertraut – als `background-color`. Tatsächlich ist `background` eine Kurzschreibweise für verschiedene Eigenschaften, die sich mit Hintergrundformatierungen befassen (eine komplette Liste finden Sie in Anhang A ab Seite 701).

Zur Platzierung von Hintergrundgrafiken können Sie per CSS noch die Positionierung und die Wiederholungsart angeben. Komplett wäre die Anweisung dann so:

```
background: white url(weihnachtsangebote.gif) no-repeat top left;
```

Jetzt sieht es schon besser aus; aber immer noch wird die Grafik abgeschnitten, und der Text überdeckt sie. Klar – die Höhe eines Elements richtet sich nach den

»echten« Inhalten und nicht nach einer Hintergrundgrafik (wie sähe das auch aus, wenn die Grafik wiederholt würde …).

Daher müssen Sie mit der Eigenschaft `height` die Höhe des `<h1>`-Elements an die Höhe der Grafik (hier 50 Pixel) anpassen. Und Sie müssen die Schrift verstecken. Es gibt zwar eine CSS-Eigenschaft, die `visibility` heißt und die Sichtbarkeit steuert, sie bezieht sich aber auf ein ganzes Element inklusive Hintergrund. Der Trick, um nur den Text unsichtbar zu machen, ist, ihn aus dem sichtbaren Bereich des Browserfensters (auch *Viewport* genannt) zu verschieben. Um das zu erreichen, haben Sie wieder mehrere Möglichkeiten – ich bevorzuge die Eigenschaft `text-indent`; damit lässt sich ein Text einrücken. Die übliche Anwendung lernen Sie gleich im Abschnitt 9.1.7, »Initialien und Einrückungen«. Jetzt können Sie sich die Eigenschaft zunutze machen, dass `text-indent` auch negative Werte erlaubt, und mit einem

```
text-indent: -999em;
```

die Weihnachtsangebote nach links aus dem Bildschirm schieben.

Abbildung 9.15 Schon besser

So bleibt die Weihnachtsschrift als Grafik im sichtbaren Bereich und als normaler Text im Quellcode erhalten.

Es gibt aber ein Problem: Nutzt ein Besucher einen üblichen Browser, hat aber seine Grafiken ausgeschaltet, sieht er leider gar nichts. Das mag nicht sehr häufig vorkommen, ist aber nicht schön. Daher stelle ich noch eine andere Lösung vor, die diesen Fall berücksichtigt. Allerdings hat auch diese Lösung einen Schönheitsfehler – sie benötigt ein zusätzliches, semantisch bedeutungsloses und unnötiges Element:

```
<h1>Weihnachtsangebote<span></span></h1>
```

oder etwas kürzer:

```
<h1>Weihnachtsangebote<b></b></h1>
```

Ich nehme als inneres Element ein `<b>`, da es weniger Schreibarbeit bedeutet und in dieser Situation ohne die Semantik vernachlässigt wird (außerdem haben Sie ja schon gelernt, dass ein `<b>` – im Gegensatz zu `<strong>` – gar keine echte semantische Bedeutung hat). Nun können Sie per CSS dem inneren Element wieder die Hintergrundgrafik zuweisen:

```
background: white url(weihnachtsangebote.gif) no-repeat top left;
```

Zusätzlich wird aber das Element `<b>` per absoluter Positionierung über den Text geschoben. Dazu müssen Sie erst einmal `<h1>` mit `position: relative` auszeichnen. Sie wissen noch, warum? Wenn Sie im nächsten Schritt ein Kind-Element von `<h1>` (nämlich `<b>`) mit `position: absolute` über `<h1>` legen wollen, müssen Sie festlegen, worauf sich die Werte `top` und `left` beziehen sollen. Gemäß der Definition von absoluter Positionierung ist die Basis das nächsthöhere Elternelement, das selbst eine Positionierung (außer `static`) hat. Mit `position: relative` legen Sie in diesem Sinne `<h1>` als Basis für die Positionierung untergeordneter Elemente fest, und da Sie bei `<h1>` selbst keine Werte für `top` oder `left` angeben, ändert sich für dieses Element auch nichts. Absolut positionierte Elemente werden ja aus dem Dokumentenfluss entfernt – für sie wird im Dokument kein Platz reserviert, und sie drücken auch umgebende Elemente nicht auseinander. Daher müssen Sie `<h1>` so hoch anlegen, wie die Grafik ist, und sperren so einen Raum frei, in dem diese dann angezeigt wird (im Prinzip gilt das auch für die Breite, aber das können Sie sich in den meisten Fällen sparen, da Überschriften in der Regel ohnehin eine eigene Zeile haben – es ist also nichts rechts von der Überschrift vorhanden, das weggeschoben werden müsste).

So sieht das Ganze dann aus:

```
1:  h1 {
2:    line-height: 1;
3:    position: relative;
4:    height: 50px;
5:  }
6:
7:  h1 b {
```

```
 8:     position: absolute;
 9:     background: url(weihnachtsangebote.gif) no-repeat
        top left;
10:     height: 50px;
11:     width: 400px;
12:     top: 0;
13:     left: 0;
14:   }
```

Listing 9.5   CSS-Anweisungen für barrierefreies Image Replacement

Der Vorteil dieser Methode (nach den Entdeckern im Übrigen »Glider-Levin-Methode« genannt) ist, dass auch bei ausgeschalteten Grafiken und aktiviertem CSS etwas zu sehen ist.

Abbildung 9.16   Auch ohne Grafiken ist etwas zu lesen.

Andere Image-Replacement-Techniken

Der Vollständigkeit halber sei noch erwähnt, dass es weitere Methoden gibt, normalen Text durch grafische Texte zu ersetzen: Flash-Image-Replacement (sIFR) und JavaScript-Image-Replacement (JSIR) sind nur zwei Methoden. Beim *Scalable Inman Flash Replacement* wird das Element durch einen entsprechenden Flash-Film ersetzt, beim JavaScript-Image-Replacement wird (Sie haben es vermutlich schon erraten) JavaScript verwendet, um ein HTML-Element durch eine Grafik zu ersetzen.

Das Thema Image Replacement hat viele Entwickler beschäftigt; alle Lösungen aufzuzählen, würde dieses Kapitel bei weitem sprengen. Unter *http://www.css⤴ zibaldone.com/risorse/bookmarks/image-replacement.html* (Linkcode 0629) finden Sie eine umfangreiche Auflistung.

Durch die Möglichkeit, Schriften direkt einzubinden, haben sich viele Einsatzszenarien für Image Replacement erübrigt. In anderen Fällen (z. B. für ein Site-Logo) ist ein eingebundenes Bild mit einem guten Alternativtext ohnehin die bessere Alternative. Wenn es darum geht, einen (grafischen) Text als Überschrift auszuzeichnen, können Sie das auch mit Bildern machen.

In einem Szenario ist die Image-Replacement-Methode allerdings der Verwendung von Grafiken überlegen: wenn es, wie in Abschnitt 4.1.3, »Kombinierte Selektoren«, beschrieben, darum geht, je nach Sektion einer Website Texte unterschiedlich zu gestalten. Ich stelle mir dabei einen Modeshop vor, bei dem das Betreiberlogo je nach Zielgruppe (Männer/Frauen) durch ein entsprechendes Modell begleitet wird. Hier ist es leichter, die CSS-Hintergrundgrafik auszutauschen als ein im Text eingebundenes Bild.

9.1.7 Initialen und Einrückungen

Wichtige typografische Stilmittel sind Einrückungen und Initialen, um den Anfang von Absätzen und Abschnitten besser sichtbar zu machen.

Während eine Einrückung den Text der ersten Zeile eines Absatzes ein wenig nach innen (d. h. nach rechts) rückt, werden mit Initialen Kapitelanfänge in Form von übergroßen ersten Buchstaben gekennzeichnet.

Für beide Methoden bietet CSS entsprechende Pseudo-Elemente an:

- `:first-line` und
- `:first-letter`

Einrückungen

Mit `:first-line` können Sie die erste Zeile eines Absatzes gesondert formatieren – eigentlich ideal für den Zweck der Einrückung. Allerdings interpretiert `:first-line` nur bestimmte CSS-Eigenschaften. So sind `margin` und `padding` nicht darunter (siehe auch Anhang A.2.7, »:first-line«). Glücklicherweise kann `:first-letter` mit Abstandsangaben etwas anfangen, und da der erste Buchstabe sich immer in der ersten Zeile befindet, verwenden Sie einfach diesen. Das sieht dann etwa aus wie in Abbildung 9.17.

Abbildung 9.17 Erste Zeile mit Sonderformatierung

```
1:   <!DOCTYPE html>
2:   <html>
3:   <head>
4:   <meta http-equiv="Content-Type" content="text/html;
     charset=utf-8">
5:   <title>Absätze mit first-line einrücken</title>
6:   <link href="basis.css" rel="stylesheet" media="all"
     type="text/css">
7:   <style>
8:   <!—
```

Kapitälchen, fetter Satz und eine leicht verringerte Schriftfarbe können Sie über die (erste) Zeile zuweisen:

```
9:   p:first-line {
10:    font-weight: bold;
11:    font-variant: small-caps;
12:    color: #444;
13:  }
```

Der Abstand nach links wird über den ersten Buchstaben geregelt:

```
14:  p:first-letter {
15:    padding-left: 2em;
16:  }
17:  -->
18:  </style>
19:  </head>
20:  <body>
21:  <div id="header">
```

```
22:     <h1>Absätze mit first-line einrücken</h1>
23:   </div>
24:   <div id="main">
25:     <p>Die Verwendung von first-line markiert die erste
        Zeile eines jeden Absatzes. Sed ut perspiciatis unde
        omnis iste natus error ... </p>
26:     ...
27:   <div id="footer"> Kapitel 9: Initialen und Einrückungen
      </div>
28:   </body>
29: </html>
```

Listing 9.6 Zeilenformatierung mit Umweg über den ersten Buchstaben

Wenn nur der erste Absatz eines Bereichs gesondert formatiert werden soll, hilft das Pseudo-Format :first-child weiter – zumindest bei modernen Browsern ab dem Internet Explorer 7. Verwenden Sie im obigen Beispiel

```
p:first-child:first-line {
   font-weight: bold;
   font-variant: small-caps;
   color: #444;
}
p:first-child:first-letter {
   padding-left: 2em;
}
```

und haben Sie im HTML-Code eine solche Konstruktion:

```
<div id="inhalt">
   <p> Erster Absatz </p>
   <p> Zweiter Absatz </p>
</div>
```

wird die Formatierung nur auf den ersten Absatz in einem Kasten (z. B. #main) angewandt.

Sie können diese Art der Formatierung natürlich auch mit einer individuellen Schrift kombinieren.

Initialen

Als *Initialen* bezeichnet man besonders große und oft auch zusätzlich verzierte Buchstaben am Anfang eines Absatzes bzw. Kapitels, die als optische Einleitung des neuen Textabschnittes dienen.

Abbildung 9.18 Initialen am Anfang eines Absatzes

Mit :first-letter geht so etwas ganz einfach (und ohne jede zusätzliche Grafik):

```
1:  <!DOCTYPE html>
2:  <html>
3:  <head>
4:  <meta http-equiv="Content-Type" content="text/html;
    charset=utf-8">
5:  <title>Initialien mit CSS</title>
6:  <link href="basis.css" rel="stylesheet" media="all"
    type="text/css">
7:  <style>
8:  <!--
9:  p:first-letter {
10:   font-family: Georgia;
11:   font-size: 270%;
12:   margin: 8px 10px 0 0;
13:   font-weight: bold;
14:   float: left
15:  }
16:  -->
17: </style>
18: </head>
19: <body>
20: <div id="header"> <h1>Initialien mit first-letter</h1> </div>
21: <div id="main">
22:    <p>Die Verwendung von first-letter erzeugt einen großen
           Anfangsbuchstaben für jeden neuen Absatz. Sed ut
           perspiciatis unde omnis iste natus error sit voluptatem
           ... </p>
23:    ...
24: <div id="footer"> Kapitel 9: Initialen und Einrückungen
```

```
25:     </div>
26:   </body>
27: </html>
```
Listing 9.7 Initialen mit purem CSS

Wenn Sie dem ersten Buchstaben die Eigenschaft `float` zuweisen, können Sie ihn bequem einrücken.

Um das Initial noch etwas pompöser zu gestalten, können Sie ihm mit der im vorherigen Abschnitt beschriebenen Technik eine eigene Schriftart zuordnen. Für die Google-Schriftart *Cabin Sketch* sieht das z. B. so aus:

```
 1: <!DOCTYPE html>
 2: <html>
 3: <head>
 4:   <meta http-equiv="Content-Type" content="text/html; charset=utf-8">
 5:   <title>Initialien mit CSS</title>
 6:   <link href='http://fonts.googleapis.com/css?family=Cabin+Sketch:bold' rel='stylesheet' type='text/css'>
 7:   <link href="basis.css" rel="stylesheet" media="all" type="text/css">
 8:   <style>
 9:   <!--
10:   h1 {
11:     font-family: "Cabin Sketch", Arial, sans-serif;
12:     font-size: 300%;
13:     margin: 0.1em;
14:   }
15:   #main p:first-child:first-letter {
16:     font-family: "Cabin Sketch", Arial, sans-serif;
17:     font-size: 600%;
18:     margin: 19px 5px 0 0;
19:     font-weight: bold;
20:     float: left
21:   }
22:   -->
23:   </style>
24: </head>
25: <body>
26:   <div id="header"> <h1>Initialen mit Sonderschriften</h1> </div>
27:   <div id="main">
28:     <p>Die Verwendung von first-letter erzeugt einen großen Anfangsbuchstaben für jeden neuen Absatz... </p></div>
```

```
29:    <div id="footer"> Kapitel 9: Initialen mit
       Sonderschriften </div>
30:    </body>
31:    </html>
```
Listing 9.8 Auch Initialen lassen sich per Schrifteinbettung spektakulärer gestalten.

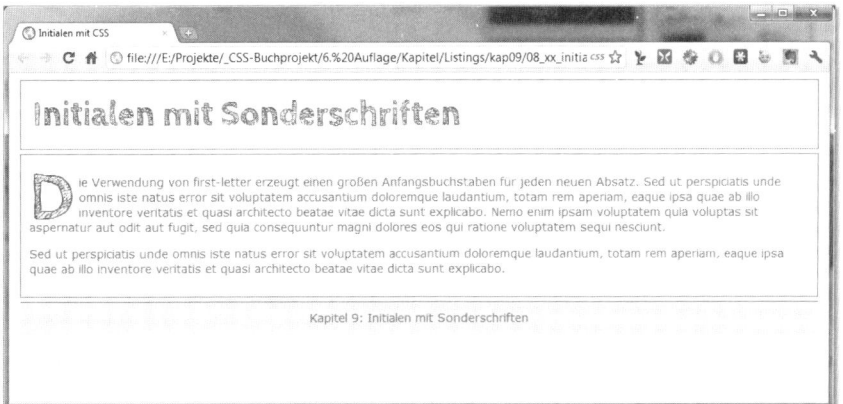

Abbildung 9.19 Initial mit Sonderschriftart powered by Google

Ob sich der Aufwand lohnt, eine zusätzliche Schriftart wegen eines einzigen Buchstabens einzubinden, hängt sicher vom Einzelfall ab. Als Alternative können Sie hier auch wieder auf das Image Replacement zurückgreifen und das Initial durch eine Grafik realisieren. Dadurch wird die Website allerdings schwieriger zu pflegen, da für jedes Initial die entsprechende Grafik erzeugt werden muss. In modernen Browsern funktioniert diese Lösung sogar ohne zusätzlichen Code.

Mit der folgenden Anweisung referenzieren Sie eine externe Grafik (den Buchstaben), und mit der Kombination aus negativem Außenabstand und Innenabstand schieben Sie den echten Buchstaben außer Sicht:

```
p:first-letter {
   margin-left: -60px;
   background: url(initial-a.gif) no-repeat top right;
   padding: 30px 135px 35px 0;
   float: left;
}
```

Leider können die Versionen des Internet Explorers bis inklusive Version 8 damit nicht umgehen, so dass Sie für eine browserübergreifende Lösung das Bild in den HTML-Code schreiben müssen:

```
1:    <!DOCTYPE html>
2:    <html>
```

```
 3:  <head>
 4:  <meta http-equiv="Content-Type" content="text/html;
     charset=utf-8">
 5:  <title>Initialien mit Grafiken simulieren</title>
 6:  <link href="basis.css" rel="stylesheet" media="all"
     type="text/css">
 7:  <style>
 8:  <!--
 9:  img.initial {
10:    padding-left: 5px;
11:    float: left;
12:  }
13:  -->
14:  </style>
15:  </head>
16:  <body>
17:  <div id="header">
18:  <h1>Initialien mit Grafiken simulieren</h1>
19:  </div>
20:  <div id="main">
21:     <p><img class="initial" src="../assets/initial-a.gif"
        width="80" height="80" alt="A">m Anfang steht immer ein
        Initial. Sed ut perspiciatis unde omnis iste natus
        error sit voluptatem accusantium doloremque laudantium,
        ... </p>
22:     ...
23:  </div>
24:  <div id="footer"> Kapitel 9: Initialen und Einrückungen   </div>
25:  </body>
26:  </html>
```

Listing 9.9 Grafische Initialen browserübergreifend

Abbildung 9.20 Grafische Initialen browserübergreifend

9.1.8 Styling von Zitaten

Ein 2011 wieder sehr aktuelles Thema ist der korrekte Umgang mit Zitaten. Auf vielen Websites viel zu kurz kommen die korrekte Auszeichnung von Zitaten und die Verwendung von typografischen Anführungsstrichen. Stattdessen werden oft zur Markierung eine Zitates normale Absätze verwendet; und als Anführungszeichen muss das Symbol für Zoll herhalten (auf der Tastatur mit ⇧ + 2).

HTML verfügt über alle erforderlichen Elemente, um Zitate semantisch umfassend zu beschreiben. (Hier merkt man, dass HTML aus dem Wissenschaftsbetrieb entstanden ist, wo korrektes Zitieren eine große Rolle spielt.)

`<q> ... </q>` zeichnet ein normales Zitat innerhalb eines laufenden Textes aus – es ist ein Inline-Element. Für ganze Zitatblöcke gibt es sogar mit `<blockquote>` ein passendes Block-Element, und für die Kennzeichnung der Zitatquelle gibt es sowohl ein Element als auch eine Eigenschaft:

```
<blockquote>
   <p> Zitattext... </p>
   <cite> Name der Quelle </cite>
</blockquote>
```

```
<q cite="Name der Quelle"> Zitattext </q>
```

`<cite>` steht also nicht für das Zitat selbst, sondern bezeichnet die Zitatquelle. Damit sind auch schon alle Zutaten für eine korrekte Zitatauszeichnung beisammen. Es ist natürlich auch möglich, `<q>` zu verschachteln:

```
Peter sprach: <q><q>CSS ist klasse</q>, hat Freddie gesagt</q>
```

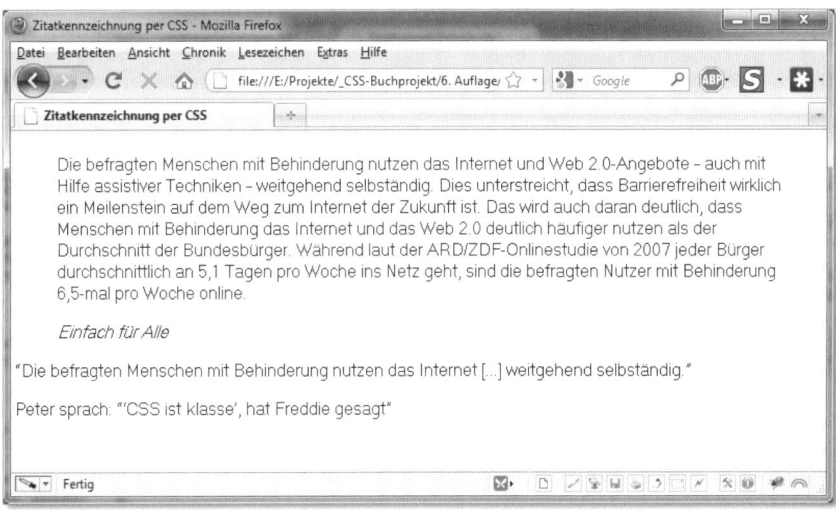

Abbildung 9.21 Zitate in Firefox ohne spezielle CSS-Anweisungen

Mit ein wenig CSS lassen sich die Anführungszeichen auch in etwas umwandeln, was das Herz eines Typografen erfreut.

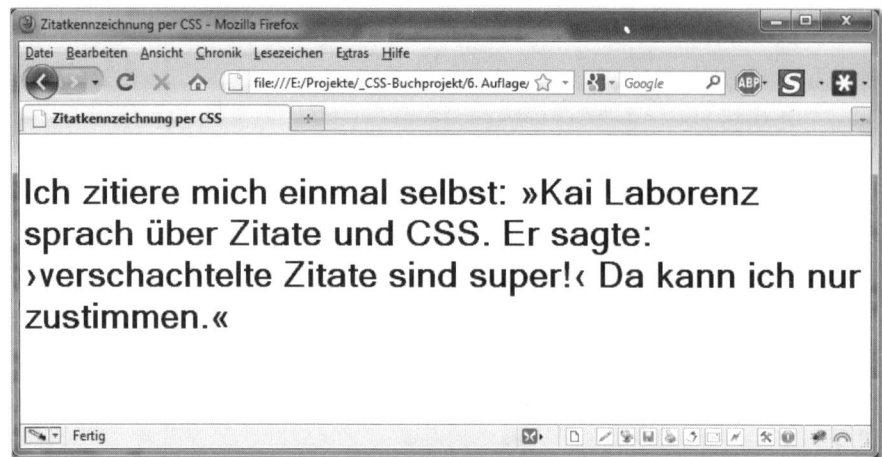

Abbildung 9.22 Verschachtelte Zitate mit typografisch korrekten Anführungszeichen

Per CSS lassen sich sogar landesspezifische Zeichen setzen. Tabelle 9.6 zeigt eine Übersicht, welche Anführungszeichen in den Sprachen Deutsch, Englisch und Französisch verwendet werden.

Sprache	Start	Unicode	Ende	Unicode
Deutsch	„	201E	"	201C
Deutsch	»	00BB	«	00AB
Deutsch	›	203A	‹	2039
Englisch	"	201C	"	201D
Französisch, Spanisch, Italienisch	«	00AB	»	00BB

Tabelle 9.6 Landesspezifische Anführungszeichen im Unicode

In der deutschen Sprache sind die beiden ersten Varianten erlaubt. Die zweite ragt nicht so sehr aus dem Text heraus und wirkt dadurch eleganter. Die dritte Variante kann für verschachtelte Zitate verwendet werden. In CSS sieht das dann so aus:

```
q:lang(de) { quotes: "\00BB" "\00AB" "\203A" "\2039"; }
```

`:lang(nn)` ist dabei das Sprachen-Pseudo-Element, das für nn ein entsprechendes Sprachenkürzel erwartet. Dann folgen die Angaben für die Zitatzeichen (*quotes*). Die ersten beiden Zeichen (in Unicode notiert) bezeichnen dabei die äußeren Zeichen, das zweite Pärchen die inneren (einfachen) Zeichen. Wenn das Stylesheet im gleichen Zeichensatz verfasst ist wie das Zieldokument und eine entsprechende Auszeichnung in der ersten Zeile hat (z. B. `@charset "UTF-8"` für UTF-8), können Sie auch die Zitatzeichen direkt notieren.

Zusätzlich müssen Sie im HTML-Dokument den Inhalt noch in der jeweiligen Sprache kenntlich machen. Wenn Sie davon ausgehen, dass das gesamte Dokument auf Deutsch verfasst wurde, genügt es, `<html lang="de">` zu notieren. Bei fremdsprachigen Textbereichen können Sie die Sprache auch für ein einzelnes Element festlegen. Wenn Sie ein barrierefreies Dokument erstellen wollen, ist das sogar erforderlich, damit der Screenreader den entsprechenden Begriff korrekt ausspricht (moderne Screenreader können das allerdings zumindest für Englisch schon bei vielen Begriffen auch ohne Auszeichnung).

Das funktioniert so in Firefox, Opera und dem Internet Explorer ab der Version 8. Bei Safari müssen Sie ein wenig nachhelfen, da dieser mit `quotes` noch nicht so gut zurechtkommt. Glücklicherweise versteht er die Methoden des generierten Inhalts (siehe auch Anhang A.3.1, »content«), so dass Sie ihm mit einer Verschachtelung auch noch korrektes Zitieren beibringen. Die ersten beiden Zeilen bilden dabei die äußeren Zitatzeichen ab, die letzten beiden durch die Verschachtelung q q (also ein `<q>` in einem `<q>`) das innere Zitat:

```
q:lang(de):before { content: "\00BB"; }
q:lang(de):after { content: "\00AB"; }
q:lang(de) q:before { content: "\203A"; }
q:lang(de) q:after { content: "\2039"; }
```

Für Internet Explorer 6 und 7 reicht das leider nicht, da diese beiden Versionen weder das Element `<q>` richtig interpretieren noch Inhalte per CSS generieren können. Hier hilft nur noch JavaScript weiter. Es gibt verschiedene Lösungen, die darauf setzen, das Element `<q>` über das DOM zu suchen und ihm per JavaScript die richtigen Zeichen anzufügen.

Sie finden auf der DVD-ROM eine Lösungsvariante, die auf die Microsoft-Eigenschaft *behaviour* setzt, von *http://willcode4beer.com/tips.jsp?set=fixIEQuotes* (Linkcode 0558) übernommen und an deutsche Anführungszeichen angepasst wurde. [o]

Ein anderer Ansatz von Juicy Studios setzt auf JavaScript, das über Conditional Comments zugeführt wird: *http://juicystudio.com/article/fixing-ie-quotes.php* (Linkcode 0559).

Ab dem IE8 funktioniert auch die standardgemäße Version, so dass Sie die Speziallösung in jedem Fall per Conditional Comments von modernen Browsern fernhalten sollen (im IE8 erscheint aufgrund der Verwendung von aktiven Inhalten sogar ein Warnhinweis, den der Nutzer erst einmal bestätigen muss). Conditional Comments werden detailliert in Abschnitt 10.3.3 besprochen.

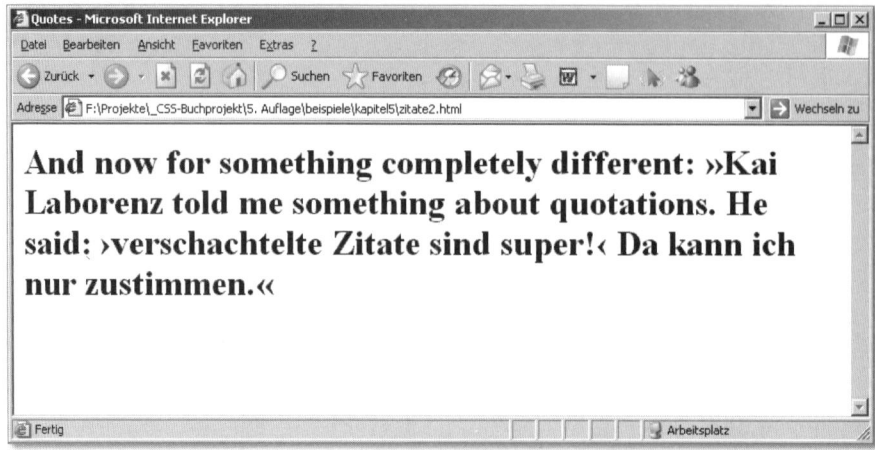

Abbildung 9.23 Mit Hilfe von JavaScript selbst im Internet Explorer 6 möglich: schöne Zitate

Gestalten von Zitatkästen mittels »blockquote«

Sicher haben Sie auch schon einmal die herausgehobenen Zitate auf manchen Websites gesehen, wie jenes in Abbildung 9.24.

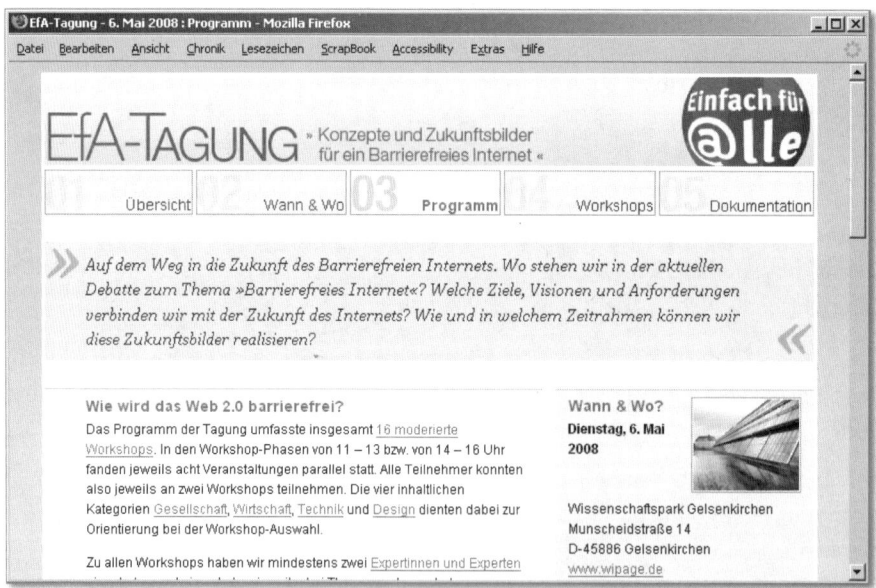

Abbildung 9.24 Zitatkasten auf der Tagungsseite von »Einfach für alle«

Hier ist das Element `blockquote` in Verbindung mit ein wenig Grafik das Mittel der Wahl.

```
<blockquote><p>Zitate sind klasse. Sie bringen eine
    persönliche Note in eine trockene Materie ...</p>
    <cite>Kai Laborenz, Zitatfreund</cite>
</blockquote>
```

Außerdem habe ich die Grafik aus Abbildung 9.25 vorbereitet.

Abbildung 9.25   Zitatzeichen als Grafiken

Ich setze eine Hintergrundgrafik ein, um besonders auffällige Anführungszeichen zu schaffen. Da in der Regel nicht bekannt ist, wie viel Platz das Zitat benötigt, hänge ich die beiden Zitatzeichen an die jeweiligen Ecken (oben links und unten rechts). Aus Gründen der Leistungssteigerung verwende ich nur eine Grafik für beide Zeichen – das gibt weniger Anfragen an den Server. Dazu ordne ich das einleitende Zitatzeichen (das später links oben erscheinen soll) rechts an, und das später rechts platzierte Zeichen kommt nach links. So kann ich die Grafik als Hintergrundgrafik einbinden, und das jeweils nicht benötigte Zeichen liegt außerhalb des Elements und wird nicht angezeigt.

Mit `blockquote`, `p` und `cite` haben Sie mehr als genügend Elemente, um Hintergründe anzufügen.

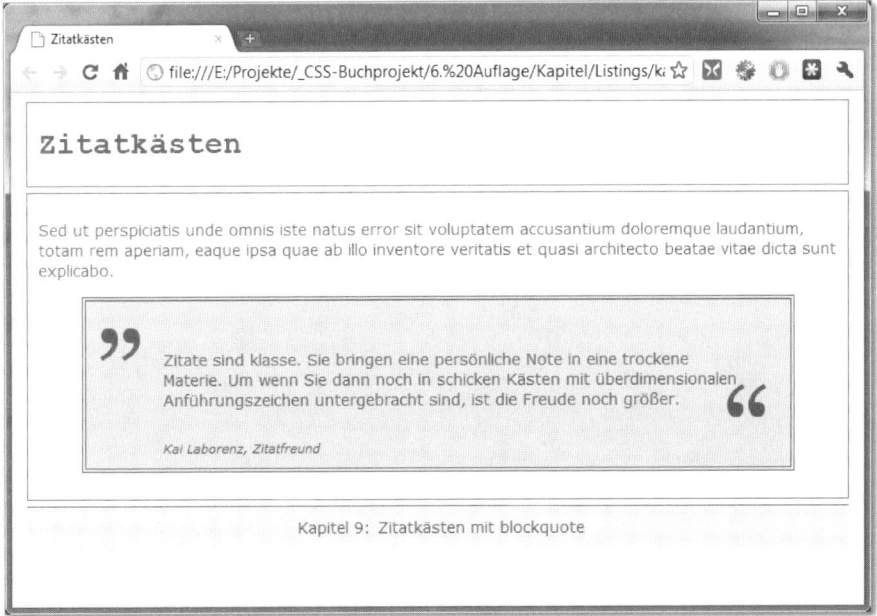

Abbildung 9.26   So sieht das Ganze aus.

Und hier kommt der Quellcode:

```
1:   <!DOCTYPE html>
2:   <html>
3:   <head>
4:   <meta http-equiv="Content-Type" content="text/html;
       charset=utf-8">
5:   <title>Zitatkästen</title>
6:   <link href="basis.css" rel="stylesheet" media="all"
       type="text/css">
7:   <style>
8:   <!--
9:   blockquote {
10:    padding: 30px 20px 0.6em 70px;
11:    background: #e0e0e0 url(../assets/quotemarks_start.gif)
         no-repeat 10px 20px;
12:    border: 4px double #666;
13:  }
```

Das Element `blockquote` selbst verwende ich, um die erste Grafik zu positionieren

```
14:  blockquote p {
15:    padding: 0 30px 10px 0;
16:    background: url(../assets/quotemarks_end.gif) no-repeat
         bottom right;
17:  }
```

Den darin befindlichen Absatz nutze ich für das schließende Zeichen.

```
18:  cite {
19:    font-size: 0.8em;
20:    color: #666;
21:  }
22:  -->
23:  </style>
24:  </head>
25:  <body>
26:  <div id="header">
27:  <h1>Zitatkästen</h1>
28:  </div>
29:  <div id="main">
30:    ...
31:    <blockquote>
32:    <p>Zitate sind klasse. Sie bringen eine persönliche
         Note in eine trockene Materie. Und wenn sie dann noch in
         schicken Kästen mit überdimensionalen Anführungszeichen
         untergebracht sind, ist die Freude noch größer.</p>
```

```
33:    <cite>Kai Laborenz, Zitatfreund</cite> </blockquote>
34:   </div>
35:   <div id="footer"> Kapitel 9 : Zitatkästen mit blockquote </div>
36:  </body>
37: </html>
```
Listing 9.10 Dekorative Zitate

Im obigen Beispiel habe ich die beiden Elemente `<blockquote>` und `<p>` verwendet, um die beiden Zitatzeichen als Grafiken einzubinden. Wenn einmal nur ein Element zur Verfügung steht, können Sie sich mit einem Trick behelfen: Über `blockquote:first-letter` haben Sie ein zusätzliches Element am Anfang der Zeile, um CSS-Stile zuzuweisen. Die Angabe `:first-letter` wird von allen Browsern ab dem Internet Explorer 6 verstanden.

Textauszüge (»pull quotes«)

In gedruckten Magazinen sind Textauszüge ein beliebtes Mittel, um lange Texte aufzulockern. Dabei wird ein besonders markanter Satz (meist ein Zitat) herausgezogen und in einem Kasten gesondert präsentiert. Zum Teil wird das Zitat dann im Fließtext weggelassen, zum Teil aber auch einfach wiederholt.

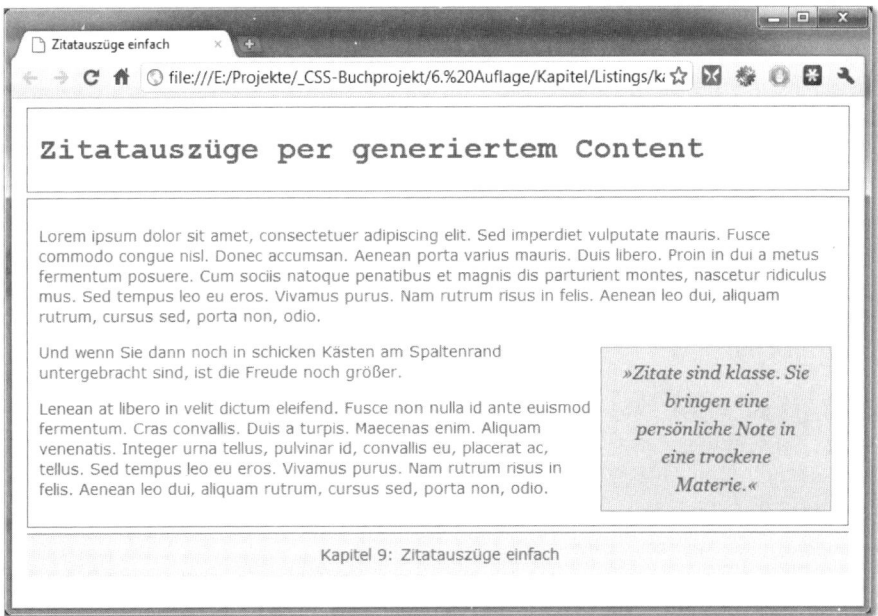

Abbildung 9.27 Ein Textauszug als Kasten

Ein einfacher Kasten ist sehr schnell umgesetzt:

```
1:  <!DOCTYPE html>
2:  <html lang="de">
3:  <head>
4:  <title>Pull-Quotes</title>
5:  <style type="text/css">
6:  <!--
7:  p {
8:    margin: 0.6em 0;
9:    padding: 0;
10:   font-size: 76%;
11: }
12: q.pull {
13:   width: 170px;
14:   margin: 0.3em;
15:   padding: 0.6em 1em;
16:   float: right;
17:   font-family: Georgia, serif;
18:   line-height: 1.5;
19:   font-size: 1.2em;
20:   text-align: justify;
21:   font-style: italic;
22:   background: #e0e0e0;
23:   border: 1px solid #aaa;
24: }
25: -->
26: </style>
27: </head>
28: <body>
29:    <p>Lorem ipsum dolor sit amet, consectetuer adipiscing
       elit...</p>
30:    <p><q class="pull" cite="Kai Laborenz">Zitate sind
       klasse. Sie bringen eine persönliche Note in eine
       trockene Materie.</q> Und wenn sie dann noch in schicken
       Kästen am Spaltenrand untergebracht sind, ist die
       Freude noch größer. </p>
31: </body>
32: </html>
```

Listing 9.11 Zitat als Textauszug

In diesem Beispiel wird das durch die Klasse `.pull` markierte Zitat aus dem Textfluss gelöst und mittels `float` an den rechten Rand geschoben (rein visuell natürlich ...). Es bleibt – für Screenreader oder abgeschaltete Stylesheets – im Quellcode an seiner Stelle und wird ganz normal mitgelesen.

Eleganter wäre es, wenn die Textpassagen auch zusätzlich am Rand anzeigt werden könnten, ohne den Text doppelt zu haben. Das ist mit Einschränkungen mittels generierten Inhalts möglich. So würde

```
.pull:before {
   float: right;
   content:"\201C" attr(title) "\201D";
}
```

den `title` des Zitats

```
<q><i class="pull" title="Zitate sind klasse">Zitate
sind klasse.</i></q>
```

lesen und als Kasten am Spaltenrand darstellen. Somit wäre das Zitat im eigentlichen Text nur einmal zu finden.

```
1:   <!DOCTYPE html>
2:   <html lang="de">
3:   <head>
4:   <meta http-equiv="Content-Type" content="text/html;
     charset=utf-8">
5:   <title>Zitatauszüge per generiertem Content</title>
6:   <link href="basis.css" rel="stylesheet" media="all"
     type="text/css">
7:   <style>
8:   <!--
9:   q:lang(de):before { content: "\00BB"; }
10:  q:lang(de):after { content: "\00AB"; }
11:  .pull:before {
12:     width: 180px;
13:     margin: 0.3em;
14:     padding: 0.6em 1em;
15:     display: block;
16:     float: right;
17:     content:"\201C" attr(title) "\201D" " (" attr(cite) ")";
18:     font-family: Georgia, serif;
19:     font-size: 1.2em;
20:     text-align: center;
21:     background: #e0e0e0;
22:     line-height: 1.5;
23:     font-size: 1.2em;
24:     font-style: italic;
25:     border: 1px solid #aaa;
26:  }
27:  -->
28:  </style>
29:  </head>
```

```
30: <body>
31: <div id="header">
32:     <h1>Zitatauszüge per generiertem Content</h1>
33: </div>
34: <div id="main">
35:     <p>Lorem ipsum dolor sit amet, consectetuer adipiscing
36:     mauris. Fusce commodo congue nisl. Donec accumsan.
37:     Duis libero. Proin in dui a metus fermentum posuere. Cum
38:     et magnis dis parturient montes, nascetur ridiculus mus.
39:     leo eu eros. Vivamus purus. Nam rutrum risus in felis.
40:     rutrum, cursus sed, porta non, odio.</p>
41:     <p>Kai Laborenz sagte: <q><i class="pull" title="Zitate sind
        klasse. Sie bringen eine persönliche Note in eine trockene
        Materie." cite="Kai Laborenz">Zitate sind klasse. Sie bringen
        eine persönliche Note in eine trockene Materie.</i></q>
        Und wenn sie dann noch in schicken Kästen am Spaltenrand
        untergebracht sind, ist die Freude noch größer.</p>
42:     ...
43: </div>
44: <div id="footer"> Kapitel 9 : Zitatauszüge per generiertem
    Content </div>
45: </body>
46: </html>
```

Listing 9.12 Zitatauszug per generiertem Content inklusive Urheberauszeichnung

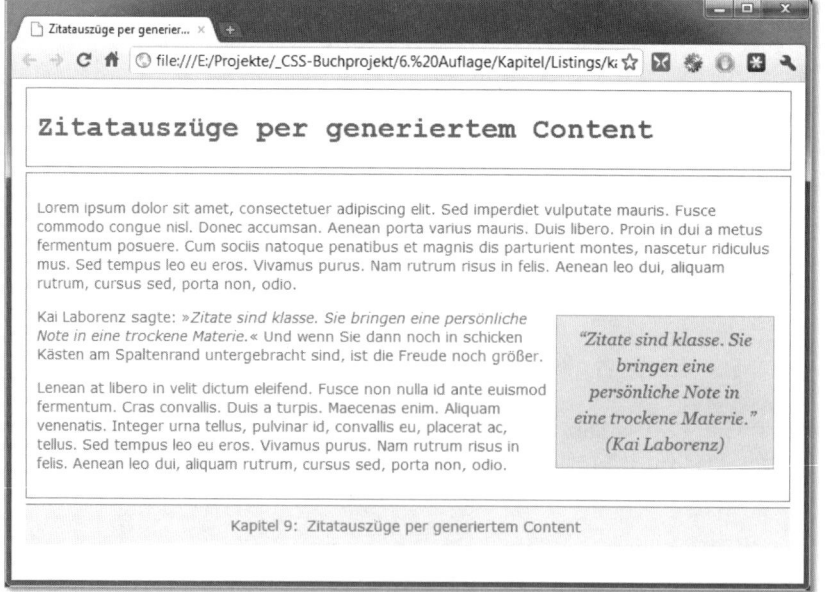

Abbildung 9.28 Gedoppelte Zitate per generiertem Content

Der Internet Explorer unterstützt erst ab Version 8 die Verwendung von `content`. Da der gedoppelte Pull-Quote-Auszug aber nur ein Zusatz ist (der Originaltext ist ja noch da), können Sie diese Funktion bedenkenlos einsetzen.

> **Exkurs: Progressive Enhancement**
>
> Die Technik, modernen Browsern eine erweiterte, benutzerfreundliche, schönere Version einer Seite zur Verfügung zu stellen, ohne sie damit für ältere Browser unlesbar zu machen, nennt man *Progressive Enhancement* (»schrittweise Verbesserung«). Im Gegensatz zur Technik *Graceful Degradation* (»anmutige Verschlechterung«) ist damit gemeint, dass zuerst eine einfache Version der Inhalte erstellt wird und dann die Inhalte für leistungsfähigere Browser verbessert werden. Graceful Degradation hingegen bezeichnet die Strategie, zuerst die leistungsfähigere Variante zu erstellen und danach eine Notversion für alte Browser zu bauen. Letztlich sieht das Ergebnis vermutlich ähnlich aus, unterschiedlich ist die Philosophie der Herangehensweise. Bei Progressive Enhancement ist die einfache Version zu erst da (und kann daher auch nicht vergessen werden).
>
> Der beiden Techniken zugrundeliegende wichtige Gedanke ist, dass eine Website nicht in allen Browsern gleich aussehen muss. So wie auch ein Spielfilm völlig anders aussieht, je nachdem, ob er auf einer großen Leinwand im Kino mit Mehrkanaltonsystem oder auf einem kleinen Bildschirm zu Hause mit Mono-Ton gesehen wird.

Quellenverwaltung per CSS

Mittels generiertem Content lassen sich auch sehr elegant Quellenverweise in die Zitate einbauen. Bei diesem Text

```
<q cite="CSS-Praxis, 6. Auflage"><i>Zitate sind klasse</i></q>
```

können Sie sehr einfach die Quelle ergänzen, indem Sie folgendes CSS verwenden:

```
q:after {
    margin-left: 0.4em;
    padding: 2px 3px;
    content:"(Quelle: " attr(cite) ")";
    font-size: 0.8em;
    background: #e0e0e0;
}
```

Leider hat die Arbeit mit generiertem Content im Zusammenhang mit `<q>` einen Nachteil: Da die Anführungszeichen für Zitate auch per generiertem Content erzeugt werden, kommen sich die Anweisungen in die Quere. Abhilfe schafft ein zusätzliches Element (hier `<i>`).

Sie können natürlich die Quellenangaben auch dynamisch per :hover anzeigen lassen. Komplett sieht das dann so aus:

```
1:   <!DOCTYPE html>
2:   <html lang="de">
3:   <head>
4:   <meta http-equiv="Content-Type" content="text/html;
     charset=utf-8">
5:   <title>Zitatkennzeichnung per CSS</title>
6:   <link href="basis.css" rel="stylesheet" media="all"
     type="text/css">
7:   <style>
8:   <!--
9:   q:lang(de):before { content: "\00BB"; }
10:  q:lang(de):after { content: "\00AB"; }
11:
12:  q {position: relative;}
13:
14:  q:hover:before {
15:    position: absolute;
16:    top: -35px;
17:    width: 200px;
18:    padding: 5px;
19:    content:"(Quelle: " attr(cite) ")";
20:    font-size: 0.8em;
21:    background: #efefef;
22:    border: 1px solid gray;
23:  }
24:  q:lang(de) i:hover:before { content: "\00BB"; }
25:  -->
26:  </style>
27:  </head>
28:  <body>
29:  <div id="header">
30:  <h1>Zitatkennzeichnung per CSS</h1>
31:     </div>
32:  <div id="main">
33:  <p>Kai Laborenz sagte: <q cite="CSS-Praxis,
     6.Auflage"><i>Zitate sind klasse. Sie bringen eine
     persönliche Note in eine trockene Materie.</i></q> Und
     wenn sie dann noch in schicken Kästen am Spaltenrand
     untergebracht sind, ist die Freude noch größer.</p>
34:  ...
35:  </div>
36:  <div id="footer"> Kapitel 9 : Zitatkennzeichnung per CSS
```

```
              (generierter Content) </div>
37:     </body>
38:     </html>
```
Listing 9.13 Quellenangabe per CSS angezeigt

9.2 CSS-Menüs mit Listen

Ich habe in Abschnitt 2.3, »Code follows Content«, bereits angesprochen, dass Navigationsmenüs am besten als Listen in HTML umgesetzt werden. Inzwischen hat sich bei den meisten Webentwicklern die Erkenntnis durchgesetzt, dass dies nicht nur die semantisch passendste Variante ist, sondern auch recht praktisch.

Einerseits ist es gut, wenn sie in allen Projekten dasselbe Markup für die Navigation verwenden – so geht die HTML-Umsetzung quasi ohne Nachdenken vonstatten, und Sie können Teile des CSS-Codes immer wieder nutzen. Eine Liste bietet auch ausreichend Elemente, um für alle denkbaren Szenarien passende Styles unterzubringen.

Reine HTML-Listen sehen eher langweilig aus. CSS bietet Ihnen jedoch die Möglichkeit, Listen optisch aufzuwerten und ganz nach Ihren Vorstellungen zu gestalten.

Der HTML-Code einer solchen Liste ist einfach:

```
<ul>
    <li><a href="..">Link 1</a></li>
    <li><a href="..">Link 2</a></li>
    <li><a href="..">Link 3</a></li>
</ul>
```

oder:

```
<ol>
    <li><a href="..">Link 1</a></li>
    <li><a href="..">Link 2</a></li>
    <li><a href="..">Link 3</a></li>
</ol>
```

Sie sollten sich auch für Hilfsklassen und Varianten einen festen Code überlegen – aus Gründen der Wiederverwertbarkeit.

So ist es oft sinnvoll, den aktuellen Bereich zu kennzeichnen, z. B. mit einer Klasse .akt. Sie könnten dann noch die aktuelle Seite (also die, auf der sich der Benutzer gerade befindet) mit .cur (für *current*) markieren. Diese Seite sollte dann im Menü auch nicht verlinkt sein (aus Gründen der Usability sollten keine

Links gesetzt werden, die »auf sich selbst« zeigen – das irritiert viel Nutzer). Wenn Sie das <a>-Element für die Gestaltung einsetzen, führt dies eventuell zu Problemen. Es fehlt Ihnen vielleicht ein Element, um Styleanweisungen anzubinden, oder das CSS wird recht kompliziert. Hier ist es legitim, sich ein Hilfselement zu gönnen, das an Stelle des <a>s tritt.

```
<ul id="nav">
   <li><a href="..">Link 1</a></li>
   <li class="cur"><span>Kein Link</span></li>
   <li><a href="..">Link 3</a></li>
</ul>
```

So können Sie im CSS sehr einfach die Anweisungen für <a> auch dem <span> zuweisen und halten Ihr CSS übersichtlich:

```
#nav a,
#nav .cur span {
   ...
}
```

Statt eines <span> verwende ich auch gern ein <b> – ebenfalls ein semantisch bedeutungsloses Element, aber etwas kürzer ...

9.2.1 Vertikale Menüs

Vertikale Menüs sind recht einfach mit Listen zu gestalten. Sie haben im Grunde schon die richtige Form. Für ein einfaches Textmenü müssen Sie nichts weiter ändern. Allerdings lassen sich Menüs per CSS erheblich aufwendiger gestalten, so dass die Verwendung des <li>-Tags nicht mehr zu erkennen ist.

Zunächst schalten Sie die normalen Aufzählungszeichen ab und neutralisieren die üblichen Abstände von HTML-Listen (sofern das nicht bereits global geschehen ist):

```
1:   ul {
2:      list-style-type: none;
3:      margin: 0;
4:      padding: 0;
5:   }
```

Dann setzen Sie ihre eigenen Abstände und eine Hintergrundgrafik für das Aufzählungszeichen ein. Hintergrundgrafiken sind eine sehr flexible Methode, die üblichen Aufzählungszeichen zu ersetzen. Sie haben nicht nur »die freie Auswahl« bei Form und Farbe der Zeichen, Sie können sie mit CSS völlig frei relativ zum Text positionieren. Es lassen sich damit Designs realisieren, die mit normalen Aufzählungszeichen nicht möglich sind.

```
 6:  li {
 7:    background-image: url(../assets/bullet.gif);
 8:    background-repeat: no-repeat;
 9:    background-position: 0 0.2em;
10:    padding-left: 2em;
11:  }
```

Listing 9.14 CSS-Liste als Menü

Sie können auch rechtsbündige Listen erstellen:

```
 1:  ul {
 2:    list-style-type: none;
 3:    margin: 0;
 4:    padding: 0;
 5:    text-align: right;
 6:  }
 7:  li {
 8:    background-image: url(../assets/bullet-r.gif);
 9:    background-repeat: no-repeat;
10:    background-position: 100% 0.2em;
11:    padding-right: 2em;
12:  }
```

Listing 9.15 Eine rechtsbündige CSS-Liste

Die `background`-Anweisungen lassen sich in der folgenden Kurzschreibweise zusammenfassen:

```
background: url(../assets/bullet-r.gif) no-repeat 100% 0.2em;
```

Als Nächstes sorgen Sie für ansprechende Rollover-Effekte (das können Sie natürlich auch bei anderen Gelegenheiten anwenden):

```
 1:  li a {
 2:    display: block;
 3:    color: black;
 4:    background-color : #f7941d;
 5:    width: 150px;
 6:    padding: 0.2em 0.6em;
 7:    text-decoration: none;
 8:  }
```

und

```
 9:  li a:hover {
10:    background-color: #faddba;
11:  }
```

Dies sieht doch fast schon wie ein grafisches Menü aus. Wenn Sie jetzt noch ein paar Rahmen definieren, ist das standardkonforme reine CSS-Menü nicht mehr von einem grafischen Menü mit Rollover-Effekten zu unterscheiden:

```
 1:  li a {
 2:    display: block;
 3:    color: black;
 4:    background-color: #FBAF5D;
 5:    width: 150px;
 6:    padding: 0.2em 0.6em;
 7:    text-decoration : none;
 8:    border: 1px solid #fff;
 9:    border-bottom: 1px solid #000;
10:    border-right: 1px solid #000;
11:  }
12:  li a:hover {
13:    background-color: #faddba;
14:    border: 1px solid #000;
15:    border-bottom: 1px solid #fff;
16:    border-right: 1px solid #fff;
17:  }
```

Statt einer Hintergrundfarbe lassen sich natürlich auch Hintergrundgrafiken einbinden:

```
background: #ACD373 url(../assets/menuebg_no.jpg)
no-repeat center left;
```

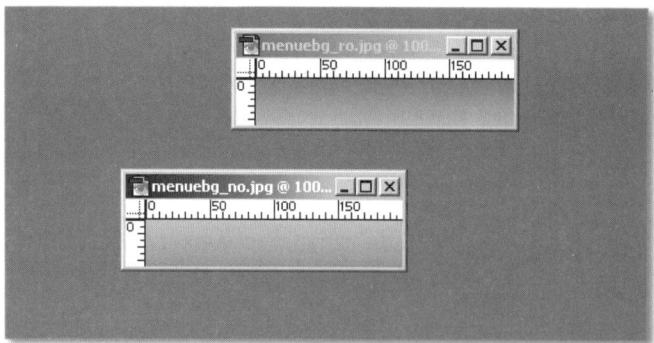

Abbildung 9.29 Zwei Hintergrundgrafiken für den normalen und den Rollover-Zustand

Blitzer vermeiden mit CSS-Sprites

Durch die Zeitverzögerung beim Nachladen der Rollover-Grafik kann es zu einem »Blitzer« kommen. Dies können Sie elegant verhindern, indem Sie beide Menüstadien in einer Grafik unterbringen. Diese Technik wird auch »CSS-

Sprites« genannt und eignet sich generell für Situationen, in denen grafische Elemente nachgeladen beziehungsweise zuerst versteckt und später angezeigt werden sollen. In Abschnitt 9.7.2 schreibe ich mehr zu diesem Thema.

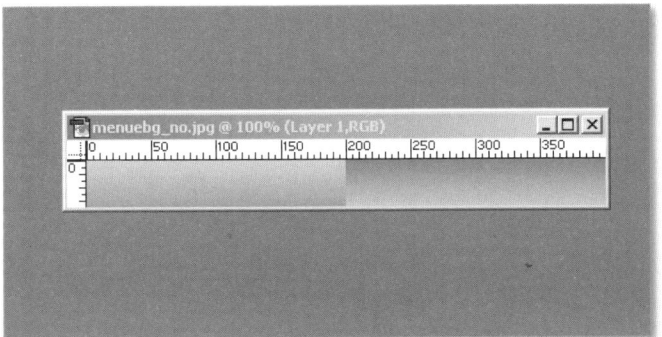

Abbildung 9.30 Beide Stadien in einer Grafik

Im Stylesheet notieren Sie dann:

```
li a {
   background: #ACD373 url(../assets/menuebg_beide.jpg)
   no-repeat center left;
}
```

und

```
li a:hover {
   background: #ACD373 url(../assets/menuebg_beide.jpg)
   no-repeat center right;
}
```

Das lässt sich auch in anderen Situationen anwenden – denken Sie beispielsweise an die Kennzeichnung bereits besuchter Seiten:

```
li a {
   background: #ACD373 url(../assets/menuebg_visited.jpg)
   no-repeat center left;
}
```

und

```
li a:hover {
   background: #ACD373 url(../assets/menuebg_visited.jpg)
   no-repeat center right;
}
```

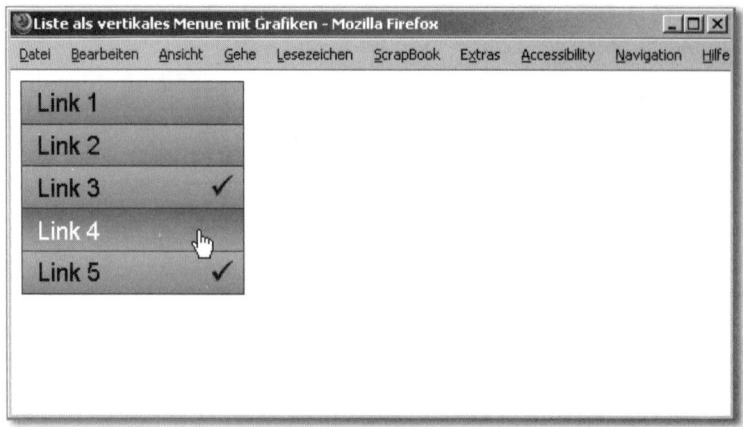

Abbildung 9.31 Ein Menü, das automatisch die bereits besuchten Seiten markiert

```
 1: <!DOCTYPE html>
 2: <html>
 3: <head>
 4: <meta http-equiv="Content-Type" content="text/html;
    charset=utf-8">
 5: <title>Besuchte Links durch Hintergrundänderungen
    markieren</title>
 6: <link href="basis.css" rel="stylesheet" media="all"
    type="text/css">
 7: <style>
 8: <!--
 9: #mainnav {
10:   width: 10em;
11:   margin: 5px;
12:   padding: 0.5em;
13:   float: left;
14: }
15: #main {
16:   margin: 10px 0.5em;
17:   padding: 0.5em;
18:   margin-left: 12em;
19: }
20: ul {
21:   list-style-type : none;
22:   margin : 0;
23:   padding : 0;
24:   border-bottom : 1px solid #375416;
25: }
26: li a {
```

```
27:    display : block;
28:    color : black;
29:    background : #ACD373 url(../assets/menuebg_beide.jpg)
         no-repeat center left;
30:    padding : 0.4em 0.6em;
31:    text-decoration : none;
32:    border : 1px solid #375416;
33:    border-bottom : none;
34: }
35: li a:visited {
36:    background: #ACD373 url(../assets/menuebg_visited.jpg)
         no-repeat center right;
37: }
38: li a:hover {
39:    background : #ACD373 url(../assets/menuebg_beide.jpg)
         no-repeat center right;
40:    text-decoration: underline;
41:    color: #fff;
42: }
43: -->
44: </style>
45: </head>
46: <body>
47: <div id="header">
48: <h1>Merkfähiges Menü</h1>
49: </div>
50: <div id="mainnav">
51: <ul>
52:    <li><a href="http://www.css-praxis.de">Seite 1
         </a></li>
53:    <li><a href="#">Seite 2</a></li>
54:    <li><a href="#">Seite 3</a></li>
55: </ul>
56: </div>
57: <div id="main">
58:  <p>Sed ut perspiciatis unde omnis iste natus ... </p>
59: </div>
60: <div id="footer"> Fußzeile </div>
61: </body>
62: </html>
```

Listing 9.16 Semantisches Menü als Liste mit Hintergrundfarben, das die besuchten Links markiert

Leider scheint diese nette Möglichkeit in Zukunft versperrt, da bereits Chrome und Safari keine Änderung der Hintergrundgrafiken per :visited mehr erlauben. Auch das Firefox-Team hat in der Version 5 aus Sicherheitsgründen die Eigenschaften stark eingeschränkt, die bei :visited geändert werden. Es besteht wohl die Möglichkeit, aus der Änderung Rückschlüsse auf bereits besuchte Seiten zu ziehen und damit die Privatsphäre des Besuchers zu beeinträchtigen (siehe auch *http://dbaron.org/mozilla/visited-privacy* – Linkcode: 0630). Ob eine Ausweichlösung, die auf JavaScript setzt, nun sicherer ist, bleibt abzuwarten ...

Sie können die einzelnen Listenelemente auch mit IDs markieren und so mit individuellen Hintergründen versehen. Das ist in zwei Situationen hilfreich:

1. Um für ein Menü eine zusammenhängende Hintergrundgrafik zu verwenden. Dazu muss jedes Listenobjekt einzeln angesprochen werden können.
2. um die gerade ausgewählte Seite im Menü besonders zu markieren

Anzeige der aktuellen Seite im Menü

Eine Variante ist das Kennzeichnen der aktuellen Seite im Menü. Dazu nehmen Sie sich das Beispiel mit den Buttons noch einmal vor:

```
1:  li a {
2:      display: block;
3:      color: black;
4:      background: #ACD373 url(../assets/menuebg_beide.jpg)
5:          no-repeat center left;
6:      padding: 0.4em 0.6em;
7:      text-decoration: none;
8:      border: 1px solid #375416;
9:      border-bottom: none;
10: }
11: li a:hover {
12:     background : #ACD373 url(../assets/menuebg_beide.jpg)
13:         no-repeat center right;
14:     color: #fff;
15: }
```

Hinzu kommt nun noch eine Klassendeklaration:

```
16: li.akt a {
17:     background: #lightgray;
18:     color: gray;
19:     text-decoration: none;
20: }
```

Listing 9.17 Aktuelle Seite markieren – per CSS

Nun müssen Sie nur noch auf der jeweils aktuellen Seite den entsprechenden Eintrag (genauer das `<li>`) mit der Klasse `.akt` versehen. Wenn es sich um ein Menü mit nur einer Ebene handelt, also der Menüpunkt nur auf eine einzige Seite verweist, sollte diese dann nicht verlinkt werden.

Sie können es auch anders machen: Wenn Sie jeder Seite (oder jeder Sektion) eine eigene ID zuweisen, wie auch in Abschnitt 4.1.3, »Kombinierte Selektoren«, beschrieben, können Sie den aktuellen Menüpunkt über kombinierte Selektoren ansprechen.

Wenn Sie drei Seiten mit den folgenden `body`-IDs haben

```
<body id="start">
<body id="inhalt">
<body id="kontakt">
```

und ein solches Menü:

```
<ul>
   <li class="a1"><a href="#"> Link 1</a></li>
   <li class="a2"><a href="#"> Link 2</a></li>
   <li class="a3"><a href="#">Link 3</a></li>
</ul>
```

können Sie mit einer einzigen Anweisung

```
#start .a1 a, #inhalt .a2 a, #kontakt .a3 a {
   font-weight: bold;
}
```

dafür sorgen, dass auf der aktuellen Seite der passende Menüpunkt fett gesetzt wird. Das lässt sich natürlich auf alle Bereiche einer Webseite anwenden.

Verschachtelte Menüs als Listen

Mit der Listenfunktion lassen sich auch Menüs mit mehreren Ebenen semantisch korrekt darstellen: nämlich als verschachtelte Listen.

```
1:  <ul>
2:     <li><a href="..">Link 1</a></li>
3:     <li><a href="..">Link 2</a><br />
4:        <ul>
5:        <li><a href="..">Sublink A</a></li>
6:           <li><a href="..">Sublink B</a></li>
7:        </ul>
8:     </li>
```

```
 9: <li><a href="..">Link 3</a></li>
10: </ul>
```
Listing 9.18 Verschachtelte Liste

Die CSS-Definition sieht zunächst aus wie gehabt:
```
 1: ul {
 2:   list-style-type : none;
 3:   margin: 0;
 4:   padding: 0;
 5: }
 6: li {
 7:   background-image: url(bullet.gif);
 8:   background-repeat: no-repeat;
 9:   background-position: 0 0.2em;
10:   padding-left: 2em;
11: }
```
Listing 9.19 CSS für verschachtelte Listen

Kombinierte Selektoren für verschachtelte Listen

Es folgt eine weitere Definition für die zweite Ebene. Dazu nutzen Sie kombinierte Selektoren. So bedeutet li li »ein Listen-Element, das sich in einem anderen Listenelement befindet«. Dieses Spiel können Sie beliebig fortsetzen, um tiefer verschachtelte Menüs zu erzeugen.

```
12: li li {
13:   background-image: url(bullet.gif);
14:   background-repeat: no-repeat;
15:   background-position: 0 1.2em;
16:   padding-left: 3em;
17: }
```
Listing 9.20 Verschachtelte Listen als mehrstufige Menüs

9.2.2 CSS-Flyout-Menüs

Mit den beschriebenen Techniken lässt sich auch ein Flyout-Menü »CSS powered« (zumindest in standardkonformen Browsern) erzeugen.

Sie beginnen mit einer simplen verschachtelten Liste:
```
 1: <ul>
 2:   <li><a href="#">Link 1</a></li>
 3:   <li><a href="#" class="aktuell">Link 2</a></li>
 4:   <li><a href="#">Link 3</a>
```

```
 5:      <ul>
 6:          <li><a href="#">Link 3.1</a></li>
 7:          <li><a href="#">Link 3.2</a></li>
 8:      </ul></li>
 9:   <li><a href="#">Link 4</a></li>
10:   <li><a href="#">Link 5</a></li>
11: </ul>
```

Listing 9.21 HTML für Flyout-Menü

Diese Liste soll zu einem Menü werden, in dem wie in Abbildung 9.32 die zweite Ebene seitlich ausklappt.

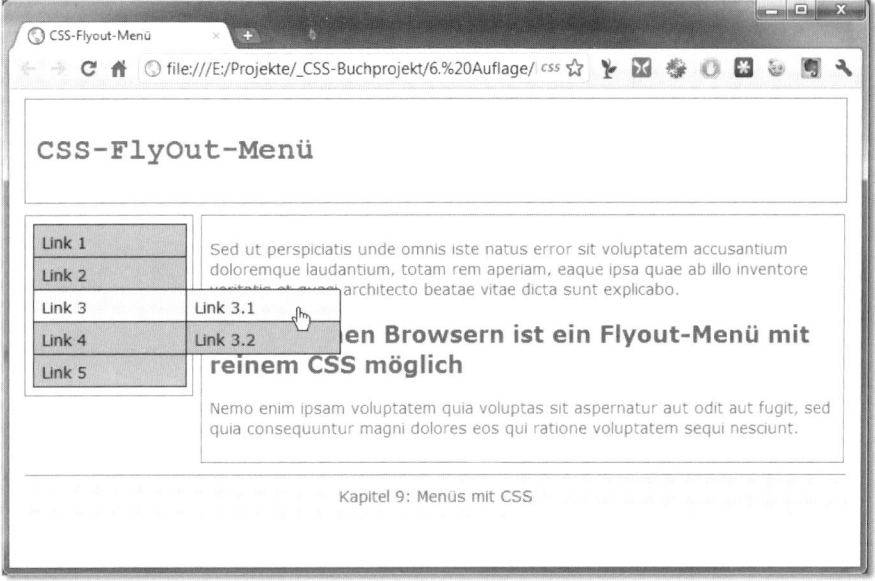

Abbildung 9.32 Pures CSS-Flyout-Menü

```
 1: <!DOCTYPE html>
 2: <html>
 3: <head>
 4: <meta http-equiv="Content-Type" content="text/html;
    charset=utf-8">
 5: <title>CSS-FlyOut-Menü</title>
 6: <link href="basis.css" rel="stylesheet" media="all"
    type="text/css">
 7: <style>
 8: <!--
 9: ul, li {
```

```
10:    margin: 0;
11:    padding: 0;
12:  }
13:  #mainnav {
14:    width: 10em;
15:    margin: 5px;
16:    padding: 0.5em;
17:    float: left;
18:  }
19:  #main {
20:    margin: 10px 0.5em;
21:    padding: 0.5em;
22:    margin-left: 12em;
23:  }
24:  ul {
25:    list-style-type: none;
26:    width: 10em;
27:    border: 1px solid #000;
28:    border-bottom: none;
29:  }
30:  li {
31:    display: block;
32:    background-color: #FBAF5D;
33:    border-bottom: 1px solid #000;
34:  }
35:  li a {
36:    width: 10em;
37:    height: 1em;
38:    display: block;
39:    color: black;
40:    padding: 0.5em;
41:    text-decoration: none;
42:  }
43:  li:hover {
44:    background-color: #faeedc;
45:  }
```

Bis hier definiere ich die erste Ebene des Menüs, analog zu den Beispielen der vorgehenden Seiten. Ich muss eine explizite Zeilenhöhe angeben, damit ich später die nächste Ebene positionieren kann.

```
46:  li ul {
47:    position: absolute;
48:    width: 10em;
49:    left: -999em;
50:  }
```

Jetzt kommt die zweite Ebene, die ich mit `left: -999em` nach links aus dem Bild verschwinden lasse. Den gleichen Effekt könnten Sie auch mit `display: none` erreichen. Dies führt aber in Screenreadern zu Problemen, da sie den solcherart verborgenen Bereich nicht mehr vorlesen.

```
51:  li:hover ul {
52:    left: auto;
53:    margin-left: 10em;
54:    margin-top: -2em;
55:  }
```

Mit dieser Anweisung hole ich das Menü der zweiten Ebene wieder hervor, sobald der jeweilige Punkt der ersten Ebene mit der Maus angewählt wird. Für den Internet Explorer 7 muss ich später noch die mysteriöse Eigenschaft *hasLayout* aktivieren (mehr dazu in Abschnitt 10.2.1, »hasLayout«).

```
57:  li:hover ul li:first-child {
58:    margin-top: -2px;
59:    border-top: 1px solid #000;
60:  }
```

Um die zweite Ebene passend auszurichten, muss ich sie noch etwas nach oben rücken.

```
61:  /* erforderlich, um hasLayout bei IE7 zu erzeugen */
62:  li li {
63:    overflow: hidden;
64:  }
65:  -->
66:  </style>
67:  </head>
68:  <body>
69:  <div id="header">
70:  <h1>CSS-FlyOut-Menü</h1>
71:  </div>
72:  <div id="mainnav">
73:  <ul>
74:  <li><a href="#">Link 1</a></li>
75:  <li><a href="#" class="aktuell">Link 2</a></li>
76:  <li><a href="#">Link 3</a>
77:    <ul>
78:      <li><a href="#">Link 3.1</a></li>
79:      <li><a href="#">Link 3.2</a></li>
80:    </ul>
81:  </li>
82:  <li><a href="#">Link 4</a></li>
```

```
83:    <li><a href="#">Link 5</a></li>
84:    </ul>
85:    </div>
86:    <div id="main">
87:    <p>Sed ut perspiciatis unde omnis iste natus error sit
          voluptatem doloremque laudantium, ... </p> </div>
88:    <div id="footer"> Kapitel 8 : Menüs mit CSS </div>
89:    </body>
90:    </html>
```
Listing 9.22 Ein komplettes Flyout-Menü per CSS

Diese Lösung funktioniert mit allen Gecko-Browsern (Mozilla, Firefox), Opera, Chrome, Safari und dem Internet Explorer ab Version 7.

Da der Internet Explorer 6 :hover nur für Links (<a>) versteht, kann er mit dieser Art Menü nichts anfangen. Hier hilft nur JavaScript weiter.

9.2.3 Horizontale Menüs

Sie können allerdings mit Listen noch mehr erreichen: Auch horizontale Menüs sind dann kein Problem. Der Trick besteht darin, die eigentlich untereinander positionierten <li>-Elemente nebeneinanderzusetzen – in der Regel mittels der Eigenschaft float.

Die Ausgangsbasis ist wie bei den vorherigen Beispielen die ungeordnete Liste:

[zB]
```
1:     <!DOCTYPE html>
2:     <html>
3:     <head>
4:     <meta http-equiv="Content-Type" content="text/html;
          charset=utf-8">
5:     <title>Horizontales Menü</title>
6:     <link href="basis.css" rel="stylesheet" media="all"
          type="text/css">
7:     <style>
8:     <!--
9:     ul {
10:      list-style-type : none;
11:      margin: 0;
12:      padding: 0;
13:      overflow: auto;
14:    }
15:    li {
16:      width: 100px;
```

```
17:    margin: 5px;
18:    float: left;
19:    text-align: center;
20:  }
```

Hier werden mit `float` die normalerweise untereinanderstehenden Elemente nebeneinander angeordnet. Zusätzlich ist es notwendig, für das umgebende Element (`<ul>`) das Floaten wieder aufzuheben – das mache ich mit dem `overflow: auto` (mehr dazu in Abschnitt 7.2.2, »›clear‹ ohne zusätzliches Markup«).

```
21:  li a {
22:    text-decoration: none;
23:    color: black;
24:    display: block;
25:    width: 100%;
26:    background-color: #dedede;
27:    padding: 2px 0;
28:    border: 1px solid #000;
29:  }
```

Nun wende ich mich den Links selbst zu. `display: block` ist hier notwendig, damit sich die Links (normalerweise eingebundene Elemente) auf die gesamte Fläche der `<li>`-Elemente ausdehnen lassen (mit `width: 100%` für den Internet Explorer 6) und somit der ganze »Button« anklickbar ist.

```
30:  li a:hover {
31:    background-color : #efefef;
32:  }
33: -->
34: </style>
35: </head>
36: <body>
37: <div id="header">
38: <h1>Horizontales Menü</h1>
39: </div>
40: <div id="mainnav">
41: <ul>
42:   <li><a href="..">Link 1</a></li>
43:   <li><a href="..">Link 2</a></li>
44:   <li><a href="..">Link 3</a></li>
45: </ul>
46: </div>
47: <div id="main">
48:    <p>Sed ut perspiciatis unde omnis iste natus ... </p>
49: </div>
```

```
50: <div id="footer"> Fußzeile </div>
51: </body>
52: </html>
```
Listing 9.23 Horizontales CSS-Menü mit Liste

[»] Eine zweite Methode besteht darin, die ursprünglich als Block-Elemente geltenden Elemente <ul> und <li> als eingebundene Elemente umzudefinieren. Dann fließen sie eigenständig nebeneinander. Auf der Website »Listamatic« ist dieser Weg beschrieben: *http://www.maxdesign.com.au/presentation/listutorial/horizontal_introduction.htm* (Linkcode 0059). Dort sind auch viele weitere Ressourcen zu CSS-Listen zusammengetragen – ein Besuch lohnt schon wegen *List-O-Matic*.

List-O-Matic ist ein Onlinegenerator: Sie können sich dort eigene CSS-Menüs aus Listen erstellen lassen. Sie müssen lediglich Ihre Menütexte eingeben und können anschließend aus zehn verschiedenen Designs wählen. Einfacher geht es nicht mehr! Die fertigen CSS-Codes lassen sich natürlich nach Ihren eigenen Vorstellungen weiter anpassen und verändern. List-O-Matic finden Sie unter: *http://www.accessify.com/tools-and-wizards/list-o-matic/list-o-matic.asp* (Linkcode 0060).

Auch »Listamatic« befasst sich mit Listen. Hier finden Sie eine Vielzahl von CSS-gesteuerten Listen, die Sie nach Belieben einsetzen und anpassen können. Die einzelnen Beispiele sind ausführlich erläutert (in englischer Sprache): *http://css.maxdesign.com.au/listamatic/* (Linkcode 0061) und *http://css.maxdesign.com.au/listamatic2/* (Linkcode 0062).

Flexible Menüs im »Aktenreiter«-Stil

Spätestens mit dem Siegeszug von Amazon wurden sie als Navigationsmittel eingeführt: die sogenannten Aktenreiter. Damit sind horizontal angeordnete Buttons (meist mit zumindest angedeuteter 3D-Anmutung) gemeint, bei denen der aktuelle Reiter in der Farbe des darunter befindlichen Bereichs gehalten ist (siehe Abbildung 9.33).

Auch wenn Amazon selbst inzwischen keine Reiternavigation dieser Art mehr verwendet, können Sie damit eine Navigation erstellen, die nicht nur gut aussieht, sondern auch vollständig skalierbar und damit barrierefrei ist! Grundlage hierfür ist natürlich wieder eine ungeordnete Liste.

Abbildung 9.33 Typische Reiternavigation

In modernen Browsern und mit Hilfe von CSS3 lassen sich mit reinen CSS-Bordmitteln hervorragende Reiter erstellen. Die dazu erforderlichen Eigenschaften heißen

- `border-radius` und
- `linear-gradient`

Tatsächlich ist die Unterstützung dieser Eigenschaften noch recht durchwachsen. In Kapitel 17, »CSS3«, gehe ich noch ausführlich auf die neuen Eigenschaften ein. Für den Moment soll es reichen, dass Sie mit

- `border-radius: 10px;`,
- `-webkit-border-radius: 10px;` und
- `-moz-border-radius: 10px;`

in Firefox, Safari, Chrome und im Internet Explorer ab Version 9 »runde Ecken« mit einem Radius von 10 Pixeln erzeugen können.

Beim Verlauf wird es schon schwieriger. Die vom W3C vorgeschlagene Syntax für einen einfachen linearen Verlauf in Grün sieht so aus:

```
background: linear-gradient(top, #567643 0%, #95BD66 100%);
```

Außer dem Google-Browser Chrome (ab Version 10) versteht das jedoch noch kein Browser. Firefox und Safari aber können mit eigenen Präfixen und zum Teil eigener Notation immerhin grundsätzlich schon Verläufe per CSS herstellen. Gesammelt sieht das dann so aus:

```
 1:   <!DOCTYPE html>
 2:   <html>
 3:   <head>
 4:   <meta http-equiv="Content-Type" content="text/html;
      charset=utf-8">
 5:   <title>Horizontales Menü mit CSS3</title>
 6:   <link href="basis.css" rel="stylesheet" media="all"
      type="text/css">
 7:   <style>
 8:   <!--
 9:   #mainnav {
10:     margin-bottom: 0;
11:     padding-bottom: 0;
12:     border: none;
13:     border-bottom: 1px solid #060;
14:   }
15:   #main {
16:     margin-top: 0;
17:     border-top: none;
18:   }
19:   ul {
20:     list-style-type: none;
21:     margin: 0;
22:     padding: 0;
23:     overflow: auto;
24:   }
25:   li a {
26:     float: left;
27:     color: black;
28:     font-weight: bold;
29:     border: 2px solid #506F40;
30:     border-bottom: none;
31:     -moz-border-radius: 10px 10px 0 0;
32:     -webkit-border-radius: 10px 10px 0 0;
33:     border-radius: 10px 10px 0 0;
34:     background: -moz-linear-gradient(top, #567643,
        #95BD66);
35:     background: -webkit-linear-gradient(top, #567643,
        #95BD66);
36:     background: -webkit-gradient(linear, left top, left
        bottom, from(#567643), to(#95BD66));
```

Diese zweite Schreibweise für WebKit bezieht sich auf ältere Safari-Browser (<5). Inzwischen hat sich Safari an die Firefox/W3C-Syntax angeglichen.

```
37:     background: linear-gradient(top, #567643, #95BD66);
38:     width: 200px;
39:     padding: 6px 0;
40:     text-align: center;
41:     text-decoration: none;
42:   }
43:   -->
44:   </style>
45: </head>
46: <body>
47: <div id="header">
48: <h1> Horizontales Menü mit CSS3 </h1>
49: </div>
50: <div id="mainnav">
51: <ul>
52:    <li><a href="#">Link 1</a></li>
53:    <li><a href="#">Link 2</a></li>
54:    <li><a href="#">Link 3</a></li>
55: </ul>
56: </div>
57: <div id="main">
58:    <p>Sed ut perspiciatis unde omnis ... </p>
59:    <p>Nemo enim ipsam voluptatem ... </p>
60: </div>
61: <div id="footer"> Kapitel 8: CSS-Menüs </div>
62: </body>
63: </html>
```

Listing 9.24 Reitermenü mit CSS3

Dies ergibt ein schönes Reitermenü (siehe Abbildung 9.34).

Leider funktioniert das Ganze nicht in aktuellen Versionen (7 und 8) des Internet Explorers; daher müssen Sie sich hier mit Grafiken behelfen, oder Sie verzichten bei den entsprechenden Browsern auf den Effekt. Alternativ lassen sich die Effekte auch per JavaScript nachrüsten – dies soll aber hier nicht Thema sein (in Abschnitt 14.7.2, »JavaScript zur Erweiterung der Browserfähigkeiten nutzen«, befasse ich mich damit, wie Sie mit JavaScript CSS-Lücken nachrüsten).

Oft ist es nicht bekannt, welche Texte später in den Reitern erscheinen, oder diese werden ohnehin dynamisch erzeugt. Daher müssen Sie flexibel bleiben und Reiter verwenden, die sich vorhandenen Inhalten anpassen können.

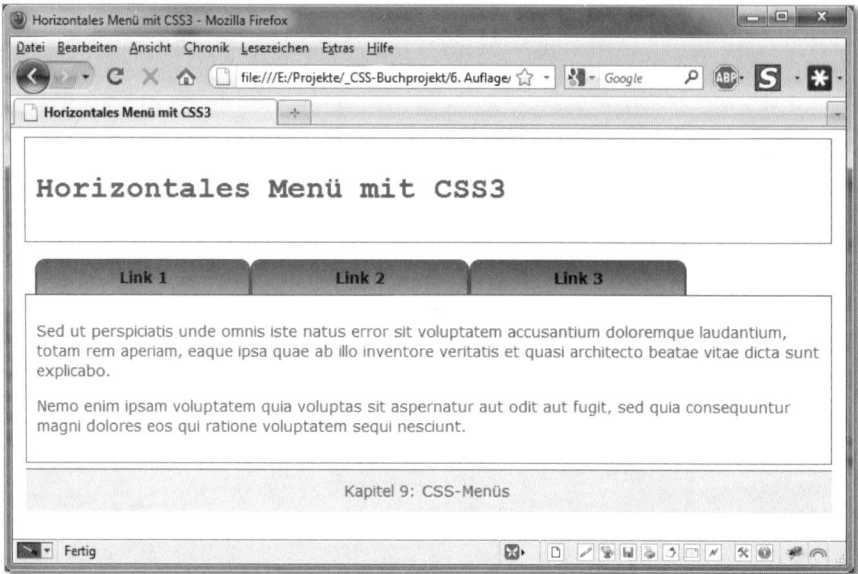

Abbildung 9.34 Reitermenü im Firefox

Die vertikale Flexibilität ist vergleichsweise einfach umzusetzen: Sie legen die Reitergrafiken einfach deutlich höher an als erforderlich. Wenn Sie die Grafiken als Hintergründe anlegen, wird der »überstehende« Teil nicht angezeigt.

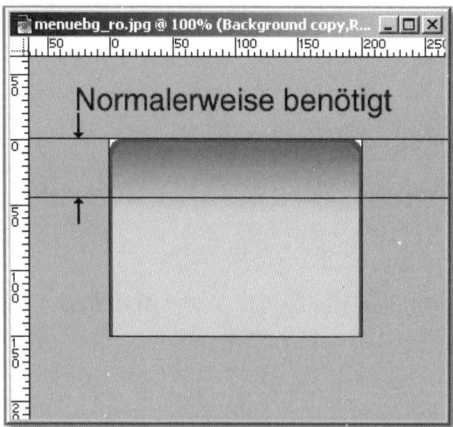

Abbildung 9.35 Die Grafik für den Reiter wird großzügig angelegt.

Mit diesem Code

```
1:    <!DOCTYPE html>
2:    <html>
```

```
 3:   <head>
 4:   <meta http-equiv="Content-Type" content="text/html;
      charset=utf-8">
 5:   <title>Horizontales Menü</title>
 6:   <link href="basis.css" rel="stylesheet" media="all"
      type="text/css">
 7:   <style>
 8:   <!--
 9:
10:   #mainnav {
11:     padding-bottom: 0;
12:     border: none;
13:     border-bottom: 2px solid #060;
14:   }
15:   ul {
16:     list-style-type: none;
17:     margin: 0;
18:     padding: 0;
19:     overflow: auto;
20:   }
21:   li a {
22:     float: left;
23:     color: black;
24:     font-weight: bold;
25:     background: url(../assets/menuereiter01.gif)
          no-repeat top left;
26:     width: 200px;
27:     padding: 6px 0;
28:     text-align: center;
29:     text-decoration: none;
30:   }
31:   -->
32:   </style>
33:   </head>
34:   <body>
35:   <div id="header">
36:   <h1>Horizontales Menü</h1>
37:   </div>
38:   <div id="mainnav">
39:   <ul>
40:     <li><a href="..">Link 1</a></li>
41:     <li><a href="..">Link 2</a></li>
42:     <li><a href="..">Link 3</a></li>
43:   </ul>
44:   </div>
```

```
45:   <div id="main">
46:      <p>Sed ut perspiciatis unde omnis ... </p>
47:   </div>
48:   <div id="footer"> Fußzeile </div>
49: </body>
50: </html>
```
Listing 9.25 Horizontale Reiter

sieht das Menü schon recht ansehnlich aus. Auch ist es vertikal skalierbar und funktioniert bei vergrößerten Schriften – zumindest solange keine Menübegriffe wie »Donaudampfschifffahrtsgesellschaft« auftauchen.

Das reicht aber nicht; Sie benötigen komplett skalierbare Reiter, deren Breite sich an der Länge der verwendeten Begriffe orientiert. Für diesen von Douglas Bowman erdachten Trick, der unter dem Namen »Sliding Doors« bekannt wurde, müssen Sie die Reiter zweiteilen und strecken.

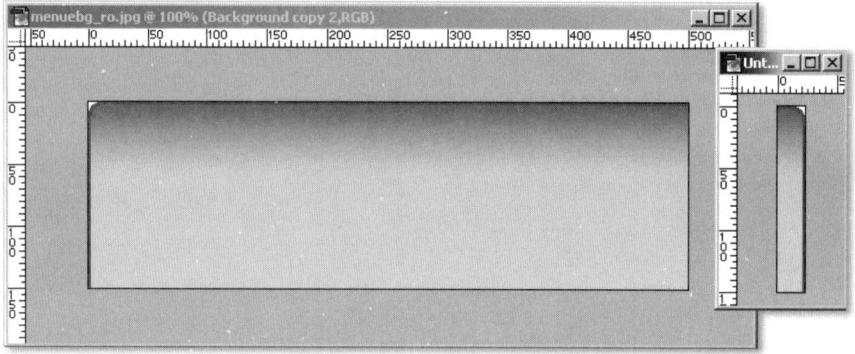

Abbildung 9.36 Arme Reiter: zweigeteilt und auf die Streckbank gespannt

Das CSS sieht nun so aus:

```
1:  li {
2:    float: left;
3:    background: url(../assets/menuereiter02_links.gif)
      no-repeat top left;
4:  }
5:  li a {
6:    float: left;
7:    color: black;
8:    font-weight: bold;
9:    background: url(../assets/menuereiter02_rechts.gif)
      no-repeat top right;
10:   padding: 0.2em 3em;
```

```
11:    text-align: center;
12:    text-decoration: none;
13: }
```
Listing 9.26 CSS für komplett flexible Menüs

Im Unterschied zur vorherigen Version wird jetzt auch das `<li>`-Element genutzt. Die linke längere Grafik wird ihm als Hintergrundelement zugewiesen. Der zweite abschließende Teil des Reiters ist der Hintergrund des innerhalb des Listenpunktes `<li>` liegenden Links. Da der Link (das `<a>`-Element) über dem `<li>`-Element liegt, verdeckt sein Hintergrund den rechten Rand der darunterliegenden Grafik. Wenn die Schrift vergrößert wird, schiebt sich der Reiter auseinander wie die Türen eines Aufzugs.

Damit richtet sich die Breite der Reiter nur noch nach dem Platz, den die Schrift benötigt. Einen seitlichen Abstand erreichen Sie über `padding` für das `<a>`-Element. Hier können (und sollten) Sie für den Innenabstand auch relative Werte (in em) notieren, damit die Gesamtproportionen stimmig bleiben.

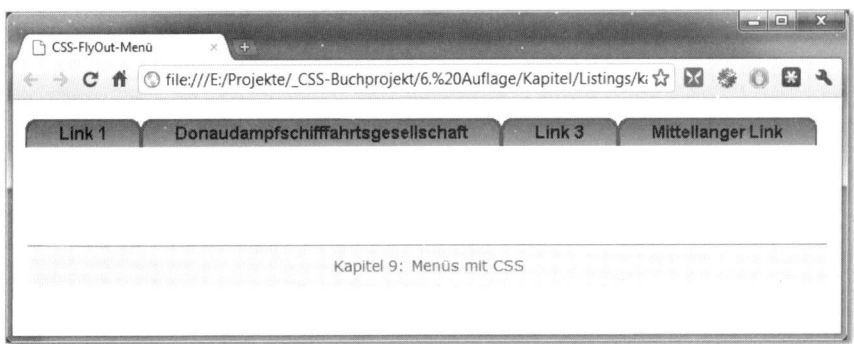

Abbildung 9.37 Ein flexibles horizontales Menü für alle Lebenslagen

Sie können die genannten Techniken natürlich auch kombinieren, indem Sie beispielsweise für das eben gezeigte flexible Menü die Rollover-Stadien mit in die Grafik packen (hier am besten untereinander), wie ich es in Abschnitt 9.7.2, »CSS-Sprites«, zeige.

9.2.4 Menüs mit durchgehendem Hintergrund

Die vorhin angesprochenen CSS-Sprites lassen sich auch dazu nutzen, Menülisten in Situationen zu verwenden, die auf den ersten Blick überhaupt nicht nach dem Einsatz von HTML-Listen aussehen. Sehen Sie sich einmal Abbildung 9.38 an, oder öffnen Sie die Beispieldatei */listings/kap09/menue_liste_bild.html* in Ihrem Browser.

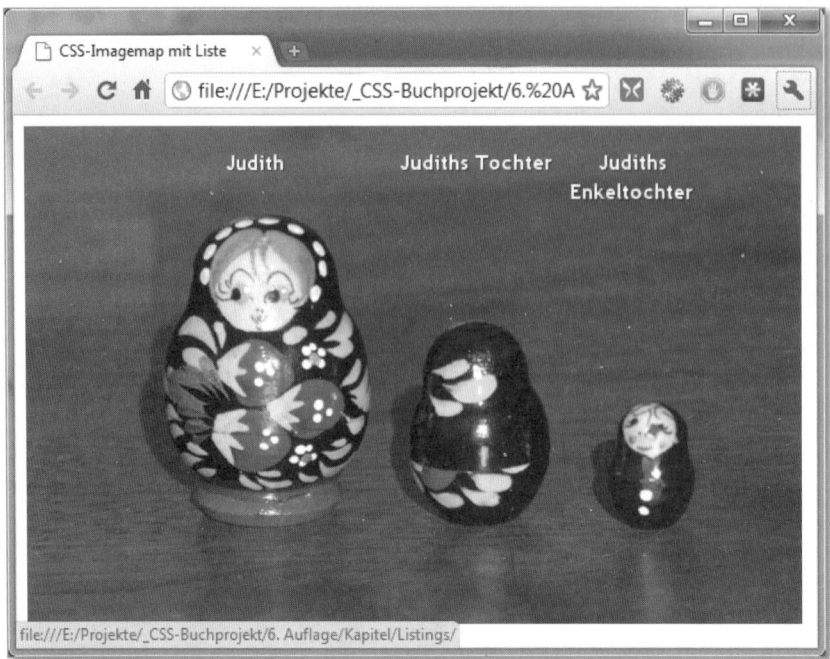

Abbildung 9.38 Listen können auch anders aussehen.

Das sieht aus wie eine typische Image Map – wenn Sie aber das HTML betrachten, finden Sie eine perfekte semantische Liste.

[zB]
```
 1:  <!DOCTYPE html>
 2:  <html>
 3:  <head>
 4:  <meta http-equiv="Content-Type" content="text/html;
      charset=utf-8">
 5:  <title>CSS-Image-Map mit Liste</title>
 6:  <style type="text/css">
 7:  <!--
 8:  ul {
 9:    list-style-type : none;
10:    margin: 0;
11:    padding: 0;
12:    background: url(../assets/matroschkas_000.png)
        no-repeat top left;
13:    width: 600px;
14:    height: 373px;
15:    position: relative;
16:  }
```

Als Hintergrund für die Liste verwende ich das Bild in der »passiven« Version, also in dem Zustand, der ohne Hover zu sehen sein soll.

```
17: li {
18:   display: block;
19:   width: 100px;
20:   height: 373px;
21:   position: absolute;
22:   text-align: center;
23: }
```

Dies sind die einzelnen klickbaren *Hotspots* – sie werden hier als vertikale Streifen mit Standardabmessungen definiert. Die Flächen müssen natürlich nicht über die gesamte Bildhöhe gehen.

```
24: li a {
25:   text-decoration: none;
26:   color: white;
27:   display: block;
28:   width: 100%;
29:   height: 100%;
30:   padding-top: 1em;
31:   font-family: "Trebuchet MS", Arial, Helvetica,
        sans-serif;
32:   font-weight: bold;
33:   text-shadow: 1px 1px 1px rgba(0,0,0,0.5);
34: }
35: #mat01 {
36:   left: 80px;
37:   width: 200px;
38: }
39: #mat02 {
40:   left: 280px;
41:   width: 140px;
42: }
43: #mat03 {
44:   left: 420px;
45: }
```

Hier ergänze oder überschreibe ich die vorher als Standard festgelegten Abmessungen (wenn die Abmessungen alle unterschiedlich sind, ist die Verwendung von Standards nicht unbedingt sinnvoll). Mit `left` schiebe ich die Hotspots an die richtigen Positionen (dazu ist es hilfreich, temporär einen Rahmen um das Element anzulegen).

```
46: #mat01:hover {
47:   background: url(../assets/matroschkas_100.png)
        no-repeat top -80px;
48: }
49: #mat02:hover {
50:   background: url(../assets/matroschkas_010.png)
        no-repeat top -280px;
51: }
52: #mat03:hover {
53:   background: url(../assets/matroschkas_001.png)
        no-repeat top -420px;
54: }
```

Und hier kommt der eigentliche Hover-Effekt: Die Hintergrundgrafik wird durch den Hover-Status ausgetauscht. Dabei verwende ich hier drei Grafiken mit identischen Abmessungen, das Anpassen an den gewünschten Bildausschnitt erreiche ich über die Abmessungen des `<li>`-Elements. Gemäß dem, was ich zum Thema »CSS-Sprites« beschrieben habe (siehe Abschnitt 9.2.1, »Vertikale Menüs«), ist es auch möglich, eine Grafik zu verwenden, die alle drei Motive enthält. Mehr zum Thema CSS-Sprites finden Sie in Abschnitt 9.7.2, »CSS-Sprites«.

Zum Üben nehmen Sie sich doch die drei Grafiken aus dem Ordner *assets* vor, fügen sie in einem Grafikprogramm zusammen und ändern den CSS-Code so, dass Sie hier eine einzige Grafik verwenden können.

```
55: -->
56: </style>
57: </head>
58: <body>
59: <ul>
60:   <li id="mat01"><a href="..">Judith</a></li>
61:   <li id="mat02"><a href="..">Judiths Tochter</a></li>
62:   <li id="mat03"><a href="..">Judiths
        Enkeltochter</a></li>
63: </ul>
64: </body>
65: </html>
```

Listing 9.27 Menü mit Hintergrund

9.3 Tabellen und CSS

Obwohl zum Layouten inzwischen keine Tabellen mehr benötigt werden, sind sie trotzdem für Webdesigner nicht uninteressant, nämlich wenn es gilt, Daten in tabellarischer Form darzustellen. Und auch hier können Sie mit ein wenig CSS aus einem langweiligen und unübersichtlichen Standard-HTML-Konstrukt eine ansehnliche und leichter konsumierbare Darstellung machen.

CSS bietet eine Reihe von Eigenschaften, die sich explizit auf Tabellen beziehen. Hier die wichtigsten:

- `border-collapse` legt fest, ob einzelne Zellen einer Tabelle eigene Rahmen besitzen.
- `border-spacing` legt die Abstände zwischen den Zellen fest (entspricht dem bekannten `cellspacing`-Attribut) sowie die Selektoren. Da diese Eigenschaft bislang von keinem Browser unterstützt wird, ist sie momentan lediglich von theoretischem Interesse.

Darüber hinaus sind schon bekannte Eigenschaften wie `background` und `border` einsetzbar.

Zunächst einmal benötigen Sie ein sauberes Markup für die Tabelle. Alle veralteten Attribute wie `border` oder `cellspacing` und `cellpadding` lassen Sie weg und ergänzen die Tabelle mit Zusätzen, die sie auch für Screenreader-Nutzer verständlich machen:

```
 1:  <table summary="Vorteile und Nachteile verschiedener
      Möglichkeiten">
      <caption>Vor- und Nachteile</caption>
 2:    <tr>
 3:      <th scope="col" abbr="Blau">Blauer Kopf</th>
 4:      <th scope="col" abbr="Grün">Gr&uuml;ner Kopf</th>
 5:      <th scope="col" abbr="Gelb">Gelber Kopf</th>
 6:      <th scope="col" abbr="Rot">Roter Kopf</th>
 7:    </tr>
 8:    <tr class="gerade">
 9:      <td scope="row">Vorteil 1: Blau</td>
10:      <td>Vorteil 2: Gr&uuml;n</td>
11:      <td>Nachteil 1: Gelb</td>
12:      <td>Nachteil 2: Rot</td>
13:    </tr>
14:    <tr>
15:      <td scope="row">Vorteil 1: Blau</td>
16:      <td>Vorteil 2: Gr&uuml;n</td>
17:      <td>Nachteil 1: Gelb</td>
18:      <td>Nachteil 2: Rot</td>
19:    </tr>
20:    ...
21:  </table>
```

Listing 9.28 HTML-Code für eine semantische Tabelle

Der Code enthält bereits im Zuge der barrierefreien Darstellung erforderliche Zusätze wie eine Zusammenfassung (`<summary>`), eine Überschrift (`<caption>`) sowie markierte Zellenköpfe (`<th>`) mit Abkürzungen für besonders lange Zelleninhalte und Hinweisen, worauf sich der Kopf (Header) bezieht. Die Angabe `scope="col"` bedeutet, dass der entsprechende Header sich auf eine Spalte bezieht. Sie können Tabellen auch noch mit expliziten Kopf- und Fußbereichen ergänzen, für sehr kurze Tabellen ist das aber nicht unbedingt erforderlich.

Abbildung 9.39 Die ungestylte Tabelle ist nicht besonders hübsch.

Mit ein paar CSS-Anweisungen lässt sich die Tabelle schon verbessern:

```
 1:  table {
 2:    border-collapse: collapse;
 3:    font-family: Arial, Helvetica, sans-serif;
 4:    font-size: 76%;
 5:  }
 6:  caption {
 7:    margin-bottom: 0.6em;
 8:    font-weight: bold;
 9:    text-transform: uppercase;
10:  }
11:  td, th {
12:    padding: 0.3em 1em;
13:    background: #eee;
14:  }
```

```
15: th {
16:   background: #777;
17:   color: #fff;
18: }
19: td {
20:   border-bottom: 1px dotted #555;
21: }
```
Listing 9.29 CSS-Anweisungen zur Gestaltung einer Tabelle

Sie können die Überschrift auch ausblenden (siehe Abschnitt 13.3.2, »Barrierefreie Sprung-Links«) oder (zumindest theoretisch) nach unten verschieben; leider beherrscht der Internet Explorer auch diese Funktion nicht.

Aber es gibt noch andere Möglichkeiten für das Tabellenlayout. Falls Sie einzelne Zeilen (`tr`) oder Zellen (`td`) mit Klassen auszeichnen, können Sie zum Beispiel ein Streifendesign anlegen:

```
tr.gerade td {
   background: #fff;
}
```

Hier legen Sie für alle geraden Zeilen den Hintergrund der Zellen auf Weiß fest. Durch den kombinierten Selektor `tr.gerade td` müssen Sie nur eine Klasse vergeben.

Für moderne Browser geht das unter Zuhilfenahme von CSS3 auch eleganter. Erinnern Sie sich noch an das Kapitel über Selektoren? Dort haben Sie auch den Selektor `:nth-child(x)` kennengelernt. Beim Styling von Tabelle können Sie ihn gut einsetzen. Mit

```
table tr:nth-child(2n) {
   background: #fff;
}
```

erreichen Sie die »Zebra«-Färbung, ohne Klassen vergeben zu müssen, allerdings nicht im Internet Explorer <9.

Spalten abwechselnd zu färben, ist schon etwas schwieriger. Hier können Sie sich zunächst mit den HTML-Elementen `<colgroup>` und `<col />` behelfen. Mit ihnen können Sie die Struktur einer Tabelle vor Beginn definieren und mehrere Spalten einer Spaltengruppe zuweisen. Im vorigen Beispiel sehen Sie, dass sich die beiden vorderen Spalten mit Vorteilen befassen, die hinteren mit Nachteilen. Als Tabellendefinition sieht das so aus:

```
<colgroup id="vorteile">
   <col />
```

```
   <col class="gerade" />
</colgroup>
<colgroup id="nachteile">
   <col />
   <col class="gerade" />
</colgroup>
```

Es werden zwei Gruppen mit jeweils zwei Spalten definiert. Die erste Gruppe hört auf die ID vorteile, die zweite ist mit nachteile gekennzeichnet. Die jeweils zweite Spalte jeder Gruppe wird noch mit der Klasse .gerade ausgezeichnet.

Nun können Sie mit

```
colgroup#vor {
   background: #ffcccc;
}
col.gerade {
   background: #ff0000;
}
```

der Spaltengruppe #vor bzw. allen geraden Spalten eine Hintergrundfarbe zuweisen. Die Stilzuweisung per <colgroup> oder <col /> funktioniert nur bei Hintergrundfarben einigermaßen gut. Andere Stile werden kaum oder sehr unterschiedlich unterstützt.

Sehr viel einfacher haben (hätten) Sie es hier mit CSS3:

```
tr td:nth-child(2n) {
   background: #efefef;
}
```

Hier habe ich die gleiche Syntax wie im vorigen Beispiel genutzt – nur setze ich alles eine Ebene tiefer an. Statt <table> ist <tr> (also die Spalte) das Eltern-Element, und mit td:nth-child(2n) spreche ich jede zweite Zelle in jeder Reihe an.

Statt also ganze Spalten zu adressieren, formatiere ich in Wirklichkeit die jeweils passenden Zellen der Reihen. Im Ergebnis bilden diese Zellen dann die Spalten.

[!] Achtung: Einzeln den Tabellenzellen zugewiesene Farben überschreiben immer die Hintergrundfarbe der Spalte!

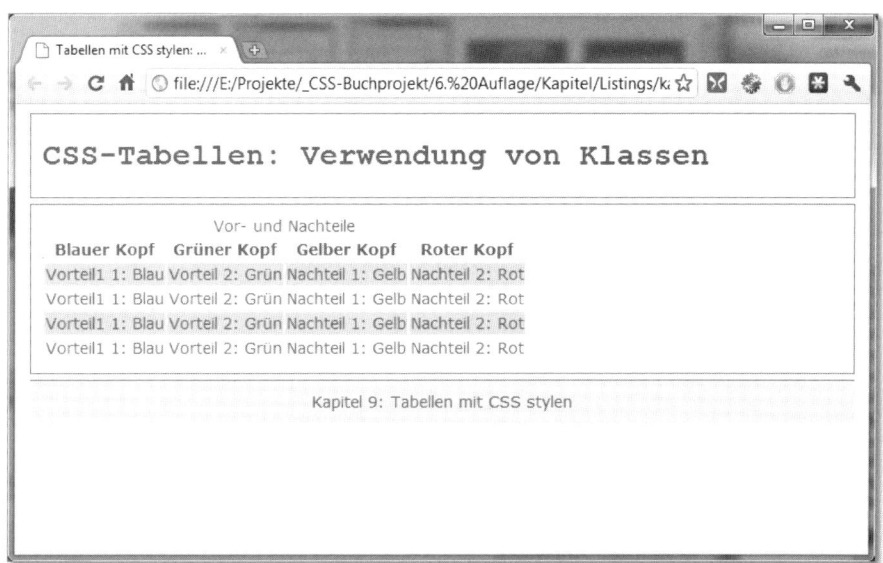

Abbildung 9.40 Tabelle mit Klassen zur Markierung der Reihen

Eine ganz andere Wirkung der Tabelle erreichen Sie mit folgenden Stilen:

```
1:   table {
2:     border-collapse: separate;
3:     border-spacing: 6px;
4:   }
5:   td, th {
6:     padding: 0.3em 1em;
7:     background: #eee;
8:     border-bottom: 2px solid #999;
9:     border-right: 2px solid #999;
10:  }
11:  th {
12:    background: #bbbbff;
13:    border-color: #003366;
14:  }
```

Mit `border-collapse: separate` lösen Sie das Tabellengitter auf (`separate` ist der Standardwert, also können Sie ihn auch weglassen; ich habe es hier nur der Deutlichkeit wegen nicht getan) und können jeder Zelle eigene Farben für den Rahmen zuweisen, auch unterschiedliche. Es entsteht ein einfacher 3D-Effekt.

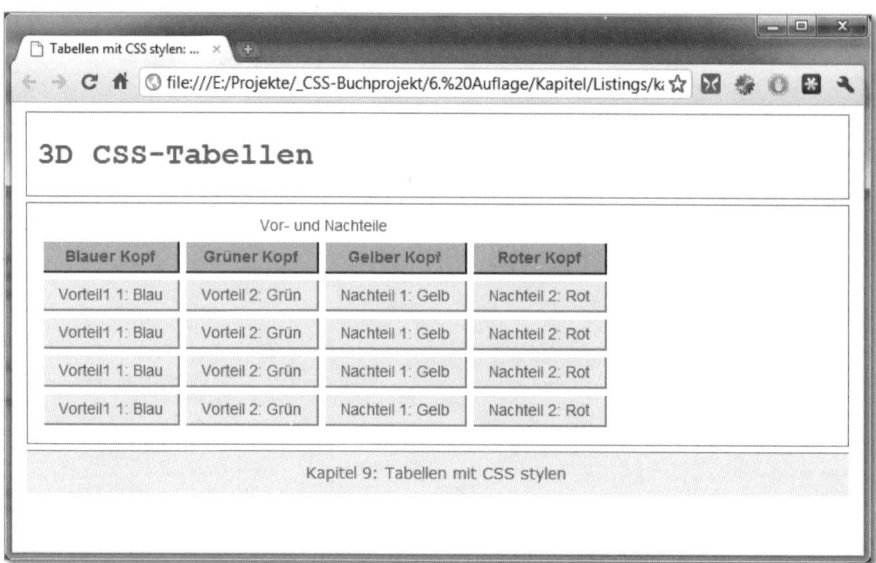

Abbildung 9.41 Einfacher 3D-Effekt mit Rahmenfarben

Verbessern können Sie den 3D-Effekt beispielsweise durch die Verwendung einer Hintergrundgrafik für <td> und <th>, um einen transparenten Schatten anzulegen. Diese Grafik sollte deutlich größer sein als die Tabellenzellen, um auch beim Skalieren noch Reserven zu haben. Mit einem transparenten Hintergrund können Sie eine Grafik für unterschiedlich gefärbte Zellen verwenden.

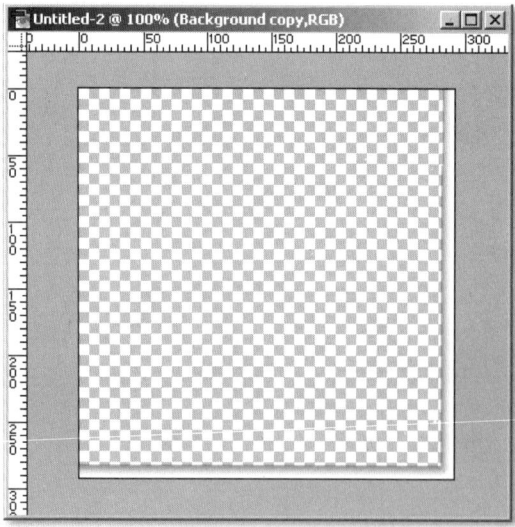

Abbildung 9.42 Hintergrundgrafik mit Schatten für die Tabellenzellen

Eingebunden wird die Grafik zum Beispiel mit:

```
td, th {
    padding: 10px 40px 20px 30px;
    background: #eee url(tableshadow.gif) no-repeat
    right bottom;
}
```

Achten Sie darauf, dass der Schatten als Hintergrund sich innerhalb der Zelle befindet. Sie müssen also den Inhalt durch unterschiedliche Innenabstände zurechtrücken (das ist die Aufgabe der padding-Anweisung im Listing oben). Das padding nach rechts und nach unten bekommt den Platz des Schattens »aufgeschlagen«. Einfacher geht so ein Schatten mit CSS3 – leider noch ohne den Internet Explorer kleiner als Version 9.

In Kapitel 17 über CSS3 beschreibe ich die neuen Eigenschaften im Detail. Einen kleinen Vorgriff möchte ich Ihnen hier aber schon einmal gönnen. Die passende Eigenschaft heißt box-shadow. Im Moment sind bei Firefox und Safari noch herstellerspezifische Präfixe erforderlich. Die beiden ersten Parameter geben den Abstand des Schattens von der unteren rechten bzw. oberen linken (bei inset) Ecke an, der dritte Wert steuert den Weichzeichnungseffekt. box-shadow kann auch nach innen wirken – mit dem Parameter inset:

```
-webkit-box-shadow: inset 3px 3px 4px #efefef;
-moz-box-shadow: inset 3px 3px 4px #efefef;
box-shadow: inset 3px 3px 4px #efefef;
```

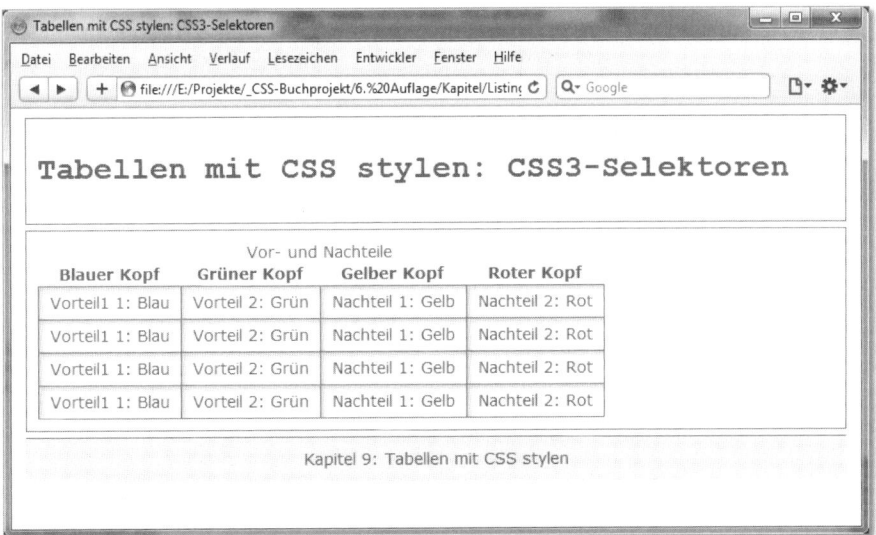

Abbildung 9.43 »box-shadow« für Tabellen

Sie können natürlich auch komplette Zellen mit einem Hintergrund versehen:

```
td, th {
   background: url(tablebg.gif) repeat-x center left;
}
th {
   background: url(tablebghd.gif) repeat-x center left;
}
```

Mehr Orientierung in Tabellen

Mit ein paar zusätzlichen Angaben erleichtern Sie den Benutzern die Orientierung in der Tabelle:

```
table tr:hover td {
   background: #FF9A01;
}
```

Diese kleine Anweisung markiert die aktuelle Zeile einer Tabelle, so dass sich eine gute Orientierung zum Vergleich der Werte ergibt.

```
table tr td:hover {
   background: #FF6F02;
   color: #fff;
}
```

Hier nehmen Sie nur die aktuelle Zelle als Ziel und verändern die Farben dieser Zelle. Das macht das Lesen in kleinen engen Tabellen einfacher.

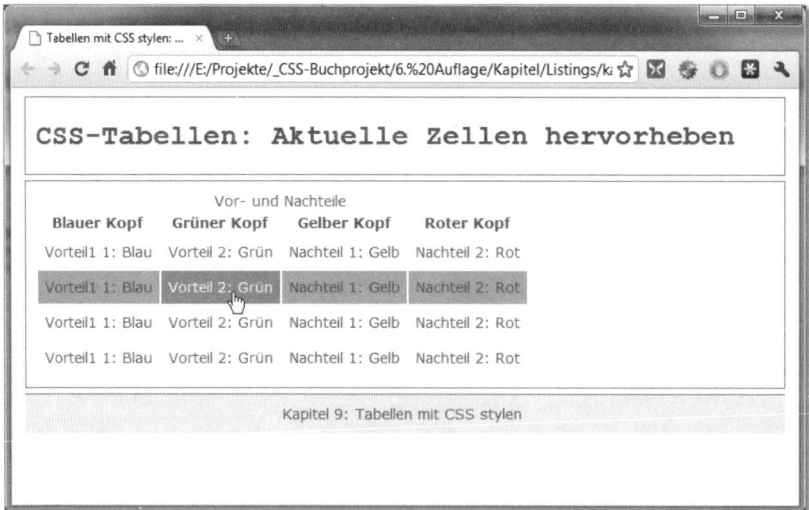

Abbildung 9.44 Tabelle mit Hintergründen und dynamischer Markierung der aktuellen Zeile und Zelle

Eine Kreuzmarkierung (also eine Markierung der aktuellen Zeile und Spalte in Form eines Kreuzes) lässt sich mit CSS allein nicht bewerkstelligen. Hier hilft nur der Einsatz von JavaScript weiter. Mit ein wenig jQuery schaffen Sie es, auch die aktuelle Spalte zu markieren. Näheres finden Sie in Kapitel 14, »Ajax, JavaScript und CSS«.

Tabellenrahmen gestalten

Genau wie den Hintergrund können Sie mit der Eigenschaft border die Rahmen einer Tabelle oder ihrer Zellen gestalten. Die Eigenschaft wirkt dabei wie bei anderen Elementen auf alle vier Seiten oder auf einzelne Seiten (border-left, etc.).

Bei Tabellen steuern allerdings zusätzlich zwei weitere Eigenschaften das Zusammenwirken der Rahmen aller Zellen:

- border-collapse und
- border-spacing

border-collapse steuert, ob die Rahmen benachbarter Zellen zusammen angezeigt (border-collapse: collapse) oder einzeln gezeichnet werden (border-collapse: separate).

Abbildung 9.45 Rahmen einzeln oder vereint

Nur wenn `border-collapse: separate` gesetzt ist, wirkt sich die Eigenschaft `border-spacing` aus: Dann können Sie damit den Abstand zwischen den Rahmen regeln.

`border-spacing: 5px;`

Diese Anweisung setzt einen Abstand von 5 Pixeln zwischen die Zellen. Wenn Sie zwei Werte notieren, bezieht sich der erste auf den Abstand in der Horizontalen, der zweite auf die vertikalen Abstände:

`border-spacing: 5px 10px;`

Eigentlich ergibt es nur bei getrennten Rahmen Sinn, die Rahmen einzelner Zellen gesondert auszuzeichnen, da bei zusammengelegten Rahmen sich die Rahmen der einzelnen Zellen überlagern.

Allerdings überschreibt ein solider Rahmen einen Rahmen mit der Eigenschaft `dotted` (gepunktet) oder `dashed` (gestrichelt), so dass Sie mit einer Definition

```
td {
    border: 1px dotted gray;
}
```

und für die zu markierende Zelle

```
td.mark {
    border: 1px solid red;
}
```

diese mit allen vier Seiten auszeichnen.

Sie können mit einigem Aufwand im HTML-Code auch bei zusammengelegten Rahmen eine Zelle mit einem gesonderten Rahmen und gleichem Rahmenstil auszeichnen. Dazu legen Sie neben der Klasse für den Sonderrahmen:

```
td.mark {
    border: 1px solid red;
}
```

noch zwei Hilfsklassen an:

```
td.marko {
    border-bottom: 1px solid red;
}
td.markl {
    border-right: 1px solid red;
}
```

Da bei der gesondert ausgezeichneten Zelle der linke und der obere Rahmen überdeckt werden, müssen Sie diesen Zellen die Klassen .marko (für die Zelle oberhalb der »Sonderzelle«) und .markl (links daneben) zuweisen. Dann können Sie über den Umweg der benachbarten Zellen einen geschlossenen Rahmen in einer anderen Farbe simulieren.

Komplett sieht das so aus:

```
1:  <!DOCTYPE html>
2:  <html>
3:  <head>
4:  <meta http-equiv="Content-Type" content="text/html; charset=utf-8">
5:  <title>Tabellen mit CSS stylen: Rahmen</title>
6:  <link href="basis.css" rel="stylesheet" media="all" type="text/css">
7:  <style>
8:  <!--
9:  table {
10:   border-collapse: collapse;
11:   border-spacing: 5px 10px;
12:  }
13:  table td {
14:   border: 2px solid gray;
15:   padding: 5px 10px;
16:  }
17:  td.marko {
18:   border-bottom: 1px dotted red;
19:   text-align: center;
20:  }
21:  td.markl {
22:   border-right: 1px dotted red;
23:   text-align: center;
24:  }
25:  td.mark {
26:   border: 2px solid red;
27:   text-align: center;
28:   background: #ffd7d7;
29:  }
30:  -->
31:  </style>
32:  </head>
33:  <body>
34:  <div id="header">
35:  <h1>Tabellen-Rahmen mit CSS stylen</h1>
```

```
36: </div>
37: <div id="main">
38: <table>
39:   <caption>
40:   Tabelle mit Sonderzellen
41:   </caption>
42:   <tr>
43:     <td scope="row">Vorteil1 1: Blau</td>
44:     <td>Vorteil 2: Gr&uuml;n</td>
45:     <td>Nachteil 1: Gelb</td>
46:     <td>Nachteil 2: Rot</td>
47:   </tr>
48:      <tr>
49:     <td scope="row">Vorteil1 1: Blau</td>
50:     <td class="mark">.mark</td>
51:     <td class="marko">.marko</td>
52:     <td>Nachteil 2: Rot</td>
53:   </tr>
54:   <tr>
55:     <td scope="row">Vorteil1 1: Blau</td>
56:     <td class="mark1">.mark1</td>
57:     <td class="mark">.mark</td>
58:     <td>Nachteil 2: Rot</td>
59:   </tr>
60:   <tr>
61:     <td scope="row">Vorteil1 1: Blau</td>
62:     <td>Vorteil 2: Gr&uuml;n</td>
63:     <td>Nachteil 1: Gelb</td>
64:     <td>Nachteil 2: Rot</td>
65:   </tr>
66: </table>
67: </div>
68: <div id="footer"> Kapitel 9: Tabellen mit CSS stylen
    </div>
69: </body>
70: </html>
```

Listing 9.30 Einzelne Zellen mit gesonderten Rahmen versehen

Ändern Sie doch einmal im obigen Beispiel die Definition der allgemeinen Rahmen auf dotted, und sehen Sie sich das Ergebnis an.

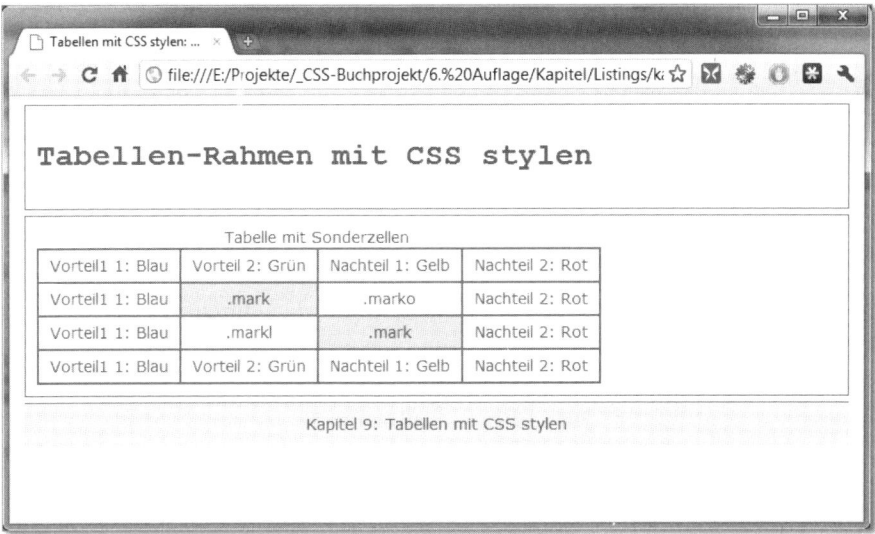

Abbildung 9.46 Die erste ausgezeichnete Zelle (links) steht allein, während die rechte Zelle durch zwei Hilfsklassen unterstützt wird.

9.4 Schönere Formulare

Viele ansonsten sehr ansprechend gestaltete Websites kapitulieren vor Formularen. Entweder werden die Formularelemente ganz im Standard-Design belassen – berühmt-berüchtigt: die klassisch grauen Buttons zum Absenden –, oder diese Buttons werden maximal gegen Grafiken ausgetauscht. CSS hat die richtigen Werkzeuge, um das zu ändern.

Formulare und (die meisten) Formularelemente lassen sich wie alle anderen HTML-Elemente per CSS ansprechen. Tabelle 9.7 listet die Elemente auf, die in Formularen zur Verfügung stehen:

HTML-Element	Beschreibung
`<form>`	Spricht das gesamte Formular an.
`<input>`	Eingabeelemente, einzeilige Textfelder, Buttons, Checkboxen
`<textarea>`	mehrzeilige Textfelder
`<select>`	Auswahllisten
`<option>`	einzelne Auswahlmöglichkeiten in Auswahllisten

Tabelle 9.7 HTML-Elemente für Formulare

HTML-Element	Beschreibung
`<fieldset>`	Umschließt zusammengehörige Bereiche eines Formulars.
`<legend>`	Überschrift/Titel eines Fieldsets
`<label>`	Bezeichnung eines Formularfeldes

Tabelle 9.7 HTML-Elemente für Formulare (Forts.)

Etwas ungünstig ist, dass im Element `<input>` so viele unterschiedliche Elemente zusammengefasst sind. Dieses Manko können Sie aber durch die Verwendung von `class` oder den Einsatz moderner Selektoren umgehen. Die Elemente `<fieldset>`, `<legend>` und `<label>` sind vor allem aus Accessibility-Gründen sinnvoll – sie werden aber auch beim Gestalten helfen. Die korrekte Verwendung des Elements `<label>` ist für alle Nutzer des Formulars eine Erleichterung: Wenn `<label>` durch das Attribut `for` einem Eingabefeld zugeordnet sind, kann dieses durch Klicken auf das Label aktiviert werden. Bei Texteingabefeldern springt der Cursor in das Feld, bei Checkboxen und Radiobuttons wird die entsprechende Option ausgewählt.

9.4.1   Ordnung ist alles: die Struktur eines Formulars

Ich beginne mit einem einfachen Formular in reinem HTML:

[zB]
```
 1:  <form method="post" name="Formular">
 2:  <fieldset>
 3:  <legend>Bitte geben Sie Ihre persönlichen Daten
     hier ein!</legend>
 4:  <label for="name">Name:</label>
 5:  <input name="name" id="name" type="text" />
 6:  <label for="vorname">Vorname:</label>
 7:  <input name="vorname" id="vorname" type="text" />
 8:  <label for="email">Email:</label>
 9:  <input name="email" id="email" type="text" />
10:  <label for="strasse">Straße:</label>
11:  <input name="strasse" id="strasse" type="text" />
12:  <label for="nummer">Nummer:</label>
13:  <input name="nummer" id="nummer" type="text" size="4"
     maxlength="4" />
14:  <label for="plz">Postleitzahl:</label>
15:  <input name="plz" id="plz" type="text" size="5"
     maxlength="5" />
16:  <label for="ort">Ort:</label>
17:  <input name="ort" id="ort" type="text" />
18:  <label for="land">Land:</label>
```

```
19:   <input name="land" id="land" type="text" />
20:   <label for="text">Ihre Nachricht:</label>
21:   <textarea name="text" id="text"></textarea>
22:   <input name="absenden" type="submit" class="submit"
      value="Absenden" />
23:   <input type="reset" name="Reset" class="reset"
      value="L&ouml;schen" />
24:   </fieldset>
25:   </form>
```
Listing 9.31 Einfaches HTML-Formular

Mit der Verwendung von `<label>` lassen sich mehrere Fliegen mit einer Klappe schlagen:

1. Es ist das semantisch korrekte Element und verbessert die Benutzbarkeit der Website. Für Benutzer von Screenreadern ist es unverzichtbar, um den Zusammenhang zwischen einem Eingabefeld und dem dazugehörigen Text darzustellen.
2. Durch die Angabe von Breiten für `<label>` und `<input>` erhalten Sie ein Raster für das Formular wie bei einer Tabelle.
3. Durch die Vergabe von individuellen IDs für die Formularfelder können Sie bei Bedarf alle einzeln anpassen.

`<label>` wird immer in Verbindung mit einem Formularfeld (`<input>`) verwendet. Das Formularfeld muss benannt sein – das geschieht über eine ID.

Mit dem `<fieldset>`-Element fassen Sie logisch zueinander passende Bereiche eines Formulars zusammen, zum Beispiel die angefragten Informationen einerseits und die Kontaktangaben andererseits. Gleichzeitig ist `<fieldset>` eine weitere Möglichkeit zur Gestaltung.

Das Ergebnis sieht noch nicht sehr spektakulär aus, wie Abbildung 9.47 illustriert.

Eine kleine Hilfskonstruktion können Sie sich im HTML noch gönnen – sie macht das Stylen deutlich einfacher. Umschließen Sie alle Felder und ihre Labels, die in einem direkten Zusammenhang stehen (die meist in einer Zeile dargestellt werden sollen), mit eigenen `<div>`-Elementen:

```
<div>
   <label for="name">Name:</label>
   <input name="name" id="name" type="text" />
</div>
```

Abbildung 9.47 Einfaches HTML-Formular

So bekommt das Formular auch optisch schon ein wenig Struktur (siehe Abbildung 9.48).

Zunächst kümmern Sie sich um die Formatierung der Eingabefelder und Beschriftungen. Grundsätzlich gibt es die Möglichkeit, Beschriftungen über den Eingabefeldern zu platzieren oder vor ihnen. Beide Methoden haben Vor- und Nachteile. Über den Feldern sind die Beschriftungen etwas einfacher zu platzieren, und bei Usability-Tests haben sich leichte Vorteile in der Nutzerfreundlichkeit gezeigt. Bei kleinen Feldern und langen Beschriftungen kann es allerdings Platzprobleme geben.

Mit vor den Feldern platzierten Feldern werden Formulare in der Tiefe kompakter (dafür eventuell breiter). Das Platzieren der Elemente ist tendenziell etwas aufwendiger.

Beide Varianten sind jedoch möglich, und die konkrete Verwendung hängt vom Einzelfall ab.

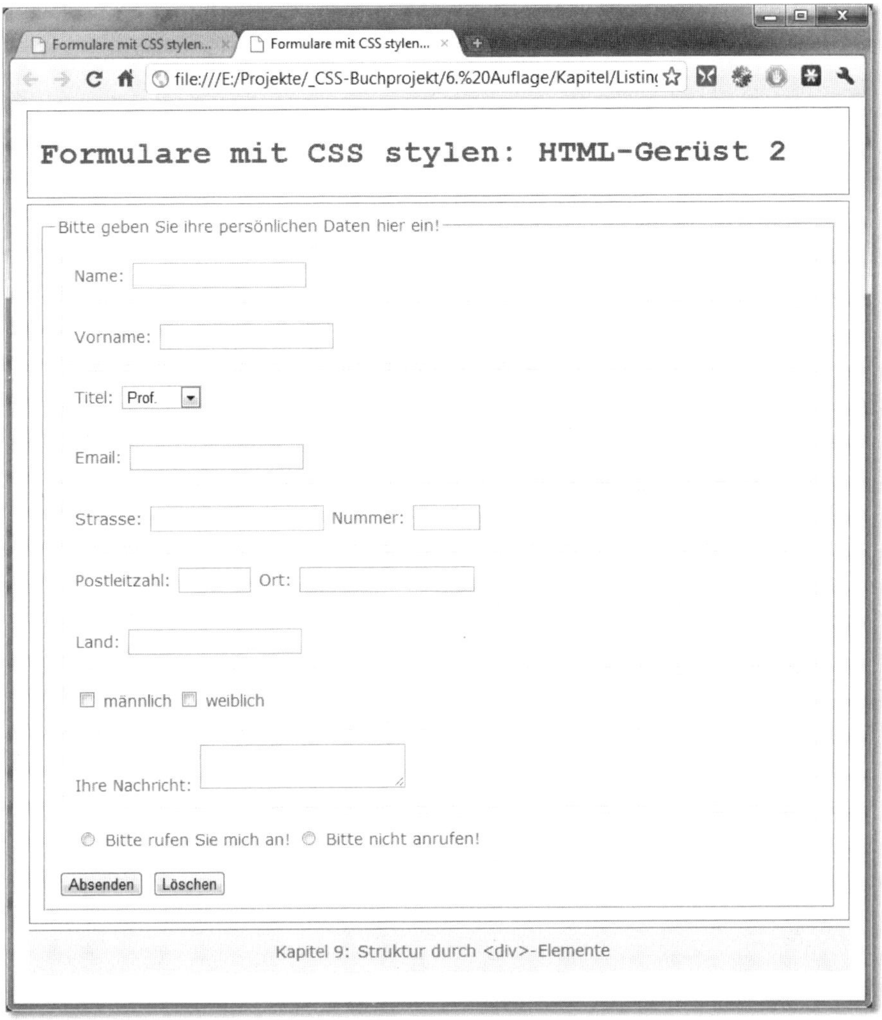

Abbildung 9.48 Durch strukturierende Elemente erhält das Formular schon etwas mehr Übersicht.

Um Beschriftungen über den Eingabefeldern zu platzieren, ist es lediglich nötig, den Elementtyp des Labels in `block` zu ändern. Sie erinnern sich, ein Block-Element verursacht immer einen Zeilenumbruch vor und nach sich.

```
label {
   display: block;
}
```

Was bei Eingabefeldern gut aussieht, passt bei Radiobuttons und Checkboxen nicht – darum kümmern Sie sich gleich. In der Regel ist es sinnvoll, die Eingabefelder etwas breiter zu gestalten, als dies der Browser-Standardstil vorgibt:

```
input, textarea {
    width: 30em;
}
```

Das sieht einfach aus, hat aber zwei Probleme:

1. Das das Element `<input>` neben den Textfeldern auch für andere Formularelemente eingesetzt wird, werden auch die Buttons, Radiobuttons und Checkboxen mit vergrößert – was unerwünscht ist.
2. Normalerweise berechnet der Browser die Länge der Eingabefelder nach der Anzahl der benötigten Buchstaben (wenn diese im `<input>`-Element angegeben ist). Diese Anpassung haben Sie mit den expliziten Angaben ausgeschaltet.

Sie müssen sich also nun selbst um die Längen der Felder kümmern. Grundsätzlich lassen sich in allen modernen Browsern (d. h. nicht im IE6) Felder anhand ihres Typs ansprechen. Mit

```
input[type="checkbox"], input[type="radio"] {
    width: auto;
}
```

heben Sie die explizite Längenzuweisung für die Elemente vom Typ Checkbox und Radiobutton wieder auf.

Zur Steuerung der Längen von Formularfeldern verwende ich persönlich folgendes System: Neben der Standardlänge, die ich über `input { ... }` formatiere, lege ich eine Klasse `.form_short` an – gegebenenfalls. auch `.form_long`. Zusätzliche Klassen ergänze ich dann nach Bedarf mit den benötigten Größen. Für das häufig benötigte Postleitzahl-Feld setze ich eine Klasse `.form_5` ein, für die Hausnummer z. B. `.form_4`. Die Zahl sollte dabei mit dem Attribut `size` des `<input>`-Elements übereinstimmen.

Ein solches System lässt sich leicht merken, es stellt sicher, dass Formulare in einem Webauftritt konsistent aussehen, und Sie können den HTML-Code in verschiedenen Formularen verwenden. Die Angabe einer Zahl in der Klasse bedeutet dabei gar nicht unbedingt, dass das Feld nun exakt fünf Buchstaben breit sein muss, sondern dass es die passende Breite für fünf Buchstaben hat – was immer Sie im konkreten Fall dafür erforderlich halten.

Bei Checkboxen und Radiobuttons ist es in jeden Fall besser, Felder und Labels nebeneinander zu haben, daher müssen Sie hier die Angabe `display: block` wieder loswerden. Das erreichen Sie über eine Klasse im umgebenden `<div>`:

```
<div class="form_checkbox">
   <input type="checkbox" name="geschlecht" ... />
   <label for="geschlecht_mann">männlich</label><br />
   <input type="checkbox" name="geschlecht" ... />
   <label for="geschlecht_frau">weiblich</label>
</div>
```

und

```
.form_check label { display: inline; }
```

Oder Sie nutzen wieder Attribut-Selektoren und wählen alle die `<label>`-Elemente aus, deren Attribut `for` mit »geschlecht« beginnt (so greifen Sie beide Checkboxen mit einer Anweisung).

```
label[for^="geschlecht"] { display: inline; }
```

Letzteres funktioniert allerdings nicht im Internet Explorer 6 und 7.

Wenn Sie die Label lieber neben den Eingabefeldern haben wollen, ist das auch nicht schwer. Dazu müssen Sie den Labeln eine Breite zuweisen und sie als Inline-Boxen definieren:

```
label {
   min-width: 10em;
   display: inline-block;
}
```

`Inline-block` ist eine relativ selten benutzte »Zwischeneigenschaft«, die Eigenschaften der beiden Eckwerte `inline` und `block` vereint: Wie ein Blockelement können Sie Breite und Höhe sowie `margin` vergeben, aber es werden keine Absätze erzeugt – genau das Richtige für diese Situation.

Bei Straße/Hausnummer sowie PLZ/Ortsangabe sieht das noch etwas merkwürdig aus, da hier zwei Felder in einer Reihe untergebracht sind. Bei allen aktuellen Browsern (also außer dem IE6) können Sie mit dieser Syntax die Breite des Labels nur für das erste Label setzen:

```
div>label:first-child {
   width: 10em;
   display: inline-block;
}
```

Wenn auch der IE6 mitmachen soll, müssen Sie eines der Label mit einer Klasse versehen. Um die hinteren Labels anzusprechen, gibt es leider (noch) keine praktisch verwendbaren Selektoren (im Prinzip könnten Sie den Wiederholungs-Selektor von CSS3 verwenden, aber da sieht die Browserunterstützung noch recht mau aus). Stattdessen setzen Sie einmal die Werte für alle Labels und überschreiben sie dann für die jeweils ersten in jedem `<div>`:

```
label {
   width: 6em;
   display: inline-block;
   text-align: right;
}
div>label:first-child {
   width: 8em;
   text-align: left;
   padding-top: 0.3em;
   vertical-align: top;
}
```

Die zusätzlichen Angaben sind dazu da, den Text im zweiten Label rechtsbündig anzuzeigen und das Label vor der `<textarea>` oben bündig auszurichten.

Jetzt müssen Sie noch die Breite der Zeilen mit mehreren Feldern an die anderen anpassen. Dazu können Sie die IDs der `<input>`-Elemente nutzen.

```
input#strasse {
   width: 18em;
}
input#ort {
   width: 17em;
}
```

Außerdem können Sie die Bereiche mit Radiobuttons und Checkboxen etwas nach rechts einrücken, um die Zeile besser auszufüllen. Auch hier stehen Ihnen wieder zwei Wege offen, um die Elemente anzusprechen:

```
.form_check input { margin-left: 7em; }
```

ist der sichere Weg, benötigt aber zusätzliches Markup. Wenn das einmal nicht zur Verfügung steht, können Sie auch wieder auf die IDs zurückgreifen:

```
input#anruf_ja, input#anruf_nein { margin-left: 7em; }
```

Als Letztes stylen Sie die Buttons. Um die Breite anzupassen, können Sie wieder auf die Attribut-Selektoren zurückkommen, die schon bei den Checkboxen geholfen haben.

```
input[type="submit"], input[type="reset"] {
   width: 12em;
}
```

Die Attribut-Selektoren helfen natürlich auch bei anderen Stilzuweisungen. So können Sie mit der folgenden Anweisung die Buttons nach innen einrücken, so dass sie eine Linie mit den Eingabefeldern bilden.

```
input[type="submit"] {
   margin-left: 10em;
}
```

Nun sieht Formular zwar noch etwas nüchtern aus, ist aber gut ausgerichtet, siehe Abbildung 9.49.

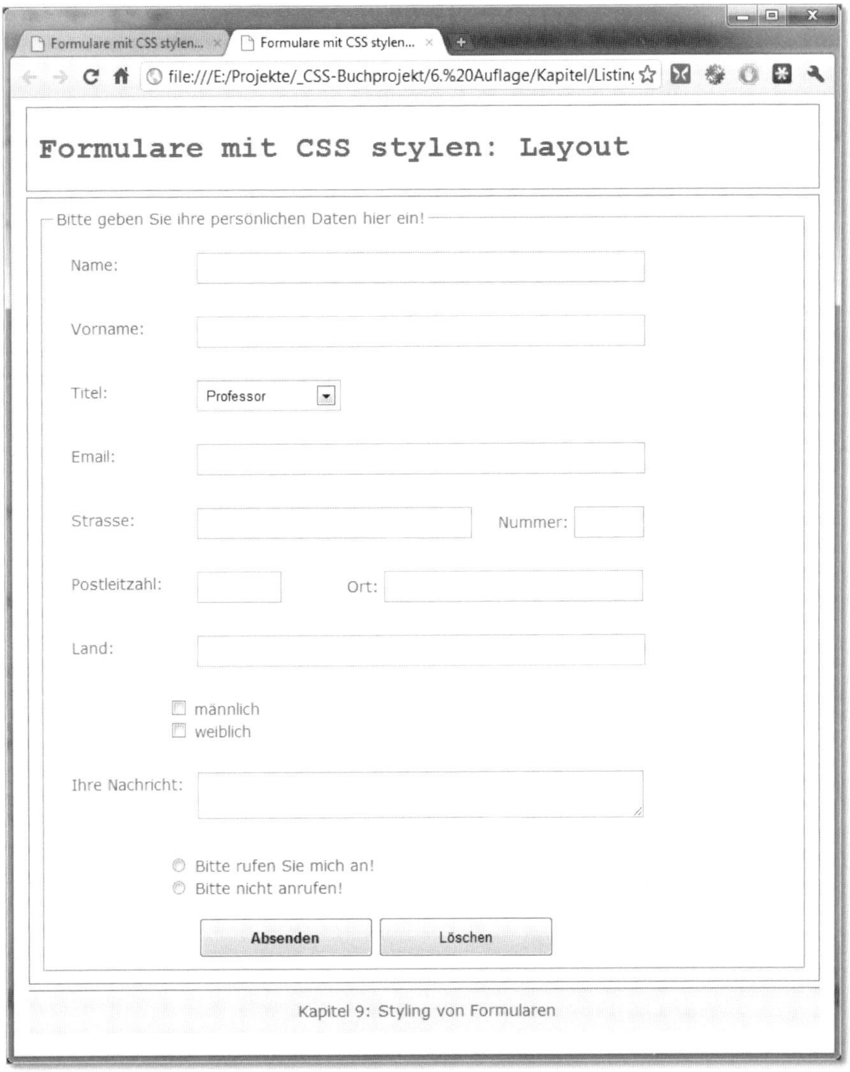

Abbildung 9.49 Formular komplett layoutet

Und hier der komplette Code:

```
1:   <!DOCTYPE html>
2:   <html>
3:   <head>
4:   <meta http-equiv="Content-Type" content="text/html;
     charset=utf-8">
5:   <title>Formulare mit CSS stylen: Layout</title>
6:   <link href="basis.css" rel="stylesheet" media="all"
     type="text/css">
7:   <style>
8:   form div { border: none; }
9:   label {
10:    width: 6em;
11:    display: inline-block;
12:    text-align: right;
13:  }
14:  div>label:first-child {
15:    width: 8em;
16:    text-align: left;
17:    padding-top: 0.3em;
18:    vertical-align: top;
19:  }
20:  input, select, textarea {
21:    width: 30em;
22:    padding: 0.3em;
23:  }
24:  input#strasse { width: 18em; }
25:
26:  input#ort { width: 17em; }
27:
28:  input[type="checkbox"], input[type="radio"] {
29:    width: auto;
30:  }
31:  .form_short { width: 10em; }
32:
33:  .form_4 { width: 4em; }
34:
35:  .form_5 { width: 5em; }
36:
37:  .form_check label { display: inline; }
38:
39:  label[for^="anruf"] { display: inline; }
40:
41:  .form_check input { margin-left: 7em; }
```

```
42:
43: input#anruf_ja, input#anruf_nein { margin-left: 7em; }
44:
45: input[type="submit"], input[type="reset"] {
46:   width: 12em;
47:   padding: 0.6em;
48: }
49: input[type="submit"] {
50:   margin-left: 10em;
51:   font-weight: bold;
52: }
53:
54: -->
55: </style>
56: </head>
57: <body>
58: <div id="header">
59: <h1>Formulare mit CSS stylen: HTML-Gerüst 2</h1>
60: </div>
61: <div id="main">
62: <form method="post" name="Formular">
63:   <fieldset>
64:     <legend>Bitte geben Sie Ihre persönlichen Daten hier ein!<br />
65:     </legend>
66:     <div>
67:       <label for="name">Name:</label>
68:       <input name="name" id="name" type="text" />
69:     </div>
70:     <div>
71:       <label for="vorname">Vorname:</label>
72:       <input name="vorname" id="vorname" type="text" />
73:     </div>
74:     <div>
75:       <label for="titel">Titel:</label>
76:       <select name="titel" id="titel" class="form_short">
77:         <option>Professor</option>
78:         <option>Dr.</option>
79:         <option>Freiherr</option>
80:       </select>
81:     </div>
82:     <div>
83:       <label for="email">Email:</label>
84:       <input name="email" id="email" type="text" />
```

```
 85:        </div>
 86:        <div>
 87:          <label for="strasse">Strasse:</label>
 88:          <input name="strasse" id="strasse" type="text" />
 89:          <label for="nummer">Nummer:</label>
 90:          <input name="nummer" id="nummer" type="text"
                class="form_4" size="4" maxlength="4" />
 91:        </div>
 92:        <div>
 93:          <label for="plz">Postleitzahl:</label>
 94:          <input name="plz" id="plz" type="text"
                class="form_5" size="5" maxlength="5" />
 95:          <label for="ort">Ort:</label>
 96:          <input name="ort" id="ort" type="text" />
 97:        </div>
 98:        <div>
 99:          <label for="land">Land:</label>
100:          <input name="land" id="land" type="text" />
101:        </div>
102:        <div class="form_check">
103:          <input type="checkbox" name="geschlecht"
                id="geschlecht_mann" value="männlich" />
104:          <label for="geschlecht_mann">männlich</label>
                <br />
105:          <input type="checkbox" name="geschlecht"
                id="geschlecht_frau" value="weiblich" />
106:          <label for="geschlecht_frau">weiblich</label>
107:        </div>
108:        <div>
109:          <label for="text">Ihre Nachricht:</label>
110:          <textarea name="text" id="text"></textarea>
111:        </div>
112:        <div>
113:          <input type="radio" name="anruf" id="anruf_ja"
                value="anrufen" />
114:          <label for="anruf_ja">Bitte rufen Sie mich
                an!</label><br />
115:          <input type="radio" name="anruf" id="anruf_nein"
                value="nicht-anrufen" />
116:          <label for="anruf_nein">Bitte nicht
                anrufen!</label>
117:        </div>
118:        <input name="absenden" type="submit" class="submit"
                value="Absenden" />
119:        <input type="reset" name="Reset" class="reset"
```

```
             value="L&ouml;schen" />
120:     </fieldset>
121: </form>
122: </div>
123: <div id="footer"> Kapitel 9 : Formulare mit CSS </div>
124: </body>
125: </html>
```

Listing 9.32 Komplett layoutetes Formular

9.4.2 Pimp my Form

Im nächsten Schritt kümmern Sie sich um die Optik des Formulars. Hier bietet CSS3 einiges an Möglichkeiten, ein Formular mit einfachen Mittel zu verschönern oder die Benutzbarkeit zu verbessern. Dass manche Möglichkeit (noch) nicht im Internet Explorer funktioniert, hat bei reiner Zierde keine so große Bedeutung und ist hinnehmbar. Schließlich lassen sich auf einem Röhrenfernsehen auch keine Filme in HD-Qualität ansehen.

Mit

```
border: 1px solid lightgray;
```

ersetzen Sie die Standardrahmen durch ein dezentes Grau. Außerdem können Sie eine leichte Abrundung und einen inneren Schatten hinzufügen:

Schatten nach innen:
```
-webkit-box-shadow: inset 2px 2px 2px #efefef;
-moz-box-shadow: inset 2px 2px 2px #efefef;
box-shadow: inset 2px 2px 2px #efefef;
```

Runde Ecken:
```
-webkit-border-radius: 3px;
-moz-border-radius: 3px;
border-radius: 3px;
```

In beiden Fällen müssen Sie (zum Zeitpunkt, zu dem ich an diesem Buch schreibe) browserspezifische Präfixe für Firefox und WebKit (Chrome, Safari) verwenden. Aber mit der »richtigen« Syntax am Ende ist sichergestellt, dass die Anweisungen auch später noch funktionieren, falls die Browser die Präfixe irgendwann nicht mehr interpretieren.

Auch die Buttons können Sie noch etwas verschönern. Angesprochen mit Attribut-Selektoren passen Sie die Breite an und erhöhen die Sichtbarkeit durch ein wenig mehr Innenabstand (und damit auch größere Abmessungen):

```
input[type="submit"], input[type="reset"] {
   width: 12em;
   padding: 0.6em;
}
```

Um die Buttons passend zu den Feldern auszurichten und den wichtigeren Button zu markieren, können Sie den ersten Button etwas einrücken (der zweite folgt dann automatisch) und ihn in einem freundlichen Grün färben (»Ampeleffekt«):

```
input[type="submit"] {
   margin-left: 10em;
   background: #afa;
   font-weight: bold;
}
```

Allerdings gibt es hier ein Problem mit dem Schatten – er wird immer noch über einem weißen Hintergrund gezeichnet. Abhilfe schafft das Farbmodell rgba. Im Gegensatz zu `rgb(...)` und anderen Farbauszeichnungen lässt sich mit `rgba(...)` auch eine Transparenzinformation verwenden (mehr dazu in Abschnitt 9.6, »Arbeiten mit Transparenz«). Statt

```
box-shadow: inset 2px 2px 2px #efefef;
```

schreiben Sie:

```
box-shadow: inset 2px 2px 2px rgba(0,0,0,0.1);
```

So haben Sie einen echten transparenten Schatten, der auch auf wechselnden Hintergründen funktioniert (siehe Abbildung 9.50).

Falls Ihnen die Buttons noch zu wenig auffällig aussehen, können Sie die Ränder anders formatieren:

```
border: 4px double gray;
```

Dies zeichnet einen doppelten Rahmen um einen Button (oder ein anderes Element). Es geht auch etwas dezenter. Runde Ecken müssen nicht so sparsam eingesetzt werden, dass sie kaum zu sehen sind; mit

```
border-radius: 15px;
```

sehen die Buttons schon ganz anders aus. Ein leichter äußerer »Glüh-Effekt« in Weiß sorgt dafür, dass die Buttons wie in die Seite eingelassen aussehen.

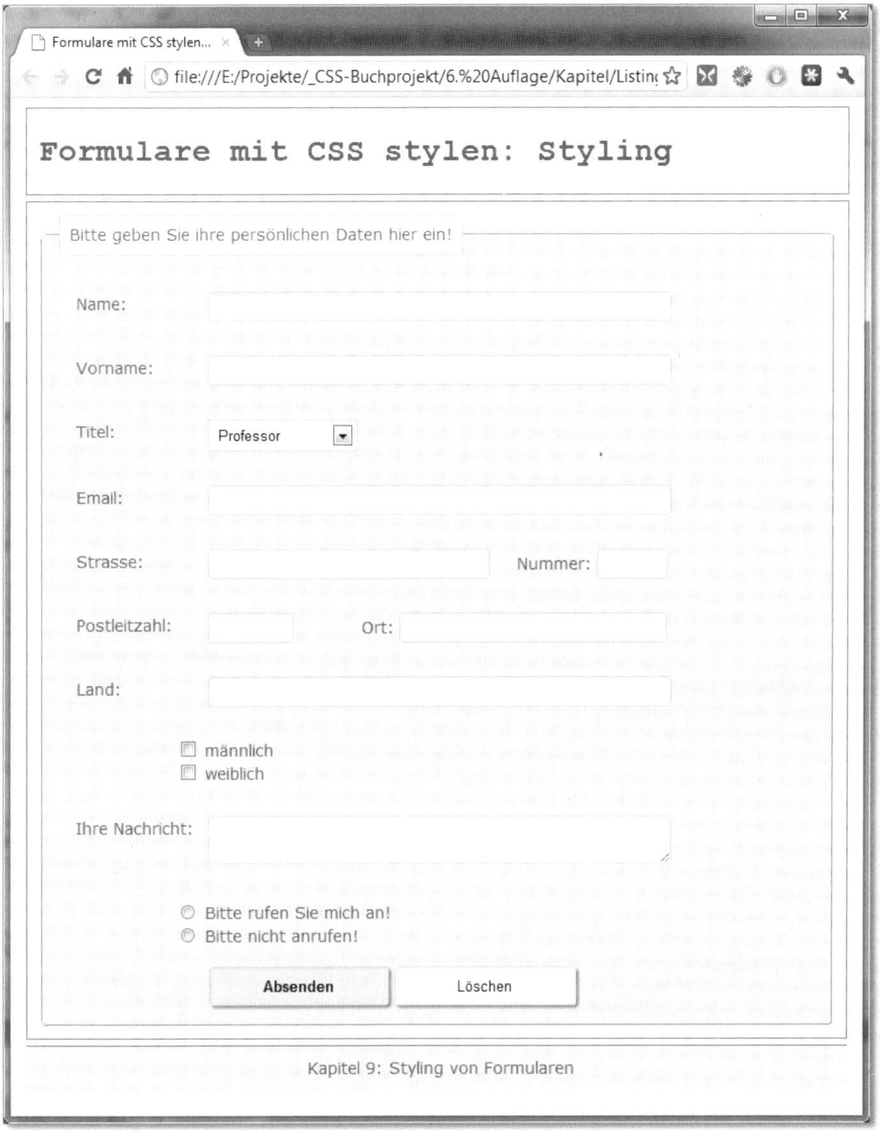

Abbildung 9.50 Fertig gestyltes Formular

```
1:    input[type="submit"], input[type="reset"] {
2:      width: 10em;
3:      padding: 0.6em;
4:      background: #fafafa;
5:      border: 1px solid #aaa;
6:      -webkit-border-radius: 20px;
```

```
7:     -moz-border-radius: 20px;
8:     border-radius: 20px;
9:     -webkit-box-shadow: 0px 0px 5px rgba(255,255,255,0.8);
10:    -moz-box-shadow:    0px 0px 5px rgba(255,255,255,0.8);
11:    box-shadow:         0px 0px 5px rgba(255,255,255,0.8);
12:    text-shadow: 1px 1px 1px rgba(255,255,255,0.8);
13: }
```

Listing 9.33 CSS für halbrunde eingelassene Buttons

Die unterste Zeile weist auch dem Text einen ganz leichten weißen Schatten nach rechts unten zu; das hebt ihn besser vom Hintergrund ab. Auch den Hover-Effekt nehmen Sie etwas zurück, nur die Farben von Rahmen und Schrift werden verändert.

```
input[type="submit"]:hover, input[type="submit"]:focus {
    border-color: #3a3;
    color: #3a3;
}
```

Zusätzlich schmücken Sie den Button mit einem Hintergrundverlauf, der per Klick auf den Button die Richtung ändert (der Übersicht halber hier nur in der Firefox-Variante):

Normal:

```
background-image: -moz-linear-gradient(
    top,
    rgb(250,250,250) 10%,
    rgb(204,204,204) 100%
);
```

Active (bei Klick):

```
background-image: -moz-linear-gradient(
    bottom,
    rgb(250,250,250) 10%,
    rgb(204,204,204) 100%
);
```

Abbildung 9.51 Formularbuttons müssen nicht eckig aussehen.

9.4.3 Anpassen von Formular-Rahmenelementen

Auch die Rahmenelemente eines Formulars, wie `<fieldset>` und `<legend>`, lassen sich per CSS anpassen – z. B. mit einer Hintergrundfarbe für das Formularinnere. Die Legende (also der Titel des `<fieldset>`) kann ebenfalls noch etwas hübscher werden.

```
 1:  fieldset {
 2:    width: 40em;
 3:    background: #efefef;
 4:    -webkit-border-radius: 5px;
 5:    -moz-border-radius: 5px;
 6:    border-radius: 5px;
 7:  }
 8:  legend {
 9:    background: white;
10:    padding: 0.6em;
11:    border: 1px solid lightgray;
12:    -webkit-box-shadow: inset 1px 1px 3px rgba(0,0,0,0.1);
13:    -moz-box-shadow: inset 2px 2px 3px rgba(0,0,0,0.1);
14:    box-shadow: inset 2px 2px 3px rgba(0,0,0,0.1);
15:    -webkit-border-radius: 3px;
16:    -moz-border-radius: 3px;
17:    border-radius: 3px;
18:  }
```

Statt einer festen Hintergrundfarbe lässt sich auch ein Verlauf per CSS anlegen. Aufgrund von Browserunterschieden ist das allerdings wieder etwas komplexer, daher hier nur ein kleiner Vorgriff auf Abschnitt 9.8, »CSS-Effekte«, in dem ich mich mit Verläufen und anderen Effekten befasse. Für WebKit- und Firefox-Browser gibt es immerhin schon eine passende CSS-Syntax – der Internet Explorer ist nur mittels proprietärer Filter zum Anzeigen eines Verlaufs zu bewegen.

```
19:  /* Firefox */
20:  background: -moz-linear-gradient(top, white, lightgray);
21:  /* WebKit */
22:  background: -webkit-linear-gradient(top, white,
       lightgray);
23:  /* Internet Explorer < 8 */
24:  filter: progid:DXImageTransform.Microsoft.gradient
       (startColorstr=#FFFFFF, endColorstr=#EFEFEF);
25:  /* IE8 */
26:  -ms-filter: "progid:DXImageTransform.Microsoft.gradient
       (startColorstr=#FFFFFF, endColorstr=#EFEFEF)";
```

Listing 9.34 Syntax für per CSS erzeugte Verläufe

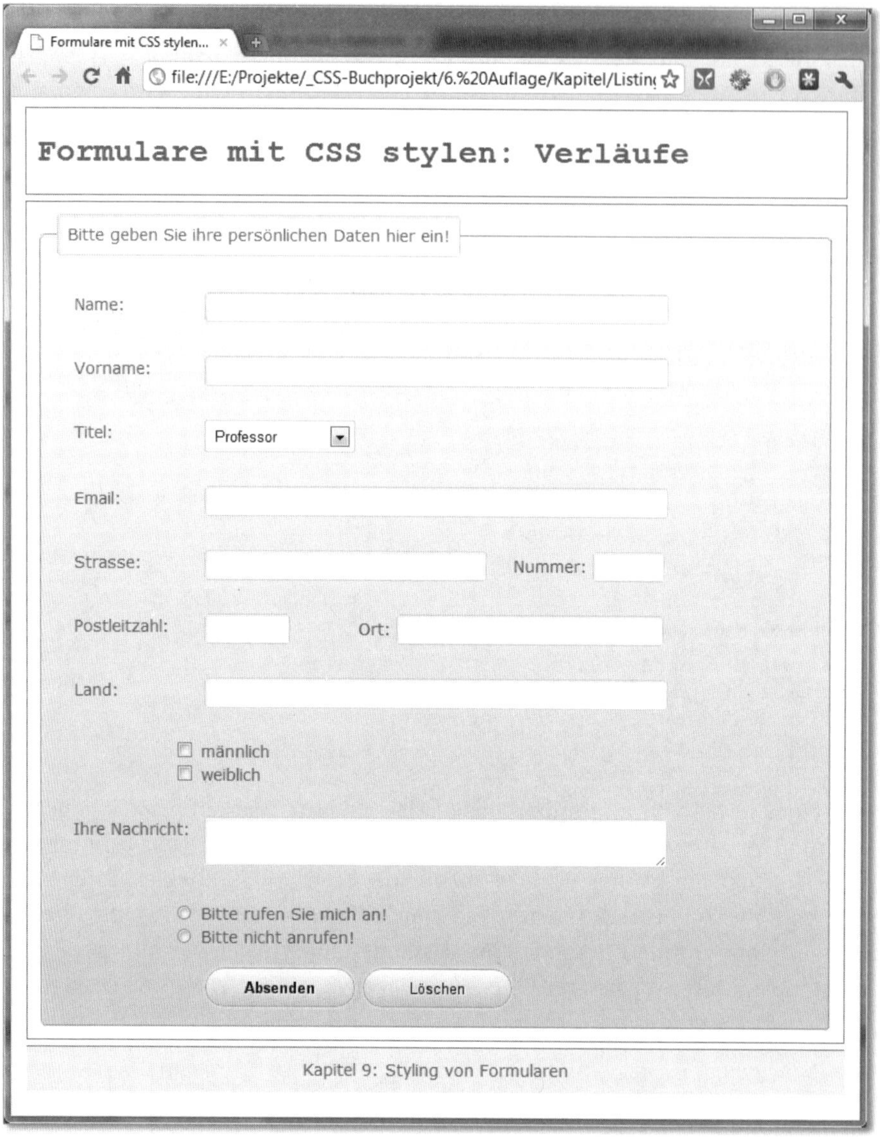

Abbildung 9.52 Formular mit runden Buttons und Verlauf im Hintergrund

9.4.4 Interaktionshilfen

Formulare dienen der Interaktion mit Besuchern. Mit Hilfe von CSS können Sie Formulare nicht nur hübscher, sondern auch einfacher benutzbar machen.

Als Erstes zeige ich, wie Sie das aktuelle Feld gut sichtbar markieren. Inzwischen kann auch der Internet Explorer (>6) etwas mit dem Pseudo-Element :hover auf anderen Elementen als Links anfangen. Als erste einfache Maßnahme legen Sie einen schwarzen Rahmen um das aktuelle Feld und geben ihm eine Hintergrundfarbe:

```
input:hover,select:hover,teaxtarea:hover {
   background: #ffc;
   border: 1px solid black;
}
```

Nutzer von Safari und Chrome kennen das »Glühen«, mit dem aktivierte Eingabefelder umgeben sind. Das lässt sich auch auf andere Browser übertragen bzw. nach eigenen Vorstellungen gestalten. Dazu eignet sich die Eigenschaft `box-shadow`. Mit Abstand 0 und der Farbe Blau wirkt der Schatten wie ein Glühen.

```
input:hover,select:hover,textarea:hover {
   background: #ffc;
   border: 1px solid #555;
   -webkit-box-shadow: 0 0 10px rgba(0,0,0,0.2);
   -moz-box-shadow: 0 0 10px rgba(0,0,0,0.2);
   box-shadow: 0 0 10px rgba(0,0,0,0.2);
}
```

Zunächst verfeinern Sie den Hover-Effekt ein wenig, indem Sie der Umrandung noch einen leichten Schatten spendieren:

```
input:focus,select:focus,textarea:focus {
   border: 1px solid lightgray;
   -webkit-box-shadow: 0 0 10px rgba(32,204,255,0.7);
   -moz-box-shadow: 0 0 10px rgba(32,204,255,0.7);
   box-shadow: 0 0 10px rgba(32,204,255,0.7);
   outline: none;
}
```

Dann setzen Sie für den Zustand `:focus` (also wenn das Element ausgewählt ist) ein blaues Glühen ein. Die Anweisung `outline: none` hebt dabei die in WebKit-Browsern vorhandene Standardumrandung auf. So vermeiden Sie unschöne Überlagerungen.

Abbildung 9.53 Bessere Markierung für das aktive Eingabefeld

9 | Styling mit CSS

Auch bei den Buttons können Sie noch etwas tun. Die grüne Hintergrundfarbe des Absenden-Buttons ist nicht immer gestalterisch passend. Stattdessen könnten Sie die Buttons nur beim Hovern passend zur Aktion markieren: mit einem grünen Haken für die Absendefunktion und rot für den Reset-Button.

```
input[type="submit"]:hover {
    background: #afa url(../assets/icon_pos.png)
    no-repeat 10px center;
}
input[type="reset"]:hover {
    background: #faa url(../assets/icon_neg.png)
    no-repeat 10px center;
}
```

Sie sehen an diesem Beispiel, dass sich Attribut-Selektoren und Pseudo-Elemente auch kombinieren lassen.

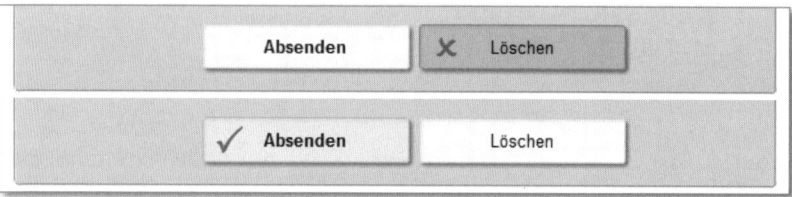

Abbildung 9.54 Hover-Effekte für die Buttons per CSS

Ein Button sollte immer ein visuelles Feedback geben – daher benötigen Sie noch ein paar passende Styles für den aktiven Zustand (wenn der Button gerade geklickt wird).

```
input[type="submit"]:active {
    -webkit-box-shadow: inset 1px 1px 2px rgba(0,0,0,0.4);
    -moz-box-shadow: inset 1px 1px 2px rgba(0,0,0,0.4);
    box-shadow: inset 1px 1px 2px rgba(0,0,0,0.4);
    border-top: 1px solid rgba(0,0,0,0.4); border-left: 1px solid
    rgba(0,0,0,0.4);
}
input[type="reset"]:active {
    -webkit-box-shadow: inset 1px 1px 2px rgba(0,0,0,0.4);
    -moz-box-shadow: inset 1px 1px 2px rgba(0,0,0,0.4);
    box-shadow: inset 1px 1px 2px rgba(0,0,0,0.4);
    border-top: 1px solid rgba(0,0,0,0.4); border-left: 1px solid
    rgba(0,0,0,0.4);
}
```

Mit diesen Anweisungen setzen Sie den Schatten von unten rechts außen nach oben links innen und simulieren das Eindrücken des Buttons. Damit der grüne Rand nicht über den Schatten »scheint«, müssen Sie hier auch die Farbe anpassen.

9.4.5 Fehlermeldungen

Ein wichtiges, oft nur mangelhaft beachtetes Thema sind Fehlermeldungen in Formularen. Grundsätzlich müssen Formulare serverseitig auf »harte« Fehler überprüft werden, d. h. Eingaben, die potentiell schädlich sind oder den Zweck des Formulars in Frage stellen (Bestellung eines Newsletters ohne E-Mail-Adresse). Da das Absenden und Wiederaufrufen eines Formulars Zeit kostet, eignet sich JavaScript, um mögliche Fehler schon vorab abzufangen. Ein Beispiel für eine dynamische Formularvalidierung zeige ich in Kapitel 14, »Ajax, JavaScript und CSS« – die folgenden Gestaltungsmöglichkeiten treffen aber auf beide Arten von Fehlermeldungen zu.

Grundlage ist immer, eine passende Klasse einem fehlerhaften Feld zuzuweisen. Im Beispiel setze ich eine Klasse `.error` direkt an das fehlerhafte Feld und ordne ihr eine passende Hintergrundgrafik und eine Rahmenfarbe zu.

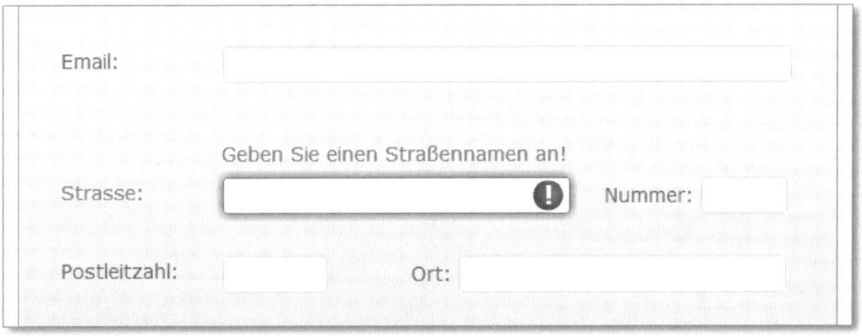

Abbildung 9.55 Fehlermarkierung per CSS

Das geht so:

```
input.fehler {
border: 1px solid #f00;
font-weight: bold;
background: #fff url(../assets/error.gif) right no-repeat;
}
```

Mit CSS3 lässt sich das auch noch etwas dramatischer gestalten. Dazu nutzen Sie die inzwischen bekannte Eigenschaft `box-shadow` und eine CSS-Animation:

```css
input.fehler {
   -webkit-box-shadow: 0px 0px 10px rgba(255,0,0,0.9);
   -moz-box-shadow: 0px 0px 10px rgba(255,0,0,0.85);
   box-shadow: 0px 0px 10px rgba(255,0,0,0.85);
}
```

Das macht die Fehlermeldungen schon recht auffällig. In aktuellen Browsern (Firefox ab 5, Safari und Chrome) lässt sich der Effekt noch steigern. Da ich in Abschnitt 9.10.2, »Animationen mit Keyframes«, noch auf diese Art von Animationen eingehe, hier nur eine Kurzvorstellung.

Zuerst definieren Sie *Keyframes* – das sind die Punkte, an denen sich eine Animation ändert.

```css
@-webkit-keyframes error {
   0% { -webkit-box-shadow: 0px 0px 10px rgba(255,0,0,0.1); }
   50% { -webkit-box-shadow: 0px 0px 10px rgba(255,0,0,1); }
   100% { -webkit-box-shadow: 0px 0px 10px rgba(255,0,0,0.1); }
}
```

Später rufen Sie dann die Animation – der ich den Titel error gegeben haben – auf:

```css
input.fehler {
   -webkit-animation: error 2s infinite ease-in-out;
   -moz-box-shadow: 0px 0px 10px rgba(255,0,0,0.85);
   box-shadow: 0px 0px 10px rgba(255,0,0,0.85);
}
```

Die gesamten Styles für die Fehlerkennzeichnung sehen nun so aus:

```css
1:  @-webkit-keyframes error {
2:     0% { -webkit-box-shadow: 0px 0px 10px
        rgba(255,0,0,0.1); }
3:     50% { -webkit-box-shadow: 0px 0px 10px
        rgba(255,0,0,1); }
4:     100% { -webkit-box-shadow: 0px 0px 10px
        rgba(255,0,0,0.1); }
5:  }
6:  input.error {
7:     border: 1px solid #f00;
8:     font-weight: bold;
9:     background: #fff url(../assets/error.gif) right
        no-repeat;
10:    -webkit-animation: error 2s infinite ease-in-out;
11:    -moz-box-shadow: 0px 0px 10px rgba(255,0,0,0.9);
```

```
12:    box-shadow: 0px 0px 10px rgba(255,0,0,0.9);
13:  }
```
Listing 9.35 Fehlermeldungen für jeden Browser nach seinen Fähigkeiten

Sie bilden ein wunderbares Beispiel für das Prinzip Progressive Enhancement: Jeder Browser erhält eine gut sichtbare Kennzeichnung des fehlerhaften Feldes. Modernere Browser mit mehr Fähigkeiten werden dann mit zusätzlichen Effekten versehen. Und das alles ohne zusätzliche Grafiken oder JavaScript-Aufrufe.

Ich finde es sinnvoll, auch die Labels, die zu einem fehlerhaften Feld gehören, entsprechend auszuzeichnen. Und die tatsächliche Fehlermeldung müssen Sie natürlich auch noch unterbringen. Auch dazu können Sie die .error-Klasse wieder nutzen, indem Sie sie an das Label und die Fehlermeldung hängen:

```
1:   <p class="error">Geben Sie einen Straßennamen an!</p>
2:   <div>
3:     <label for="strasse" class="error">Strasse:</label>
4:     <input name="strasse" class="error" id="strasse" type=
       "text" />
5:     <label for="nummer">Nummer:</label>
6:     <input name="nummer" id="nummer" type="text"⏎
       class="form_4" size="4" maxlength="4" />
7:   </div>
```
Listing 9.36 HTML für Fehlermeldungen

Schade ist, dass die Fehlermeldung aufgrund des Tricks von vorhin nicht direkt im <div> untergebracht werden kann. Mit

```
div>label:first-child {
   width: 8em;
   text-align: left;
   padding-top: 0.3em;
   vertical-align: top;
}
```

wurde das erste Label eines <div>-Elements besonders behandelt – notwendig durch mehrere Felder in einer Zeile (z. B. bei Straße und Hausnummer). Dabei wird ein <label> selektiert, wenn es das erste Kindelement von <div> ist. Wenn Sie nun ein <p> vor das <label> setzen, greift diese Anweisung nicht mehr.

Aber Moment ... Hilft CSS nicht auch hier weiter? Tatsächlich – Sie können mit der folgenden etwas komplexen Syntax auch abfangen, dass sich ein <p> vor das <label> gesetzt hat:

```
div>p:first-child+label
```

Zum Dekodieren dieser Syntax lesen Sie am besten von hinten nach vorn: Selektiert wird ein `<label>`, vor dem ein `<p>` steht (+), das das erste Kindelement eines `<div>`-Elements ist. Das sieht kompliziert aus, es funktioniert aber bei allen einigermaßen modernen Browsern (also im Internet Explorer ab Version 7).

Zurückhaltung bei der Formatierung von Formularen

Bei der Vielfalt der Gestaltungsmöglichkeiten sollten Sie zwei Dinge nicht vergessen:

1. Manche Formularelemente sind als Teil des Betriebssystems nicht browserübergreifend formatierbar. So werden Buttons unter Mac OS immer im Stil des Betriebssystems dargestellt, insbesondere bei Mobilbrowsern. Eine Übersicht, wie sich verschiedene Formularelemente unter unterschiedlichen Betriebssystemen darstellen, zeigt die Website »456 Berea Street«: *http://www.456bereastreet.com/archive/200701/styling_form_controls_with_css_revisited/* (Linkcode 0154) – etwas älter, aber immer noch aktuell.

2. Formulare sind – mehr noch als andere Bestandteile der Website – funktionale Elemente. Priorität hat daher bei ihrer Gestaltung, dass sie auf jeden Fall als Formulare erkennbar bleiben. Im Zweifel gilt für die Gestaltung auch hier: Weniger ist mehr.

Einige Anregungen zu unterschiedlichen Designmöglichkeiten von Formularen (am Beispiel der Kommentarfelder von Weblogs) finden Sie unter: *http://www.smileycat.com/miaow/archives/comment-form-showcase.html* (Linkcode 0155).

[O] Die Dateien zu diesem Beispiel sind auf der Buch-DVD-ROM im Verzeichnis */listings/kap09* zu finden.

9.5 Druckversion per CSS

Eine spezielle Druckversion einer Webseite zu erstellen, ist ohne CSS mit einigem technischen oder manuellen Aufwand verbunden. Entweder werden die Seiteninhalte per Skript in ein druckfreundliches Layout konvertiert, oder der Webdesigner muss gar alle Seiten manuell doppelt anlegen.

Mit Hilfe von Cascading Stylesheets ist es dagegen ohne viel Aufwand möglich, eine spezielle Version einer Webseite für den Ausdruck zu erstellen. Die früher übliche separate abgespeckte HTML-Seite als Druckversion wird heutzutage nicht mehr benötigt.

Grundlage für die unterschiedliche Darstellung von Inhalten in der Druckansicht sind die CSS-Medientypen. Danach genügt es,

```
<link rel="stylesheet" type="text/
css" media="print" href="druck.css">
```

zu notieren, um ein Stylesheet zur Verfügung zu stellen, das nur beim Drucken zum Einsatz kommt. Auch innerhalb eines einzigen Stylesheets können Sie den Medientyp `print` verwenden.

Um ein Stylesheet in einen Bereich für den Bildschirm und einen für den Druck aufzuteilen, geben Sie zwei Blöcke an:

```
1:  @media screen {
2:    /* Anweisungen für den Bildschirm */
3:  }
4:  @media print {
5:    /* Anweisungen für den Druck */
6:  }
```

Listing 9.37 Medienspezifische Styles in einem Stylesheet

Oft ist es eher so, dass nur wenige spezielle Befehle in einem Druck-Stylesheet stehen, die dann die entsprechenden Screenwerte überschreiben. In diesem Fall verwenden Sie den Medientyp `all` für die allgemeinen Styles und überschreiben diese danach mit passenden Print-Eigenschaften:

```
1:  @media all {
2:    /* Anweisungen für alle Medien */
3:  }
4:  @media print {
5:    /* Anweisungen für den Druck überschreiben
6:       entsprechende Werte aus dem allgemeinen Teil */
7:  }
```

Listing 9.38 Printstyles zum Überschreiben der allgemeingültigen Werte

Einstellungen für den Druck

Zunächst ändern Sie ein paar grundlegende Eigenschaften der Webseite. Mit

```
1:  body {
2:    background: white;
3:    font-family: Times, "Times New Roman", serif;
4:    font-size: 12pt
5:  }
```

Listing 9.39 Schriftzuweisungen für den Druck

legen Sie einen weißen Hintergrund und eine druckfreundliche Schrift fest. (Falls Sie auch im Druck keine Serifen-Schrift verwenden wollen, können Sie natürlich *Arial*, *Helvetica* oder eine andere serifenlose Schrift angeben – werfen Sie dazu einen Blick auf die Tabelle der Systemschriften in Anhang A.4.1, »font-family«). Außerdem sollten Sie für den Druck – im Gegensatz zur Bildschirmdarstellung – Schriftgrößen in Punkten (pt) angeben.

Eigenschaften für den Druck noch nicht unterstützt

CSS sieht zwar einige Eigenschaften vor, die speziell für die Ausgabe von Dokumenten auf Druckern geeignet sind (z.B. Seitenumbruch). Wenn Sie jedoch einen Blick auf die Unterstützung durch aktuelle Browser werfen, werden Sie feststellen, dass diese Werte aktuell leider ziemlich nutzlos sind. Fast alle diesbezüglichen Eigenschaften werden nur von neuen Opera-Browsern unterstützt.

In CSS3 sind die entsprechenden Anweisungen im Modul »Paged Media« angelegt, das laut W3C im März 2011 den Status »Working Draft« hatte. Das Modul wird mit mittlerer Priorität eingestuft, und die aktuelle Fassung ist vom 10.10.2006. Das macht Mut ...

Mit den dort vorgesehenen Anweisungen könnten Sie an dieser Stelle auch die Seitenränder neu definieren, um beispielsweise einen linken Rand zu schaffen, der Platz für Lochungen bietet.

Navigation ausblenden

Auf jeden Fall können Sie heute die Navigation ausblenden, indem Sie allen Bereichen der Navigation die Eigenschaft display: none zuweisen. Auf einem Ausdruck kann man damit ohnehin nicht viel anfangen.

Das erledigen Sie entweder per Hand, indem Sie die entsprechenden Elemente für jedes Projekt individuell zusammensuchen und im Druck-Stylesheet notieren. Oder Sie verwenden eine Klasse .noprint, die Sie immer schon beim Anlegen der HTML-Struktur an die entsprechenden Elemente hängen. Ersteres ist im Quellcode eleganter, da keine weiteren Zuweisungen benötigt werden, und bringt an einer Stelle im Stylesheet die Informationen darüber zusammen, was im Druck nicht zu sehen sein soll. Die zweite Methode ist in der Umsetzung schneller, da die Klassen beim Anlegen gleich mit vergeben werden und dann nur noch ein allgemeines Druck-Stylesheet erforderlich ist, das Sie für alle Ihre Projekte verwenden können.

Links mit URL anzeigen

Als Nächstes formatieren Sie die Links passend um. Die webtypischen Unterstreichungen entfernen Sie (Unterstreichungen werden von Typografen ohnehin nicht gern gesehen) und setzen stattdessen alle Links fett.

Damit die Verweise auch im Ausdruck noch nützlich sind, können Sie für alle Hyperlinks den kompletten URL angeben. Dazu verwenden Sie das Pseudo-Element :after und die Eigenschaft content. Dies funktioniert allerdings nicht im Internet Explorer 6.

```
6:   body a:link, body a:visited {
7:     font-weight: bold;
8:     text-decoration: none;
9:   }
10:  body a:link:after, body a:visited:after {
11:    content: " (" url(pfeil.gif) attr(href) ") ";
12:    font-weight: normal;
13:    font-size: 80%
14:  }
```
Listing 9.40 Auszeichnung der Links per CSS

Der erste Teil ist recht einfach: Für die Link-Formate :link und :visited wird die Unterstreichung deaktiviert und Fettdruck aktiviert. Das zweite Statement legt fest, dass nach einem Link ein Leerzeichen und eine öffnende Klammer angezeigt wird (" ("), dann ein kleiner Pfeil (url(pfeil.gif)) und der Wert des Attributs href, nämlich die URL des Links. Am Ende wird die Klammer wieder geschlossen. Der ganze eingefügte Text wird in einer etwas kleineren Schrift als der Link selbst und nicht fett angezeigt (siehe Abbildung 9.56).

Statt einer Grafik als Pfeil können Sie natürlich auch ein passendes Schriftzeichen einsetzen. Der Unicode-Zeichensatz liefert eine ordentliche Anzahl an Pfeilen, die Sie verwenden könnten (*http://de.wikipedia.org/wiki/Unicode-Block_Verschiedene_Symbole_und_Pfeile* – Linkcode 0631). Die entsprechende Zeile 11 im Listing sähe dann so aus:

```
11: content: " ( \2B08" attr(href) ") ";
```

Generell sollten Sie im Druck-Stylesheet alle absoluten Angaben zur Breite von Inhaltselementen entfernen und nur prozentuale Werte verwenden.

Abbildung 9.56 Druckdarstellung mit Anzeige der URL

9.6 Arbeiten mit Transparenz

Sehr elegant und leicht können Designelemente wirken, die halbtransparent über anderen liegen. Auch weiche Schatten vermitteln einen solchen Eindruck. Bislang führte der einzige Weg zu solchen Effekten über das Programm Photoshop, indem die Transparenz durch eine entsprechende Auswahl eines passenden Hintergrunds simuliert wurde. Eine sehr mühselige und wenig flexible Methode, die auch nicht in jeden Fall anwendbar ist.

9.6.1 Deckkraft von Ebenen steuern

CSS bietet die Eigenschaft opacity, mit der Sie die Deckkraft einer Ebene festlegen. Auch der Internet Explorer unterstützt diese Eigenschaft, wenn auch sehr unterschiedlich, und auch in der übrigen Browserwelt sind Sondernotationen die Regel, siehe Tabelle 9.8.

Browser	Notation
W3C (offizieller Standard)	opacity
Firefox, Safari 3, Chrome, IE 9	opacity
Mozilla vor Version 1.8	-moz-opacity
Konqueror	-khtml-opacity
Opera 9	opacity
Internet Explorer Version 7	filter: alpha(opacity=xx);
Internet Explorer 8	-ms-filter: "progid:DXImageTransform.Microsoft.Alpha(opacity=xx)"

Tabelle 9.8 Unterstützung von »opacity« in verschiedenen Browsern

Um eine Ebene transparent erscheinen zu lassen, ist also im Moment folgende Notation erforderlich (ich ignoriere dabei ganz alte Browserversionen von Mozilla/Safari):

```
.o50 {
   background: #fff;
   opacity: .50;
   filter: alpha(opacity=50);
   -ms-filter:"progid:DXImageTransform.
   Microsoft.Alpha(opacity=50)"
}
```

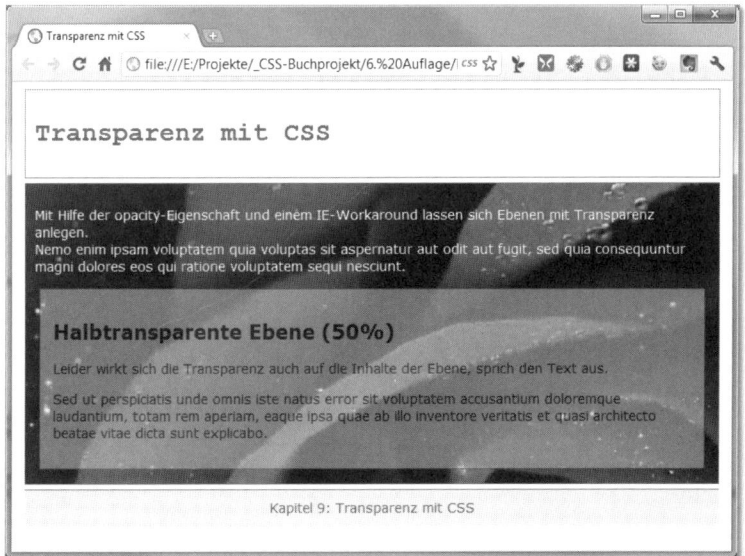

Abbildung 9.57 Halbtransparente Ebene vor Rosenhintergrund

[!] Allerdings nehmen Sie hierbei einen Effekt in Kauf, der oft als Nachteil gesehen wird: Die Transparenz der Ebene bezieht sich auf alle Elemente, die sich innerhalb (im DOM unterhalb) dieser Ebene befinden – die Transparenz wird quasi »vererbt«. Im konkreten Fall bedeutet das, dass der Text, der sich auf der Ebene befindet, auch zu 50 Prozent transparent angezeigt wird.

9.6.2 Ebenentransparenz mit voll deckendem Inhalt

Eine elegante Lösung für Ebenen mit transparentem Hintergrund und voll deckenden Inhalten ist die Verwendung des RGBA-Modells für Hintergrundfarben, siehe auch Anhang B.4.3, »Dezimalwerte rgb(rrr,ggg,bbb)«. Mit der folgenden Anweisung legen Sie die Hintergrundfarbe eines Elements auf Weiß mit einer Transparenz von 50 % fest:

```
background: rgba(255,255,255,0.5);
```

Da hier nicht die Ebene transparent wird, sondern nur der Hintergrund, wirkt sich die Transparenz nicht auf die Inhalte der Ebene aus.

Leider funktioniert diese Methode nicht im Internet Explorer bis einschließlich Version 8 (ab 9 kann er endlich mit RGBA umgehen). Hier hilft nur ein Trick weiter. Indem Sie zwei Ebenen verwenden, die Sie mittels absoluter Positionierung übereinanderlegen, verhindern Sie, dass die Transparenz der einen Ebene die andere Ebene beeinflusst:

```
1:  <!DOCTYPE html>
2:  <html>
3:  <head>
4:  <meta http-equiv="Content-Type" content="text/html;
    charset=utf-8">
5:  <title>Transparenz mit CSS</title>
6:  <link href="basis.css" rel="stylesheet" media="all"
    type="text/css">
7:  <style>
8:  <!--
9:  #main {
10:   background: #CC3333 url(../assets/bgrose.jpg);
11:   color: white;
12: }
13: .o-wrapper {
14:   position: relative;
15:   width: 80%;
16:   height: 12em;
17:   border: none;
18: }
```

```
19: .o50, .text {
20:   color: black;
21:   position: absolute;
22:   top: 0;
23:   left: 0;
24:   width: 100%;
25:   height: 10em;
26:   border: none;
27: }
28: .o50 {
29:   background: #fff;
30:   padding: 1em;
31:   opacity: .50;
32:   filter: alpha(opacity=50); /* für IE6/7 */
33:   -ms-filter: progid:DXImageTransform.Microsoft.Alpha
      (opacity=50); /* für IE8 */
34: }
35: -->
36: </style>
37: </head>
38: <body>
39: <div id="header">
40: <h1>Transparenz mit CSS</h1>
41: </div>
42: <div id="main">
43: <p>Sed ut perspiciatis ... p>
44:    <h2>Unterüberschrift H2</h2>
45:    <p>Nemo enim ipsam voluptatem ... </p>
46:    <div class="o-wrapper">
47:      <div class="o50"></div>
48:      <div class="text">
49:        <h2>Unterüberschrift H2 in einem Kasten</h2>
50:        <p>Sed ut perspiciatis ... </p>
51:      </div>
52:    </div>
53: </div>
54: <div id="footer"> Kapitel 9: Transparenz mit CSS </div>
55: </body>
56: </html>
```

Listing 9.41 Transparenter Hintergrund und voll deckende Schrift

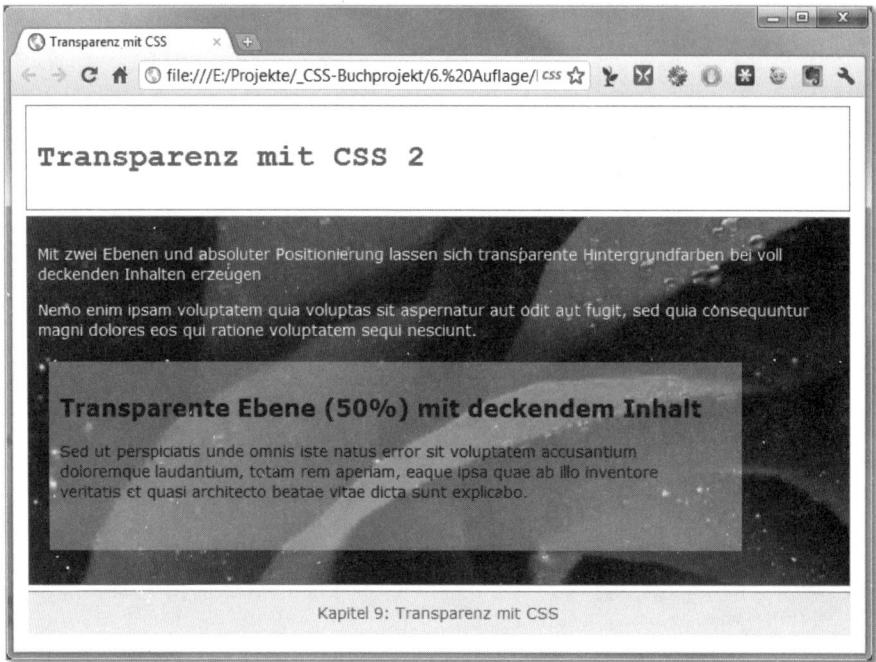

Abbildung 9.58 Volldeckende Schrift gibt es im Internet Explorer <9 nur mit absoluter Positionierung oder Filtern.

Bei der Verwendung dieser Lösung sollten Sie sich allerdings im Klaren darüber sein, dass sich mit der Verwendung absoluter Positionierung das Verhalten der Kästen ändert. Sie müssen den Kästen dann explizit Breite und Höhe zuweisen und können nicht mehr mit unbekannten Textmengen arbeiten. Außerdem erfordert dieser Ansatz bedeutungsloses zusätzliches Markup.

Eine zweite Alternative setzt auf Microsoft-spezifische Filter. Diesmal ist es der Gradient-Filter, den Sie verwenden können.

```
filter:progid:DXImageTransform.Microsoft.gradient(startColorstr=#80F
FFFFF,endColorstr=#80FFFFFF);
```

Dabei nutzen Sie die Möglichkeit, beim Gradient-Filter neben einer Farbe auch eine Transparenz-Information zu übergeben. Wenn Start- und Zielfarbe identisch sind, können Sie so eine transparente Ebene erzeugen. Die Transparenzinformation wird bei startColorstr=#80FFFFFF in den ersten beiden Stellen übergeben. Hier ist der Deckungsgrad in hexadezimaler Schreibweise zu notieren (0 = 0 255 = FF, in diesem Fall 128 = 80).

In diesem Fall müssen Sie auch noch verhindern, dass der Internet Explorer 8 die »Fallback«-Einstellung `background: #fff` zu Gesicht bekommt. Er würde sie nämlich interpretieren und damit den Filtereinsatz nutzlos machen. Daher lassen Sie sie entweder einfach weg (in der Erwartung, dass keine noch älteren Browser bei Ihren Nutzern zum Einsatz kommen), oder Sie überschreiben sie im Stylesheet für den IE8 mit `background: transparent` wieder. Wenn Sie Conditional Comments verwenden, um die Styles für den Internet Explorer abzutrennen, gehören die entsprechenden Anweisungen dort hinein.

9.6.3 PNG: Grafiken mit weichem Verlauf (Alpha-Kanal)

Eine andere Möglichkeit, mit transparenten Hintergründen zu arbeiten, bietet das Grafikformat PNG. Ähnlich wie das bekannte GIF-Format ermöglicht es die Definition transparenter Bereiche. Im Unterschied zu GIF ist dabei nicht nur ein simples »Ein-Aus« möglich, sondern Sie können 256 Stufen der Transparenz verwenden.

Gegenüber der Verwendung von `opacity` oder dem RGBA-Modell können hier Bilder mit Verläufen oder sanft auslaufenden Masken zum Einsatz kommen. Nachteilig ist, dass bei jeder Änderung eine neue Grafik erzeugt werden muss. Insofern ist es sinnvoller, bei gleichmäßig transparenten Flächen auf eine der vorherigen Lösungen zurückzugreifen. Wenn Sie allerdings eine Fläche haben, die unregelmäßige transparente Ausschnitte aufweist, ist der Einsatz von PNG nicht vermeidbar.

Für eine Fläche können Sie die Eigenschaft nutzen, dass Hintergrundgrafiken gekachelt (also vertikal und horizontal wiederholt) werden. Legen Sie in Ihrem Grafikprogramm eine 2 × 2 Pixel große Datei an, und füllen Sie eine Ebene weiß. Reduzieren Sie dann die Ebenendeckkraft auf 50 %, und speichern Sie das Resultat als PNG-Datei. Achten Sie dabei darauf, dass mit Transparenz gespeichert wird. Statt

```
background: #fff;
```

notieren Sie:

```
background: url(../assets/bgweiss50.png);
```

Nachdem diese Lösung lange Zeit nicht verwendbar war, da der Internet Explorer keine Transparenz von PNG-Grafiken unterstützte, kommen inzwischen zumindest die aktuellen Versionen des Internet Explorers (>6) damit klar.

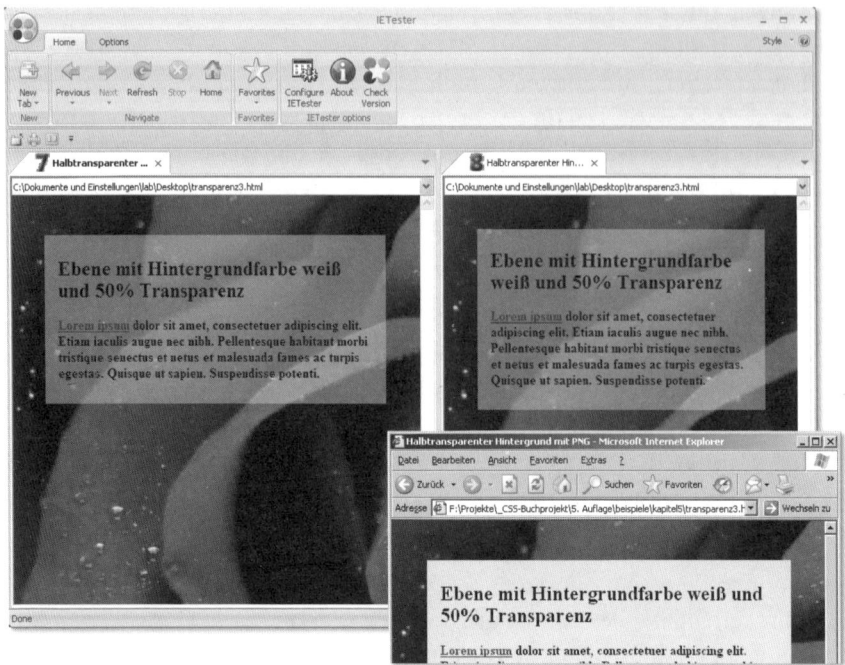

Abbildung 9.59 Im Internet Explorer 7 und 8 sieht die PNG-Unterstützung gut aus. Im Internet Explorer 6 ist immerhin alles lesbar.

Um auch den Internet Explorer 6 zu bedienen, muss wieder ein Filter her:

```
1:  .o50 {
2:      padding: 0.5em 1em;
3:      width: 25em;
4:      filter: progid:DXImageTransform.Microsoft.
            AlphaImageLoader(enabled=true, sizingMethod=scale,
            src='../assets/bgweiss50.png');
5:  }
6:  a {
7:      position: relative;
8:  }
```

Listing 9.42 Transparente PNGs im Internet Explorer

Da sich der Filter über die Links legt (und deren Anklicken verhindert), müssen Sie mit Hilfe von `position: relative` die Links wieder »nach oben rücken«. Es scheint, als ob sich der Filter irgendwo zwischen der Ebene der statisch positionierten Elemente und absolut oder relativ positionierten Elemente befände. Das gleiche Problem tritt auch bei anderen aktiven Elementen, wie zum Beispiel Formularelementen, auf; auch hier hilft die obige Methode.

9.7 Arbeiten mit Grafiken

9.7.1 Grafiken per CSS beschneiden

Grafiken lassen sich mittels CSS auf drei Arten beschneiden:

- Liegt eine Grafik in einem eigenen Kasten, so begrenzt dieser bei entsprechender Einstellung der Eigenschaft `overflow` den sichtbaren Bereich und damit auch die Grafik.
- Als Hintergrund eingesetzte Grafiken werden immer nur in den Grenzen des Elements angezeigt, dem sie als Hintergrund zugeordnet sind.
- Die Eigenschaft `clip` ermöglicht es hingegen, den Ausschnitt eines Elements direkt zu beschneiden.

Die Syntax für `clip` sieht so aus:

```
clip: rect([obere Kante], [rechte Kante], [untere Kante], [linke Kante]);
```

Dabei werden seit CSS 2.1 alle Werte von der linken oberen Kante gemessen.

Einen rechteckigen Ausschnitt (im Moment sind nur Rechtecke möglich) mit den Abmessungen 400 Pixel × 200 Pixel und einem Abstand von 20 Pixeln nach oben und 10 Pixeln nach links von der oberen linken Ecke des Elements würden Sie so notieren:

```
clip: rect(20px, 410px, 220px, 10px);
```

Damit die Eigenschaft wirkt, muss das beschnittene Element auch noch mit `position: absolute` ausgezeichnet sein.

Im Dokument nimmt das beschnittene Element immer noch den Platz ein, den es ohne Beschnitt benötigt. [!]

Kommentieren Sie einmal im Beispiel *09_overflow.html* die Zeile `position: absolute` aus, und laden Sie das Dokument neu. Sie sehen, dass das Bild seine Position nicht verändert.

9.7.2 CSS-Sprites

Der Begriff »Sprite« stammt noch aus Zeiten, in denen Computer mit wenig Speicher ausgestattet waren, und bezeichnet eine Grafik, die unabhängig vor einem Hintergrund bewegt wird. CSS-Sprites sind Grafiken, die in einer größeren Grafik mehrere benötigte kleine Grafiken enthalten. Dieses Verfahren verbessert auf zwei Wegen die Geschwindigkeit der Website:

- Statt vieler Anfragen an den Server ist nur noch eine einzige Anfrage erforderlich.
- Mit der ersten Anfrage sind auch gleich alle benötigten (Teil-)Grafiken geladen und können verzögerungsfrei angezeigt werden.

Es muss natürlich jetzt bei der ersten Anfrage ein größeres Bild geladen werden als für das erste Einzelbild erforderlich. Bei kleinen Bildern spielt dies aber keine große Rolle.

Um CSS-Sprites zu nutzen, müssen Sie eine entsprechende Grafik im Grafikprogramm vorbereiten und können dann durch die Positionierung oder die im vorherigen Abschnitt beschriebenen Techniken einen Ausschnitt einblenden. Ich habe das Prinzip auch in Abschnitt 9.7.2, »CSS-Sprites«, am Beispiel eines Menüs mit Hover-Zuständen erklärt. Es eignet sich aber auch gut für die Verwendung von Icons. Sehen Sie sich einmal die Webseite in Abbildung 9.60 an.

Abbildung 9.60 Link-Kennzeichnung per Icon

Um die Art der Links auszuzeichnen, werden mehrere kleine Grafiken, die per CSS den durch Klassen gekennzeichneten Links vorangestellt werden, verwendet.

```
.extLink {
    background: transparent url(../assets/icon_link.gif)
    no-repeat center left;
}
```

Wenn Sie diese Einzelgrafiken in einer einzigen großen Grafik zusammenfassen, steht deren zusätzliche Dateigröße in keinem Verhältnis zu dem Performancegewinn durch vermiedene Serveranfragen.

Dazu benötigen Sie eine Grafik wie in Abbildung 9.61, in der alle benötigten Symbole enthalten sind.

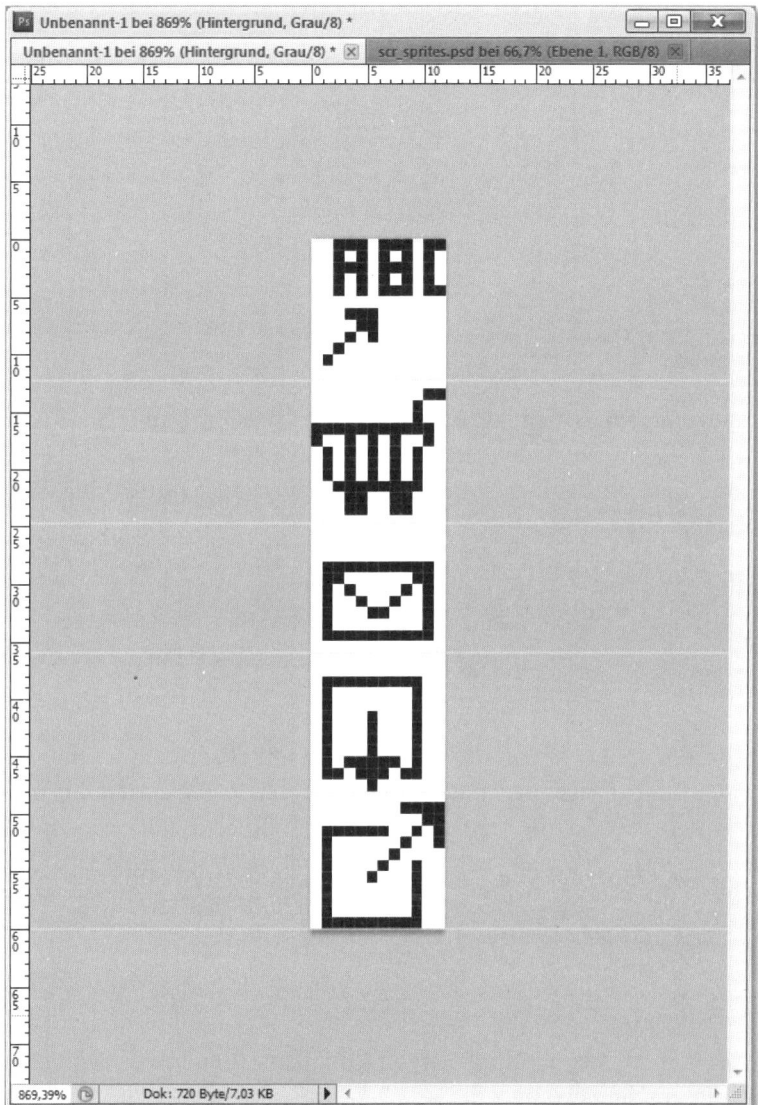

Abbildung 9.61 Alle Bildzustände werden – mit etwas Platz – in einer Datei gespeichert.

Da bei Link-Icons meist nicht genau bekannt ist, wie viel Platz zur Verfügung steht, legen Sie die Sprite-Grafik mit großzügigen Platzreserven an. Bei einer GIF-Komprimierung vergrößern einfarbige Flächen die Dateien so gut wie nicht. Das Markup sieht dann so aus:

9 | Styling mit CSS

```
1:   <!DOCTYPE html>
2:   <html>
3:   <head>
4:   <meta http-equiv="Content-Type" content="text/html;
     charset=utf-8">
5:   <title> Icons als CSS-Sprites </title>
6:   <link href="basis.css" rel="stylesheet" media="all"
     type="text/css">
7:   <style>
8:   <!--
9:   a {
10:    color: black;
11:    padding-left: 15px;
12:    border-bottom: 1px solid black;
13:   }
```

Hier werden allgemeine Einstellungen für alle Links notiert. Damit die Bilder auch unterstrichen sind, verwende ich statt des üblichen `text-decoration: underline` einen unteren Rahmen. Mittels `padding` schaffe ich links vom Link Platz für das Icon.

```
14:  .glossar {
15:    background: transparent url(../assets/icon_sprites.gif)
       no-repeat 0 0;
16:    border-bottom: 1px dotted black;
17:  }
```

Hier nun das erste Icon. Da es sich um das oberste Symbol aus dem Sprite handelt, müssen Sie es nicht gesondert positionieren. Dieses Icon markiert Glossar-Links. Da Sie im vorigen Schritt die Unterstreichung mittels `border` umgesetzt haben, können Sie jetzt auch diese formatieren, z. B. als unterbrochene Linie.

```
18:  .shop {
19:    background: transparent url(../assets/icon_sprites.gif)
       no-repeat 0 -22px;
20:  }
```

Ab dem zweiten Icon müssen Sie die Gesamtgrafik entsprechend verschieben. Da Sie alle Icons untereinander angeordnet haben, müssen Sie nur die vertikale Komponente verändern.

```
21:  .email {
22:    background: transparent url(../assets/icon_sprites.gif)
       no-repeat 0 -46px;
23:  }
24:  .download {
```

```
25:    background: transparent url(../assets/icon_sprites.gif)
       no-repeat 0 -70px;
26:  }
27:  .extLink {
28:    background: transparent url(../assets/icon_sprites.gif)
       no-repeat 0 -96px;
29:  }
30:  -->
31:  </style>
32:  </head>
33:  <body>
34:  <div id="header">
35:  <h1>Icons als CSS-Sprites</h1>
36:  </div>
37:  <div id="main">
38:  <p>In diesem Abschnitt gibt es viele <a
     class="extLink">externe Links</a> sowie <a
     class="download">Downloads</a>. Außerdem werden <a
     class="email">E-Mails</a> gekennzeichnet und man kann
     auch etwas <a class="shop">bestellen</a>.</p>
39:  <p>Das Prinzip ist auch für <a class="glossar">
     Fachbegriffe aus einem Glossar</a> anwendbar.</p>
40:  </div>
41:  <div id="footer"> Kapitel 9: CSS-Sprites </div>
42:  </body>
43:  </html>
```

Listing 9.43 CSS-Sprites sparen Serveranfragen.

CSS-Sprites eignen sich immer dann, wenn vergleichsweise kleine Grafiken in großer Anzahl vorkommen oder bei Benutzerinteraktion verändert werden sollen:

- Sammlung von Icons (für Links, Dateitypen, Produkte oder Funktionen)
- Menüstadien (Mouseover) für die Navigation
- Schmuckelemente wie Hintergründe oder Rahmen

Der Online-CSS-Sprite-Generator (*http://de.spritegen.website-performance.org/*, Linkcode 0632) erspart Ihnen die Mühe, mehrere Grafiken selbst zu einem Gesamtbild zusammenzusetzen. Sie laden die zu verwendenden Einzelbilder als ZIP-Archiv hoch, und der Generator erstellt Ihnen das Gesamtbild. Dabei können Sie Abstände und Ausrichtung sowie das Ausgabeformat bestimmen und das Gesamtbild auch noch skalieren, falls nötig.

9.7.3 Mehrfache Hintergründe (CSS3)

Eine neue Funktion, die mit CSS3 eingeführt wurde, sind mehrfache Hintergrundgrafiken. Während es bis heute so ist, dass Entwickler oft händeringend nach Elementen suchen, um etwas zu haben, an das sie Hintergrundgrafiken binden können (und oft genug dem Code semantisch unnötige Elemente hinzufügen), hat das W3C ein Einsehen gehabt und sieht in CSS3 vor, dass ein Element mehrere Hintergründe haben kann.

Die Syntax für diese Funktion ist sehr einfach – die Eigenschaften der unterschiedlichen Hintergründe werden, per Kommata voneinander getrennt, nacheinander notiert:

```
background:
   url(bg_01.gif) no-repeat  top left,
   url(bg_02.gif) no-repeat  top right,
   url(bg_03.gif) no-repeat  bottom left,
   url(bg_04.gif) no-repeat  bottom right;
```

Dabei wird der zuerst genannte Hintergrund als oberster gezeigt; die folgenden Grafiken werden darunter angeordnet.

```
 1:   <!DOCTYPE html>
 2:   <html>
 3:   <head>
 4:   <meta http-equiv="Content-Type" content="text/html;
      charset=utf-8">
 5:   <title>Matroschkas in Bewegung</title>
 6:   <link href="basis.css" rel="stylesheet" media="all"
      type="text/css">
 7:   <style>
 8:   <!--
 9:   #main {
10:     background: #d96804 url(../assets/matroschka_01.png)
        no-repeat 200px bottom;
```

Die erste Hintergrund-Definition dient als Sicherheit für den Internet Explorer – so bekommt er wenigstens etwas zu sehen.

```
11:     background: url(../assets/matroschka_01.png) no-repeat
        200px bottom, url(../assets/matroschka_02.png)
        no-repeat bottom right, url(../assets/muster.png);
12:     color: white;
13:     font-weight: bold;
14:     height: 400px;
15:   }
16:   -->
```

```
17: </style>
18: </head>
19: <body>
20: <div id="header">
21: <h1>Mehrfache Hintergrundgrafiken</h1>
22: </div>
23: <div id="main">
24: <p>Matroschkas in Bewegung</p>
25: </div>
26: <div id="footer"> Kapitel 9: Mehrfache Hintergründe</div>
27: </body>
28: </html>
```
Listing 9.44 Mehrfache Matroschkas

Die Staffelung der Hintergründe wird offensichtlich, wenn Sie das Browserfenster stark verkleinern. Durch die Anordnung unterschiedlich positionierter Hintergrundbilder lassen sich interessante Effekte erzielen: Sehen Sie sich einmal die Datei *09_multiple_background_02.html* an, und verändern Sie die Breite des Browserfensters. Ein tolles Beispiel für den Einsatz mehrfacher Hintergründe ist die Website *http://silverbackapp.com/* (Linkcode 0633), siehe Abbildung 9.62.

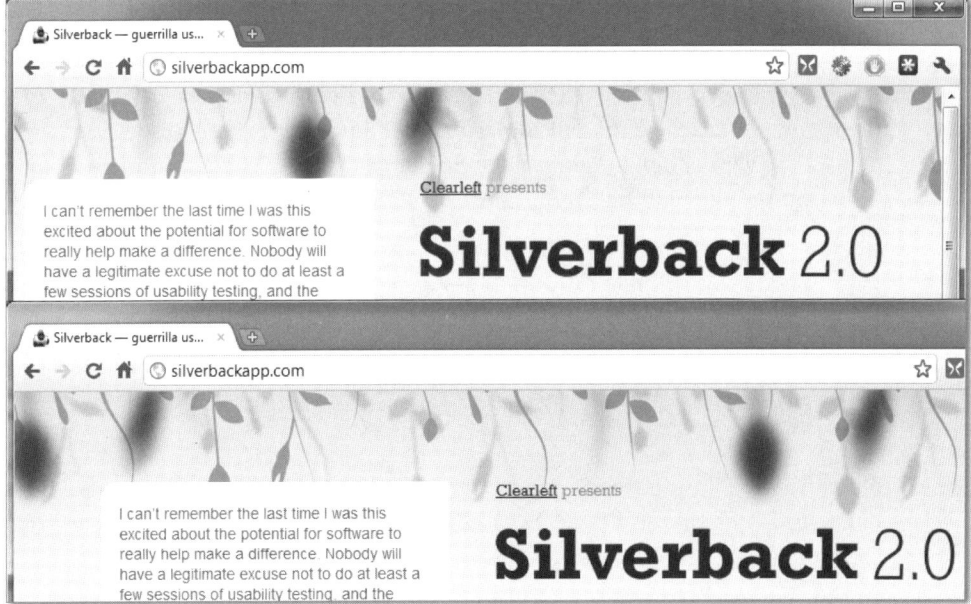

Abbildung 9.62 Beachten Sie die unterschiedliche Positionierung der verschiedenen Blätter-Ebenen (sehen Sie es sich aber besser live an).

Beachten Sie die Blätter am oberen Bildschirmrand beim Skalieren des Browserfensters. Clever, nicht wahr? Hier ist der Effekt noch mit Hilfe dreier unterschiedlicher Elemente umgesetzt (body, .outer und .inner). Mit CSS3-Hintergründen reicht ein Element für einen solchen Effekt.

Kompatibilität mehrfache Hintergründe

Firefox	Internet Explorer	Chrome	Safari	Opera
3.6	9	4	✓	10

9.7.4 Grafiken präsentieren – die CSS-Bildergalerie

Das Layout von Bildergalerien wurde »traditionell« mit Tabellen erstellt. Dabei wurden sogenannte Thumbnails (kleine Vorschaubilder) in einem Gitter angezeigt. Die Bilder waren mit Unterschriften versehen und auf die Fotos in Originalgröße verlinkt.

Im Tabellenlayout wurde jedes Bild in eine Tabellenzelle gesetzt und jeder Bildunterschrift ebenfalls eine Tabellenzelle spendiert. Heutzutage können Sie dieses Layout ohne Tabellen mittels CSS realisieren. Es ist sogar besser, da es sich automatisch an die Seitenbreite anpasst.

Erster Schritt: <dl> statt <td>

An die Stelle der alten Tabellenzellen setzen Sie ein inzwischen bekanntes Element ein: die Liste. Da zu den Bildern auch Bildunterschriften gespeichert werden sollen, verwenden Sie aber nicht eine ungeordnete Liste, sondern ein relativ unbekanntes Element: die Definitionsliste <dl>.

In einer Definitionsliste besteht ein Element aus einem zu definierenden Term <dt> und einer Definitionsbeschreibung <dd>:

```
<dl>
   <dt>Liste</dt>
   <dd>Menge von Einträgen</dd>
</dl>
```

Obwohl eine Bildunterschrift streng genommen nicht die Definition eines Bildes darstellt, zeigen die auf der Website des W3C beschriebenen Beispiele, dass eine Definitionsliste großzügig eingesetzt werden kann.

Ebenso möglich sind aber ungeordnete Listen

```
<ul>
   <li><img /><span>Bildunterschrift</span></li>
</ul>
```

oder auch `<div>`-Container, in die Sie die Bilder und Unterschriften einsetzen:

```
<div>
   <img /><span>Bildunterschrift</span>
</div>
```

Beginnen Sie mit einer einfachen Galerie mit Definitionslisten:

```
 1:   <!DOCTYPE html>
 2:   <html>
 3:   <head>
 4:   <meta http-equiv="Content-Type" content="text/html;
      charset=utf-8">
 5:   <title>Bildergalerie mit Definitionsliste</title>
 6:   <link href="basis.css" rel="stylesheet" media="all"
      type="text/css">
 7:   <style>
 8:   <!--
 9:   #main {
10:     overflow: auto;
11:   }
12:   dl {
13:     float: left;
14:     margin: 10px;
15:   }
16:   dt {
17:     line-height: 0;
18:   }
19:   dd {
20:     padding: 2px;
21:     font-size: 0.8em;
22:     width: 146px;
23:     height: 60px;
24:     background: #555;
25:     color: #fff;
26:     margin: 0;
27:   }
28:   -->
29:   </style>
30:   </head>
```

```
31: <body>
32: <div id="header"> <h1>Bildergalerie mit
    Definitionsliste</h1> </div>
33: <div id="main">
34: <dl>
35:   <dt><img src="../assets/bild1.gif" height="150"
      width="150" alt="Bild1"></dt>
36:   <dd>Das ist Bild 1 und Bild 1 hat eine ziemlich lange
      Beschreibung</dd>
37: </dl>
38: <dl>
39:   <dt><img src="../assets/bild2.gif" height="150"
      width="150" alt="Bild2"></dt>
40:   <dd>Das ist Bild 2</dd>
41: </dl>
42: <dl>
43:   <dt><img src="../assets/bild3.gif" height="150"
      width="150" alt="Bild3"></dt>
44:   <dd>Das ist Bild 3</dd>
45: </dl>
46: <dl>
47:   <dt><img src="../assets/bild4.gif" height="150"
      width="150" alt="Bild4"></dt>
48:   <dd>Das ist Bild 4</dd>
49: </dl>
50: </div>
51: <div id="footer"> Kapitel 8 : Bildergalerie </div>
52: </body>
53: </html>
```

Listing 9.45 Bildergalerie mit Definitionslisten

Ein Problem hierbei sind lange Bildunterschriften. Leider ist es nicht möglich, diese passend umzubrechen, ohne dem Element eine feste Breite zu geben. Da aber in der Regel die Bilder ohnehin eine feste Breite haben, spielt diese Einschränkung in der Praxis eine geringere Rolle.

Im Gegensatz zu einer Tabelle ist das Layout flexibel und passt sich der Browserbreite an. Verändern Sie das Browserfenster, dann sehen Sie, was ich meine!

Abbildung 9.63 Flexible Bildergalerie mit Definitionslisten

Gruppierte Galerien mit verschachtelten Listen

Eine andere Art der Auszeichnung sind ungeordnete Listen. Mit ihnen können Sie auch ganz unkompliziert Gruppen von Bildern zusammenfassen, beispielsweise nach Themen geordnet. Dazu müssen Sie nur eine verschachtelte Liste verwenden, und Sie erhalten auch die logischen Zusammenhänge zwischen den Gruppen.

```
1:  <!DOCTYPE html>
2:  <html>
3:  <head>
4:  <meta http-equiv="Content-Type" content="text/html;
    charset=utf-8">
5:  <title>Bildergalerie mit verschachtelter Liste</title>
6:  <link href="basis.css" rel="stylesheet" media="all"
    type="text/css">
7:  <style>
```

```
 8:   <!--
 9:   #main {
10:    overflow: auto;
11:   }
12:   ul {
13:    list-style: none;
14:   }
15:   ul ul {
16:    padding: 0;
17:   }
18:   li {
19:    float: left;
20:    margin: 10px;
21:    padding: 10px;
22:    background: #ddd;
23:   }
24:   li p {
25:    font-size: 1.1em;
26:    font-weight: bold;
27:    margin: 0 10px;
28:   }
29:   li li {
30:    line-height: 0;
31:    margin: 0;
32:   }
33:   li li img {
34:    display: block; /* fix for ie whitespace bug */
35:   }
36:   li li p {
37:    line-height: 140%;
38:    padding: 3px;
39:    margin: 0;
40:    font-size: 0.8em;
41:    font-weight: normal;
42:    width: 144px;
43:    height: 60px;
44:    background: #555;
45:    color: #fff;
46:   }
47:   -->
48:   </style>
49:  </head>
```

```
50: <body>
51: <div id="header"> <h1>Bildergalerie mit verschachtelten
    Listen </h1> </div>
52: <div id="main">
53: <ul>
54: <li>
55:   <p>Gruppe 1</p>
56:   <ul>
57:     <li><img src="../assets/bild1.gif" height="150"
        width="150" alt="Bild1">
58:       <p>Das ist Bild 1 und Bild 1 hat eine ziemlich
          lange Beschreibung</p>
59:     </li>
60:     <li><img src="../assets/bild2.gif" height="150"
        width="150" alt="Bild2">
61:       <p>Das ist Bild 2</p>
62:     </li>
63:   </ul>
64: </li>
65: <li>
66:   <p>Gruppe 2</p>
67:   <ul>
68:     <li><img src="../assets/bild3.gif" height="150"
        width="150" alt="Bild3">
69:       <p>Das ist Bild 3</p>
70:     </li>
71:     <li><img src="../assets/bild4.gif" height="150"
        width="150" alt="Bild4">
72:       <p>Das ist Bild 4</p>
73:     </li>
74:   </ul>
75: </li>
76: </ul>
77: </div>
78: <div id="footer"> Kapitel 9 : Bildergalerie </div>
79: </body>
80: </html>
```
Listing 9.46 Bildergalerie mit verschachtelten Listen

Abbildung 9.64 So sieht die fertige Bildergalerie mit Gruppen aus.

Zum Abschluss noch eine Bildergalerie mit grafisch gestalteten Hintergründen, Rollover-Effekt und einer eingeblendeten Lupe zur Vergrößerung.

```
 1:   <body>
 2:   <div id="header"> <h1>Bildergalerie mit verschachtelten
      Listen </h1> </div>
 3:   <div id="main">
 4:   <ul>
 5:   <li><a href="#"><img src="../assets/bild1.gif"
      alt="Bild1" width="125" height="125" border="0"><hr></a>
 6:     <p>Das ist Bild 1</p>
 7:   </li>
 8:   <li><a href="#"><img src="../assets/bild2.gif"
      alt="Bild2" width="125" height="125"
      border="0"><div></div></a>
 9:     <p>Das ist Bild 2</p>
10:   </li>
11:   <li class="lupe1"><a href="#"><img
      src="../assets/bild3.gif" alt="Bild3" width="125"
      height="125" border="0"></a>
12:     <p>Das ist Bild 3</p>
13:   </li>
14:   <li class="lupe2" ><a href="#"><img
```

```
            src="../assets/bild4.gif" alt="Bild4" width="125"
        height="125" border="0"></a>
15:     <p>Das ist Bild 4</p>
16:   </li>
17:   </ul>
18: </div>
19: <div id="footer"> Kapitel 9 : Bildergalerie </div>
20: </body>
```
Listing 9.47 HTML-Code für eine schicke Bildergalerie

Vom HTML-Code her unterscheidet sich das Beispiel kaum vom vorherigen. Ich habe aus Gründen der Übersichtlichkeit nur eine Ebene verwendet, und die Bilder sind diesmal verlinkt, z. B. auf vergrößerte Darstellungen. Sie sehen beim ersten Bild ein `<hr />` und beim zweiten Bild ein `<div></div>` – deren Bewandtnis erkläre ich gleich.

Sie verwenden diesmal das `<li>`-Element, um einen Diarahmen zu simulieren.

```
1:  li {
2:    float: left;
3:    margin: 10px;
4:    width: 200px;
5:    height: 200px;
6:    line-height: 0;
7:    background-color: #444;
8:    background: url(../assets/dot.png) no-repeat 10px 10px,
9:        url(../assets/dot.png) no-repeat 175px 10px,
10:       url(../assets/dot.png) no-repeat 10px 175px,
11:       url(../assets/dot.png) no-repeat 175px 175px,
12:       -webkit-radial-gradient(20px 30px, circle
       farthest-corner, black, gray);
13:   background:  -moz-radial-gradient(20px 30px, circle
       farthest-corner, black, gray);
14:   -webkit-border-radius: 10px;
15:   -moz-border-radius: 10px;
16:   border-radius: 10px;
17:   -webkit-box-shadow: 1px 1px 2px rgba(128,128,128,0.6);
18:   -moz-box-shadow: 1px 1px 2px rgba(128,128,128,0.6);
19:   box-shadow: 1px 1px 2px rgba(128,128,128,0.6);
20: }
```
Listing 9.48 CSS für die Darstellung der Diarahmen

Dabei verwenden Sie einen radialen Hintergrundverlauf von Schwarz auf Dunkelgrau. Für ältere Browser gibt es eine flache Farbe (oder Sie verwenden die in

Abschnitt 9.6.3, »PNG: Grafiken mit weichem Verlauf [Alpha-Kanal]«, angesprochenen IE-Filter). Die Eckenrundung übernimmt CSS genauso wie einen leichten Schatten, um den Rahmen plastischer erscheinen zu lassen. Zusätzlich nutzen Sie die Möglichkeit von CSS3, mehrere Hintergründe anzeigen zu lassen, um den Rahmen mit vier (zumindest für meine Diarahmen) typischen Einprägungen zu versehen.

```
 1:   li a {
 2:     margin: auto;
 3:     width: 125px;
 4:     margin-top: 30px;
 5:     padding: 1px;
 6:     display: block;
 7:     -webkit-box-shadow: -1px -1px 2px
          rgba(128,128,128,0.6);
 8:     -moz-box-shadow: -1px -1px 2px rgba(128,128,128,0.6);
 9:     box-shadow: -1px -1px 2px rgba(128,128,128,0.6);
10:   }
```
Listing 9.49   Listing 9.48:Schatten für die Dia-Rahmen

Darüber werden dann die verlinkten Bilder (im `<a>`-Element) gelegt. Das 1-Pixel-`padding` dient als Platzhalter für den späteren Hover-Effekt. Bei Überstreichen mit der Maus soll ein weißer Rahmen um das Bild gelegt werden. Damit das kein unschönes »Zucken« verursacht, muss vorher der benötigte Platz (für die 1 Pixel Rahmenbreite) »weggesperrt« sein.

Damit die Benutzer auch wissen, was beim Anklicken der Grafik passiert (nämlich die Anzeige einer vergrößerten Version), können Sie eine Lupe in das Bild einfügen – zum Beispiel in der unteren rechten Ecke. Oft wird so etwas direkt in das Bild eingerendert oder unter dem Bild angezeigt. Letzteres ist einfach: Dazu vergeben Sie eine Klasse `.lupe` (wenn alle Grafiken in Listen diese Funktion haben sollen, brauchen Sie sogar nur `li p` zu schreiben) und fügen dem Stylesheet die folgende Definition hinzu:

```
1:   li.lupe p {
2:     min-height: 20px;
3:     background: url(lupe.gif) no-repeat top right;
4:   }
```

Der Internet Explorer vor der Version 7 versteht `min-height` nicht, daher müssen Sie für ihn gegebenenfalls `height: 20px` angeben. Oder Sie achten darauf, dass die Grafik der Lupe nicht größer wird, als die Textzeile hoch ist.

Schwieriger wird es, wenn Sie die Lupe in das Bild einblenden wollen. Das grundsätzliche Vorgehen besteht darin, ein Element zu nehmen, mit der Lupe als

Hintergrund auszustatten und dann über das Bild zu schieben. Ich habe dazu zunächst das `<hr>`-Element gewählt. Mit der Definition

```
1:   a:hover hr {
2:     display: block;
3:     position: absolute;
4:     height: 20px;
5:     width: 20px;
6:     bottom: 0;
7:     right: 0;
8:     border: none;
9:     background: url(lupe.gif);
10:  }
```

wird es beim Rollover des umgebenden Links eingeblendet, absolut zu seinem Eltern-Element (dem Link) positioniert und dann in der unteren rechten Kante platziert. Vorher wollen Sie es nicht sehen:

```
11:  a hr {
12:    display: none;
13:  }
```

Listing 9.50   Einblendung einer Lupe durch zusätzliche Elemente

Damit die Positionierung funktioniert, muss auch das übergeordnete (Eltern-)Element noch eine Positionierung erhalten – Sie erinnern sich an die Definition der absoluten Positionierung? Falls nicht, so lesen Sie bitte noch einmal in Abschnitt 7.1, »Die Positionierungsart ›position‹«, nach. Die Angabe `position: relative` erledigt das Problem und verändert das Element nicht, da keine Werte für `top`, `bottom`, `right` oder `left` angegeben sind.

Leider zeigt der Internet Explorer 7 bei der Verwendung von `<hr />` unschöne Standardrahmen an, die sich nicht abschalten lassen. Wenn Sie statt `<hr />` `<div></div>` benutzen, funktioniert die Technik browserübergreifend.

Einen Schönheitsfehler hat die Technik allerdings noch: Sie fügt dem HTML-Dokument bedeutungsloses Markup hinzu (`<hr />` bzw. das leere `<div>`). Sehr viel eleganter und im Sinne der Sache wäre es, wenn Sie die Lupe ohne solche Hilfen anbringen könnten. CSS liefert auch dazu passende Mittel: *Generated Content* (siehe auch Anhang A.3.1, »Inhaltserzeugung«, in der Referenz«). Die Anweisung

```
1:   li.lupe1 a:hover:after {
2:     content: url(../assets/lupe.gif);
3:     display: block;
4:     position: absolute;
```

```
 5:    height: 20px;
 6:    width: 20px;
 7:    bottom: 0px;
 8:    right: 0px;
 9:    border: none;
10:    z-index: 100;
11: }
```

hängt an das Element `<a>` beim Rollover (`:hover`) innerhalb von `<li class="lupe1">` einen Inhalt an (`:after`), und zwar `content: url(../assets/lupe.gif);`.

Gleichzeitig dunkeln Sie mit

```
12: a:hover img {
13:    opacity: 0.7;
14: }
```

Listing 9.51 Generierte Lupe und Bildabdunkelung

das Bild selbst etwas ab, damit die Lupe besser zur Geltung kommt.

Bei diesen Tricks muss der Internet Explorer 7 allerdings passen – er beherrscht keinen generierten Inhalt. Das Ergebnis ist ein gutes Beispiel für Progressive Enhancement. In älteren Browsern ergibt es eine einfachere, aber vollständig benutzbare Galerie, während moderne Browser die Möglichkeiten von CSS3 voll ausschöpfen.

Abbildung 9.65 Galerie in Chrome und IE7

9.8 CSS-Effekte

9.8.1 »Runde Ecken«

Spätestens seit dem Web 2.0-Hype gehören abgerundete Ecken für Kästen zum Standardrepertoire des Webdesigns. Mit Hilfe von CSS lassen sich »runde Ecken« auf drei Arten erzeugen:

- Mit der Eigenschaft `border-radius`
- Über mehrfache Hintergründe
- Mit Hilfe von mehreren Elementen

Am einfachsten ist es, die dafür vorgesehene Eigenschaft `border-radius` zu verwenden. Mit

```
.rundeEcken {
   border-radius: 10px;
}
```

erzeugen Sie eine 10 Pixel messende Abrundung des entsprechenden Elements.

Die Abrundung lässt sich auch einzeln für die Ecken eines Kastens angeben (beginnend oben links und dann weiter im Uhrzeigersinn):

```
border-radius: 4px 10px 2px 0;
```

oder nur für eine Ecke:

```
border-bottom-left-radius: 2px;
```

bzw.

```
border-top-right-radius: 10px;
```

Mit einer entsprechenden Notation können Sie sogar Kreise erzeugen:

```
.kreis {
   height: 50px;
   width: 50px;
   border-radius: 50px;
}
```

Leider können der Internet Explorer 8 und seine Vorgänger noch nichts mit `border-radius` anfangen, so dass Sie entweder eine entsprechende Skriptlösung (siehe Abschnitt 14.7.2, »JavaScript zur Erweiterung der Browserfähigkeiten nutzen«) wählen müssen oder einen anderen Ansatz.

Abbildung 9.66 Sogar Kreise sind per »border-radius« realisierbar.

Kompatibilität border-radius

Firefox	Internet Explorer	Chrome	Safari	Opera
3[1]	9	4[2]	3[2]	10.5
Bemerkungen: [1] mit browserspezifischem Präfix: -moz- [2] mit browserspezifischem Präfix: -webkit-				

Ein Beispiel für den Einsatz von border-radius finden Sie in Abschnitt 9.2.3, »Horizontale Menüs«.

9.8.2 CSS-Schatten

Ein weiterer Effekt, mit dem sich Webentwickler seit Jahren plagen, ist der (»weiche«) Schatten. Schatten für Kästen lassen sich mit zwei Methoden anlegen:

- über die CSS-Eigenschaften border und box-shadow
- mit Hintergrundgrafiken

Als Erstes zeige ich Ihnen die CSS-Eigenschaft `border`. Eine sehr einfache Methode ist es, wie in Abbildung 9.67 einen soliden Schatten mit einer Rahmenfarbe zu bilden

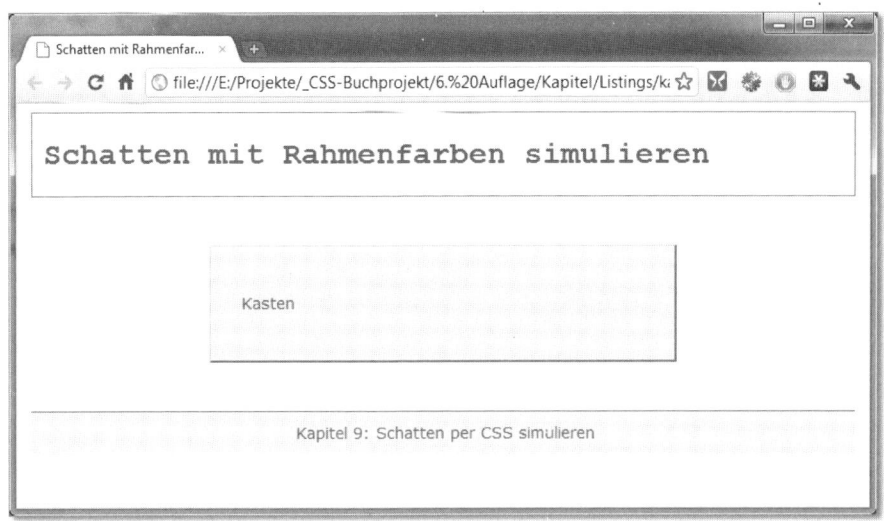

Abbildung 9.67 Einfacher Schatten durch Rahmenfarbe simuliert

Das sieht im CSS so aus:

```
1:   .shadow {
2:     width: 50%;
3:     margin: 2em auto;
4:     padding: 2em;
5:     background-color: #efefef;
6:     border-top: 1px solid lightgray;
7:     border-left: 1px solid lightgray;
8:     border-right: 2px solid gray;
9:     border-bottom: 2px solid gray;
10:  }
```

Listing 9.52 CSS für einfachen Schatteneffekt

Diese Methode ist sehr begrenzt – weiche Schatten lassen sich so gar nicht darstellen. Für weiche Schatten können Sie die Eigenschaft `background` in Verbindung mit einer Grafik einsetzen. Wenn Sie genau wissen, wie groß der Kasten werden wird, können Sie die Grafik exakt passend anlegen. Oftmals ist es aber vorher nicht bekannt, oder eventuell ändert sich die Kastengröße je nach Benutzereinstellungen ändern (z. B. immer dann, wenn Sie Werte wie em oder % verwenden). Dann müssen Sie die Schattengrafik mit Übermaß erstellen.

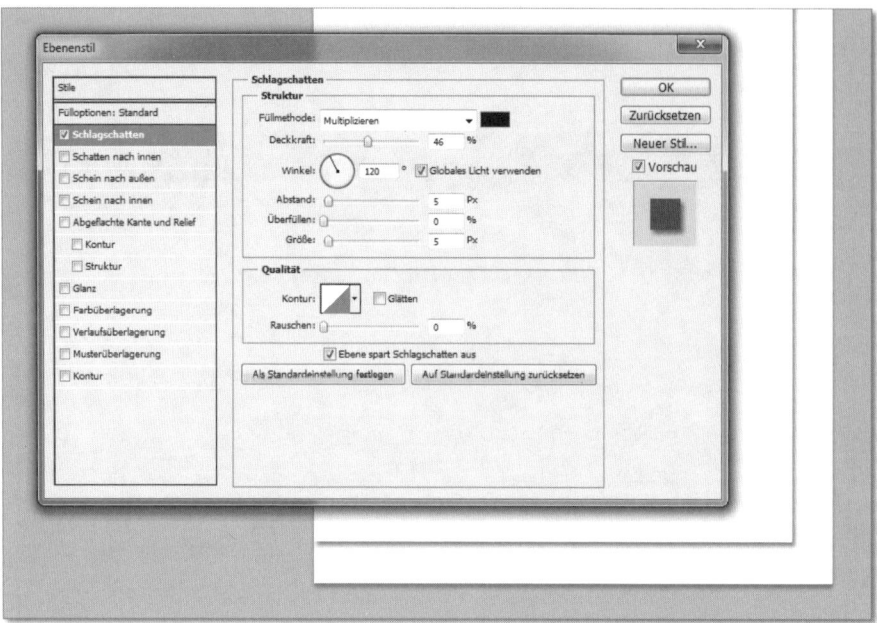

Abbildung 9.68 Legen Sie die Hintergrundgrafik in Photoshop mit Übermaß an.

Wenn Sie eine Grafik im 24-Bit-PNG-Format verwenden, können Sie auch einen Schatten vor transparentem Hintergrund speichern, so dass Sie später in der Farbe des Hintergrunds flexibel sind. Ebenso ist es jetzt möglich, den Kasten beliebig (bzw. im Rahmen der von Ihnen mit Übermaß angelegten Schattengrafik) zu verändern.

Es bleiben aber auch mit dieser Methode ein paar Nachteile:

1. Es ist nicht mehr möglich, dem Kasten einen Rahmen zu geben – dieser würde über den Schatten hinauslaufen (probieren Sie es einmal an der Beispieldatei */listings/kap09/09_52_shadow-background.html* aus).
2. Sie können entweder keine Hintergrundfarbe per CSS für die Box vergeben oder für den Hintergrund, auf dem die Box schwebt. Eine der beiden Farben müssen Sie in der Grafik selbst anlegen.
3. Der linke und der obere Rand des Schattens sind abgeschnitten. Das fällt bei kürzeren Schatten weniger auf, stört aber bei sehr breit angelegten Schatten ziemlich.

Die beiden ersten Nachteile lassen sich vermeiden, wenn Sie ein zusätzliches Element einführen.

```
 1:   <!DOCTYPE html>
 2:   <html>
 3:   <head>
 4:   <meta http-equiv="Content-Type" content="text/html;
      charset=utf-8">
 5:   <title>Schatten mit Hintergrundgrafiken 1</title>
 6:   <link href="basis.css" rel="stylesheet" media="all"
      type="text/css">
 7:   <style>
 8:   <!--
 9:   #main {
10:    border: none;
11:    background: #efefef;}
12:   .shadow {
13:    width: 50%;
14:    margin: 2em auto;
15:    padding: 0 10px 10px 0;
16:    border: none;
17:    background: url(../assets/bgschatten.png) no-repeat
      bottom right;
18:   }
19:   .shadow div {
20:    margin: 0;
21:    background: #ffc;
22:    border-color: #c90;
23:   }
24:   -->
25:   </style>
26:   </head>
27:   <body>
28:   <div id="header">
29:   <h1>Schatten mit Hintergrundgrafiken simulieren</h1>
30:   </div>
31:   <div id="main">
32:    <div class="shadow">
33:     <div><p>Kasten</p></div>
34:    </div>
35:   </div>
36:   <div id="footer"> Kapitel 9 : Schatten mit
      Hintergrundgrafiken </div>
37:   </body>
38:   </html>
```

Listing 9.53 Schatten mit Hintergrund und Rahmenfarbe

Hierbei wird der Schatten dem äußeren Element zugewiesen. Das innere `<div>` legt sich dann mit seiner Hintergrundfarbe und seinem Rahmen über den durch die Hintergrundgrafik des äußeren Elements vorgegebene Farbe. Damit der Schatten sichtbar bleibt, wird mit padding ein Platz nach rechts und unten freigesperrt, der der Breite des Schattens entspricht.

Das entspricht schon eher den Wunschvorstellungen – allerdings sind die Enden des Schattens immer noch abgeschnitten. Hier helfen nur passende »Endstücke« weiter, die einen entsprechenden weichen Übergang ermöglichen. Leider gibt es hier dann auch keine flexible Lösung mehr (zumindest kenne ich sie nicht), die eine freie Wahl des Hintergrunds ermöglicht.

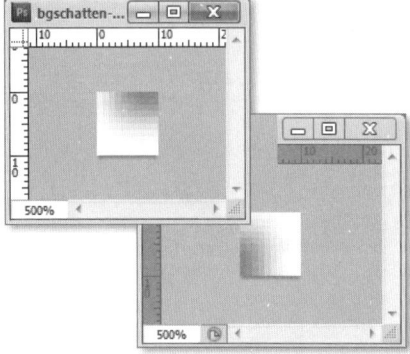

Abbildung 9.69 Um die Ecken der Schatten abzudecken, sind zwei Grafiken erforderlich (oder eine kombinierte CSS-Sprite-Grafik).

Um diese Endstücke einzusetzen, werden wiederum neue Elemente benötigt, an die Sie die Hintergrundgrafiken anbinden können. Im Prinzip könnten Sie auch mit mehreren Hintergrundgrafiken arbeiten, wie ich es in Abschnitt 9.7.3, »Mehrfache Hintergründe (CSS3)«, gezeigt habe. Da aber alle Browser, die mehrere Hintergrundgrafiken erlauben, auch eine sehr viel einfachere Lösung bieten, spare ich mir dieses Beispiel.

```
1:  <!DOCTYPE html>
2:  <html>
3:  <head>
4:  <meta http-equiv="Content-Type" content="text/html;
    charset=utf-8">
5:  <title>Schatten mit Hintergrundgrafiken 1</title>
6:  <link href="basis.css" rel="stylesheet" media="all"
    type="text/css">
7:  <style>
8:  <!--
9:  #main {border: none;}
```

```
10:  .shadow {
11:    width: 50%;
12:    margin: 2em auto;
13:    padding: 0;
14:    border: none;
15:    background: url(../assets/bgschatten.png) no-repeat
       bottom right;
16:  }
17:  .shadow div {
18:    margin: 0;
19:    padding: 0;
20:    border: none;
21:    background: transparent url(../assets/bgschatten-
       bl.png) no-repeat bottom left;
22:  }
23:  .shadow div div {
24:    margin: 0;
25:    border: none;
26:    padding: 0 10px 10px 0;
27:    background: transparent url(../assets/bgschatten-
       tr.png) no-repeat top right;
28:  }
29:  .shadow div div p {
30:    margin: 0;
31:    padding: 1em;
32:    background: #ffc;
33:    border: 1px solid #c90;
34:  }
35:  -->
36:  </style>
37:  </head>
38:  <body>
39:  <div id="header">
40:  <h1>Schatten mit Hintergrundgrafiken simulieren</h1>
41:  </div>
42:  <div id="main">
43:   <div class="shadow">
44:     <div><div><p>Kasten</p></div></div><div>
45:   </div>
46:  </div>
47:  <div id="footer"> Kapitel 9 : Schatten mit
     Hintergrundgrafiken </div>
48:  </body>
49:  </html>
```

Listing 9.54 Hintergrundschatten mit verschachtelten <div>-Elementen: nicht schön, aber es funktioniert.

Diese Lösung funktioniert auch in älteren Browsern, aber um den Preis einer ausufernden Verschachtelung von Elementen.

Die interessanteste Option für Schatten habe ich mir bis zum Schluss aufgehoben. Mit `box-shadow` lassen sich alle Arten von Schatten und ähnliche Effekte sehr einfach und komfortabel erzeugen. Leider wird die Eigenschaft `box-shadow` erst ab der Version 9 des Internet Explorers unterstützt. Trotzdem können Sie zumindest einige Arten von Schatten auch in älteren Internet Explorern erzeugen – wieder mit Hilfe der schon bekannten Filter. Die Syntax für das Beispiel ist im Prinzip sehr einfach:

```
.shadow {
   box-shadow: 3px 3px 5px gray;
}
```

Firefox-Versionen kleiner als 4 und ältere WebKit-Browser benötigen noch eine herstellerspezifische Syntax mit vorangestellten Präfixen:

```
.shadow {
   -moz-box-shadow: 3px 3px 5px gray;
   -webkit-box-shadow: 3px 3px 5px gray;
   box-shadow: 3px 3px 5px gray;
}
```

Für den Internet Explorer <9 gibt es nur noch den Filter *Shadow*, der zumindest etwas Ähnliches wie einen weichen Schatten produziert:

```
filter: progid:DXImageTransform.Microsoft.Shadow(color='gray',
Direction=135, Strength=4);
```

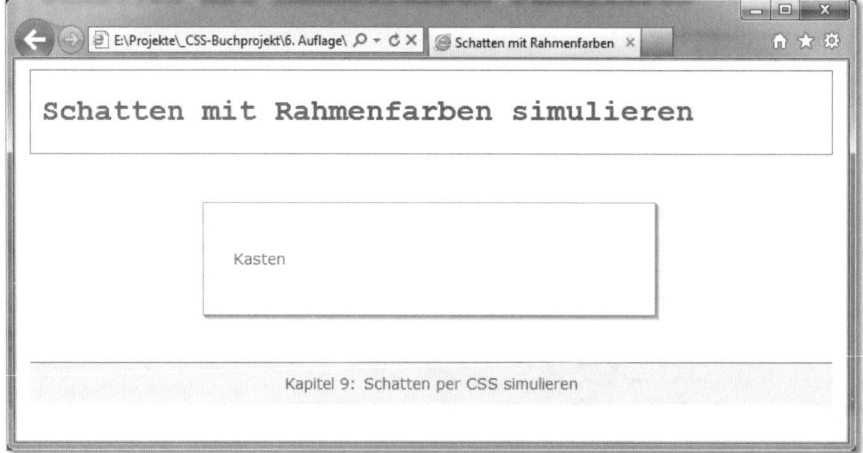

Abbildung 9.70 Im Internet Explorer sieht der Schatten nicht so gut aus wie in Firefox und WebKit.

Damit die Nutzer des Internet Explorers 9 dann auch die richtige Lösung sehen und nicht den gefilterten Pseudoschatten, sollten Sie diese Anweisung per Conditional Comment nur für Browser IE8 zuweisen.

Der Eigenschaft `box-shadow` lässt sich aber auch noch für andere Effekte gebrauchen. Wie ich in Abschnitt 9.4 über Formulare beschrieben habe, wirkt ein Schatten ohne Abstand in einer hellen Farbe eher wie ein Leuchten und kann neben dem Einsatz in Formularen z. B. auch dafür verwendet werden, Elemente von einem unruhigen Hintergrund abzuheben (zum Schatten für Text komme ich gleich noch).

Der Schatteneffekt lässt sich für jede einzelne Seite eines Kastens einzeln steuern – auch in der Farbe. Es lassen sich mehrere Schatten für ein Element anlegen, die sich je nach Ausrichtung überlagern oder ergänzen. Die einzelnen Schatten trennen Sie dabei in einer Deklaration durch Kommata voneinander.

Standardmäßig richtet sich der Schatten nach außen. Mit dem Wert `inset` kehren Sie den Schatten nach innen und simulieren eine Vertiefung:

```
1:   .shadow {
2:     width: 50%;
3:     margin: 2em auto;
4:     padding: 2em;
5:     -moz-box-shadow: inset 2px 2px 5px gray, inset -1px
         -1px 2px lightgray;
6:     -webkit-box-shadow: inset 2px 2px 5px gray, inset -1px
         -1px 2px lightgray;
7:     box-shadow: inset 2px 2px 5px gray, inset -1px -1px 2px
         lightgray;
8:     background: #ffc;
9:     border-color: #c90;
10:  }
```

Listing 9.55 Doppelter Schatten nach innen

Kompatibilität box-shadow

Firefox	Internet Explorer	Chrome	Safari	Opera
3.5[1]	9[2]	4[3]	3[3]	10.5

Bemerkungen:

[1] mit browserspezifischem Präfix: `-moz`

[2] Versionen bis 8 nur per Filter

[3] mit browserspezifischem Präfix: `-webkit`

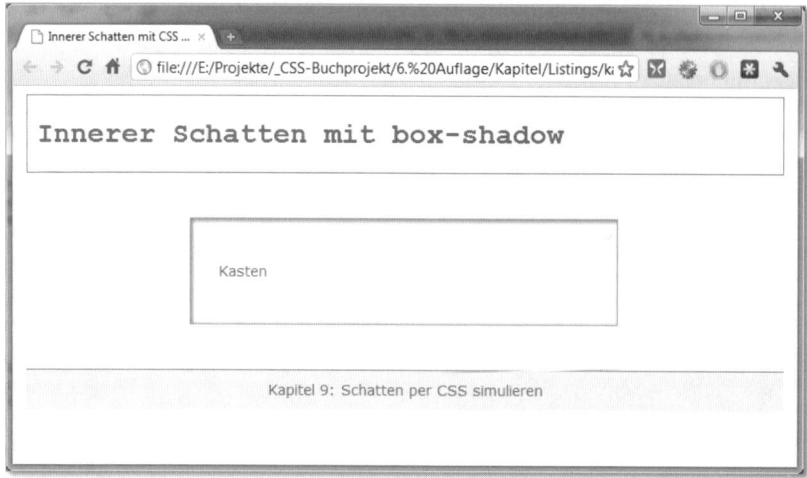

Abbildung 9.71 Schatten nach innen

Schatten für Texte

Auch für Schatteneffekte an Texten gibt es eine CSS-Syntax:

`text-shadow: 3px 3px 5px gray;`

Die Syntax folgt dabei der durch `box-shadow` schon bekannten Reihenfolge: Erst kommen die Abstände des Schattens vom Text in horizontaler und vertikaler Richtung, dann folgt der Weichzeichnungsgrad, und am Schluss steht die Farbe.

Abbildung 9.72 Nützlich bei Texten auf unruhigem Hintergrund: ein hinter dem Text liegendes »Glühen« mittels »text-shadow« (hier in Verbindung mit eingebetteten Schriften)

Ich verrate es lieber gleich: Mit `text-shadow` kann der Internet Explorer gar nichts anfangen – nicht einmal der ganz neue Internet Explorer 9. Es gibt zwei Filter, mit denen Sie diese Einschränkungen zumindest abmildern können. Der Filter

```
filter: progid:DXImageTransform.Microsoft.Shadow(color='gray', Direction=135, Strength=4);
```

funktioniert auch für Texte. Er liefert keinen schönen weichen Schatten, aber zumindest einen Gradienten. Allerdings ist es nicht möglich, damit einen »Glühen-Effekt« zu erzeugen, da Sie immer eine Richtung angeben müssen. Zusätzlich gibt es den Filter

```
filter: glow(color=#cccccc, strength=3)
```

der eben diesen Effekt erzeugt. Allerdings hat mich das Aussehen des erzeugten Schattens nicht wirklich überzeugt.

Abbildung 9.73 Schatten in verschiedenen Browsern im Vergleich

Das sollte Sie aber nicht daran hindern, den Schatteneffekt als »Goodie« für die Browser einzusetzen, die damit schon etwas anfangen können.

Kompatibilität text-shadow

Firefox	Internet Explorer	Chrome	Safari	Opera
3	8[1]	4	3	10

Bemerkungen: [1] nur per Filter

9.8.3 Verläufe mit CSS

Ähnlich sieht es mit der Möglichkeit aus, per CSS einen Verlauf anzulegen. Grundsätzlich können Sie Verläufe über die CSS-Eigenschaft background mittels Grafiken erstellen. Wenn Sie die Grafik deutlich größer anlegen, als das Element es benötigt, sind Sie auch auf Größenänderungen vorbereitet. In einfachen linearen Verläufen hilft der Wert repeat für background, eine schmale Grafik horizontal oder vertikal zu wiederholen:

```
background: white url(../assets/verlauf-hor.png) repeat-x top left;
```

bzw. für den vertikalen Verlauf:

```
background: white url(../assets/verlauf-vert.png) repeat-y top left;
```

Abbildung 9.74 Einfache Verläufe mit Hintergründen

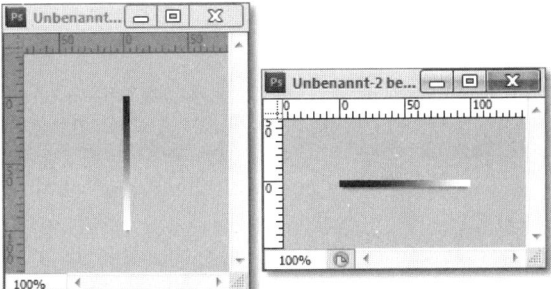

Abbildung 9.75 Hintergrundgrafiken liefern den Gradienten.

Diese Methode hat den Vorteil, in allen bekannten Browsern zu funktionieren – allerdings lassen sich mit der Wiederholung eben nur sehr einfache lineare Verläufe anlegen. Wenn Sie z. B. einen radialen Verlauf verwenden wollen, ist das nur mit einer großformatigen Hintergrundgrafik möglich. Diese Hintergrundgrafik muss für den konkreten Fall angelegt und, – z. B. wenn die Farben geändert werden sollen, neu erzeugt und ersetzt werden.

In gewissen Grenzen können Sie den Verlauf noch steuern, indem Sie auch diese Grafik größer anlegen als benötigt und mit den Positionierungswerten zurechtschieben:

```
1:   ...
2:   .rad {
3:     width: 630px;
4:     height: 200px;
5:     background: white url(../assets/verlauf-radial.jpg) no-repeat -100px -50px;
6:     border-color: black;
7:     clear: left;
8:   }
9:   -->
10: </style>
11: </head>
12: <body>
13:   <div id="header">
14:     <h1>Verläufe mit Hintergrundgrafiken</h1>
15:   </div>
16:   <div id="main">
17:     <div class="rad">Radialer Verlauf</div>
18:   </div>
19:   <div id="footer"> Kapitel 9 : Verläufe mit Hintergrundgrafiken </div>
```

```
20:   </body>
21: </html>
```
Listing 9.56 Radialer Verlauf als Grafik

Dabei sind durchaus auch negative Werte für den Hintergrund möglich, wie Sie sehen. Dann wird die Grafik nach links und oben aus dem Element geschoben und abgeschnitten.

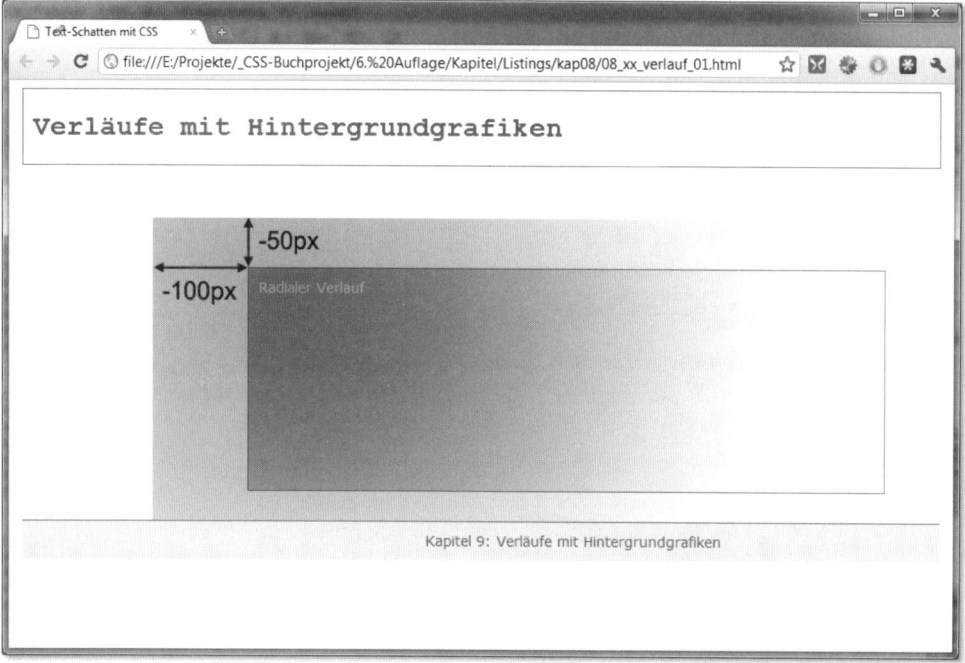

Abbildung 9.76 Hintergründe können über das zugeordnete Element hinausragen (und werden dann abgeschnitten).

Sehr viel eleganter wäre es, wenn Sie direkt mittels CSS einen Verlauf anlegen könnten. Im Prinzip bietet CSS3 auch diese Möglichkeit mit der Hintergrundoption `gradient`. »Im Prinzip«, weil die Unterstützung für diese Eigenschaft noch recht neu ist, natürlich nicht im Internet Explorer vorhanden und die Syntax noch nicht endgültig festgelegt ist. So hat sich das WebKit-Team erst Anfang 2011 entschlossen, seine (komplexere) Syntax an die vom W3C empfohlene und von Firefox unterstützte Version anzupassen. Ich werde hier nur noch die neue, von WebKit und Firefox eingesetzte Syntax behandeln. Beide Browser unterstützen `gradient` im Moment mit einem Präfix, also `-moz-gradient` bzw. `-webkit-gradient`.

CSS betrachtet den Verlauf (`gradient`) als Eigenschaft der Hintergrundgrafik – Sie können Verläufe nur dort einsetzen, wo ansonsten die Angabe einer Grafik per URL möglich wäre (also nicht für Schriftfarbe oder Rahmen). Grundsätzlich wird zwischen linearen und radialen Verläufen unterschieden.

Lineare Verläufe

Beginnen Sie mit einem einfachen linearen Verlauf.

```
background: linear-gradient(top, white, black);
```

bzw.

```
background: -moz-linear-gradient(top, white, black);
background: -webkit-linear-gradient(top, white, black);
```

erzeugt einen einfachen Verlauf von oben nach unten und von Weiß zu Schwarz. In der Folge lasse ich der Übersicht halber die browserspezifischen Versionen weg – denken Sie sich die Versionen mit `-moz-` oder `-webkit-` einfach dazu.

Genauso gut könnten Sie schreiben:

```
background: linear-gradient(bottom, black, white);
```

um einen Verlauf von unten nach oben und von Schwarz zu Weiß zu erzeugen (was auf das Gleiche hinausläuft).

Das funktioniert analog in horizontaler Richtung:

```
background: linear-gradient(left, black, white);
```

Soll ein Verlauf z. B. von oben links nach unten rechts gehen, müssen Sie nur die obere Ecke als Startpunkt definieren:

```
background: linear-gradient(top left, black, white);
```

Bei Angabe einer Ecke als Startpunkt rechnet der Browser einen Verlauf aus, der durch die Mitte des Elements zur entgegengesetzten Ecke verläuft.

Die Richtung des Verlaufs können Sie auch per Winkelangabe bestimmen. Wenn Sie einen Winkel an erster Stelle angeben, berechnet der Browser den Verlauf so, dass er ihn in der üblichen Kompassnotation anlegt (0° verlaufen von unten nach oben, 45° von unten links nach oben rechts usw.) und die Start- und Endpunkte so wählt, dass sie in den äußersten Ecken des Elements liegen.

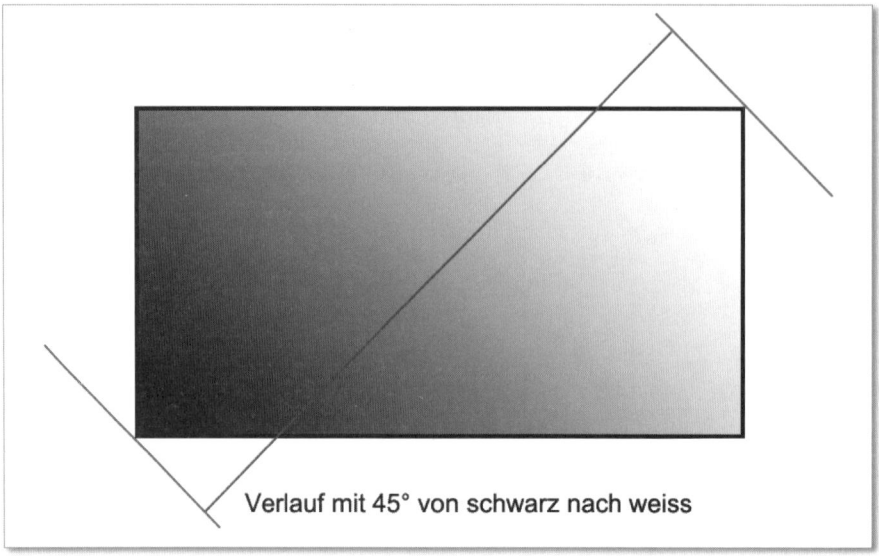

Abbildung 9.77 Schräger Verlauf nach W3C

Werte von 1° bis 89° beginnen unten links, Werte von 91° bis 179° oben links. Ab 181° beginnt der Verlauf oben rechts, und von 271° bis 359° startet er unten rechts. Bei 0° und 360° ist er genau vertikal von oben nach unten gerichtet, bei 90° verläuft er von links nach rechts, bei 180° von unten nach oben und bei 270° von rechts nach links.

Einen von unten links im Winkel von 20° nach rechts oben zeigenden Verlauf notieren Sie dann so:

```
background: linear-gradient(20deg, white, black);
```

Außerdem ist es möglich, Start- oder Endpunkte des Verlaufs (*stop-color*) anzugeben:

```
background: linear-gradient(left, white 20%, black 80%);
```

lässt den Verlauf bei 20 % beginnen und bei 80 % enden. Das heißt, die ersten 20 % des Elements sind komplett weiß und die letzten 20 % komplett schwarz. Der Verlauf erstreckt sich nur über die mittleren 60 % der Elementbreite.

Auch Verläufe mit mehr als zwei Farben sind möglich:

```
background: linear-
gradient(left, red, orange, yellow, green, blue, violet);
```

erzeugt einen Regenbogenverlauf von links nach rechts.

Sie können die verschiedenen Notationen natürlich auch kombinieren, also auch bei mehrfarbigen Verläufen mit Endpunkten arbeiten. Im folgenden Beispiel ist der Verlauf von der ersten zur zweiten Farbe so positioniert, dass bei 80 % der Elementbreite die zweite Farbe (grün) erreicht ist. Der Verlauf von Grün zu Blau wird dann im übrig gebliebenen Platz angelegt.

```
background: linear-gradient(left, red, green 80%, blue);
```

Abbildung 9.78 Linearer Verlauf mit drei Farben und Startwert für die mittlere Farbe

Bei den Farbangaben sind natürlich auch Werte im RGBA-Modell möglich, so dass Sie einen Verlauf nach Transparenz erzeugen können. Mit

```
background: linear-gradient(left, white, rgba(255,255,255,0.2));
```

(bzw. den entsprechenden Präfixen) legen Sie einen Verlauf von 100 % Weiß nach 20 % Weiß an (siehe Abbildung 9.79).

Wie schon eingangs erwähnt, unterstützt auch der aktuelle Internet Explorer 9 die Eigenschaft gradient nicht (der IE10 soll es aber können). Hier können Sie lediglich die schon öfter verwendeten Filter einsetzen, mit denen Sie auch einen Verlauf realisieren können. Allerdings unterstützt der Filter *Gradient* weder Start- und Zielwerte noch mehr als zwei Farben. Schräge Verläufe und radiale Verläufe funktionieren ebenfalls nicht.

Abbildung 9.79 Verlauf mit Transparenz über Hintergrundbild

Mit

`filter: progid:DXImageTransform.Microsoft.gradient(GradientType=1, startColorstr='#ffffff', endColorstr='#000000');`

können Sie aber zumindest einen linearen Verlauf realisieren. `GradientType=1` erzeugt dabei einen Verlauf von links nach rechts, `GradientType=0` (Standardwert) hingegen lässt den Verlauf von oben nach unten erscheinen.

Radiale Verläufe

Radiale Verläufe können etwas komplexer werden. Die einfachste Variante ist aber auch recht überschaubar:

`background: -moz-radial-gradient(white, black); bzw.`
`background: -webkit-radial-gradient(white, black);`

erzeugt einen radialen Verlauf von der Mitte des Elements nach außen.

Des Weiteren ist es möglich, den Mittelpunkt des Kreises zu setzen – mit Schlüsselwörtern wie `top`, `bottom`, `right`, `left` oder durch Angabe des Abstandes von der oberen linken Ecke. Ebenso können Sie Startwerte wie bei den linearen Verläufen mit Prozentwerten angeben.

```
background: radial-gradient(200px 150px, white 30%, black 80%);
```

Auch wie bei den linearen Gradienten sind mehrere Farben möglich – zusätzlich können Sie entscheiden, ob der Verlauf eine Kreisform hat oder ellipsenförmig ist. Außerdem gibt es Schlüsselwörter für die Größe des Verlaufskreises.

Alle möglichen Werte für Verläufe finden Sie in der Referenz in Anhang A.5.9, »linear-gradient«, bis A.5.12, »repeating-radial-gradient«.

Wiederholende Verläufe

Sowohl lineare als auch radiale Verläufe können Sie als wiederholende Verläufe anlegen. Die entsprechenden Eigenschaften dazu lauten

- `repeating-linear-gradient` bzw.
- `repeating-radial-gradient`.

Einen sich wiederholenden radialen Verlauf von Rot nach Gelb erreichen Sie mit

```
background: -moz-repeating-radial-gradient(red, yellow 20%);
background: -webkit-repeating-radial-gradient(red, yellow 20%);
```

Unter Nutzung der vorhin schon vorgestellten Endpunkte lassen sich auch andere interessante Hintergrundmuster erzeugen:

```
 1: <!DOCTYPE html>
 2: <html>
 3: <head>
 4: <meta http-equiv="Content-Type" content="text/html;
    charset=utf-8">
 5: <title>Wiederholende Verläufe mit CSS</title>
 6: <link href="basis.css" rel="stylesheet" media="all"
    type="text/css">
 7: <style>
 8: <!--
 9: #main {
10:   border: none;
11:   overflow: auto;
12: }
13: .grad {
14:   width: 300px;
15:   height: 200px;
16:   background: rgb(250,230,20);
```

Zunächst notieren Sie einen einfarbigen Hintergrund als Fallback für Opera und Internet Explorer:

```
17:    background: -moz-linear-gradient(45deg, rgba(220,
       200, 2, 0.4), rgba(255, 255, 255, 0)),
       -moz-repeating-linear-gradient(135deg, yellow,
       yellow 15px, black 17px, black 32px, yellow
       34px);
```

Dann kommen zwei Verläufe – ein linearer Verlauf von 40 % eines hellen Gelbs nach Transparenz gefolgt von einem wiederholenden Verlauf von Gelb nach Schwarz.

Die Syntax des zweiten Verlaufs liest sich so: Beginn mit Gelb im Winkel 135°, bei 15 Pixeln immer noch Gelb, dann bei 17 Pixeln Schwarz, bei 32 Pixeln immer noch Schwarz, bei 34 Pixeln Gelb und wieder von vorn.

```
18:    background: -webkit-linear-gradient(45deg,
       rgba(220, 200, 2, 0.4), rgba(255, 255, 255, 0)),
       -webkit-repeating-linear-gradient(135deg, yellow,
       yellow 15px, black 17px, black 32px, yellow
       34px);
19:    background: linear-gradient(45deg, rgba(220, 200,
       2, 0.4), rgba(255, 255, 255, 0)),
       repeating-linear-gradient(135deg, yellow, yellow
       15px, black 17px, black 32px, yellow 34px);
20:    border-color: black;
21:    margin: 1em auto;
22:    width: 60%;
23:    border: 4px solid black;
24:    color: white;
25:    font-weight: bold;
26:    font-size: 250%;
27:    text-shadow: 0 0 4px rgb(220,200,2);
28:  }
29:  -->
30:  </style>
31:  </head>
32:  <body>
33:  <div id="header">
34:  <h1>Wiederholende Verläufe mit CSS</h1>
35:  </div>
36:  <div id="main">
37:     <div class="grad">ACHTUNG!</div>
38:  </div>
39:  <div id="footer"> Kapitel 8 : Wiederholende Verläufe
       </div>
40:  </body>
41:  </html>
```

Listing 9.57 Warnschild per CSS – zumindest in Firefox und WebKit

Abbildung 9.80 Im Firefox sieht das Schild amtlich aus.

Abbildung 9.81 Andere Browser müssen passen ...

Kompatibilität Verläufe mit gradient

Firefox	Internet Explorer	Chrome	Safari	Opera
3.5[1]	–	✓[2]	3[2]	11.10[3]

Bemerkungen:
[1] mit Präfix `-moz-`
[2] mit Präfix `-webkit-`
[3] nur `linear-gradient` mit Präfix `-o`

9.9 Elemente per CSS verschieben und drehen

Mit Hilfe der Eigenschaft `transform` (bzw. ihren Vorläufern `-moz-transform`, `-webkit-transform` und `-o-transform`) lassen sich Elemente zweidimensional bewegen und drehen.

> **Browserspezifisch versus proprietär**
>
> CSS sieht Eigenschaften vor, die Hersteller zusätzlich zum offiziellen Sprachumfang unterstützen können. Im Gegensatz zu früheren Alleingängen einzelner Hersteller erkennen Entwickler an Zusätzen wie `-moz-`, `-webkit-` oder `-o-` leicht, dass die jeweilige Eigenschaft nur für einen bestimmten Browser verwendbar ist. Oft werden die Eigenschaften verwendet, um Funktionen zu implementieren, die noch in der Standardisierungs-Diskussion sind und deren Syntax sich noch ändern kann. Das ist ein großer Unterschied zur vor allem früher verbreiteten Praxis der Hersteller, einfach irgendwelche Eigenschaften im eigenen Browser zu implementieren.
>
> Sie können browserspezifische Eigenschaften verwenden, müssen aber beachten, dass sie nicht in allen Browsern funktionieren und sich auch in den betreffenden Browsern ändern oder einmal durch die offiziellen Versionen ersetzt werden. Ein gutes Beispiel ist die Syntax für Verlaufshintergründe. Dies wurde in WebKit schon seit längeren unterstützt. Anfang 2011 stellte das WebKit-Team die Syntax komplett um, so dass sie nun der offiziellen und auch in Firefox verwendeten Notation entspricht.

`transform` bietet mehrere Modi:

- `translate`: Verschieben in horizontaler und vertikaler Richtung
- `rotate`: Drehung um den Mittelpunkt
- `skale`: Skalierung (Vergrößern und Verkleinern)
- `skew`: Verzerrung

Mehrere Transformationen lassen sich gleichzeitig auf ein Element anwenden. Sie können dazu eine horizontale Navigation verwenden, die als Liste umgesetzt ist, und den Mouseover-Zustand etwas deutlicher herausheben.

Dazu ergänzen Sie in Listing */listings/kap09/menue_horizontal.html* die Angaben zu `hover`:

```
li a:hover {
   background-color: #efefef;
   -moz-transform: rotate(-5deg) scale(1.5);
   -webkit-transform: rotate(-5deg) scale(1.5);
   -o-transform: rotate(-5deg) scale(1.5);
   transform: rotate(-5deg) scale(1.5);
}
```

Damit wenden Sie zwei Transformationen auf das Element an:

- `rotate(-5deg)`: eine Drehung um 5°
- `scale(1.5)`: Vergrößerung um den Faktor 1,5

Mit ein paar weiteren Griffen in die Trickkiste modernen CSS können Sie das Menü noch weiter optimieren. Zunächst heben Sie mit einem Schatteneffekt (Abschnitt 9.8.2, »CSS-Schatten«) den ausgewählten Menüpunkt vor dem Hintergrund hervor:

```
box-shadow: 2px 2px 5px gray;
```

Dann verwenden Sie einen Wiederholungs-Selektor (Abschnitt 4.1.10, »Wiederholungs-Selektoren«) und variieren damit die Transformation.

```
ul li:nth-of-type(2n) a:hover {
    transform: rotate(5deg) scale(1.5);
}
```

So kippt jedes zweite Element beim Mouseover in die entgegengesetzte Richtung.

Kompatibilität Transformation

Firefox	Internet Explorer	Chrome	Safari	Opera
3.5[1]	–	✓[2]	3[2]	10.5[3]

Bemerkungen:
[1] mit Präfix `-moz-`
[2] mit Präfix `-webkit-`
[3] mit Präfix `-o-`

Abbildung 9.82 Menü mit animiertem Hover-Effekt

9.10 CSS-Übergänge und Animationen

Sogar animierte Übergänge zwischen Stadien und echte Animationen sind per CSS möglich – allerdings zum aktuellen Zeitpunkt nur mit der neuesten Browsergeneration: Firefox 4, Safari 4, Opera 11 und Chrome 10. Auf den Internet Explorer müssen Sie beim Einsatz dieser Technik noch eine ganze Weile verzichten – auch die im Frühjahr 2011 erschienene Version 9 kann mit Animationen (die entsprechende Eigenschaft heißt transition) nichts anfangen.

9.10.1 Animierte Übergänge

Beginnen möchte ich mit einer einfachen Übergangsanimation auf Grundlage des eben erstellten Menüs. Dabei soll die Drehung des aktuellen Menüpunktes nicht ruckartig, sondern als Bewegung inklusive Beschleunigung und Verzögerung umsetzt werden.

Die Eigenschaft transition benötigt drei Parameter:

- die zu »transformierende« Eigenschaft
- Dauer der Transformation
- Transformationsmodus

Der Transformationsmodus beschreibt den zeitlichen Ablauf der Transformation. Zur Auswahl stehen `ease-in` (langsam startend), `ease-out` (langsam endend), `ease-in-out` (langsam beginnend und langsam endend) und `linear` (ohne irgendwelche Verlangsamungen an Start und Ende).

Für das Menü lassen Sie die Drehung über einen Zeitraum von 0,3 Sekunden langsam beginnen und langsam enden.

```
1:  li a {
2:    ...
3:    -webkit-transition: -webkit-transform 0.3s ease-in-out;
4:    -moz-transition: -moz-transform 0.3s ease-in-out;
5:    -o-transition: -o-transform 0.3s ease-in-out;
6:    transition: transform 0.3s ease-in-out;
7:  }
8:  ...
9:  li a:hover {
10:   ...
11:   -moz-transform: rotate(-5deg) scale(1.5);
12:   -webkit-transform: rotate(-5deg) scale(1.5);
13:   -o-transform: rotate(-5deg) scale(1.5);
14:   transform: rotate(-5deg) scale(1.5);
15:   ...
16: }
```

Listing 9.58 Anweisungen für einen weichen Übergang zwischen normalem Link und Hover-Zustand

Interessant ist, dass die Transition nicht etwa bei `li a:hover` notiert wird, sondern beim Ausgangszustand `li a`. Auch das Formular können Sie mit einer Transition noch etwas verbessern. Sie haben vorhin bereits einen Glüheffekt implementiert – den können Sie jetzt mit

```
input, select, textarea {
   ...
   transition: box-shadow 0.5s ease-in-out;
}
```

animieren. Damit legen Sie einen Übergangseffekt auf den Schatteneffekt (bzw. das Glühen) und sorgen so dafür, dass beim Klicken in das Feld das Glühen sanft eingeblendet wird (wie es sich für ein ordentliches Glühen gehört).

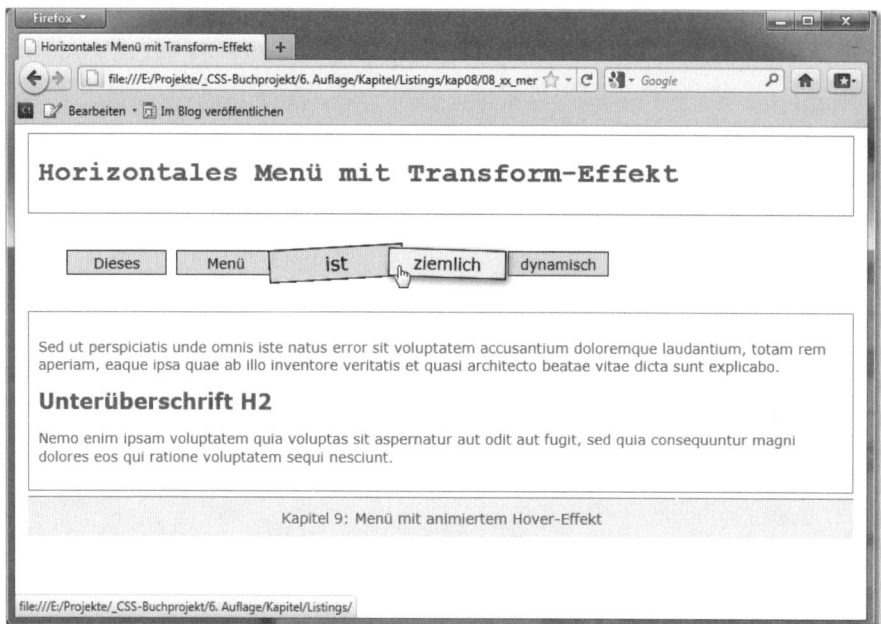

Abbildung 9.83 Im Screenshot schlecht zu sehen: sanfte Wechsel mit Transformationen

9.10.2 Animationen mit Keyframes

Weitergehende Animationen sind im Moment noch etwas exklusiver: Ausschließlich aktuelle WebKit-Browser und Firefox 5 unterstützen zum Zeitpunkt der Manuskripterstellung (Juli 2011) CSS-Animationen.

Eine Animation besteht aus zwei Teilen. Zuerst definieren Sie die Animation, indem Sie mehrere Zustände festlegen:

```
@-webkit-keyframes [label] {
   0% { ... }
   50% { ... }
   100% { ... }
}
```

[label] ist dabei der Name, unter dem die Animation später aufgerufen wird. Danach können Sie mehrere (auch mehr als drei) Zustände definieren, die zu den entsprechenden Zeitpunkten (hier 0 % zu Beginn, nach 50 % der Dauer und am Ende) angesteuert werden. In den Klammern notieren Sie dabei die Eigenschaften, die verändert werden sollen.

Im zweiten Teil rufen Sie diese Animation mit `-webkit-animation` auf. Ein Beispiel dazu habe ich bereits in Abschnitt 9.4, »Schönere Formulare«, vorgestellt. Mit

```
@-webkit-keyframes error {
   0% { -webkit-box-shadow: 0px 0px 10px rgba(255,0,0,0.1); }
   50% { -webkit-box-shadow: 0px 0px 10px rgba(255,0,0,1); }
   100% { -webkit-box-shadow: 0px 0px 10px rgba(255,0,0,0.1); }
}
```

erstellen Sie drei Phasen der Animation, die dann mit

```
input.error {
   ...
   -webkit-animation: error 2s infinite ease-in-out;
   -moz-box-shadow: 0px 0px 10px rgba(255,0,0,0.9);
   box-shadow: 0px 0px 10px rgba(255,0,0,0.9);
}
```

aufgerufen werden und für einen pulsieren Effekt sorgen. Den Parameter `ease-in-out` kennen Sie schon von `transitions` – er sorgt für realistische Anfahr- und Bremseffekte. Neu ist der dritte Parameter; er regelt die Anzahl der Wiederholungen. Neben einer Zahl kann dort auch das Schlüsselwort `infinite` stehen: Unendliche Wiederholungen sind die Folge.

Ein anderes Beispiel ist der sogenannte *Yellow Fade Effect*, den die Webpioniere von »37signals« (*37signals.com*) erfunden haben: Ein Element, auf das die Aufmerksamkeit des Nutzers gelenkt werden soll, wird zunächst (gelb) eingefärbt und dann in einer Animation verblasst, bis es wieder die normale Hintergrundfarbe hat.

Dieser Effekt wird üblicherweise mit JavaScript umgesetzt, aber mit einer Animation ist das auch per CSS zu schaffen (zumindest, wenn Sie nur für Safari und Chrome entwickeln ...). Hier benötigen Sie nur zwei Zustände, und die Animation soll nur einmal ablaufen (daher kann der Parameter für die Wiederholungsanzahl entfallen):

```
@-webkit-keyframes yellow {
   0% { background: #fc6; }
   100% { background: #fff; }
}
div.fader {
   border: 3px solid #fc6;
   -webkit-animation: yellow 2s ease-in-out;
}
```

Listing 9.59 Statt jeder Menge JavaScript nur ein paar Zeilen CSS

Das betroffene Element bekommt die Klasse `.fader` angehängt, und jedes Mal wenn die Seite aufgerufen wird, tritt der Effekt einmal ein.

Die Klasse können Sie mit JavaScript oder per serverseitigem Code zuordnen; in letzterem Fall haben Sie eine Umsetzung, die völlig ohne JavaScript auskommt (nur eben leider noch ausschließlich in den beiden genannten Browsern).

Kompatibilität Animation

Firefox	Internet Explorer	Chrome	Safari	Opera
5	–	✓	4	–

Ein Beispiel für reine CSS-Animationen liefert das Surfin' Safari Blog des WebKit-Teams: *http://www.webkit.org/blog-files/leaves/index.html* (Linkcode 0634).

Abbildung 9.84 In voller Schönheit nur im Original zu bewundern: herbstliche Grüße via CSS

Ein anderes, noch eindrucksvolleres Beispiel ist die Madmanimation, die sogar einen kleinen Kurzfilm per CSS-Animation darstellt. Hier wird auch deutlich, was der Vorteil von CSS-Animationen gegenüber beispielsweise Flash ist: Während ein Flash-Film nur dargestellt werden kann oder nicht, ist es bei CSS auch hier möglich, Alternativen für weniger fähige Browser anzugeben (Graceful Degradation).

Abbildung 9.85 Die »Mad Men« zeigen, was mit CSS-Animations möglich ist (links und oben rechts: Chrome 11, rechts unten Firefox 4).

Tools zum Erstellen von Animationen

Solche Animationen sind beeindruckend, allerdings per Hand sehr mühsam zu erstellen. Aber auch hier tut sich etwas: Zum Zeitpunkt der Manuskripterstellung noch nicht fertig, aber als Demofilm zu bewundern ist die browserbasierte Applikation *Animatable* (http://www.animatable.com – Linkcode 0635), mit der sich komplexe Animationen erstellen lassen. Ebenfalls im Beta-Stadium ist der *Sencha Animator* (http://www.sencha.com/products/animator – Linkcode 0636), der als Desktop-Applikation für Windows, Mac OS und Linux zur Verfügung steht. Bereits verfügbar ist die Software *Hype* (allerdings nur für Mac OS; http://itunes.apple.com/de/app/hype/id436931759?mt=12 – Linkcode 0637).

Während *Sencha Animator* und *Hype* eher zur Erstellung alleinstehender Präsentationen oder animierter Werbung geeignet scheinen (der von *Hype* produzierte Quellcode wird komplett per JavaScript erzeugt und ist per Hand praktisch nicht editierbar), hat sich *Animatable* Accessibility und Webstandards auf die Fahne geschrieben. Bei entsprechender Anwendung entstehen Animationen, die auch in älteren Browsern dargestellt werden – eben ohne Animation. Selbst im Screenreader lassen sich die Szenenbeschreibungen der Animation vorlesen. *Sencha* bietet gar keinen derartigen Fallback, und *Hype* setzt auf JavaScript, um die Animationen auch in älteren Browsern umzusetzen.

9.11 Stylesheet-Wechsler

Sie haben gesehen, dass sich mit CSS so ziemlich alle visuellen Merkmale eines HTML-Dokuments gestalten und leicht verändern lassen. Durch den Austausch des Stylesheets ändern Sie nicht nur Farben, Schriften und Auszeichnungen, sondern können auch Funktionsbereiche wie die Navigation oder den Inhalt beliebig hin und her schieben (vorausgesetzt, der Code des Dokuments ist entsprechend logisch aufgebaut).

Verschiedene Stylesheets für eine Website

Warum nicht dem Benutzer mehrere verschiedene Stilrichtungen für eine Website anbieten? Das Konzept, die Oberfläche eines Programms beliebig zu verändern (sogenannte *Skins*, »Häute«), lässt sich auch auf Websites anwenden. Die Verwendungsmöglichkeiten sind vielfältig.

Neben der Möglichkeit, eine Druckversion zu präsentieren, bietet es sich auch an, die besonderen Erfordernisse sehschwacher Nutzer durch eine kontraststarke Version oder eine mit vergrößerten Schriften zu ergänzen, denn nicht alle Benutzer wissen, wie sie dies im Browser selbst vornehmen können (siehe Abbildung 9.86).

Das Paradebeispiel für diese Technik hat Dave Shea mit seinem Projekt »CSS Zen Garden« vorgelegt. Dort fordert er CSS-Designer auf, eigene Designvorschläge für seine Site zu erstellen. In der inzwischen über hundert Designs umfassenden Liste finden sich wahre Perlen des CSS-Designs. *http://www.csszengarden.com/* (Linkcode 0036). Ein Beispieldesign von mir für den »CSS Zen Garden« sehen Sie in Abschnitt 17.3, »CSS3 Zen Ocean«.

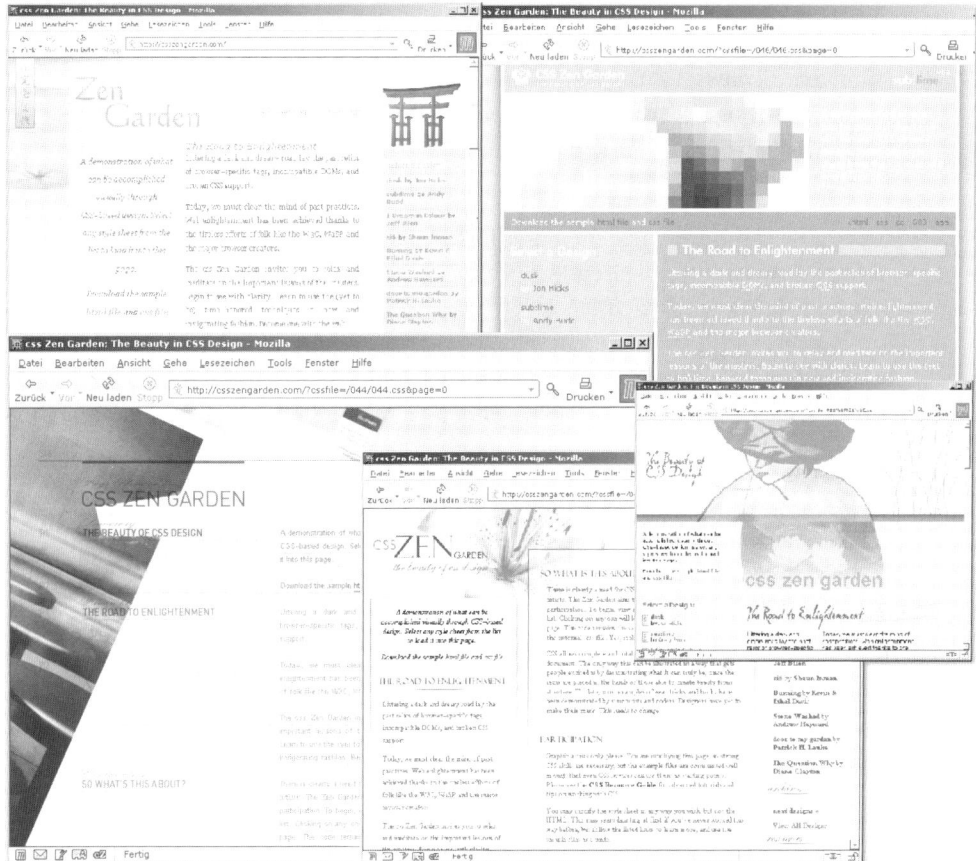

Abbildung 9.86 Der CSS Zen Garden zeigt unterschiedliche Designs unter Verwendung des immer gleichen HTML-Codes.

Eigentlich ist CSS für diese Möglichkeit sogar ausgelegt: Die Einbindung von Stylesheets mittels `<link>` (siehe Abschnitt 5.3, »Verlinkte Stylesheets«) sieht das Anbieten mehrerer alternativer Stylesheets über das Attribut `rel` vor.

```
1:   <link href="standard.css" rel="stylesheet"
     type="text/css" media="screen" />
2:   <link href="serioes.css" title="Serioes"
     rel="alternate stylesheet" type="text/css"
     media="screen" />
3:   <link href="funky.css" title="Wild"
     rel="alternate stylesheet" type="text/css"
     media="screen" />
```

Von diesen drei verlinkten Stylesheets im Dateikopf sollte der Browser das erste als Standard verwenden und die beiden anderen als Alternativen zur Auswahl anbieten. Schlüssel dazu ist das Attribut `rel`. Die erste Anweisung verwendet `rel="stylesheet"`, während die beiden anderen `rel="alternate stylesheet"` notiert haben. Zusätzlich müssen Sie einen Titel für die alternativen Stylesheets angeben.

Allerdings ist diese nützliche Funktion, das Stylesheet zu wechseln, nur noch in Firefox-Browsern implementiert. Aber auch hier ist die Funktion nicht ganz praxistauglich. So wird nach einem Neuladen der Seite wieder das Standard-Stylesheet angezeigt. Einen Link auf eine andere Seite (mit den gleichen Stildefinitionen) übersteht die Auswahl ebenfalls nicht. Um eine komfortable und browserübergreifende Lösung zu finden, müssen Sie also einen anderen Weg gehen.

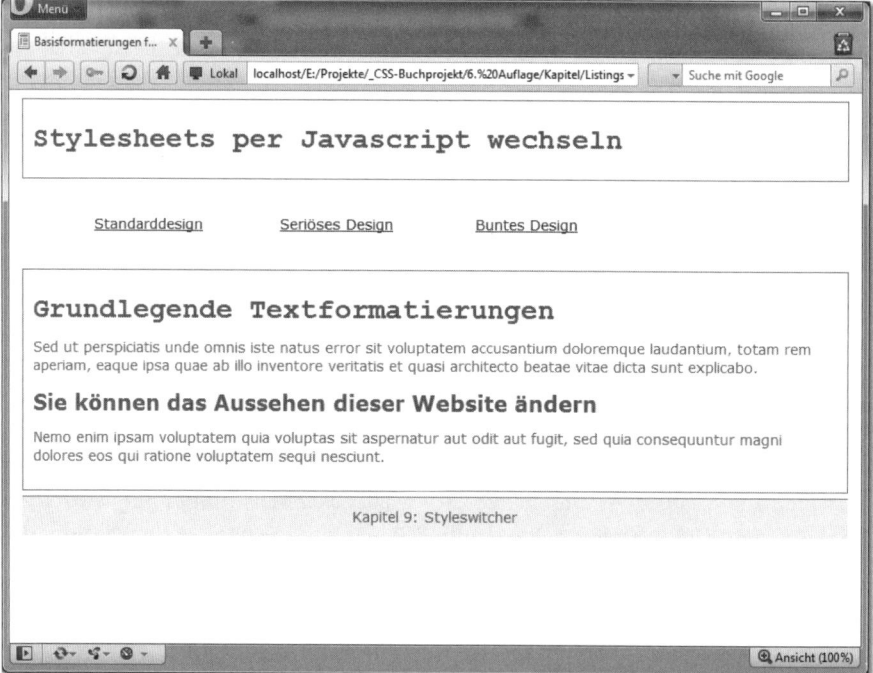

Abbildung 9.87 Vom Standardlayout ...

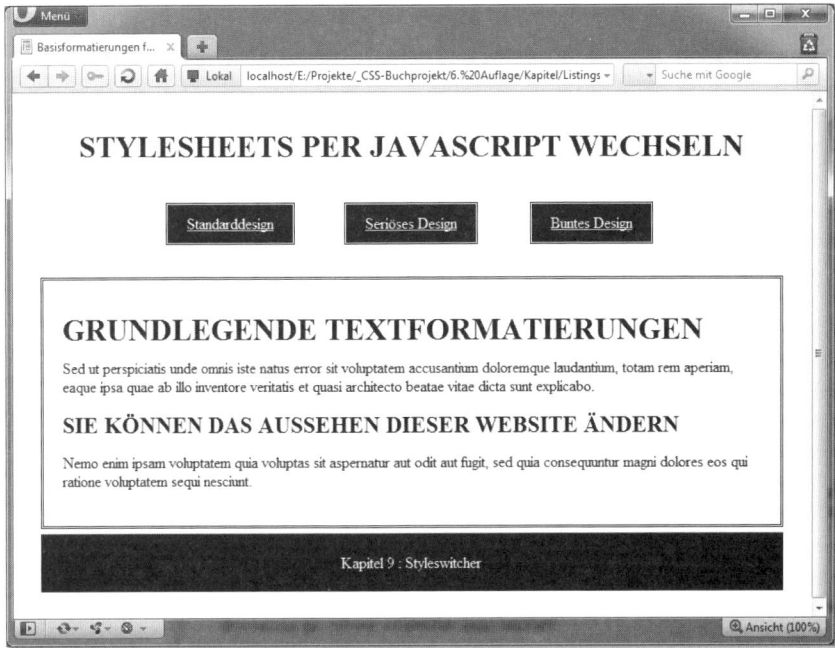

Abbildung 9.88   … über seriös …

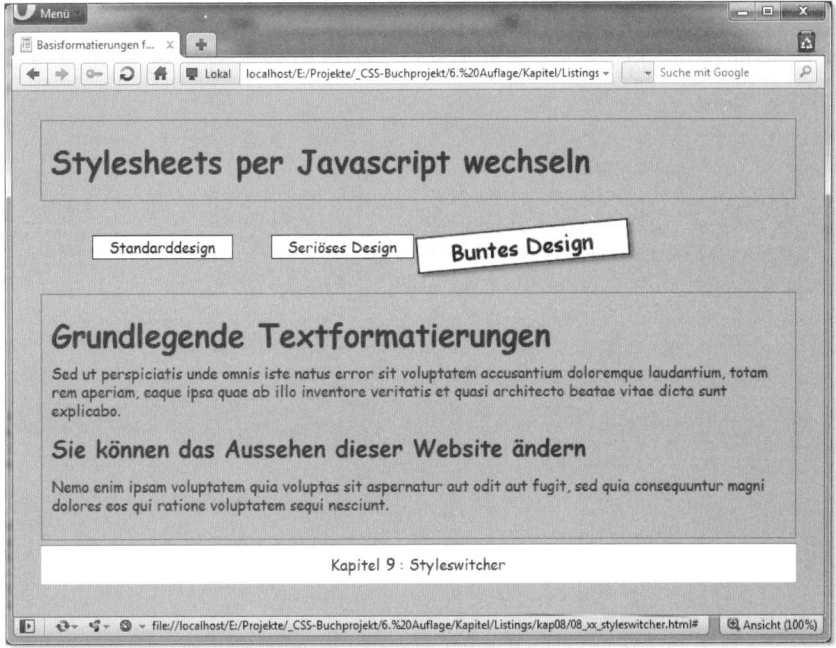

Abbildung 9.89   … bis hin zu bunt

9.11.1 Simpler Styleswitcher

Eine einfache, aber auch sehr primitive und arbeitsaufwendige Methode ist es, die betreffenden Seiten »hart« mit unterschiedlichen Stylesheets zu verknüpfen. Dafür kopieren Sie einfach die Ausgangsseite und ändern den Link für das Stylesheet.

Bei mehr als ein paar Seiten stößt diese Methode aber schnell an ihre Grenzen. Hier helfen nur noch clientseitige (JavaScript) oder serverseitige Skripte (z. B. PHP, ASP, CFML oder Perl) weiter, mit denen Sie die nötigen Anweisungen erzeugen können.

JavaScript oder PHP?

Beide Lösungen haben ihre Vor- und Nachteile. Skripte in JavaScript werden direkt vom Browser ausgeführt, so dass sie schneller reagieren. Allerdings kann der Benutzer JavaScript abschalten oder ein Ausgabegerät verwenden, das gar kein JavaScript interpretiert. Serverseitige Lösungen haben den Vorteil, dass sie immer funktionieren – zumindest kann der Benutzer sie nicht abschalten. Sie setzen allerdings eine serverseitig installierte Skriptsprache voraus. Die Änderungen werden generell erst nach einem Neuladen der Seite wirksam, was bei langen datenbankgenerierten Seiten schon einmal dauern kann.

9.11.2 Styleswitcher mit JavaScript und Ajax

Daniel Ludwin hat im Online-Magazin »A List Apart« (Ausgabe 136) einen einfachen JavaScript-Styleswitcher vorgestellt, auf den ich mich hier beziehe. Der Trick besteht darin, den Aufruf des Stylesheets per JavaScript je nach Benutzerauswahl zu schreiben. Dazu verwenden Sie die JavaScript-Methode `document.write`:

```
document.write('<link rel="stylesheet" type="text/css" href="style.css" />');
```

Wenn Sie unterschiedliche Stylesheets verwenden wollen, müssen Sie nur in einer Verzweigung eine Auswahlmöglichkeit für jedes Stylesheet schaffen. In JavaScript erledigt das die folgende Konstruktion:

```
if (Bedingung)
   Anweisungen 1
   else if (Alternativbedingung)
   Alternativanweisungen
else
   Anweisungen 2
```

Das liest sich so: Wenn die Bedingung zutrifft, dann führe die Anweisungen 1 aus – wenn die Alternativbedingung zutrifft, führe die Alternativanweisungen aus; ansonsten führe die Anweisungen 2 aus.

In diesem Fall lautet der vollständige Code:

```
if('stylesheet 1 ausgewählt')
   document.write('<link rel="stylesheet" type="text/css"
     href="serioes.css" />\n');
   else if ('stylesheet 2 ausgewählt')
       document.write('<link rel="stylesheet"
       type="text/css" href="wild.css" />\n');
   else
       document.write('<link rel="stylesheet"
       type="text/css" href="standard.css" />\n');
```

Jetzt benötigen Sie nur noch eine Möglichkeit, die Entscheidung für ein Stylesheet zu treffen und diese Entscheidung zu speichern. Zum Speichern verwenden Sie Cookies. Cookies sind kleine Textdateien auf dem Rechner des Benutzers, in denen Sie Informationen speichern können.

Zum Setzen eines Cookies stellt JavaScript das Objekt document.cookie zur Verfügung:

```
1:   function auswahl(wahl) {
2:      var expdate = new Date();
3:      expdate.setTime(expdate.getTime() + (1000*3600*24*365));
4:      document.cookie = 'style=' + wahl + '; expires=' +
        expdate.toGMTString() + '; path=/';
5:      self.location = self.location;
6:   }
```

Diese Funktion setzt ein Cookie, das ein Jahr gespeichert wird (dritte Zeile), mit dem Inhalt »style=[Wert der Variable wahl]« und lädt dann die Seite neu (letzte Zeile).

Die nun im Cookie gespeicherte Auswahl wird mit einer if-Verzweigung überprüft:

```
7:    if(document.cookie.indexOf('style=1')>=0)
8:       document.write('<link rel="stylesheet" type="text/css"
         href="serioes.css" />\n');
9:    else if (document.cookie.indexOf('style=2')>=0)
         document.write('<link rel="stylesheet" type="text/css"
         href="funky.css" />\n');
10:   else
```

```
11:    document.write('<link rel="stylesheet" type="text/css"
       href="standard.css" />\n');
```
Listing 9.60 JavaScript zum Wechseln des Stylesheets

Der Ausdruck `document.cookie.indexOf('style=1')` ergibt -1, wenn `style=1` nicht im Cookie gefunden wird. Also ist `(document.cookie.indexOf('style=1')>=0)` immer dann zutreffend, wenn der Text gefunden und daher das erste Stylesheet ausgewählt wurde. Dies wird für alle Auswahlmöglichkeiten überprüft. Der letzte Abschnitt enthält das Stylesheet, das angezeigt werden soll, wenn (noch) nichts ausgewählt wurde.

Nun müssen Sie nur noch im HTML-Formular eine Möglichkeit schaffen, die Stylesheets wirklich auszuwählen.

Dafür können Sie einfache Buttons verwenden:

```
1:    <form action="">
2:      <input type="button" value="Standarddesign"
         onClick="auswahl(0);"><br>
3:      <input type="button" value="Seriös & Elegant"
         onClick="auswahl(1);"><br>
4:      <input type="button" value="Ein Kessel Buntes"
         onClick="auswahl(2);">
5:    </form>
```

[o] Sie finden den Quellcode der JavaScript-Variante sowie ein Anwendungsbeispiel auf der DVD-ROM zum Buch.

Da ich kein JavaScript-Experte bin, gibt es definitiv elegantere Wege, einen solchen Styleswitcher auszuführen. Eine Auflistung verschiedener Methoden, mit der JavaScript-Bibliothek jQuery einen Styleswitcher zu realisieren, finden Sie z. B. im Blog »Net-Kit«:
http://www.net-kit.com/10-practical-jquery-style-switchers/ (Linkcode 0638).

Rein auf JavaScript basierende Lösungen haben ihre Vor- und Nachteile. Sie reagieren grundsätzlich schneller, funktionieren aber bei abgeschaltetem JavaScript nicht mehr (logisch). Was liegt also näher, als JavaScript mit serverseitigen Techniken zu verbinden?

Was zu Zeiten der ersten Auflage von meinem Buch CSS-Praxis noch einfach »JavaScript und PHP« hieß, wird heute »Ajax« genannt.

Einen solchen Stylesheet-Wechsler mit dem schönen Titel »Unobtrusive Degradable Ajax Style Sheet Switcher« (UDASSS) hat Dustin Diaz entwickelt (*http://www.dustindiaz.com/udasss/*, Linkcode 0156). Bei seiner Methode nutzen

Sie entweder JavaScript oder – wenn nicht verfügbar – serverseitig PHP zum Austausch der Stylesheets.

9.11.3 Browserweichen für Stylesheets

Sie können einzelnen Browsern individuelle Stylesheets zuweisen, indem Sie mit einem Skript den sogenannten *User-Agent* (eine Art Erkennungsmarke) des Browsers abfragen und dann ein entsprechendes Stylesheet aufrufen lassen. Der User-Agent wird mit jedem Aufruf von Browser übertragen und kann per JavaScript oder PHP abgefragt werden. Bei dem von mir momentan eingesetzten Browser Chrome in der Version 10 sieht er z. B. so aus:

> *Mozilla/5.0 (Windows; U; Windows NT 6.1; en-US) AppleWebKit/534.16 (KHTML, like Gecko) Chrome/10.0.648.127 Safari/534.16*

Wie Sie sehen, sind hier so ziemlich alle Browsertypen (außer dem Internet Explorer) aufgeführt. Die Auswertung muss also auch entsprechend sorgfältig durchgeführt werden.

Ein entscheidender Nachteil einer solchen Lösung ist die Abhängigkeit von der permanenten Pflege der Browserkennungen. Neue Browser kommen auf den Markt, bestehende werden erneuert. Sie müssen daher von Zeit zu Zeit die Kennungen aktualisieren. Browser, die keine oder eine falsche Kennung senden (bei fast allen Browsern lässt sich die Browserkennung manipulieren), werden mit dieser Methode eventuell nicht korrekt behandelt.

Automatischer Stylewechsel mit TYPO3

In manchen Content-Management-Systemen (CMS) sind Methoden integriert, den User-Agent eines Browsers abzufragen. Das CMS TYPO3 beispielsweise verwendet sogenannte *Conditions*, mit denen die Ausgabe in Abhängigkeit von Variablen gesteuert werden kann. Mit der folgenden Notation setzen Sie ein Stylesheet nur für Opera-Browser:

```
[browser = opera]
   page.headerData.10 = TEXT
   page.headerData.10.value (
   <link rel="stylesheet" href="opera.css" type="text/css" media="all" />
   )
[global]
```
Listing 9.61 Typoscript für browserspezifisches Stylesheet

Darüber hinaus können Sie bei TYPO3 die Version des Browsers oder den reinen User-Agent abfragen. Da sich Conditions auch kombinieren lassen, sind so sehr spezifische Abfragen möglich. Mehr zu TYPO3-Conditions finden Sie hier: *http://typo3.org/documentation/document-library/core-documentation/doc_core_tsref/4.3.2/view/1/4/* (Linkcode 0639).

In den meisten Fällen werden solche Abfragen unnötig sein, da moderne Browser CSS inzwischen recht gleich gut interpretieren. Üblicherweise erfordern hauptsächlich die verschiedenen Versionen des Internet Explorers eigene Lösungen, die aber besser durch die Technik der Conditional Comments abgebildet werden (siehe Abschnitt 10.3.3, »Conditional Comments«).

Für die Unterscheidung zwischen einer Desktop-Version und der mobilen Variante desselben Browsers kann eine solche Abfrage recht nützlich sein. Da mobile Browser üblicherweise den Text »mobile« irgendwo in ihrem User-Agent unterbringen, bietet es sich an, danach zu suchen (eine Garantie gibt es dafür allerdings nicht).

Die Browserlandschaft ist weiterhin in Bewegung. Neue Browser erscheinen, und alte Bekannte erleben einen zweiten Frühling. In diesem Kapitel erfahren Sie, welche Browser wichtig sind, wie Sie die unterschiedlichen Browser unterstützen und was Sie gegen typische Browserbugs tun können.

10 CSS und die Browser

Während lange Zeit die Browsersituation auf die Frage »Microsoft gegen Netscape/Mozilla/Firefox« reduziert werden konnte, hat sich die Lage inzwischen grundlegend geändert. Mit dem Google-Browser Chrome ist ein Neueinsteiger auf den Browsermarkt gekommen, der auf Anhieb einen ansehnlichen Marktanteil erobern konnte. Nach jahrelanger Untätigkeit hat Microsoft die Erscheinungszyklen des Internet Explorers deutlich intensiviert und betreibt selbst aktiv die Marginalisierung des eigenen Browsers Internet Explorer 6.

IPhone, iPad und Android-Smartphones erfreuen sich steigender Beliebtheit – im Gegensatz zu früheren internetfähigen Mobilgeräten sind sie mit leistungsfähigen Browsern ausgestattet –; das mobile Web scheint nun wirklich unmittelbar bevorzustehen. Jenseits der PCs hat sich mit Netbooks und Tablets eine komplett neue Klasse von Computern gebildet, die mit kleineren Bildschirmen und anderen Eingabeverfahren (Touchscreen) neue Herausforderungen an das Webdesign stellen.

Alles in allem sind einerseits aufgrund der weiter zunehmenden Diversität der Geräte die Anforderungen an Webdesign deutlich gestiegen; andererseits sind die Browser in ihren Fähigkeiten näher zusammengerückt. Extreme Ausreißer, was die CSS-Fähigkeiten betrifft, gibt es nicht mehr – zumindest nicht mit einem relevanten Marktanteil in Deutschland und Europa.

10.1 Die Browserlandschaft

Nahezu alle modernen Browser können mit den wichtigsten CSS-Eigenschaften gut umgehen; CSS1 und weite Teile von CSS2 werden unterstützt. Mit CSS3 sieht es schon etwas schlechter aus, aber immerhin können die neuesten Versionen von Firefox, Chrome und Opera schon Teile der Spezifikation umsetzen – zum Teil in herstellerspezifischem Dialekt. Der Internet Explorer fällt da schon etwas ab: Die meistverbreitete Version 8 hat noch einige Lücken. Mehr zu den einzelnen Browsern später in diesem Kapitel.

Ursprünglich von Yahoo! verwendet, hat es sich eingebürgert, die Unterstützung von Browsern in Klassen einzuteilen, was die CSS- und HTML-Fähigkeiten betrifft.

Diese Philosophie spiegelt den Gedanken wider, dass nicht alle Browser gleiche Fähigkeiten besitzen und nicht alle Funktionen der Website in allen Browsern gleich aussehen oder funktionieren müssen. Während die Basisfunktionen natürlich in allen relevanten Browsern vorhanden sein müssen, ist es nicht unbedingt erforderlich, dass optische Feinheiten wie runde Ecken oder animierte Übergänge auch noch im Internet Explorer 6 funktionieren, wenn dies zu einem gesteigerten Entwicklungsaufwand führt.

> **Wie sag ich's meinem Kunden?**
>
> Was aus technischer Perspektive auf Anhieb sinnvoll erscheint, ist allerdings Auftraggebern manchmal nur schwer zu vermitteln. Die negativen Folgen einer »Überoptimierung« sind jedoch bedeutend: Höherer Entwicklungsaufwand, gegebenenfalls schlechtere Performance (durch den Einsatz von JavaScript bei älteren Browsern) und schlechtere Wartungsfähigkeit spielen natürlich auch für Kunden eine große Rolle. Um hier von Anfang an Klarheit zu schaffen, können Sie die Unterstützungslevel bestimmter Funktionen vorab kommunizieren und auch darstellen, welche Auswirkungen es hat, wenn z. B. auch der Internet Explorer weiche Schatten und runde Ecken bekommen soll.

Supportlevel	Fähigkeiten	Browser
A	moderne Browser, die die neuesten CSS-Eigenschaften unterstützen und so ein funktional und visuell optimales Ergebnis ermöglichen	Firefox 3–5, Chrome 10 – 12, Safari 5, Opera 11, Internet Explorer 7–9
C	ältere und technisch weniger leistungsfähige Browser, die nur die Basisfunktionen der Website angeboten bekommen	Internet Explorer 6, Firefox 2
X	seltene, veraltete oder unbekannte Browser, die nicht getestet werden	–

Tabelle 10.1 Abgestufter Browsersupport (Beispiel)

Die Einteilung der Browser in die Klassen ist dabei nicht statisch – je nach Entwicklung der Marktanteile und der CSS-Fähigkeiten rutschen z. B. ältere Browser von A- nach C-Level.

Yahoo! beschreibt das Prinzip in seinem YUI-Blog (*http://www.yuiblog.com/blog/category/graded-browser-support/* – Linkcode 0640) und stellt auch die aktuellen Tabellen dort vor. Während ich an diesem Buch geschrieben habe, hat Yahoo seine Strategie abgewandelt und gibt nur noch an, für welche Browser überhaupt getestet wird.

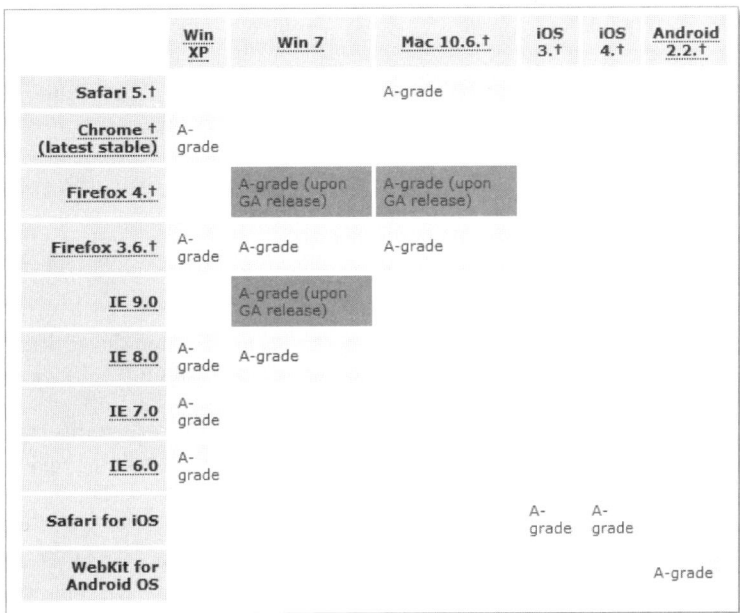

Abbildung 10.1   Browsersupport bei Yahoo!
(Q4/2010 – http://www.yuiblog.com/blog/category/graded-browser-support/)

10.1.1 Browser-Marktanteile

Um zu beurteilen, welche Browser in welche Supportkategorien eingestuft werden sollen, ist es nützlich zu wissen, wie viele der Besucher der Website diesen Browser verwenden.

Leider ist es nicht so einfach, die Browseranteile zuverlässig zu ermitteln. Bei einer bestehenden Website können Sie die Log-Dateien des Servers prüfen, um die tatsächlichen Browseranteile zu sehen. Auch hier ist jedoch eine gewisse Unsicherheit vorhanden, da einige Browser sich als andere ausgeben.

Bei einer neuen Website ist es schon deutlich schwieriger, da keine Erfahrungswerte zur Verfügung stehen. Hier sind Sie auf allgemeinere Erhebungen angewiesen. Je nach Zielpublikum der geprüften Sites schwanken die Anteile der beobachteten Browser erheblich. Daher sollten Sie immer versuchen, Beobachtungen auf Sites mit vergleichbarem Zielpublikum anzustellen.

Im Mai 2011 wurden in Deutschland auf unterschiedlichen Websites folgende Anteile der verschiedenen Browser gemessen:

Firefox	Internet Explorer				Chrome	Safari (inklusive Mobile Safari)	Opera
49,4 %	32,7 %				~ 6 %	7,8 %	2,5 %
	IE 9	IE 8	IE 7	IE 6			
	3,8 %	22,7 %	4,6 %	1,6 %			

Tabelle 10.2 Browseranteile nach Webmasterpro von Mai 2011 (http://www.webmasterpro.de/portal/webanalyse-aktuell.html)

Aus den Statistiken lässt sich erkennen, dass die größte Gruppe der Websurfer inzwischen mit einem Firefox-Browser unterwegs ist. Bei Erscheinen der fünften Auflage dieses Buches 2008 führte hier noch der Internet Explorer.

Mit Chrome, Safari, Opera und den durchaus leistungsfähigen Browsern Internet Explorer 8 und 9 machen moderne Browser inzwischen mehr als 90 % des Marktes aus. Wenn das nicht einmal eine gute Nachricht ist!

[!] Generell sind Browserstatistiken mit großer Vorsicht zu genießen und fallen je nach Thema der Website und Region höchst unterschiedlich aus. Der Marktanteil des Internet Explorers 6 unterscheidet sich in einer weltweiten Betrachtung signifikant von der deutschen Situation (11 versus < 2 Prozent). Betrachten Sie die weltweite Verteilung jedoch genauer, stellen Sie Erstaunliches fest, wie Abbildung 10.2 illustriert (http://www.theie6countdown.com/ – Linkcode 0641).

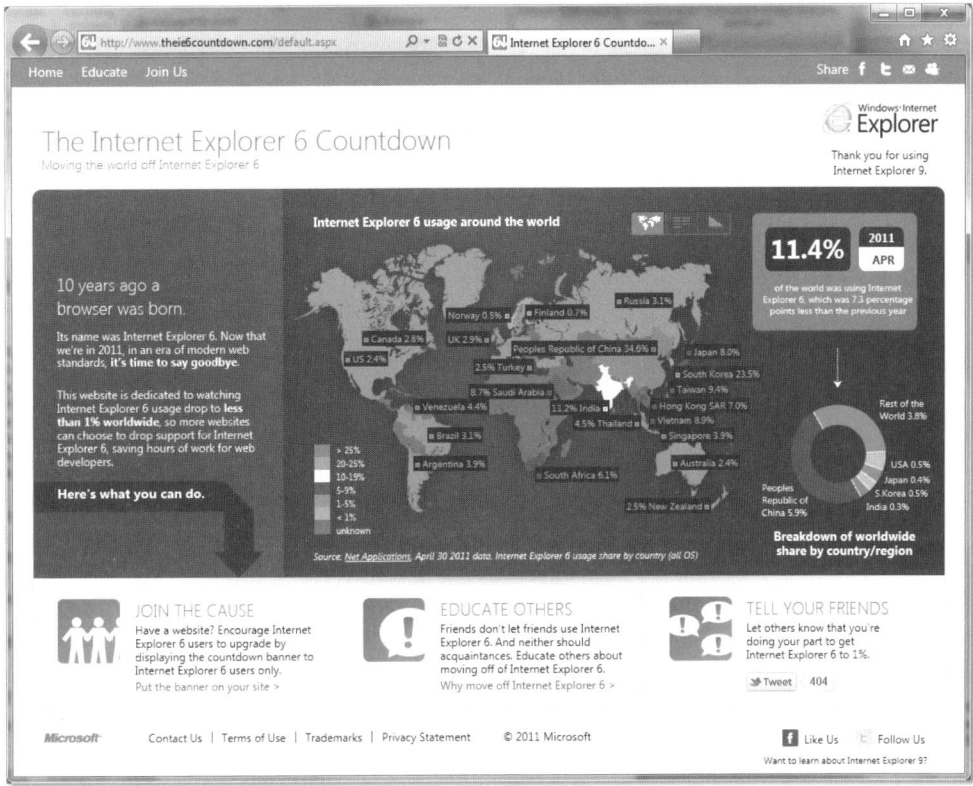

Abbildung 10.2 Nur noch in China beliebt – der Internet Explorer 6

10.1.2 CSS-Unterstützung testen – der Acid-Test

Um die Fähigkeiten der verschiedenen Browser bei der CSS-Interpretation plastisch darzustellen, entwickelte der Webentwickler Todd Fahrner 1998 einen grafischen Test, der mit CSS ein an Mondrian-Gemälde erinnerndes Bild zeichnen sollte. Je nach Level der CSS-Unterstützung wurde das Bild mehr oder weniger exakt nach einem Referenzbild gezeichnet. Je weiter entfernt von der Referenz, desto schlechter die CSS-Unterstützung. Der ursprüngliche Acid-Test ist für heutige Browser keine Herausforderung mehr, und auch sein Nachfolger Acid2 wird von allen Kandidaten (Ausnahme: Internet Explorer 7) gemeistert. Aktuell ist Acid3 der Test, der die guten von den weniger guten Browsern scheidet.

Sie können den Acid3-Test mit Ihrem Browser hier selbst durchführen: *http://acid3.acidtests.org/* (Linkcode 0642). Einige Erläuterungen zum Test finden Sie beim *Webstandards Project*: *http://www.webstandards.org/action/acid3/* (Linkcode 0643).

10 | CSS und die Browser

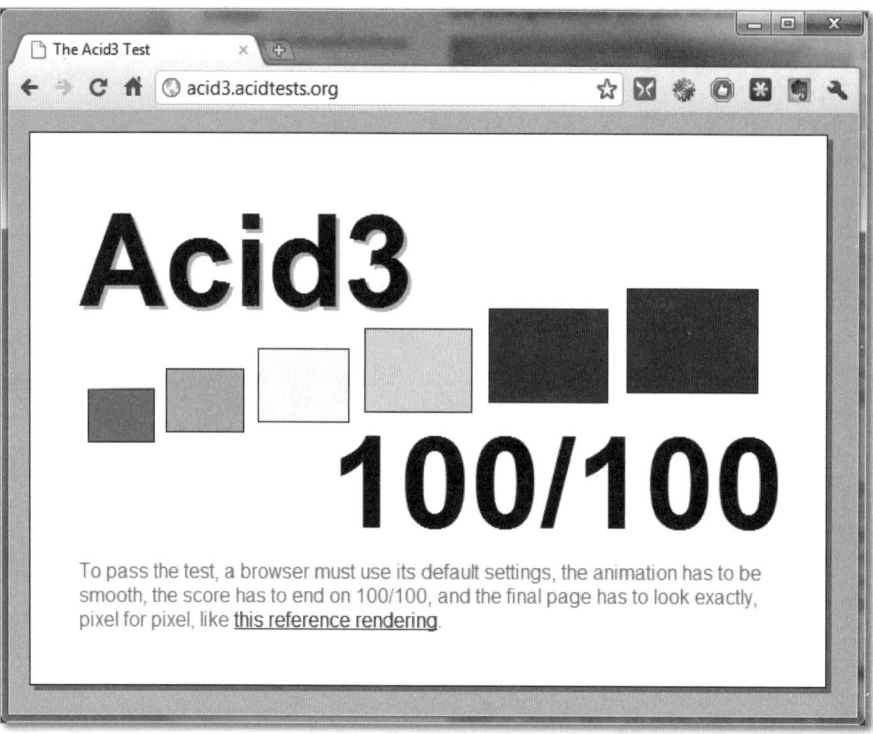

Abbildung 10.3 Acid3 in Chrome 10 – der Kandidat hat 100 Punkte.

Browser	Acid1	Acid2	Punkte Acid3
Chrome ab Version 4	✓	✓	100
Safari ab Version 4	✓	✓	100
Opera ab Version 10	✓	✓	100
Firefox 4/5	✓	✓	97[1]
Internet Explorer 9	✓	✓	95
Internet Explorer 8/7	✓	✓ / –	20/14

[1] Firefox erreicht bewusst nur 97 Punkte, da im Test eine bereits veraltete Implementierung von SVG-Schriften nicht unterstützt wird (*http://limi.net/articles/firefox-acid3* – Linkcode 0644).

Tabelle 10.3 Der Klassenunterschied zwischen IE7/8 und den restlichen Browsern wird überdeutlich.

10.1.3 Browser mit WebKit-Engine (Chrome, Safari, Konqueror)

Der Apple-Browser Safari, der von Google vertriebene Browser Chrome und Konqueror, der Browser des Linux-Desktops KDE, nutzen die gleiche Software-Grundlage: die WebKit-Rendering-Engine bzw. deren Ursprung KHTML.

Browser und Rendering-Engines

Während früher einfach die verschiedenen Browser unterschieden wurden, ist es heute üblich, bezüglich der Darstellungsfähigkeiten über die sogenannten *Rendering-Engines* zu sprechen, also den Teil des Browsers, der für die Anzeige von Webseiten zuständig ist. Das ist sinnvoll, weil in unterschiedlichen Browsern – eben z. B. Chrome und Safari – die gleiche Rendering-Engine steckt. Obwohl die Browser dann unterschiedlich aussehen und auch unterschiedliche Funktionen haben – beispielsweise bei der Bedienung –, sind ihre Fähigkeiten, Webseiten darzustellen, vergleichbar.

Browser	Rendering-Engine
Safari	WebKit (Abspaltung von KHTML)
Chrome	WebKit
Konqueror	KHTML/WebKit[2]
Firefox	Gecko
Thunderbird[1]	Gecko
Internet Explorer	Trident
Opera	Presto

[1] HTML-Darstellung von E-Mails
[2] wahlweise

Tabelle 10.4 Browser und Rendering-Engines

Nachdem zunächst Apple die Konqueror-Engine KHTML übernommen und für seine Zwecke angepasst hat, sollen langfristig beide Versionen wieder vereint werden. Auch der Linux-Desktop Gnome setzt auf WebKit. Für die Praxis bedeutet dies, dass Safari, Chrome und Konqueror in den meisten Situationen CSS identisch interpretieren, es aber an einigen Stellen kleinere Unterschiede geben kann.

Die WebKit-Engine bietet in jedem Fall eine der besten CSS-Unterstützungen, versteht CSS1 und 2.1 sehr gut und beherrscht auch bereits eine Reihe von CSS3-Funktionen (z. B. Media Queries). Darüber hinaus ist die WebKit-Engine sehr schnell.

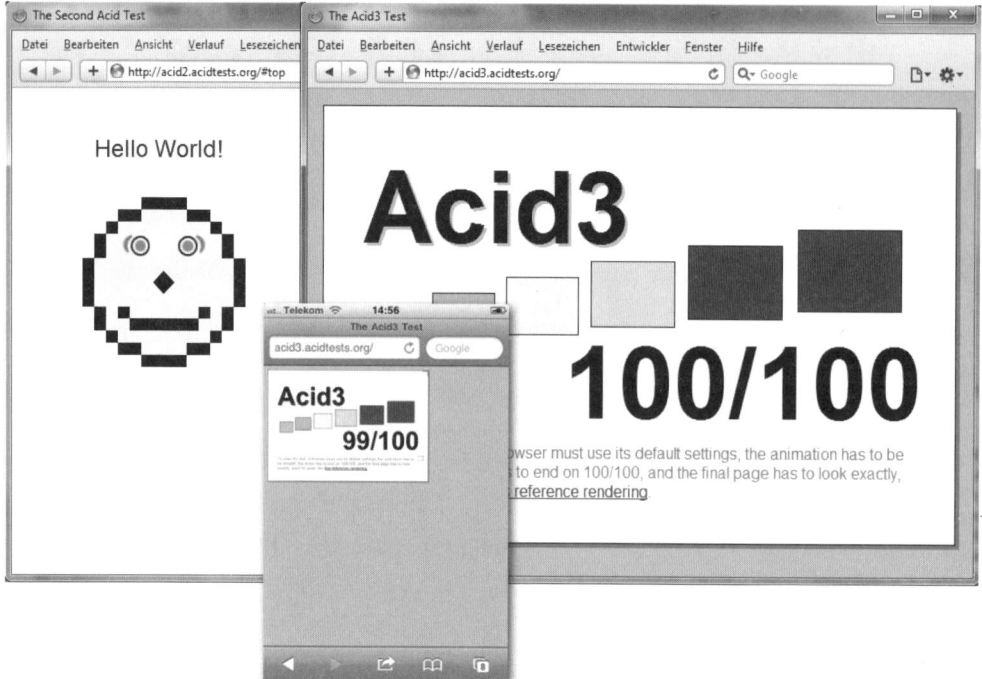

Abbildung 10.4 Makellose CSS-Darstellung bei Acid2 und Acid3 in Safari Desktop und Mobile

Mobile WebKit

WebKit wird nicht nur für den Desktop-Browser des Mac OS verwendet, sondern auch in einer Reihe von Mobilgeräten eingesetzt. Allen voran nutzen das Apple-Mobiltelefon iPhone, das iPad und der iPod Touch eine Safari-Variante und bringen damit exzellenten CSS-Support auch auf mobile Geräte.

Auch die mobile Konkurrenz setzt auf WebKit. Beim Browser des unter Führung von Google entwickelten Handy-Betriebssystems Android, bei den neuen Blackberrys und in einer modifizierten Variante in Nokias S60-Mobiltelefonen werden WebKit-Engines eingesetzt. Damit dominiert WebKit den mobilen Browsermarkt recht deutlich.

In Kapitel 15, »Das mobile Web: Stylesheets, Mobiltelefone und PDAs«, werde ich auf die verschiedenen Browser und die praktischen Anforderungen an mobiles Webdesign eingehen.

WebKit CSS-Unterstützung

CSS1	CSS2	CSS 2.1	CSS3
✓	✓	✓	teilweise

Bemerkungen: CSS3-Funktionen werden mit einem Herstellerpräfix `-webkit-` unterstützt.

Download

- *http://www.apple.com/safari/download/* (Linkcode 0022)
- *http://www.google.com/chrome/* (Linkcode 0645)
- *http://www.konqueror.org/* (Linkcode 0021)

10.1.4 Firefox (Gecko)

Mozilla ist das Open-Source-Projekt, das aus dem ehemaligen Code des Netscape Navigators 4 unter anderem einen vollständig neuen Browser entwickelt hat. Der Kern dieses Browsers ist die Rendering-Engine Gecko.

Das Mozilla-Projekt hat sich insbesondere Standardtreue auf die Fahne geschrieben, und so ist es kein Wunder, dass Gecko eine sehr gute CSS2-Unterstützung bietet. In letzter Zeit ist das Projekt allerdings gegenüber Opera und Safari/WebKit ein wenig ins Hintertreffen geraten, was die Unterstützung der aktuellsten CSS-Spezifikation betrifft.

Firefox 3 und 4

Zum Zeitpunkt der Manuskripterstellung dieses Buches sind die am weitesten verbreiteten Versionen von Firefox 3(.6) und 4. Neben zahlreichen optischen Veränderungen und neuen Funktionen kann Firefox ab Version 3 (Gecko 1.9) auch mit einer Reihe von CSS-Verbesserungen gegenüber früheren Versionen aufwarten. Hier nur die wichtigsten:

- Für die Eigenschaft `display` werden die Werte `inline-block` und `inline-table` unterstützt.
- Die Pseudo-Klasse `:default` (CSS3) wird unterstützt.
- Der Wert `pre-wrap` für `white-space` wird unterstützt.
- Negative `z-index`-Werte sind möglich.
- Die Selektoren `:first-child`, `:only-child`, `:last-child`, `:empty` sowie Folgeelement-Selektoren (`h1+p`) werden unterstützt.

- Der Wert none wird für die Eigenschaften content und cursor unterstützt.
- Das RGBA-Modell (Farben mit Alpha-Kanal) wird unterstützt.

Zwar kein CSS, aber sehr nützlich: Firefox unterstützt inzwischen auch das weiche Trennzeichen (­), womit es dann bald auch einmal auf Websites möglich sein wird, so etwas wie eine Silbentrennung zu haben – allerdings mit entsprechendem manuellem Aufwand, was aber in bestimmten Situationen gerechtfertigt sein kann.

Eine bedeutende Verbesserung ist erst seit der Subversion 3.6 verfügbar, nämlich die Unterstützung von eingebetteten Schriften (siehe dazu auch Abschnitt 9.1.4, »Einbindung von Schriftarten per CSS«).

In Sachen CSS3 bringt Firefox 4 CSS-Transitions (siehe Abschnitt 9.10, »CSS-Übergänge und Animationen«), -moz-background-rect (Auswahl von Teilen eines Hintergrundbildes) und die Verwendung von CSS-Kalkulationen (-moz-calc()) mit. Zum Schutz der Privatsphäre der Nutzer schränkt Firefox 4 die möglichen Eigenschaften ein, die für die Pseudo-Klasse :visited verwendet werden können – so ist es z. B. nicht mehr möglich, die Hintergrundgrafik besuchter Links zu ändern. Firefox 4 unterstützt HTML5 und SVG-Grafiken.

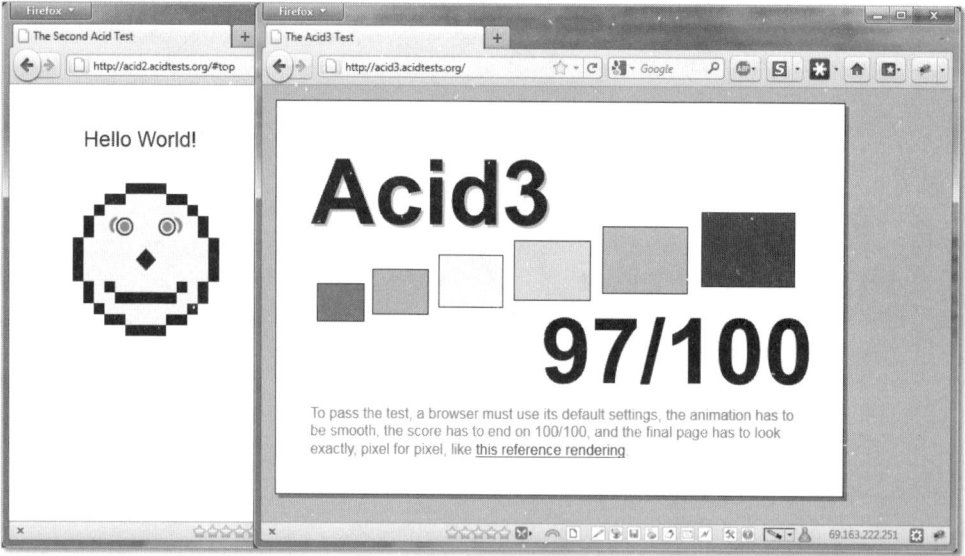

Abbildung 10.5 Auch alles bestens bei Firefox 4
(die fehlenden drei Punkte sind Absicht – siehe Tabelle 11.3)

Firefox CSS-Unterstützung

CSS1	CSS2	CSS 2.1	CSS3
✓	✓	✓	teilweise

Bemerkungen: Einige CSS3-Funktionen werden mit einem Herstellerpräfix `-moz-` unterstützt.

Firefox 5–7

Seit kurzer Zeit hat Mozilla den Update-Zyklus radikal beschleunigt, so dass sich in Buchform kaum noch etwas zu den aktuellen Funktionen sagen lässt. Aufgrund der ohnehin schon guten CSS-Unterstützung der Version 4 liegt der Schwerpunkt der neuen Versionen ohnehin nicht unmittelbar bei CSS.

Eine wesentliche Neuerung ist allerdings die ab Version 5 hinzugekommene Unterstützung für CSS-Keyframe-Animationen (siehe auch Abschnitt 9.10.2, »Animationen mit Keyframes«). Sie können jetzt auch mit Firefox Demos wie die Madmanimation (*http://animatable.com/demos/madmanimation/* – Linkcode 0646) ansehen. Weitere für Webentwickler interessante (aber nicht zu CSS gehörende) Verbesserungen betreffen z. B. das Canvas-Element.

Firefox 6 wird weitere CSS3-Eigenschaften beherrschen – die Liste der geplanten Änderungen befindet sich noch in der Bearbeitung: *https://developer.mozilla.org/en/Firefox_6_for_developers* (Linkcode 0647). In Firefox 7 soll dann `text-overflow` unterstützt werden (*https://developer.mozilla.org/en/Firefox_7_for_developers* – Linkcode 0648). Eine vollständige Liste der Funktionen der jeweils aktuellen Firefox-Version finden Sie bei *http://www.mozilla-europe.org/de/firefox/features/* (Linkcode 0649).

10.1.5 Opera (Presto)

Auch Opera gehört zu den Vorreitern in Sachen Webstandards. Durch die starke Dominanz von zunächst Firefox und jetzt den WebKit-Browsern Safari und Chrome hat Opera niemals größere Marktanteile in der breiten Bevölkerung erreicht, erfreut sich aber bei Entwicklern immer noch einer gewissen Beliebtheit durch seine vielfältigen Einstellmöglichkeiten und Funktionen. Opera unterstützt Entwickler auch aktiv durch entsprechende Veröffentlichungen im Opera Developer Center, das jede Menge interessante Artikel nicht nur zu den Opera-Browsern, sondern rund um Themen des Webdesigns enthält: *http://dev.opera.com/* (Linkcode 0650). Die aktuelle Version 11 besteht den Acid3-Test vollständig.

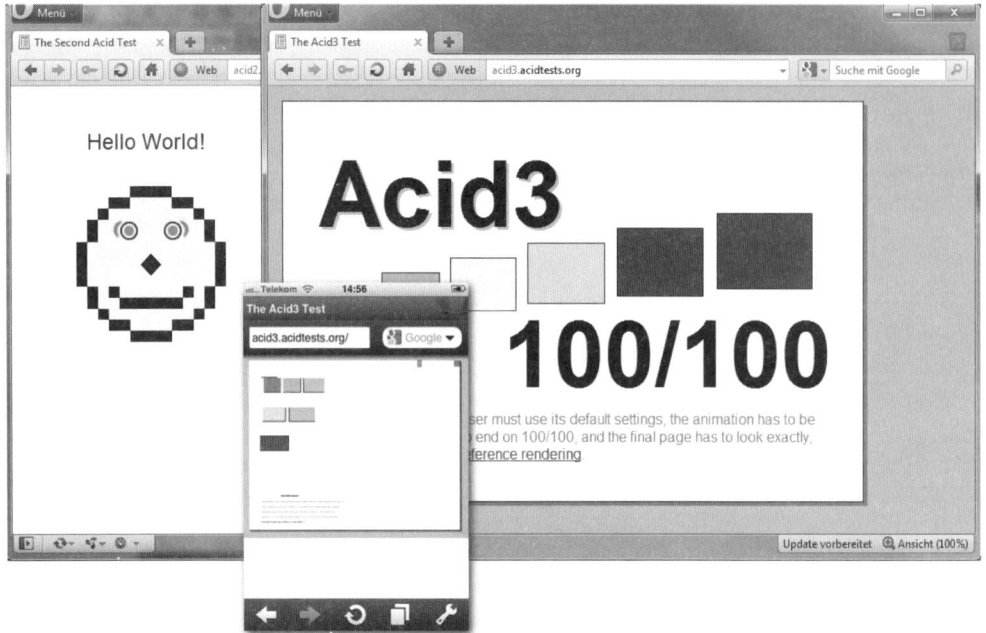

Abbildung 10.6 Opera 11 in der Desktop-Version zeigt sich unbeeindruckt vom Acid3-Test. Opera Mini 5 hingegen bringt das Bild etwas durcheinander.

10.1.6 Opera Mini und Opera Mobile

Opera führt gleich zwei Browser im Programm, die für den mobilen Einsatz gedacht sind: Opera Mini und Opera Mobile.

Während der Opera Mini als Lösung vor allem für leistungsschwächere Mobilgeräte und langsame Anbindungen positioniert ist, versteht sich Opera Mobile als vollständiger Browser, der für moderne Smartphones und Tablets gedacht ist. Beide Browser verfügen über eine Komprimierungstechnologie (bei Opera Mini fest eingestellt, bei Opera Mobile optional aktivierbar), die aufgerufene Webseiten erst einmal über den Opera-Server leitet und dort zusätzlich komprimiert.

Opera Mobile nutzt dieselbe Rendering-Engine wie die Desktop-Version von Opera, beherrscht also grundsätzlich alle CSS-Eigenschaften, die auch die »große« Version versteht. Bei Opera Mini ist es etwas anders – hier sitzt die Rendering-Engine auf dem Server von Opera und wertet dort die aufgerufene Webseite aus. Das Ergebnis schickt sie in einer eigenen Form dann an das Mobiltelefon und Opera Mini. Obwohl die Auswertung des Acid3-Tests behauptet, 97 Punkte zu liefern, sieht das übermittelte Bild doch etwas anders aus als das Referenz-Rendering ...

Download

- *http://de.opera.com/download/* (Linkcode 0020)
- *http://www.opera.com/mobile/* (Linkcode 0651)

Opera CSS-Unterstützung

CSS1	CSS2	CSS 2.1	CSS3
✓	✓	✓	teilweise

Bemerkungen: Einige Funktionen werden mit einem Herstellerpräfix -o- unterstützt.

10.1.7 Internet Explorer (Trident)

Die aktuelle Versionen des Internet Explorers verstehen CSS 2.1 inzwischen recht gut und haben auch bereits einige Teile von CSS3 im Repertoire – Version 9 schafft beim Acid3-Test respektable 95 Punkte, und der 8er-Explorer kann zumindest Acid2 fehlerfrei darstellen. Zudem hat Microsoft den Update-Zyklus deutlich erhöht und liefert – wie alle anderen Hersteller – seine neuesten Versionen automatisch per Software-Update aus. Das führt dazu, dass der schlechteste aktuelle Explorer 7 sehr viel schneller durch seinen Nachfolger ersetzt wird, als das bei der Version 6 noch der Fall war.

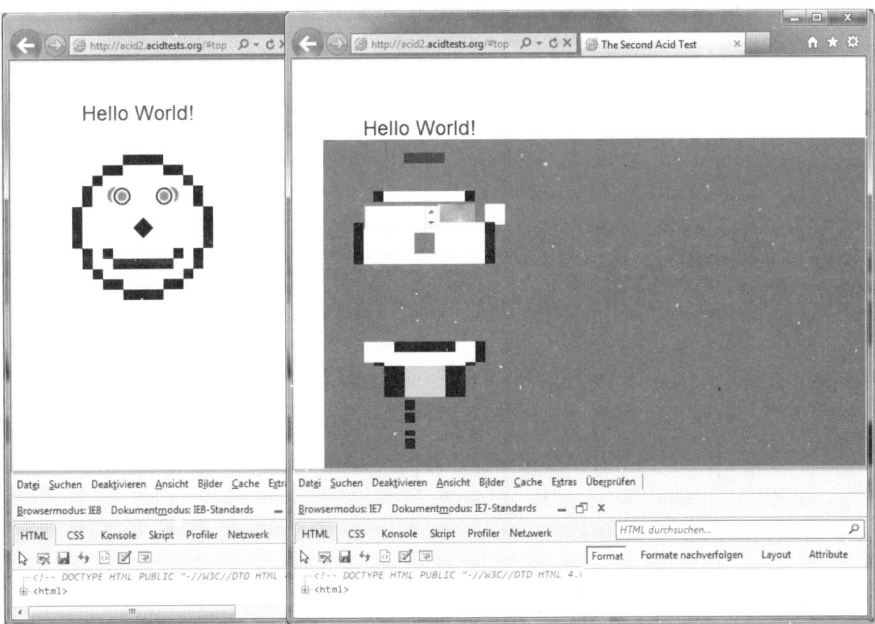

Abbildung 10.7 Acid2 – in der Version des Internet Explorers 8 okay, aber bei Version 7 völlig zerstört

Trotzdem hinken die Microsoft-Browser der Konkurrenz in Sachen CSS3 hinterher. Die Bilder des Acid3-Tests zeigen es – erst mit der 9er-Version kann man von Unterstützung sprechen.

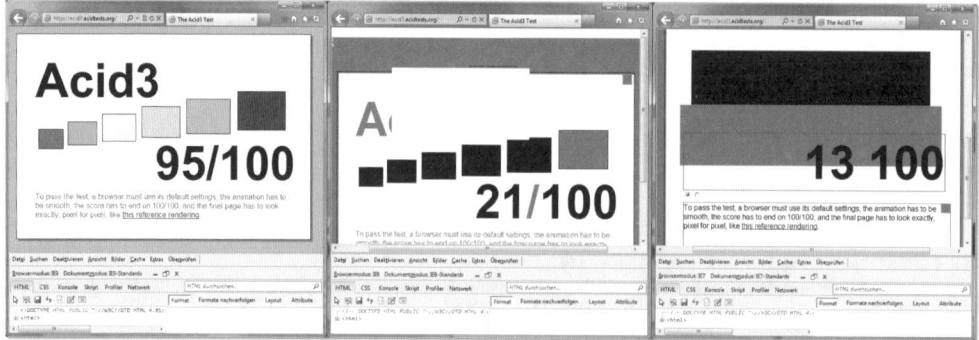

Abbildung 10.8   Acid3 – nur der aktuelle Internet Explorer 9 bietet ein gutes Bild.

Internet Explorer 8

Der Internet Explorer 8 hat einen großen Schritt in Sachen CSS2 und CSS 2.1 gemacht. Hier gibt es kaum noch offene Wünsche.

- Die Pseudo-Elemente `:focus`, `:before` und `:after` werden unterstützt.
- Die Eigenschaften `display: inline-block` und `display: table` werden unterstützt.
- Die Eigenschaft `outline` wird unterstützt.
- Die Eigenschaften `border-collapse`, `border-spacing` und `caption-side` für Tabellen werden unterstützt.
- Die Eigenschaft `white-space` wird nun vollständig unterstützt.
- Die Eigenschaft `box-sizing` wird unterstützt, allerdings als `-ms-box-sizing`.
- Typografische Anführungszeichen (*quotes*) und die Pseudo-Klasse `:lang` funktionieren.

Internet Explorer 9 und 10

Die aktuelle Version des Internet Explorers zur Zeit der Manuskripterstellung trägt die Versionsnummer 9. Für die kommende Version 10 ist bereits ein »Platform Preview« erhältlich.

Die Version 9 bietet nun auch lange vermisste Funktionen für modernes CSS. Viele wichtige CSS3-Eigenschaften werden unterstützt, so zum Beispiel:

- »Runde Ecken« (`border-radius`)
- Transparenz mit `opacity`

- das RGBA-Farbmodell (mit Alpha-Kanal)
- Schrifteinbettung per `@font-face` und WOFF- sowie Truetype-Schriften
- Media Queries
- CSS3-Selektoren
- Mehrfach-Hintergründe

Auch ist in der Version 9 ein brauchbarer Entwicklermodus enthalten, den Sie mittels F12 aktivieren. Dort können Sie – ähnlich wie bei den internen Debug-Funktionen von Chrome und Safari oder Firebug – einzelne Elemente und die auf sie wirkenden Styles untersuchen.

Allerdings fehlen immer noch einige wichtige Dinge wie Verläufe (diese sollen in der kommenden Version 10 per `-ms-`Präfix unterstützt werden) oder mehrspaltiges Layout (auch für Version 10 geplant). In der Version 10 sollen dann auch die bislang oft als letzte Rettung benutzten Conditional Comments wegfallen. Es bleibt zu hoffen, dass der IE dann so gut mithalten kann, dass wir sie nicht mehr benötigen.

Ein weiterer Wermutstropfen: Weder der Internet Explorer 10 noch die Version 9 werden für Windows XP angeboten. Angesichts der konstanten Beliebtheit des gut eingebürgerten Betriebssystems bedeutet dies, dass es wohl auch noch eine Weile dauern wird, bis sich diese Browser auf breiter Front (innerhalb der Internet-Explorer-Basis) durchgesetzt haben werden.

Internet Explorer (7/8/9) CSS-Unterstützung

CSS1	CSS2	CSS 2.1	CSS3
✓ / ✓ / ✓	z. T. / ✓ / ✓	– / z. T. / ✓	– / – / z. T.

Bemerkungen: »z. T.« = teilweise Unterstützung

10.1.8 Weitere Browser

Bei der inzwischen unübersehbaren Vielfalt der Browser ist es unmöglich, jeden einzelnen genauer zu betrachten. Falls Ihr Lieblingsbrowser nicht unter den vorgestellten war, können Sie jedoch mit Hilfe von CSS-Testfällen selbst herausfinden, welche CSS-Eigenschaften unterstützt werden. Bei solchen Testfällen handelt es sich um Beispieldokumente, die eine bestimmte Anzeige bewirken sollen. Testfälle finden Sie beispielsweise hier:

- CSS1: *http://www.w3.org/Style/CSS/Test/* (Linkcode 0024; enthält auch einen Test für das CSS Mobile Profile 1.0.)

- CSS2: *http://www.cwru.edu/dms/homes/eam3/css2test/* (Linkcode 0025). Microsoft hat eine eigene Testsuite für CSS 2.1 freigegeben: *http://samples.msdn.microsoft.com/csstestpages/* (Linkcode 0509).
- CSS3: *http://geocities.com/seanmhall2003/css3/* (Linkcode 0026)

Falls Sie einen solchen Test mit einem der hier nicht genannten Browser durchführen, würden mich die Resultate interessieren. Schicken Sie mir doch eine E-Mail, und ich werde Ihre Ergebnisse veröffentlichen – in der nächsten gedruckten Ausgabe oder auf der Website zum Buch!

Fast jeden exotischen oder veralteten Browser finden Sie im Browserarchiv von Evolt.org; dort sind über einhundert Browserfamilien mit ihren aktuellen und vergangenen Versionen zum Download archiviert: *http://browsers.evolt.org* (Linkcode 0027).

10.1.9 Lynx

Lynx ist ein textbasierter Browser, der folgerichtig mit Cascading Stylesheets wenig anfangen kann. Dadurch ist er jedoch hervorragend geeignet, Ihre Webseiten zu testen. Was Sie mit Lynx sehen, entspricht in etwa dem, was Screenreader vorlesen oder was Braillezeilen ausgeben.

Lynx CSS-Unterstützung

CSS1	CSS2	CSS 2.1	CSS3
–	–	–	–

Als reiner Textbrowser unterstützt Lynx natürlich keine visuellen Eigenschaften ...

Download

http://lynx.browser.org/ (Linkcode 0023)

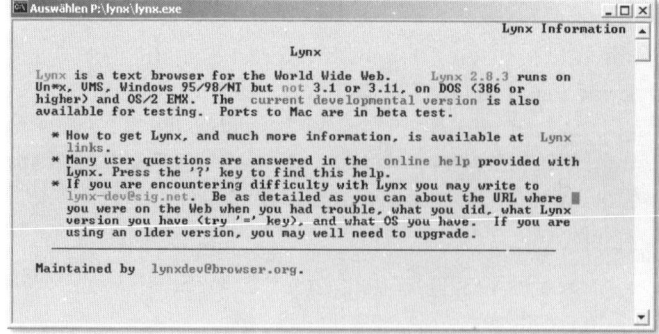

Abbildung 10.9 Lynx zeigt, wie Ihre Seiten ohne Grafiken aussehen.

10.1.10 Screenreader

Blinde und schwer sehbehinderte Menschen sind beim Surfen im Web auf Hilfsmittel angewiesen: Braillezeilen und Screenreader. Während Braillezeilen den Bildschirminhalt Zeile für Zeile in der tastbaren Blindenschrift Braille ausgeben, lesen Screenreader den Bildschirminhalt vor.

Erste Hilfe: Trennung von Struktur und Design

Für beide Hilfsmittel ist die mit CSS verbundene Trennung von Form und Inhalt schon eine große Erleichterung. Anstatt Elemente visuell auszuzeichnen (`<font color="rot">`) oder komplizierte Layouts mit Hilfe von Tabellen und »blinden« GIFs zu realisieren, können Sie mit CSS einen logischen Aufbau eines Dokuments umsetzen, der auch von Screenreadern sinnvoll interpretiert wird. Zusätzlich empfiehlt es sich, auf visuell orientierte Tags wie `<b>` oder `<i>` zu verzichten und stattdessen die logischen Varianten `<strong>` und `<em>` zu verwenden. Während bei einem Browser `<b>` und `<strong>` gleich aussehen, nämlich fett gesetzt, enthält `<strong>` auch eine Information über die Bedeutung des markierten Abschnitts, die auch ein Screenreader interpretieren kann.

Während in CSS2 spezielle Befehle für Screenreader (*aural styles*) noch als Pflicht genannt werden, sind sie in der Spezifikation 2.1 nur noch optional. In CSS3 ist ein eigenes Modul »Speech« für die Sprachausgabe vorhanden.

Mit den Spracheigenschaften können Stimmen, Tonumfang und andere Aspekte der Sprachausgabe festgelegt werden. Leider unterstützt momentan kein handelsüblicher Screenreader diese Spezifikation. Lediglich Opera und das Firefox-Add-on »Fire Vox« beherrschen Teile der Spezifikation. Eine vollständige Fassung finden Sie auf der DVD-ROM zum Buch.

Auch einige Betriebssysteme und Browser bieten inzwischen Sprachausgabe an. Zum Beispiel ermöglicht Opera 9 nicht nur die Sprachausgabe, sondern auch eine Sprachsteuerung.

Weitere nützliche Hinweise zum CSS-Verhalten von Screenreadern finden Sie in den Archiven der Mailingliste »CSS-Discuss«: *http://css-discuss.incutio.com/?page=ScreenreaderVisibility* (Linkcode 0013).

Name	Betriebs-system	Unterstützt aural CSS?	Website
JAWS (Freedom Scientific)	Windows	nein	*http://www.freedomscientific.com/fs_products/software_jaws.asp* (Linkcode 0131)

Tabelle 10.5 Screenreader und ihre CSS-Unterstützung

Name	Betriebssystem	Unterstützt aural CSS?	Website
Emacspeak (Open Source)	Linux	ja	http://emacspeak.sourceforge.net/ (Linkcode 0132)
Homepage Reader (IBM)	Windows	nein	http://www-306.ibm.com/able/ solution_offerings/hpr.html (Linkcode 0133)
Windows Eyes (GW Micro)	Windows	nein	http://www.gwmicro.com/ Window-Eyes (Linkcode 0134)
Blindows (Frank Audiodata)	Windows	nein	http://www.baum.de/de/produkte/ software/blindows.html (Linkcode 0135)
Fire Vox	Windows, Mac, Linux	ja	http://www.firevox.clcworld.net/ (Linkcode 0510)
Opera	Windows	ja	http://de.opera.com/ (Linkcode 0511)

Tabelle 10.5 Screenreader und ihre CSS-Unterstützung (Forts.)

Problematisch ist, dass viele Screenreader eigentlich rein visuelle Angaben wie `display: none` oder `visibility: hidden` auswerten und die so ausgezeichneten Inhalte nicht vorlesen. Mehr dazu später in Abschnitt 13.3, »Zugängliche und benutzbare Websites mit CSS«.

10.2 Problemfall Internet Explorer

Der Internet Explorer war lange Zeit der marktbeherrschende Browser und in der Version 6 nicht besonders beliebt bei Entwicklern. Inzwischen hat sich die Situation weitgehend geändert – Firefox, Safari und Chrome haben den Internet Explorer von der Spitzenposition verdrängt, die Version 6 ist (außer in China) Geschichte, und Microsoft hat verstanden, dass ein Webbrowser auch Webstandards verstehen muss.

Dabei wurden ab der Version 7 eine Reihe von störenden Bugs endlich korrigiert. Hierzu zählen (wenn Sie von den folgenden Begriffen noch nie etwas gehört haben – seien Sie glücklich):

- Peekaboo-Bug
- Guillotine-Bug
- verdoppelte Zeichen
- 3-Pixel-Bug

- Wandernder-Text-Bug
- Zeichenabstand-Bug
- verdoppelter Außenabstand
- Prozent-Bug
- verdoppelte Einrückung
- verschwundene Hintergründe bei Listen
- automatische Box-Erweiterung

Auch einige andere schmerzliche Lücken wie die fehlerhafte Unterstützung von PNG-Alpha-Kanälen wurden gestopft. Der Internet Explorer 7 erkennt `:hover` nun bei allen Elementen – nicht nur bei `<a>`.

> **Vorsicht mit Hacks für den Internet Explorer**
>
> Auf der anderen Seite wurden auch einige Fehler beseitigt, die als Hacks für den Internet Explorer verwendet werden, wie der beliebte Sternchen-Hack. Da leider nicht alle CSS-Fehler gelöst sind, kann dies zu Problemen führen.

Eine gute Zusammenfassung der verschiedenen Probleme des Internet Explorers und davon, wie die Version 7 damit umgeht, finden Sie unter: *http://www.thestyleworks.de/tut-art/ie7.shtml* (Linkcode 0127) und *http://www.quirksmode.org/bugreports/archives/explorer_7/* (Linkcode 0652).

10.2.1 hasLayout

Viele Probleme, die der Internet Explorer in Version 6 und 7 mit CSS-Positionierung und generell beim Layout hat, hängen mit einer mysteriösen, proprietären Eigenschaft namens *hasLayout* zusammen. Nach der Microsoft-Logik kann ein Element »Layout haben« oder eben nicht. Elemente, die kein Layout haben, verhalten sich oft nicht so, wie man es entsprechend den CSS-Spezifikationen erwarten würde. Insbesondere Probleme mit `float`, abweichende Interpretationen von grundlegenden Kasteneigenschaften, Probleme mit Listen oder Hintergrundgrafiken hängen mit *hasLayout* zusammen. Beim Auftreten solcher Probleme sollten Sie also zunächst prüfen, ob die betroffenen Elemente »Layout haben«, und gegebenenfalls dafür sorgen, dass die Elemente es erhalten.

Nun lässt sich *hasLayout* nicht direkt zuordnen, denn es handelt sich um eine implizite Eigenschaft, die durch andere Eigenschaften erzeugt wird. Einige Elemente »haben Layout« von Natur aus, unter anderem sind dies: `<html>`, `<body>`, `<table>`, `<tr>`, `<th>`, `<td>`, `<img>`, `<hr>`, `<input>`, `<select>`, `<textarea>`, `<embed>` und `<object>`.

Um Elementen Layout zu geben, können Sie bestimmte Eigenschaften verwenden. Wenn diese zugewiesen sind, erhält das Element *hasLayout* = *true*. Am häufigsten wird hierbei das explizite Zuweisen einer Höhe oder Breite oder die Verwendung der (proprietären) Eigenschaft `zoom` verwendet.

Um *hasLayout* bei Bedarf zuweisen zu können, schlägt Ingo Chao vor, eine entsprechende Klasse im Stylesheet vorzusehen und diese per Conditional Comment (siehe Abschnitt 10.3.3, »Conditional Comments«) dem Internet Explorer zuzuweisen:

```
1:   <!--[if lt IE 7]>
2:   <style>
3:   /* falls irgendwo noch ein IE6 herumgeistert */
4:     .layout { height: 0; }
5:   </style>
6:   <![endif]-->
7:   <!--[if IE 7]>
8:   <style>
9:     .layout { zoom: 1;}
10:  </style>
11:  <![endif]-->
```

Listing 10.1 hasLayout per Klasse zuweisen

Sie können natürlich auch den betroffenen Elementen jeweils direkt über *hasLayout* eine entsprechende Notation zukommen lassen. Achten Sie dabei jedoch darauf, dass standardkonforme Browser Angaben wie `height: 0` verbindlich nehmen! Einen sehr guten und umfassenden Artikel von Ingo Chao über *haslayout* und dessen Konsequenzen finden Sie unter der Internetadresse: *http://www.satzansatz.de/cssd/onhavinglayout.html* (Linkcode 0129).

Ab der Version 8 des Internet Explorers hat sich Microsoft vom Konzept des *hasLayout* getrennt. Wenn Sie also Darstellungsunterschiede zwischen IE7 und IE8/9 sehen, hat das oft mit *hasLayout* zu tun. Probieren Sie dann die Zuweisung einer Breite oder Höhe an alle betroffenen Elemente.

10.3 Browserweichen und -filter

In einer idealen Welt müsste dieser Abschnitt gar nicht geschrieben werden. Alle Browser würden Stylesheets korrekt und identisch umsetzen; die Realität sah und sieht aber immer noch etwas anders aus. Um trotz der Fehler der verschiedenen Browser mit CSS arbeiten zu können, gibt es eine Reihe von Tricks, mit denen entweder einzelne Anweisungen vor bestimmten Browsern versteckt oder browserspezifisch unterschiedliche Stylesheets aufgerufen werden.

Die allgemein eingebürgerte Bezeichnung »Hacks« trifft dabei den Kern nicht ganz – es werden keine Browser »gehackt«. Stattdessen werden Anweisungen für bestimmte Browser geschrieben und diesen zugewiesen. Ich verwende daher lieber die Begriffe *Browserweiche* oder *Filter*.

Insgesamt hat die Bedeutung der Browserweichen dramatisch abgenommen, da einerseits immer mehr Browser zumindest die CSS-Standards hinreichend unterstützen und andererseits mit den Conditional Comments eine sehr komfortable Weiche für den Internet Explorer, der immer noch die meisten Probleme verursacht, zur Verfügung steht.

10.3.1 Strategien für die Anwendung von Browserweichen: »To hack or not to hack«

Obwohl Browserweichen sehr nützliche und teilweise unentbehrliche Hilfen für die Arbeit mit CSS sind, bergen sie doch ein Risiko: Da sie oft auf Fehlern der verschiedenen Browser beruhen, ist es durchaus möglich, dass ihre Verwendung in zukünftigen Browserversionen unerwartete Effekte zeigt. In jedem Fall machen sie ein Stylesheet unübersichtlicher und schwerer zu pflegen.

Ein gutes Beispiel dafür sind die Probleme, die bei der Einführung des Internet Explorers 7 auf vielen Websites zu sehen waren. Hier sind einige Fehler, die bei Filtern ausgenutzt werden, nicht mehr vorhanden, z. B. der sogenannte Sternchen-Filter. Falls aber das Problem, das mit dem Filter überwunden werden sollte, nicht ebenfalls behoben wurde, gibt es ein neues Problem. Die in der Webdesign-Community im Moment favorisierte Methode ist der Einsatz von Conditional Comments für Internet-Explorer-spezifische Filter. Mit ihnen lassen sich sicher einzelne Versionen des Explorers ansprechen.

Sie sollten Browserweichen daher nur als letztes Mittel ansehen, wenn nichts anderes mehr hilft. Oft lassen sich Probleme schon im Vorfeld durch eine andere Herangehensweise vermeiden.

Filter sparsam einsetzen, sauber trennen und gut dokumentieren

Falls Filter notwendig sind, sollten Sie sie sparsam einsetzen und gut kommentieren, so dass Sie sie später einfach entfernen oder modifizieren können. Eine besonders saubere Strategie schlägt der »CSS-Hack-Experte« Tantek Çelik (unter anderem Erfinder des »Box-Modell-Hacks«) vor:

- Erstellen Sie das Stylesheet zunächst vollständig ohne Tricks, so wie es für einen standardtreuen Browser aussehen sollte.
- Setzen Sie dann an denjenigen Stellen, die einen Filter benötigen, mit Hilfe der nachfolgend beschriebenen Techniken einen `@import`-Befehl, der die benötigten Anweisungen jeweils aus einem separaten Stylesheet lädt.

Sie erhalten auf diese Weise korrekte CSS-Anweisungen, und Sonderanweisungen sind streng voneinander getrennt. Verwirrungen zwischen den Filtern und korrektem CSS sind somit ausgeschlossen. Sobald ein Filter nicht mehr benötigt wird, können Sie ihn sehr einfach wieder entfernen, indem Sie eine Anweisung aus dem Stylesheet nehmen. Ein sauberes Vorgehen! Es erfordert allerdings auch ein sehr sorgfältiges und etwas aufwendiges Vorgehen beim Erstellen der Stylesheets.

Eine andere Methode ist die Verwendung von zusätzlichen Stylesheets für einzelne Browser, die Eigenschaften aus dem Haupt-Stylesheet überschreiben. Da die meisten Sonderanweisungen für den Internet Explorer eingesetzt werden (müssen), können Sie zur Unterscheidung zwischen den verschiedenen Versionen gut Conditional Comments (siehe Abschnitt 10.3.3, »Conditional Comments«) verwenden.

10.3.2 Doctype-Switching und Browseremulationen

Der Dokumenttyp (`doctype`) eines Dokuments verrät dem Anzeigegerät, um welche Art von Dokument es sich handelt und wie dieses anzuzeigen ist. Die Dokumenttypen steuern in Teilen das Anzeigeverhalten moderner Browser. Sie werden am Anfang des HTML-Dokuments notiert.

Folgende Dokumenttypen stehen zur Verfügung:

Doctype	Version	Beschreibung
`<HTML PUBLIC "-//W3C//DTD HTML 3.2//EN">`	HTML 3.2	Eigentlich sollte diese ältere HTML-Variante nicht mehr verwendet werden. Der Vollständigkeit halber und falls es einmal aus technischen Gründen nötig sein sollte, HTML-Dokumente für alte Browser zu erstellen, gebe ich den Dokumenttyp hier an.

Tabelle 10.6 Unterschiedliche Doctypes

Doctype	Version	Beschreibung

`<!DOCTYPE HTML PUBLIC "-//W3C//DTD HTML 4.01//EN"`
`  "http://www.w3.org/TR/html4/strict.dtd">`
 	
`<!DOCTYPE HTML PUBLIC "-//W3C//DTD HTML 4.01 Transitional//EN"`
`  "http://www.w3.org/TR/html4/loose.dtd">`
 	
`<!DOCTYPE HTML PUBLIC "-//W3C//DTD HTML 4.01 Frameset//EN"`
`  "http://www.w3.org/TR/html4/frameset.dtd">`
	HTML 4.01	Die aktuelle Sprachversion von HTML. Es existieren drei Varianten: strict, transitional und frameset. Nach der Variante strict werden nur die zum Sprachumfang der Version 4.01 gehörenden Elemente berücksichtigt.

`<!DOCTYPE html PUBLIC "-//W3C//DTD XHTML 1.0 Strict//EN"`
`  "http://www.w3.org/TR/xhtml1/DTD/xhtml1-strict.dtd">`
 	
`<!DOCTYPE html PUBLIC "-//W3C//DTD XHTML 1.0 Transitional//EN"`
`  "http://www.w3.org/TR/xhtml1/DTD/xhtml1-transitional.dtd">`
 	
`<!DOCTYPE html PUBLIC "-//W3C//DTD XHTML 1.0 Frameset//EN"`
`  "http://www.w3.org/TR/xhtml1/DTD/xhtml1-frameset.dtd">`
	XHTML 1.0	Auch in XHTML existieren die drei Varianten strict, transitional und frameset.

`<!DOCTYPE html PUBLIC "-//W3C//DTD XHTML 1.1//EN"` `  "http://www.w3.org/TR/xhtml11/DTD/xhtml11.dtd">`	XHTML 1.1	XHTML hingegen kennt nur noch eine Möglichkeit. Diese entspricht der strict-Variante.
`<!DOCTYPE html>`	HTML5	HTML5 vereinfacht den Doctype radikal.

Tabelle 10.6 Unterschiedliche Doctypes (Forts.)

In der Vergangenheit versuchten die Hersteller der Browser oft, durch proprietäre Erweiterungen des HTML-Sprachschatzes Vorteile im Kampf um die Marktführung zu erringen. Die Browser waren auch sehr tolerant, was syntaktische Fehler im HTML-Code betraf. Inzwischen hat sich glücklicherweise die Erkenntnis durchgesetzt, dass die Beachtung der offiziellen Standards des W3C für die Weiterentwicklung des Webs unverzichtbar ist. Moderne Browser halten sich deutlich genauer an solche Standards als ihre Vorgänger. Dadurch ist das Problem entstanden, dass neuere Browser durch engere und regelkonforme Auslegung der HTML-Spezifikationen Websites mit schlampig oder absichtlich fehlerhaft geschriebenem Code (Browserhacks) »zerstört« darstellen.

Um dieses Problem zu umgehen, wurden in die meisten Browser sogenannte *Rendering-Modi* implementiert, bei denen ein modernen Browser die Fehler älterer Browser emuliert, wenn er glaubt, eine ältere Website vor sich zu haben. Ein Unterscheidungsmerkmal für das Alter einer Website ist der Doctype – Seiten mit älterer, fehlerhafter oder ganz fehlender Doctype-Angabe sind vermutlich älter als solche mit modernem und fehlerfreiem Doctype.

In der Praxis stellt diese Situation nur für den Internet Explorer ein echtes Problem dar. Firefox, Chrome und Safari verfügen schon seit geraumer Zeit über eine solide CSS-Unterstützung und einen schnellen Update-Zyklus, so dass es kaum ältere Websites gibt, die von solchen Unterschieden betroffen sind.

Anders ist es beim Internet Explorer: Gerade im kommerziellen Umfeld gibt es immer noch Webapplikationen, die HTML-Code aus dem letzten Jahrhundert ausspucken und bei denen ein Update aufgrund der Verbreitung und der ungeklärten Kostenfrage kaum möglich ist. Die Schuld an den auf einmal »zerstörten« Websites wird dann dem neuen Browser zugeschrieben. Das sorgt für einen schlechten Ersteindruck des neuen Browsers und verzögert den Versionswechsel.

Alle aktuellen Internet Explorer können daher die vorherigen Browsergenerationen bis hin zur Version 5 nachahmen. Gesteuert wird dieses Verhalten seit der Version 8 über das schon erwähnte Metatag `X-UA-Compatible` – gegebenenfalls mit Unterstützung des Doctypes. Dabei gibt es folgende Möglichkeiten:

Metatag	Emulation
`<meta http-equiv="X-UA-Compatible" content="IE=8">`	IE9 emuliert IE8.
`<meta http-equiv="X-UA-Compatible" content="IE=7">`	IE9 und 8 emulieren IE7.
`<meta http-equiv="X-UA-Compatible" content="IE=EmulateIE7">`	IE9 und 8 emulieren IE7 – je nach Doctype wird der »Quirks-Modus« aktiviert, der noch älteren Versionen entspricht (5 und unter bestimmten Voraussetzungen 6).

Tabelle 10.7 Emulationsmodi des Internet Explorers

Sie können im Internet Explorer (ab Version 8) durch F12 den Entwicklermodus aufrufen. Dort wird der durch die angezeigte Webseite vorgegebene Modus angezeigt, und Sie können dort selbst den Modus ändern. So lassen sich auch ältere Versionen des IE mit der aktuellen Variante testen – sehr nützlich, da sich verschiedene Versionen des Internet Explorers nicht parallel auf einem System installieren lassen.

10.3.3 Conditional Comments

Eine Microsoft-eigene Konstruktion sind sogenannte *Conditional Comments*: Kommentare, in denen sich Abfrageverzweigungen verbergen können.

> **Conditional Comments**
>
> Conditional Comments haben sich als die wichtigste Technik durchgesetzt, Stylesheets für den Internet Explorer zuzuordnen. Dies liegt vor allem daran, dass sie zwar Microsoft-spezifisch, aber aufgrund des quasi offiziellen Charakters verlässlich und zukunftskompatibel sind.

Im Gegensatz zu anderen Browsern interpretiert der Internet Explorer (Windows) auch HTML-Kommentare. So würde der Code

```
<!--[if IE 7]>
    ...
<![endif]-->
```

die zwischen den beiden Kommentaren liegenden Anweisungen nur ausführen, wenn der Browser ein Internet Explorer (Windows) der Version 7 ist. Das schließt in dieser Schreibweise auch die Zwischenversionen 7.x ein. Sie können allerdings auch Zahlen mit Dezimalpunkten angeben und einzelne Browserversionen konkret ansprechen.

Es existieren folgende Vergleichsoperatoren:

Operator	Effekt
!	*NOT-Operator*: Der Ausdruck trifft zu, wenn die genannte Bedingung nicht zutrifft.
lt	*Less than*: Der Ausdruck trifft zu, wenn der Wert kleiner als der Vergleichswert ist.
gt	*Greater than*: Der Ausdruck trifft zu, wenn der Wert größer als der Vergleichswert ist.
lte	*Less than equal*: Der Ausdruck trifft zu, wenn der Wert kleiner als der Vergleichswert oder gleich groß ist.
gte	*Greater than equal*: Der Ausdruck trifft zu, wenn der Wert größer als der Vergleichswert oder gleich groß ist.

Tabelle 10.8 Vergleichsoperatoren für Conditional Comments

Für Browser anderer Hersteller ist das Ganze ein normaler Kommentar: Alles zwischen `<!--` und `-->` wird ignoriert. Wenn Sie erreichen wollen, dass der Inhalt zwischen den Kommentaren bei anderen Browsern angezeigt wird, so verwenden Sie diese Schreibweise:

```
<!--[if !IE ]><!-->
   ... Anweisungen für andere Browser
<!--<![endif]-->
```

Die Conditional Comments lassen sich im Übrigen auch in E-Mails verwenden. So greift die folgende Syntax etwa bei Outlook 2007:

```
<!--[if gte mso 12]>
   ... Anweisungen für Office 2007 und neuer
<![endif]-->
```

In der Version 10 des Internet Explorers verabschiedet sich Microsoft von den Conditional Comments. Es bleibt zu hoffen, dass der IE10 dann fehlerfrei genug funktioniert, um dieses Hilfsmittel nicht mehr zu benötigen.

Mehr zu Conditional Comments erfahren Sie im Microsoft-Developer-Netzwerk unter: *http://msdn.microsoft.com/library/default.asp?url=/workshop/author/dhtml/overview/ccomment_ovw.asp* (Linkcode 0034).

10.3.4 Browser-Sniffer

Die letzte Möglichkeit, je nach Situation unterschiedliche Stylesheets auszuliefern, ist der Einsatz einer Programmiersprache. Mit JavaScript, PHP oder einer anderen weblichen Skriptsprache können Sie den Browsertyp (*Browser Sniffing*) oder das Vorhandensein bestimmter Fähigkeiten abfragen, die für bestimmte Browser typisch sind (*Object Detection*).

Insbesondere beim Einsatz von mobilen Stylesheets ist das Auswerten der Browserkennung ein Mittel, um die mobilen Browser von ihren Desktop-Versionen zu unterscheiden. Einen entsprechenden Ansatz verfolgt das WURFL-Projekt: *http://wurfl.sourceforge.net/* (Linkcode 0524). In ihm werden die Gerätedaten verschiedener Mobiltelefone gesammelt und für Entwickler bereitgestellt.

Diese Methode ist einerseits sehr flexibel und einfach, da gezielt einzelne Browser angesprochen werden können. Andererseits ist sie auch etwas unzuverlässig, da sich einzelne Browser als andere Browser ausgeben und so alle Bemühungen zunichtemachen. Opera kann sich beispielsweise als Internet Explorer tarnen, um Browserweichen zu überlisten, die nur der Internet Explorer passieren lässt. Zudem müssen die Skripte beim Auftreten neuer Browser eventuell angepasst werden. Spätestens seitdem nahezu alle führenden Hersteller von Browsern in immer kürzeren Zeiträumen neue Versionen auf den Markt bringen, hat dieser Ansatz wohl ausgedient.

Eine modernere Variante nennt sich *Feature Detection*). Hier wird nicht nach einem bestimmten Browser gesucht, dessen Fähigkeiten man kennt, sondern es wird nur geprüft, ob ein Browser eine bestimmte Fähigkeit besitzt bzw. im Fall von CSS bestimmte Eigenschaften unterstützt. Die in Abschnitt 14.7.2, »JavaScript zur Erweiterung der Browserfähigkeiten nutzen«, vorgestellte Bibliothek Modernizr ist ein Beispiel für diese Technik.

10.3.5 CSS-Bugs per JavaScript beheben

Eine andere Technik, die im Zuge der »Renaissance« von JavaScript aufgetaucht ist, ersetzt fehlerhafte, in einzelnen Browsern fehlende oder noch gar nicht vorhandene CSS-Eigenschaften durch entsprechende JavaScript-Funktionen. Entwickler wie Jeremy Keith propagieren, die Lücken in CSS (bzw. in der Interpretation durch aktuelle Browser) mittels JavaScript zu stopfen. Seine Ideen erläutert Jeremy Keiths in dem Artikel »Using DOM Scripting to Plug the Holes in CSS«: *http://domscripting.com/presentations/atmedia2006/slides/* (Linkcode 0527).

Ebenfalls in Abschnitt 14.7.2 beschreibe ich verschiedene JavaScript-Bibliotheken, die fehlende CSS-Unterstützung für Browser nachrüsten.

10.4 Browsertesting

Aufgrund der unterschiedlichen Interpretation von CSS durch Browser ist es unerlässlich, eine Webseite in mehreren Browsern zu testen. Aber in wie vielen? Während Kunden in der Regel erwarten, dass ihre Website in »allen gebräuchlichen« Browsern funktioniert, wissen Entwickler, dass die Vielfalt vorhandener Endgeräte nicht sinnvoll testbar ist.

Ich empfehle daher dringend, sich mit internen oder externen Auftraggebern rechtzeitig und nachvollziehbar über die geplante Browserunterstützung und damit auch die erforderlichen Tests zu verständigen – das Supportsystem von Yahoo, dass ich am Anfang des Kapitels beschrieben habe, kann als Grundlage dienen.

Neben den in Abschnitt 18.2, »Analysewerkzeuge«, beschriebenen internen und externen Analysewerkzeugen helfen virtuelle Systeme, unterschiedliche Browser auf einem Rechner zu installieren (gilt vor allem für den Internet Explorer) und damit für Tests vorzuhalten. Inzwischen gibt es auch eine ganze Reihe von Anbietern, die die Virtualisierung für Sie übernehmen und Screenshots oder sogar den direkten Zugriff auf virtuelle Maschinen anbieten.

Für einen Browsertest empfiehlt es sich, einen Testplan der zu testenden Seiten (entweder einzelne Stichproben oder alle) und der Testbedingungen aufzustellen. Einfach und schnell lässt sich die Validität einer Webseite prüfen – entsprechende Testwerkzeuge lassen sich als Browser-Plugins oder eigenständige Tools installieren und können je nach Bedarf auch ganze Websites automatisch durchsuchen und prüfen. Schwieriger wird es mit funktionalen Elementen und dem optischen Eindruck. Meist werden solche Tests rein manuell durchgeführt, was bei mehreren Testdurchläufen recht aufwendig und teuer ist und aufgrund der zunehmenden Fehlermüdigkeit der Tester auch nicht wirklich sicher.

Ein Abhilfe können Systeme wie Selenium (*http://seleniumhq.org/* – Linkcode 0653) sein, die bestimmte Abläufe im Browser automatisieren und anhand von Testbedingungen Fehler melden. Der Entwickler Michael Tamm entwickelt Ansätze, durch Bildanalyse Layoutfehler automatisiert zu erkennen. Seinen Ansatz beschreibt er in einem Vortrag, den Sie auf Slideshare ansehen können: *http://www.slideshare.net/MichaelTamm/fighting-layout-bugs* (Linkcode 0654).

10.4.1 Virtualisierung

Screenshots gestatten einen schnellen Überblick, ob das Layout grundsätzlich in Ordnung ist. Hover-Effekte und anderes dynamisches Verhalten werden allerdings nicht abgebildet. Flexibler ist es da, die wichtigsten Browser selbst zur Verfügung zu haben.

Was früher nahezu unmöglich oder zumindest mit einem hohen Aufwand verbunden war, ist dank Virtualisierung inzwischen recht einfach. Unter Virtualisierung versteht man die komplette Nachbildung eines Rechners mittels Software. Eine Virtualisierungslösung besteht in der Regel aus einem *Gastgeber*, der auf dem »echten« System installiert wird, und beliebig vielen *virtuellen Maschinen*, auf denen unterschiedliche Betriebssysteme laufen. Bekannt ist die Software *Parallels*, mit der Besitzer eines Apple-Computers innerhalb von Mac OS X ein Windows-System starten und mit Windows-Programmen arbeiten können.

Mehrere Hersteller von Virtualisierungslösungen bieten kostenfreie Abspielgeräte und zeitlimitierte Testversionen der kompletten Software zum Erstellen der virtuellen Maschinen an, so dass Sie sich relativ einfach eine Sammlung an Testumgebungen zusammenstellen können.

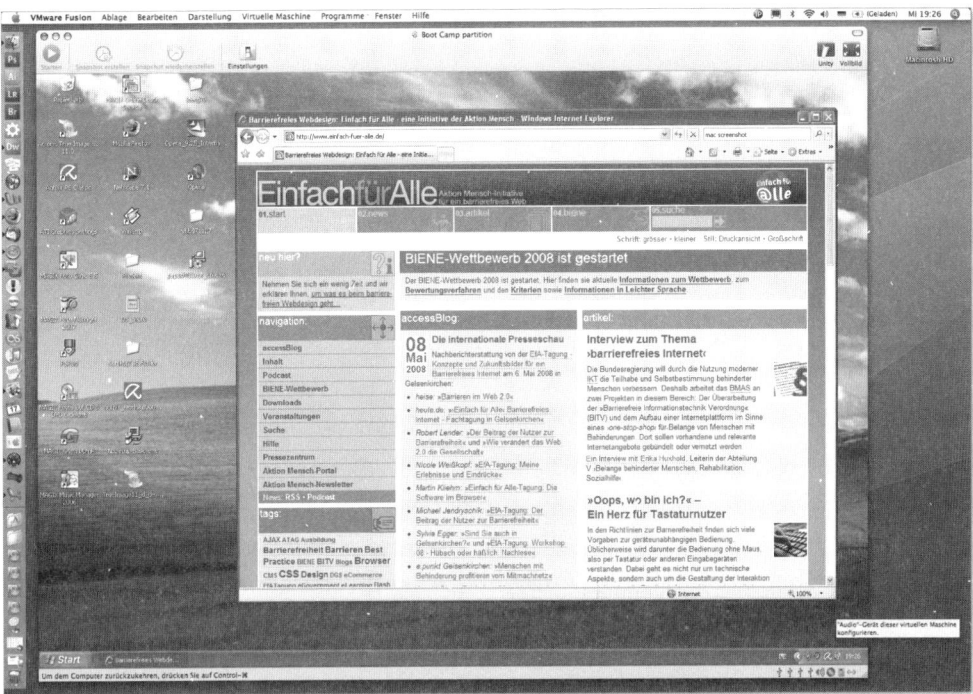

Abbildung 10.10 Auch unter Mac OS X – der Internet Explorer 7 im Test

Rechtliches

Auch auf virtuellen Maschinen installierte Betriebssysteme sind lizenzpflichtig! Wenn Sie also auf einem Apple-Rechner ein virtuelles Windows installieren, müssen Sie im Besitz einer gültigen Windows-Lizenz sein.

VirtualPC von Microsoft können Sie kostenlos von der Microsoft-Website herunterladen: *http://www.microsoft.com/windows/products/winfamily/virtualpc/* (Linkcode 0586).

Microsoft stellt sogar freundlicherweise eine fertige virtuelle Maschine inklusive Internet Explorer 6, 7 und 8 zur Verfügung: *http://www.microsoft.com/downloads/details.aspx?FamilyID=21eabb90-958f-4b64-b5f1-73d0a413c8ef&DisplayLang=en* (Linkcode 0587).

Die herunterladbaren Dateien sind immer recht kurzfristig zeitlich begrenzt. Es erscheinen aber immer wieder neue Versionen – eine bequeme Möglichkeit, wenn Sie den regelmäßigen mehrere Gigabyte großen Download nicht scheuen.

Für Entwickler, die selbst unter Linux arbeiten, ist vom Hersteller VMWare der VMWare Server kostenfrei erhältlich: *http://www.vmware.com/de/products/* (Linkcode 0588).

So lassen sich unter Linux Windows- und Linux-Systeme virtualisieren. Zumindest technisch kann auch Mac OS virtualisiert werden, jedoch erlaubt Apple den Einsatz des Betriebssystems nur für Apple-Hardware.

VMWare bietet seine Player auch für Windows und Macintosh an. Jedoch ist der Mac-Player nicht kostenlos, und unter Windows muss die Software bezahlt werden, mit der die virtuellen Maschinen erstellt werden.

Eine kostenfreie Alternative, die für alle Plattformen zur Verfügung steht, ist VirtualBox. Die von der Firma Oracle entwickelte Virtualisierungslösung ist als Open-Source-Software für Windows, Macintosh, Linux und Solaris frei verwendbar und steht damit als einziges der Angebote dauerhaft kostenfrei zur Verfügung. Allerdings gibt es keine fertigen Windows-Pakete. Sie müssen sich also ein Windows-System selbst installieren – und für virtuelle Maschinen sind Lizenzen erforderlich. Sie können VirtualBox unter *http://www.virtualbox.org/wiki/Downloads* (Linkcode 0655) herunterladen.

10.4.2 Online-Screenshot-Dienste

Obwohl inzwischen die CSS-Unterstützung der großen Browserhersteller viel besser geworden ist, macht das Testen immer noch einen wichtigen Teil der Arbeit eines Entwicklers aus. Am besten ist es natürlich, die wichtigsten Browser tatsächlich vorrätig zu haben. Aber nicht jeder Entwickler kann und will mehrere Versionen von Internet Explorer, Firefox, Safari und Opera und dazu noch Windows, Mac OS und Linux vorrätig halten.

Eine vergleichsweise preiswerte und unkomplizierte Alternative sind Online-Screenshot-Dienste, die kostenlos oder gegen Gebühr Screenshots der wichtigsten Browserversionen zur Verfügung stellen.

Service	Browser	Besonderheiten	Kosten	URL
Netrenderer	Internet Explorer 7, 6, 5.5	Mix- und Differenzanzeige verschiedener IE-Versionen	keine	*http://meineipadresse.de/netrenderer/* (Linkcode 0581)
Browsershots	diverse	diverse Linux- und BSD-Versionen	keine	*http://browsershots.org/* (Linkcode 0582)
Browsercam	diverse	Mobilbrowser	ja	*http://www.browsercam.com/* (Linkcode 0584)
Adobe Browserlab	diverse	bis Mai 2012 kostenlos, in Dreamweaver und Firefox integrierbar, echte Simulation	ab Mai 2012	*http://browserlab.adobe.com/* (Linkcode xxx)

Tabelle 10.9 Online-Browsertest-Dienste

Interessant finde ich die Mix- und Differenzansicht des Netrenderers, die einen direkten Vergleich der verschiedenen Versionen des Internet Explorers durch eine Überlagerung der Screenshots ermöglicht, sowie die große Auswahl der (nicht nur) Linux-Versionen von Browsershots.

Am flexibelsten und mächtigsten scheint mir der Dienst Browsercam, der nicht nur den Test von Mobilbrowsern ermöglicht, sondern auch den Fernzugriff per VNC auf die Rendering-Plattform und sogar komplette eigene virtuelle Server für Kunden bereitstellt. Aufgrund der mit ihnen verbundenen Kosten sind diese Angebote allerdings eher etwas für große Agenturen.

Auch Adobe möchte im Markt der Browsertestplattformen mitmischen und hat eine eigene Plattform ins Leben gerufen – im Moment noch in der Beta-Phase.

Im Moment können Sie sich noch unter *http://browserlab.adobe.com* (Linkcode 0656) mit einer vorhandenen Adobe-ID anmelden (oder einen neuen Account anlegen) und den Service – in der Beta-Phase kostenfrei – testen. Sie wählen für einen Test verschiedene Browserprofile aus und lassen die Seite anzeigen; auch eine Seite-an-Seite-Ansicht zweier Browser ist möglich.

Bis Mai 2012 (Ende der Beta-Phase) ist auf jeden Fall der Service von Adobe eine interessante Alternative – danach wird man sehen müssen, wie das Preismodell aussieht.

Abbildung 10.11 Zwei Browser – eine Webseite

Cascading Stylesheets geben dem Webentwickler nicht nur ein Werkzeug zu einer besseren und zugänglicheren Gestaltung an die Hand, sondern können auch helfen, schneller und effizienter zu arbeiten. Im folgenden Kapitel zeige ich verschiedene Methoden und Ansätze mit Hilfen von CSS den eigenen Arbeitsansatz zu verbessern.

11 Effizientes Arbeiten mit CSS

Beim effizienten Arbeiten geht es einerseits um die Arbeit mit vorgefertigten Sätzen von HTML-Konstrukten und CSS-Klassen, wie sie vor allem in Frameworks verwendet werden, und andererseits um die Frage, wie Sie die eigenen Stylesheets sinnvoll ordnen und organisieren.

11.1 Arbeiten mit HTML-Vorlagen

Viele Webseiten bestehen inhaltlich aus vergleichbaren Bereichen: Sie haben ein Hauptmenü, einen Seitenkopf (meist mit Logo, eventuell mit einem Bild), einen Inhaltsbereich für die Hauptinhalte sowie oft eine Marginalie für weniger wichtige Inhalte. Darüber hinaus gibt es oft eine Fußzeile, die das Impressum oder andere formale Informationen aufnimmt. Da wir durch CSS vergleichsweise frei in der optischen Anordnung dieser inhaltlichen Bereiche sind, können wir mit sehr wenigen unterschiedlichen HTML-Elementen eine große Anzahl von Layouts abdecken.

Sie sollten sich einen festen Satz von Klassen- und ID-Bezeichnungen für diese Bereiche zulegen. Auf diese Weise finden Sie sich auch nach längerer Zeit schnell in alten Projekten zurecht und können möglichst viel von Ihrer Arbeit erneut verwenden. Ich benutze vorzugsweise englische Bezeichnungen und ausschließlich Kleinschreibung. Das können Sie aber natürlich halten, wie Sie möchten.

Ein Beispiel für eine solche Art von »Skelett« könnte so aussehen wie in Tabelle 11.1.

Bereich	Beschreibung
wrapper	umgebender Kasten, der die gesamte Seite umfasst, beispielsweise zum Zentrieren oder Festlegen einer Maximalbreite
mainnav	Hauptnavigation
subnav	sekundäre Navigation oder zweite Ebene einer horizontalen Navigation (nicht immer erforderlich)
main	Inhaltsbereich
content	Hauptinhalt
margin	zusätzliche Inhalte (Marginalie, oft rechts neben dem Hauptinhalt)
header	Seitenkopf
footer	Fußzeile

Tabelle 11.1 Typische Bestandteile einer Webseite

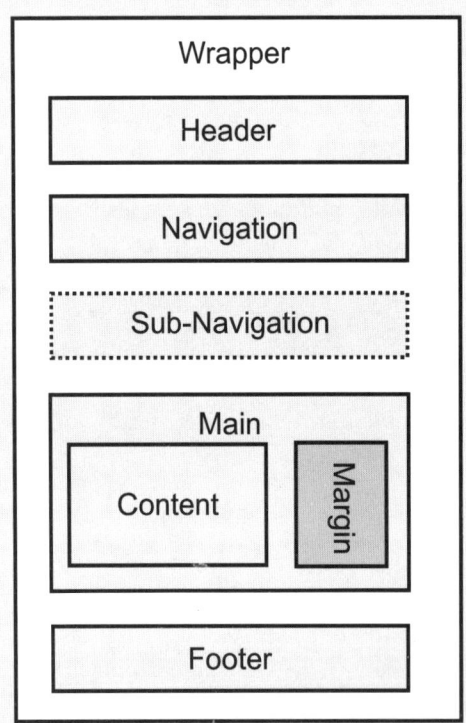

Abbildung 11.1 Typische Webseitenstruktur

Einige Webdesigner haben ihre Standardvorlagen für die Allgemeinheit freigegeben – hier eine kleine Auswahl:

- Gerrit van Aken – Kickstart: *http://praegnanz.de/weblog/ htmlcssjs-kickstart* (Linkcode 0539)
- Vladimir Simovic – *http://www.perun.net/2006/01/24/ grundgeruest-zum-mitnehmen/* (Linkcode 0540)
- Kevin Hale (etwas älter) – *http://particletree.com/features/ quick-start-your-design-with-xhtml-templates/* (Linkcode 0541)
- Thinderbox (fixed und flexibel) – *http://csstinderbox.raykonline.com/* (Linkcode 0542)
- Prabhath Sirisena (etwas vom Thema abweichend: ein Template für Formulare) – *http://nidahas.com/sandbox/form_template.html* (Linkcode 0544)

Sie können eine dieser Vorlagen als Grundlage für ein eigenes System verwenden (oder sie einfach so benutzen). Wenn Ihnen Verbesserungen einfallen, so schreiben Sie doch den Autoren, oder publizieren Sie Ihre eigene Version.

Eine interessante Idee ist auch der Standard-Template-Generator von Accesify.com, der nach Eingabe der geforderten Bereiche ein valides, standardkonformes Markup – bei Bedarf auch in HTML5 – generiert: *http://www.accessify.com/ tools-and-wizards/developer-tools/markup-maker/default.php* (Linkcode 0545).

HTML Boilerplate

Etwas spektakulärer und umfangreicher kommt *HTML5 Boilerplate* daher, eine Grundlage für HTML(5)-basierte Templates. Sie können hier sogar die gewünschten Funktionen (JavaScript, Mobil-Unterstützung etc.) bequem online zusammenklicken und das Template dann herunterladen. Sie finden das Template und jede Menge Dokumentation unter *http://html5boilerplate.com/* (Linkcode 0657). Es gibt neben der englischen Originaldokumentation auch eine deutsche Übersetzung, die der aktuellen Version jedoch etwas hinterherhinkt.

Für eine noch weitergehende Konfiguration steht unter *http://initializr.com/* (Linkcode 0658) ein weiteres Tool mit noch mehr Optionen zur Verfügung. Boilerplate ist auf den ersten Blick durch die zahlreichen Optionen ziemlich überwältigend, berücksichtigt aber neben der HTML5-Unterstützung für den Internet Explorer (via JavaScript) auch Performance-Optimierungen, Mobil- und Druckunterstützung und zahlreiche weitere Verbesserungen (*http://html5boilerplate. com/#intro* – Linkcode 0657).

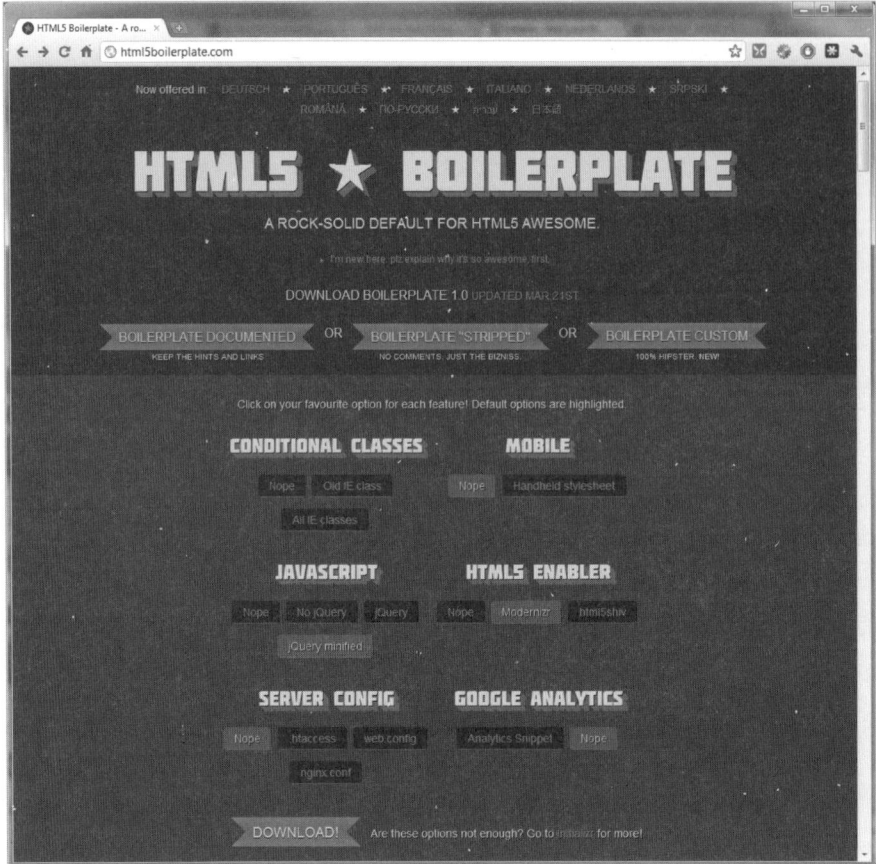

Abbildung 11.2 Sieht nicht nur schick aus – steckt auch voller Features: Boilerplate

11.2 Design Patterns

Neben dem grundsätzlichen Layout von Websites gibt es andere wiederkehrende Elemente, die auf vielen Webseiten auftauchen. Eine Datentabelle ist ein solches Element, eine Login-Maske ein anderes, oder denken Sie an das Kommentarformular eines Weblogs.

Es ist nicht sehr effektiv, für diese sich wiederholenden Probleme immer wieder von neuem zu überlegen, mit welchem HTML und welchem CSS sie zu lösen sind. Stattdessen ist es hilfreich, sich einmal ein ideales HTML/CSS für ein bestimmtes Problem zu überlegen und dieses mit möglichst wenig Modifikationen immer wieder zu verwenden. Solche Kombinationen aus HTML und CSS können als Designmuster (*Design Patterns*) bezeichnet werden.

Klar ist, dass unterschiedliche Webseiten unterschiedlich aussehen und daher zumindest in Teilen unterschiedliches CSS benötigen. Das unter diesem CSS liegende HTML kann jedoch zumeist vollkommen unverändert übernommen werden. Ein Kommentarformular benötigt nur einmal spezifische Elemente: ein mehrzeiliges Eingabefeld, einen Absendebutton, einen Anmoderationstext und gegebenenfalls ein Captcha. Das Captcha selbst wiederum ist ein eigenes Designmuster. Designmuster lassen sich kombinieren – so entstehen aus einfachen, kleinen Designmustern komplexere Lösungen. Aber auch das CSS lässt sich oftmals in Teilen reproduzieren – insbesondere wenn Sie vermehrt mit relativen Angaben arbeiten.

Im Grunde genommen sind Designmuster kein Thema, das spezifisch oder gar ausschließlich zu CSS gehört; mit der Trennung von Struktur und Styling lassen sich solche Techniken erst sinnvoll anwenden. Design Patterns aus der grafischen Gestaltung finden Sie z. B. unter

- *http://ui-patterns.com/* (Linkcode 0659)
- *http://patterntap.com/* (Linkcode 0660)
- *http://developer.yahoo.com/ypatterns/* (Linkcode 0661)

11.2.1 Design Pattern und Quellcode von Yahoo!

Interessant ist dabei vor allem die letzte Sammlung, die *Yahoo! Design Pattern Library*.

Abbildung 11.3 Fertig zum Mitnehmen – Design Pattern von Yahoo!

Im Gegensatz zu den anderen Bibliotheken, die grafisch interessante Lösungen bieten, aber keinen zugehörigen Quellcode, ist die Bibliothek von Yahoo! mit der eigenen *User Interface Library* (*http://developer.yahoo.com/yui/* – Linkcode 0662) verbunden, die tatsächlich auch den kompletten Quellcode inklusive JavaScript für die Funktionalität bietet.

Um die Beispiele von Yahoo! zu nutzen, laden Sie sich das angebotene Vorlagenset (*http://developer.yahoo.com/ypatterns/about/stencils/*, Linkcode 0663) z. B. im PDF-Format herunter. Dort finden Sie bei den angebotenen Design Patterns immer einen Link zur Onlineversion sowie einen Link zu einem korrespondierenden YUI-Widget, das Sie direkt in Ihre Website einbinden können.

Abbildung 11.4 PDF-Version des Kalendermusters mit Direkt-Link zum HTML/CSS/JavaScript-Widget

Sie können natürlich auch direkt in der YUI-Bibliothek stöbern, die Sie unter *http://developer.yahoo.com/yui/* (Linkcode 0664) finden.

> **Hinweis**
>
> Eines sollten Sie allerdings wissen: die Umsetzung der YUI-Komponenten erfolgt vollständig per JavaScript. Da es sich um funktionale Elemente handelt, die ohnehin auf JavaScript angewiesen sind, stört das zwar nicht grundsätzlich (es ist sogar eher von Vorteil, wenn anstelle eines funktionslosen Elements gar keines angezeigt wird). Für funktionslose Elemente oder solche, die per Serverinteraktion funktionieren sollen (ohne Hilfe von JavaScript), können Sie sich per *Firebug* den Quellcode ansehen und statisch verwenden oder auf der Basis der Designs eigenen Quellcode erstellen und archivieren.

11.3 Objektorientiertes CSS

Während ich in Abschnitt 2.1, »Die Grundlage – das semantische HTML-Dokument«, über semantisches HTML geschrieben und darauf hingewiesen habe, dass die HTML-Struktur gemäß den enthaltenen Inhalten ausgerichtet werden sollte, verfolgt die Idee »objektorientiertes CSS« einen anderen Ansatz. Entwickelt wurde das Konzept von der Yahoo!-Entwicklerin Nicole Sullivan, die auf Performance-Optimierung für (sehr) große Websites spezialisiert ist. Ein Problem, auf das sie immer wieder stieß (und das vermutlich auch Ihnen bekannt vorkommt), ist der im Laufe der Zeit immer größer werdende Umfang eines Stylesheets für ein bestimmtes Projekt. In der Regel werden Änderungen am CSS einer Website durch Überschreiben und Hinzufügen neuer CSS-Deklarationen durchgeführt. Sehr selten führen neue Anforderungen dazu, dass auch der Code für schon vorhandene Elemente angefasst wird (*never change a running system*). Die Folge ist jedoch ein immer umfangreicherer, komplexerer, undurchschaubarer und kaum wartbarer CSS-Code. Als Lösungsansatz entwickelte sie das Prinzip des »objektorientierten CSS«, *oOCSS*.

Bei oOCSS geht alles um die Wiederverwendbarkeit von CSS-Code (vor allem) auf großen Websites. Was in vielen Programmiersprachen Standard ist, gibt es bei CSS kaum – wiederverwendbaren Code und Objekte. Für oOCSS gelten zwei Grundprinzipien:

- Trennung von Struktur und Aussehen
- Trennung von Kasten und Inhalt

Der Gedanke dabei ist, nicht ein komplexes Designelement (z. B. eine Box mit News) mit einer CSS-Klasse oder ID anzusprechen, sondern mehrere Klassen zu verwenden, die nur Teilformatierungen abbilden. Da Sie einem Element mehrere CSS-Klassen zuordnen können, entsteht so aus verschiedenen Anweisungsblöcken das endgültige Aussehen des Elements. Wenn Sie die Klassen geschickt wählen, können Sie viele Klassen mehrfach benutzen und aus verschiedenen Klassen immer neue Elemente stylen – so wie aus den immer gleichen Legobausteinen immer wieder unterschiedliche Bauwerke entstehen.

11 | Effizientes Arbeiten mit CSS

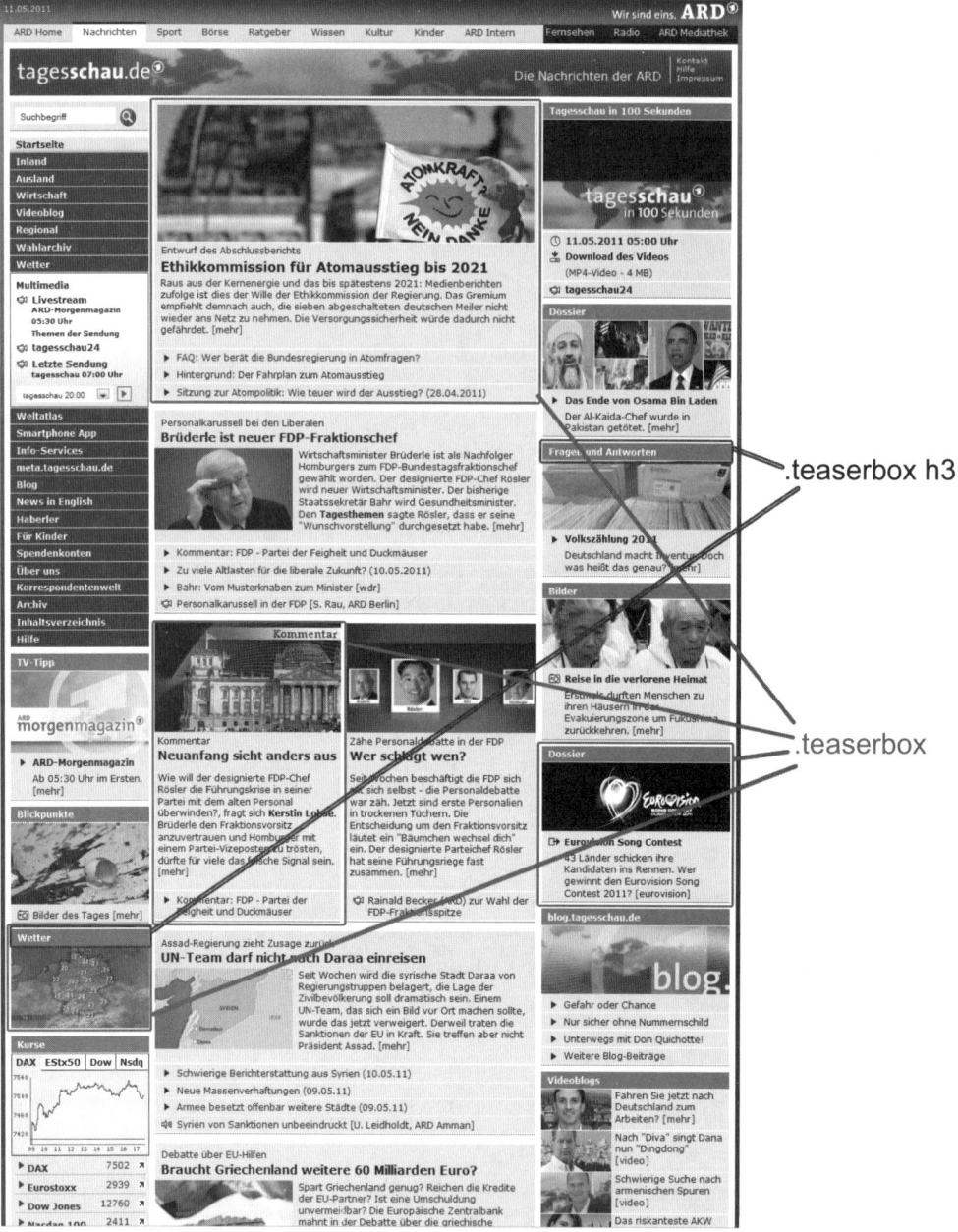

Abbildung 11.5 Die Website der Tagesschau – eine gute Gelegenheit für den Einsatz von »objektorientiertem CSS«

Die Website der Tagesschau eignet sich hervorragend, um einen solchen Ansatz anzuwenden. Tatsächlich wird zumindest teilweise auch danach gearbeitet. Alle

Kästen in den beiden seitlichen Spalten verwenden z. B. eine Klasse `.teaserbox`, über die sie grundlegende Eigenschaften teilen:

```
.teaserBox, #topTeaser, #kalenderblatt {
    background: none repeat scroll 0 0 #DEE7F8;
    border-bottom: 1px solid #5D84BF;
}
```

Andererseits wird das Konzept auch nicht konsequent angewandt, da in der Deklaration auch noch die Selektoren `#topTeaser` und `#kalenderblatt` vorhanden sind. Nach dem Konzept oOCSS könnten diese entfallen, und an den entsprechenden Elementen würde einfach die Klasse `.teaserBox` ergänzt. Auch die Boxen in der mittleren Spalte teilen Hintergrundfarbe und unteren Rahmen, verwenden aber eigene Klassen.

Der Vorteil dieses Ansatzes besteht darin, dass Sie neue Elemente sehr einfach konsistent mit vorhandenen Gestaltungsprinzipien versehen können. Würde z. B. auf der Tagesschau-Website eine neue Box in der rechten Spalte eingeführt (beispielsweise eine Twitter-Box), könnte diese mit der Klasse `.teaserBox` ausgezeichnet werden und ohne neue Arbeiten am CSS schon die wesentliche Gestaltung einer typischen Box erhalten. Würde im Gegensatz dazu eine Klasse `.twitterbox` verwendet, müsse neben den Arbeiten am HTML auch das Stylesheet ergänzt werden.

Nicole Sullivan erklärt das Prinzip in einem Beitrag des Yahoo! Developer Networks: *http://developer.yahoo.com/blogs/ydn/posts/2009/03/website_and_webapp_performance/* (Linkcode 0665). Auf GitHub (*https://github.com/stubbornella/oocss/wiki* – Linkcode 0666) bietet sie ein Paket mit Templates und Styles zum Start an (inklusive Dokumentation).

Letztlich verfolgt sie damit ein ähnliches Konzept wie die verschiedenen Frameworks, die ich in Kapitel 12, »Arbeiten mit CSS-Frameworks«, vorstelle (siehe Abbildung 11.6).

Die Datei */core/template/template.html* enthält ein ähnliches Gerüst für ein dreispaltiges Layout, wie ich es weiter oben vorgestellt habe. Die rechte und die linke Spalte können Sie durch Vergabe bestimmter Klassen in ihrer Breite steuern.

In weiteren Stylesheets stellt Nicole Sullivan Vorgaben für unterschiedliche Anwendungen zur Verfügung. Am deutlichsten wird Ihnen das Prinzip, wenn Sie sich das Stylesheet *space.css* ansehen. Dort werden unterschiedliche Klassen für Abstände in den Größen S, M und L (und None) definiert.

11 | Effizientes Arbeiten mit CSS

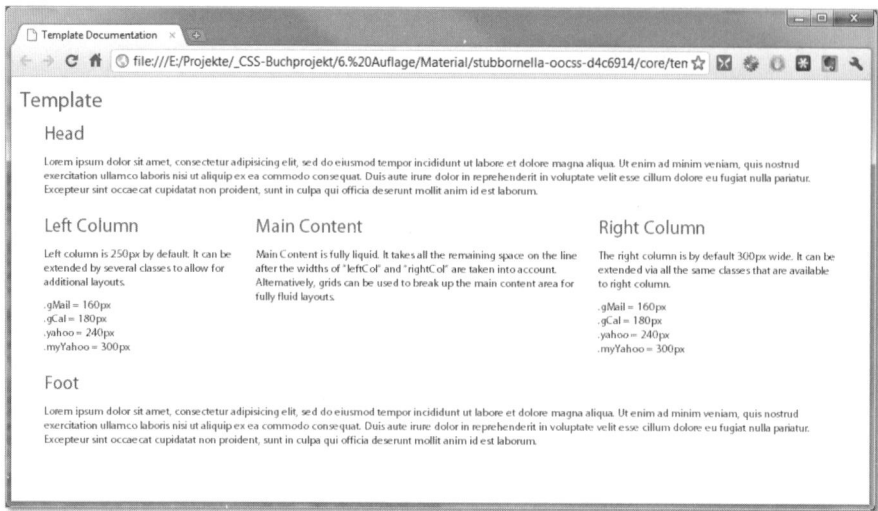

Abbildung 11.6 Basis-Template von Nicole Sullivans »Objektorientiertem CSS«-Template

```
1:   /* spacing helpers
2:   p,m = padding,margin
3:   a,t,r,b,l,h,v =
     all,top,right,bottom,left,horizontal,vertical
4:   s,m,l,n = small(5px),medium(10px),large(20px),none(0px)
5:   */
6:   .ptn,.pvn,.pan{padding-top: 0px}
7:   .pts,.pvs,.pas{padding-top: 5px}
8:   .ptm,.pvm,.pam{padding-top: 10px}
9:   .ptl,.pvl,.pal{padding-top: 20px}
10:  .prn,.phn,.pan{padding-right: 0px}
11:  .prs,.phs,.pas{padding-right: 5px}
12:  .prm,.phm,.pam{padding-right: 10px}
13:  .prl,.phl,.pal{padding-right: 20px}
14:  ...
```

Listing 11.1 Ausschnitt aus space.css mit Abstandsklassen

Wenn Sie sich an ein solches System einmal gewöhnt haben, können Sie beim Erstellen und Modifizieren des HTML-Quellcodes die entsprechenden Klassen einsetzen und sparen dabei Zeit und Platz im Stylesheet. Darüber hinaus unterstützen Sie ein einheitlicheres Aussehen Ihrer Website, da Sie, statt immer wieder neu über Abstände nachzudenken, einfach einen Wert immer wieder einsetzen.

Ich setze solche Hilfsklassen in vielen Fällen ein (in Abschnitt 9.4, »Schönere Formulare«, beschreibe ich, wie ich die Länge der Formularfelder damit steuere). Auch für Fehlermeldungen und »Clear«-Klassen ist das System sinnvoll.

Seinen größten Nutzen entfacht es zweifellos auf großen und komplexen Websites, die über ein stringentes System von Designelementen verfügen – mit den *Design Patterns* des letzten Abschnitts lässt es sich hervorragend kombinieren. Weniger nützlich ist das Konzept für einfachere kleine oder statische Seiten, deren Inhalte weitgehend feststehen und deren Designelemente nicht so häufig geändert oder ergänzt werden.

Eine eigene Google-Gruppe (*http://groups.google.com/group/object-oriented-css*, Linkcode 0667) widmet sich dem Thema und diskutiert Fragen rund um Technik und Einsatzbeispiele von oOCSS.

11.4 Alles auf null: Reset-Stylesheets

Alle Browser haben für HTML-Elemente »eingebaute« Stilvorgaben, die allerdings leider zum Teil sehr unterschiedlich ausfallen. Unter *http://css-class.com/test/css/defaults/UA-style-sheet-defaults.htm* (Linkcode 0531) finden Sie eine Übersicht der gebräuchlichsten Browser und ihrer Standardstile. Wenn Sie selbst nicht explizit etwas anderes festlegen, verwendet der Browser diese Vorgabe.

				CSS2.1 User Agent Style Sheet Defaults					
Element	Property	Appendix D	IE7	IE8	FF2	FF3	Opera	Safari 3.1	Final Styles
Address	display	block	block	block	block	block	block	block	block
	font-style	italic	italic	italic	italic	italic	italic	italic	italic
B	font-weight	bolder	700	bolder	401	401	700	bold	bolder
Big	font-size	1.17em	13.55pt	1.17em	larger - 18px	18px	18px	19px	1.17em
Blockquote	display	block	block	block	block	block	block	block	block
	margin	1.12em 0	14.25pt 30pt	1em 40px	1em 40px	1em 40px	1em 10px 1em 40px	1em 40px	1em 40px
	margin-left	40px	30pt	40px	40px	40px	40px	40px	40px
	margin-right	40px	30pt	40px	40px	40px	10px	40px	40px
Body	display	block	block	block	block	block	block	block	block
	margin	8px	15px 10px	8px	8px	8px	8px	8px	8px
BR	br:before	content: "A"	undefined	content: "A"	null	content: "A"	content: "A"	null	content: "A"
Button	display	inline-block	inline	inline-block	inline	inline	inline-block	inline-block	inline-block
Caption	display	table-caption	block	table-caption	table-caption	table-caption	table-caption	table-caption	table-caption
	text-align	center	center	center	center	center	center	webkit-center	center
Center	display	block	block	block	block	block	block	block	block
	text-align	center	center	center	center	moz-center	center	webkit-center	center
Cite	font-style	italic	italic	italic	italic	italic	italic	italic	italic

Abbildung 11.7 Unterschiedliche Defaultwerte verschiedener Browser
(Ausschnitt nach css-class.com)

Um von Anfang an unter gleichen Bedingungen zu arbeiten, verwenden viele Entwickler ein Reset-Stylesheet, das die Unterschiede durch eine pauschale Zuweisung für alle Browser eliminiert. Die einfachste Version sieht dabei so aus:

```
* {
   margin: 0;
   padding: 0;
}
```

Mit Hilfe des *-Selektors werden alle Elemente angesprochen und ihre Abstände pauschal auf null gesetzt. Das betrifft auch Listen (<ol> und <ul>), die so allerdings nicht gut aussehen. Daher müssen Sie für diese dann doch wieder Abstände setzen. Oder Sie verwenden (wie »CSS-Guru« Eric Meyer) eine explizite Zuweisung:

```
1:  /* http://meyerweb.com/eric/tools/css/reset/
2:     v2.0 | 20110126
3:     License: none (public domain)
4:  */
5:  html, body, div, span, applet, object, iframe, h1, h2, h3,
    h4, h5, h6, p, blockquote, pre, a, abbr, acronym, address,
    big, cite, code, del, dfn, em, img, ins, kbd, q, s, samp,
    small, strike, strong, sub, sup, tt, var, b, u, i, center,
    dl, dt, dd, ol, ul, li, fieldset, form, label, legend,
    table, caption, tbody, tfoot, thead, tr, th, td, article,
    aside, canvas, details, embed, figure, figcaption, footer,
    header, hgroup,  menu, nav, output, ruby, section,
    summary, time, mark, audio, video {
6:     margin: 0;
7:     padding: 0;
8:     border: 0;
9:     font-size: 100%;
10:    font: inherit;
11:    vertical-align: baseline;
12: }
13: /* HTML5 display-role reset for older browsers */
14: article, aside, details, figcaption, figure,
15: footer, header, hgroup, menu, nav, section {
16:    display: block;
17: }
18: body {
19:    line-height: 1;
20: }
21: ol, ul {
22:    list-style: none;
```

```
23: }
24: blockquote, q {
25:   quotes: none;
26: }
27: blockquote:before, blockquote:after,
28: q:before, q:after {
29:   content: '';
30:   content: none;
31: }
32: table {
33:   border-collapse: collapse;
34:   border-spacing: 0;
35: }
```

Listing 11.2 Reset-Stylesheet von Eric Meyer, 2011er Revision

Inzwischen hat Eric Meyer das in vorigen Auflagen dieses Buchs kritisierte Entfernen der Fokusumrandung für Links selbst entfernt und das Stylesheet auch generell etwas gekürzt. Was mich immer noch etwas stört, ist das Entfernen der Abstände bei Listen. Was für als Listen ausgeführte Menüs noch sinnvoll ist, zerstört jede im normalen Sinne eingesetzte Aufzählung. Hier sollten Sie, anstatt 0-Werte anzugeben, lieber explizit sinnvolle Abstände setzen.

Yahoo! bietet im Rahmen seiner YUI-Bibliothek auch ein eigenes Reset-Stylesheet an, das mir ein klein wenig besser gefällt:

```
1:  /*
2:  Copyright (c) 2010, Yahoo! Inc. All rights reserved.
    Code licensed under the BSD License:
3:  http://developer.yahoo.com/yui/license.html
4:  version: 3.3.0
5:  build: 3167
6:  */
7:  html{
8:    color:#000;
9:    background:#FFF;
10: }
11: body, div, dl, dt, dd, ul, ol, li, h1, h2, h3, h4, h5, h6, pre,
    code, form, fieldst, legend, input, textarea, p, blockquote,
    th, td {
12:   margin: 0;
13:   padding: 0;
14: }
15: table {
16:   border-collapse: collapse;
```

```
17:    border-spacing: 0;
18:  }
19:  fieldset,
20:  img {
21:    border: 0;
22:  }
23:  address, caption, cite, code, dfn, em, strong, th, var {
24:    font-style: normal;
25:    font-weight: normal;
26:  }
27:  li {
28:    list-style: none;
29:  }
30:  caption, th {
31:    text-align: left;
32:  }
33:  h1, h2, h3, h4, h5, h6 {
34:    font-size: 100%;
35:    font-weight: normal;
36:  }
37:  q:before,
38:  q:after {
39:    content:'';
40:  }
41:  abbr, acronym {
42:    border: 0;
43:    font-variant: normal;
44:  }
45:  /* to preserve line-height and selector appearance */
46:  sup {
47:    vertical-align: text-top;
48:  }
49:  sub {
50:    vertical-align: text-bottom;
51:  }
52:  input, textarea, select {
53:    font-family: inherit;
54:    font-size: inherit;
55:    font-weight: inherit;
56:  }
57:  /*to enable resizing for IE*/
58:  input, textarea, select {
59:    *font-size: 100%;
60:  }
61:  /*because legend doesn't inherit in IE */
```

```
62:  legend {
63:    color:#000;
64:  }
```
Listing 11.3 Reset à la Yahoo!

Sie finden das Reset-Stylesheet von Yahoo! inklusive einer Erläuterung und Beispielen unter: *http://developer.yahoo.com/yui/3/cssreset/* (Linkcode 0533). Mehr zum CSS-Framework YUI-Grids von Yahoo! lesen Sie auch in Abschnitt 12.2, »Yahoo! Grids«.

Letztlich sind beide Versionen verwendbar. Auch die abgespeckte Variante erspart Ihnen auf jeden Fall einiges an Arbeit:

```
1:  * {
2:    margin: 0;
3:    padding: 0;
4:  }
5:  ul, ol {
6:    margin-left: 1em;
7:  }
```
Listing 11.4 Reset-Minimalversion

Normalize

Einen etwas anderen Ansatz verfolgt Nicolas Gallager mit seinem Stylesheet »Normalize.css«. Er versucht nicht, die unterschiedlichen Standardwerte der Browser auf Null zu setzen, sondern liefert plausible, verallgemeinerte Vorgaben.

Der Vorteil gegenüber reinen Reset-Stylesheets besteht darin, dass z. B. bereits ein vernünftiges Verhältnis von Überschriften-Größen vorhanden ist, das nur über die Basisschriftgröße angepasst werden muss, während bei einem Reset alle Überschriften die gleiche Größe haben (was in der Praxis selten gewünscht ist). Ähnliches gilt für Listen oder das Element `<blockquote>`, wo es selten sinnvoll ist, die Abstände zu entfernen.

Sie finden Normalize zum Download auf Github: *https://github.com/necolas/normalize.css* (Linkcode 0668).

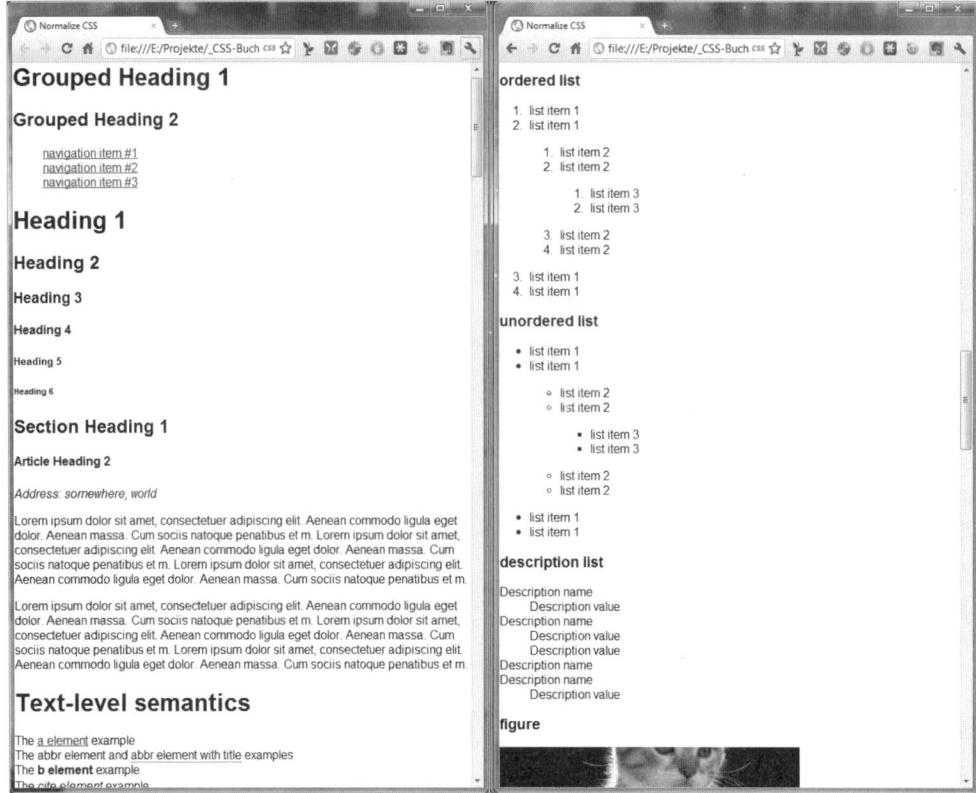

Abbildung 11.8 Normalize liefert plausible, browserübergreifende Standardstyles

11.5 Kurzschreibweise

Für eine Reihe von CSS-Eigenschaften gibt es eine abgekürzte Schreibweise. Statt

```
border-top: 10px;
border-right: 20px;
border-bottom: 15px;
border-left: 20px;
```

können Sie zum Beispiel gleichwertig auch schreiben:

```
border: 10px 20px 15px 20px;
```

Die Anweisungen werden dabei im Urzeigersinn von oben an notiert (also: `top`, `right`, `bottom`, `left`).

Es geht aber noch kürzer: Wenn die Eigenschaften für oben und unten (und rechts und links) gleich sind, lassen sie sich nochmals zusammenfassen. So setzt

`border: 10px 20px;`

die Angaben `border-top` und `border-bottom` auf `10px` und die seitlichen Ränder auf `20px`. Aber auch das erste Beispiel lässt sich noch verkürzen. Durch die Schreibweise

`border: 10px 20px 15px;`

– also nur drei Werte – legen Sie mit dem ersten Wert `border-top` fest, mit dem zweiten die beiden seitlichen Ränder und mit dem letzten Wert `border-bottom`.

Kurzschreibweisen existieren für die folgenden Eigenschaften:

- `margin`
- `padding`
- `border`
- `outline`
- `font`
- `background`
- `list-style`

In Anhang A, »Referenz«, finden Sie auf den Seiten der Eigenschaften die genauen Angaben, wie die jeweilige Kurzform zu verwenden ist.

11.6 CSS-Präprozessoren

Verglichen mit »echten« Programmiersprachen fehlt es CSS an wichtigen Funktionen zur Produktionssteigerung: Variablen zum Beispiel oder die Möglichkeit zur Verschachtelung von Selektoren.

Das hat einige Entwickler auf die Idee gebracht, zusätzliche Funktionen mittels herkömmlicher Programmiersprachen bereitzustellen und das erforderliche CSS mit Software-Hilfe zu erzeugen. Das Prinzip ist immer das gleiche: in einem CSS-artigen Dokument werden neue Schlüsselwörter und Schreibweisen eingeführt. Bevor dieses Dokument an den Browser ausgeliefert wird und durch die CSS-Engine interpretiert wird, durchläuft es den *Präprozessor* (man könnte diese Art Software auch als *CSS-Compiler* bezeichnen), der die Anweisungen in normales CSS übersetzt.

Für Variablen sieht das z. B. so aus:

Syntax des Präprozessors SASS	Ergebnis nach der Umwandlung in normales CSS

`$logoblau: #0000ce;`
`$stdpadding: 1em;`
`.header {`
`  color: $logoblau;`
`  padding-left: $stdpadding /2;`
`}`
	`.header {`
	`  color: #0000ce;`
	`  padding-left: 0.5em;`
	`}`

Tabelle 11.2 Umwandlung von optimiertem CSS in produktionsfähiges CSS

Inzwischen gibt es eine ganze Reihe von CSS-Präprozessoren, die bekanntesten sind SASS und LESS. SASS ist in »Ruby on Rails« entwickelt worden, inzwischen existieren Portierungen auch in andere Sprachen, z. B. PHP. LESS existiert für PHP, Ruby und JavaScript. Die JavaScript-Variante lässt sich sowohl clientseitig als auch als serverseitiges JavaScript ausführen.

Ich persönlich finde auch Turbine von Peter Kröner sehr interessant. Dieser Präprozessor verfügt über einen enormen Funktionsumfang und integriert auch Funktionen zur Performance-Optimierung des CSS.

Name	Verfügbar für	Link
SASS	Ruby, PHP	*http://sass-lang.com/* (Linkcode 0669) *http://code.google.com/p/phamlp/* (PHP) (Linkcode 0670)
LESS	Ruby, PHP, JavaScript	*http://www.lesscss.org/* (Linkcode 0671) *http://leafo.net/lessphp/* (PHP) (Linkcode 0672)
Turbine	PHP	*http://turbine.peterkroener.de/index.php* (Linkcode 0673)
CSS Crush	PHP	*http://the-echoplex.net/csscrush/* (Linkcode 0674)
PCSS	PHP	*http://pcss.wiq.com.br/* (Linkcode 0675)

Tabelle 11.3 Übersicht CSS-Präprozessoren

11.6.1 Effizient CSS-Anweisungen schreiben mit LESS

Im Folgenden beschreibe ich einige Funktionen und Anwendungen des Präprozessors LESS (*lean css*). Um die Beispiele nachzuvollziehen, verwenden Sie die Beispieldatei */Listings/kap11/11_xx_less.html* oder laden sich unter *http://lesscss.org* (Linkcode 0671) die JavaScript-Variante von LESS herunter und binden Sie sie mit folgender Syntax in den Kopf des HTML-Dokuments ein:

```
<link rel="stylesheet/less" type="text/css" href="style.less">
<script src="less.js" type="text/javascript"></script>
```

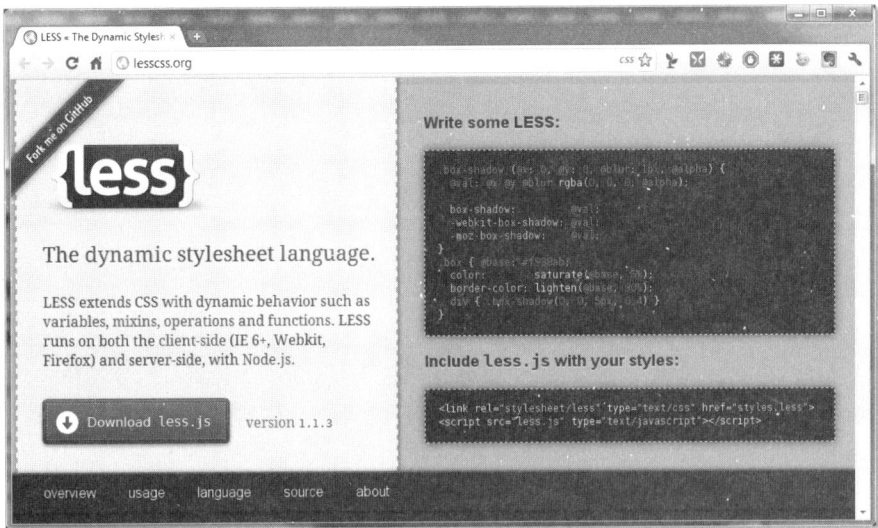

Abbildung 11.9 LESS – ein Präprozessor für CSS

Für den Produktiveinsatz rate ich allerdings eher zu einer serverbasierten Variante (zumindest als Fallback), da eine clientseitige JavaScript-Lösung bedeutet, dass ohne JavaScript kein korrektes CSS erstellt wird und Sie damit gar kein Styling haben. Dieses Risiko für eine reine Arbeitserleichterung einzugehen, ist meiner Meinung nach nicht angemessen. Aber mit PHP-Portierungen wie *http://leafo.net/lessphp/* (Linkcode 0672) oder der Ruby-Version können Sie LESS auch serverseitig einsetzen.

Variablen

Variablen werden in LESS mit einem @ eingeleitet und ersetzen im CSS den Variablennamen mit einem vorher definierten String:

.less	.css

`/* Farbendefinitionen */`
`@rot = #ff0000;`
`@gruen = green;`
`@blassblau = rgba(0,0,255,128);`
`h1 {`
`   color: @rot;`
`   background-color: @blassblau;`
`   border: 1px solid @gruen;`
`}`
 	
`h2 {`
`   color: @gruen;`
`   border-bottom: @red;`
`}`
`h1 {`
`   color: #ff0000;`
`   background-color:`
`   rgba(0,0,255,128);`
`   border: 1px solid green;`
`}`
	`h2 {`
	`   color: green;`
	`   border-bottom: #ff0000;`
	`}`

Tabelle 11.4 Variablen in CSS: LESS macht es möglich.

Mixins und Mixins mit Variablen

Mixins werden bei LESS ganze Blöcke von Anweisungen genannt, die durch einen Schlüsselbegriff aufgerufen werden können. In den Mixins können Variablen verwendet werden, und für diese Variablen können wiederum Standardwerte vorgegeben werden. Bei Eigenschaften, die mehrere Parameter akzeptieren, können diese gesammelt mit dem reservierten Schlüsselwort `@arguments` referenziert werden.

.less	.css
| ```
/* Definitionen */
.abstaende {
   margin-top: 10px;
   margin-bottom: 10px;
   padding: 2em;
}

.round (@radius) {
   -webkit-border-radius: @radius;
   -moz-border-radius: @radius;
   border-radius: @radius;
}

.shadow (@x: 2px, @y: 2px, @blur: 2px, @color: black) {
   -webkit-box-shadow: @arguments;
   -moz-box-shadow: @arguments;
   box-shadow: @arguments;
}

@gruen = green;

h1 {
   .abstaende;
   color: @gruen;
}

div {
   .round(5px);
   .shadow;
}
``` | ```
h1 {
   margin-top: 10px;
   margin-bottom: 10px;
   padding: 2em;
   color: green;
}

div {
   -webkit-border-radius: 5px;
   -moz-border-radius: 5px;
   border-radius: 5px;
   -webkit-box-shadow:
   2px 2px 2px black;
   -moz-box-shadow:
   2px 2px 2px black;
   box-shadow: 2px 2px 2px black;
}
``` |

Tabelle 11.5 LESS-»Mixins«

Verschachtelungen

Ein in fast allen Präprozessoren vorkommendes Konzept ist das der Verschachtelungen. Dabei werden eingerückte Anweisungen als untergeordnet verstanden. Sie werden als kombinierte Selektoren notiert. Mit dem Symbol & werden Anweisungen als gleichzeitig verstanden (die Klasse wird angehängt):

11 | Effizientes Arbeiten mit CSS

.less	.css
| ```
/* Definitionen */
.err {
    color: red;
    font-style: italic;
}

#main {
    color: #000;
    h1 {
        font-weight: bold;
        &.error {
            .err;
        }
    }
}
.error {
    .err;
}
``` | ```
#main {
    color: #000;
}

#main h1 {
    font-weight: bold;
}

#main h1.error {
    color: red;
    font-style: italic;
}

#main .error {
    color: red;
    font-style: italic;
}
``` |

Tabelle 11.6 Verschachtelungen in LESS

Rechenfunktionen

Sehr schmerzlich vermisst habe ich in CSS immer die Möglichkeit, numerische Werte zu berechnen. Auch hier hilft LESS weiter:

.less	.css
| ```
/* Definitionen */
@stdmargin: 20px;
@halfstdmargin: @stdmargin / 2;
@padding: @stdmargin - 10;

h1 {
    margin: @stdmargin;
    padding: @padding;
}

h2 {
    margin: @halfstdmargin;
    padding: @padding / 2;
}
``` | ```
h1 {
    margin: 20x;
    padding: 10px;
}

h2 {
    margin: 10px;
    padding: 5px;
}
``` |

Tabelle 11.7 Rechnen mit LESS

Weitere Funktionen und Ressourcen zu LESS

LESS bietet noch eine Reihe weiterer Funktionalitäten wie Namensräume, Funktionen um Farben intuitiv zu manipulieren und Hilfen zum Import von Stylesheets.

Die komplette Dokumentation von LESS finden Sie unter *http://lesscss.org/#docs* (Linkcode 0676).

11.7 Stylesheets organisieren

Je umfangreicher die eingesetzten Stilanweisungen werden, desto wichtiger ist es, die Übersicht zu behalten. CSS-Editoren wie TopStyle helfen, indem sie die eingesetzten Stile in Form von Listen darstellen: nach Elementen, Klassen und IDs geordnet.

Eine sinnvolle eigene Organisation verbessert nicht nur die Übersicht, sondern hilft Ihnen auch, einmal definierte Stile in anderen Projekten erneut zu verwenden.

Sie sollten es sich zur Gewohnheit machen, in allen Ihren Stylesheets die Anweisungen in einer bestimmten Reihenfolge zu sortieren. Dabei ist es weniger wichtig, wie diese Reihenfolge aussieht, sondern dass sie überall gleich ist.

Ich bevorzuge es beispielsweise, zunächst allgemeine Anweisungen für häufig verwendete Elemente (Absätze, Überschriften und Links) zu notieren, dann nach dem Vorkommen im Quelltext die Bereiche auszuzeichnen und am Ende die Stile für bestimmte Funktionen, die nicht auf allen Seiten vorkommen (z. B. Formulare), anzugeben.

Andere Entwickler gehen noch weiter und sehen auch eine feste Notationsreihenfolge innerhalb einer Regel vor – also immer zuerst `margin`, dann `padding` oder eine alphabetische Sortierung. Mir persönlich geht das etwas zu weit. Einzelne Deklarationen sind meist so kurz, dass sie auf einen Blick überschaubar sind, und der mögliche Zeitgewinn durch eine feste Reihenfolge fällt geringer aus als der Aufwand, diese Reihenfolge dauerhaft konsistent zu halten. Nach Möglichkeit schreibe ich zuerst die Anweisungen zu Abmessungen und Abständen aus und lasse dann Schriftformatierungen folgen, bin da aber nicht immer wirklich konsequent. Generell verwende ich eingerückte Zeilen im Quellcode, sobald mehr als eine Eigenschaft definiert wird. So schreibe ich beispielsweise

```
h3 {
  color: #144381; /* dunkelblau */
  font-size: 2em;
  line-height: 2.3em;
}
```

statt

```
h3 {color: #144381;font-size: 2em;line-height: 1.3em;}.
```

Wenn ich mehrere Elemente anspreche, setze ich auch diese in mehrere Zeilen:

```
h3,
#main h2,
.wichtig {
  font-size: 2em;
  line-height: 2.3em;
}
```

11.7.1 Ordnung durch Stylesheet-Module

Mit Hilfe des `@import`-Befehls lassen sich Stylesheets in andere Stylesheets importieren. Einige Entwickler laden auf der Webseite nur ein Stylesheet, das keine eigenen Inhalte hat, sondern als Container für nachzuladende Stylesheets fungiert. Das besprochene Framework YAML tut dies beispielsweise. Mehr zu YAML erfahren Sie in Abschnitt 12.1, »YAML«.

YAML zeigt auch sehr gut die Vor- und Nachteile dieser Methode: Einerseits wäre für ein Framework mit seinen vielen verschiedenen Stylesheets, die zum Teil kombiniert, zum Teil aber auch alternativ anzuwenden sind, kaum etwas anderes möglich. Andererseits fällt es auf Anhieb schwer, einzelne Techniken zu analysieren, da erst einmal verstanden werden muss, welche Stylesheets überhaupt angewandt werden.

Nachteilig ist aus meiner Sicht jedoch, dass `@import` immer am Anfang des Stylesheets stehen muss und daher alle folgenden Anweisungen die des importierten Stylesheets überschreiben. Ein weiteres Argument gegen mehrere Stylesheets aus Ordnungsgründen ist die Performance. Generell verursachen mehrere Dateien auch viele Serveranfragen und verlängern gegenüber einer einzelnen Dateianfrage die Ladezeit mitunter erheblich.

Außerdem führen viele verschiedene einzelne Stylesheets im Falle eines Fehlers mitunter zur Sucherei, wo denn überall Anweisungen versteckt sind, die ein bestimmtes Element betreffen. Glücklicherweise lassen sich mit dem Firefox-Add-on *Firebug* (siehe auch Abschnitt 18.2.1, »Firebug«) solche Abhängigkeiten recht leicht aufspüren (was allerdings auch zur Nachlässigkeit verleitet).

Daher verwende ich mehrere Stylesheets hauptsächlich in den folgenden Fällen:

- **Frameworks oder Reset-Styles:** Externe Vorgaben, die ich nicht verändern möchte (z. B. weil sie extern aktualisiert werden), belasse ich im Original-Stylesheet.

- **Print-Stylesheet**: Die einfachste Methode, den Medientyp `print` anzusprechen. Dies gilt natürlich entsprechend auch für andere Medientypen wie `handheld`.
- **Einzelne Seiten:** bei Seiten, die unverhältnismäßig viele CSS-Anweisungen benötigen, die sonst nirgendwo auf der Website vorkommen und/oder nur temporär verwendet werden sollen (z. B. ein besonders komplexes Formular oder eine Sonderfunktion, die nur für einen begrenzten Zeitraum angezeigt werden soll)
- **Browserweichen:** zum Beispiel ein eigenes Stylesheet für den Internet Explorer
- **Entwurfsstyles bei größeren Projekten:** Hier kann es sinnvoll sein, mehrere Styles für Entwickler bereitzuhalten, die an unterschiedlichen Bereichen arbeiten. Wichtig ist dann allerdings, diese schon während der Entwicklung zusammen einzusetzen und später in einem Stylesheet zu verschmelzen. In diesem Fall empfiehlt es sich, einen »Lead Author« zu haben, der am Ende die Stylesheets der einzelnen beteiligten Entwickler integriert.

11.7.2 Filter-Management

Wie schon in Abschnitt 9.11.3, »Browserweichen für Stylesheets«, angesprochen, ist es sinnvoll, Anweisungen für bestimmte Browser in eigene Stylesheets auszulagern. So können Sie später, wenn ein Browser nicht mehr relevant ist oder das betreffende Problem gelöst wurde, die Stylesheets einfach entfernen.

Ich selbst arbeite dabei immer »von oben nach unten«, bezogen auf die Standardtreue und Fähigkeiten der Browser. Zunächst entwerfe ich meine CSS-Layouts für die Browser mit der besten CSS-Unterstützung, also für Firefox, Safari/Chrome und Opera. Danach erst widme ich mich den Internet Explorern 8 und 9, die meistens auch noch einigermaßen mithalten können. Der Internet Explorer 7 bekommt ein eigenes Stylesheet, ebenso wie der Internet Explorer 6, falls Sie ihn noch unterstützen wollen oder müssen (ich tue dies inzwischen nur noch auf expliziten Kundenwunsch). Die Stylesheets binde ich in dieser Reihenfolge mit Conditional Comments – gleichwertige Anweisungen später eingebundener Stylesheets überschreiben vorherige Anweisungen – nur für die betroffenen Browser ein.

```
1:   <link rel="stylesheet" href="/css/screen.css"
     type="text/css" media="screen, projection, print">
2:   <link rel="stylesheet" href="/css/print.css"
     type="text/css" media="print">
3:   <!--[if IE 7]>
4:     <link rel="stylesheet" type="text/css"
```

```
             href="css/fix-ie7.css" media="screen, projection,
             print">
5:     <![endif]-->
6:     <!--[if lte IE 6]>
7:     <link rel="stylesheet" type="text/css"
             href="/css/fix-ie6.css" media="screen, projection,
             print">
8:     <![endif]-->
```

Listing 11.5 Eine Stylesheet-Weiche für den Internet Explorer mit Conditional Comments

So lassen sich Verbesserungen bei den Browsern oder neue Versionen eines besonderen Tricks schnell und zielgerichtet implementieren und bei Bedarf auch wieder entfernen, wenn der betreffende Browser aufgeholt hat oder obsolet geworden ist. Über Conditional Comments schreibe ich mehr in Abschnitt 10.3.3, »Conditional Comments«.

11.7.3 Kommentieren von Stylesheets

Eines ist auf jeden Fall wichtig: Kommentieren Sie Ihre Stylesheets so ausführlich wie möglich! Auch wenn Anweisungen Ihnen zum Zeitpunkt der Erstellung klar sind, für andere Entwickler gilt dies nicht unbedingt. Und wenn Sie ein halbes Jahr und mehrere Projekte später selbst noch einmal Hand anlegen wollen oder müssen, sind Sie selbst über jede Verdeutlichung dankbar.

Neben der Kommentierung von besonderen Maßnahmen wie Browserfiltern sind allgemeine Hinweise zur Funktion (`/* gelber Kasten rechts oben */`) hilfreich.

```
/* oberster Kasten mit Sprungmarke /
/* wird nach links aus dem Browserfenster geschoben */
/* und ist dadurch nicht sichtbar, wird aber vorgelesen */
#topdiv {
    position: absolute;
    left: -999px;
}
```

Sie können und sollten Kommentare aber auch dazu nutzen, Ihr Stylesheet in einzelne Bereiche zu untergliedern. Eine Sektion, in der Anweisungen für den Seitenkopf notiert sind, könnte zum Beispiel so eingeleitet werden:

```
/*********************************/
/*                               */
/*       Kopfbereich             */
/*                               */
/*********************************/
```

```
...         Anweisungen         ...

/*          Kopfbereich Ende         */
```

Am Anfang eines Stylesheets sollten der Autor, die zugehörige Website und das Datum der letzten Änderung stehen.

Für die Formatierung der Kommentare können Sie im Prinzip jede Ihnen bequeme Syntax verwenden. Falls jedoch viele CSS-Entwickler ein einheitliches System verwenden, macht dies auf Dauer die Arbeit für alle einfacher und hilft auch, von den Ideen der anderen zu lernen. Daher möchte ich Ihnen das folgende System ans Herz legen.

11.7.4 Ein Standard für CSS-Kommentare: CSSDoc

Einen interessanten Ansatz zur Normierung der CSS-Dokumentation haben sich Tom Klingenberg, Timo Derstappen und Dirk Jesse ausgedacht: *CSSDoc*.

Unter Programmierern ist es seit langem üblich, Programme direkt im Quellcode zu kommentieren. Dazu wird unter anderem eine Auszeichnungssprache namens *JavaDoc* verwendet, die es erlaubt, später die Kommentare automatisch auszulesen und eine Dokumentation daraus zu generieren. Kernstück sind dabei spezielle Kommentarsektionen

```
/**
...
*/
```

und das @-Zeichen, das Schlüsselwörter einleitet.

Die Spezifikation befindet sich in der Entwicklung, eignet sich aber bereits gut für eigene Kommentare.

CSSDoc – wie funktioniert's?

Ein CSS-Dokument wird dabei immer mit einem Dateiblock begonnen, auf den beliebig viele Sektionsblöcke folgen. Im Dateiblock stehen dabei Informationen über das Dokument, die zugehörige Website, die Version, den Autor usw.

```
1:  /**
2:   * Projekt XYZ
3:   * =========================
4:   *
5:   * Kommentare im CSSDoc-Style
6:   * @see         http://cssdoc.net/
7:   *
```

```
 8:  * @site          www.xyz.de
 9:  * @version       0.72
10:  * @date          2008-03-11 (Erstellungsdatum)
11:  * @lastmodified  2008-04-27 (11:45)
12:  * @author        Kai Laborenz
13:  * @author        N N
14:  * @copyright     sunbeam GmbH
15:  * @see           http://www.sunbeam-berlin.de/
16:  *
17:  */
```

Listing 11.6 Einleitender Dateiblock im CSSDoc-Style

Die einzelnen Sektionen werden mit @section markiert und bündeln die Stile für eine bestimmte Funktion oder einen Bereich:

```
1:  /**
2:   *
3:   * @section   HTML-Elemente
4:   *            =============
5:   * @note      Standard-HTML-Elemente, wie
6:   * @note      Ueberschriften, Links etc.
7:   */
```

Listing 11.7 Sektionen fassen Anweisungen zusammen.

Innerhalb einer Sektion können (Unter-)Sektionen und weitere Informationen wie Kommentare oder To-do-Notizen hinterlegt werden.

```
1:  /**
2:   * @section   Links
3:   */
```

Ein etwas umfangreicherer Kommentar zu einem Bugfix mit To-do sieht zum Beispiel wie folgt aus:

```
1:  /**
2:   * @note      clear nach float ohne zus. Markup
3:   * @note      an umgebenden Container haengen
4:   *
5:   * @bugfix    hasLayout fuer IE
6:   * affected   IE 5-7
7:   * valid      yes
8:   * @todo      in IE-Stylesheet auslagern
9:   */
```

Listing 11.8 Ein einzelner Kommentar für einen Bugfix

Im Projekt-Wiki ist noch eine ganze Reihe weiterer Schlüsselwörter und Einsatzmöglichkeiten angegeben: *http://cssdoc.net/* (Linkcode 0534).

Plug-ins für Editoren

So richtig sinnvoll wird ein solcher Dokumentationsstandard erst dann, wenn er automatisiert ausgelesen werden kann und auch von populären CSS-Editoren unterstützt wird. Im Augenblick (Mai 2011) gibt es nur für einige wenige Editoren Implementierungen:

- *Aptana* (*http://www.highresolution.info/weblog/entry/cssdoc_snippets_fuer_aptana/*, Linkcode 0677)
- *Textmate* (*http://creatics.de/work/2009/02/08/cssdoc-textmate-bundle/*, Linkcode 0678)
- *UltraEdit* (*http://bueltge.de/cssdoc-leicht-gemacht/559/*, Linkcode 0679)

11.7.5 Sprung-Links, Inhaltsverzeichnis und Farbdefinitionen

Drei weitere kleine Ordnungshelfer machen die Arbeit gerade in großen Stylesheets deutlich einfacher und schneller.

Beginnen Sie (nach dem Dateiblock) mit einem Inhaltsverzeichnis der wichtigsten Bereiche. Im DocStyle kann das beispielsweise so aussehen:

```
 1:    /** =I
 2:     *
 3:     * @section Inhaltsverzeichnis
 4:     *    ==================
 5:     *
 6:     * Farbdefinitionen                  C
 7:     * Grundeinstellungen (reset, ...)   G
 8:     * Elemente & allgemeine Styles      E
 9:     * Links                             L
10:     * Seitenlayout / Sektionen          S
11:     * Navigation                        N
12:     * Inhalts- und Newselemente         W
13:     * Formulare                         F
14:     * Styles fuer einzelne Seiten       P
15:     * Medienstyles (Print, Mobil)       M
16:     *
17:     * @note   alle Sektionen sind
         mit =[A-Z] gekennzeichnet,
         um gut suchbar zu sein
18:     * @note   Sektionsenden sind
         mit ==[A-Z] gekennzeichnet
```

```
19:  *
20:  */
```
Listing 11.9 Ein Inhaltsverzeichnis mit Sprung-Links erleichtert die Arbeit mit langen Stylesheets.

Der zweite Helfer ist hier auch schon sichtbar. Ich verwende zum schnellen Ansteuern einzelner Blöcke in großen Stylesheets Sprungmarken der Form =[A-Z], also zum Beispiel =L für eine Sektion, in der die Standard-Link-Definitionen untergebracht sind. So kann ich über die Suche-Funktion meines Editors jederzeit dorthin springen. Das Inhaltsverzeichnis selbst ist hier mit =I gekennzeichnet.

Subsektionen werden mit ==[A-Z] gekennzeichnet, wobei hier auch zwei Buchstaben zum Einsatz kommen – vorzugsweise der Buchstabe der Hauptsektion gefolgt von einem eigenen Buchstaben für die Subsektion. Die Buchstaben sollten Sie möglichst sprechend wählen (L für Link), damit Sie sie sich leichter merken können.

Als Drittes verwende ich eine Farbdefinitionspalette am Anfang eines Dokuments:

```
 1:  /**  =C
 2:   *
 3:   * @section    Farbdefinitionen
 4:   *             ================
 5:   * @colordef   dunkelblau1 = #144381    (Ueberschriften)
 6:   * @colordef   dunkelblau2 = #134280    (Zitate, etc.)
 7:   * @colordef   mittelblau  = #89a0bf    (Teaser)
 8:   * @colordef   hellblau    = #e5eaf0    (Hintergruende)
 9:   * @colordef   rot         = #bb0e0e    (Logo)
10:   * @colordef   gruen       = #2e8000    (Links)
11:   * @colordef   beige       = #fbf4d7    (Hintergruende)
12:   * @colordef   gelb        = #ffcf09    (Buttons)
13:   * @colordef   grau        = #e9e9e9    (Linien)
14:   *
15:   */
```
Listing 11.10 Farbdefinitionen

Wie Sie sehen, gibt es auch hierzu ein passendes Schlüsselwort für *CSSDoc*.

Anstelle einer Farbdefinition habe ich mir angewöhnt, die Farbe im Klartext dahinterzuschreiben, falls diese nicht offensichtlich ist.

```
h3 {
  color: #144381; /* dunkelblau */
  font-size: 2em;
  line-height: 2.3em;
}
```

So kann ich schnell erkennen, um welche Farbe es sich handelt. Dies erleichtert nicht nur die Identifikation, sondern spart auch ein wenig Zeit beim Kopieren, wenn Sie die gleiche Farbe mehrmals verwenden.

11.8 CSS im Entwurfsverfahren (Rapid Prototyping)

Traditionell werden viele Webprojekte nach einem Entwurfsverfahren erstellt, das etwa so aussieht: Nachdem die grundlegenden Inhalte und Funktionen eines Projekts feststehen, werden MockUp-Prototypen gezeichnet oder sogar schon in einem Grafikprogramm simulierte Screenshots erstellt. Diese werden dann mit technischen Informationen zu Datenmodellen, Funktionen und Interaktionen ergänzt. Anhand der grafischen Vorgaben, die oft mit Blindtext gefüllt sind, werden HTML-Templates oder komplette Prototypen erstellt, die erst viel später dynamisiert (in ein Content-Management-System integriert) und mit konkreten Inhalten gefüllt werden.

Da es aber recht schwierig ist, Abläufe zweifelsfrei mit Worten zu beschreiben oder in einzelne Bilder aufzulösen, entstehen so entweder sehr umfangreiche oder lückenhafte Dokumente (im schlechtesten Fall beides zusammen). Auch kommt es bei der »Konfrontation« mit den echten Inhalten zu mehr oder weniger umfangreichen Nacharbeiten an den HTML-Dokumenten oder gar im CMS-Code, was zu diesem Zeitpunkt sehr aufwendig und teuer werden kann.

CSS bietet hier eine Möglichkeit an, bereits zu einem recht frühen Zeitpunkt auch den Aspekt der Dynamik von Websites in das Entwurfsverfahren einzubringen: mit CSS-Prototypen. Dabei nutzen Sie die Tatsache, dass mit Hilfe von CSS das Austauschen der Optik einer gegebenen HTML-Struktur vergleichsweise einfach ist – Sie erinnern sich an »CSS Zen Garden«.

Gerade in Verbindung mit einem modernen CMS können Sie sehr früh einen Prototyp aufbauen, der Aussehen und die typischen Eigenschaften von Websites genau simuliert:

▸ Skalierung und Verhalten bei verschiedenen Browserfenstergrößen
▸ Links
▸ dynamische Elemente wie Mouseover-Zustände,

Bei einer solchen bedienbaren Implementierung werden Lücken in der funktionalen Beschreibung schneller deutlich (»Wohin führt denn eigentlich dieser Link?«), und es ist möglich, schon zu einem frühen Zeitpunkt die Benutzerführung zu testen. Durch die Verwendung von HTML und CSS bleiben grundlegende Elemente auch für die spätere »HiFi«-Version der Website nutzbar.

11.8.1 Festlegen der Seitenstruktur in semantischem HTML

Identifizieren Sie die Funktionsbereiche der Seite, und legen Sie sie als `<div>`-Container mit aussagekräftigen ID-Bezeichnungen an (z. B. `id= "kopfzeile"`, `id="inhalt"`). Vermeiden Sie dabei die überflüssige Verwendung von semantisch bedeutungslosen Elementen. Sofern es ein passendes HTML-Element gibt, sollte dieses den Vorzug vor einem `<div>`-Element erhalten. Bereits ausreichend gekennzeichnete Bereiche benötigen in der Regel nicht noch ein zusätzliches `div`-Element außen herum. So ist

```
<div id="hauptueberschrift">Überschrift</div>
```

wenig besser als die alte Tabellenvariante. Auch

```
<div id="hauptueberschrift"><h1>Überschrift</h1></div>
```

ist in den meisten Fällen überflüssig. Die einfache Lösung `<h1> Überschrift</h1>` ist meist ausreichend.

Menüs lassen sich sehr gut und standardtreu als Listen (`<ul>`) definieren. Das habe ich in Abschnitt 9.2, »CSS-Menüs mit Listen«, beschrieben.

Auf der anderen Seite lohnt es sich meist auch nicht, das letzte `div`-Element einzusparen, wenn dadurch das Stylesheet selbst komplexer oder durch die Notwendigkeit, Browserweichen zu verwenden, fehleranfälliger wird.

Eine geeignete Seitenstruktur habe ich am Anfang des Kapitels beschrieben. HTML-Generatoren nehmen Ihnen die Arbeit ab, den Code selbst zu schreiben. Der Accessify-Generator (*http://www.accessify.com/tools-and-wizards/developer-tools/markup-maker/default.php*, Linkcode 0545) liefert einen validen (X)HTML(5)-Code auf Basis eingegebener IDs. Die Verschachtelungstiefe geben Sie einfach durch Leerzeichen an.

Wenn Sie HTML5 wählen und als IDs Bezeichnungen verwenden, die in HTML5 als Elemente vorhanden sind (z. B. `<header>`), konvertiert der Generator diese automatisch. Auch ein JavaScript für die Unterstützung im Internet Explorer wird ergänzt.

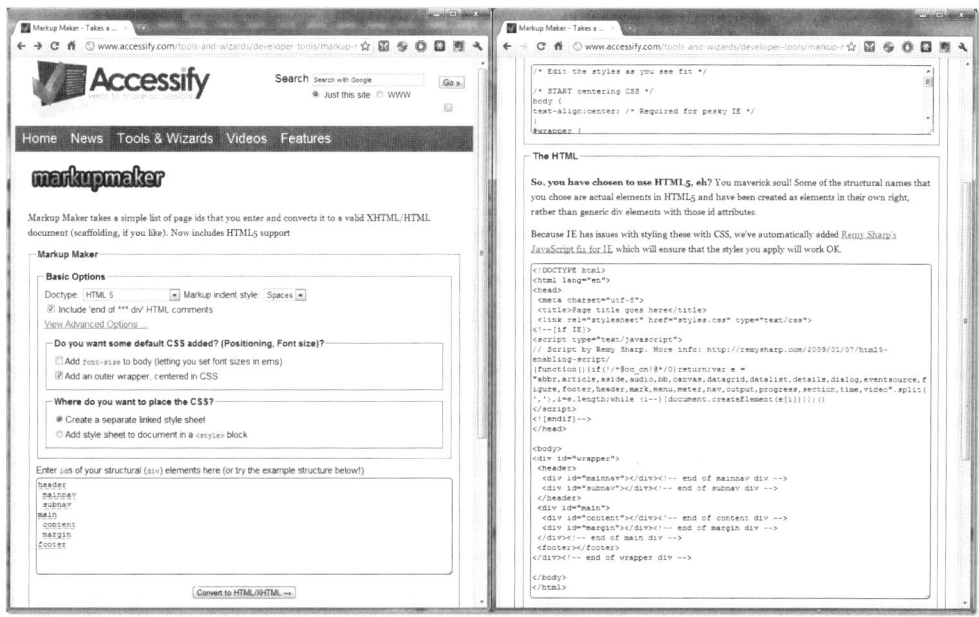

Abbildung 11.10 Vorgabe und HTML-Ergebnis beim Accessify-Generator

11.8.2 Bereiche ausrichten in Ihrem bevorzugten Browser

Beginnen Sie mit der Ausrichtung der Bereiche. Orientieren Sie sich dabei an den standardtreuesten Browsern (Mozilla/Firefox), und korrigieren Sie Probleme später. Gegebenenfalls müssen Sie hier noch einmal die Anordnung der Bereiche verändern oder das eine oder andere zusätzliche Element (wie zum Beispiel <div>, <span>) einfügen.

Die weiter vorn vorgestellten Frameworks erleichtern die Arbeit in diesem Schritt sehr. Wenn Sie ein Framework nutzen, müssen Sie nur noch die dort verwendeten Klassen vergeben, um ein erstes Layout zu erhalten.

Weisen Sie dabei zunächst allen Bereichen einen einfarbigen Hintergrund zu, oder verwenden Sie den auf der DVD-ROM mitgelieferten Linealhintergrund (*material/lineal.gif*) zum Ausmessen der Dimensionen. Viele Frameworks liefern auch eigene Hintergründe mit, die Sie aktivieren können (z. B. mit dem zugrundeliegenden Raster).

Setzen Sie die Navigation als einfache Linkliste um. Auf diese Weise können Sie schon testen, ob die Navigation Platz bietet für alle geplanten Menüoptionen.

Falls Sie ein Content-Management-System verwenden, können Sie jetzt bereits mit der Implementierung beginnen werden und Seiten und Inhalte anlegen.

Dabei wird schnell deutlich, ob die gewünschten Seitenbezeichnungen überhaupt in den geplanten Navigationsbereich passen – auch in einer anderen Auflösung als im simulierten Screenshot. Sie können nun in den einzelnen Bereichen konkreter werden. Verwenden Sie zum Beispiel Elemente aus den grafischen Vorlagen als Hintergrundgrafiken, um das visuelle Layout zu simulieren.

Tipp: Image Maps, um Ausrichtungsproblem zu vermeiden

In der Entwurfsphase können Sie auch die eine oder andere Abkürzung verwenden: Mittels einer Image Map lassen sich grafische Vorlagen leicht mit »Links« versehen, ohne dass Sie einzelne Elemente ausrichten müssen.

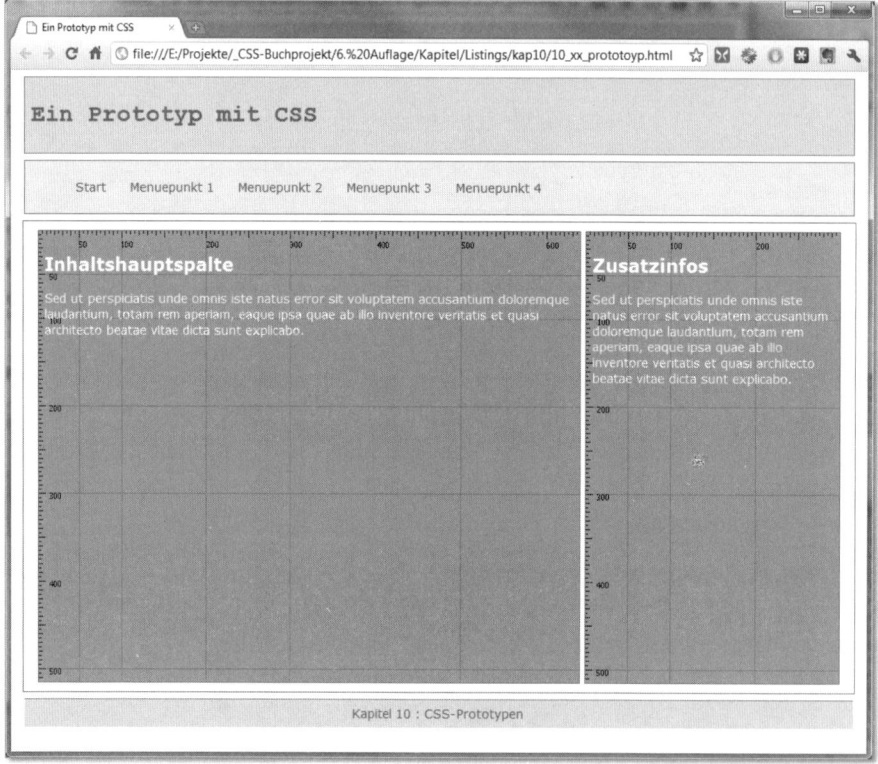

Abbildung 11.11   Ein erster Schritt zum CSS-Prototyp

11.8.3   Einfügen der Inhalte

Ab diesem Stadium können und sollten schon die späteren Inhalte, zumindest für einen Teil der Website, einfließen. So erkennen Sie, wo noch Inhalte fehlen und wie die Inhalte in die geplante Struktur passen. Eventuell müssen Sie auch die Navigationsideen überdenken, da beispielsweise die Anzahl der Seiten nicht in eine horizontale Navigation passt. Aus der Struktur wird möglicherweise deutlich, dass zusätzliche Navigationsebenen erforderlich sind. Achten Sie darauf, dass Sie auch die Inhalte in semantisch sinnvoller Form einsetzen, Überschriften von `<h1>` bis `<h6>` oder Listen mittels `<ul>` oder `<ol>`.

11.8.4 Dynamische Bereiche umsetzen

Die Bereiche des Entwurfs, die Funktionen enthalten, können Sie dann Schritt für Schritt mit Hilfe von passendem HTML-Code umsetzen, zum Beispiel das Menü als Liste oder Formularelemente. Hier können Sie dann auch schon dynamisches Verhalten wie Mouseover-Effekte und Menüzustände einfach und verständlich nachbilden, auch wenn die serverseitige Funktionalität noch nicht vorhanden sein sollte.

Serverseitige Funktionen können Sie im ersten Schritt ebenfalls simulieren, die einzelnen Schritte einer Bestellung beispielsweise statisch durch verlinkte HTML-Seiten, und Datenbankabfragen setzen Sie an einem konkreten Beispiel um.

Standardkonformes Markup spart Zeit bei der Umsetzung

Analog zum statischen Prototyping können Sie auch eine Bibliothek von Bildschirmstrukturen wie Menüs, Formularfelder usw. vorhalten, um diese immer wieder einzusetzen. Wenn Sie für dieselben Bedienelemente stets die gleichen HTML-Strukturen einsetzen, lässt sich auch ein Großteil des CSS-Codes gut wiederverwenden. Sie müssen dann nur noch die bereits vorhandenen Klassen mit abweichenden Styles füllen, um beispielsweise Schriftgrößen an das konkrete Projekt anzupassen.

Im Prinzip geht das natürlich mit jeder Art von HTML. Am besten ist es aber, wenn Sie von Anfang an immer die semantische Variante wählen. Setzen Sie alle Menüs als Listen um, und verwenden Sie stets eine ID `#mainmenu` auf der äußersten Ebene des Hauptmenüs, um diese zu kennzeichnen. Und falls es einmal nicht ohne ein zusätzliches `div` um die Liste herum geht, so geben Sie diesem die ID `#mainmenu`.

11.8.5 Benutzertests

Mit solcherart vorbereiteten funktionalen Prototypen lassen sich sehr gut Tests mit Benutzern durchführen. Hier ist schon so viel von der Optik und Funktion vorhanden, dass sich verwertbare Testergebnisse ergeben. Andererseits sind es die Details im Finetuning, die Optimierungen und die Browseranpassungen, die unverhältnismäßig viel Aufwand erfordern. Diese Arbeiten liegen noch vor Ihnen. Benutzertests müssen auch nicht aufwendig und teuer sein. Lassen Sie einfach ein paar Personen, die nichts mit dem Projekt zu tun hatten, die Seite benutzen, und testen Sie Kernaspekte der Funktionalität.

Der Autor Steve Krug beschreibt in seinem Buch »Don't make me think! Web Usability: Das intuitive Web« sehr anschaulich seinen Ansatz für einfache Usability-Tests (»discount usability testing«).

Durch die Verwendung eines echten HTML-CSS-Prototyps steht uns eine weitere Methode des Usability-Testings zur Verfügung. Bei herkömmlichen statischen Prototypen wird das Eye-Tracking-Verfahren angewandt, um zu ermitteln, welche Bereiche eines Bildschirms die Aufmerksamkeit der Nutzer auf sich ziehen. Solche Untersuchungen sind allerdings ziemlich kostspielig. Mit einem funktionalen Prototyp können Sie mit einer etwas anderen, zum Teil sehr viel billigeren Methode ebenfalls die Sichtbarkeit einzelner Element prüfen: mit der Klick-Analyse. Hierbei werden mit Hilfe von JavaScript die Klicks der Benutzer aufgezeichnet und später – zum Beispiel in Form von Heat Maps – visualisiert. Anbieter wie *crazyegg.com* (Linkcode 0529) bieten zum Einstieg kostenlose und sehr günstige Pakete an, die Sie zur Verbesserung Ihres Website-Entwurfs nutzen können, natürlich nicht nur während der Entwurfsphase.

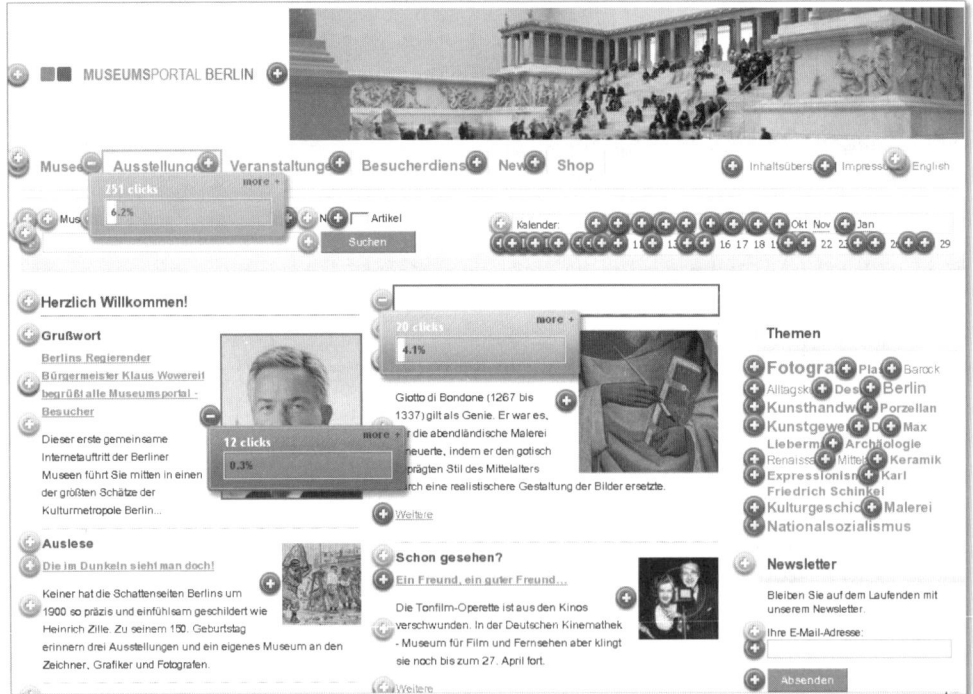

Abbildung 11.12 Funktionale Prototypen ermöglichen schon in der Entwurfsphase Klickanalysen.

11.8.6 Finetuning, Browsertests und technische Optimierungen

Nun können Sie die Seite mit Verzierungen versehen, wie runde Ecken von Kästen, besondere Schriftformatierungen und weiteres grafisches Finetuning. Sie sollten auch während der Arbeit an den vorherigen Schritten den ein oder anderen Blick auf die marktüblichen Browser werfen. Aber erst nach Abschluss der Arbeiten in einem standardkonformen Browser ist der Zeitpunkt gekommen, um die kompletten Browsertests durchzuführen.

In der Regel werden für Firefox umgesetzte Sites auch in Safari, Chrome und Opera bereits sehr ähnlich oder deckungsgleich angezeigt. Die meiste Arbeit fällt erfahrungsgemäß für die verschiedenen Versionen des Internet Explorers an, die nicht nur anders arbeiten als die anderen Browser, sondern auch erhebliche Unterschiede zwischen den einzelnen Versionen aufweisen. Das ist zwar bei anderen Browsern nicht unbedingt anders, aber erfahrungsgemäß gehören die Nutzer von Firefox und Opera zu den Updatefreudigeren, so dass Sie hier mit einigermaßen modernen Browsern rechnen können. Safari gibt es noch nicht in so vielen Versionen, als dass die Zahlen älterer Versionen eine Rolle spielen würden.

Sie können die Browser Firefox und Opera problemlos in mehreren Versionen nebeneinander betreiben – auch für den ursprünglichen Mac-Browser Safari gibt es schon eine ganze Weile eine Windows-Variante. Nur beim Internet Explorer laufen leider nicht mehrere Versionen nebeneinander auf einem Rechner. Zwar verfügen die neueren Versionen des Internet Explorers über Emulationen der früheren Versionen, die Sie mit `F12` aufrufen. Aber leider emulieren diese eine Reihe von Fehlern dieser älteren Versionen nicht mit, sind also in der Praxis von begrenztem Nutzen.

Ich habe mir ein virtuelles Testsystem geschaffen, in dem ich die verschiedenen Versionen aller aktuellen Browser installiert habe und ohne Angst um die Systemstabilität meines Hauptsystems auch die neuesten Beta-Versionen installieren kann. Dazu erfahren Sie mehr in Abschnitt 10.4.1, »Virtualisierung«.

Mehr zu den Anteilen der verschiedenen Browser lesen Sie in Abschnitt 10.1.1, »Browser-Marktanteile«, und weitere Informationen zu Browserweichen, um gezielt einzelne Browser anzusprechen, erhalten Sie in Abschnitt 10.3, »Browserweichen und -filter«.

11.9 Fehlersuche in CSS-Dateien

Was aber tun, wenn es mal nicht klappt, der gewünschte Effekt nicht auftritt oder das mühsam erstellte Layout komplett zusammenbricht?

Hier ein paar Tipps zur Fehlersuche:

1. Kontrollieren Sie die Schreibweise der CSS-Anweisungen. Ein Großteil der Fehler lässt sich auf Tippfehler, fehlende Zeichen (Klammern, Semikola) oder Ähnliches zurückführen. Der CSS-Validator zeigt schnell, ob an einer Stelle etwas nicht stimmt. Beachten Sie die Hinweise zur Schreibweise in Anhang B, »Benennungen und Werte für Stylesheets«.
2. Kontrollieren Sie den HTML-Code auf Fehler oder zu lockere Schreibweise. Durch die Verwendung des HTML-Validators ist das schnell getan.
3. Existiert die entsprechende Eigenschaft überhaupt? Gerade am Anfang ist es leicht möglich, HTML- und CSS-Eigenschaften zu verwechseln. Ich habe schon Stunden damit zugebracht, einen Fehler zu suchen, der aus der Verwechslung von `clear: both` (CSS) mit `clear=all` (HTML) resultierte. Weitere gute Kandidaten für Verwechslungen sind `vertical-align` und `valign`.
4. Existiert das angestrebte Verhalten überhaupt für den betreffenden Browser? Verwenden Sie vielleicht eine proprietäre Eigenschaft (zum Beispiel Farben für die Scrollbars)? Schauen Sie in die beiliegende Referenzkarte.
5. Vereinfachen Sie Ihren CSS-Code. Kommentieren Sie alle unnötigen Anweisungen zunächst einmal aus, um die Komplexität des Codes zu verringern.

    Zum temporären Auskommentieren müssen Sie nicht `/* ... */` schreiben. Es reicht, wenn Sie der Eigenschaft ein `x` oder ein anderes Zeichen voranstellen. Das deaktiviert die betreffende Eigenschaft und geht viel schneller. Diese Lösung ist allerdings nicht valide und sollte daher nur im Entwurfsprozess eingesetzt werden.
6. Begeben Sie sich zurück auf sicheren Boden. Kommentieren Sie alle neu hinzugefügten Anweisungen aus, bis Sie wieder eine nachvollziehbare Anzeige erhalten. Setzen Sie dann die neuen Anweisungen wieder ein – jeweils nur eine Anweisung, bis Sie diejenige gefunden haben, die den Fehler (vermutlich) verursacht.
7. Setzen Sie farbige Rahmen um Kästen, damit Sie genau sehen, wie groß deren Abmessungen sind.
8. Verwenden Sie `!important`. Wenn eine Eigenschaft korrekt angewandt ist und dennoch keinen Effekt zeigt, wird sie vielleicht von einer höherwertigen Eigenschaft überschrieben. Das kann gerade in langen und komplexen Stylesheets passieren. Mit `!important` geben Sie der Anweisung Priorität und sehen, ob dies tatsächlich der Fall ist.
9. Wenn Sie mit `float` arbeiten und sich Layoutfehler zeigen, liegt es oft an einer fehlenden oder falsch gesetzten Anweisung `clear`. Mehr zu `float` und `clear` finden Sie in Abschnitt 7.2.

10. Achten Sie auf Rundungsfehler. Wenn prozentual ausgezeichnete Bereiche umspringen (vor allem beim Skalieren des Browserfensters), kann es daran liegen, dass beispielsweise 50 % + 50 % so berechnet werden, dass sie mehr als 100 % ergeben. Verkleinern Sie die Bereiche auf 49,5 % oder weniger.

11. Setzen Sie explizite Werte. Browser verwenden teilweise unterschiedliche Vorgaben für nicht definierte Werte. Setzen Sie im Zweifel alle kritischen Eigenschaften selbst. (Lesen Sie dazu auch Abschnitt 11.4 zu Reset-Stylesheets.)

12. Beginnen Sie mit den standardkonformen Browsern, und testen Sie dann weiter mit anderen Browsern. Wenn eine Anzeige in Mozilla/Firefox und Opera gleich aussieht, können Sie sicher sein, dass es sich nicht um einen Bug handelt, sondern den Spezifikationen entspricht.

13. Fehler im Internet Explorer sind oftmals auf die fehlerhafte Box-Modell-Interpretation zurückzuführen (siehe Abschnitt 6.1, »Das Kastenmodell«). Dies kann auch im Internet Explorer 6 vorkommen, sofern der XHTML-Deklaration ein Prolog vorangestellt ist.

»CSS-Frameworks« sind in Mode gekommen – mehr oder weniger umfangreiche Sammlungen von HTML-Konstruktionen und zugehörigen CSS-Anweisungen. Sie sollen den Entwicklern Arbeitszeit sparen und Fehler vermeiden helfen. Inzwischen ist die Anzahl erhältlicher Frameworks kaum noch überschaubar. In diesem Kapitel werfe ich einen Blick auf einige der wichtigsten.

12 Arbeiten mit CSS-Frameworks

Eine naheliegende Methode zur Arbeitsoptimierung ist die Verwendung von Vorlagen für den HTML-Code und bestimmte CSS-Eigenschaften, die immer wieder vorkommen – ich habe das in Kapitel 11, »Effizientes Arbeiten mit CSS«, beschrieben. Schon durch eine konsistente Benennung Ihrer HTML-Elemente und häufig benötigter Klassen (z. B. zum »Clearen« von `float`) sparen Sie Zeit und vermeiden Benennungsfehler.

CSS-Frameworks gehen einen Schritt weiter und stellen Bausteine für viele typische Layoutsituationen bereit. Außerdem umgehen sie die üblichen CSS-Bugs durch entsprechende Maßnahmen.

Das Arbeiten mit Frameworks bietet eine Reihe von Vorteilen:

- Zeitersparnis, besonders bei »Standardlayouts«
- einheitliche Code-Basis, daher besser im Team zu bearbeiten
- auch nach längerer Zeit noch verständlich
- einfacher in der Wartung
- weniger Fehleranfällig, da Standardbugs schon behandelt sind und Fehler durch die große Nutzerbasis schneller auffallen

Der grundlegende Gedanke vieler CSS-Frameworks ist dabei, die Arbeit am Layout komplett dem Framework zu überlassen und durch Vergabe von Klassen an die HTML-Elemente zu steuern.

Um z. B. ein zweispaltiges Layout aufzubauen, das aus einer Hauptspalte mit 2/3 Breite und einer rechts daneben liegenden Marginalie mit 1/3 Breite besteht, verwendet das bekannte Framework YAML die Klassen `.66l` (für 66 % links) und `.33r` (für 33 % rechts), die den beiden Spaltenelementen zugewiesen werden.

Wenn Sie das System einmal verinnerlicht haben, müssen Sie sich so keine Gedanken um den CSS-Code machen; Sie bauen einfach das HTML-Gerüst der Seite auf und fügen Klassen an die entsprechenden Elemente, den Rest erledigt das Framework. Viele Frameworks haben außerdem Vorlagen für wichtige Elemente wie z. B. Formularfelder integriert und sparen so noch einmal Zeit.

Drei bekannte CSS-Frameworks, *YAML* (Yet Another Multicolumn Layout) von Dirk Jesse, *Grids* von Yahoo! und *Blueprint CSS*, stelle ich Ihnen hier etwas genauer vor und werfe einen Blick auf eine Reihe weiterer Frameworks.

Kritik an CSS-Frameworks

Allerdings ist der Ansatz, Standard-HTML und ein festes System aus IDs und Klassen zu verwenden, mit einem Nachteil verbunden: Er läuft der Idee der semantischen Entwicklung zuwider – eine ähnliche Kritik, wie sie sich auch gegen das objektorientierte CSS richtet. Um universell einsetzbar zu sein, müssen Frameworks auf abstrakte Konzepte zur Spaltenanordnung setzen. Dabei entstehen `<div>`-Verschachtelungen, die im konkreten Einzelfall oft nicht zwingend sind, und Klassennamen, die sich an layouttechnischen Gesichtspunkten orientieren.

Als die ersten Frameworks populärer wurden, entwickelte sich daher auch schnell eine Diskussion, in der die verschiedenen Vor- und Nachteile gegeneinander aufgewogen wurden. Sie können diese Diskussion in zwei Blog-Artikeln von Dirk Jesse und Dirk Jesse/Nils Pooker nachlesen (lesen Sie auch die Kommentare, und folgen Sie den Links):

- *http://blog.highresolution.info/index.php?/highresolution/comments/css_frameworks_in_der_diskussion/* (Linkcode 0546)
- *http://www.highresolution.info/spotlight/entry/was_sie_ueber_css-frameworks_wissen_sollten/* (Linkcode 0680)

Auch aus meiner Sicht sind Frameworks Werkzeuge für den fortgeschrittenen Entwickler, der die Arbeit mit CSS beherrscht und Frameworks nutzt, um seine Arbeit zu optimieren. Sie sind keine Baukästen, die eine Beschäftigung mit der Materie CSS verzichtbar machen.

Ich selbst nutze gern schmale Systeme wie Grids als Basis und kombiniere sie mit eigenem Markup und Stilen. So kann ich dann auch darauf achten, dass im fertigen Code möglichst semantische Bezeichnungen vorkommen. YAML verwende ich vor allem bei einfach gestalteten Websites, die unter hohem Zeitdruck entstehen müssen. So kann ich den größten Nutzen aus den weitgehend vorgefertigten Standardlayouts ziehen und spare Zeit bei der Browseroptimierung.

12.1 YAML

»Yet Another Multicolumn Layout« (YAML), was man mit »Und noch ein weiteres Mehrspaltenlayout« übersetzen kann, hat Dirk Jesse das von ihm entwickelte System zum Erzeugen von auf CSS basierenden mehrspaltigen Layouts genannt. Das ist stark untertrieben. Tatsächlich handelt es sich nicht nur um ein äußerst flexibel einsetzbares Gerüst, das gut geplant und durchdacht ist. Auf seiner Website erläutert Dirk Jesse sein Konzept ausgiebig und bietet damit auch noch ein Tutorial für CSS-basiertes Layout an.

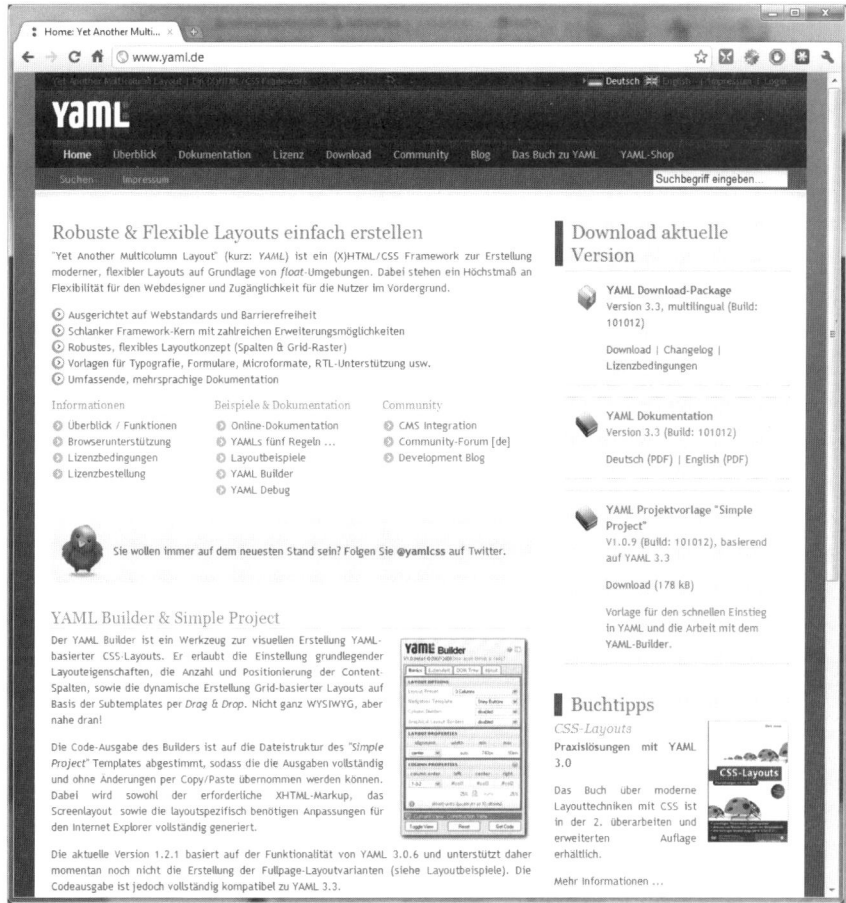

Abbildung 12.1 Auf der Website von YAML gibt es das Framework zum Download.

Erstellen können Sie YAML-Layouts einerseits »klassisch« auf der Grundlage von Spalten und andererseits über flexible Rastereinheiten. Je nachdem, welcher Ansatz besser zu Ihrem geplanten Design passt, wählen Sie den einen oder anderen.

12.1.1 Klassische Spaltenlayouts

Für das klassische Spaltenlayout stehen neben den <div>-Containern #header und #footer die <div>-Container #col1, #col2 und #col3 zur Verfügung.

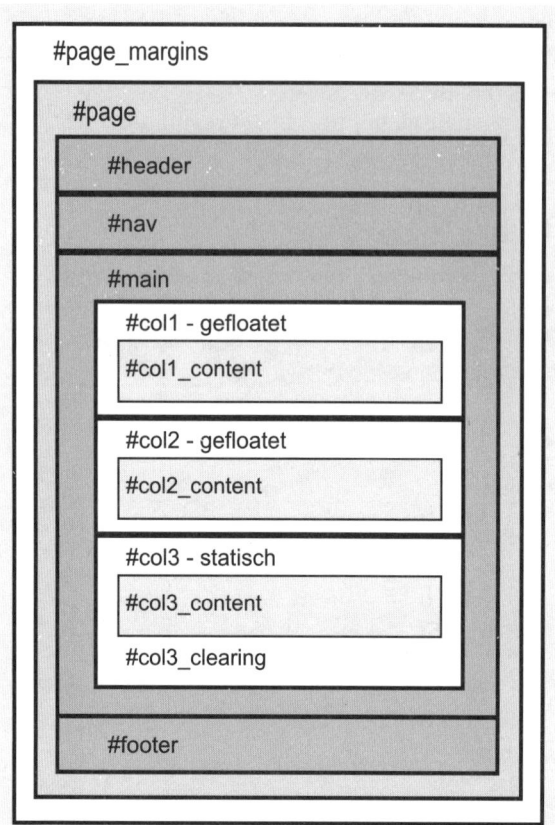

Abbildung 12.2 Grundaufbau von YAML mit Reihenfolge der Elemente im Quelltext

Während die Reihenfolge der Container im Quelltext immer unverändert bleibt, ist die Anordnung der einzelnen Elemente in der Ausgabe der Webseite durch den Einsatz unterschiedlicher Styles sehr flexibel.

```
1:  <div id="main">
2:  <!-- begin: #col1 - first float column -->
3:  <div id="col1" role="complementary">
4:    <div id="col1_content" class="clearfix"> </div>
5:  </div>
6:  <!-- end: #col1 -->
7:  <!-- begin: #col2 second float column -->
8:  <div id="col2" role="complementary">
```

```
 9:     <div id="col2_content" class="clearfix"> </div>
10:    </div>
11:    <!-- end: #col2 -->
12:    <!-- begin: #col3 static column -->
13:    <div id="col3" role="main">
14:      <div id="col3_content" class="clearfix"> </div>
15:      <!-- IE column clearing -->
16:      <div id="ie_clearing"> </div>
17:    </div>
18:    <!-- end: #col3 -->
19:  </div>
```

Listing 12.1 Code-Auszug: klassisches YAML-Spalten-Markup

Das klassische Dreispalten-Layout sieht vor, dass die im Quelltext als letzte angeordnete Spalte #col3 den Hauptinhalt enthält und durch seitliche s, die die Breite der rechts und links floatenden Spalten (#col1 und #col2) haben, mittig angeordnet wird. Die Positionierung der Spalten #col1 und #col2 ist bei diesem Layout beliebig austauschbar.

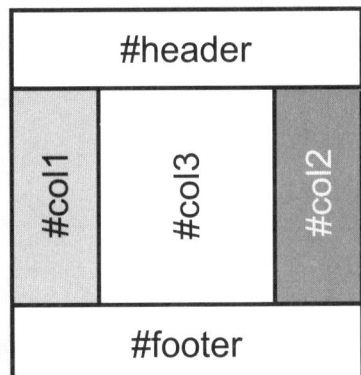
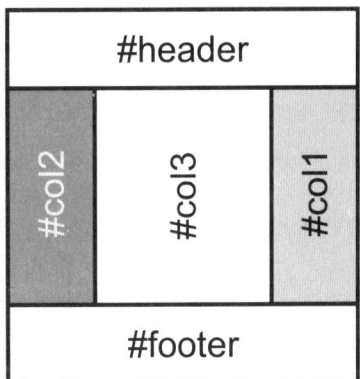

Abbildung 12.3 Im dreispaltigen Layout sind Spalte 1 und 2 austauschbar.

Bei dieser Anordnung kommt der Hauptinhalt der optisch mitteleren Spalte aus dem im Quellcode als letzte der drei Spalten gelisteten Container. Das ist aus Sicht von Barrierefreiheit und Suchmaschinenoptimierung nicht unbedingt empfehlenswert. Hier wäre eine andere Reihenfolge durchaus wünschenswert, nämlich den Container mit den Hauptinhalten auch im Quellcode an erster Stelle zu haben. Eine gut platzierte Sprungnavigation kann dieses Problem jedoch entschärfen (siehe Abschnitt 13.3.2, »Barrierefreie Sprung-Links«).

Es ist aber auch jede andere Reihenfolge der drei Spalten denkbar. Dirk Jesse beschreibt, wie das geht: *http://www.yaml.de/de/dokumentation/anwendung/ freie-spaltenanordnung.html* (Linkcode 0681).

Zweispalter mit Zusatzkasten

Verwenden Sie das Grundgerüst für ein Zweispalten-Layout, lassen Sie im Quelltext den Container #col2 weg. Die Positionierung der anderen beiden Spalten (#col1 und #col3) in der Ausgabe ist wieder austauschbar.

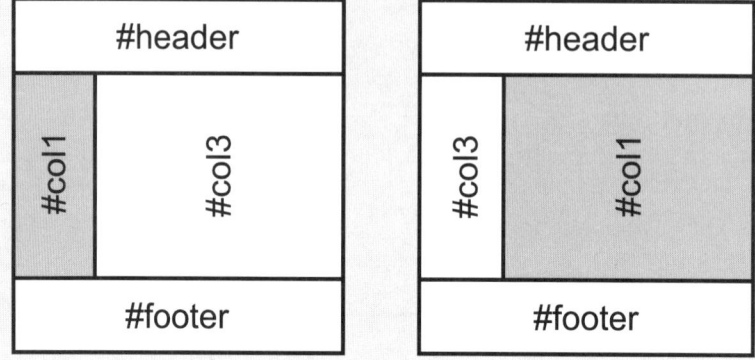

Abbildung 12.4 Mögliche Positionen der Spalten 1 und 3 bei einem Zweispalter

Bei der alternativen Verwendung der Container #col2 und #col3 für die beiden Spalten steht #col1 noch als Container zur Verfügung, der sich über die volle Breite der Webseite ausdehnend unter dem <div id="header"> anschließt.

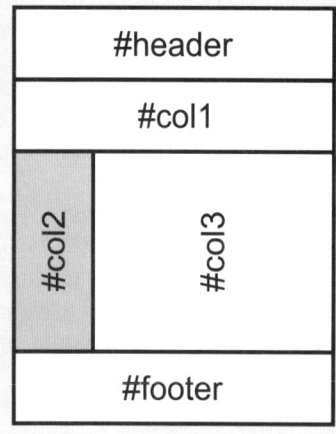

Abbildung 12.5 Bei Bedarf können Sie Spalte 1 auch nach oben verlegen.

12.1.2 Flexible Raster mit YAML

Soll das Webseitenlayout über ein normales Spaltenlayout hinaus weitere Verschachtelungen enthalten, bietet sich die Verwendung der sogenannten *Subtemplates* von YAML an. *Subtemplates* können Sie innerhalb des klassischen Spaltenlayouts mit den Containern #col1 bis #col3 für zusätzliche Gliederungen verwenden, sie funktionieren aber genauso gut auch ohne diese.

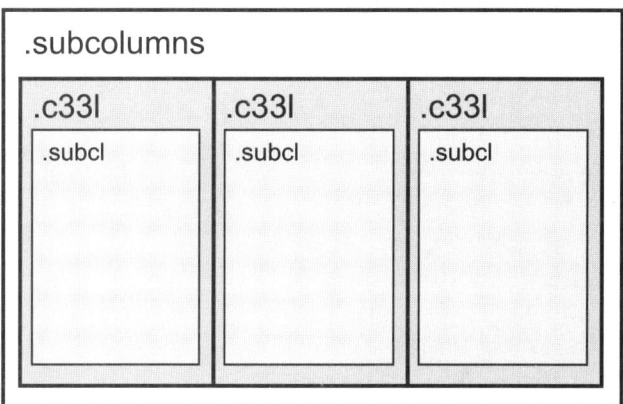

Abbildung 12.6 Einfaches dreispaltiges Layout mit YAML

Mit dem `<div>`-Container .subcolums leiten Sie ein Subtemplate ein.

```
.subcolumns {
   display: table;
   width: 100%;
   table-layout: fixed;
}
```

Die darin vorhandenen Kästen steuern Sie durch Vergabe von passend benannten Klassen: .c33l bezeichnet dabei eine nach links floatende, 33 % der Seitenbreite umfassende Spalte.

In der Datei *base.css* im Verzeichnis *yaml/core* sind verschiedene Styles für die Breiten der flexiblen Grids vorbereitet:

```
.c20l, .c20r { width: 20%; }
.c40l, .c40r { width: 40%; }
.c60l, .c60r { width: 60%; }
.c80l, .c80r { width: 80%; }
.c25l, .c25r { width: 25%; }
.c33l, .c33r { width: 33.333%; }
.c50l, .c50r { width: 50%; }
.c66l, .c66r { width: 66.666%; }
```

```
.c75l, .c75r { width: 75%; }
.c38l, .c38r { width: 38.2%; }
.c62l, .c62r { width: 61.8%; }
```

Innerhalb der `<div>`-Container mit den Breiten-Definitionen setzen Sie über einen weiteren Container den seitlichen Abstand:

```
.subcl { padding: 0 1em 0 0; } /* subcolumn links und folgende */
.subcr { padding: 0 0 0 1em; } /* subcolumn rechts */
```

Die Container können Sie beliebig verschachteln – dazu eröffnen Sie innerhalb eines Containers wieder ein `<div class="subcolumns">` und beginnen mit einer neuen Gruppe Spalten.

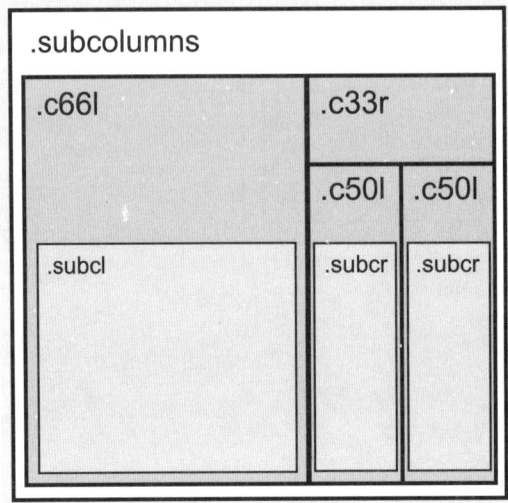

Abbildung 12.7 Komplexes verschachteltes Raster mit YAML

```
 1:   <div id="main">
 2:   <div class="subcolumns">
 3:     <div class="c66l" role="main">
 4:       <div class="subcl"> </div>
 5:     </div>
 6:     <div class="c33r" role="complementary">
 7:       <div class="subcolumns">
 8:         <div class="c50l">
 9:           <div class="subcr"> </div>
10:         </div>
11:         <div class="c50r">
12:           <div class="subcr"> </div>
13:         </div>
14:       </div>
```

```
15:     </div>
16:   </div>
17:   <div class="subcolumns">
18:     <div class="c33l">
19:       <div class="subcl"> </div>
20:     </div>
21:     <div class="c33l">
22:       <div class="subcl"> </div>
23:     </div>
24:     <div class="c33r">
25:       <div class="subcr"> </div>
26:     </div>
27:   </div>
28: </div>
```
Listing 12.2 Code-Auszug: YAML-Markup für flexible Grids

Sie können mehrere »Subtemplates« mit unterschiedlichen prozentualen Aufteilungen auf einer Webseite sowohl untereinander anordnen als auch ineinander verschachteln.

Eine gute Starthilfe für den Umgang mit den verschiedenen Layouttypen bieten die Beispiele auf der YAML-Website (*http://www.yaml.de/fileadmin/examples/index.html*, Linkcode 0682). Diese stehen auch in jedem YAML-Paket im Verzeichnis */yaml/examples* zur Verfügung. Hier gibt es eine Vielzahl von Varianten, die Sie entweder direkt übernehmen oder anpassen können, oder Sie analysieren sie, um zu verstehen, wie Dirk Jesse mit seinem Framework ein Layoutproblem gelöst hat.

Hier sei auch noch einmal auf die hervorragende Dokumentation hingewiesen, die Dirk Jesse im Laufe der Jahre erstellt hat. Sie bringt ganz nebenbei auch viele lehrreiche Informationen über CSS und die IE-Hacks. Die Dokumentation gibt es sowohl auf der Website als auch als PDF zum Download. Wenn Sie nicht die gesamte Dokumentation studieren wollen, bevor sie sich ans Werk machen, gibt es das Kapitel »Anwendung« mit den wichtigsten Grundlagen, wie zum Beispiel die anzulegende Projektstruktur, die Pfadanpassungen und die grundlegenden Layoutmöglichkeiten.

Auch ein eigenes Buch (»CSS-Layouts – Praxislösungen mit YAML 3.0 – Inkl. Einsatz in TYPO3«, ebenfalls erschienen bei Galileo Press) gibt es, das sich ausschließlich mit YAML beschäftigt.

Für die populären Content-Management-Systeme

- TYPO3,
- Joomla!,

- Drupal,
- Wordpress,
- Expression Engine und das
- Shopsystem xt:commerce

existieren angepasste Versionen, die Sie zum Teil als fertige Lösungen nur noch einbinden müssen (bei TYPO3 z. B. als Extension).

YAML für eigene Projekte anpassen

Egal, für welche Layout-Variante Sie sich entschieden haben: Der Grundgedanke ist, ein HTML-Grundgerüst zu haben, das in allen Browsern erprobt ist und funktioniert. Darum ist es wichtig, den YAML-Core (also das Grundgerüst) und die Layout-Anpassungen des Benutzers voneinander zu trennen. In der Praxis bedeutet das, niemals im Verzeichnis */yaml/core* zu arbeiten. Hier bleiben alle Dateien unverändert und werden mit Anweisungen aus dem eigenen Verzeichnis */css* überschrieben.

Sie finden zu diesem Zwecke diverse CSS-Vorlagen im Verzeichnis */yaml*, die Sie sich in das eigene Verzeichnis kopieren, umbenennen und dort dann bearbeiten können. Nach den Anpassungen an ein eigenes Projekt könnte die Struktur aussehen wie in der rechten Hälfte von Abbildung 12.8.

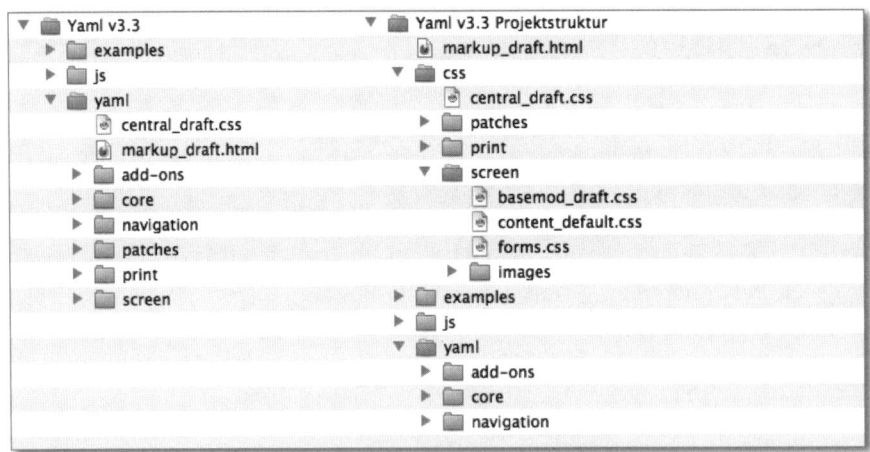

Abbildung 12.8 YAML-Basisstruktur (links) und eigene Modifikation

Nach dem Entpacken eines YAML-Paketes gibt es die Verzeichnisse */examples*, */js* und */yaml*. */examples* enthält das Markup sämtlicher Beispiel-YAML-Layouts. Sie brauchen es also für die Erstellung eines Projektes nur indirekt, falls Sie sich hier Anregungen suchen möchten. Im Verzeichnis */js* können Sie alle verwendeten

JavaScript-Dateien ablegen. Hier befindet sich bereits die JavaScript-Bibliothek jQuery. Im Verzeichnis *yaml* schließlich finden Sie sämtliche Vorlagen zur eigenen Verwendung und den »Core«.

Die Unterverzeichnisse, die Sie immer brauchen werden, sind */screen*, */patches* und */print*. Sie können sie sich nun in ein eigenes Verzeichnis */css* kopieren und mit den ebenfalls kopierten oder verschobenen Dateien *central_draft.css* und *markup_draft.html* bearbeiten. Nach der Umbenennung der Dateien erfolgt die Pfadanpassung in der *central_draft.css* und *markup_draft.html*, damit alle Styles aus dem Core und eigene greifen.

Die Verzeichnisse */navigation* und */add-ons* bieten weitere vorgefertigte Lösungen, die Sie nach Bedarf einbinden können.

Auf der Website zu YAML bietet Dirk Jesse eine Vorlage »simple project« an, bei der die Projektstruktur schon in empfohlener Form angepasst wurde, wodurch ein schneller Start möglich ist.

12.1.3 YAMLBuilder

Mit dem YAMLBuilder unter *http://builder.yaml.de/* (Linkcode 0683) lässt sich das Grundgerüst für ein Layout über ein grafisches Interface erstellen und der Code dann speichern.

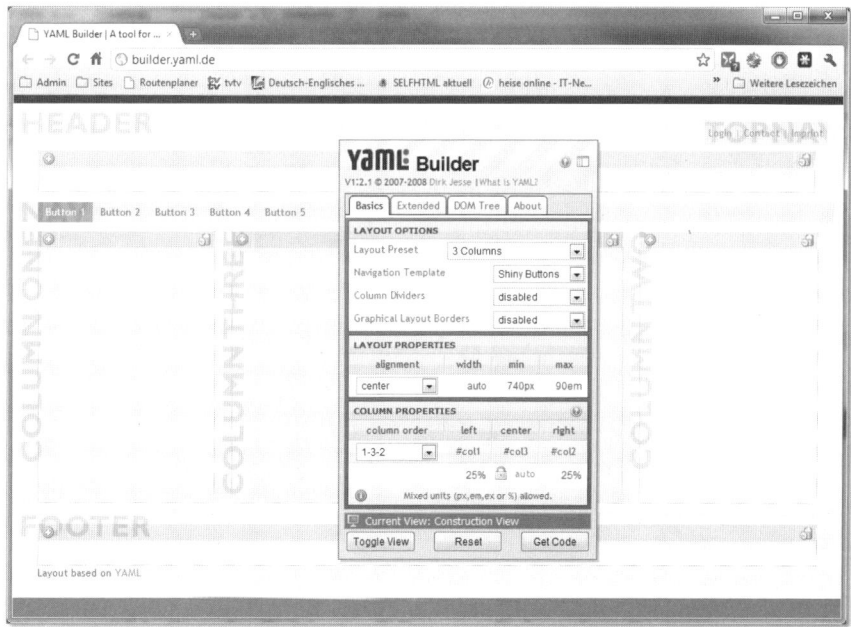

Abbildung 12.9 Interface des YAML Builders

12.1.4 Hilfreiche Klassen

YAML liefert neben dem Layout auch schon einige Vorgaben zum Styling mit. Diese Default-Auszeichnungen werden exemplarisch auf der Seite *http://www.yaml.de/fileadmin/examples/01_layouts_basics/styling_content.html* (Linkcode 0684) vorgestellt.

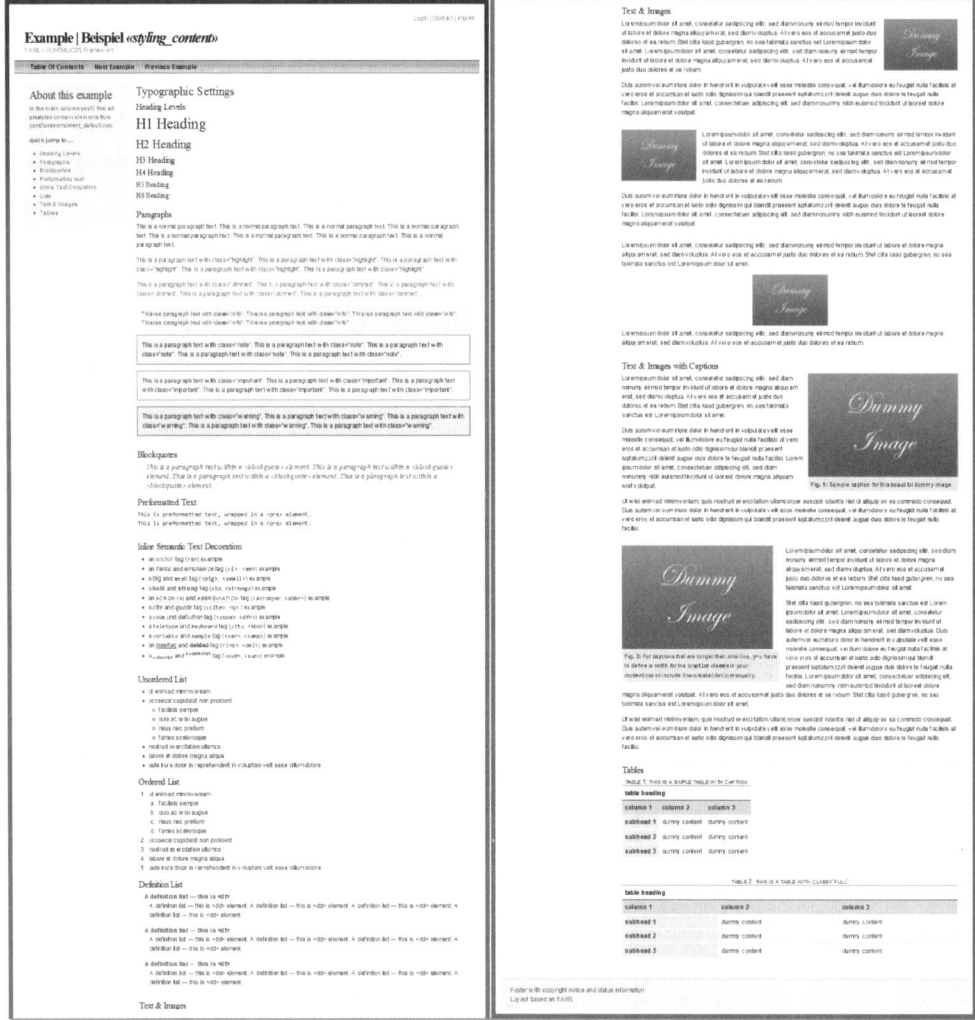

Abbildung 12.10 Verfügbare YAML-Styles in der Übersicht

Neben den sichtbaren Styles gibt es einige Hilfsklassen, z. B. .clearfix zum Clearing von Eltern-Elementen, in denen die Kind-Elemente floaten, oder die Klasse .floatbox für Container, in denen Text um ein Bild gefloatet wird. Und natürlich gibt es für bekannte IE-Bugs einen Workaround, um die Darstellungsprobleme in älteren Internet Explorern zu vermeiden.

12.1.5 Formulare mit YAML

Für Formulare gibt es in YAML ein eigenes Stylesheet *form.css*, das Sie ebenfalls über das zentrale Stylesheet *central.css* importieren können. Es enthält weitreichende Formularauszeichnungen, die Sie dann für das eigene Layout anpassen können.

Wenn Sie das Formularelement mit der Klasse .yform auszeichnen (<form class="yform">) und wie in Abschnitt 9.4, »Schönere Formulare«, beschrieben alle Label-Inputfeld-Kombinationen mit einem <div> umschließen, können Sie die YAML-Styles nutzen. Weisen Sie dazu den <div>-Containern je nach Typ des Feldes eine passende Klasse zu (.type-text, .type-select, .type-check oder .type-button). Den Rest übernehmen die Styles aus der *form.css*.

12.1.6 Fazit

Der Nachteil von YAML (und anderen Frameworks) ist die Menge an Code und Konfigurationen, durch die Sie sich erst einmal durcharbeiten müssen, um sie zu verstehen, und die Sie unter Umständen nicht hätten, wenn Sie ein Webprojekt selbst von Grund auf entwickeln würden. In den meisten Fällen wird auch der CSS-Code sehr umfangreich, weil Sie die vorhandenen Definitionen aus dem YAML-Core immer nur überschreiben.

Dem gegenüber steht der Vorteil der Zeitersparnis. Nach einer kurzen Einarbeitungszeit können Sie mit YAML in Windeseile Layouts umsetzen, die gegen die meisten Browserfallstricke gewappnet sind, und ersparen es sich, das Rad jedes Mal wieder neu zu erfinden.

YAML können Sie nach dem Herunterladen kostenfrei nutzen. Nur ein sichtbarer Hinweis auf den Urheber wird verlangt. Sofern dies – zum Beispiel in einem kommerziellen Umfeld – nicht gewünscht wird, können Sie eine Lizenz erwerben, die eine anonyme Nutzung gestattet. Sie finden eine aktuelle Version auf der DVD zum Buch oder auf der ProjektWebsite.

Download

http://www.yaml.de (Linkcode 0549)

12.2 Yahoo! Grids

Der Portalbetreiber Yahoo! stellt eine ganze Reihe von nützlichen Code-Schnipseln und Skripten in seiner YUI-(Yahoo! User Interface-)Bibliothek der Allgemeinheit zur Verfügung. Der Schwerpunkt dieser Hilfen liegt zwar auf JavaScript, aber auch für CSS-Entwickler ist etwas vorhanden, unter anderem Grids (»Raster«). Grids ist ein CSS-Baukastensystem, das im Wesentlichen zum einfachen Erzeugen von rasterartigen Layouts gedacht ist. Insgesamt stellt die YUI-Bibliothek die in Tabelle 12.1 genannten Stylesheets bereit.

Stylesheet	Beschreibung
CSS Reset	ein einfaches Reset-Stylesheet, das unterschiedliche CSS-Darstellungen in verschiedenen Browser neutralisiert, z. B. Abstände (`margin: 0, padding: 0`)
CSS Fonts	Ein Stylesheet, um ein einheitliches Gestaltungssystem mit vergleichbaren Schriftgrößen in unterschiedlichen Browsern zu etablieren. Umsetzung von Schriftgrößen in Prozentangaben. Eine Tabelle zeigt den Vergleich zwischen Pixelgrößen (wenn die jeweiligen Browserstandards nicht verändert wurden) und den nötigen Prozentangaben.
CSS Grids	das eigentliche Rastersystem

Tabelle 12.1 Zur YUI-Bibliothek gehörende Stylesheets

Grids geht davon aus, dass eine Webseite prinzipiell aus drei vertikalen Abschnitten besteht:

- Kopf (*header*)
- Inhalt (*body*)
- Fußzeile (*footer*)

Zur einfacheren Einbindung stellt Yahoo! ein komprimiertes Stylesheet zur Verfügung, das Sie direkt von den Yahoo!-Servern einbinden können:

```
<link rel="stylesheet" type="text/css" href="http://
yui.yahooapis.com/2.9.0/build/grids/grids-min.css">
```

Die Grids-Basisstruktur sieht dann so aus:

```
1:   <!DOCTYPE HTML PUBLIC "-//W3C//DTD HTML 4.01//EN"
     "http://www.w3.org/TR/html4/strict.dtd">
2:   <html>
3:   <head>
4:   <title>YUI Grids CSS</title>
5:   <link rel="stylesheet" type="text/css"
```

```
        href="http://yui.yahooapis.com/2.9.0/build/
        grids/grids-min.css">
 6:   </head>
 7:   <body>
 8:   <div id="doc">
 9:     <div id="hd"> <!-- header --> </div>
10:     <div id="bd"> <!-- body   --> </div>
11:     <div id="ft"> <!-- footer --> </div>
12:   </div>
13:   </body>
14:   </html>
```

Listing 12.3 Grundgerüst für Yahoo!-Grids

Auch Grids verwendet ein System von fest vorgegebenen Klassen, die Sie an Elemente im HTML-Code binden. So steuern Sie das Layout des Rasters, ohne das CSS selbst zu bearbeiten. Wenn Sie einmal das Schema der Klassenbenennung gelernt haben, dass hinter Grids steckt, können Sie so sehr schnell unterschiedliche Layouts aufbauen.

Über das äußerste `<div>` (`id="doc"`) legen Sie die Gesamtbreite der Seite festgelegt. Grids verwendet dazu in em umgerechnete Pixelgrößen, das heißt, die mittels Grids erzeugten Layouts werden bei einer individuell eingestellten Schriftgröße des Benutzers entsprechend vergrößert. Außerdem ist es möglich, ein flexibles Layout über die gesamte Breite des Browserfensters zu erzeugen (100 %).

Grids bietet verschiedene vordefinierte IDs mit typischen Seitenbreiten an, siehe Tabelle 12.2.

ID	Breite
#doc	750 Pixel (zentriert)
#doc2	950 Pixel (zentriert)
#doc3	100 % (flexibel, mit 10 Pixel Außenabstand)
#doc4	974 Pixel (zentriert)

Tabelle 12.2 Standardbreiten für Grids

Falls Sie eine abweichende Breite für die Gesamtseite definieren wollen, ist das kein Problem. Notieren Sie einfach im eigenen Stylesheet oder im Kopf der Seite (hier als Beispiel für 1.200 Pixel) das Folgende:

```
1: #custom-doc {
2:    margin: auto;text-align: left;
3:    width: 92.3em;
```

```
4:    *width: 90em; /* Sonderwerte für IE */
5:    min-width: 1200px;
6: }
```
Listing 12.4 Eigene Breite 1.200 Pixel für Grids

Zur Umrechnung einer Pixelbreite verwendet Grids folgenden Ansatz für alle Browser außer dem Internet Explorer:

Breite in Pixel / 13 = Breite in em

Für den Internet Explorer müssen Sie den entstandenen Wert noch mit 0,975 multiplizieren. Außerdem setzt Grids eine Mindestbreite in Höhe der vorgegebenen Pixelmaße fest. Grids zentriert dabei den Gesamt-Container. Falls Sie das nicht wollen, können Sie mit

```
#doc,#doc2,#doc3,#doc4 {
    margin-left: 0;
}
```

das Layout linksbündig anordnen. Oder Sie entfernen im Grids-Stylesheet die Zeile `margin: auto; text-align: left;` **für die IDs** #doc, #doc2, #doc3, #doc4 ...

Das eigentliche Raster legen Sie im Bereich `<div id="bd">` an.

Zur Steuerung des Layouts dienen einerseits die eben besprochenen IDs für das äußere `<div>` (#doc, #doc1, ...) für die Gesamtbreite und andererseits Klassen, die das Verhältnis von Hauptspalte und Marginalien regeln (z. B. .yui-t1 für ein zweispaltiges Layout mit einer Marginalie links).

Für ein zweispaltiges Layout mit einer Hauptspalte und einer Marginalspalte notieren Sie Folgendes:

```
1:   <!DOCTYPE HTML PUBLIC "-//W3C//DTD HTML 4.01//EN"
     "http://www.w3.org/TR/html4/strict.dtd">
2:   <html>
3:   <head>
4:   <title>YUI-Grids-Minimalstruktur</title>
5:   <link rel="stylesheet" type="text/css"
     href="http://yui.yahooapis.com/2.9.0/build/grids/
grids-min.css">
6:   <style>
7:   <!--
8:   /* Eigene Styles */
9:   -->
10:  </style>
```

```
11: </head>
12: <body>
13: <div id="doc" class="yui-t1">
14:   <div id="hd">
15:     <h1>YUI Grids Minimalstruktur</h1>
16:   </div>
17:   <div id="bd">
18:     <div id="yui-main">
19:       <div class="yui-b">Hauptinhalt</div>
20:     </div>
21:     <div class="yui-b">Marginalie</div>
22:   </div>
23:   <div id="ft"> Kapitel: 12 Yahoo! Grids </div>
24: </div>
25: </body>
26: </html>
```

Listing 12.5 Einfaches zweispaltiges Grid

Dabei kennzeichnet `<div class="yui-b"> ... </div>` jeweils einen Container (eine Spalte), wobei die Hauptinhaltsspalte zusätzlich von `<div id="yui-main"> ... </div>` umgeben ist. Die Ausrichtung der Marginalie steuern Sie, indem Sie dem umgebenden `<div>`-Container mit der `id="doc"` eine weitere Klasse zuweisen. Damit können Sie sowohl die Breite der Spalte bestimmen als auch ihre Position (links oder rechts der Hauptspalte), siehe Tabelle 12.3.

Klasse	Breite	Position der Marginalspalte
.yui-t1	160 Pixel	links neben der Hauptspalte
.yui-t2	180 Pixel	links neben der Hauptspalte
.yui-t3	300 Pixel	links neben der Hauptspalte
.yui-t4	180 Pixel	rechts neben der Hauptspalte
.yui-t5	240 Pixel	rechts neben der Hauptspalte
.yui-t6	300 Pixel	rechts neben der Hauptspalte

Tabelle 12.3 Klassen zur Steuerung der Marginalspalte

12.2.1 Weitere Aufteilung des Hauptbereichs

Der Hauptinhaltsbereich `.yui-b` lässt sich nun weiter in einzelne Teilbereiche unterteilen. Dazu dienen die Klassen `.yui-g` für das umgebende `div` und `.yui-u` für die darin enthaltenen Teilabschnitte. `.yui-g` markiert dabei ein Raster (»grid«), in dem sich mehrere `.yui-u` genannte Einheiten (»units«) befinden.

```
1:  <div id="yui-main">
2:    <div class="yui-b">
3:      <div class="yui-g">
4:        <div class="yui-u first"></div>
5:        <div class="yui-u"></div>
6:      </div>
7:    </div>
8:  </div>
```
Listing 12.6 Verschachtelte Grids

Im Normalfall nehmen die beiden inneren `<div>`-Container jeweils die Hälfte des Platzes des `<div>`-Containers mit der Klasse `.yui-g` ein.

Es ist auch möglich, die Bereiche weiter zu verschachteln. Dabei nehmen die jeweils innersten Bereiche die Klassen `.yui-u` an; die Äußeren werden mit `.yui-g` ausgezeichnet. Alle `.yui-g`-Spalten, die innerhalb von `.yui-g`-Spalten platziert sind, verhalten sich den äußeren Spalten gegenüber, als wären sie Units.

Das klingt ein wenig kompliziert. In der Praxis müssen Sie lediglich so lange `<div class="yui-g">` ineinander verschachteln, bis die letzte Ebene erreicht ist – die Elemente auf dieser Ebene heißen dann `<div class="yui-u">`. Das jeweils erste Element einer Verschachtelungsebene müssen Sie zusätzlich mit der Klasse `.first` auszeichnen.

```
1:  <div id="yui-main">
2:   <div class="yui-b">
3:    <div class="yui-g">         Beginn der äußeren ersten Spalte
4:      <div class="yui-g first"> Innere Spalten
5:        <div class="yui-u first"></div>
6:        <div class="yui-u"></div>
7:      </div>
8:      <div class="yui-g"> ... </div>  Äußere zweite Spalte
9:    </div>
10: </div>
11: </div>
```
Listing 12.7 Grids zweifach verschachtelt

Im Normalfall sind die im Innern eines Bereichs `.yui-g` vorhandenen Bereiche `.yui-u` gleich groß. Wünschen Sie hier jedoch eine andere Aufteilung, so kann dies über eine der folgenden Klassen im umgebenden `<div>`-Container geschehen. Sie benötigen auch eine gesonderte Auszeichnung (nämlich `.yui-gb`), wenn Sie drei Unterspalten verwenden wollen. Vier Spalten wiederum realisieren Sie durch zwei mal zwei Spalten.

Klasse	Größenverhältnis
.yui-gb	1/3 – 1/3 – 1/3
.yui-gc	2/3 – 1/3
.yui-gd	1/3 – 2/3
.yui-ge	3/4 – 1/4
.yui-gf	1/4 – 3/4

Tabelle 12.4 Abweichende Größenverhältnisse der inneren <div>-Container

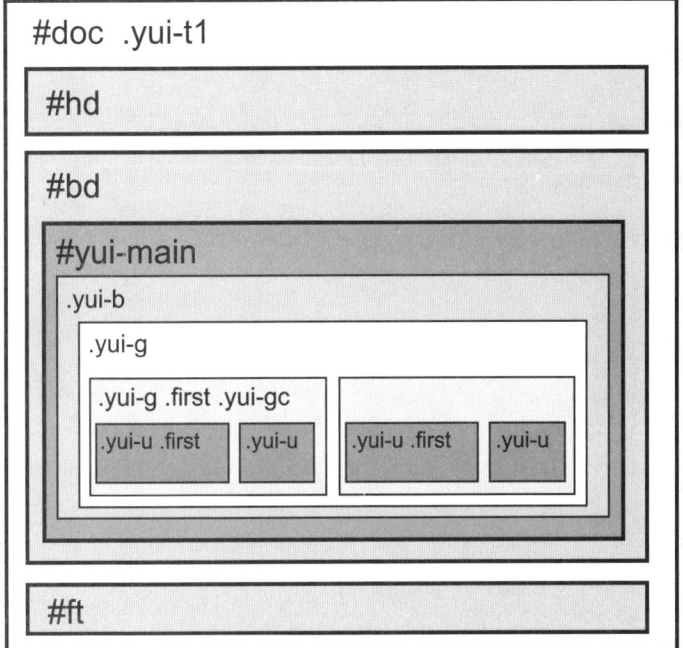

Abbildung 12.11 Komplex verschachteltes Grid-System

12.2.2 Der YUI Grids Builder

Es geht allerdings auch einfacher. Yahoo! stellt unter der Adresse *http://developer.yahoo.com/yui/grids/builder/* (Linkcode 0550) eine JavaScript-Anwendung bereit, mit der Sie online die Rasterstruktur in einem grafischen Interface entwickeln können. Den fertigen Code können Sie dann per Copy & Paste übernehmen und in eigene HTML-Dateien einfügen.

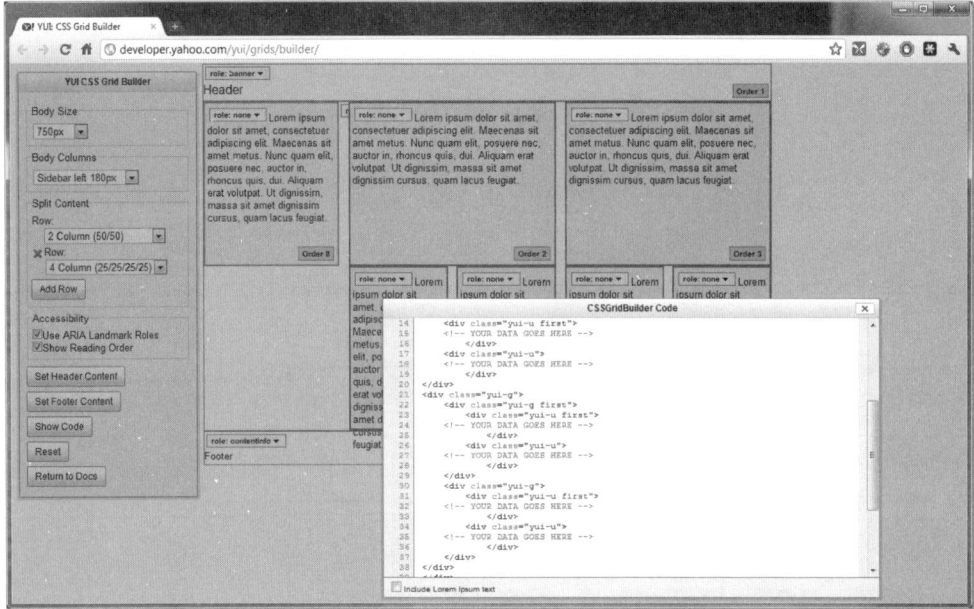

Abbildung 12.12 Der Online-Grids-Builder

12.2.3 Yahoo! Grids anpassen

Wie schon weiter oben erwähnt, lassen sich die Vorgaben von Grids leicht anpassen. Am besten tun Sie das, indem Sie ein eigenes Stylesheet verwenden und die Grids als Erstes einbinden. Danach notieren Sie Ihre Änderungen oder laden ein weiteres Stylesheet mit eigenen Werten:

```
1:   <!DOCTYPE HTML PUBLIC "-//W3C//DTD HTML 4.01//EN"
     "http://www.w3.org/TR/html4/strict.dtd">
2:   <html>
3:   <head>
4:   <title>YUI Grids mit Änderungen</title>
5:   <link rel="stylesheet" type="text/css"
     href="http://yui.yahooapis.com/2.9.0/build/
     grids/grids-min.css">
6:   <style>
7:   <!--
8:   #custom-doc {
9:     margin: auto;
10:    text-align: left;
11:    width: 92.3em;
12:    *width: 90em; /* Sonderwerte für IE */
13:    min-width: 1200px;
```

```
14: }
15: .yui-gh { /* Aufteilung: 1/5 - 4/5 */
16:   ...
17: }
18: /* Projektstyles */
...
19: -->
20: </style>
21: </head>
22: <body>
23: ...
24: </body>
25: </html>
```

Listing 12.8 Grids für eigene Projekte anpassen – am Beispiel der weiter oben gezeigten Änderung der Seitenbreite und einer neuen Layoutvariante

12.2.4 Semantische Rollen für barrierefreie Grids

Ein Kritikpunkt an Grids und Frameworks allgemein ist die Verwendung vieler semantisch bedeutungsloser Elemente, oft auch noch in vielfach verschachtelter Form. Grids begegnet diesem Einwurf durch den (optionalen) Einsatz von *ARIA* (Accessible Rich Internet Applications) *Landmark Roles*. Damit weisen Sie einzelnen Elementen einer Webseite über das Attribut `role="..."` eine bestimmte »Rolle« oder Bedeutung im Rahmen einer Webseite zu.

Rolle	Bedeutung
application	(interaktive) Anwendung
article	inhaltlich zusammengehöriger Bereich (»Artikel«)
banner	übergeordneter Bereich für eine gesamte Webseite
complementary	nebengeordneter Bereich (»Marginalie«)
contentinfo	Informationen über das Dokument (z. B. Copyrighthinweise)
header	Seitenkopf
main	Hauptinhaltsbereich
navigation	Navigationsbereich
search	Suche

Tabelle 12.5 ARIA-Rollen
(Auszug, komplette Liste unter http://www.w3.org/TR/wai-aria/roles – Linkcode 0685)

Sie können nun die einzelnen Bereiche Ihres Grids-Dokuments mit den passenden Rollen versehen – der Grids-Builder macht das im Übrigen automatisch. Mit dieser Methode unterstützen Sie (moderne) Screenreader bei der Interpretation der Seitenstruktur.

12.2.5 Gleich lange Spalten mit Grids und JavaScript

Obwohl der Bereich `footer` so gestaltet ist, dass er immer unterhalb der Spalten erscheint, egal welche Spalte am längsten ist, sind die einzelnen Spalten nur so lang, wie sie durch Inhalte aufgedrückt werden – ein typisches (und nicht immer sehr beliebtes) Verhalten von per CSS erzeugten Spalten.

Während Sie bei pixelfixierten Breiten oder in zweispaltigen Layouts Spalten noch einfach mittels Hintergrundgrafiken simulieren können (siehe dazu Abschnitt 8.5.1, »Das Problem der [nicht] gleich langen Spalten«), funktioniert das mit vielen flexiblen Spalten nicht mehr. Der Entwickler Chris Heilmann stellt auf seiner Seite *http://icant.co.uk/sandbox/fixing-yui-grid-column-height/* (Linkcode 0551) eine Möglichkeit vor, mit der alle Spalten immer bis auf die Länge der längsten Spalte gedehnt werden.

Um auch Ihre Spalten auf gleiche Höhe zu bringen, müssen Sie nur zwei Zeilen JavaScript-Aufrufe am unteren Seitenende kurz vor `</body>` in Ihre Seite einbinden (und natürlich das JavaScript vorher herunterladen):

```
<script src="http://yui.yahooapis.com/2.3.0/build/yahoo-dom-event/
yahoo-dom-event.js"></script>
<script src="yuigridcolumnfix.js"></script>
```

> **Gleich lange Spalten auch für YAML**
>
> Auch Dirk Jesse hat sich diese Lösung angesehen und stellt unter *http://www.highresolution.info/weblog/entry/equal_heights_mit_jquery/* (Linkcode 0686) eine Anpassung für YAML bereit, mit der Sie auch diesem System gleich lange Spalten verordnen.

12.2.6 Fazit zu Yahoo! Grids

Yahoo! Grids ist ein flexibles System, das insbesondere beim Erstellen von Layoutprototypen, aber auch für produktive Websites nach ziemlich kurzer Einarbeitungszeit eine enorme Zeitersparnis ermöglicht. Nachteilig sind die dadurch erkaufte Schachtelung von `<div>`-Elementen und die Verwendung von browserspezifischen Tricks im Stylesheet selbst (* und _ für den Internet Explorer).

12.3 Blueprint CSS

Ein weiteres populäres Framework hört auf den Namen Blueprint CSS. Es wurde ursprünglich von dem Norweger Olav Frihagen Bjørkøy entwickelt. Blueprint setzt auf einen rasterbasierten Ansatz sowie feste Breitenangaben in Pixel und spricht daher insbesondere Designer aus dem Printbereich an.

Abbildung 12.13 Rastersystem Blueprint CSS

Das gelieferte Stylesheet-Paket enthält neben CSS-Anweisungen zum Aufbau eines Rasters auch einen Reset (nach Eric Meyer) und Vorgaben zur Typografie. Zusätzlich werden Printstyles sowie Styles für Formularelemente und Buttons mitgeliefert.

Blueprint CSS besteht aus einer HTML-Seite (*tests/parts/sample.html*), die einen Beispiel-Codeaufbau zeigt. Im Auslieferungszustand wird damit ein Raster von 950 Pixel Breite und 24 Spalten aufgebaut (24 × 30 Pixel Spaltenbreite und 10 Pixel Zwischenraum). Sie steuern die Position und den Platzbedarf der Elemente, indem Sie ihnen entsprechend benannte Klassen mitgeben.

12.3.1 Arbeiten mit Blueprint

Neben der Einbindung der notwendigen Stylesheets *blueprint/screen.css*, *blueprint/print.css* und *blueprint/ie.css* bauen Sie zunächst einen Gesamtcontainer auf:

```
<div class="container">
   ... alle Inhalte der Seite
</div>
```

Innerhalb dieses Containers können Sie dann Spalten anlegen, deren Breite durch die Anzahl der Rastereinheiten festgelegt wird. Eine Spalte über die Gesamtbreite trüge zum Beispiel die Klasse span-24. Ein zweispaltiges Layout sähe so aus:

```
 1:  <!DOCTYPE html PUBLIC "-//W3C//DTD HTML 4.01//EN"
 2:     "http://www.w3.org/TR/html4/strict.dtd">
 3:  <html lang="en">
 4:  <head>
 5:  <meta http-equiv="Content-Type" content="text/
     html; charset=utf-8">
 6:  <title>Blueprint Zweispalter</title>
 7:  <!-- Framework CSS -->
 8:  <link rel="stylesheet" href="../blueprint/
     screen.css" type="text/css" media="screen, projection">
 9:  <link rel="stylesheet" href="../blueprint/
     print.css" type="text/css" media="print">
10:  <!--[if IE]><link rel="stylesheet" href="../
     blueprint/ie.css" type="textcss" media="screen,
     projection"><![endif]-->
11:  </head>
12:  <body>
13:  <div class="container">
14:    <div class="span-12">
15:       <h1>Spalte 1</h1>
16:       <p>Lorem ipsum dolor sit amet...</p>
17:    </div>
18:    <div class="span-12 last">
19:       <h1>Spalte 2</h1>
20:       <p>Lorem ipsum dolor sit amet, ...</p>
21:    </div>
22:  </div>
23:  </body>
24:  </html>
```

Listing 12.9 Einfaches zweispaltiges Layout mit Blueprint

Beachten Sie, dass Sie die letzte Spalte zusätzlich mit `last` auszeichnen müssen, um den rechten Rand zu unterdrücken.

Sie können Spalten beliebig verschachteln. Für das Innere gelten die gleichen Regeln: Der Klassenname bestimmt die Spaltenbreite, und am Ende muss immer ein `last` stehen.

Nun ein Beispiel mit einer Unteraufteilung der ersten Spalte in drei weitere Spalten je vier Rastereinheiten, einer Fußzeile über die ganze Breite und unter Einsatz eines zusätzlichen Stylesheets mit besonderen Schrifteffekten (hier: Kapitälchen). Dazu beginnen Sie wieder mit zwei `<div>`-Containern, die Sie mit der Klasse `.span-12` auszeichnen. Innerhalb des ersten `<div>`-Elements platzieren Sie dann drei neue `<div>`-Container jeweils mit `.span-4`. Vergessen Sie dabei die `.last`-Klasse für die jeweils letzte Spalte nicht.

Die Fußzeile soll über die ganze Breite gehen und erhält daher die Klasse `.span-24`. Über das zusätzlich eingebundene Stylesheet *fancy-type/screen.css* laden Sie Anweisung zur Gestaltung der Typografie. Komplett sieht das dann so aus:

```
1:  <!DOCTYPE html PUBLIC "-//W3C//DTD HTML 4.01//EN"
2:     "http://www.w3.org/TR/html4/strict.dtd">
3:  <html lang="en">
4:  <head>
5:  <meta http-equiv="Content-Type" content="text/html;
    charset=utf-8">
6:  <title>Blueprint Zweispalter</title>
7:  <!-- Blueprint Basisstyles -->
8:  <link rel="stylesheet" href="../../blueprint/screen.css"
    type="text/css" media="screen, projection">
9:  <link rel="stylesheet" href="../../blueprint/print.css"
    type="text/css" media="print">
10: <!--[if IE]><link rel="stylesheet" href="../../
    blueprint/ie.css" type="text/css" media="screen,
    projection"><![endif]-->
11:
12: <link rel="stylesheet" href="../../blueprint/plugins/
    fancy-type/screen.css" type="text/css" media="screen,
    projection">
13:
14: </head>
15: <body>
16: <div class="container">
17: <div class="span-12">
18:     <h1>Spalte 1</h1>
19:     <p>Lorem ipsum dolor sit amet, ...</p>
```

```
20:     <div class="span-4">
21:       <h2 class="caps">Spalte 1.1</h2>
22:       <p>Lorem ipsum ...</p>
23:     </div>
24:     <div class="span-4">
25:       <h2 class="caps">Spalte 1.2</h2>
26:       <p>Lorem ipsum ...</p>
27:     </div>
28:     <div class="span-4 last">
29:       <h2 class="caps">Spalte 1.3</h2>
30:       <p>Lorem ipsum ...</p>
31:     </div>
32:   </div>
33:   <div class="span-12 last">
34:     <h1>Spalte 2</h1>
35:     <p>Lorem ipsum dolor sit amet, ...</p>
36:   </div>
37:   <div class="span-24">
38:     <h2>Fußzeile</h2>
39:     <p>Das automatische "Clearen" funktioniert auch...
40:   </div>
41: </div>
42: </body>
43: </html>
```

Listing 12.10 Ein etwas komplexeres Raster

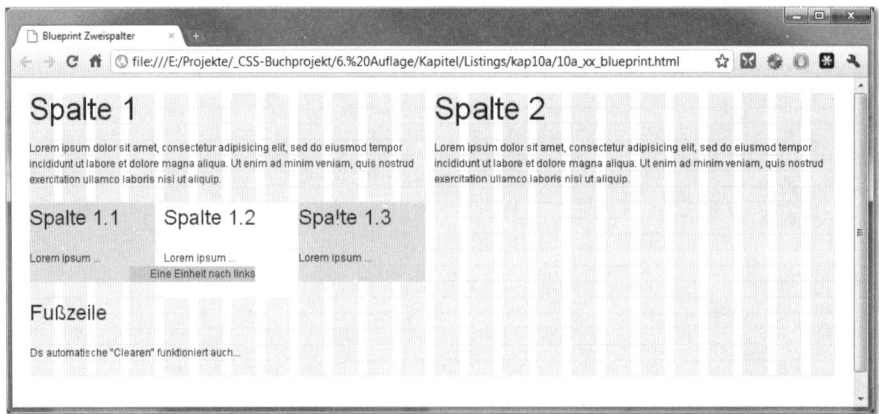

Abbildung 12.14 Komplexes Raster mit Ausrückung eines Elements

Damit der Rasteraufbau funktioniert, können Sie nicht einfach den rasterbildenden `<div>`-Containers Abstände mitgeben – das würde die Berechnungen über den Haufen werfen, die dem Framework zugrunde liegen. Stattdessen müssen

Sie innerhalb des Raster-`<div>`-Containers befindliche Elemente nutzen (z. B. die Absätze `<p>`) oder von Grids mitgelieferte Mechanismen einsetzen.

Um zwischen Spalte 1 und Spalte 2 beispielsweise eine Lücke von einer Rastereinheit zu setzen, verwenden Sie `.colborder` als zusätzliche Klasse für die erste Spalte und erhalten einen rechten Abstand von 1 Rastereinheit. Diese müssen Sie dann natürlich bei einer der beiden Spalten abziehen, um am Ende wieder bei 24 zu landen.

Es ist auch möglich, Elemente, die sich in einer Spalte befinden, nach links oder rechts auszurücken: Mit der Zuweisung einer Klasse `.push-1` und `.pull-1` schieben Sie ein Element um eine Rastereinheit nach rechts bzw. links. Um nicht alle diese Klassen im Kopf behalten zu müssen, können Sie den Spickzettel von Gareth Saunders nutzen, den Sie unter *http://www.garethjmsaunders.co.uk/blueprint/* (Linkcode 0687) finden.

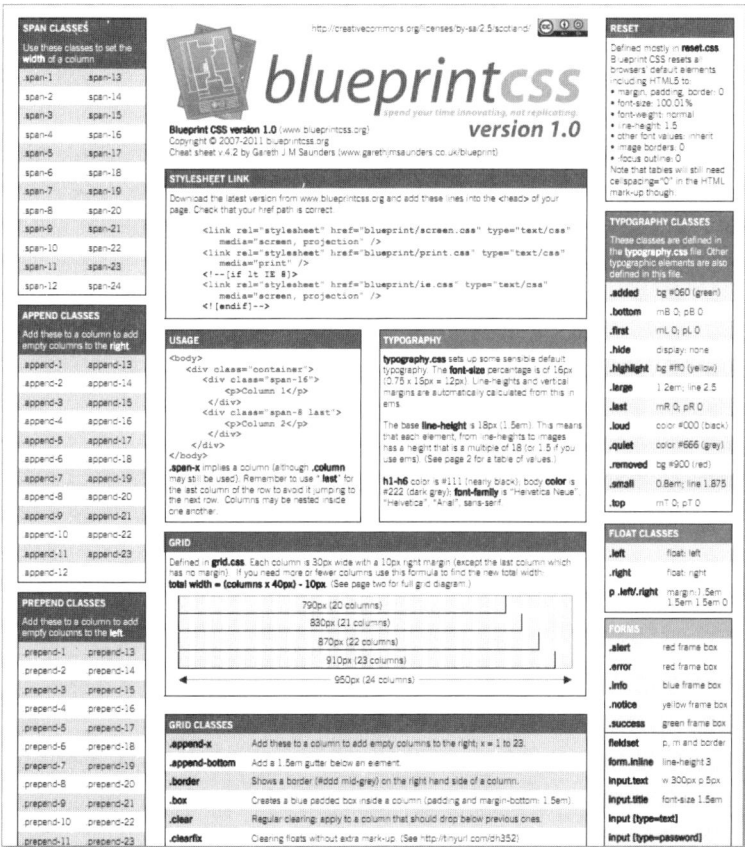

Abbildung 12.15 Ein Spickzettel erleichtert es, über die verschiedenen Klassen den Überblick zu behalten.

12.3.2 Blueprint-Raster anpassen

Das Standardraster von 24 × 30 (+ 10) Pixel passt nicht immer auf die aktuelle Entwicklungsaufgabe. Es lässt sich daher nach eigenem Bedarf anpassen. Dies ist nicht schwierig, aber aufgrund der vielen Eigenschaften etwas mühselig. Das Raster errechnet sich nach der Formel:

Gesamtbreite = (Anzahl der Rastereinheiten × (Rasterinnenmaß + Rasterabstand)) − Rasterabstand

[zB] Bei einer Rastereinheit von 55 Pixeln und einem Abstand von 5 Pixeln ergeben sich 16 Spalten und eine Gesamtbreite von 955 Pixeln.

Diese Berechnungen müssen Sie nicht selbst durchführen, denn auch für dieses Framework existieren gleich mehrere Onlinegeneratoren:

- *http://www.problem.se/labs/gridcalc/* (Linkcode 0688)
- *http://ianli.com/blueprinter/* (Linkcode 0689)
- oder als Adobe-Air-Anwendung für den Desktop:
  http://toki-woki.net/p/Boks/ (Linkcode 0690)

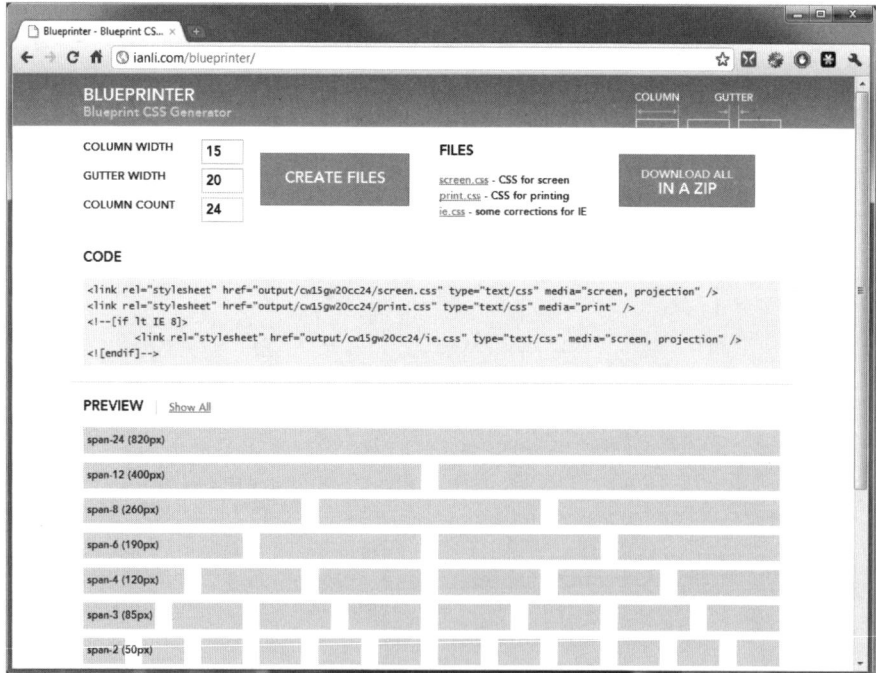

Abbildung 12.16 Rastergenerieren leichtgemacht

Hier stellen Sie alle Parameter des gewünschten Rasters ein und erhalten die erforderlichen CSS-Dateien und eine Grafik für die Visualisierung. Das Basisraster können Sie zu Entwicklungszwecken übrigens leicht sichtbar machen, indem Sie die Klasse .showgrid an den äußeren Container hängen.

Download:

Blueprint CSS können Sie von der Projektseite herunterladen (*http://www.blueprintcss.org/*, Linkcode 0553). Dort finden Sie außerdem Beispiele, verlinkte Tutorials, ein Projekt-Wiki und weitere Hilfsmittel zum Entwerfen eigener Raster.

12.4 Weitere CSS-Frameworks

12.4.1 Rastersystem »960«

Ein sehr ähnliches System (durchaus von Blueprint inspiriert) stammt aus der Feder von Nathan Smith. Aufgrund der Rasterbreite hat er es *960 Grid System* genannt.

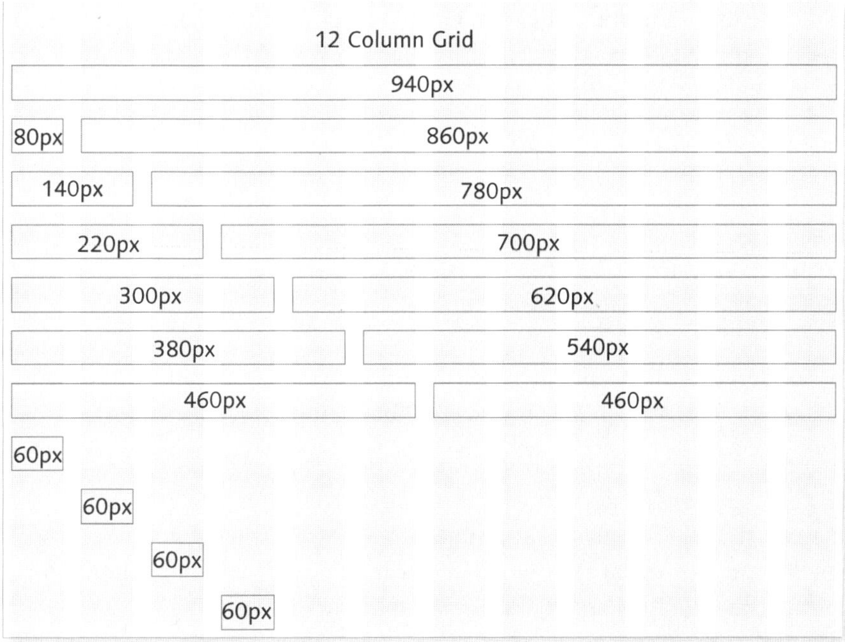

Abbildung 12.17 Das Rastersystem »960«

Vom Prinzip her funktioniert es wie Blueprint. Das auf 960 Pixel (sichtbarer »sicherer« Bereich für Bildschirme mit 1.024 Pixel Breite – stets vorausgesetzt, dass das Browserfenster maximiert ist und keine Seitenleisten eingeblendet sind) angelegte System können Sie wahlweise mit 12 oder 16 Spalten versehen, die Sie auch kombinieren können – eine alternative Version mit 24 Spalten ist auch erhältlich. Weitere Anpassungen sind nicht vorgesehen. In der 12er-Variante hat jede Rasterspalte eine Breite von 60 Pixeln und einen Zwischenraum von 20 Pixeln. Bei 16 Einheiten ergibt sich ein Rastermaß von 40 Pixeln (+ je 10 Pixel Außenabstand).

```
<div class="container_12">
    ... alle Inhalte der Seite im 12-spaltigen Layout
</div>
```

Auch hier steuern Sie die Breite der Spalten wieder über Klassen. So beginnt die Anweisung `<div class="grid_6">` eine Spalte, die sich über sechs Rastereinheiten erstreckt.

Sollen Spalten verschachtelt werden, müssen Sie die inneren Spalten mit zusätzlichen Klassen `alpha` und `omega` (für die erste und die letzte Spalte) auszeichnen. Das entspricht dem bei Blueprint erforderlichen `last` in der letzten Spalte.

Um die weitere Anordnung der Spalten zu steuern, werden zusätzliche Klassen `.prefix_n` und `.suffix_n` eingeführt, wobei der Buchstabe `n` immer die Anzahl der freigesperrten Rastereinheiten angibt.

```
1:  <div class="container_12">
2:    <div class="grid_4 prefix_2 suffix_6">
3:      ... Inhalte
4:    </div>
5:  </div>
```

Listing 12.11 Spaltendefinition für »960 Grid System«

Hier würden also die Inhalte in einer vier Einheiten breiten Spalte mit Abständen von zwei Einheiten nach links und sechs Einheiten nach rechts dargestellt.

Weitere Feinheiten finden sich nicht. Dafür ist das grundlegende CSS auch nur 4 kB groß. Im Download-Archiv befinden sich neben den CSS-Dateien und einer Beispielseite auch Templates für Photoshop, Fireworks, Omnigraffle und Visio, die das Raster als Vorlage für einen grafischen Entwurf bereithalten. Auch eine Visualisierung des Rasters per Hintergrundbild ist vorhanden.

Nathan Smith beschreibt in seinem Blog die Hintergründe der Entstehung und erläutert seine Entwurfsentscheidungen: *http://sonspring.com/journal/960-grid-system* (Linkcode 0555). Auf Slideshare zeigt er eine Präsentation (inklusive weltanschaulichem Hintergrund zu Semantik und Frameworks und zahlreichen Referenzanwendungen): *http://www.slideshare.net/nathansmith/refresh-okc* (Linkcode 0691).

Download:

Sie finden das »*960 Grid System*« unter: *http://960.gs/* (Linkcode 0554).

Probleme pixelbasierender Rastersysteme

Der Ansatz, die aus dem Printbereich bekannte Idee der Raster für Webseiten zu verwenden, birgt eine Gefahr. Sowohl Blueprint als auch 960 Grid System sind auf eine vermeintlich typische Breite von 1.024 Pixeln ausgelegt. Ist das Browserfenster dagegen größer oder kleiner, kann das Layout nicht flexibel reagieren, sondern bleibt entweder auf einen Teil des Bildschirms beschränkt oder erzeugt einen unangenehmen horizontalen Scrollbalken.

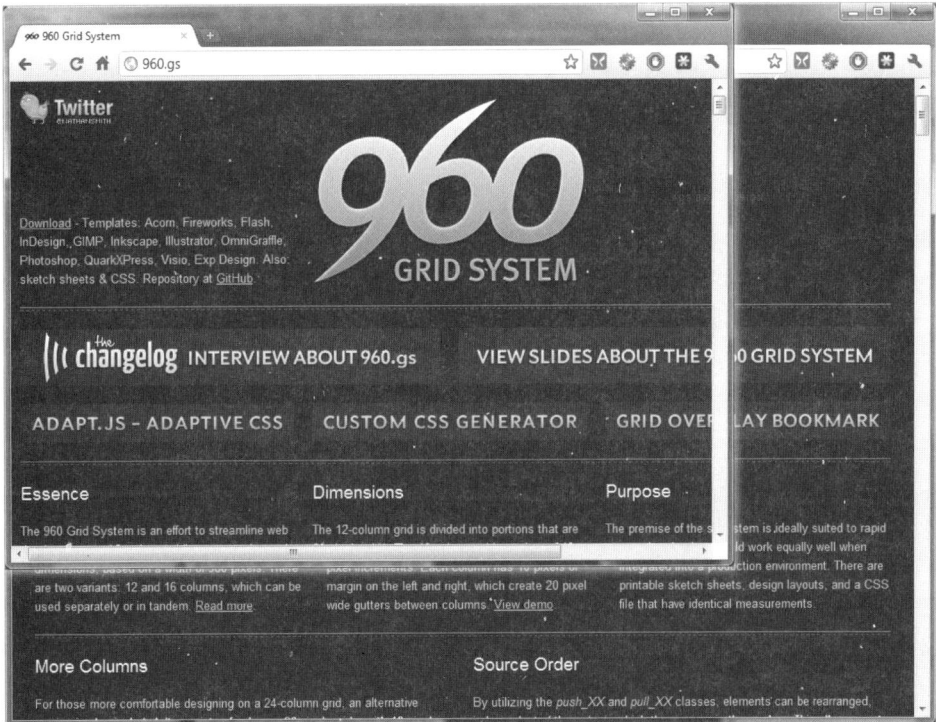

Abbildung 12.18 Beim Skalieren kommen die Nachteile fixierter Rastersysteme zum Vorschein.

Die Verwendung eines sehr kleinen Rastermaßes verführt dazu, viele Spalten zu definieren, was schnell zu Überlagerungen führt, wenn der Benutzer eine größere Schrift verwendet oder einstellt.

In den Yahoo! YUI Grids dagegen werden im Stylesheet die ursprünglich in Pixel angegebenen Werte in em umgerechnet, was eine Vergrößerung des Layouts mit der Schrift bewirkt (»elastisches Layout«). Zusätzlich bietet Grids eine komplett flexible Variante an.

YAML ist auf die Umsetzung flexibler Layouts spezialisiert und hat bei Fragen der Skalierung die Nase klar vorn. Es lassen sich mit YAML auch rasterbasierte Layouts umsetzen, die innerhalb vorgegebener Mindest- und Maximalmaße mit der Veränderung des Browserfensters mitskalieren. Dieses Verhalten entspricht wesentlich besser den Erfordernissen der Onlinewelt, als mit fixierten Rasterbreiten ein Layout festzurren zu wollen.

Einen schönen Vergleich sehen Sie, wenn Sie das Beispiellayout von Blueprint neben einen Nachbau mit YAML setzen: *http://files.bjorkoy.com/blueprint/tests/parts/sample.html* (Linkcode 0556) bzw. *http://www.highresolution.info/webdesign/sandbox/yaml_grids.html* (Linkcode 0557).

Abbildung 12.19   YAML versus Blueprint – Gleichstand bei einer Fensterbreite von 1.024 Pixeln

Abbildung 12.20   YAML versus Blueprint – bei einer Fensterbreite von 800 Pixeln hat YAML die Nase vorn.

Grundregel für die Arbeit mit Stylesheets ist die Erstellung valider, d. h. syntaktisch korrekter Dokumente. Dies erleichtert die Übersicht sowie die Fehlersuche und vereinfacht die spätere Wartung. Auch für Barrierefreiheit und Suchmaschinenoptimierung ist die Beachtung der »Webstandards« die wichtigste Grundlage.

13 Webstandards und Barrierefreiheit

Eigentlich ist es ja banal: Valide, fehlerfreie Dokumente sollten eine Selbstverständlichkeit sein. Aber ein Blick in die Quelltexte vieler – auch großer – Websites belehrt uns schnell eines Besseren (oder vielmehr: Schlechteren).

13.1 Webstandards beachten

Durch die rasche Veränderung der für das Webdesign wichtigen Sprachen (HTML, XHTML, XML, JavaScript, ActionScript sowie diverse Skript-Sprachen), durch die Vermischung von »offiziellen« Sprachbestandteilen und proprietären Erweiterungen der Browserhersteller, durch die Fehlertoleranz vieler Browser sowie durch die vielen Bugs, die komplizierte Workarounds erforderlich machten, hat sich bei vielen Webdesignern die pragmatische Haltung »Richtig ist, was funktioniert« durchgesetzt.

Eine weitere Ursache für »schlechten« Code sind auch grafische Editoren wie Frontpage, GoLive und Dreamweaver, die zumindest in den ersten Versionen stark verbesserungsfähigen HTML-Code produzierten (von MS Words HTML-Export gar nicht zu sprechen). Inzwischen hat sich bei den professionellen Editoren einiges getan, aber um ein wirklich standardgerechtes Dokument zu erstellen, ist immer noch das Verständnis für die zugrunde liegenden Sprachen HTML und CSS erforderlich.

Gründe für standardkonforme Webseiten

Dabei gibt es genug gute Gründe, den geringen Mehraufwand für syntaktisch korrekte, geordnete Dokumente auf sich zu nehmen:

- **Zukunftssicherheit**
  Glücklicherweise ist die Standardtreue der Browserhersteller deutlich besser geworden. Standardkonforme Webseiten werden daher mit hoher Sicherheit auch in Zukunft von den wichtigen Browsern korrekt angezeigt werden. Nichts ist ärgerlicher, als eine schon fertige Website nachträglich umzubauen, weil ein »schlauer Trick« im neuesten Browser nicht mehr funktioniert. Bei den Kunden hinterlässt dies, nebenbei gesagt, auch keinen besonders guten Eindruck.

- **Fehlersuche**
  Standardkonforme Dokumente lassen sich automatisch auf Fehler hin untersuchen. Viele Probleme sind auf einfache Tippfehler zurückzuführen. Der HTML-Validator (siehe Abschnitt 13.1.2) zeigt solche Fehler sofort und erspart die mühselige Suche per Hand.

- **Qualitätssicherung**
  Standardkonforme Dokumente sind auch für Kunden ein Zeichen von Qualität. Besonders in Streitfällen ist es sinnvoll, als Qualitätskriterium für das erstellte Werk einen anerkannten Standard vorweisen zu können.

- **Zugänglichkeit (Accessibility)**
  Standardkonforme Dokumente sind ein erster Schritt hin zu barrierefreien Websites. Dies ist nicht nur eine Frage der Höflichkeit, sondern wird für bestimmte Bereiche jetzt schon gesetzlich gefordert. Die Suchmaschinentauglichkeit wird dabei außerdem gesteigert.

- **Mobile Browser**
  Generell sind mobile Browser erheblich weniger tolerant gegenüber fehlerhaftem HTML. Das liegt daran, dass in den vergangenen Jahren die Browserhersteller in ihre Desktop-Produkte viele Ausnahmen und Auffanglösungen implementiert haben. Aufgrund der beengten Platzverhältnisse und der geringeren Rechenleistung ist dies bei mobilen Browsern anders. Fehlerhafte Seiten führen viel schneller dazu, dass gar nichts oder eine Fehlermeldung angezeigt wird.

13.1.1 Was ist für eine standardkonforme Webseite erforderlich?

Valides (X)HTML

Die Grundlage für moderne, standardkonforme Dokumente ist die Validität (syntaktische Fehlerfreiheit) des Quellcodes. Ob Sie Ihr Dokument in HTML 4, 5 oder in XHTML verfassen, ist dabei egal – wichtig ist, eine Sprachversion zu wählen und danach zu arbeiten. Was für ein valides Dokument notwendig ist, ist in Kapitel 2, »HTML und CSS«, ausführlicher beschrieben.

Semantisches HTML

Einen Schritt weiter zu perfektem HTML-Code gehen Sie, wenn Ihr Code nicht nur technisch fehlerfrei (valide) ist, sondern auch noch bedeutungsvoll, das heißt semantisch ist. Unter semantischer Auszeichnung versteht man die Verwendung von HTML-Elementen nach ihrer definierten Bedeutung: `<h1>` markiert die erste Überschriftenebene, und ein `<table>` wird verwendet, um eine Datentabelle auszuzeichnen – und nicht als Hilfsmittel für das Layout.

Nur durch semantische Auszeichnungen können Sie erreichen, dass ein Anzeigegerät, sei es ein normaler Desktop-Webbrowser, ein Screenreader oder ein mobiler Browser, das Dokument so wiedergibt, wie es in seinem Umfeld am besten verstanden wird. Mit einer semantischen Auszeichnung legen Sie auch die Grundlagen, um an der nächsten Stufe des WWW, dem sogenannten »semantischen Web«, teilzunehmen.

Viele Analysten gehen davon aus, dass die automatische Verarbeitung von Informationen durch Maschinen der nächste Schritt in der Entwicklung des Webs sein wird. Ideen wie Mikroformate (*http://www.microformats.org*, Linkcode 0528) oder die inzwischen allgegenwärtigen Application Programming Interfaces (APIs) zeigen, wohin die Entwicklung geht. Anbieter wie Google stellen Programmierschnittstellen zum Beispiel für die Erzeugung von Google Maps öffentlich und frei zur Verfügung. Mit einer streng semantisch aufgebauten Webseite erleichtern Sie das automatische Auswerten Ihrer Website, nicht zuletzt für Suchmaschinen.

Zugängliche Websites

Zugänglichkeit bedeutet, dass die Website in möglichst vielen unterschiedlichen Umgebungen korrekt wahrgenommen werden kann. Oft wird Zugänglichkeit vor allem unter dem Aspekt der *Barrierefreiheit*, das heißt der Nutzung durch Menschen mit Behinderungen, diskutiert. Sicher sind Menschen mit Einschränkungen, beispielsweise der Sehschärfe oder ihrer motorischen Fähigkeiten, die wichtigste Zielgruppe für zugängliche Websites. Zugänglichkeit geht aber noch darüber hinaus und strebt eine allgemeine Offenheit für die Zukunft und (möglichst) alle denkbaren Präsentationsformen an.

Das wichtigste Mittel, um diese Zugänglichkeit zu erreichen, ist die Trennung von Layout und Inhalt. Darum sind Cascading Stylesheets die unverzichtbare Grundlage für zugängliche und standardkonforme Websites.

13 | Webstandards und Barrierefreiheit

Webkrauts helfen bei den Webstandards

Mehr über die Vorteile von Webstandards und wie Sie Ihre Webseiten standardkonform gestalten, erfahren Sie unter anderem auf der Website der »Webkrauts«: *http://www.webkrauts.de* (Linkcode 0139). Die Webkrauts sind ein Zusammenschluss deutscher Webentwickler, die sich der Anwendung von Standards verpflichtet fühlen, über Webstandards informieren sowie Webentwickler, Auftraggeber und Hersteller zur Beachtung der Webstandards motivieren wollen. Die Webkrauts verstehen sich im Zusammenhang mit dem internationalen Web Standards Project (WaSP; *http://www.webstandards.org*, Linkcode 0126) und Initiativen in anderen Ländern wie dem »Britpack« oder den niederländischen »Happy Clog«. Dort finden Sie neben vielen anderen Ressourcen auch eine umfangreiche kommentierte Checkliste, mit der Sie Ihre Site für die Webstandards fit machen können: *http://www.lingo4u.de/article/checklist/* (Linkcode 0138).

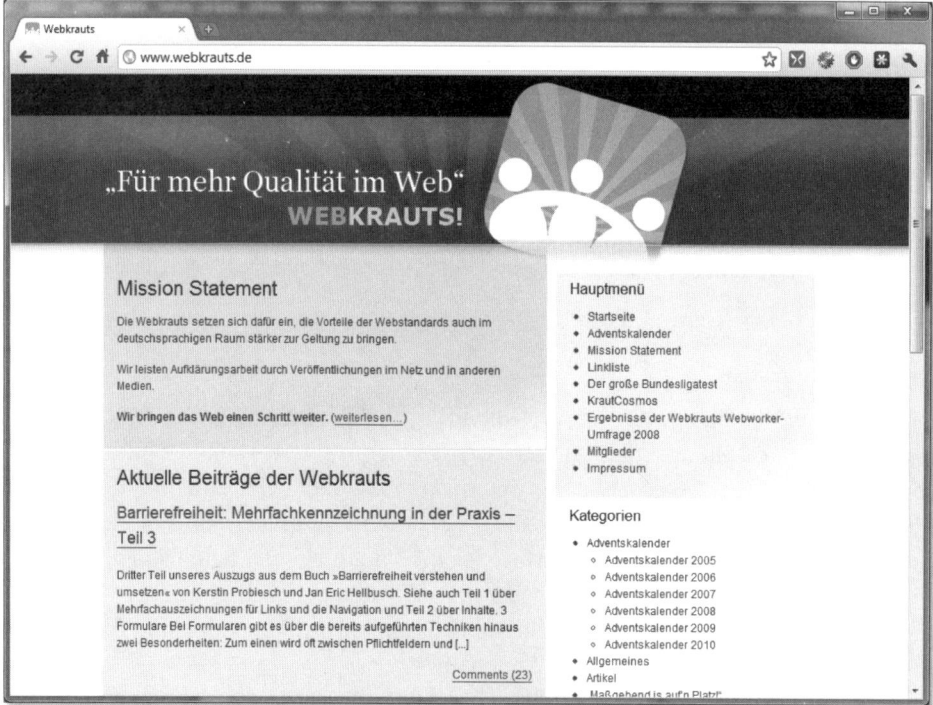

Abbildung 13.1 Das Webkrauts-Blog liefert News und Wissenswertes über Webstandards.

13.1.2 Der W3C-Validator

Ein ausgezeichnetes Hilfsmittel, um den korrekten Aufbau eines (X)HTML-Dokuments zu testen, ist der vom W3C bereitgestellte Validator. Er überprüft HTML-,

XHTML- und XML-Dokumente auf ihre syntaktische Korrektheit und Vollständigkeit hin. Es gibt ihn in einer Onlinevariante, die sich zum schnellen Testen von Einzeldokumenten eignet, sowie als Download-Variante, die auch bei einigen HTML-Editoren eingebunden ist. Inzwischen bietet der Validator des W3C auch die Möglichkeit, HTML5 zu validieren.

Die Bedienung ist einfach: Sie wählen das zu überprüfende Dokument durch Eingabe der URL aus; oder Sie benutzen die zur Verfügung gestellte Maske, um ein Dokument hochzuladen. In den erweiterten Optionen können Sie noch angeben, ob Sie den Quellcode, eine Zusammenfassung auf Grundlage der logischen Struktur der Überschriften und den Dokumentenbaum anzeigen und Attribute mit überprüfen wollen lassen. Encoding und Dokumenttyp sollten in einem validen Dokument angegeben sein, daher können Sie diese Einstellungen auf »Automatisch ermitteln« lassen.

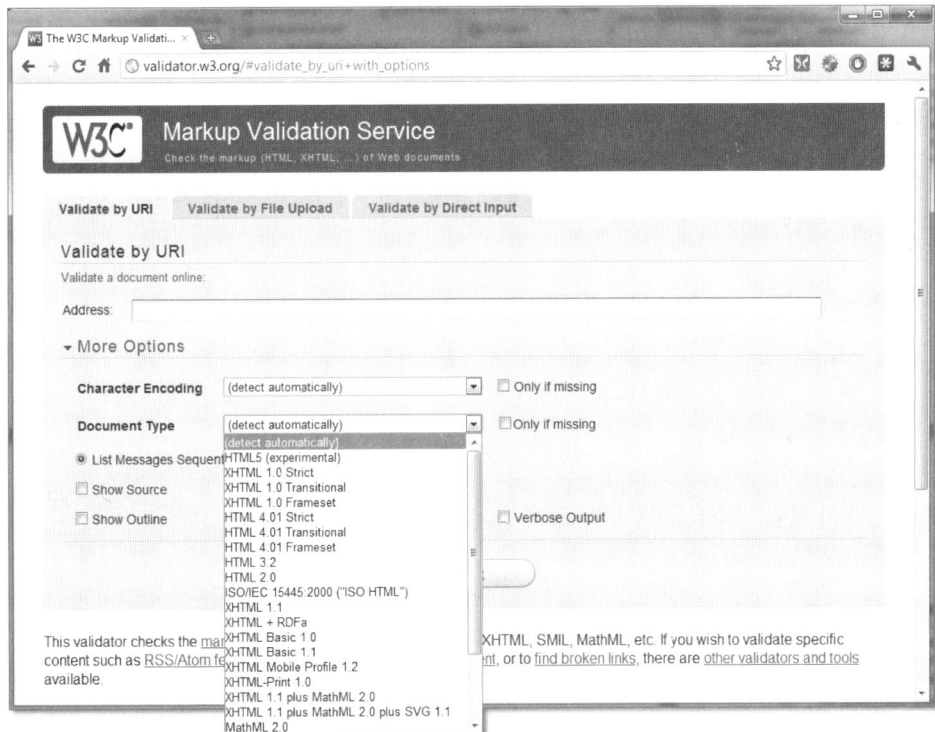

Abbildung 13.2   Inzwischen auch mit HTML5-Unterstützung: der W3C-Validator

Dann klicken Sie auf CHECK und erfahren, ob Ihr Dokument den Segen des W3C erhält. Sie finden den Online-Validator unter: *http://validator.w3.org* (Linkcode 0035).

13.2 Suchmaschinenoptimierung mit CSS

Auch für die Positionierung in Suchmaschinen ist der Einsatz von Stylesheets hilfreich. Zum einen verbessert er den Anteil des eigentlichen Inhalts innerhalb des Dokuments (»content-to-code ratio«), zum anderen kann er helfen, grafische Texte suchmaschinentauglich darzustellen.

13.2.1 Schlanke Dokumente durch CSS

Wie am Anfang des Buches diskutiert, lässt sich durch den Einsatz von CSS einiges an Codezeilen sparen. Insbesondere dann, wenn Sie Gestaltungsanweisungen konsequent in Stylesheets auslagern, entschlacken Sie den HTML-Code. Für die Anzeige im Browser müssen diese Anweisungen natürlich dennoch geladen werden, aber die Spider der Suchmaschinen ignorieren Stylesheets in der Regel und bekommen von diesen Zeilen nichts mit.

Da Suchmaschinen für die Wertigkeit einer Seite auch den Anteil des Suchbegriffs am gesamten Umfang einer Seite berücksichtigen (wie wichtig dieser Faktor tatsächlich ist, wird unter Suchmaschinenoptimierern – wie so ziemlich alle Tipps – kontrovers diskutiert), ist es sinnvoll, den Code einer Seite so schlank wie möglich zu halten. Ganz abgesehen davon ist das natürlich auch gut für kurze Ladezeiten. Anstatt

```
1:  <strong>
2:    <font face="Arial, Helvetica, sans serif"
      color="#3333dd" size="3">Dies ist eine besonders
      wichtige Überschrift</font>
3:  </strong>
4:  <br>
5:  <br>
```

zu schreiben (143 Zeichen, davon 44 Zeichen Inhalt, was 30 % entspricht), schreiben Sie nur noch `<h1>Dies ist eine besonders wichtige Überschrift</h1>` in das HTML-Dokument (53 Zeichen, davon 44 Zeichen Inhalt, was jetzt 83 % entspricht) und den Rest in ein Stylesheet.

Würde über eine Suchmaschine nach dem Suchwort »Überschrift« gesucht, hätte dieses im ersten Beispiel knapp 8 % Anteil am Seiteninhalt. Im zweiten Fall wäre der Anteil mit 20 % fast dreimal so groß.

Es lässt sich auch noch einiges mehr an Code sparen, wenn Sie beispielsweise Grafiken nicht mehr mittels `<img>`-Tag einbinden, sondern per CSS. Das bietet sich aus semantischer Sicht allerdings nicht für Grafiken an, die zum Inhalt gehören. Auch hier ein Beispiel. Anstatt ein Menü mit Aufzählungspunkten so zu realisieren:

```
1:  <a href="link1.html"><img src="icon.gif"
    height="5" width="8" alt=""> <font face="Arial,
    Helvetica, sans serif" color="#3333dd" size="3">Link1
    </font></a>
2:  <br>
3:  <a href="link22.html"><img src="icon.gif"
    height="5" width="8" alt=""> <font face="Arial,
    Helvetica, sans serif" color="#3333dd" size="3">Link2
    </font></a>
4:  <br>
5:  <a href="link3.html"><img src="icon.gif" height="5"
    width="8" alt=""> <font face="Arial, Helvetica,
    sans serif" color="#3333dd" size="3">Link3</font></a>
6:  <br>
7:  <br>
```

müssen Sie nur Folgendes notieren:

```
1:  <ul>
2:    <li><a href="link1.html">Link 1</a></li>
3:    <li><a href="link2.html">Link 2</a></li>
4:    <li><a href="link3.html">Link 3</a></li>
5:  </ul>
```

Das ist nicht nur semantisch korrekter und übersichtlicher, sondern auch mit 123 zu 455 Zeichen deutlich kompakter. Im Stylesheet stünde dann zum Beispiel:

```
1:  li {
2:    list-style-image: icon.gif;
3:    font-familiy: Arial, Helvetica, sans serif;
4:    font-size: 1.5em;
5:    color: #3333dd;
6:  }
```

Noch größer werden die Unterschiede, wenn Sie auf verschachtelte Tabellen für das Layout zurückgreifen. **[!]**

13.2.2 Semantik für Suchmaschinen

Zwei weitere Vorteile, die CSS für die Suchmaschinenoptimierung bietet, sind die durch eine Trennung von Inhalt und Präsentation mögliche semantische Auszeichnung und die weitgehend von der Darstellung unabhängige Platzierung des Inhalts im HTML-Quelltext.

Image Replacement = logische Auszeichnungen statt Grafiken

Suchmaschinen mögen es besonders, wenn ein Dokument die von HTML vorgesehenen logischen Kennzeichnungen verwendet, wenn also ein Suchbegriff in einer Überschrift erster Ordnung ganz am Anfang der Seite steht:

```
1:  <body>
2:    <h1>Unser Super-Projekt</h1>
3:    ...
4:  </body>
```

Nun haben wir aber vielleicht für unser »Super-Projekt« auch ein beeindruckendes Logo, das wir unseren (menschlichen) Besuchern nicht vorenthalten wollen. Normalerweise würden wir dieses an Stelle der h1-Überschrift als Grafik einbinden und den Titel im `alt`-Attribut unterbringen:

```
1:  <body>
2:    <img src="logo.gif" width="350" height="80"
       alt="Unser Super-Projekt">
3:    ...
4:  </body>
```

Sowohl die Suchmaschine als auch Besucher beeindrucken wir mit der folgenden Variante:

```
1:  <body>
2:    <h1>Unser Super-Projekt</h1>
3:    ...
4:  </body>
```

und diesen Stilen:

```
1:  body {
2:    background-image: url("logo.gif");
3:    background-repeat: no-repeat;
4:  }
5:  body h1 {
6:    display: none;
7:  }
```

So erhalten wir im HTML-Dokument einen absolut einfachen und sauberen logischen Code und sehen auf der Webseite die ganze grafische Pracht. Im realen Einsatz könnten Sie die Grafik dann noch positionieren und gegebenenfalls mit einem `margin-top` für die Überschrift `<h1>` Platz für das Logo schaffen.

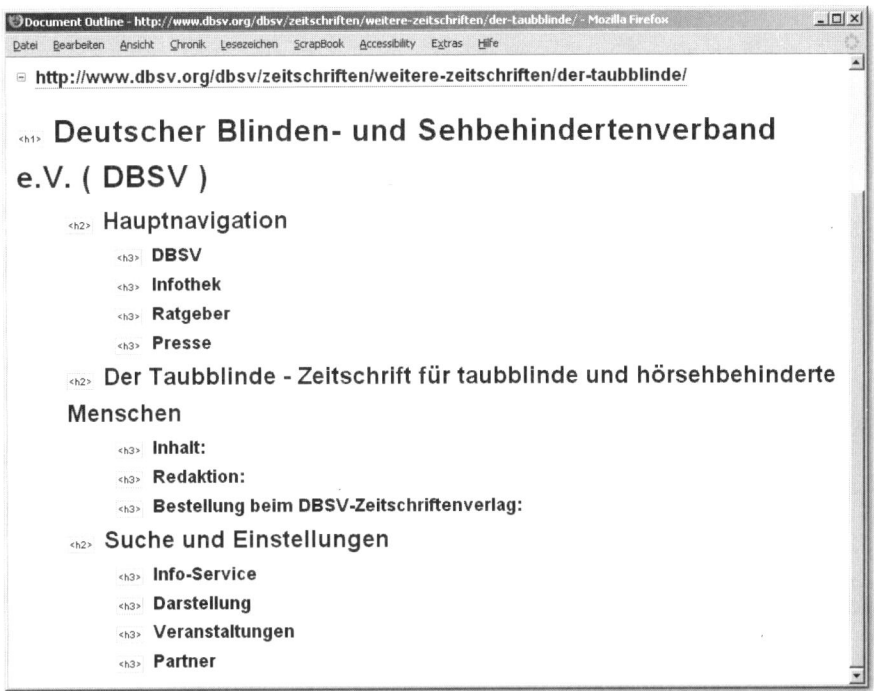

Abbildung 13.3 Das mag auch Google gern – eine semantisch sinnvolle Seitenstruktur.

Eigentlich wäre das auch eine gute Methode für Screenreader und ähnliche Geräte. Leider hat sich aber gezeigt, dass der weitverbreitete Screenreader JAWS die mit `display: none` ausgezeichneten Elemente nicht vorliest. Daher haben sich aus der ursprünglichen Methode verschiedene Varianten entwickelt. Eine gute Übersicht finden Sie im Blog von Jens Meiert: *http://meiert.com/de/publications/articles/20050513/* (Linkcode 0560).

Auch die Initiative »Einfach für Alle« hat sich mit dem Thema befasst: *http://www.einfach-fuer-alle.de/artikel/image-replacement-nicht-barrierefrei/* (Linkcode 0561).

Generell lässt sich dieses Verfahren auf verschiedene Elemente anwenden: Schmuckgrafiken als CSS-Hintergrund, Menüs als Listen oder Rollover-Effekte mit `:hover` anstelle von JavaScript.

Probleme durch versteckten Text?

In Abschnitt 13.3.2, »Barrierefreie Sprung-Links«, zeige ich eine Technik, Inhalte so zu verstecken, dass sie nicht sichtbar, aber im Quelltext enthalten sind. Das funktioniert über ein Herausschieben der Inhalte aus dem sichtbaren Bereich:

```
#hilfsnavigation {
   position: absolute;
   left: -999em;
}
```

Hier stellt sich die Frage, ob ein solcherart versteckter Text von Suchmaschinen als Spamming bewertet wird. Wie Roger Johansson in seinem Blog schreibt, führt das bloße Verstecken von Text nicht zur Abwertung bei Google: *http://www.456bereastreet.com/archive/200510/google_seo_and_using_css_to_hide_text/* (Linkcode 0562). Für Google ist entscheidend, was im verborgenen Bereich steht. Hier wird – so die Aussage eines Google-Mitarbeiters – nicht automatisch bewertet, sondern manuell.

13.3 Zugängliche und benutzbare Websites mit CSS

Gerade für Menschen mit einer Sinnesbehinderung (Blinde, Sehschwache oder Gehörlose) oder körperlichen Einschränkungen ist das Internet eine wichtige Hilfe, um Kontakte zu pflegen oder das tägliche Leben zu vereinfachen. In den Vereinigten Staaten sind öffentliche Einrichtungen verpflichtet, ihre Webseiten nach bestimmten Kriterien der Zugänglichkeit einzurichten, und auch in Deutschland ist eine entsprechende Verordnung bereits verabschiedet: Verordnung zur Schaffung barrierefreier Informationstechnik nach dem Behindertengleichstellungsgesetz – BITV.

> **BITV**
>
> Seit dem 31.12.2005 müssen Websites von Behörden der Bundesverwaltung barrierefrei im Sinne dieser Verordnung umgestellt sein. Neue Webauftritte sind bereits jetzt entsprechend zu gestalten.
>
> Mehr zur BITV finden Sie bei »Einfach für Alle« und auf der Website »Web ohne Barrieren nach Paragraph 11«:
> - *http://www.einfach-fuer-alle.de/artikel/bitv/* (Linkcode 0037)
> - *http://www.wob11.de/gesetze.html* (Linkcode 0140)

Da Zugänglichkeit immer auch die Indizierbarkeit für Suchmaschinen und die Benutzbarkeit auf mobilen Geräten einschließt, gibt es mehr als einen Grund, seine Websites so zugänglich wie möglich zu gestalten.

Das W3C hat in Form der Web Accessibility Initiative (WAI) eine Reihe von Richtlinien herausgegeben, die Kriterien für zugängliche Websites auflisten (Web Content Accessibility Guidelines 2.0). Sie finden diese Richtlinien auf der beiliegenden DVD-ROM oder unter: *http://www.w3.org/WAI/intro/wcag20.php* (Linkcode 0610).

Die Aktion Mensch hat auch eine deutsche Übersetzung der WCAG 2.0 inklusive zugehöriger Dokumente veröffentlicht: *http://www.einfach-fuer-alle.de/wcag2.0/* (Linkcode 0692).

Accessibility und Cascading Stylesheets

Problematisch sind Dokumente und Websites immer dann, wenn sie nur auf eine bestimmte Art aufgenommen werden können, zum Beispiel rein visuell, also nur mit den Augen. Eigentlich ist HTML durch seine Ausrichtung an der Struktur eines Dokuments sehr gut geeignet, logisch strukturierte Dokumente zu erstellen, die genauso gut vorgelesen wie angesehen werden können.

Wie schon angedeutet, wurde diese Grundeigenschaft von HTML im Laufe der Zeit durch den Wunsch nach ansprechenderem Design immer weiter vernachlässigt, so dass viele heutige Webseiten im HTML-Code ein Gemisch von Struktur, Design und Tricks aufweisen, das nur noch für Webbrowser (und oft noch nicht einmal für diese) verständlich ist.

Einen kleinen Eindruck von der Art, wie Ihre Website auf blinde Menschen wirkt, erhalten Sie, wenn Sie einen Textbrowser wie Lynx verwenden oder in Ihrem Standardbrowser CSS, JavaScript und die Anzeige von Bildern ausschalten und sich den angezeigten Inhalt einmal vorlesen lassen. Sie können auch einen echten Screenreader verwenden. Der weitverbreitete Screenreader *JAWS* ist in einer Testversion (nach 40 Minuten muss der Rechner neu gestartet werden) erhältlich unter: *http://freedomsci.de/serv01.htm* (Linkcode 0693).

[«]

IBM stellt ein weiteres Tool zur Verfügung – den *aDesigner*. Mit ihm können Sie die Wirkung Ihrer Websites auf Blinde und Sehgeschädigte überprüfen. Sie finden den aDesigner unter: *http://www.alphaworks.ibm.com/tech/adesigner* (Linkcode 0040).

Mit CSS ist es möglich, Inhalt und Design zu trennen und auch für visuell anspruchsvolle Websites einen logisch strukturierten HTML-Code zu schreiben.

13.3.1 Grundsätze für zugängliche Websites

Die wichtigsten Grundsätze für zugängliche Websites will ich im Folgenden kurz vorstellen.

Inhalt und Präsentation trennen

Durch den Einsatz von CSS erreichen Sie dieses Ziel schon automatisch. Der HTML-Code enthält die Dokumentenstruktur, das Stylesheet die Layout- und Designinformationen. Nur so können Geräte, die mit der optischen Darstellung nichts anfangen können, die Struktur zur Präsentation verwenden.

Logische Strukturen schaffen

Verwenden Sie die HTML-Tags in ihrer Funktion als semantische Gliederungsbefehle: <h1> markiert die wichtigste Überschriftenebene eines Dokuments, und <table> leitet eine tabellarische Darstellung von Daten ein – nicht ein mehrspaltiges Dokument.

Kennzeichnung der natürlichen Sprache und von Sprachwechseln

Mit Hilfe des lang-Attributes im HTML-Element muss die natürliche Sprache eines Dokuments angegeben werden.

```
<html xmlns="http://www.w3.org/1999/xhtml" xml:lang="de"
lang="de">
```

Zusätzlich sind Sprachwechsel, Abkürzungen und Akronyme im Dokument zu markieren. Damit soll erreicht werden, dass diese von Screenreadern korrekt ausgesprochen werden können.

Sprachwechsel nach Englisch	`<span xml:lang="en" lang="en">famous English words </span>`
Abkürzung	`<abbr title="Deutsches Institut für Normung">DIN </abbr>`

Tabelle 13.1 Sonderauszeichnungen für barrierefreie Dokumente

In HTML5 gibt es das vorher für Akronyme verwendete Element <acronym> nicht mehr, so dass nun auch diese Texte mit <abbr> ausgezeichnet werden.

Nicht für bestimmte Geräte arbeiten

Denken Sie bei der Planung der Seiten nicht nur an grafische Browser – und vor allem nicht an einen bestimmten Browser, ein bestimmtes Betriebssystem oder eine bestimmte Bildschirmauflösung. Sie können letztendlich nicht wissen, wer wo mit welchem Gerät Ihre Website besucht. Verzichten Sie auf proprietäre Befehle, auch wenn sie noch so verführerisch erscheinen. Verwenden Sie relative Größenangaben wie em oder Prozentwerte an Stelle von Pixel.

Abwärtskompatible Seiten erstellen

Falls Sie dennoch besondere Features nutzen (müssen), die nur auf neuen oder bestimmten Geräten funktionieren, so sorgen Sie dafür, dass die Seiten auch ohne diese Features funktionieren.

Wenn Sie eine Navigationsleiste mit einem Java-Applet oder durch eine Flash-Animation realisieren, zeigt ein Browser ohne Java oder Flash-Plugin gar nichts an. Bestünde die Navigationsleiste aus Grafiken, die mit einem Mouseover-Effekt versehen sind, so könnten selbst Personen, die ihre Grafiken abgeschaltet haben, noch die alternativen Texte sehen – natürlich nur, sofern Sie solche angegeben haben.

Dies gilt auch für die in jüngster Zeit sehr beliebte Ajax-Technologie. Auch hier ist darauf zu achten, dass die Grundfunktionen (z. B. das Absenden eines Formulars) auch ohne JavaScript genutzt werden können. Ajax bringt allerdings noch andere Risiken bezüglich der Zugänglichkeit mit sich. Da dies jedoch ein Buch über CSS ist, hier nur drei wichtige Quellen, falls Sie mehr zum Thema Ajax erfahren möchten:

- *http://webaim.org/techniques/ajax/* (Linkcode 0141)
- *http://www.sitepoint.com/article/ajax-screenreaders-work* (Linkcode 0142)
- *http://www.paciellogroup.com/blog/2008/02/ajax-and-screen-readers-content-access-issues/* (Linkcode 0694)

Alternativen bereitstellen

Falls Sie Inhalte oder Funktionen verwenden, die in Hinsicht auf die Zugänglichkeit problematisch sind, sollten Sie gleichzeitig Alternativen bereitstellen.

Grafiken sind von Nutzern möglicherweise abgeschaltet, und sie sind Blinden nicht zugänglich: Verwenden Sie immer das `alt`-Attribut des `<img>`-Tags. Stellen Sie für Videos, Animationen oder gesprochene Texte eine Beschreibung bzw. ein Transkript zur Verfügung. Ergänzen Sie mausspezifische Ereignisse mit entsprechenden Tastatur-Ereignissen: zu `onClick` gehört ein `onKeypressed`, und zu `:hover` gehört `:focus`. Und wenn es denn eine auf JavaScript oder Flash basierende Navigation sein muss (mir fällt dazu kaum ein Grund ein), so bieten Sie eine alternative Textnavigation an.

Mit Alternativen sind im Übrigen keine sogenannten »Textversionen«, also grafisch komplett reduzierte Versionen einer Seite, gemeint. Erstens entsprechen diese nicht dem Sinn der Gleichstellung (genau wie eine Rampe für Rollstuhlfahrer am Hintereingang nicht dasselbe ist wie ein gut zugänglicher Haupteingang), und zweitens berücksichtigt eine Textversion in der Regel nur die Bedürfnisse weniger Nutzergruppen, beispielsweise Blinder.

Allerdings zeigt sich, dass es in schwierigen Fällen (z. B. bei Formularen) erforderlich ist, die gleichen Inhalte in komplett anderer Form für unterschiedliche Behinderungsarten bereitzustellen. Wichtig ist dabei, dass alle in jedem Fall die inhaltlich gleichen oder gleichwertigen Informationen erhalten.

Standards beachten

Beachten Sie die Standards des W3C, und erstellen Sie Webseiten in HTML 4, 5 oder XHTML 1. Testen Sie Ihre Dokumente mit den vom W3C bereitgestellten Validatoren. Standardgemäße Webseiten sind außerdem automatisch zukunftskompatibel.

Im Folgenden zeige ich einige Beispiele, wie Sie mit Hilfe von etwas CSS nützliche Funktionen erstellen, die die Zugänglichkeit einer Website deutlich verbessern.

13.3.2 Barrierefreie Sprung-Links

Ein nicht nur für Blinde nützliches Hilfsmittel sind sogenannte Sprung-Links, die das Überspringen der Navigation oder einen direkten Zugang zu wichtigen Funktionen ermöglichen. Sie werden als einfache Liste realisiert und möglichst weit oben im Quellcode untergebracht:

```
1:  <ul id="hilfsnavigation">
2:    <li>Zum Inhalt</li>
3:    <li>Zur Suche</li>
4:  </ul>
```

Generell sinnvoll ist es, die Navigationsmenüs zu benennen. So können blinde Nutzer, die ja keine visuellen Hinweise auf die Art des Menüs haben, erkennen, ob es sich um das Hauptmenü oder ein untergeordnetes Menü handelt. Dabei sollten Sie möglichst vielsagende Namen wählen. Statt »Submenü« oder gar »Meta-Navigation« wäre »Menü des Bereichs Produkte« besser. Manche Accessibility-Experten zeichnen die Menübezeichnungen oder gleich die ganze Struktur mit <h2>-Elementen aus. Sie verwenden <h1> für den Titel der Seite sowie <h2> für die Struktur; die erste textliche Überschrift ist dann <h3>.

Um die Sprungnavigation zunächst einmal nicht störend in Erscheinung treten zu lassen, verbergen Sie sie per CSS. Da mit display: none oder visibility: hidden ausgezeichnete Elemente leider auch von Screenreadern nicht vorgelesen werden, müssen wir uns etwas anderes einfallen lassen: Wir schieben sie einfach aus dem Browserfenster. So schiebt die Anweisung

```
1:   #hilfsnavigation {
2:     position: absolute;
3:         left: -3000px;
4:   }
```

den ganzen Bereich um `3000px` nach links aus dem Fenster. Im Quelltext der Seite ist aber natürlich alles beim Alten, und die Links werden wie gewünscht vorgelesen.

Nun gibt es nicht nur blinde Nutzer, die von einer Sprungnavigation profitieren. Sondern alle, die mit der Tastatur anstelle der Maus arbeiten, könnten davon profitieren. Wenn sie nur wüssten, dass solche Links vorhanden sind! Daher wollen wir unsere Navigation wieder sichtbar machen, sobald sie angesprungen wird. Dazu nutzen wir das Pseudo-Element `:focus`. Mit `:focus` heben wir die Verschiebung für den Fall auf, dass der Eingabefokus auf dem entsprechenden Link liegt:

```
1:   #hilfsnavigation a:focus, #hilfsnavigation a:active {
2:     display: block;
3:     position: absolute;
4:     left: 3015px;
5:     top: 25px;
6:     font-weight: bold;
7:     color: red;
8:     padding: 0.1em 0.3em;
9:     border: 1px solid #cc0000;
10:    outline: none;
11:    height: auto;
12:    width: 15em;
13:  }
```

auf *http://www.greenpeace-berlin.de* (Linkcode 0143), siehe Abbildung 13.4.

Abbildung 13.4   Vorher und beim »Durchtabben« durch die Sprung-Links

Aktiviert wird das sichtbare Sprungmenü durch das »Durchtabben«, also wenn der Benutzer beginnt, sich mit Hilfe der ⌨-Taste durch die Links der Seite zu bewegen.

Bei der Anzahl der Links sollten Sie allerdings nicht übertreiben. Ein Sprungmenü, das länger als die eigentliche zu überspringende Navigation ist, bringt dem Nutzer herzlich wenig.

13.3.3 Link-Auszeichnungen – Nützlich und barrierefrei

Nicht nur für die Zugänglichkeit, sondern ganz allgemein zur Verbesserung der Usability ist es sinnvoll, das Ziel von Links anzugeben. Wenn dabei neue Fenster geöffnet werden, ist dies bei barrierefreien Seiten sogar explizit gefordert. Gern geschieht die Auszeichnung über entsprechende Icons vor oder nach dem Link, siehe Abbildung 13.5.

Abbildung 13.5 Typische Icons für Links

Über CSS lassen sich solche Icons leicht mit Links verbinden:

```
1:  a[href^="http"] {
2:     padding-right: 20px;
3:     background: url(extlink.gif) no-repeat center right;
4:  }
```

Dies fügt ein passendes Icon hinter einen Link ein, dessen Attribut href mit http beginnt. Ab der Version 7 versteht auch der Internet Explorer diese Selektoren. Für den Internet Explorer 6 müssten Sie den Link mit einer Klasse auszeichnen. Alternativ lässt sich die Klassenzuordnung auch per JavaScript automatisch erledigen.

Auf die gleiche Weise ließen sich auch Links identifizieren, die ein neues Fenster öffnen:

- a[target] { ... } selektiert alle Links, die ein Attribut target besitzen.
- a[target=_blank] { ... } markiert neue Fenster.
- a:not([target=_self]) { ... } spricht alle Links an, die nicht auf das aktuelle Fenster verweisen.

Diese Tricks funktionieren nicht im Internet Explorer 6, aber ab Version 7.

Aus Sicht der Barrierefreiheit hat die Verwendung von Icons allerdings Nachteile: Erstens sind Symbole nicht immer verständlich, und zweitens sind sie mit der Methode nur verfügbar, wenn auch CSS zur Verfügung steht. Als eine Alternative bietet sich die Verwendung von Grafiken im Quelltext an. Aus

```
<a href="..." class="ext">Linktext</a>
```

wird:

```
<a href="..." class="ext"><img src="extlink.gif" width="10"
height="10" alt="Externer Link:" />Linktext</a>
```

Das funktioniert, widerspricht allerdings der Idee, im Quellcode nur Inhalte aufzuführen. Außerdem ist diese Lösung durch die Verwendung einer fest im Quelltext integrierten Grafik nicht sehr flexibel.

Alle Bedürfnisse erfüllen wir mit der folgenden Variante, die unsere CSS-Icons mit verstecktem Text kombiniert:

```
<a href="..." target="_blank"><span>öffnet  neues Fenster</span>Linktext</a>
```

Mit diesem CSS weisen Sie dem externen Link ein Icon zu und sorgen dafür, dass Screenreader »öffnet neues Fenster« hinzufügen:

```
1:   a span {
2:     display: block;
3:     position: absolute;
4:     left: -3000px;
5:     }
6:   a[target=_blank] {
7:     padding-right: 20px;
8:     background: url(extlink.gif) no-repeat center right;
9:   }
```

Zumindest der in Deutschland marktführende Screenreader JAWS liest von sich aus schon vor einem Verweis »Link«. Das Verfahren eignet sich natürlich auch für andere versteckte Information zum Link – beispielsweise ob es sich um einen Mail-Link oder eine Datei zum Download handelt.

Für einen Maillink können Sie die folgende Notation verwenden:

```
a[href^=mailto] { ... }
```

Und für einen Link auf ein PDF-Dokument:

```
a[href$=pdf] { ... }
```

13.3.4 Testen

Testen Sie Ihre Seiten auf Korrektheit des HTML-Codes und des CSS-Codes, Zugänglichkeit und Benutzbarkeit. Am einfachsten ist der Test des Codes auf syntaktische Korrektheit (Validierung). Verwenden Sie einfach die Online-Tools des W3C:

- **(X)HTML-Code**
  http://validator.w3.org/ (Linkcode 0035)
- **Stylesheets**
  http://jigsaw.w3.org/css-validator/ (Linkcode 0041)

Automatische Testprogramme

Über automatische Testprogramme für Barrierefreiheit ist viel geschrieben worden. Die hohen Ansprüche und blumigen Versprechungen einiger Anbieter haben sich in der Praxis allerdings nicht bewährt, weil viele Anforderungen von Barrierefreiheit nicht rein maschinell testbar sind.

Eine ganze Sammlung von Werkzeugen zum Testen finden Sie auf der Seite von »Web ohne Barrieren«: *http://wob11.de/links/tipps_testtools.html* (Linkcode 0015).

Testen mit einem Screenreader

Einen wirklichen Eindruck, was beispielsweise beeinträchtigte Nutzer vorgelesen bekommen, erhalten Sie, wenn Sie sich Ihre Seite einmal selbst vorlesen lassen.

Glücklicherweise stellen die meisten Hersteller von Screenreadern (auch der Marktführer JAWS) Testversionen ihrer Software bereit. Diese funktionieren meist 30 bis 40 Minuten und erfordern danach einen Neustart des Rechners. Zum Testen reicht dies aber aus. Sie finden die Testversionen auf den Websites der Hersteller.

Eine andere Alternative ist der Screenreader-Simulator *Fangs*, der die Ausgabe eines Screenreaders wieder optisch darstellt.

Fangs können Sie kostenlos von der Website des Autors Peter Kranz herunterladen; dort finden Sie auch weiterführende Erläuterungen zur Bedienung: *http://www.standards-schmandards.com/index.php?show/fangs* (Linkcode 0146).

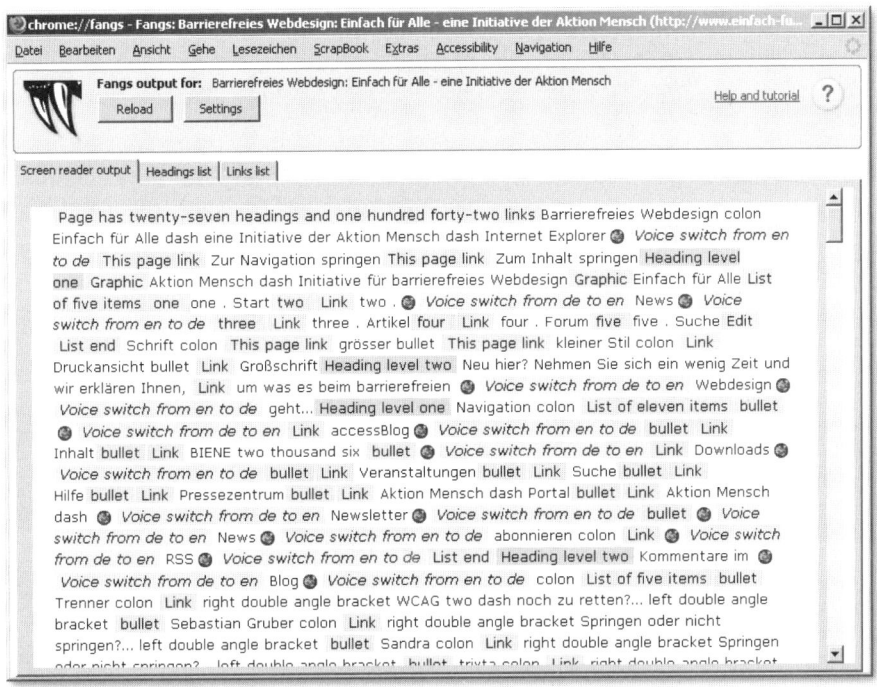

Abbildung 13.6 Die Ausgabe der Website »Einfach-fuer-Alle.de«.
Sehr schön sehen Sie die Überschriftenstruktur und die Sprachwechsel.

Testen mit Betroffenen

Die Bedienung eines Screenreaders erfordert einiges an Übung. Als Gelegenheitsnutzer sind Sie gar nicht in der Lage, die optimalen Ergebnisse zu erreichen. Ihnen kommt dabei die eigene Website möglicherweise völlig unzugänglich vor, während ein erfahrener Screenreader-Nutzer damit keinerlei Probleme hat – umgekehrt ist das natürlich auch möglich.

Viele andere Hilfsmittel wiederum sind für den normalen Webdesigner nicht verfügbar, sehr teuer oder schlicht unbekannt. Die beste Methode, Websites auf Barrierefreiheit hin zu testen, ist, die potentiellen Nutzer in die Tests und am besten noch vorher in die Konzeption einzubeziehen. Gerade beim Einsatz neuer Techniken (z. B. Ajax) gibt es noch nicht allzu viele Vorgaben, so dass am Praxistest kein Weg vorbeiführt. Die Aktion Mensch hat zur Nutzung des Webs 2.0 durch Menschen mit Behinderungen eine Studie durchgeführt, die einige Einsichten in die Nutzungsgewohnheiten bietet. Sie können diese Studie unter *http://www.einfach-fuer-alle.de/blog/id/2697/* (Linkcode 0695) herunterladen.

Weitere grundsätzliche Informationen zum barrierefreien Gestalten von Websites finden Sie bei *http://www.einfach-fuer-alle.de* (Linkcode 0048) sowie unter *http://www.barrierefreies-webdesign.de* (Linkcode 0112) – auch als Buch erhältlich.

[o] Die Web Accessibility Initiative (WAI) hat eine Liste von 66 Kriterien zusammengestellt, die für eine zugängliche Website wichtig sind. Diese sind noch in drei Prioritäten eingeteilt. Sie finden die Liste auf der Buch-DVD-ROM oder unter: *http://www.w3.org/TR/WAI-WEBCONTENT* (Linkcode 0043).

Außerdem bietet die jährlich überarbeitete Kriterienliste des BIENE-Wettbewerbs der Aktion Mensch gute Hinweise, was eine barrierefreie Website auszeichnet (im wahrsten Sinne des Wortes): *http://www.biene-award.de/award/kriterien/* (Linkcode 0147).

CSS bietet – gerade in der Version 3 – schon einiges an Interaktionsmöglichkeiten, beispielsweise über die Pseudoselektoren wie »:hover« oder »:active«. Manchmal reicht das aber nicht aus. Dann kommt JavaScript ins Spiel. In diesem Kapitel erfahren Sie, wie.

14   Ajax, JavaScript und CSS

Dynamische Webapplikationen auf Basis von JavaScript und Serverkommunikation sind inzwischen Alltag im Web. Gemeint sind damit Dienste wie Google Suggest, Flickr oder diverse Landkartendienste.

Im Gegensatz zu statischen Webapplikationen werden hier durch die Verbindung von clientseitigem (JavaScript) und serverseitigem Code (z. B. PHP) wesentlich schnellere Reaktionen auf die Eingaben der Benutzer erreicht. Dabei werden Daten vom Server direkt über das Document Object Model (DOM) in die bereits geladene Webseite eingefügt, ohne dass diese neu geladen werden muss. Für diese spezielle Kombination hat sich die griffige Abkürzung Ajax (Asynchronous JavaScript and XML) eingebürgert.

Aus Sicht von CSS ist dabei der Weg von Server zum JavaScript uninteressant – ob Ajax oder reines JavaScript verwendet wird, spielt keine Rolle. Dann aber wird es interessant: JavaScript bietet eine Reihe von Funktionen, um CSS-Stile auszulesen, zu verändern oder neue Stile an Elemente zu binden.

14.1   Austausch eines Stylesheets per JavaScript

Eine Methode, per JavaScript Einfluss auf die Stilgestaltung zu nehmen, habe ich schon im vorherigen Kapitel beschrieben: das Austauschen eines kompletten Stylesheets per JavaScript. Mit der JavaScript-Anweisung

```
document.write('<link rel="stylesheet" type="text/css"
href="style.css" />');
```

können Sie jedes Stylesheet in den `<head>`-Bereich Ihrer Webseite schreiben. Nachteilig ist, dass Sie so nur ein ganzes Stylesheet auf einmal wechseln können und (viel störender) die Seite neu laden müssen, damit die neuen Stile wirken.

Was bei einem Styleswitcher noch akzeptabel ist, würde bei einer dynamischen Anwendung doch sehr stören.

Glücklicherweise liefert uns JavaScript zwei weitere Methoden, um Stile anzuwenden, und zwar über die Eigenschaften className und style. Mit diesen beiden Eigenschaften können Sie dynamisch auf die Stile der Webseite Einfluss nehmen.

14.2 Klassen zuweisen mit »className«

Wenn Sie nicht gleich das ganze Stylesheet austauschen wollen, benötigen Sie die Eigenschaft className. Mit dieser einfachen Eigenschaft können Sie auf bereits bestehende Klassen zugreifen und sie an Elemente anhängen – ganz so, als ob sie über das Attribut class im HTML-Code stünden. Beispielsweise weist

```
function class() {
   var h2=document.getElementsByTagName('h2');
   for (var i=0;i<h2.length;i++) {
      h2[i].className = 'wichtig';
   }
}
```

Listing 14.1 Klassen an HTML-Elemente hängen

allen Elementen <h2> eines Dokuments die Klasse wichtig zu, die im Stylesheet definiert sein muss, und entspricht damit der HTML-Notation <h2 class="wichtig">.

Wenn Sie ein einzelnes Element eines Dokumentes mit einer Klasse versehen wollen, müssen Sie es über den Namen oder die ID ansprechen. Den Namen des Elements erhalten Sie über die Funktion get.ElementsByName('name'), zum Beispiel wenn ihm ein Name per Attribut name="..." zugewiesen wurde. Da das Attribut name nicht exklusiv ist, also mehrfach vorkommen kann, gibt JavaScript ein Array zurück, aus dem Sie das Element noch heraussuchen müssen.

```
function class() {
   var elements=document.getElementsByName('wichtig');
   for (var i=0;i<elements.length;i++) {
      elements[i].className = 'wichtig';
   }
}
```

Listing 14.2 Klassen per »name« zuweisen

Wenn Sie sicher sind, dass es nur ein Element mit dem gesuchten Namen geben kann, geht es auch kürzer (aber unsauberer):

```
function singleclass() {
   var elements=document.getElementsByName('wichtig');
   elements[0].className = 'wichtig';
}
```

Listing 14.3 Klassen per »name« zuweisen (einfach)

Bei der ID, die mit `document.getElementById('ID')` angesprochen wird, ist es einfacher, weil die ID ja nur einmal im Dokument vorkommen darf. Daher liefert die Funktion nur ein Element zurück, das Sie direkt ansprechen können:

```
function singleid() {
   var element=document.getElementById('wichtig');
   element.className = 'wichtig';
}
```

Listing 14.4 Klassen per ID zuweisen

Die Anweisung ersetzt eine eventuell vorhandene Klasse durch die neue. Das bedeutet, wenn Sie nicht sicher sind, ob dem Element bereits eine Klasse zugewiesen wurde, die Sie erhalten wollen, müssten Sie das vorher prüfen und gegebenenfalls die neue Klasse mit einem Leerzeichen an die alte anfügen:

```
elementName.className+=elementName.className?' wichtig':
'wichtig';
```

Diese Technik funktioniert allerdings nur für das Anfügen von Klassen. Wenn Sie einzelne Klassen auch wieder entfernen wollen, wird es etwas komplizierter. Ich zeige Ihnen gleich in Abschnitt 14.4, »Formularvalidierung mit CSS und JavaScript«, wie Sie mit Hilfe von jQuery sowohl das Anfügen als auch das Entfernen von Klassen sehr unkompliziert realisieren.

14.3 Stile mit »style« zuweisen

Die zweite Möglichkeit, per JavaScript Stileigenschaften zu manipulieren, ist das direkte Zugreifen auf einzelne Stileigenschaften. Dazu verwenden Sie die Eigenschaft `style`, gefolgt von der zu ändernden Stileigenschaft. So setzt

```
elementName.style.color = '#ff0000'
```

die Textfarbe für das angesprochene Element auf Rot. Auch hier gibt es eine kleine Falle: Eigenschaften, die im CSS mit einem Bindestrich geschrieben werden, wie zum Beispiel `background-color`, müssen Sie in JavaScript im sogenannten *Camel Case* (mit Großbuchstaben innerhalb des Wortes) notieren. Aus `background-color` wird beispielsweise `backgroundColor`.

```
function class() {
   var elements=document.getElementsByName('wichtig');
   for (var i=0;i<elements.length;i++) {
      elements[i].style.color = 'red';
   }
}
```

Listing 14.5 Styleeigenschaften direkt zuweisen

Sie finden auf der DVD im Verzeichnis */listings/kap14/* Beispieldateien mit den unterschiedlichen Zuweisungsarten.

14.4 Formularvalidierung mit CSS und JavaScript

[zB] Als Anwendungsbeispiel nehmen wir uns noch einmal unser Formular aus Abschnitt 9.4, »Schönere Formulare«, vor und ergänzen es mit einer Validierung.

> **Hinweis**
> Das Beispiel dient dazu, die Anknüpfung von Stilen per JavaScript zu demonstrieren. Da ich kein JavaScript-Experte bin, lassen sich die Validierungsfunktionen ganz sicher besser und eleganter implementieren. Und noch ein Hinweis: Eine Formularvalidierung wichtiger Daten oder zum Schutz vor gefährlichen Eingaben sollte immer zusätzlich auf der Seite des Servers stattfinden – schließlich kann ein Benutzer JavaScript einfach abschalten.

Für das Hinzufügen und Entfernen von Klassen nutze ich im Beispiel die JavaScript-Bibliothek jQuery. So muss ich mich nicht mit der Frage herumschlagen, ob und wie viele Klassen an meinen Elementen bereits hängen. JQuery kennt dafür die Funktionen `addClass` und `removeClass`.

Nun aber zum Formular. Ich habe eine zusätzliche Klasse `ok` definiert und in den Kopf der Seite den Aufruf der jQuery-Bibliothek (via Google) sowie meine eigentliche Prüffunktion geschrieben:

```
1:   <script type="text/javascript"
        src="http://ajax.googleapis.com/ajax/libs/jquery/
        1.3.2/jquery.min.js"></script>
2:   <script type="text/javascript">
3:      $(document).ready(function() {
```

```
 4:      $("input").blur(function() {
 5:        if (this.value == "" || (this.name == "email" &&
           this.value.indexOf("@") == -1)) {
 6:          $(this).addClass("error");
 7:          $(this).removeClass("ok");
 8:        }
 9:        else {
10:          $(this).addClass("ok");
11:          $(this).removeClass("error");
12:        }
13:      });
14:    });
15: </script>
```
Listing 14.6 Zusätzlicher Code im <head>-Bereich

Für die Klasse .ok (korrekt ausgefüllte Felder) habe ich die folgende Formatierung vorgesehen:

```
1:  input.ok {
2:    border: 1px solid #090;
3:    background: #DFFFDF;
4:    -webkit-box-shadow: 0px 0px 8px
      rgba(128,255,128,0.7);
5:    -moz-box-shadow: 0px 0px 10px
      rgba(128,255,128,0.7);
6:    box-shadow: 0px 0px 10px rgba(128,255,128,0.7);
7:  }
```
Listing 14.7 Zusätzliche Klasse für korrekte Eingaben

Die Validierung testet das aktuelle Feld darauf, ob es leer ist (this.value == "") oder, wenn sein Name email lautet, ob kein @-Zeichen enthalten ist. In diesem Fall wird die Klasse .error angehängt, ansonsten .ok. Mit der Klasse error werden dann dem Eingabefeld die folgenden Eigenschaften zugewiesen:

```
1:  @-webkit-keyframes error {
2:    0% { -webkit-box-shadow: 0px 0px 10px
      rgba(255,0,0,0.1); }
3:    50% { -webkit-box-shadow: 0px 0px 10px
      rgba(255,0,0,1); }
4:    100% { -webkit-box-shadow: 0px 0px 10px
      rgba(255,0,0,0.1); }
5:  }
```

14 | Ajax, JavaScript und CSS

Hier definieren Sie – nur für die WebKit-Nutzer – ein aufmerksamkeitsheischendes rotes Blinken als Animation mit dem Namen `error` (nicht mit der gleichnamigen Klasse `.error` zu verwechseln).

```
 6:  input.error {
 7:    border: 1px solid #f00;
 8:    background: #fff url(../assets/error.gif) right
          no-repeat;
 9:    /* -webkit-box-shadow: 0px 0px 8px rgba(255,0,0,0.9);
          */
10:    -webkit-animation: error 2s infinite ease-in-out;
11:    -moz-box-shadow: 0px 0px 10px rgba(255,0,0,0.9);
12:    box-shadow: 0px 0px 10px rgba(255,0,0,0.9);
13:    font-weight: bold;
14:  }
```

Hier rufen Sie die WebKit-Animation ab, zeigen für andere moderne Browser ein statisches rotes Leuchten und für alle Browser immerhin eine rote Umrandung und das Warnschild.

Listing 14.8 Fehlermeldungen mit CSS3-Unterstützung

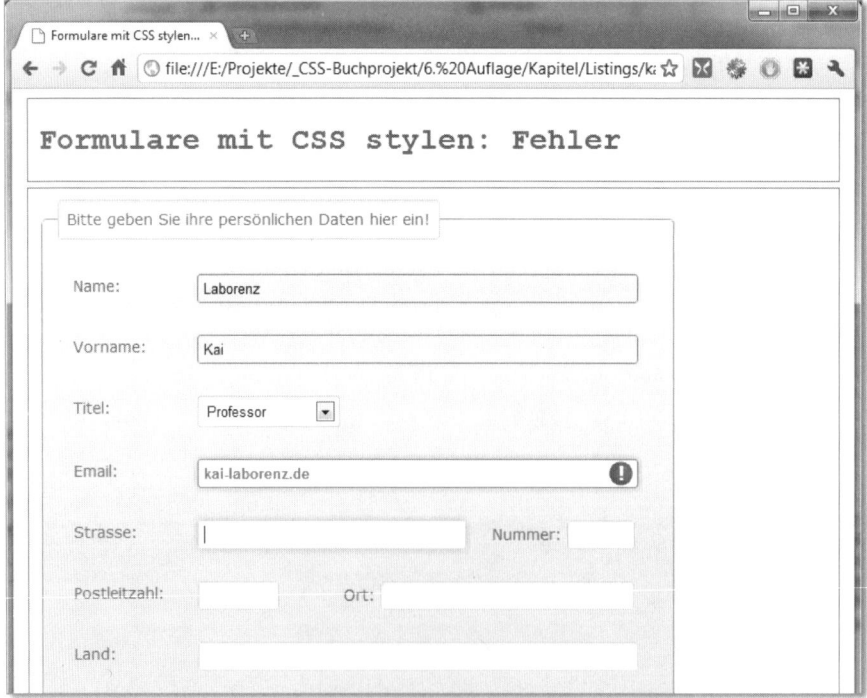

Abbildung 14.1 Hier ist sofort klar, wo der Fehler steckt.

Als Letztes zeige ich Ihnen noch, wie Sie eine Überprüfung der Textlänge durch CSS unterstützen können. Ich werde die Länge der zu übermittelnden Nachricht beschränken, und damit dies für den Besucher nicht so überraschend passiert, werde ich eine optische Vorwarnung und einen Text mit der Angabe der noch verbleibenden Zeichen ausgeben. Dazu erweitern wir unser Formular abermals, und zwar um diese Zeile nach dem Texteingabefeld:

```
<p name="buchst" id="buchst">Sie können noch <input type="text"
name="zaehler" value="0" readonly />Buchstaben eintragen.</p>
```

Im Stylesheet kommt Folgendes hinzu:

```
 1:  #buchst {
 2:     margin-left: 6.5em;
 3:     padding-left: 25px;
 4:     margin-bottom: 0.5em;
 5:     visibility: hidden;
 6:  }
 7:  #buchst input {
 8:     display: inline;
 9:     width: 1.1em;
10:     float: none;
11:     border: none;
12:     -webkit-box-shadow: none;
13:     -moz-box-shadow: none;
14:     box-shadow: none;
15:     background: transparent;
16:     height: 1.1em;
17:     line-height: 1em;
18:     margin: 0;
19:     padding: 0 0.2em 0 0;
20:     text-align: right;
21:  }
```

Listing 14.9 Styles für den Warnhinweis

Mit diesen Angaben legen Sie den Text fest, der zur Anzeige der verbleibenden Zeichen benutzt wird; in das `<input>`-Feld schreibt der Nutzer später die Zahl. Die CSS-Anweisungen sorgen dafür, dass der Absatz richtig ausgerichtet und das Feld nicht mehr als Feld erkennbar ist. Außerdem setzen Sie die Sichtbarkeit des Absatzes auf »verborgen« (`visibility: hidden`).

Eine neue Funktion soll die Textlänge überwachen:

```
1:  $("textarea").keydown(function() {
2:     limit = 20;
```

```
 3:    if (this.value.length > limit) {
 4:        this.value = this.value.substring(0, limit);
 5:        $("#buchst").css("color", "#ff0000");
 6:        $("#zaehler").css("color", "#ff0000");
 7:        $("#text").css("-webkit-animation", "error 2s
           infinite ease-in-out");
 8:        $("#text").css("-moz-box-shadow", "0px 0px 10px
           rgba(255,0,0,0.9)");
 9:        $("#text").css("box-shadow", "0px 0px 10px
           rgba(255,0,0,0.9)");
10:    } else {
11:        $("#zaehler").attr('value', limit -
           this.value.length);
12:        $("#text").css("-webkit-animation", "none");
13:          $("#text").css("-moz-box-shadow", "none");
14:          $("#text").css("box-shadow", "none");
15:        if (this.value.length > (limit*0.7)) {
16:            this.style.backgroundColor = '#ffcccc';
17:            $("#buchst").css("visibility", "visible");
18:        }
19:    }
20: });
```

Listing 14.10 Prüfroutine für die Anzeige der Restzeichen und Begrenzung der Zeichenmenge

Die Funktion prüft zunächst, ob das gesamte Limit bereits überschritten ist. Falls dies der Fall ist, kürzt sie die Zeichenkette auf die erlaubte Zeichenanzahl und setzt die Textfarbe des Warnhinweises auf Rot. Ist die maximale Anzahl noch nicht erreicht, wird in das Zählerfeld das Limit minus die Anzahl der bereits eingegebenen Zeichen (= die Anzahl noch möglicher Zeichen) geschrieben.

Danach prüft die Funktion, ob die aktuelle Zeichenanzahl größer ist als 70 Prozent der erlaubten Menge. In diesem Fall schaltet sie für die `textarea` die Hintergrundfarbe auf Hellrot, was das Element mit der ID `#buchst` (nämlich den Warnabsatz) sichtbar werden lässt. Durch die jQuery-Zeile

```
$("textarea").keydown(function() { ... }
```

wird die Prüffunktion bei jedem Tastendruck aufgerufen.

[o] Sie finden die Dateien zu diesem Beispiel auf der Buch-DVD-ROM im Verzeichnis */beispiele/kap14*.

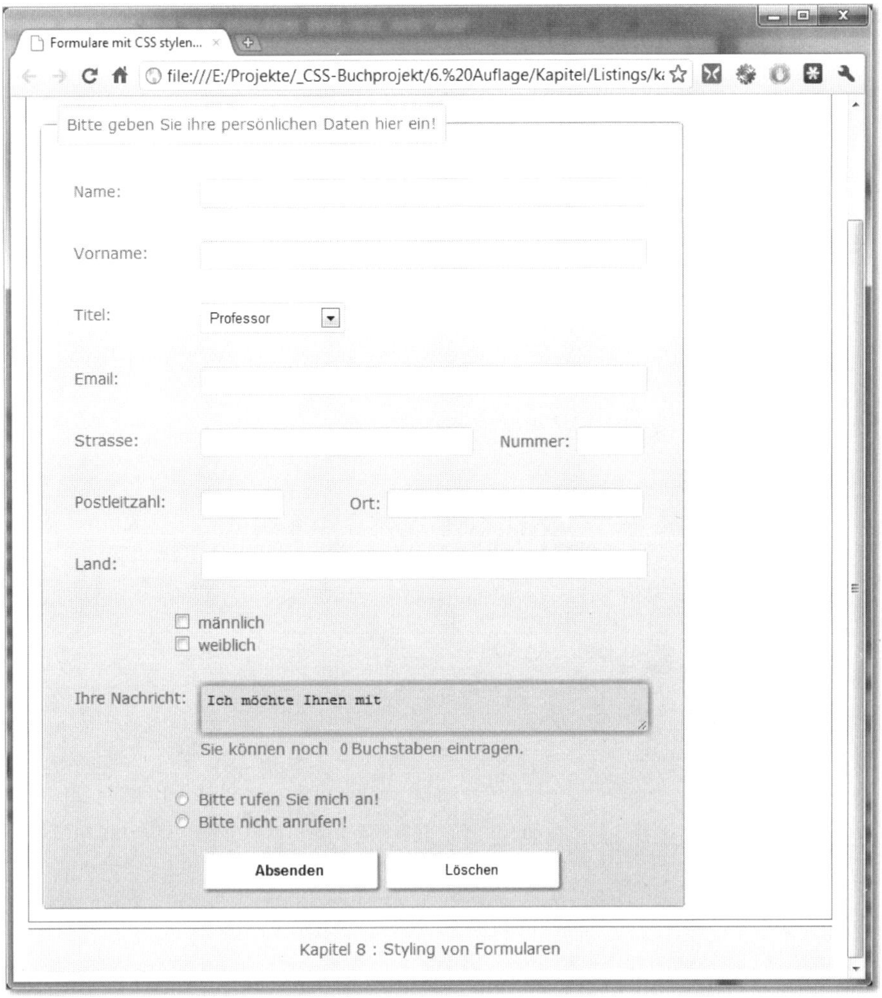

Abbildung 14.2 Formular mit Anzeige der Restzeichenmenge

14.5 Tageszeitenabhängiger Styleswitcher

JavaScript und CSS ergänzen sich auch in anderen Situationen – z. B. um eine Webseite je nach (Tages)zeit individuell anzupassen. Der folgende jQuery-Code ermittelt die aktuelle Stunde des Tages und setzt je nach Tageszeit eine unterschiedliche Klasse in das <body>-Tag der Seite:

```
1:   <script type="text/javascript">
2:   $(document).ready(function() {
3:     tag = new Date();
```

```
 4:    zeit=tag.getTime();
 5:    tag.setTime(zeit);
 6:    stunde = tag.getHours();
 7:      if (stunde >21) {
 8:    gruss = "Gute Nacht!";
 9:    $("body").addClass("nacht");
10:      }
11:      else if (stunde >17) {
12:    gruss = "Einen schönen Abend!";
13:    $("body").addClass("abend");
14:      }
15:      else if (stunde >13) {
16:    gruss = "Einen wunderschönen Nachmittag!";
17:    $("body").addClass("nachmittag");
18:      }
19:      else if (stunde >12) {
20:    gruss = "Mahlzeit!";
21:    $("body").addClass("mittag");
22:      }
23:      else {
24:    gruss = "Guten Morgen!";
25:    $("body").addClass("morgen");
26:      }
27:    $("#gruss").html(gruss);
28: });
29: </script>
```

Listing 14.11 Listing 14.11:

Die hinzugefügte Klasse ermöglicht es nicht nur, das Element <body> selbst zu gestalten, sondern Sie können per kontextsensitivem Selektor jedes Element der Seite ansprechen.

```
.nachmittag {
    background-color: #FC6;
}
```

Spricht das Element <body> selbst an (und erzeugt einen orangenfarbenen Hintergrund).

```
.nachmittag .kasten {
    color: #fe6816;
    border: 1px solid #fe6816;
}
```

formatiert auch den Kasten entsprechend der Tageszeit.

Per JavaScript wird auch der Text der Begrüßung ausgetauscht – mit jQuery eine Kleinigkeit: In der Variablen `gruss` sammeln Sie den jeweils passenden Text und laden ihn dann per

```
$("#gruss").html(gruss);
```

in das Element mit der ID `#gruss`.

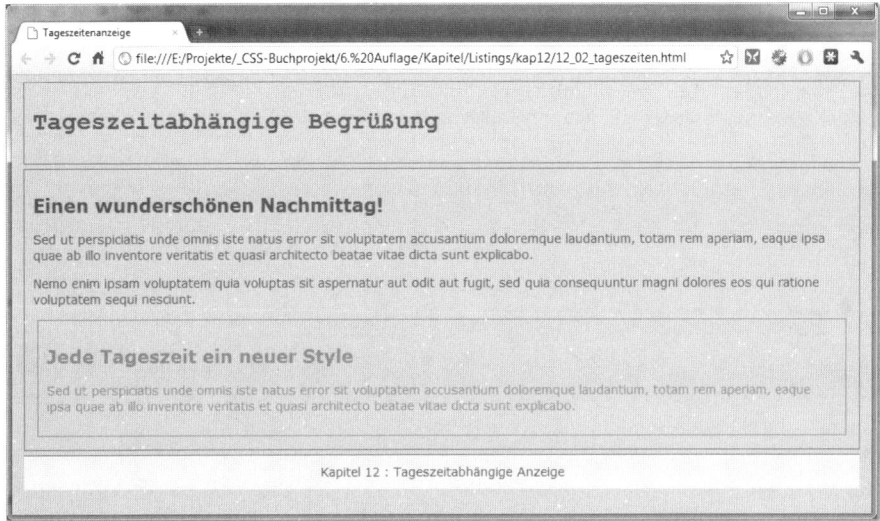

Abbildung 14.3 Screenshot von exakt 15:41 Uhr

Mit dieser Methode lassen sich auch andere Effekte realisieren. Mit `getMonth()` können Sie z. B. den aktuellen Monat ermitteln und diesen zur Anzeige einer CSS-Klasse verwenden.

Wenn Sie die folgende jQuery-Funktion verwenden, können Sie Klassen nach Jahreszeiten vergeben:

```
1:   $(document).ready(function() {
2:    datum = new Date();
3:    monat=datum.getMonth();
4:      if (monat <3 || monat >= 11) {
5:     jzeit = "Winter";
6:     $("body").addClass("winter");
7:      }
8:      else if (monat >=3 && monat < 6) {
9:     gruss = "Frühling";
10:    $("body").addClass("fruehling");
11:     }
12:     else if (monat >=6 && monat < 9) {
```

```
13:       gruss = "Sommer!";
14:       $("body").addClass("sommer");
15:       }
16:     else {
17:       gruss = "Herbst";
18:       $("body").addClass("herbst");
19:       }
20:       $("#gruss").html(gruss);
21: });
22: </script>
```
Listing 14.12 Jahreszeiten per jQuery ermitteln

Sie können nun ein Hintergrundbild – z. B. im Seitenheader – verwenden, das über die Klasse .sommer ein sommerliches oder über .winter ein winterliches Bild zuordnet.

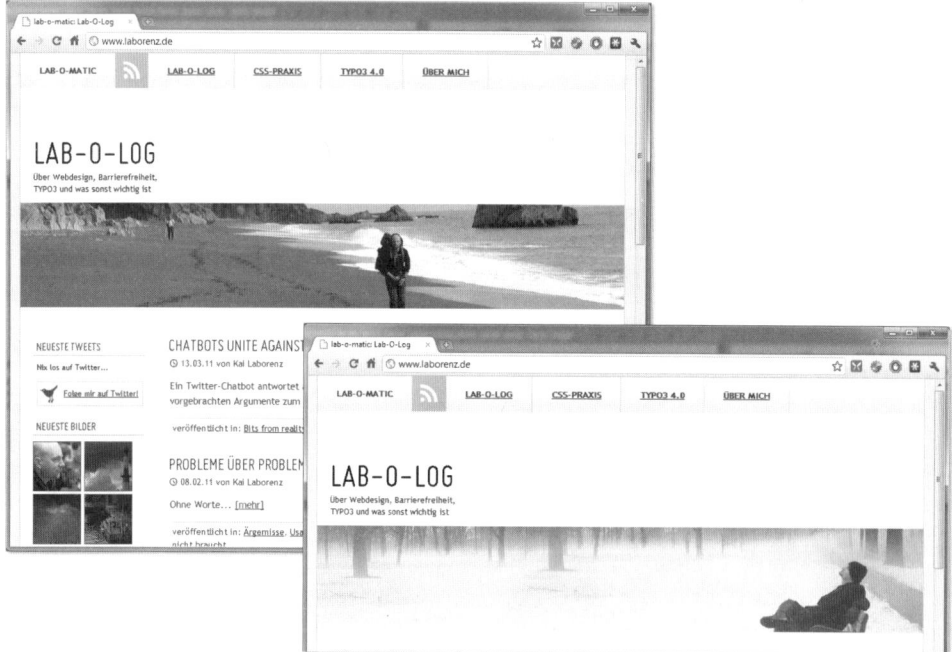

Abbildung 14.4 (Spät-)Sommer und Winter mit passenden Headerbildern

14.6 Fadenkreuz für Tabellen

In Abschnitt 9.3, »Tabellen und CSS«, hatte ich ja schon beschrieben, wie Sie Tabellenzeilen per CSS auszeichnen können. Noch schöner wäre eine Art »Fadenkreuz«, das die aktuelle Zelle, die Zeile und die Spalte als Lesehilfe markiert. Hier ist neben CSS auch die Hilfe von JavaScript (jQuery) erforderlich. Aus dem genannten Beispiel stehen schon die Selektoren für Zelle und Zeile parat:

```
table tr:hover td {
   background: #FF9A01;
}
table tr td:hover {
   background: #FF6F02;
   color: #fff;
}
```

Um auch die Spalte (oder genauer gesagt alle Zellen der aktuellen Spalte) zu markieren, benötigen Sie eine Klasse, die Sie dann per jQuery dynamisch anhängen. Diese Definition ergänzen Sie bei der schon vorhandenen Definition für die Zeile:

```
table tr:hover td,
td.hover {
   background: #FF9A01;
}
```

Nun folgt ein wenig jQuery-Magie, um die zu markierenden Zellen ausfindig zu machen:

```
1:   <script type="text/javascript">
2:   $(function() {
3:   $('table tr').children().hover(function() {
4:     $('table tr').children().removeClass('hover');
5:     var index = $(this).parent().children().index(this);
6:     $('table tr').each(function() {
7:       $(':nth-child(' + (index + 1) + ')'
          ,this).addClass('hover');
8:     });
9:   });
10:  });
11:  </script>
```

Listing 14.13 jQuery-Funktion, um Spalten mit einer Klasse auszuzeichnen (modifiziertes Snipplet von Russ Cam)

Das Skript macht dabei Folgendes: Für alle Zellen wird bei dem Ereignis hover gezählt, an welcher Stelle der aktuellen Zeile sich die »gehoverte« Zelle befindet (Zeile 5), und dann werden für alle Zeilen die an dieser Position befindlichen Zellen mit der Klasse .hover versehen (Zeilen 6 und 7). Den kompletten Code finden Sie auf der DVD zum Buch im Verzeichnis /listings/kap14/scripts/.

Vermutlich gibt es noch elegantere Methoden, diesen Effekt zu erreichen; Chris Coyier stellt in diesem Artikel verschiedene Möglichkeiten unterschiedlicher jQuery-Versionen vor: *http://css-tricks.com/row-and-column-highlighting/* (Linkcode 0696).

Abbildung 14.5 So sieht es dann aus: eine per CSS und jQuery markierte Positionsanzeige.

14.7 JavaScript zur Umgehung von Browsereinschränkungen verwenden

Ein weiterer Anwendungsfall für JavaScript ist die »Reparatur« minderbefähigter Browser(-versionen). Die Idee dabei ist, statt Browserbugs mühevoll durch Hacks zu umgehen (die wieder andere Browserbugs ausnutzen) oder die Website so umzusetzen, dass sie nur die Möglichkeiten des schlechtesten Browsers nutzt, alle Möglichkeiten modernen CSS zu verwenden und die »Löcher« in der CSS-Unterstützung durch JavaScript zu stopfen (Jeremy Keith: *http://domscripting.com/presentations/atmedia2006/slides/* – Linkcode 0527).

JavaScript kann dabei auf zwei Arten helfen: bei der Erkennung der Browserfähigkeiten und bei der Reparatur oder Nachbildung fehlender Eigenschaften.

14.7.1 Browser- bzw. Fähigkeitserkennung

Wenn Sie eine Website je nach den Fähigkeiten verschiedener Browser unterschiedlich umsetzen wollen (Progressive Enhancement, Sie erinnern sich) hilft Ihnen das Script *Modernizr* weiter. Modernizr ist eine kleine JavaScript-Bibliothek, die den aufrufenden Browser auf seine Unterstützung für eine Reihe von modernen CSS-Eigenschaften (meist aus dem Sprachschatz von CSS3) hin prüft. Wenn eine Eigenschaft unterstützt wird, schreibt Modernizr dies als Klasse in das öffnende `<html>`-Tag des Dokuments, so dass Sie darauf aufbauend später entsprechende Klassen zuweisen können. Die Eigenschaft `linear-gradient` wird beispielsweise noch nicht vom Internet Explorer unterstützt. Als Alternative könnten Sie eine Hintergrundgrafik vorsehen.

Modernizr versieht das Dokument mit der Klasse `.cssgradients`, wenn der Browser z. B. Firefox oder Chrome ist und die betreffenden Eigenschaften beherrscht. Für den Internet Explorer hingegen fehlt die entsprechende Klasse. Im Stylesheet können Sie nun das Element über seine Klasse `.wichtig` »klassisch« (hier mit Hintergrundgrafik) für alle Browser ohne Gradient-Unterstützung stylen und danach Anweisungen über `.cssgradients .wichtig { ... }` für moderne Browser zuweisen.

```
1:  <!DOCTYPE html>
2:  <html>
3:  <head>
4:  <meta http-equiv="Content-Type" content="text/html;
     charset=utf-8">
5:  <title>CSS-Eigenschaften erkennen</title>
6:  <link href="basis.css" rel="stylesheet" media="all"
     type="text/css">
7:  <script type="text/javascript"
     src="modernizr-1.7.min.js"></script>
8:  <style>
9:  <!--
10: .wichtig {
11:   background: url(hilfsgradient.png) repeat-x
        top left;
12: }
13: .cssgradients .wichtig {
14:   background: -webkit-linear-gradient(top, white 0%,
        yellow 100%);
15:   background: mozkit-linear-gradient(top, white 0%,
        yellow 100%);
16:   background: linear-gradient(top, white 0%, yellow
        100%);
17: }
```

```
18:    -->
19:    </style>
20:  </head>
21:  <body class="no-js">
22:    <div id="header">
23:      <h1>CSS-Fähigkeiten mit Modernizr erkennen</h1>
24:    </div>
25:    <div id="main">
26:      <h2>Jedem Browser nach seinen Fähigkeiten!</h2>
27:      <p>Sed ut perspiciatis unde omnis iste error ... </p>
28:      <div class="wichtig">
29:         <p>Nemo enim ipsam voluptatem ... </p>
30:      </div>
31:    </div>
32:    <div id="footer"> Kapitel 14: CSS-Fähigkeiten
mit Modernizr erkennen </div>
33:  </body>
34: </html>
```

Listing 14.14 Einfache Abfrage der Unterstützung für Verläufe mit Modernizr

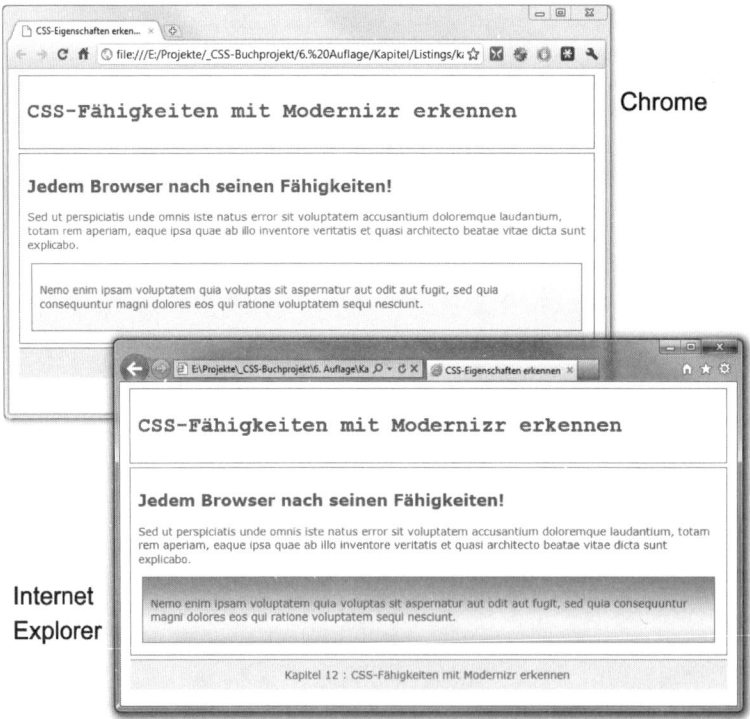

Abbildung 14.6 Jeder nach seinen Fähigkeiten: Chrome & Co. per CSS – der Internet Explorer mit einer Hintergrundgrafik

Im Gegensatz zur einer Browsererkennung (die den User-Agent des Browsers abfragt und mit einer Liste vergleicht) testet *Modernizr* direkt die CSS-Unterstützung. Das ist ein entscheidender Vorteil, denn es bedeutet, Sie müssen sich keine Sorgen um gefälschte, veraltete oder unbekannte neue Browserkennungen machen und sparen sich auch die diesbezügliche Wartung des Skriptes.

Modernizr wurde von Faruk Ate, Paul Irish und Alex Sexton entwickelt; Sie können ihn auf der Projekt-Website kostenlos herunterladen: *http://www.modernizr.com/* (Linkcode 0697).

14.7.2 JavaScript zur Erweiterung der Browserfähigkeiten nutzen

Noch weiter gehen Ansätze, die einzelne beliebte CSS-Fähigkeiten oder gleich eine ganze Reihe davon in weniger leistungsfähigen Browsern (in der Regel geht es um den Internet Explorer in den Versionen 6–8) nachbilden.

Fortgeschrittene CSS-Selektoren mit Selectivizr

Die Bibliothek *Selectivizr* von Keith Clark hat sich der Aufgabe angenommen, die fehlende Unterstützung für moderne CSS 2.1- und CSS2-Selektoren im Internet Explorer nachzubilden. Dazu arbeitet sie mit einer der üblichen JavaScript-Bibliotheken zusammen und bildet (je nach Bibliothek) eine beeindruckende Anzahl von Selektoren nach (siehe Abbildung 14.7).

Um die Bibliothek zu nutzen, müssen Sie den folgenden Code zur Einbindung verwenden (und natürlich vorher das Script herunterladen):

```
1:  <script type="text/javascript" src="[Link zu Ihrer
    Javascript-Bibliothek, z.B. jQuery]"></script>
2:  <!--[if (gte IE 6)&(lte IE 8)]>
3:    <script type="text/javascript"
      src="selectivizr.js"></script>
4:    <noscript>
5:      <link rel="stylesheet" href="[alternatives CSS
        (optional)]" />
6:    </noscript>
7:  <![endif]-->
```

Listing 14.15 Einbindung für die Selectivizr-Bibliothek

Die Bibliothek selbst »wiegt« nur ca. 4 KB – benötigt aber noch eine der Standard-JavaScript-Bibliotheken. Da sie mehrere davon unterstützt, ist die Chance gut, dass Sie bereits eine passende Bibliothek im Einsatz haben. Sie finden die Bibliothek, weitere Informationen und eine Reihe von Referenzsites auf der ProjektWebsite: *http://selectivizr.com/* (Linkcode 0698).

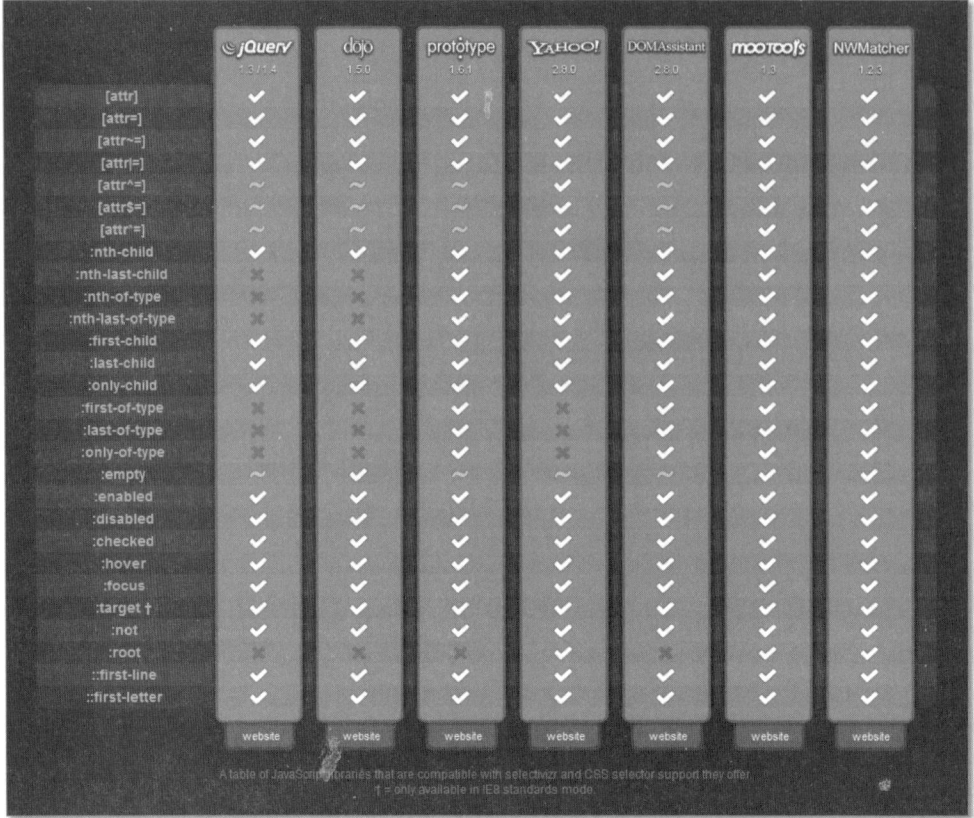

Abbildung 14.7 Unterstützung verschiedener Selektoren je nach eingesetzter Bibliothek

Dean Edwards' ie7

Schon ein Klassiker der CSS-Substitution ist das Script *ie7.js* von Dean Edwards. Ursprünglich war es dazu gedacht, den Internet Explorer 6 auf das Niveau der »7er-Generation« zu heben. Inzwischen ist der IE6 fast Geschichte, aber auch Dean Edwards war nicht untätig. Neben *ie7.js* gibt es inzwischen *ie8.js* und *ie9.js*. Während *ie7.js* noch eine ganze Reihe von Bugs des Internet Explorers 6 beseitigte und lang ersehnte Funktionen nachrüstete, ist der Funktionsumfang der Nachfolgeskripte deutlich geringer, wie Tabelle 14.1 zeigt.

ie7.js (rüstet IE6 auf IE7-Niveau)	ie8.js (rüstet IE6 und 7 auf)	ie9.js (rüstet IE6, 7 und 8 auf)
Child-Selektor	Alle Verbesserungen von ie7.js	alle Verbesserungen von ie8.js
Folgeelement-Selektoren + und ~	`:after` und `:before`	`:checked`, `:disabled`, `:empty` und `:enabled`
mehrere Klassen	`:active` und `:focus` für alle Elemente	`:first-of-type`, `:last-of-type`, `:nth-of-type` und `:nth-last-of-type`
`:hover` für alle Elemente	`:lang`-Selektor	`:last-child`, `:nth-child`, `:nth-last-child`
`:first-child`	content	`:root` und `:target`
Attribut-Selektoren	–	opacity
`position: fixed`	–	diverse HTML5-Elemente
`min-` und `max-width` und `height`	–	–
Alpha-Transparenz für Bilder (PNG)	–	–

Tabelle 14.1 Unterstützte Features der IE-Bibliotheken
(komplette Liste unter http://ie7-js.googlecode.com/svn/test/index.html, Linkcode 0699)

Sie sehen, dass Dean Edward einen Schwerpunkt auf Selektoren legt und einige ältere und lästige Bugs des Internet Explorers behebt. CSS3-Eigenschaften werden nicht unterstützt – dafür behebt *ie9.js* den ärgerlichen Bug des Internet Explorers bezüglich der Verwendung der HTML5-Elemente (siehe auch Abschnitt 2.6, »HTML5 und CSS«). Sie finden das Script und die Projektsite zu den IE-Bibliotheken von Dean Edwards unter *http://code.google.com/p/ie7-js/* (Linkcode 0700).

Einzelne Scripte zur Nachbildung spezifischer Funktionen

Andere Autoren nehmen sich einzelner Funktionen an, die sie mit JavaScript nachbilden. Besonders beliebt sind CSS3-Effekte wie runde Ecken, Schatten oder Verläufe.

Das Script *Curved Corner* von Remiz Rahnas bildet z. B. die Eigenschaft `border-radius` nach. Kern der Lösung ist die Datei *border-radius.htc*, ein sogenanntes *CSS-Behavior* (»Verhalten«). Mittels Behaviors können Sie (einige) JavaScript-Anweisungen innerhalb von Stylesheets ausführen. In diesem Fall ergänzen Sie die übliche Notation

```css
.schattenbox {
  -moz-border-radius: 11px;
  -webkit-border-radius: 11px;
  border-radius: 11px;
```

durch das entsprechende Verhalten (das in einer eigenen Datei gekapselt ist):

```css
  behavior: url(border-radius.htc);
}
```

Sie können das Skript auf seiner ProjektWebsite (*http://www.htmlremix.com/css/curved-corner-border-radius-cross-browser*, Linkcode 0701) oder bei Google Code (*http://code.google.com/p/curved-corner/downloads/list*, Linkcode 0702) herunterladen. Sie finden das Skript natürlich auch auf der beiliegenden DVD.

Noch etwas weiter geht Nick Fetchak, der zusätzlich die Eigenschaften `box-shadow` und `text-shadow` umsetzt. Letzteres konnte ich allerdings mit der aktuellen Version 9 nicht nachvollziehen. Auch der Schatten für Kästen funktioniert nur in Schwarz.

```
 1:   <!DOCTYPE html>
 2:   <html>
 3:   <head>
 4:   <meta http-equiv="Content-Type" content="text/html;
       charset=utf-8">
 5:   <title>CSS-Fähigkeiten nachrüsten</title>
 6:   <link href="basis.css" rel="stylesheet" media="all"
       type="text/css">
 7:   <style>
 8:   <!--
 9:   .schattenbox {
10:     margin: 0 auto 35px auto;
11:     padding: 30px;
12:     font-weight: bold;
13:     border: 5px solid #35b70e;
14:     position: relative;
15:     background-color: white;
16:     -moz-border-radius: 25px;
17:     -webkit-border-radius: 25px;
18:     border-radius: 25px;
19:     -moz-box-shadow: 5px 5px 10px gray;
20:     -webkit-box-shadow: 5px 5px 10px gray;
21:     box-shadow: 5px 5px 10px gray;
22:    behavior: url(ie-css3.htc);
23:   }
24:   .schattenbox h2 {
25:     color: black;
```

```
26:    text-shadow: #999 2px 2px 5px;
27:    behavior: url(ie-css3.htc);
28:  }
29:  -->
30:  </style>
31:  </head>
32:  <body onload="class();">
33:  <div id="header">
34:  <h1>CSS-Fähigkeiten nachrüsten</h1>
35:  </div>
36:  <div id="main">
37:  <p>Sed ut perspiciatis unde omnis ... </p>
38:  <div class="schattenbox">
39:     <h2>Box mit Schatten und runden Ecken</h2>
40:     <p>Diese Box hat auch im Internet Explorer einen
        Schatten und runde Ecken. ... </p>
41:  </div>
42:  </div>
43:  <div id="footer"> Kapitel 12 : CSS-Fähigkeiten
     nachrüsten </div>
44:  </body>
45:  </html>
```

Listing 14.16 Einbindung eines CSS-Behaviors am Beispiel von ie-css3

Abbildung 14.8 Runde Ecken auch im Internet Explorer 7

Sie finden das Skript auf der DVD oder der ProjektWebsite des Autors: *http://fetchak.com/ie-css3/* (Linkcode 0703).

CSS3-Mediaqueries-js

Ein schmerzlich vermisstes Feature der aktuellen Versionen des Internet Explorers ist die Unterstützung von Media Queries (lesen Sie dazu auch Kapitel 4, »Selektoren«, und Kapitel 15, »Das mobile Web: Stylesheets, Mobiltelefone und PDAs«). Erst ab Version 9 ist diese nützliche Funktion verfügbar.

Doch auch hier gibt es einen JavaScript-Helfer: Wouter van der Graaf hat eine kleine Bibliothek geschrieben, die nicht nur den Internet Explorer (ab Version 5 – für die Nostalgiker unter den Lesern), sondern auch vergangene Versionen von Firefox und Safari unterstützt. Sie finden das Script unter *http://code.google.com/p/css3-mediaqueries-js/* (Linkcode 0615) und binden es einfach am Ende Ihrer Seite direkt vor dem schließenden `</body>`-Tag ein. Wichtig ist noch das »Kleingedruckte«: Das Script funktioniert zwar recht robust, aber nur für im Seitenkopf eingebundene Styles – es werden also weder importierte Styles ausgewertet, noch analysiert das Script per `<link media="...">` verlinkte Styles.

> **Hinweis**
>
> Grundsätzlich sind beim Einsatz solcher Skripte Vorsicht, Lesen der Dokumentation und gutes Testen geboten. Oft haben einzelne Lösungen Einschränkungen (siehe oben) oder Bugs, die das Versprechen der einfachen Lösung unterlaufen. Machen Skripte führen auch zu Problemen mit anderen JavaScripts auf derselben Seite. Und gerade in älteren Internet Explorern reduziert JavaScript die Performance der Seite deutlich.

CSS3-PIE

Eine weitere Bibliothek, die dem Internet Explorer CSS3 beibringen möchte, ist *CSS3 PIE* (Progressive Internet Explorer) von Jason Johnson. Die Liste der unterstützten Eigenschaften umfasst eigentlich alles, was das Herz des CSS3-Enthusiasten begehrt:

- runde Ecken (`border-radius`)
- Schatten (`box-shadow`)
- Grafiken für Rahmen (`border-image`)
- mehrfache Hintergrundbilder
- CSS-Verläufe (`linear-gradient`)
- RGBA-Farben mit Alpha-Kanal (teilweise)

JavaScript zur Umgehung von Browsereinschränkungen verwenden | **14.7**

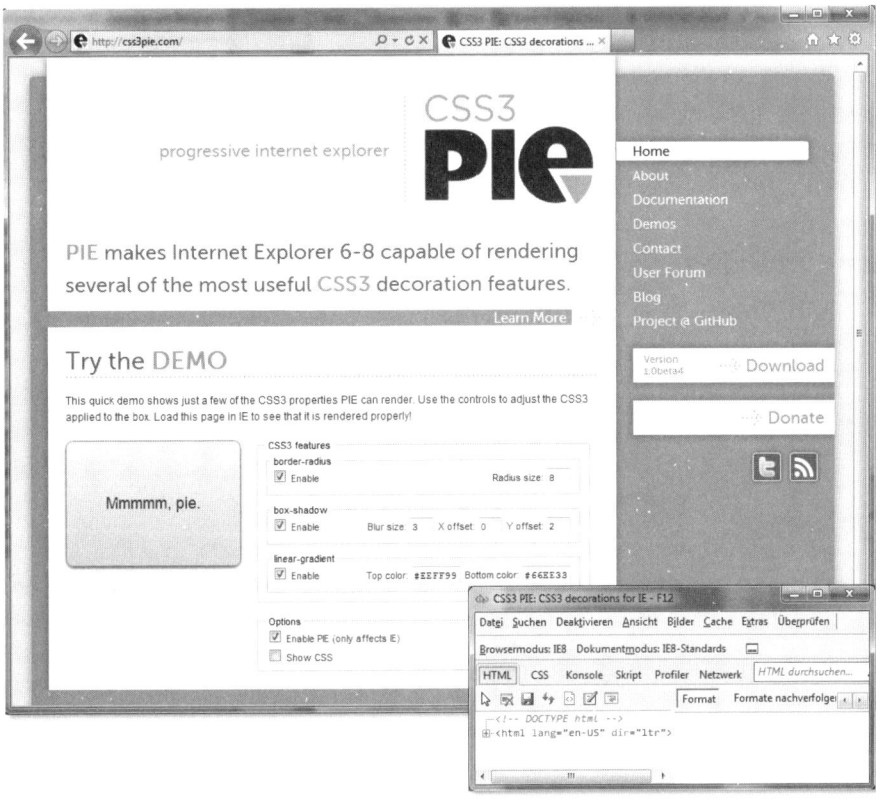

Abbildung 14.9 PIE im Internet Explorer 8 im Einsatz

Auch hier funktioniert die Einbindung via Behavior als *.htc*-Datei.

```
behavior: url(PIE.htc);
```

(*PIE.htc* liegt im Verzeichnis des Stylesheets.)

Sie finden das PIE-Behavior mit einer umfangreichen Dokumentation und einigen Demos unter *http://css3pie.com/* (Linkcode 0704). In Verbindung mit der weiter vorn vorgestellten Bibliothek Selectivizr können Sie auch im Internet Explorer auf den vollen Umfang der CSS3-Fähigkeiten zugreifen.

eCSStender

Noch einen Schritt weiter geht *eCSStender* (sprich: Extender): Diese Bibliothek kombiniert CSS3-Selektoren und CSS3-Eigenschaften. Sie ist modular aufgebaut und kann daher einfach mit neuen Funktionen erweitert werden.

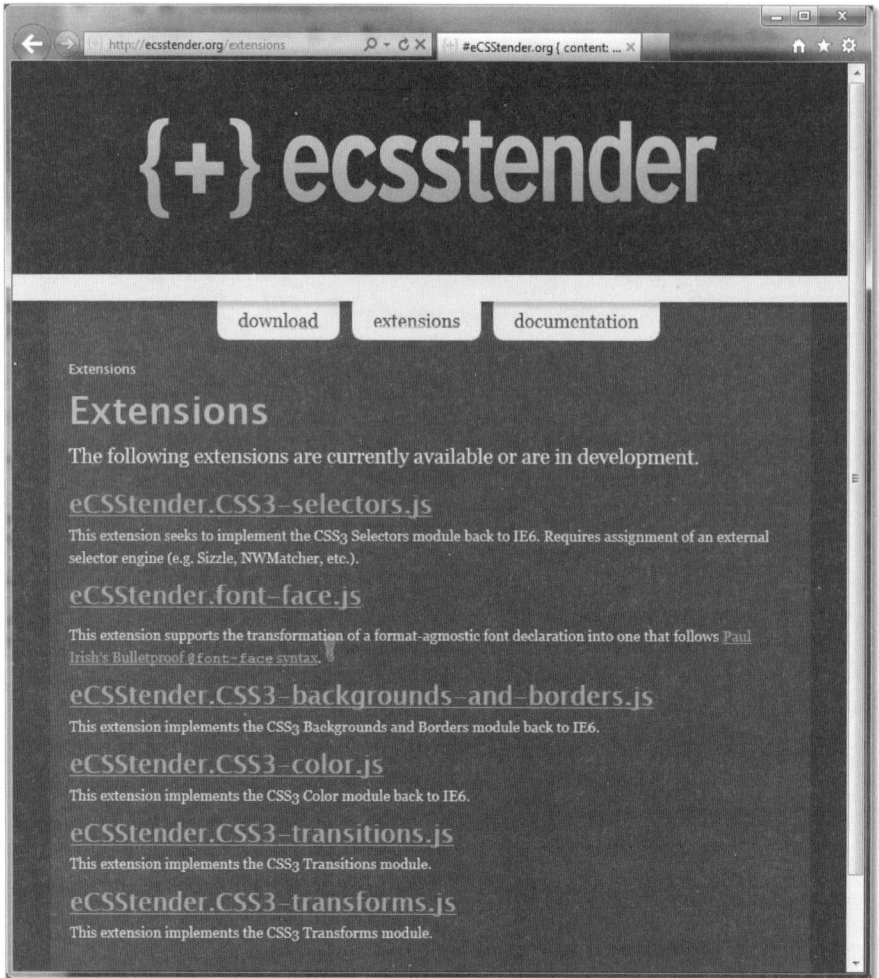

Abbildung 14.10 Verfügbare Module von eCSStender

Im Moment (September 2011) stehen noch nicht sehr viele Module zur Verfügung, und die meisten befinden sich in einem eher rudimentären Stadium. Vor allem die Unterstützung der CSS3-Selektoren funktioniert aber schon recht ordentlich.

Sie verwenden die Bibliothek, indem Sie einfach das Basisskript und die gewünschten Extensions im `<head>` Ihrer Webseite einbinden. Wenn Sie z. B. die Selektorenunterstützung von eCSStender nutzen wollen, notieren Sie Folgendes:

```
 1:  <!DOCTYPE html>
 2:  <html>
 3:  <head>
 4:   <meta http-equiv="Content-Type" content="text/html;
        charset=utf-8">
 5:   <title>ecsstender einbinden</title>
 6:   <script type="text/javascript"
        src="eCSStender.js"></script>
 7:   <script type="text/javascript" src="eCSStender.CSS3-
        selectors.js"></script>
 8:   ...
 9:  </head>
10:  <body>
11:  ...
12:  </body>
```
Listing 14.17 Einbindung von eCSStender

Danach können Sie auch mit dem Internet Explorer fortgeschrittene Selektoren wie `:nth-of-type` oder `:enabled` verwenden.

Es lohnt sich auf jeden Fall, diese Bibliothek im Auge zu behalten. Die Zusammenfügung von Selektoren und Eigenschaften und der modulare Aufbau bilden eine gute Grundlage für die weitere Entwicklung. Wenn Sie sich gut mit JavaScript auskennen, können Sie vielleicht selbst eine Extension schreiben und so zum Erfolg der Bibliothek beitragen. Sie finden die Bibliothek, Dokumentation und Testseiten unter *http://ecsstender.org/* (Linkcode 0705).

Cascading Stylesheets bieten auch für die Entwicklung mobiler Websites neue Möglichkeiten. In diesem Kapitel erfahren Sie, wie Sie für moderne Smartphones gezielt Stylesheets zuweisen und die besonderen Erfordernisse von iPhone & Co. berücksichtigen.

15 Das mobile Web: Stylesheets, Mobiltelefone und PDAs

Das mobile Web ist spätestens mit dem Erfolg des Apple iPhone in aller Munde. Auch wenn mobiles Webdesign mehr ist, als nur die Inhalte auf das Display eines Telefons zu »quetschen«, so spielen Cascading Stylesheets bei der Mobilisierung der Website eine große Rolle.

15.1 Strategien für das mobile Web: mobilisieren statt miniaturisieren

Für das mobile Web befinden wir uns in einer ähnlichen Situation, wie sie noch vor Jahren auch für das Web als solches anzutreffen war: Das grundsätzliche Prinzip funktioniert schon eine Weile, und brauchbare technische Lösungen sind auf dem Markt. Ein Smartphone gibt es 2011 in etwa jedem vierten Haushalt, und etwa 20 % der ca. 46 Millionen deutschen Onlinenutzer (Q1/2011) gehen auch mobil ins Netz. Für Design und Nutzungsszenarien haben sich noch keine festen Regeln herausgebildet – Anbieter und Entwickler experimentieren mit Techniken und Strategien.

Ebenso wie sich die Erkenntnis durchgesetzt hat, dass eine Website eben keine über das Internet erreichbare Broschüre ist, wird auch klar, dass eine mobile Website keine Website ist, die über ein Mobiltelefon angesehen wird, auch wenn die neuesten mobilen Browser dies inzwischen erstaunlich gut möglich machen.

Und ebenso wie inzwischen (den meisten Anbietern) klar ist, dass bestimmte aus dem Desktop-Publishing bekannte Gegebenheiten online nicht gelten, so besitzt auch das mobile Web Einschränkungen (z. B. die Bildschirmgröße), die aber durch neue Möglichkeiten wettgemacht werden. Der erste Schritt bei der Mobilisierung einer Website ist also die Entwicklung einer Strategie für die »Mobilmachung«.

In seinem Buch »Mobile Web Design« – erreichbar unter *http://mobileweb⤴book.com/* (Linkcode 0516) – schlägt der Designer und Entwickler Cameron Moll dafür vier Strategien vor:

1. nichts tun
2. reduzierte Bilder und ungestylten Text ausliefern
3. für Mobilgeräte optimierte Stylesheets verwenden
4. für mobilen Kontext optimierte Inhalte ausliefern

Während insbesondere die erste Variante den Charme hat, ein außerordentlich günstiges Preis-Leistungs-Verhältnis aufzuweisen, werden wir uns hier vor allem mit der dritten Option befassen.

15.2 Mobile Standards

Prinzipiell gelten für mobile Websites dieselben Standards wie auch für Desktop-Websites – insbesondere vor dem Hintergrund, dass das Apple iPhone in Sachen Standards einem Desktop-Browser in nichts nachsteht. Auch andere Hersteller gehen dazu über, ihre Browser an den Darstellungsmöglichkeiten der großen »Geschwister« zu messen.

Für die Erstellung mobiler Websites ist normales (X)HTML oder HTML5 am besten geeignet. Da mobile Browser weniger fehlertolerant sind als die Desktop-Versionen, lohnt es sich noch mehr, auf syntaktisch korrekte (valide) Dokumente zu achten. Eigentlich für das mobile Web gedachte Sprachen wie WML (*Wireless Markup Language*) befinden sich inzwischen wieder auf dem Rückzug. Das vergleichsweise schlechte Erlebnis der sehr einfachen Anwendungen hat die Nutzer nicht überzeugt, und der zusätzliche Einarbeitungsaufwand hat vermutlich die Entwickler abgeschreckt. Die Entscheidung, WML oder HTML zu verwenden, hängt auch vom beabsichtigten Publikum ab: Während WML von alten, leistungsschwachen Geräten unterstützt wird (und z. B. von iPhone gar nicht mehr), eignet sich HTML für die Browser der neuesten Generation. Dabei bleiben dann ältere Geräte auf der Strecke. Da auf den aktuellen Smartphones, die auch den Löwenanteil der Onlinenutzung ausmachen, moderne Browserversionen mit der WebKit-Rendering-Engine (Safari und Chrome) installiert sind, können Sie im mobilen Kontext sogar einigermaßen sorglos auf HTML5-Unterstützung setzen.

Speziell für den Einsatz mobiler Geräte hat das W3C eine CSS 2.1-Variante definiert: das CSS Mobile Profile, das in erster Linie den Teil der CSS 2.1-Elemente darstellt, der für die Anzeige auf Mobilgeräten sinnvoll ist. Momentan ist das Papier in der Version 2.0 vom 10. Dezember 2008 als »Candidate Recommendation« (Anwärter zur Empfehlung) eingestuft. Ein umfangreiches Tutorial (auf Englisch) zum CSS Mobile Profile finden Sie unter: *http://www.develo⮐pershome.com/wap/xhtmlmp/* (Linkcode 0517).

Sie finden auch diese Spezifikation auf der DVD-ROM zum Buch. [O]

Tatsächlich können die meisten mobilen Browser inzwischen genauso viel wie ihre Desktop-Varianten (Marktanteile folgen im nächsten Abschnitt). Daher bieten sich für das mobile Entwickeln 2011 für beide Bereiche die gleichen Standards an. Da die Mobilgeräte im Durchschnitt deutlich jünger sind und zum Teil automatisiert aktualisiert werden und daher über modernere Browserversionen verfügen, können Sie mobil sogar mehr wagen.

15.3 Stylesheets für mobile Browser ausliefern

15.3.1 Stylesheets per Media Query ausliefern

Im Prinzip sollten Sie mobile Browser über den Medientyp `handheld` ansprechen können. Die folgende Anweisung

```
<link media="handheld" href="handheld.css" type="text/css"
rel="stylesheet" ></link>
```

sollte ein entsprechend optimiertes Stylesheet an mobile Geräte ausliefern.

»handheld« wird kaum unterstützt

Allerdings ist die Unterstützung des Medientyps `handheld` nicht wirklich zuverlässig unter den mobilen Browsern. Ältere Browser unterstützen gar keine Medientypen oder gar keine Stylesheets, während fortgeschrittene Browser wie Safari auf dem iPhone explizit nicht auf den Medientyp `handheld` reagieren, weil Apple befürchtet, damit den leistungsfähigen Browser zu unterfordern.

Opera Mini und Opera Mobile nutzen ein Handheld-Stylesheet nur, wenn der Modus »Mobile View« aktiviert ist – standardmäßig ist er nicht aktiviert. Die Begründung ist die gleiche wie bei Apple: Opera Mini soll die volle Breite der Webseite darstellen und kann bei Bedarf durch Media Queries angesprochen werden. Dazu später mehr. Unter *http://www.htmldog.com/test/handheld.html* (Linkcode 0137) finden Sie eine Testseite, mit der Sie Ihr eigenes Mobiltelefon testen können.

Media Query statt Media Type

Anstelle des Media Types hat sich die CSS3-Funktion »Media Queries« als Unterscheidungstechnik etabliert, mit der sich spezifische Eigenschaften dieser Telefone abfragen lassen, zum Beispiel die Bildschirmgröße, die sich von der bei Desktop-Browsern üblichen deutlich unterscheidet. Ich gebe unten bei den einzelnen Browsern an, welche Möglichkeiten sie bei der Stylesheet-Einbindung unterstützen.

Eine CSS-Einbindung unter Berücksichtigung mobiler Browser könnte so aussehen: Zunächst laden Sie die normalen Stylesheets für Desktop-Browser. Danach folgen allgemein Stile für moderne mobile Browser mit erweiterten Fähigkeiten. Zum Schluss sprechen Sie schließlich die klassischen Mobiltelefon-Browser mit einem reduzierten Stylesheet an.

```
1:  <link media="screen" href="screen.css" type="text/css"
    rel="stylesheet" ></link>
2:  <link media="only screen and (max-width: 480px)"
    href="modernmobile.css" type="text/css" rel="stylesheet" >
    </link>
3:  <link media="handheld" href="oldmobile.css"
    type="text/css" rel="stylesheet" ></link>
```
Listing 15.1 CSS-Einbindung für mobile Geräte

Bei dieser Anordnung ist zu beachten, dass viele moderne Mobilbrowser dabei sowohl die *screen.css* als auch die *modernmobile.css* laden. Wenn Sie nur das mobile Stylesheet laden wollen, müssen Sie auch das normale Stylesheet per Media Query laden:

```
1:  <link media="only screen and (min-width: 1000px)"
    href="screen.css" type="text/css" rel="stylesheet" ></link>
2:  <link media="only screen and (max-width: 480px)"
    href="modernmobile.css" type="text/css" rel="stylesheet" ></link>
```

Firefox, Opera, Safari und WebKit verstehen in den aktuellen Versionen Media Queries. Da der Internet Explorer erst ab Version 9 mitmacht, müssen Sie per Conditional Comment das *screen.css* für ältere IEs extra notieren.

```
3:  <!--[if lt IE 9]>
4:  <link media="screen" href="screen.css" type="text/css"
    rel="stylesheet" ></link>
5:  <![endif]-->
```
Listing 15.2 Sparsame Stylesheet-Einbindung unter besonderer Berücksichtigung des Internet Explorers

Alternativ können Sie auch die in Kapitel 14, »Ajax, JavaScript und CSS«, beschriebene Hilfsfunktion verwenden, die dem Internet Explorer <9 Media Queries beibringt.

15.3.2 User-Agent-Sniffing

Die zweite Methode, unterschiedliche Stylesheets auszuliefern, führt über den User-Agent, den jeder Browser beim Seitenaufruf an den Server übermittelt. Sie können ihn sowohl serverseitig als auch per JavaScript abfragen – in Abschnitt 9.11.3, »Browserweichen für Stylesheets«, beschreibe ich, wie Sie mit dem CMS TYPO3 eine Browserweiche aufbauen.

Gebräuchliche User-Agents finden Sie in Tabelle 15.1 sowie in den Abschnitten dieses Kapitels, die sich mit den einzelnen Mobilbrowsern befassen. Eine wirklich umfassende Sammlung bietet *http://www.useragentstring.com* (Linkcode 0738).

Plattform/Gerät	Browser	User-Agent (Beispiel)
iPhone	Mobile Safari	Mozilla/5.0 (iPhone; U; …)
iPad	Mobile Safari	Mozilla/5.0 (iPad; U; …)
iPod touch	Mobile Safari	Mozilla/5.0 (iPod; U; …)
Android	Chrome	Mozilla/5.0 (Linux; U; Android …)
diverse	Opera Mini	… Opera/9.80 (J2ME/MIDP; Opera Mini …)
diverse	Opera Mobil	Opera/9.80 (Android; Linux; …)
Blackberry/diverse	WebKit	Mozilla/5.0 (BlackBerry …)
Windows 7	Internet Explorer Mobile 7	Mozilla/4.0 (compatible; MSIE 7.0; Windows Phone OS 7.0 …)

Tabelle 15.1 Mobile Browser und ihre User-Agents (Ausschnitt)

15.4 CSS-Design für den mobilen Einsatz

Webdesign für mobile Geräte bedeutet zunächst einmal, sich mit den Möglichkeiten und Einschränkungen gegenüber Desktop-Browsern vertraut zu machen.

Kleine Bildschirme

Die offensichtlichste und wohl auch bedeutsamste Einschränkung mobiler Geräte ist der kleine Bildschirm und das damit verbundene Platzproblem. Tabelle

15.2 bietet Ihnen einen Überblick der Bildschirmgrößen handelsüblicher Mobilgeräte.

Bildschirmgröße in Pixeln (Breite x Höhe)	Gerät
128 x 128	Nokia S40 (und viele andere Telefone)
352 x 416	Nokia N90
640 x 200	Nokia S80
640 x 320	Nokia S90
320 x 320	Palm Treo, Centro
320 x 480	iPhone und ältere Android-Geräte
480 x 800	moderne Android-Geräte, Windows 7
480 x 854	moderne Android-Geräte
640 x 960	iPhone 4 (»Retinadisplay«)
768 x 1.024	iPad (zählt daher als Desktop-Display)

Tabelle 15.2 Typische Bildschirmgrößen von Mobilgeräten (Ausschnitt)

Android-Geräte sind in einer Vielzahl von Bildschirmauflösungen erhältlich. Moderne Geräte (2010/2011) der gehobeneren Klasse sind oft mit 480 x 800, 480 x 854 oder gar 960 x 540 Pixeln ausgestattet. Ältere Geräte haben oft eine Auflösung von 320 x 480 Pixeln.

Geringe Bandbreite und hohe Kosten

Die zweite wesentliche Einschränkung ist die geringe Bandbreite der Anbindung. Meist kommen noch hohe Kosten hinzu. Während sich inzwischen im Festnetzbereich breitbandige Internetverbindungen mit Flatrate-Tarifen durchgesetzt haben, sind auf Mobiltelefonen die Übertragungsraten signifikant niedriger und die Preise signifikant höher.

Zwar stehen inzwischen prinzipiell Technologien wie HSDPA zur Verfügung, die bis zu 1,8 Mbit/s übertragen können, aber die Mehrzahl der Mobiltelefone ist noch auf GSM angewiesen. Das aktuelle iPhone beherrscht immerhin schon UMTS und HSDPA. Tatsächlich kommt es aber auf den Mobilfunkanbieter an, auf den abgeschlossenen Vertrag (manche Anbieter berechnen hohe Geschwindigkeiten als »Speed-Option« zusätzlich), die aktuelle Netzabdeckung und eventuell die im laufenden Monat schon heruntergeladene Datenmenge (eine »Flatrate« bedeutet im mobilen Kontext oft, dass Sie zwar unbegrenzt herunterladen können, aber ab einer bestimmten Datenmenge die Geschwindigkeit auf magere 64 kbit/s gedrosselt wird).

Technologie	Übertragungsgeschwindigkeit	Ladezeit für 500 kB
GSM/HSCSD	bis zu 57,6 kbit/s	ca. 1 Min.
GSM/GPRS	bis zu 80 kbit/s (typischerweise 40 – 50 kbit/s)	ca. 1,5 Min. (minimal 50 Sek.)
EDGE	zwischen 150 und 200 kbit/s	minimal 20 Sek.
UMTS	maximal 384 kbit/s	10 Sek.
HSDPA, HSDPA+	3,6 Mbit/s–7,2 Mbit/s bis zu 21,6 Mbit/s (ein Anbieter 2011)	<1 Sek.
WLAN	2–11 Mbit/s	< 1 Sek.
DSL 2 MB	2–16 Mbit/s	< 1 Sek.

Tabelle 15.3 Geschwindigkeiten und Ladezeiten von Mobilanbindungen (WLAN und DSL zum Vergleich)

Mühsame Bedienung

Eine weitere Einschränkung ist die vergleichsweise mühsame Bedienung. Während auf dem heimischen Rechner eine vollwertige Tastatur und eine Maus zur Verfügung stehen, gibt es auf den meisten Mobilgeräten nur winzige Tasten – zum Teil nicht einmal eine echte Buchstabentastatur – und eine Art Bedienkreuz, mit dem die Website bedient werden muss. Andere Geräte arbeiten mit einem Touchscreen, der bei einer Eingabe die ohnehin geringe Bildschirmfläche weiter verkleinert. Für das mobile Webdesign ergeben sich folgende Ansätze:

▶ Verwenden Sie möglichst wenige Bedienelemente, die möglichst einfach bedienbar sind. Mehrfach verschachtelte Flyout-Menüs sind beispielsweise auf Mobiltelefonen kaum bedienbar.

▶ Machen Sie Schaltflächen ausreichend groß.

▶ Benutzen Sie statt Texteingabefeldern möglichst oft Auswahlmöglichkeiten, zum Beispiel für Landes- oder Monatsauswahlen.

▶ Nutzen Sie falls möglich Informationen, die das Gerät zur Verfügung stellt, zum Beispiel die Geo-Lokalisierung, um unnötige Benutzereingaben zu sparen.

Aufgrund der Vielfalt an verfügbaren Geräten lassen sich nur wenige wirklich allgemeingültige Regeln aufstellen. Sehen wir uns daher einmal ein paar Gerätetypen im Detail an.

15.5 Einzelne Geräte

Bei mobilen Geräten gibt es eine kaum zu überblickende Vielzahl – trotzdem verteilt sich der Löwenanteil des mobilen Datenaufkommens auf doch eher wenige Anbieter.

15.5.1 Betriebssysteme für Mobilgeräte und Organizer

Im Jahr 2011 wird die mobile Welt im Wesentlichen von zwei Anbietern dominiert: von Apple mit der iOS-Familie (iPhone, iPod touch und iPad) und den vom Google-Betriebssystem *Android* unterstützten Geräten. Andere Hersteller, inklusive Windows, spielen nur eine untergeordnete Rolle. Weltweit spielt auch noch der Hersteller RIM mit seinen *Blackberrys* eine Rolle, die seit 2010 auch mit der WebKit-Engine arbeiten.

Die Marktanteile der Mobilbetriebssysteme im deutschsprachigen Internet (also nicht die Verkaufszahlen der Geräte, sondern die tatsächliche Onlinenutzung) verhielten sich im Februar 2011 etwa wie in Tabelle 15.4 und Tabelle 15.5 dargestellt.

Betriebssystem	Marktanteil
iOs	59 %
Android	21 %
Symbian OS (Nokia)	8 %
andere (inklusive Windows Phone)	12 %

Tabelle 15.4 Onlineanteile mobiler Betriebssysteme; Quelle: StatCounter (http://gs.statcounter.com)

Browser	Marktanteil
iPhone und iPod touch (Safari)	~57 %
Android (Chrome)	23 %
Opera	~5 %
Symbian OS (Nokia)	~5 %
andere (inklusive IE Mobile)	~10 %

Tabelle 15.5 Onlineanteile mobiler Browser; Quelle: StatCounter (http://gs.statcounter.com)

Damit erreichen moderne Browser (Safari, Chrome/WebKit und Opera) einen Marktanteil von 85 %, der Rest verteilt sich auf mehr als ein Dutzend weitere Systeme; der niederländische Entwickler Peter-Paul Koch hat die einzelnen Browser vorgestellt und nach ihren Rendering-Fähigkeiten bewertet: *http://www.quirksmode.org/mobile/browsers.html* (Linkcode 0706).

Bei den reinen Geräteverkäufen sieht es etwas anders aus: Je nach Statistik spielen Android und iOS in der gleichen Liga, werden aber von Symbian und Blackberry übertroffen.

15.5.2 Safari auf dem iPhone und iPad

Der Mobile-Browser von Safari ist in CSS-Hinsicht seinem großen Bruder auf dem Desktop ebenbürtig. Auch er beherrscht CSS 2.1 und bereits Teile von CSS3, was für die Zuweisung mobiler Stylesheets wichtig ist.

Als Hilfe für die Arbeit mit dem vergleichsweise kleinen Bildschirm des iPhones haben sich die Apple-Entwickler eine raffinierte Skalierungsfunktion einfallen lassen: Mittels Doppelklick auf ein Element wird dieses auf die vollständige Bildschirmbreite vergrößert.

Eigentlich ist aufgrund seiner Leistungsfähigkeit eine besondere Behandlung des Safari/iPhones nicht unbedingt erforderlich. Es reicht, wenn die Website sauber aufgebaut ist. Vorteilhaft ist es außerdem, nicht zu breite Spalten zu verwenden, damit diese einzeln in lesbarer Größe auf dem Bildschirm des iPhone dargestellt werden können.

Stylesheets für Safari auf dem iPhone zuweisen

Speziell für das iPhone optimierte Stylesheets können Sie auf zwei Arten zuweisen:

1. Über die Browserkennung (*User-Agent*) lässt sich der Browser serverseitig oder per JavaScript erkennen und mit einem speziellen Stylesheet versorgen. Der iPhone-Safari auf meinem iPhone 3GS mit iOS 4.3.2 gibt sich mit folgender Browserkennung zu erkennen:

```
Mozilla/5.0 (iPhone; U; CPU iPhone OS 4_3_2 like Mac OS X; de-de)
AppleWebKit/533.17.9 (KHTML, like Gecko) Mobile/8H7
```

Neben der Information, dass es sich um ein iPhone handelt (das iPad hat die entsprechende Kennung `iPad` und der iPod touch wird über `iPod` erkannt), werden auch die konkrete Version des iOS benannt und die WebKit-Version. Die Build-Version 533.17.9 entspricht dabei einem Safari 5.0.2 unter iOS (nach *http://en.wikipedia.org/wiki/Safari_version_history*, Linkcode 0707).

Ihren eigenen User-Agent (bzw. den Ihres Browsers) können Sie unter *http://www.microsystools.com/products/http-user-agent/* (Linkcode 0708) herausfinden.

2. Die zweite Methode zur Stylesheet-Zuweisung funktioniert allein mit CSS, genauer mit den Media Queries aus CSS3. Dabei machen Sie sich die Tatsache zunutze, dass die Bildschirmgröße des iPhones (320 × 480 Pixel oder 640 × 960 Pixel) bekannt ist, und fragen diese ab:

```
<link media="only screen and (max-device-width: 480px)"
  href="iphone.css" type="text/css" rel="stylesheet" >
</link>
```

Obwohl es auf den ersten Blick nicht logisch erscheint, wird auch das iPhone 4 mit seiner eigentlich höheren Auflösung von dieser Abfrage erwischt. Aus Rücksicht auf Entwickler unterscheidet Apple zwischen den physikalischen Pixeln des iPhone-Screens und virtuellen Pixeln, die wir mit der Medienabfrage ansprechen. Für die iPhones 2 und 3 entspricht ein Bildschirmpixel auch exakt einem CSS-Pixel. Beim iPhone 4 hingegen ist das Verhältnis 2 : 1. Die Pixel-Auflösung eröffnet dann auch einen Weg, um das iPhone 4 (und andere Geräte mit hochauflösenden Bildschirmen) von älteren iPhones zu trennen. Mit dieser Abfrage testen Sie auf eine hohe Auflösung und liefern ein passendes Stylesheet aus:

```
<link media="only screen and (-webkit-min-device-pixel-
ratio: 2), only screen and (min-device-pixel-
ratio: 2)" href="iphone4.css" rel="stylesheet"></link>
```

Wenn ich mich im Folgenden auf Pixelabmessungen beziehe, meine ich bezogen auf iPhones immer die virtuellen Pixel.

Designansätze für das iPhone – Design für den kleinen Schirm

Das iPhone hat eine Bildschirmgröße von 320 × 480 Pixel. Das iPhone 4 hat zwar eine höhere (verdoppelte) Bildschirmauflösung und damit physikalisch viermal mehr Pixel. Der Bildschirm an sich ist aber gleich groß geblieben, und intern rechnet das iPhone immer noch mit der alten Auflösung in »virtuellen« Pixeln.

Eine optimierte Website nutzt diesen vergleichsweise winzigen Platz, der durch die Einblendung von Bedienelementen noch weiter schrumpfen kann, optimal aus, indem alles Unwichtige weggelassen wird (siehe Abbildung 15.1).

Der zur Verfügung stehende Platz ist nicht nur beschränkt, sondern auch – je nach Kontext – variabel. Wenn beispielsweise Formulare ausgefüllt werden sollen, beansprucht die Bildschirmtastatur einen weiteren erheblichen Anteil der Bildschirmfläche (siehe Abbildung 15.2).

Einzelne Geräte | **15.5**

Abbildung 15.1 Die Website des Business-Netzwerks XING. Links der Login-Bildschirm für Desktop-Browser, rechts die iPhone-Variante, die automatisch angesteuert wird, wenn XING ein iPhone erkennt.

Abbildung 15.2 Wichtige Abmessungen auf dem iPhone

Sowohl bei dem iPhone als auch bei dem iPad können Sie – wieder per Media Query – die Orientierung abfragen, also ob das Gerät hochkant oder quer gehalten wird. Mit

```
@media screen and (device-
width: 480px) and (orientation: landscape) {
   /* Styles für iPhone quer */
}
```

bzw.

539

```
@media screen and (device-
width: 1024px) and (orientation: landscape) {
   /* Styles für iPad quer */
}
```

legen Sie spezielle Styles für das Querformat an. Die Styles für die Hochkant-Ansicht brachen Sie nicht extra zu notieren – das ist ja die Normalansicht.

Der Viewport

Um für den großen Bildschirm gedachte Websites auf einem kleinen Screen sinnvoll anzuzeigen, bedient sich das iPhone (genau wie andere Mobilbrowser) einiger Tricks. Einer davon ist der Seitenzoom – eine Website wird zunächst in einer sehr groben Übersicht angezeigt und kann durch den User auf lesbare Größe »herangezoomt« werden. Manchmal sehen allerdings Seiten so aus:

Abbildung 15.3 Zu kleiner Text aufgrund fehlenden Viewports

Woran liegt das? Das iPhone nimmt – wenn nichts anderes spezifiziert ist – an, dass eine Seite 980 Pixel breit ist, und skaliert sie auf seine 320 Pixel herunter. Wenn die tatsächliche Breite der Seite kleiner als 980 Pixel ist, führt das zu unnötiger Verkleinerung. Sie können dies verhindern, indem Sie einen expliziten Wert für den Viewport angeben:

```
<meta name="viewport" content="width=660px">
```

Das definiert die Breite der Seite auf 660 Pixel – das iPhone skaliert dann nur noch so weit, dass diese 660 Pixel in das Display passen. Bei einer komplett flexiblen Seite mit nur einer Spalte können Sie die Breite auch einfach der Displaybreite des Geräts anpassen:

```
<meta name="viewport" content="width=device-width">
```

Design für die Zoom-Funktion

Um die Zoom-Funktion des iPhones optimal auszunutzen, muss die Webseite in »zoombare« Einheiten unterteilt sein. Spalten sollten höchstens so breit sein, dass sie auf die Breite des iPhone-Bildschirms gezoomt noch gut lesbar sind. Ein guter Wert sind ca. 30 bis 40 Zeichen. Bei einer »Desktop-Website« würde dies mit einer vertikalen Menüleiste und zwei Spalten gut hinkommen. Da Opera ein ähnliches Zoom-Werkzeug anbietet, hilft dieser Ansatz dort ebenfalls weiter (siehe Abbildung 9.3).

Abbildung 15.4 Durch einen »Doppeltapp« lassen sich Bereiche vergrößern, wenn sie entsprechend als Box angelegt sind.

Die Zoom-Funktion lässt sich auch komplett deaktivieren. Mit der Anweisung

```
<meta name="viewport" content="width=320; user-scalable=no">
```

wird die Webseite auf 320 Pixel Breite skaliert und kann durch den Nutzer nicht mehr skaliert werden. Dann tragen Sie allerdings auch selbst die Verantwortung für die Lesbarkeit der Inhalte. Die Schriftgröße sollte mindestens 20 Pixel betragen.

Mit Hilfe des Viewport-Meta-Tags können Sie auch eine maximale und minimale Zoomstufe vorgeben und – auch ohne das Zoomen ganz zu deaktivieren – einen Startfaktor angeben:

```
<meta name="viewport" content="maximum-scale=3.0">
<meta name="viewport" content="minimum-scale=0.5">
<meta name="viewport" content="initial-scale=1.5">
```

Die Anweisungen lassen sich auch kombinieren:

```
<meta name="viewport" content="maximum-scale=3.0, minimum-scale=0.5">
```

Design für den Touchscreen

Das iPhone wird nahezu ausschließlich mit dem Finger über den Touchscreen bedient. Dies sollten sie bei der Gestaltung von Bedienelementen wie Buttons berücksichtigen. Winzige, nicht skalierbare Links oder grafische Knöpfe funktionieren daher (nicht nur) auf dem iPhone schlecht.

Mit einer recht einfachen CSS-Notation sorgen Sie dafür, dass Ihre Links auch auf kleinen Bildschirmen gut sichtbar bleiben.

```
1:  <style>
2:  @media only all and (max-device-width: 480px) {
3:    a {
4:      font-size: 200%;
5:      padding: 5px;
6:      font-weight: bold;
7:      background: #FFFFCC;
8:    }
9:  }
10: </style>
```

Listing 15.3 Große Links per CSS-Automatik

Mit Hilfe der Safari/WebKit-eigenen Eigenschaft `-webkit-text-size-adjust` können Sie die Schrift vergrößern. Das geht per

```
html { -webkit-text-size-adjust: 200%; }
```

für den gesamten Text oder (wie im obigen Beispiel) nur für einzelne Elemente.

Abbildung 15.5 Link-Vergrößerung durch Sonder-CSS für kleine Screens

Andere Bedienelemente (zum Beispiel Auswahlboxen) sehen komplett anders als auf dem Desktop aus. Diese werden iPhone-spezifisch als eine Art Rolle dargestellt. Bei Texteingabe-Boxen erscheint die iPhone-Bildschirmtastatur, und auch Checkboxen sehen ziemlich speziell aus. Die typischen iPhone-Eingabefelder mit runden Ecken erzeugen Sie über die Eigenschaft -webkit-border-radius. Mit

```
input { -webkit-border-radius: 10px; }
```

erstellen Sie entsprechend geformte Eingabefelder.

Bei der Gestaltung von Formularen sollten Sie daran denken, dass die Texteingabe trotz optimierter Bildschirmtastatur immer noch recht mühsam und fehleranfällig ist. Die Auswahl aus einer Dropdown-Box im iPhone-Stil hingegen macht sogar Spaß! Daher bietet es sich an, nach Möglichkeit solche Auswahlen einzusetzen. Vergessen Sie jedoch nicht: Der Platz für die Optionen ist beschränkt (siehe Abbildung 15.6).

Apple veröffentlicht auf seiner Developer-Website die »iPhone Human Interface Guidelines for Web Applications«, die eine Menge Tipps und Hinweise zur Entwicklung von iPhone-spezifischen Inhalten liefern: *http://developer.apple.com/webapps/ docs_iphone/documentation/AppleApplications/Reference/SafariWebContent/In↵ troduction/chapter_1_section_1.html* (Linkcode 0518).

Abbildung 15.6 Dropdown-Auswahl auf dem iPhone: Der Platz ist begrenzt.

iPhone testen

Apple stellt im Rahmen des *iPhone SDK* (Software Development Kit) auch einen Emulator bereit, mit dem Sie Websites und Applikationen testen können. Das iPhone SDK können Sie über die Apple-Developer-Website heruntergeladen werden. Es steht allerdings nur auf Mac OS X-Basis zur Verfügung. Sie finden es unter *http://developer.apple.com/ios/* (Linkcode 0709); zum Download des SDK ist eine (kostenlose) Registrierung erforderlich (siehe Abbildung 15.7).

Für Windows gibt es kommerzielle Anbieter, die eigene Emulatoren anbieten, z. B. *mobione* von Genuitec (*http://www.genuitec.com/mobile/features.html* – Linkcode 0710). Nach einer kurzen Testphase ist die Nutzung allerdings kostenpflichtig.

Darüber hinaus gibt es Onlinesimulatoren, die auf Basis des Desktop-Safaris ein iPhone simulieren, wie beispielsweise der *iPhone Tester* (*http://iphonetester.com/* – Linkcode 0711).

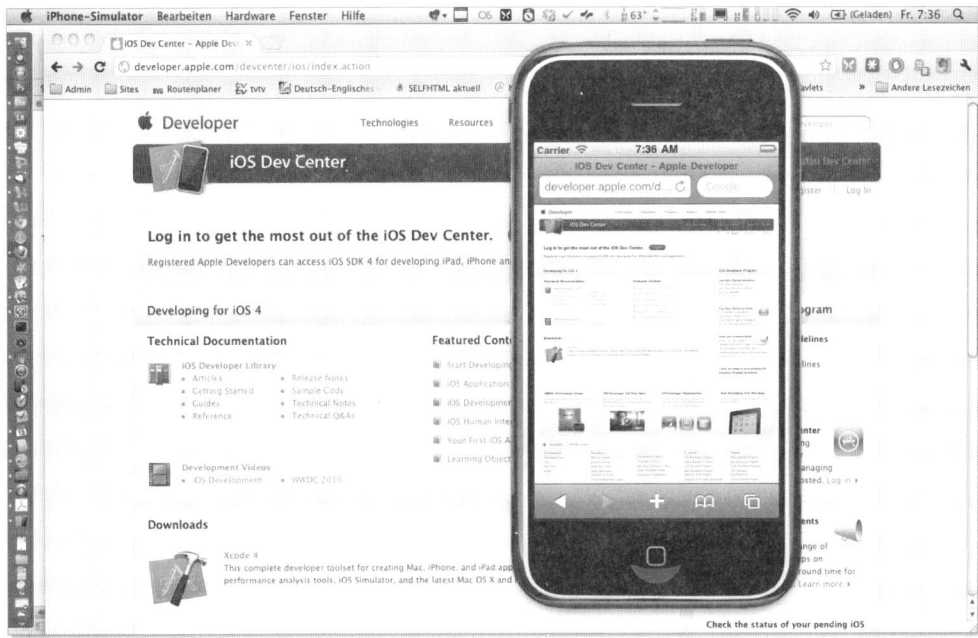

Abbildung 15.7 Mit dem iPhone-Emulator ins iPhone Dev Center ...

15.5.3 Chrome auf Android-Geräten

Der Einstieg von Google auf dem Mobiltelefonmarkt vollzog sich ähnlich spektakulär wie seinerzeit das Engagement Apples. Obwohl ein von Google selbst vertriebenes Telefon sich nicht im großen Stil durchsetzen konnte, hat sich das Betriebssystem selbst – da es frei verfügbar ist – inzwischen zum meistverwendeten Betriebssystem bei Neugeräten gemausert. Bei der tatsächlichen Onlinenutzung stehen Android-Telefone nach iOS-Geräten (Mai 2011) auf Platz zwei, holen aber schnell auf.

Die gute Nachricht ist, dass mit Android und dem darin verbauten Chrome-Browser auch auf dieser Plattform eine moderne Rendering-Engine auf WebKit-Basis zur Verfügung stellt. Nachteilig ist, dass Android-Geräte in einer Vielzahl von Bildschirmauflösungen verfügbar sind, die von 320 × 480 Pixeln bis zu 1.024 × 800 Pixel reichen. Auch die zur Verfügung stehenden Funktionen des Telefons unterscheiden sich (Tastatur, GPS-Sensor etc).

Design für Android

Android unterscheidet daher auch nicht einzelne Bildschirmauflösungen in Pixeln, sondern arbeitet mit abstrakten Bezeichnungen wie `small` bis `xlarge` für die Bildschirmgröße (ca. 5 cm bis ca. 25 cm) und Auflösungen von `ldpi` (ca. 100 dpi) bis xhdpi (> 300 dpi). Der größte Anteil der Android-Telefone bewegt sich im Bereich *normaler* Bildschirmgrößen mit *hoher* Auflösung (*http://developer.android.com/resources/dashboard/screens.html* – Linkcode 0712).

Der Android-Browser verfügt über ähnliche Skalierungsmethoden wie das iPhone und kann auf die gleiche Art mittels viewport gesteuert werden.

Ebenso wie iPhone kann auch Android die Eigenschaft -webkit-min-device-pixel-ratio in einer Media Query abfragen. Im Prinzip ließen sich über Abfragen die verschiedenen Kombinationen von Größe und Auflösung mit jeweils alternativen Styles versehen. Bei vier Größen- und fünf Auflösungsklassen artet das aber in einen hohen Aufwand aus; da sich Geräte ja auch noch hochkant oder quer betreiben lassen, kommen so 40 verschiedene Layoutvarianten zusammen.

Stylesheets für Android

Eine Browserweiche für Android-Geräte ist wenig sinnvoll, da sich diese zu sehr voneinander unterscheiden. Ähnlich wie beim iPhone bietet es sich an, nach der verfügbaren Bildschirmgröße und der Auflösung zu unterscheiden. Wenn Sie explizit Android-Geräte oder einzelne Telefone ansteuern wollen, müssen Sie den User-Agent auswerten. Ein Nexus One meldet sich z. B. mit:

```
Mozilla/5.0 (Linux; U; Android 2.1; en-us; Nexus One Build/ERD62)
AppleWebKit/530.17 (KHTML, like Gecko) Version/4.0 Mobile Safari/530.17
-Nexus
```

Sie können also mittels JavaScript nach dem Begriff »Android« suchen und entsprechend reagieren. Möglichkeiten, per JavaScript Stylesheets zu wechseln, habe ich in Abschnitt 14.1, »Austausch eines Stylesheets per JavaScript«, beschrieben.

Android testen

Auch Google stellt Entwicklern ein SDK zur Verfügung, das auch über einen Emulator verfügt. Um verschiedene Geräte zu emulieren, können Sie dort Geräteprofile hinterlegen. Das Android-SDK können Sie für verschiedene Betriebssysteme kostenlos herunterladen: *http://developer.android.com/sdk/index.html* (Linkcode 0713).

Einen vorhandenen Chrome-Browser können Sie durch den Aufruf mit einem Android-User-Agent dazu bringen, im mobilen Modus zu starten. Dazu erstellen Sie einen Verweis auf Chrome und öffnen die Eigenschaften des Verweis-Icons. Im Fenster Verknüpfung im Feld Ziel fügen Sie nach dem vorhandenen Aufruf mit einem Leerzeichen einen User-Agent an. Bei mir sieht das dann so aus:

```
C:\Users\[username]\AppData\Local\Google\Chrome\Application\
chrome.exe -user-agent="Mozilla/5.0 (Linux; U; Android 2.1-
update1; en-us;) AppleWebKit/530.17 (KHTML, like Gecko) Version/
4.0 Mobile Safari/530.17"
```

Wenn Sie nun Chrome über diesen Verweis starten, zeigt er Websites in einem speziellen Rendering-Modus für mobile Geräte an.

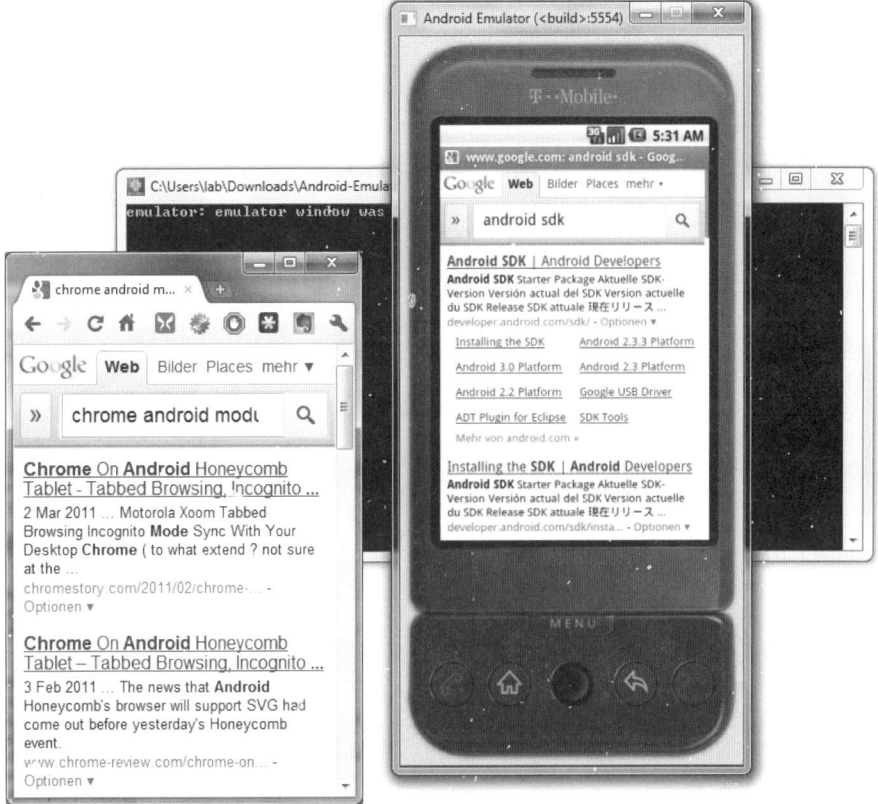

Abbildung 15.8 Android-Emulator aus dem SDK (rechts) und »Emulator light« per Chrome

15.5.4 Opera Mini und Opera Mobile

Grundsätzlich bieten beide mobilen Opera-Browser den gleichen Grad an CSS-Unterstützung wie der große Bruder für den Desktop. Es gibt allerdings einige plattformspezifische Einschränkungen. So verfügt Opera Mini nur über eine einzige Systemschrift. Die Eigenschaft `font-family` hat daher keine Wirkung.

Opera Mini beherrscht zwei unterschiedliche Darstellungsmodi: Im Desktop-Modus versucht er, die Seiten so darzustellen, wie sie auf der Desktop-Version angezeigt würden. Der »Small-Screen-Modus« hingegen formatiert die Inhalte um und stellt sie in einer linearisierten Version dar.

Abbildung 15.9 Mit Opera Mobil können Sie verschiedene Bildschirmauflösungen testen.

Desktop-Modus	Small-Screen-Modus
Die Webseite wird auf die Breite des Mobil-Displays skaliert. (Kein Scrollen erforderlich, aber in der Regel ist die Webseite auch nicht mehr zu lesen.)	Inhalte werden zu einer Spalte reformatiert.
Mit der Zoom-Funktion können einzelne Bereiche auf Bildschirmbreite vergrößert werden.	Der Text wird generell auf die Bildschirmbreite umbrochen.
Bilder werden komprimiert und skaliert, so dass sie auf den Bildschirm passen.	Bilder werden komprimiert und skaliert, so dass sie maximal 70 Prozent der Bildschirmbreite einnehmen.
Plug-ins werden nicht unterstützt.	Plug-ins werden nicht unterstützt.
Frames werden nicht unterstützt.	Frames werden nicht unterstützt.
Telefonnummern werden in Telefon-Links umgewandelt.	Telefonnummern werden in Telefon-Links umgewandelt.
CSS wird mit Ausnahmen unterstützt.	CSS-Angaben zur Positionierung werden ignoriert (auch `float`).
Lädt Stylesheets des Medientyps `screen` und Media Queries, aber nicht `handheld`.	Lädt Stylesheets des Medientyps `handheld` und Media Queries.

Tabelle 15.6 Vergleich der Darstellungsmodi von Opera Mini

Opera testen

Opera Mini lässt sich über einen Onlinesimulator testen: *http://www.operamini.com/demo/* (Linkcode 0512). Bei den Opera Developer Tools gibt es sowohl für die Mini- als auch für die Mobile-Variante einen Stand-alone-Simulator zum Download: *http://www.opera.com/developer/tools/* (Linkcode 0513). Für Opera Mobile genügt aber auch der Small-Screen-Modus der Desktop-Variante.

Stylesheets nur für Opera

Opera Mini gibt sich über seine Benutzerkennung mit dem String

```
Opera Mini/4.0
```

(für die Version 4.0) zu erkennen.

Opera Mini lädt Stylesheets des Medientyps `screen` oder – je nach Darstellungsmodus – `handheld`. Die mobilen Opera-Browser interpretieren Media Queries genau wie Mobile Safari.

```
<link media="screen and (max-device-width: 480px)"
 href="opera.css" type="text/css"
 rel="stylesheet"></link>
```

15.5.5 Weitere mobile Browser

Neben den marktbeherrschenden Geräten von Apple und Google bleibt wenig Platz für andere Anbieter.

Blackberry

Der Hersteller RIM mit den Geräten der Blackberry-Reihe ist gewissermaßen der Pionier des mobilen Internets. Die Web- und Multimediafähigkeiten des Betriebssystems waren jedoch lange Zeit eher unterentwickelt. Mit der Gerätegeneration 9 ist auch Blackberry auf die WebKit-Rendering-Engine umgestiegen und ermöglicht so ein vergleichbares Verhalten wie bei iPhone & Co. und Android-Geräten. Für Blackberry-Geräte ist auch Opera Mini verfügbar.

Windows Mobile 7

Der in der Version 7 von Windows Mobile enthaltene Pocket Internet Explorer beruht auf dem Desktop Internet Explorer 7 mit einigen Erweiterungen aus der 8er-Version. Im Frühjahr 2011 kündigte Microsoft an, auch den Internet Explorer 9 für Windows Mobile zu veröffentlichen.

15.6 Frameworks für die mobile Entwicklung

Wie auch auf dem Desktop gibt es (jede Menge) Frameworks, die Ihnen beim Erstellen mobiler Websites und Webapps unter die Arme greifen. Dabei haben Sie die Wahl zwischen »einfachen« HTML-Templates, die das Gerüst und die notwendigen CSS-Anweisungen für eine einzelne Seite oder Applikation bereitstellen, und kompletten Frameworks, die mittels JavaScript auch die typischen Navigationstools und Effekte liefern oder mobilspezifische »Wischgesten« möglich machen.

15.6.1 Mobile Boilerplate

Mobile Boilerplate ist der mobile Bruder des in Abschnitt 11.1, »Arbeiten mit HTML-Vorlagen«, vorgestellten Frameworks HTML5 Boilerplate.

Mobile Boilerplate besteht aus einer HTML-Datei mit vielen optionalen Elementen, einem Stylesheet und einer JavaScript-Datei mit relativ wenigen grundlegenden Elementen. Außerdem gibt es eine XML-Sitemap-Datei und Konfigurationsdateien für den Apache Webserver, die u. a. für den mobilen Einsatz optimierte Funktionen wie Clientside Caching und URL-Umschreibungen bereitstellen.

Im Gegensatz zu den später erläuterten Komplett-Frameworks ist Mobile Boilerplate als Basis für eigene Entwicklungen gedacht. Es gibt daher folgerichtig auch keine Standardstyles oder Themen. Dafür sind alle getroffenen Entwurfsentscheidungen ausführlich kommentiert und mit Quellen versehen – das fördert das Verständnis ungemein. Für den Produktiveinsatz existiert natürlich auch eine komprimierte Variante.

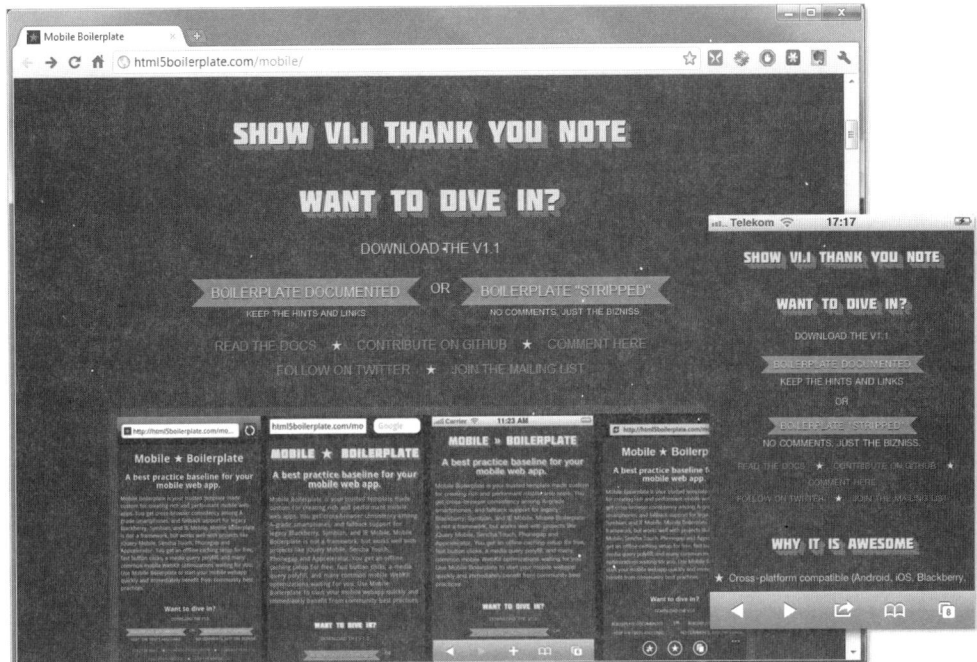

Abbildung 15.10 Die Funktionen von Mobile Boilerplate ermöglichen ein angepasstes Layout je nach verfügbarem Bildschirmplatz.

Als Erweiterung für Mobile Boilerplate (und auch HTML5 Boilerplate) hat Andy Clarke mit *320 and up* eine Hilfsbibliothek geschaffen, die je nach aktueller Auflösung eines von mehreren Stylesheets ansteuert – implementiert sind die Grenzen 480, 768, 992 und 1.382 Pixel. Dabei wird auch ein Verändern der Bildschirmgröße nach dem Laden abgefangen und mit entsprechenden Layoutveränderungen belohnt. Sie können das am besten auf der Website des Projektes selbst ausprobieren.

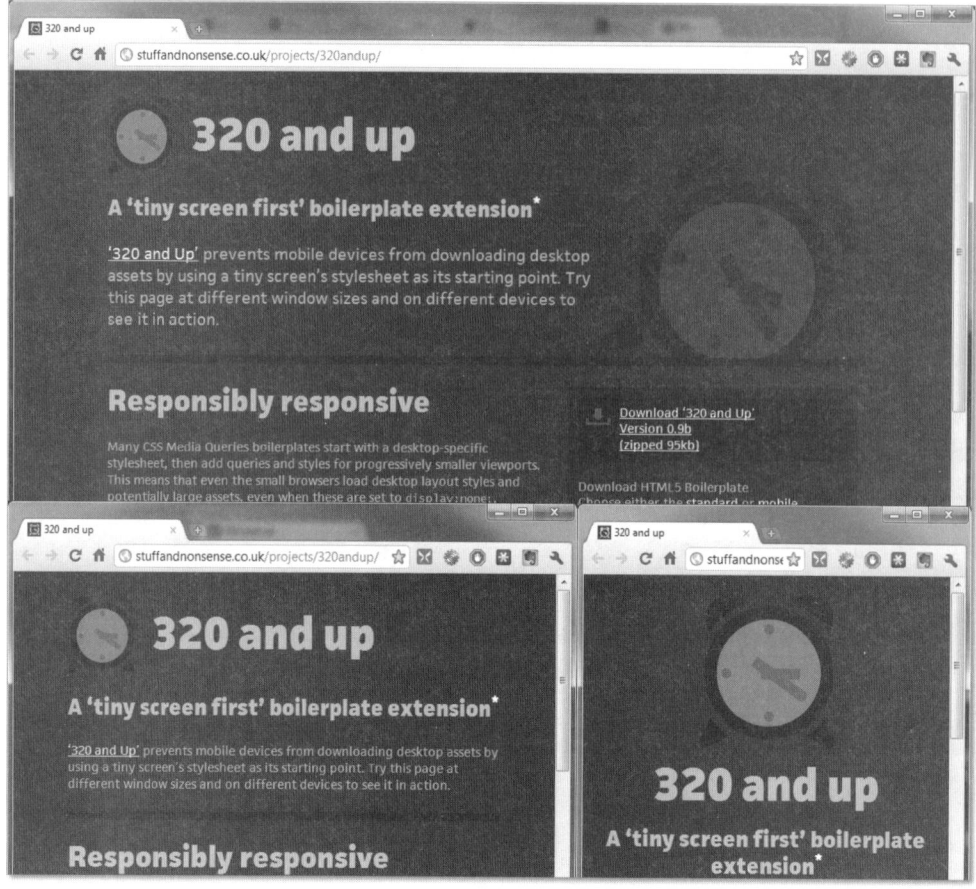

Abbildung 15.11 Je nach verfügbarem Platz ein optimales Layout

Downloads

- **Mobile Boilerplate:** *http://html5boilerplate.com/mobile/* (Linkcode 0714). Dort finden Sie auch die Dokumentation und eine kurze Slideshow zur Einführung.

- **320 and up:** *http://stuffandnonsense.co.uk/projects/320andup/* (Linkcode 0715)

15.6.2 jQuery Mobile Framework

In Kapitel 14, »Ajax, JavaScript und CSS«, habe ich Ihnen ja bereits das JavaScript-Framework jQuery (kurz) vorgestellt. Von diesem System gibt es auch einen Ableger, der für mobiles Webdesign gedacht ist. Neben einem grundsätzlichen Layout stellt jQuery mobile Funktionen zum Navigieren wie die typischen Menüs oder Wischgesten-Unterstützung bereit.

Abbildung 15.12 Schön zu sehen – die Unterstützung auf den wichtigsten Mobilplattformen

JQuery Mobile unterstützt die gebräuchlichsten Mobilplattformen und -browser, wie

- iOS-Geräte
- Blackberry
- Android

Die komplette Unterstützungsmatrix finden Sie auf der jQuery Mobile Site: *http://jquerymobile.com/gbs/* (Linkcode 0716). Dadurch ersparen Sie sich die Anpassung der Seiten an die unterschiedlichen Umgebungen.

Der Einsatz von jQuery Mobile ist wirklich einfach: Sie müssen nicht einmal etwas herunterladen, sondern können einfach die Bibliotheken und Standardstyles von der jQuery-Website einbinden (wenn Sie kein Vertrauen in die Wolke haben, können Sie die Dateien natürlich auch herunterladen und selbst hosten).

```
1:  <link rel="stylesheet" href="http://code.jquery.com/
    mobile/1.0a4.1/jquery.mobile-1.0a4.1.min.css" />
2:  <script src="http://code.jquery.com/
    jquery-1.5.2.min.js"></script>
3:  <script src="http://code.jquery.com/
    mobile/1.0a4.1/jquery.mobile-1.0a4.1.min.js"></script>
```
Listing 15.4 jQuery-Bibliotheken und Stylesheets zum Einbinden

Das Grundprinzip von jQuery Mobile besteht darin, alle Seiten einer Mobilsite in einer einzigen HTML-Seite zu speichern und in dieser dann mit JavaScript zu navigieren. Die einzelnen »virtuellen« Seiten werden mit <div>-Elementen dargestellt.

```
1:  <div data-role="page">
2:    <div data-role="header">
3:      <h1 >Header </h1>
4:    </div>
5:    <div data-role="content">
6:      <p>Inhalte</p>
7:    </div>
8:    <div data-role="footer">
9:      <p> Fußzeile </p>
10:   </div>
11: </div>
```
Listing 15.5 Minimale Seitenstruktur für jQuery-Mobile-Seite

Mit Hilfe des Attributs `data-role` werden den Elementen Aufgaben zugewiesen. Neben den Seitenelementen Header, Inhaltsbereich und Footer gibt es auch Rollen für die typischen Mobil-User-Interface-Elemente. Im folgenden Beispiel wird mit

`<ul data-role="listview">`

eine Liste als Menü im typischen Mobilstyle ausgezeichnet:

```
1:  <!DOCTYPE html>
2:  <html>
3:  <head>
4:  <meta http-equiv="Content-Type"
    content="text/html; charset=utf-8" />
5:  <title>jQuery Mobilsite</title>
6:  <link rel="stylesheet"
```

```
        href="http://code.jquery.com/mobile/1.0a4.1/jquery.mobile-⤶
        1.0a4.1.min.css" />
 7:     <script src="http://code.jquery.com/jquery-⤶
        1.5.2.min.js"></script>
 8:     <script src="http://code.jquery.com/mobile/
        1.0a4.1/jquery.mobile-1.0a4.1.min.js"></script>
 9:     <style>
10:     div[data-role="footer"] {
11:        text-align: center;
12:     }
13:     </style>
14:   </head>
15:   <body>
16:   <div data-role="page" id="home">
17:     <div data-role="header">
18:        <h1 >Mit jQuery mobile Websites gestalten </h1>
19:     </div>
20:     <div data-role="content">
21:        <p>Das ist eine mobile Seite, die auch in
        verschiedenen Smartphones gut aussieht.</p>
22:        <ul data-role="listview">
23:           <li><a href="#page1">Seite 1</a></li>
24:           <li><a href="#page2">Seite 2</a></li>
25:        </ul>
26:     </div>
27:     <div data-role="footer">
28:        <p> Kapitel 15: Mobile CSS </p>
29:     </div>
30:   </div>
31:   <div data-role="page" id="page1">
32:     <div data-role="header">
33:        <h1 >Mit jQuery verlinken </h1>
34:     </div>
35:     <div data-role="content">
36:        <p>Das ist eine mobile Seite, die auch in
        verschiedenen Smartphones gut aussieht.</p>
37:        <ul>
38:           <li><a href="#home">Home</a></li>
39:           <li>Seite 1</li>
40:           <li><a href="#page2">Seite 2</a></li>
41:        </ul>
42:     </div>
43:     <div data-role="footer">
44:        <p> Kapitel 15: Mobile CSS </p>
45:   </div>
```

```
46:    </div>
47:    <div data-role="page" id="page2">
48:      <div data-role="header">
49:        <h1 >Mit jQuery verlinken </h1>
50:      </div>
51:      <div data-role="content">
52:        <p>Das ist eine mobile Seite, die auch in
           verschiedenen Smartphones gut aussieht.</p>
53:        <ul>
54:          <li><a href="#home">Home</a></li>
55:          <li><a href="#page1">Seite 1</a></li>
56:          <li>Seite 2</li>
57:        </ul>
58:      </div>
59:      <div data-role="footer">
60:        <p> Kapitel 15: Mobile CSS </p>
61:      </div>
62:    </div>
63:  </body>
64: </html>
```

Listing 15.6 Einfache jQuery-Mobile-Website mit mehreren Einzelseiten

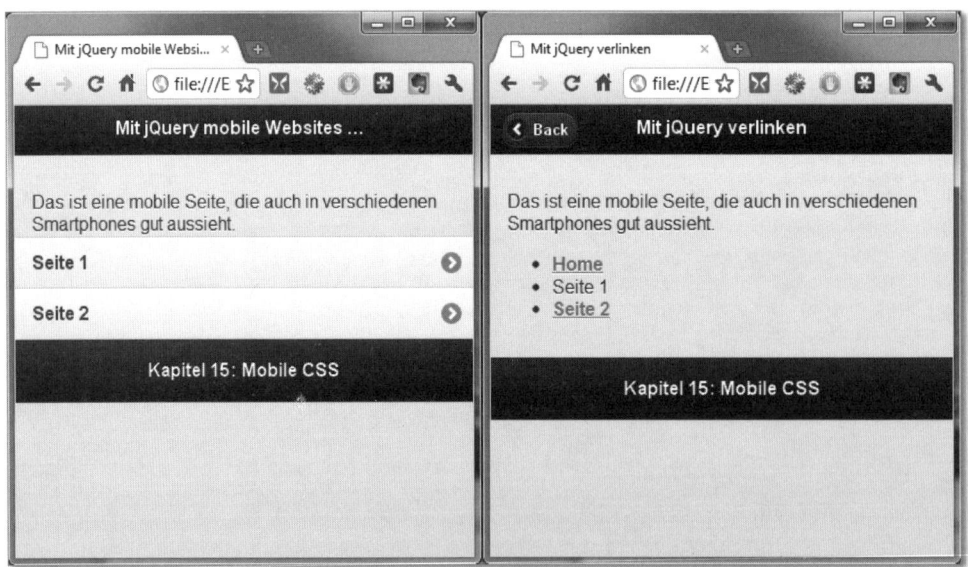

Abbildung 15.13 Drei Seiten zum Preis von einer: Mobilsite mit jQuery

Interne Verlinkungen steuern Sie über die ID gesteuert, die jedes <div> auszeichnet, das eine eigene Seite einleitet – die Scrolleffekte steuert das Framework bei. Auch der »Back«-Button, der im Seitenheader erscheint, wird automatisch von jQuery erzeugt.

CSS-Themen für die Optik

Das Aussehen der Site steuern Sie über Themen. jQuery Mobile bringt fünf Standardthemen mit, die mit den Buchstaben A–E benannt sind. Um ein Thema einer Seite zuzuordnen, notieren Sie im Seiten-<div> den entsprechenden Buchstaben für das Attribut data-theme:

```
<div data-role="page" data-theme="e">
...
</div>
```

Wenn Sie ein eigenes Thema erstellen möchten, ist dies auch recht simpel. Kopieren Sie sich einen Abschnitt aus dem zentralen Stylesheet mit allen Anweisungen (verwenden Sie die unkomprimierte und kommentierte Version: *http://jquery⤴ mobile.com/download/* – Linkcode 0717), und ersetzen Sie die Anweisungen durch Ihre eigenen:

```
/*!
 * jQuery Mobile v1.0a4.1
 * http://jquerymobile.com/
...
/* A -----------------------------------------------------*/
.ui-bar-a {
   border: 1px solid #2A2A2A;
   background: #111111;
   color: #ffffff;
   font-weight: bold;
   text-shadow: 0 -1px 1px #000000;
   background-image: -moz-linear-gradient(top,3c3c3c,#111111);
   background-image: -webkit-gradient(linear,left top,left
   bottom, color-stop(0, #3c3c3c), color-stop(1, #111111));
   -ms-filter: "progid:DXImageTransform.Microsoft.gradient
   (startColorStr='#3c3c3c', EndColorStr='#111111')";
}
.ui-bar-a,
.ui-bar-a input,
.ui-bar-a select,
.ui-bar-a textarea,
.ui-bar-a button {
```

```
       font-family: Helvetica, Arial, sans-serif;
}
...
.ui-btn-up-a,
.ui-btn-hover-a,
.ui-btn-down-a {
   font-family: Helvetica, Arial, sans-serif;
   text-decoration: none;
}
/* B ------------------------------------------------------*/
...
```

Listing 15.7 Themen im zentralen Stylesheet von jQuery Mobile (Ausschnitt)

Das kopierte und veränderte CSS bringen Sie im Seitenkopf unter oder verlinken es nach dem Original – die Anweisungen werden dann überschrieben.

Die komplette Dokumentation (im Übrigen standesgemäß mobiltelefongerecht aufbereitet) finden Sie unter *http://jquerymobile.com/demos/* (Linkcode 0718). Der Abschnitt zu den CSS-Styles verbirgt sich unter THEME FRAMEWORK.

Download

JQuery Mobile finden Sie unter *http://jquerymobile.com/* (Linkcode 0719) zum freien Download.

15.6.3 jQTouch

Einen sehr ähnlichen Ansatz verfolgt das ebenfalls auf jQuery basierende Framework jQTouch. Auch hier gilt es wieder, ein paar Skripte einzubinden und eine HTML-Seite mit Containern zu erstellen, die einzelne Bildschirmseiten für die mobile Anwendung erhalten. Im Unterschied zu jQuery Mobile müssen Sie hier innerhalb eines umfassenden Containers mit der id="jqt" einzelne <div>-Container mit einer ID für den Seitentitel anlegen; ein minimales Seitengerüst sieht also so aus:

```
1:   <!doctype html>
2:   <html>
3:   <head>
4:   <title>jQTouch</title>
5:   <style type="text/css" media="screen">
6:    @import "../assets/jqtouch/jqtouch/jqtouch.css";
7:   </style>
```

```
 8:   <!-- Optionales Thema -->
 9:   <style type="text/css" media="screen">
10:    @import "../assets/jqtouch/themes/jqt/theme.css";
11:   </style>
12:   <script src="../assets/jqtouch/jqtouch/jquery-
      1.4.2.min.js" type="text/javascript"
      charset="utf-8"></script>
13:   <script src="../assets/jqtouch/jqtouch/jqtouch.js"
      type="application/x-javascript" charset="utf-8"></script>
14:   <script type="text/javascript" charset="utf-8">
15:    var jQT = new $.jQTouch({
16:    /* Optionale Startparameter */
17:    });
18:   </script>
19:  </head>
20:  <body>
21:   <div id="jqt">
22:    <div id="start">
23:     <div class="toolbar">
24:      <h1> Mobile Website mit jQTouch</h1>
25:     </div>
26:     <p>Das ist eine mobile Seite, mit jQTouch
               erstellt.</p>
27:     <div class="info">Kapitel 15 : jQTouch</div>
28:    </div>
29:   </div>
30:  </body>
31: </html>
```

Listing 15.8 Seitengerüst für jQTouch

Auch hier können Sie das Aussehen über Themen verändern, die Sie über ein zusätzliches Stylesheet einbinden. Im Lieferumfang von jQTouch sind zwei Themen enthalten: das Standardthema »jqt« und ein am Aussehen des iPhones orientiertes Thema »apple«. Um das Thema »apple« zu verwenden, ändern Sie den Pfadabschnitt *jqt* im Stylesheet-Aufruf auf *apple*. Für eigene Themen kopieren Sie den Ordner *default*, benennen ihn um und passen die Styles nach eigenen Vorstellungen an.

Abbildung 15.14 jQTouch mit Standard- und Apple-Thema

Einen Spickzettel und einen kostenpflichtigen Screencast gibt es bei Peepcode.com: *http://blog.peepcode.com/tutorials/2009/jqtouch-cheat-sheet* (Linkcode 0720). Ein komplettes Buch über die iPhone-App-Entwicklung, das sich in weiten Teilen mit jQTouch befasst, ist hier verfügbar: *http://ofps.oreilly.com/titles/9780596805784/* (Linkcode 0721). Verfasst wurde es von Jonathan Stark, der inzwischen auch das jQTouch-Framework selbst betreut.

Download

jQTouch finden Sie unter *http://www.jqtouch.com/* (Linkcode 0722) zum Download.

Nicht nur Webseiten, sondern auch E-Mails, vor allem in der Form von Newslettern, erfordern ein echtes Design. Text-Newsletter sind für die meisten Nutzer out. Das wäre ein weiteres Einsatzfeld für CSS – wenn nicht die marktbeherrschenden E-Mail-Clients in weiten Teilen die Mitwirkung verweigern würden.

16 E-Mails mit CSS gestalten

Als ich dieses Kapitel Ende 2006 für die fünfte Auflage von CSS-Praxis plante, war das CSS-Design von E-Mails gerade im Entstehen begriffen. Die Entwicklung der letzten Jahre hat leider viele interessante Ansätze zunichtegemacht. Grund war die Änderung der Rendering-Engine beim Marktführer der E-Mail-Clients: Microsoft Outlook

16.1 Grundsätzliche Probleme

Während es bei der CSS-Unterstützung auf der Browserseite inzwischen recht gut aussieht, ist das Kapitel CSS bei E-Mails noch (und leider seit 2007 im Besonderen) ein sehr düsteres und treibt Webentwicklern Tränen in die Augen.

Probleme bereiten nicht nur die tatsächlich vorhandenen Fehler, sondern auch die absichtlichen Funktionseinschränkungen vieler E-Mail-Clients, mit dem die Hersteller Spammern, Phishern und anderen unfreundlichen Zeitgenossen das Handwerk legen wollen. Zudem sind die für den Empfang von E-Mails zuständigen Mailserver gerade in großen Unternehmen sehr restriktiv konfiguriert.

Sie können daher beispielsweise nicht einmal davon ausgehen, dass verlinkte Grafiken auch wirklich beim Betrachter ankommen. Von den bekanntesten E-Mail-Clients werden Bilder in E-Mails standardmäßig meist unterdrückt. Sicher lassen sich diese vom Benutzer nachladen, aber dazu müssen Sie den Benutzer erst einmal davon überzeugen, dass sich dies lohnt und keine Gefahr für ihn darstellt.

E-Mail-Client	Zeigt Bilder standardmäßig an?
Thunderbird (3)	ja
Outlook (2003/2007)	nein
Apple Mail	ja
Lotus Notes (6/7)	ja
Webmail-Dienste	
Google Mail	nein
Yahoo! Mail	ja
GMX	ja
Web.de	ja
Windows Live	nein

Tabelle 16.1 E-Mail-Clients und Bildanzeige

Unterschiedliche Typen von E-Mail-Clients

Auch die Vielfalt der E-Mail-Programme ist ungleich größer als die der tatsächlich verwendeten Webbrowser. Grundsätzlich unterscheiden wir:

- Desktop-E-Mail-Programme wie Thunderbird oder Microsoft Outlook
- E-Mail-Clients größerer Applikationssuiten (z. B. Lotus Notes)
- Web-Oberflächen (Google Mail, GMX oder Web.de)
- E-Mail-Programme auf Mobilgeräten, wie Blackberry oder iPhone

Die meisten Möglichkeiten bieten noch die echten E-Mail-Programme, deren Konfiguration der Benutzer weitgehend selbst verändern kann. Die E-Mail-Clients von Lotus und anderen Herstellern hingegen bieten meist eine geringere Funktionalität, vor allem im Hinblick auf die Anzeigeeigenschaften, und sind oft zentral konfiguriert.

Bei den Web-Clients schließlich wird es noch unübersichtlicher. Neben den Sicherheitseinstellungen müssen die Anbieter verhindern, dass CSS-Anweisungen für die E-Mails mit dem CSS der Applikation (die ja als Browserapplikation auch mit CSS gestaltet wird) interferieren. Das führt dazu, dass oft CSS-Anweisungen teilweise oder sogar komplett aus den E-Mails entfernt werden.

Acid-Test für E-Mail

Zum Vergleich zeige ich das Ergebnis des E-Mail-Acid-Tests (ja, das gibt es auch schon) des *Email Standards Projects*: *http://www.email-standards.org/* (Linkcode 0523).

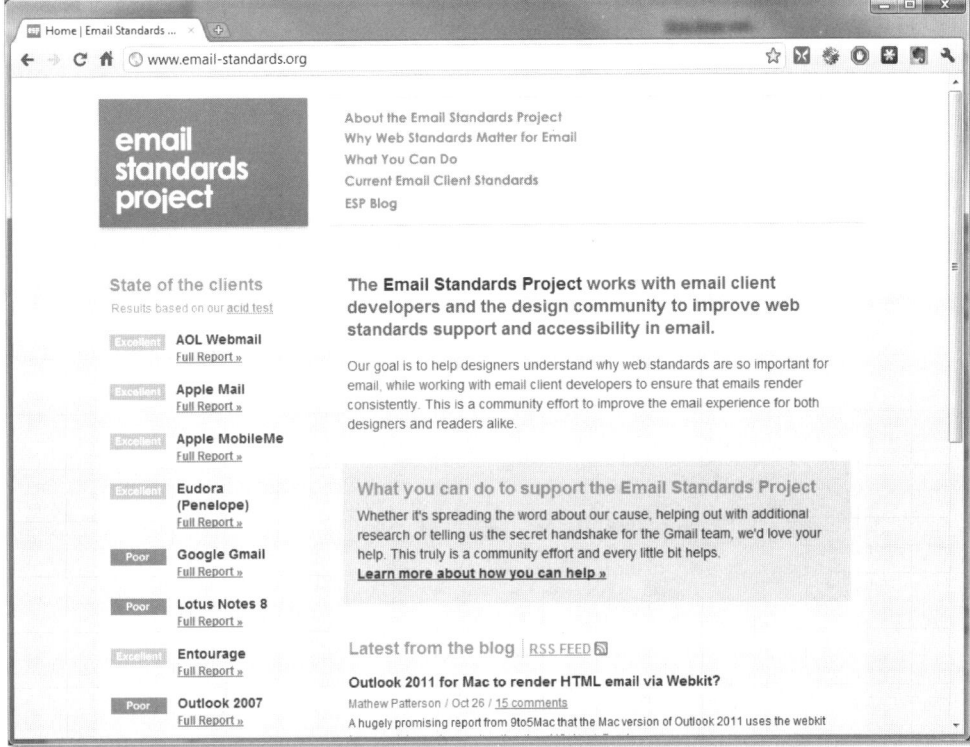

Abbildung 16.1 Website des »Email Standards Projects«: Hier erfahren Sie mehr über die Fähigkeiten verschiedener E-Mail-Clients.

Hier werden verschiedene Techniken kombiniert, und die Screenshots zeigen im Vergleich mit dem Referenz-Rendering gut, wo der betreffende E-Mail-Client steht.

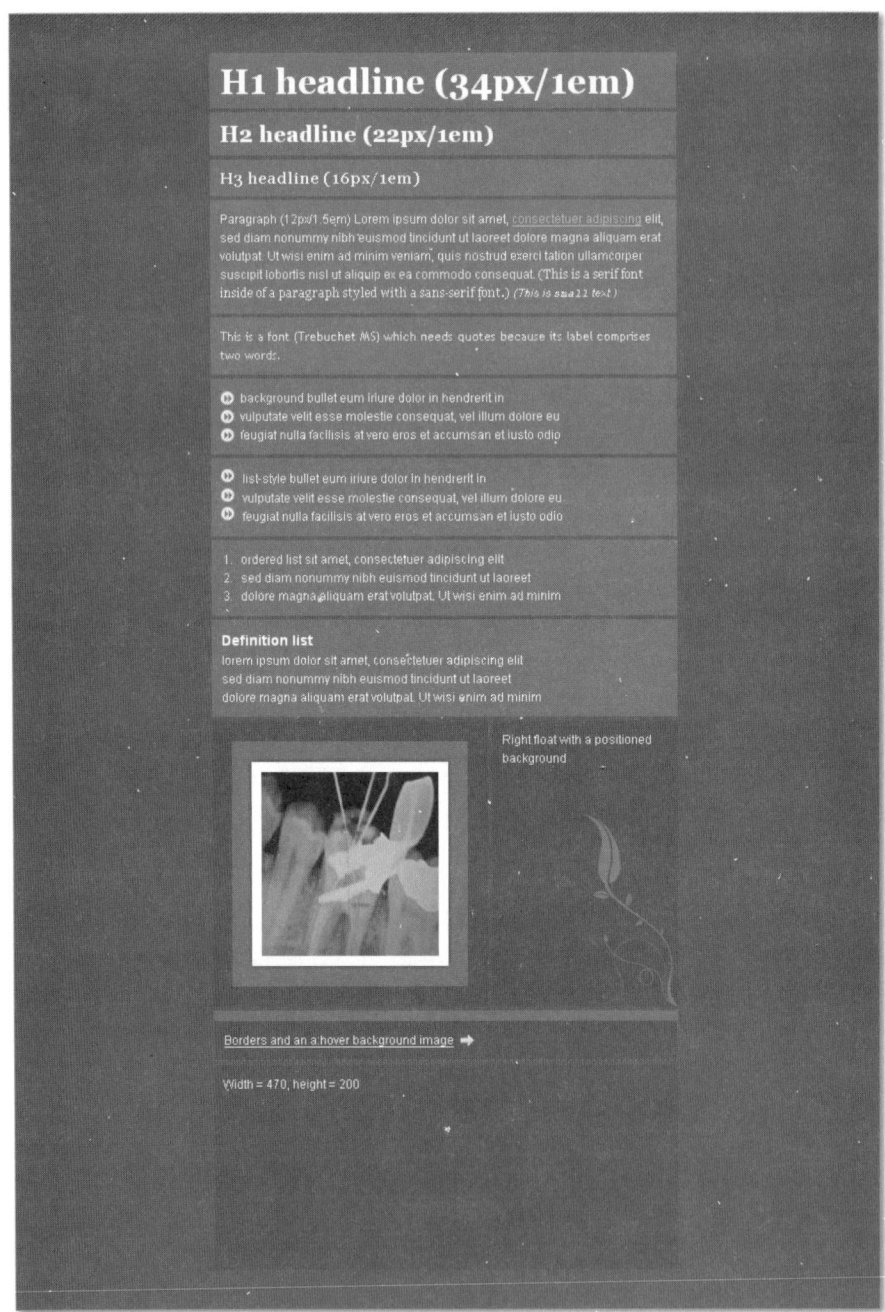

Abbildung 16.2 Referenz-Rendering des E-Mail-Acid-Tests

16.2 Lokale E-Mail-Clients

Lokale E-Mail-Clients werden auf dem Rechner des Anwenders installiert und können zum Abruf beliebiger E-Mail-Konten genutzt werden.

16.2.1 Microsoft Outlook

Ähnlich wie einst auf dem Browsermarkt nimmt das Microsoft-Produkt bei den E-Mail-Clients eine marktbeherrschende Stellung ein. Ein großes Problem für alle CSS-Anwender entstand dadurch, dass Microsoft sich entschied, in Outlook 2007 die Rendering-Engine von Word zu verwenden. Vorher war der Internet Explorer zur Darstellung eingesetzt worden.

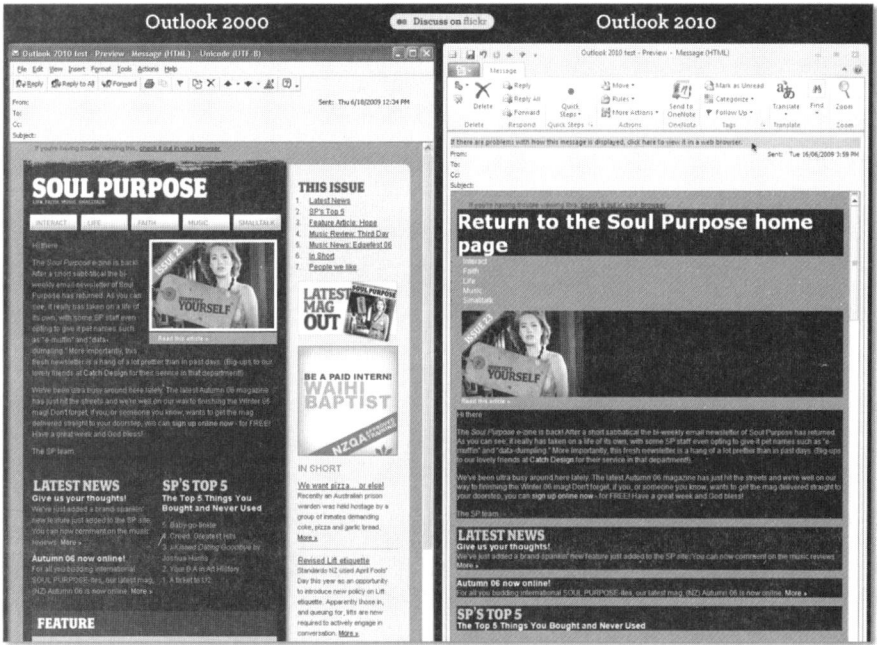

Abbildung 16.3 CSS-E-Mails in Outlook 2000 und 2010
(via »Email Standards Project«: http://www.flickr.com/photos/freshview/3637814200/)

Microsoft, E-Mails und CSS

Auf der Webseite von Microsoft finden Sie einige Informationen darüber, welche Elemente durch Outlook unterstützt: *http://msdn2.microsoft.com/en-us/library/ aa338201.aspx#Word2007MailHTMLandCSS_SupportedHTMLElementsAttributesandCSSProperties* (Linkcode 0519).

> Wenn Sie ein paar unabhängige und pointierte Kommentare zum Thema lesen möchten, besuchen Sie das Blog von Molly Holzschlag und stöbern in diesem Artikel und seinen Kommentaren: *http://www.molly.com/2007/01/18/what-happened-with-html-and-css-in-outlook-2007/* (Linkcode 0520).
>
> Eine eigene Kampagne richtet sich dagegen, dass Microsoft auch in Outlook 2010 die Word-Rendering-Engine einsetzt – und damit jegliche Weiterentwicklung auf dem Gebiet des E-Mail-Designs verhindert: *http://fixoutlook.org/* (Linkcode 0723).

Seitdem wird eine Reihe von nützlichen CSS-Eigenschaften nicht mehr unterstützt:

- Hintergrundbilder werden nicht mehr angezeigt. Dies betrifft die CSS-Eigenschaften `background-image`, `background-repeat`, `background-position`.
- Positionierung (Eigenschaften `display`, `position`)
- Textumfluss (Eigenschaft `float`)

Zusätzlich werden auch eingebundene normale Grafiken erst einmal unterdrückt. Stattdessen wird ein Hinweistext angezeigt, gefolgt vom eigentlichen Alternativtext des Bildes. Animierte Grafiken, Formulare oder Plug-ins werden seit Outlook 2007 nicht mehr unterstützt.

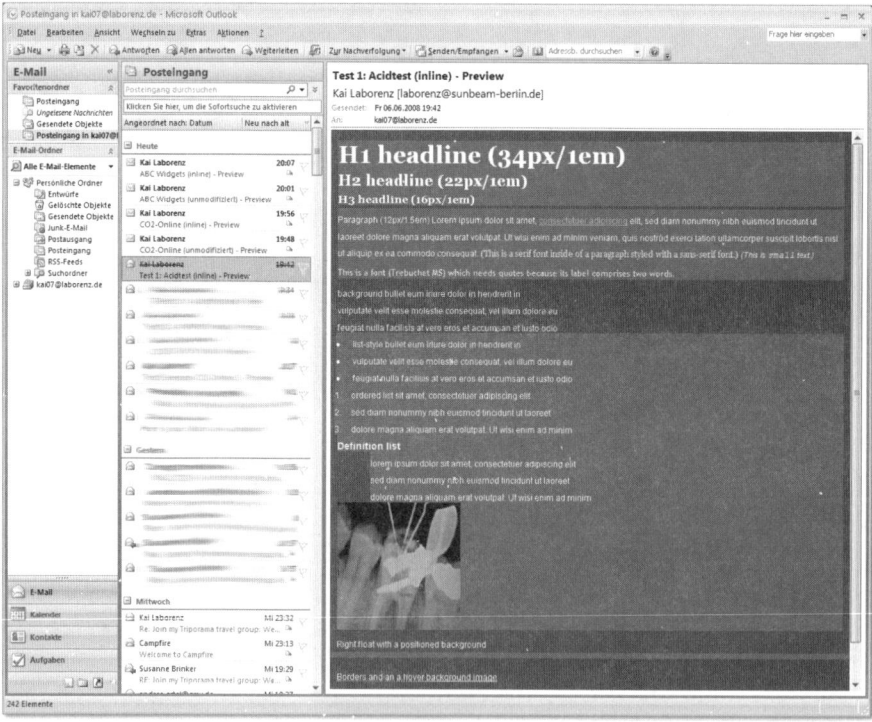

Abbildung 16.4 E-Mail-Unterstützung in Outlook 2007 und 2010 – ein Trauerspiel

16.2.2 Mozilla Thunderbird

Eine sehr gute Darstellung von mittels CSS gestalteten HTML-E-Mails liefert Thunderbird. Alle wichtigen Eigenschaften wie

- Farben (color, background-color),
- Hintergründe (background...),
- Rahmen (border),
- Abstände (margin und padding),
- Dimensionen (width, height),
- Listenformatierungen (list-style),
- Schriftformatierungen (font...) und Zeilenhöhe (line-height) und sogar
- float und clear

werden unterstützt. Hintergrundgrafiken werden allerdings – wie alle Grafiken – erst einmal unterdrückt.

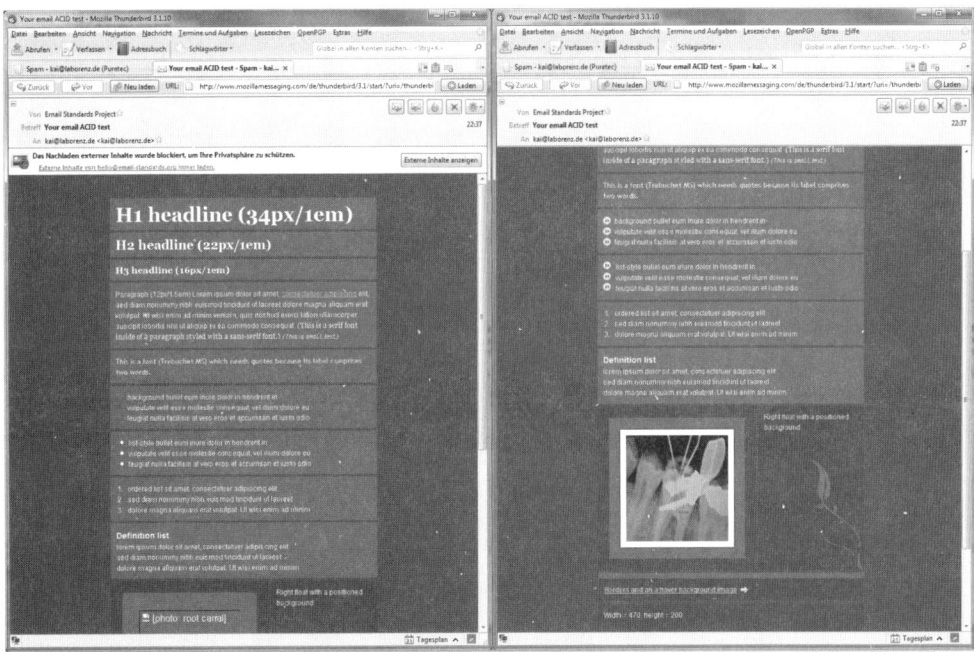

Abbildung 16.5 In Thunderbird 3 wird die Test-E-Mail perfekt dargestellt.

16.2.3 Apple Mail

Auch das mit Mac OS X gelieferte Mail-Programm Apple Mail ist ein Musterkandidat für CSS-gestütztes E-Mail-Design. Hier werden die folgenden Eigenschaften fehlerfrei unterstützt:

- Farben
- Hintergründe
- Rahmen
- Abstände
- Dimensionen
- Listenformatierungen
- Schriftformatierungen (`font`...)
- Zeilenhöhe (`line-height`)
- `float` und `clear`

16.3 Webmail-Dienste

Im Unterschied zu lokalen E-Mail-Clients gibt es eine Reihe von Diensten, die entweder ausschließlich oder zusätzlich zu einem Abruf der E-Mails auch browserbasierte E-Mail-Clients – sogenannte Webmailer – anbieten.

16.3.1 Google Mail

Google Mail (international: Gmail) bietet dem begeisterten E-Mail-Designer gleich mehrere Versionen an, die je nach Browserversion aktiviert werden. So kann eine an Google Mail versandte E-Mail unterschiedlich aussehen, je nachdem, von wo sich der Benutzer in sein Postfach einwählt.

Generell funktionieren nur wenige CSS-Eigenschaften. Nicht unterstützt werden:

- Farben (`color`, `background-color`)
- Hintergründe (`background`...)
- Rahmen (`border`)
- Abstände (`margin` und `padding`)
- Dimensionen (`width`, `height`)
- abweichende Link-Farben (andere Farben als Blau)
- `float` und `clear`

Teilweise unterstützt werden:

- Rahmen (border)
- Abstände (margin und padding)
- Dimensionen (width, height)
- Listen
- Schriftformatierungen (font...)
- Zeilenhöhe (line-height)

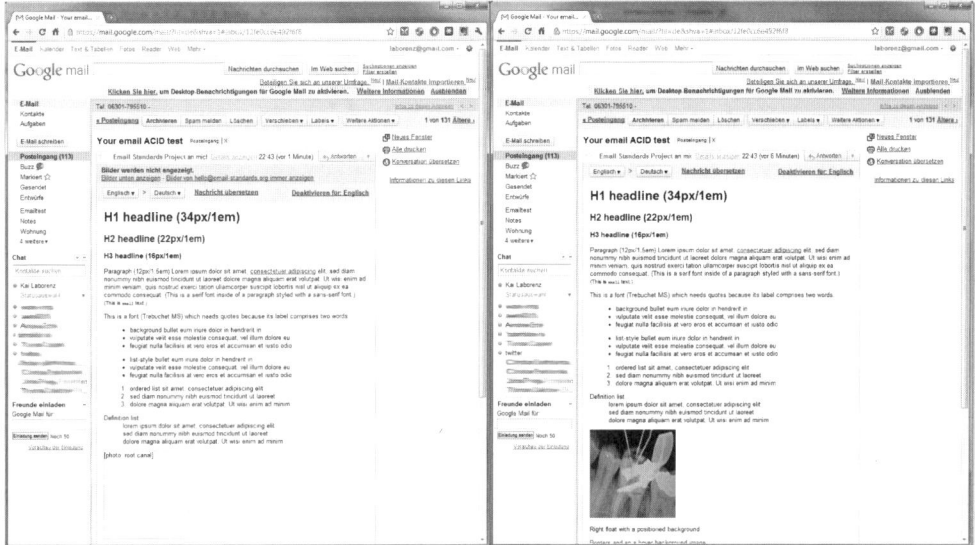

Abbildung 16.6 Grauenhaft ... Googles CSS-Unterstützung ist quasi nicht vorhanden.

Alles in allem ist der Eindruck der CSS-Unterstützung bei Google Mail ernüchternd. Abhilfe schafft hier zumindest teilweise die Verwendung von Inline-Stilen. Dann werden immerhin die Eigenschaften margin und padding respektiert, und die Schriftformatierung sieht ordentlich aus. Hintergrundbilder gibt es nicht, aber zumindest Hintergrundfarben werden wirksam.

16.3.2 Yahoo! Mail und Windows Live Mail

Die Konkurrenten von Yahoo! und Microsoft sind in Sachen CSS-Unterstützung deutlich besser aufgestellt. Das neue Yahoo!-Webmail-Interface unterstützt alle relevanten CSS-Eigenschaften:

- Farben (color, background-color)
- Hintergründe (background...)

16 | E-Mails mit CSS gestalten

- Rahmen (`border`)
- Abstände (`margin` und `padding`)
- Dimensionen (`width`, `height`)
- Listenformatierungen (`list-style`)
- Schriftformatierungen (`font`...)
- Zeilenhöhe (`line-height`)
- `float` und `clear`

Ähnliches gilt für Windows Live Mail. Inzwischen ist auch hier an der Unterstützung der CSS-Eigenschaften nichts mehr zu bemängeln.

16.3.3 GMX

Andere Webmailer hinken noch etwas hinterher. GMX (getestet habe ich den deutschen Ableger) zeigt alle HTML-E-Mails in einem iFrame an. Dabei werden prinzipiell sogar im `<head>` befindliche Stile übernommen. Die Auswertung ist aber eher mager. Der Trick, ein Stylesheet innerhalb des `<body>` zu notieren, funktioniert bei GMX.de allerdings nicht.

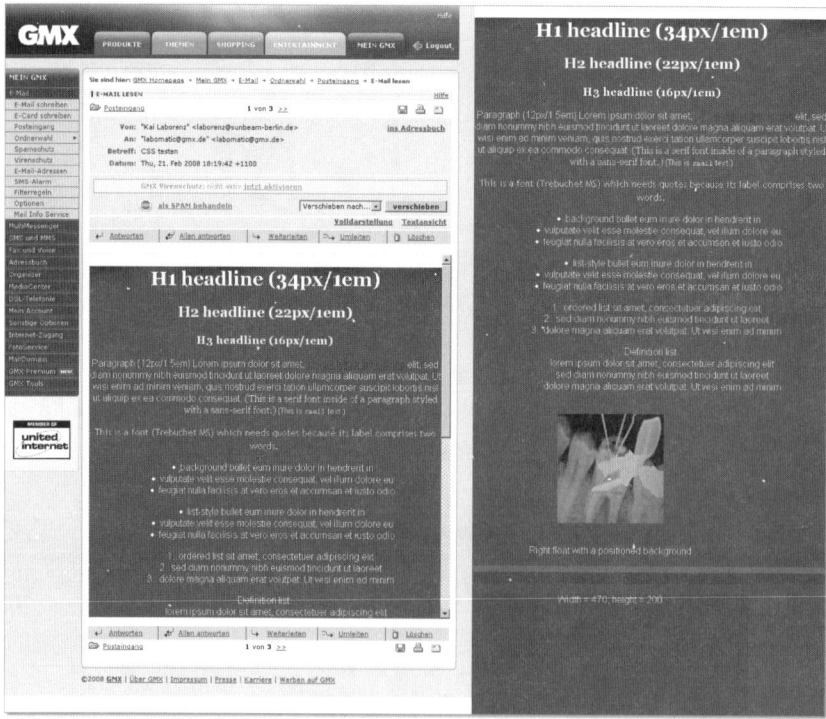

Abbildung 16.7 CSS-E-Mail (Inlinestyles) bei GMX – nicht berauschend

Besser sieht es schon aus, wenn Sie CSS-Anweisungen in Inline-Stilen (also direkt bei den entsprechenden Elementen) notieren. Hier werden zumindest die Abstände, Hintergrundfarben und Schriftformatierungen verwendet. Hintergrundgrafiken werden für das äußerste Element unterstützt, dann aber nicht mehr. Geänderte Link-Farben funktionieren, Hover-Effekte dagegen nicht.

16.3.4 Web.de

Web.de zeigt ein ordentliches Ergebnis, sofern Sie die Stile inline anwenden oder sie statt im Seitenkopf `<head>` innerhalb des Inhalts `<body>` notieren. Bis auf Kleinigkeiten werden CSS-E-Mails gut abgebildet, auch mit Hintergrundbildern; lediglich Hover-Effekte funktionieren nicht.

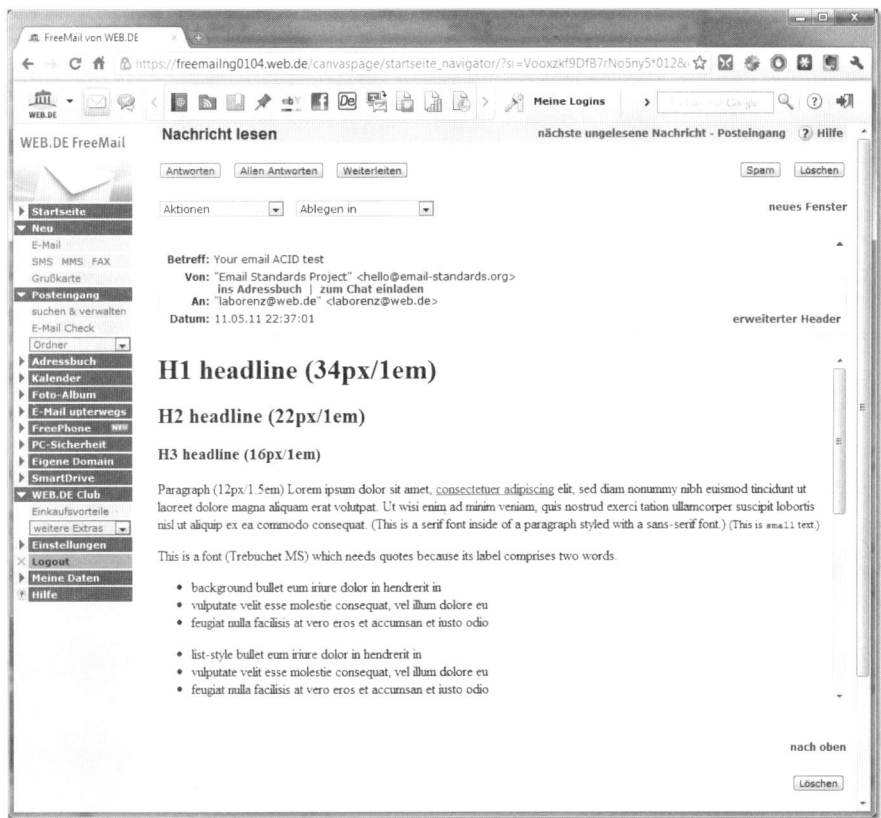

Abbildung 16.8 Stile im Seitenkopf mag Web.de gar nicht.

16.4 Strategien für E-Mail-Newsletter

Es zeigt sich bei der Unterstützung von CSS-Eigenschaften leider ein sehr gemischtes Bild. Während die Open-Source-Produkte und einige Webmailer eine gute bis ausgezeichnete Unterstützung für per CSS gestaltete E-Mails zeigen, patzen sowohl auf dem Desktop als auch im Bereich Onlinedienste ausgerechnet die Marktführer Microsoft und Google. Daher muss ich Ihnen zum gegenwärtigen Zeitpunkt vom reinen CSS-Einsatz bei E-Mail-Newslettern (wieder) abraten.

16.4.1 Techniken für mit CSS gestaltete und alle anderen E-Mails

Was aber können Sie tun, um wenigstens die minimal unterstützten Eigenschaften zu nutzen und die übelsten Fallen zu vermeiden? Folgende Probleme zeigen sich bei der Verwendung von CSS bei E-Mails:

- Verlinkte Styles werden nicht nachgeladen.
- Eigene Styles der Anwendung überschreiben die in einer E-Mail verwendeten Styles.
- Bestimmte HTML-Elemente werden entfernt.
- Grafiken werden unterdrückt.
- Bestimmte CSS-Eigenschaften werden nicht interpretiert.
- Teilweise werden Eigenschaften von verschiedenen Clients genau gegensätzlich interpretiert.

Definition der Stile

Verwenden Sie Inline-CSS (hierbei notieren Sie Stile in den Tags mit dem Attribut `style=`) anstelle von verlinkten Stylesheets. Verlinkte Stylesheets werden von fast keinem E-Mail-Programm ausgewertet.

Falls Sie ein gesammeltes Stylesheet (`<style>` ... `</style>`) benutzen müssen, setzen Sie es nicht wie üblich in den `<head>`, sondern platzieren Sie es innerhalb des `<body>`. Das Dokument ist dann zwar nicht valide, aber ansonsten wird das gesamte Stylesheet mit dem `<head>`- und dem `<body>`-Tag von webbasierten E-Mail-Clients entfernt.

Punkte am Anfang einer Zeile werden von manchen E-Mail-Servern als Zeichen für das Nachrichtenende angesehen. Dies ist ungünstig für Klassenbezeichnungen. Rücken Sie daher alle CSS-Anweisungen ein, die mit einem Punkt beginnen.

Grafiken als HTML-Grafiken mit sinnvollen Alternativtexten

Gehen Sie davon aus, dass Ihre E-Mail zunächst ohne Grafiken angezeigt wird. Sie wollen nicht, dass sie dann so wie in Abbildung 16.9 aussieht? Beachten Sie auch die Warnung des E-Mail-Programms am oberen Rand. Ob sich da jeder Nutzer traut, die Grafiken nachzuladen?

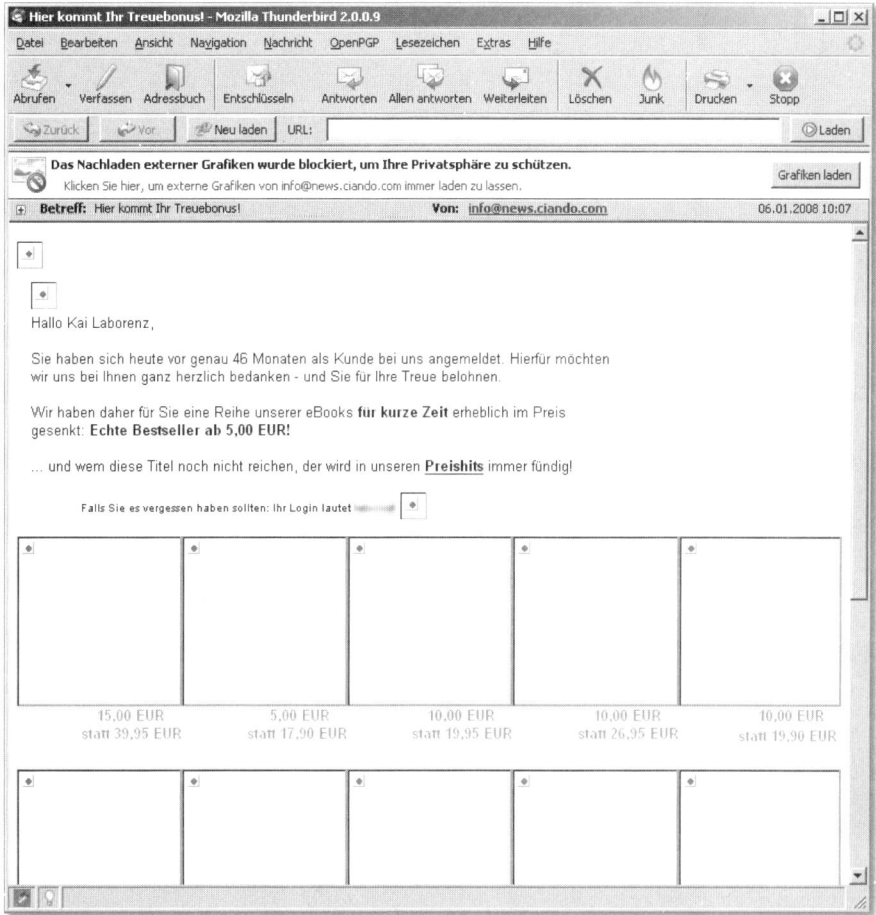

Abbildung 16.9 So habe ich leider nicht erfahren, was für echte Bestseller nur hier angeboten werden.

Allerdings können Sie eine E-Mail so gestalten, dass das Fehlen von Bildern gar nicht negativ auffällt, indem Sie bei eingebundenen Bildern Alternativtexte vergeben und Hintergrundbilder generell nicht allein zur Darstellung von Text verwenden.

Verwendung von einfachen Tabellen für das Layoutgerüst

So schmerzhaft es ist – in Sachen Layout hat uns das »Update« von Outlook 2007 in die Zeiten vor der Jahrtausendwende zurückgeworfen. Um Ihre E-Mails auch noch in Outlook 2007 und 2010 gut dargestellt zu bekommen, müssen Sie wieder auf das Mittel des Tabellenlayouts zurückgreifen. Und selbst diese Tabellen sollten nicht übermäßig komplex oder verschachtelt sein.

Generell sollte Ihr E-Mail-Newsletter nicht mehr als zwei Spalten aufweisen, allein schon, um in schmalere E-Mail-Vorschaufenster zu passen. GMX beispielsweise beschränkt den Anzeigebereich für E-Mails auf eine Breite von knapp 600 Pixeln.

Testen Sie Ihre E-Mail-Vorlage

Testen Sie ihre E-Mail zumindest in den wichtigsten E-Mail-Programmen Ihrer geplanten Leserschaft. Für geschäftliche Anwendungen ist das in der Regel Outlook 2007/2010, aber auch Lotus Notes kann wichtig sein. Bei den Webmailern wären Windows Live Mail und GMX die wichtigsten Testfälle.

Im privaten Bereich sieht es etwas unübersichtlicher aus. Viele Nutzer werden das zusammen mit Windows ausgelieferte Standardprogramm einsetzen oder einen Onlinedienst verwenden: Google Mail, Web.de, GMX oder Yahoo!. Es lohnt sich also, bei allen diesen freien Webmailern einen Account zu haben und vor dem endgültigen Absenden eines Newsletters eine Test-E-Mail zu versenden.

Ein sehr praktisches Hilfsmittel, um die versandbereiten Newsletter zu testen, ist der Webdienst Premailer: *http://premailer.dialect.ca/* (Linkcode 0521). Hier können Sie verlinkte Stylesheets in Inlinestyles konvertieren; eine sehr nützliche Funktion angesichts der Testergebnisse. Sie erhalten auch eine Beurteilung, welche Ihrer CSS-Eigenschaften riskant im Sinne der Client-Unterstützung sind.

Auch der Webmail-Service »Campaign Monitor« *www.campaignmonitor.com* (Linkcode 0522) bietet einen sehr nützlichen Dienst an, um die Browserkompatibilität des eigenen E-Mail-Newsletters zu überprüfen. In einer (kostenpflichtigen) Vorschaufunktion zeigt er Screenshots des gewählten Newsletters in allen wichtigen E-Mail-Clients.

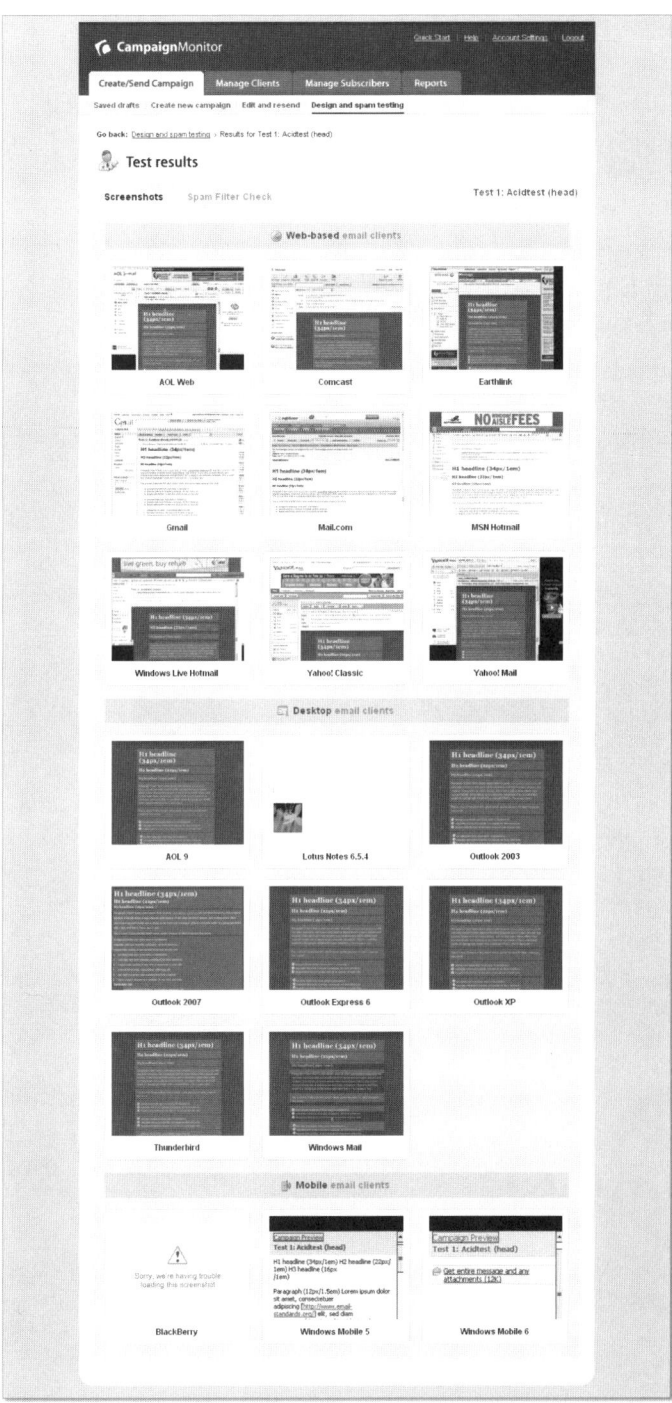

Abbildung 16.10 Screenshots (im Original einzeln vergrößerbar) bei »Campaign Monitor«

16.4.2 CSS-Eigenschaften im Einzelnen

Im Folgenden habe ich die für das E-Mail-Design interessanten CSS-Eigenschaften in drei Gruppen nach der Qualität, wie sie von E-Mail-Clients unterstützt werden, eingeteilt. Zur besseren Lesbarkeit sind die besonders relevanten Eigenschaften fett gedruckt.

Sichere Eigenschaften

Die folgenden Eigenschaften werden von fast allen E-Mail-Clients unterstützt und können verwendet werden:

- color
- font-size
- font-style
- font-weight
- text-align
- text-decoration

Als Selektor ist der Element-Selektor bzw. das direkte Einbinden der Stile unproblematisch.

Eigenschaften mit teilweiser Unterstützung

Die folgenden Eigenschaften hingegen sollten Sie mit Vorsicht benutzen und im Einzelfall prüfen. Sie werden von mindestens einem E-Mail-Client für private oder geschäftliche Nutzer nicht oder fehlerhaft unterstützt:

- padding
- font-family
- font-variant
- line-height
- letter-spacing
- text-indent
- text-transform
- background-color
- border
- display
- table-layout

Selektoren:

- `*`
- `.klasse`
- `#id`
- `:link, :active, :hover, :first-line, :first-letter`

Problematische Eigenschaften

Die folgenden Eigenschaften oder Selektoren werden kaum oder zumindest von mehreren wichtigen E-Mail-Clients nicht ausreichend unterstützt. Sie sollten sie daher nur nach ausgiebigen Tests einsetzen.

- `margin`
- `width`
- `height`
- `left`
- `right`
- `top`
- `bottom`
- `float`
- `clear`
- `background-image`
- `background-repeat`
- `background-position`
- `list-style-type`
- `list-style-image`
- `list-style-position`
- `word-spacing`
- `white-space`
- `direction`
- `vertical-align`
- `visibility`
- `caption-side`
- `border-collapse`
- `border-spacing`

- `empty-cells`
- `position`
- `z-index`
- `opacity`
- `clip`
- `overflow`
- `cursor`

Fortgeschrittenere CSS-Selektoren wie beispielsweise der Kind-Selektor `h1 > p` werden ebenfalls kaum unterstützt. Eine aktuell gehaltene Tabelle der CSS-Unterstützung in E-Mail-Programmen finden Sie ebenfalls beim Campaign Monitor unter *http://www.campaignmonitor.com/css/* (Linkcode 0724).

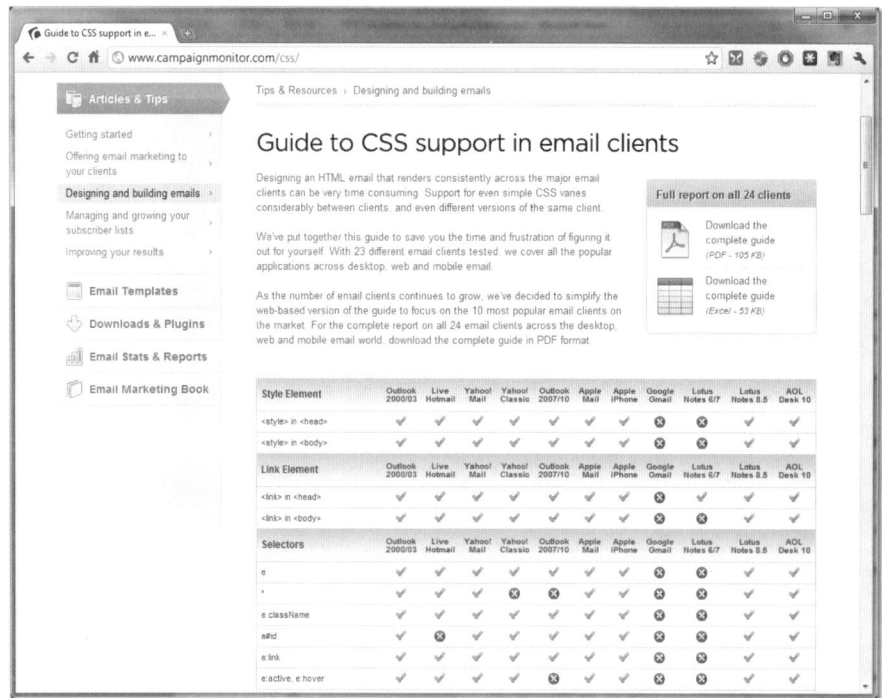

Abbildung 16.11 CSS-Support in E-Mails – immer noch ziemlich durchwachsen

Während es lange Zeit um die Weiterentwicklung der CSS-Standards eher ruhig war – mit der Einhaltung bestehender Spezifikationen gab es genug Schwierigkeiten –, ist in den letzten Jahren viel passiert. In diesem Kapitel erfahren Sie, was sich hinter CSS3 verbirgt und welche der neuen Eigenschaften Sie jetzt schon einsetzen können.

17 CSS3

Normales Seitenlayout ist mit allen Mainstream-Browsern kein Problem mehr, und das Auftreten von Google als Browserhersteller sowie die steigende Beliebtheit von Mac OS mit seinem Standardbrowser Safari hat auch die Platzhirsche Firefox und Internet Explorer unter Druck gesetzt. Ein Ergebnis dieser Konkurrenz ist ein höheres Tempo bei der Umsetzung bestehender Standards – insbesondere solcher, die für Entwickler besonders nützlich sind oder spektakuläre Effekte versprechen.

17.1 CSS-Spezifikationen

Erste Spezifikationen zu CSS3 gibt es ja schon eine ganze Weile; im Gegensatz zu CSS1, CSS2 und CSS 2.1 ist CSS3 modular aufgebaut. Jeder Teil der Spezifikation wird eigenständig weiterentwickelt und kann von Herstellern eigenständig unterstützt werden. Da für die Erhebung einer Spezifikation in den finalen Status der »Recommendation« unter anderem die Implementierung in mindestens zwei unterschiedlichen Anwendungen erforderlich ist, hat die kleinteiligere Spezifikation auch den Vorteil, dass einzelne Module schneller »fertig« werden. Im Moment (Mai 2011) ist zwar noch kein Modul tatsächlich zur Empfehlung geworden, aber zumindest zwei Module haben den Status »Proposed Recommendation« erreicht, der den letzten Status vor der offiziellen Empfehlung darstellt.

Im Einzelnen gibt es für CSS3 die in Tabelle 17.1 genannten Module (ich habe hier nur die Module aufgelistet, die mindestens den Status »Working Draft« und mittlere Priorität erreicht haben; eine komplette Liste finden Sie unter *http://www.w3.org/Style/2011/specs.de.html*, Linkcode 0725).

17 | CSS3

Modulname	Beschreibung	Status	Stand der Browser-unterstützung
Selektors	Fortgeschrittene Selektoren wie `:nth-child()`	Proposed Recommendation	gut in Firefox, Safari, Chrome und Opera, IE ab 9
Color	Farbdefinitionen, wesentliche Neuerung ist das RGBA-Modell.	Proposed Recommendation	gut in Firefox, Safari, Chrome und Opera, IE ab 9
Namespaces	Definition von Namensräumen für XML	Candidate Recommendation	für CSS-Layout wenig relevant
Backgrounds & Borders	Hintergründe und Rahmen	Candidate Recommendation	gut in Firefox, Safari, Chrome und Opera, IE ab 9
Multi-column Layout	Mehrspaltenlayout	Candidate Recommendation	nur Firefox ab Version 1.5
Media Queries	medienspezifische Abfragen	Candidate Recommendation	gut in Firefox, Safari, Chrome und Opera, IE ab 9
Marquee	ein animierter Lauftext ...	Candidate Recommendation	keine Unterstützung
CSS Ruby	Ruby-Text (Anmerkungen in einigen asiatischen Sprachen)	Candidate Recommendation	allgemein gut (allerdings im westlichen Sprachraum nicht benötigt)
Basic User Interface	Bestandteile der Benutzeroberfläche wie `cursor` oder `outline`, aber auch `box-sizing`	Candidate Recommendation	allgemein gut, für neue Elemente in Firefox, Safari, Chrome und Opera, IE ab 9
Style Attributes	Verwendung von Styles innerhalb von HTML-Tags als Attribute	Candidate Recommendation	allgemein gut
Paged Media	Angaben für den Ausdruck, z. B. Seitengröße	Last Call	in Opera, IE8 und Chrome gut, in Firefox nur Basisfunktionen
Values & Units	Einheiten	Working Draft	gut in Firefox, Safari, Chrome und Opera, IE ab 9
Cascading & Inheritance	Prinzipien der Kaskade und Vererbung	Working Draft	wenig Änderungen gegenüber CSS 2.1

Tabelle 17.1 CSS3-Module (Ausschnitt)

Modulname	Beschreibung	Status	Stand der Browser-unterstützung
Text	Angaben zur Textgestaltung	Working Draft	allgemein gut, für neue Elemente in Firefox, Safari, Chrome und Opera, IE ab 9
Writing Modes	Angaben zur Textlaufrichtung und deren Änderung	Working Draft	keine Unterstützung
Generated Content for Paged Media	Zusätze für den Druck, z. B. Fußzeilen, Seitennummerierung	Working Draft	in Opera, IE8 und Chrome gut, in Firefox nur Basisfunktionen
Fonts	Schriften	Working Draft	gute Unterstützung, IE bis Version 8 mit eigenem Ansatz zur Einbettung
Basic Box Model	Eigenschaften des Boxmodells	Working Draft	wenig Änderungen gegenüber CSS 2.1
Template Layout	Aufteilung der Seite in Regionen, ähnlich Frames	Working Draft	keine Unterstützung
Speech	Sprachausgabe	Working Draft	nur in Opera mit Präfix -xv-
Grid Positioning	Aufbau eines Rasterlayouts	Working Draft	keine Unterstützung
Flexible Box Layout	flexible Anordnung von Kästen	Working Draft	keine Unterstützung
Image Values & Replaced Content	Möglichkeit, `image()` als Quelle mit diversen Parametern anzugeben	Working Draft	keine Unterstützung
2D Transformations	2D-Veränderungen an Elementen, z. B. Drehen oder Verschieben	Working Draft	Chrome, Safari und Firefox 4, IE9 zum Teil mit eigenen Präfixen
3D Transformations	3D-Veränderungen an Elementen	Working Draft	Chrome, Safari und Firefox 4, IE9 zum Teil mit eigenen Präfixen
Transitions	Übergänge zwischen Stadien, z. B. bei `:hover`	Working Draft	Chrome, Safari und Firefox 4 mit eigenen Präfixen

Tabelle 17.1 CSS3-Module (Ausschnitt) (Forts.)

Modulname	Beschreibung	Status	Stand der Browser-unterstützung
Animations	Animation von Elementen mittels Keyframes	Working Draft	Chrome, Safari und Firefox 4 mit eigenen Präfixen

Tabelle 17.1 CSS3-Module (Ausschnitt) (Forts.)

17.1.1 CSS3 und die Browser

Obwohl noch kein Teil der CSS3-Spezifikation eine offizielle Empfehlung ist und viele Module im Status »Working Draft« stecken (und damit jederzeit verändert werden können), unterstützen die neuesten Browserversionen bereits teilweise CSS3. Insbesondere die optisch interessanten Module Transitions, Transformations und Animations sind für Hersteller interessant, um sich von der Konkurrenz abzuheben.

Dabei sind Firefox, Chrome und Safari bei den optisch interessanten Funktion, wie z. B. Animationen, vorn. Opera hingegen unterstützt schon seit längerem die fortgeschrittenen Eigenschaften für den Druck. Weiter hinten in Sachen Standards-Unterstützung liegt der Internet Explorer. Obwohl die Version 9 schon einiges aufgeholt hat, fehlen immer noch einige nützliche Funktionen, wie z. B. Textschatten, Verläufe und Animationen. Dafür gibt es immerhin runde Ecken, RGBA-Farben und Schatten für Kästen. Allerdings sind die immer noch maßgeblichen älteren Versionen 7 und 8 in Sachen CSS3 kaum zu gebrauchen.

CSS3-Eigenschaften, die in allen modernen Browser funktionieren (inkl. IE9)	Eigenschaften, die auch in IE7 und IE8 funktionieren	Eigenschaften, die in modernen Nicht-IE-Browsern funktionieren (Chrome 10, Firefox 4, Safari 5, Opera 11)
▶ Media Queries ▶ RGB -Farben ▶ mehrere Hintergründe ▶ background-clip ▶ background-size ▶ background-origin ▶ border-radius ▶ box-shadow ▶ Transformationen	▶ lineare Verläufe (per Filter) ▶ Transparenz (per Filter) ▶ Transformationen (per Filter) ▶ word-wrap ▶ @font-face ▶ box-sizing	▶ Übergänge ▶ text-shadow ▶ border-image ▶ outline-offset

Tabelle 17.2 Unterstützung von CSS3-Eigenschaften in modernen und nicht so modernen Browsern

17.1.2 Von Standards und Hersteller-Präfixen

Zum Teil sind auch von Herstellern eigenständig entwickelte Eigenschaften in die Spezifikation übernommen worden, z. B. `-webkit-transform`, das in das W3C-Modul »CSS 2D Transforms Module Level 3« Eingang fand und auch von Firefox und Opera unterstützt wird.

Damit für Entwickler klar ist, dass eine bestimmte Eigenschaft proprietär, experimental oder einfach generell nicht »sicher« ist, verwenden die Hersteller spezifische Präfixe, die sie der üblichen Notation voranstellen. Das betrifft neben noch nicht verabschiedeten Standardeigenschaften auch komplett individuelle. Im Vergleich zum früheren Verhalten, als jeder Hersteller einfach HTML und CSS beliebig ergänzte und interpretierte, ist dies ein echter Fortschritt, da klar ist, welche Eigenschaften zum allgemein gültigen Standard gehören und welche auf eigene Gefahr eingesetzt werden.

Präfix	Hersteller/Browser
`-webkit-`	Safari, Chrome
`-moz-`	Firefox
`-o-`	Opera
`-ms-`	Internet Explorer

Tabelle 17.3 Präfixe für herstellerspezifische Angaben

17.2 CSS3 – was können Sie heute verwenden?

Welche neuen Elemente von CSS3 können Sie nun bereits heute verwenden? Einigermaßen gut unterstützte Elemente stelle ich in den anderen Kapiteln bereits bei den inhaltlich passenden Themen vor. In diesem Kapitel finden Sie daher vor allem eine Übersicht mit Verweisen in die entsprechenden Kapitel sowie einige Beispiele für Eigenschaften, die an anderer Stelle nicht beschrieben sind.

17.2.1 Selektoren

Das CSS3-Modul Selektoren hat immerhin schon den Status »Proposed Recommendation« erreicht – ist also von der Standardempfehlung nicht mehr weit entfernt. Tatsächlich ist die Unterstützung auch schon recht gut. Firefox, Safari, Chrome und Opera unterstützen fast alle CSS3-Selektoren in der aktuellen Version und mindestens einer Vorgängerversion. Beim Internet Explorer schafft das zumindest der aktuellste Explorer 9, während 7 und 8 nur die CSS3-Attributselektoren verstehen.

Im Einzelnen gibt es die in Tabelle 17.4 genannten neuen Selektoren – sie finden detaillierte Beschreibungen der jeweiligen Syntax und Werte in der Referenz:

Selektor	Beschreibung
:target	Selektiert ein Element, wenn es das Ziel eines Sprungs ist.
:enabled :disabled :checked	Selektiert Elemente, wenn sie als enabled oder disabled markiert oder vom Benutzer ausgewählt sind.
:root	Selektiert das oberste Element einer Dokumentenhierarchie (bei einer Webseite immer <html>).
:lang()	Selektiert Elemente in einer bestimmten Sprache.
:first-child() :first-of-type() :last-child() :last-of-type() :nth-child() :nth-of-type()	Selektiert das erste, letzte oder n-te Element oder Kind-Element.
:only-type :only-of-type()	Selektiert ein Element, wenn es das einzige in der aktuellen Seite vorhandene seines Typs ist.
:empty	Selektiert ein Element nur, wenn es keine Kind-Elemente hat (also »leer« ist).
:not	Kehrt eine vorherige Selektion um.

Attribut-Selektoren
▶ [att^="text"]:
  – Beginnt mit ...
▶ [att$="text"]:
  – Endet mit ...
▶ [att*="text"]:
  – Enthält ...
	Selektiert Elemente, die Attribute haben, die mit dem Werte beginnen, enden oder ihn enthalten.

Tabelle 17.4 CSS3-Selektoren

17.2.2 Neue Eigenschaften für das Seitenlayout

Immer noch verbesserungsfähig sind die Möglichkeiten von CSS für das Seitenlayout. Hier hat sich das W3C für CSS3 einiges vorgenommen.

Mehrspaltensatz

Eine sehr begehrte Fähigkeit ist der automatische Mehrspaltensatz. Es ist natürlich immer möglich, mehrere Spalten manuell zu layouten, aber den Textumbruch müssen Sie dann ebenfalls vorgeben.

Firefox kann es schon lange, und auch in der CSS3-Spezifikation ist der Mehrspaltensatz vorhanden; außer dem Internet Explorer unterstützen alle neuen Browserversionen den Mehrspaltensatz (Firefox und WebKit mit Präfix, Opera nativ, aber erst ab Version 11.1):

- `column-count`
- `column-width`
- `column-gap`
- `column-rule`

Gerade in Verbindung mit Media Queries, die das Abfragen der aktuellen Seitenbreite erlauben, ergeben sich sehr schöne Möglichkeiten für ein auflösungsangepasstes Layout. Die Verwendung der Eigenschaft ist unkritisch: Browser, die sie nicht kennen, stellen einfach alles in einer Spalte dar.

Overflow individuell regeln

Während die Eigenschaft `overflow`, die regelt, was mit Inhalten passiert, die nicht ein Element passen, zum Standardrepertoire gehört, ist es seit CSS3 auch möglich, diese Eigenschaft getrennt für die Horizontale und Vertikale festzulegen:

- `overflow-x`
- `overflow-y`

Die Spezifikation hat sich dabei dem Verhalten des Internet Explorers angepasst, so dass diese Eigenschaft auch dort funktioniert.

Box-Sizing

Wenn Sie schon immer Schwierigkeiten hatten, die Logik hinter dem offiziellen Box-Modell von CSS (siehe auch Abschnitt 6.1, »Das Kastenmodell«) zu verstehen, hat das W3C eine nette Überraschung für Sie. (Wenn Sie schon immer das W3C-Boxmodell gegen Internet-Explorer-Fans verteidigt haben, werden Sie die folgende Eigenschaft wahrscheinlich hassen.)

Mit `box-sizing: border-box` schalten Sie vom W3C-Boxmodel, in dem die Breite eines Kastens nur für die Inhalte gilt, auf das »alte Microsoft-Boxmodell« um, bei dem Sie die Breite eines Kastens inklusive Innenabstand und Rahmen angeben. `box-sizing: content-box` schaltet wieder auf das W3C-Modell um.

Firefox unterstützt diese Eigenschaft als `-moz-box-sizing` und hat auch noch eine dritte eigene Variante: `-moz-box-sizing: padding-box` zählt den Innenabstand, aber nicht den Rahmen mit. Für den Internet Explorer ab Version 8 verwenden Sie `-ms-box-sizing`. Opera und WebKit verstehen die reine Syntax.

Diese Eigenschaft ist dann sehr nützlich, wenn Sie beim exakten Anordnen von Elementen mit unterschiedlichen Einheiten arbeiten wollen. Nach dem W3C-Modell ist es praktisch unmöglich, zwei Kästen auf jeweils 50 % der Seitenbreite zu positionieren und ihnen Innenabstände oder Rahmen in Pixeln zuzuweisen. Mit `box-sizing: border-box` wird das zum Kinderspiel.

Noch eher Zukunftsmusik ist die Möglichkeit, Breiten- (und Höhen-)Angaben per CSS berechnen zu lassen. Firefox (mit Präfix) und der IE9 können Sie mit der Eigenschaft `calc()` einen Wert – z. B. für die Breite eines Kastens – aus unterschiedlichen Einheiten errechnen lassen:

```
width: calc(50% - 2 * 10px);
```

würde den Kasten auf 50 % der Breite des übergeordneten Elements abzüglich 2 mal 10 Pixeln skalieren. Allerdings spielen im Moment weder Opera 11 noch Safari 5 und Chrome 11 mit.

17.2.3 Neue Möglichkeiten für das Styling

Bei den optischen Verbesserungen hat sich am meisten getan. Hier steht eine ganze Reihe an neuen Eigenschaften zur Verfügung, die Sie größtenteils auch relativ unbesorgt verwenden können – wenn ein Text in einem älteren Browser keinen weichen Schatten hat, ist das oft vertretbar.

Farben und Transparenz

Mit der Eigenschaft `opacity` und dem RGBA-Farbmodell lassen sich transparente Bereiche erstellen. Die neuen Möglichkeiten habe ich in Abschnitt 9.6, »Arbeiten mit Transparenz«, detailliert beschrieben, daher hier nur der Verweis. Möglich ist das in allen Browsern, im IE bis zur Version 8 allerdings nur mit Tricks.

Schatten

CSS3 bietet gleich zwei Eigenschaften, die sich mit Schatten befassen:

- `text-shadow` für Texte
- `box-shadow` für andere Elemente

Diese Eigenschaften sind in Abschnitt 9.8.2, »CSS-Schatten«, detailliert beschrieben.

Hintergründe

CSS3 erlaubt es, Elementen mehrere Hintergründe zuzuweisen. Firefox kann das ab Version 3.6, der Internet Explorer ab Version 9, und WebKit-Browser beherrschen es schon seit mehreren Versionen. Mehr Informationen dazu erhalten Sie in Abschnitt 9.7.3, »Mehrfache Hintergründe (CSS3)«.

Rahmen

Auch die Möglichkeiten bei der Gestaltung von Rahmen sind verbessert worden. Leidige Tricks, um die beliebten »runden Ecken« zu erreichen, haben mit CSS3 ein Ende gefunden. `border-radius` erlaubt es, ganz einfach einen Radius für jede einzelne Ecke eines Kastens vorzugeben (mehr dazu in Abschnitt 9.8.1, »Runde Ecken«). Mit `border-image` könne Sie auch die Rahmengestaltung mit Grafiken ergänzen.

Schriften und Texthandling

Einer Revolution gleich kommt die Möglichkeit, eigene Schriftarten in Webseiten einzubinden. Mit der Eigenschaft `@font-face` ist dies seit der Version 3.6 von Firefox in allen Browsern möglich. Der Internet Explorer benötigt bis zur Version 8 einen eigenen Ansatz und unterstützt ab Version 9 das offizielle Modell. Wie Sie eigene Schriften verwenden und woher Sie welche bekommen, habe ich in Abschnitt 9.1.4, »Einbindung von Schriftarten per CSS«, ausführlich beschrieben.

Eine recht praktische Eigenschaft ist `word-wrap: break-word`. Damit lassen sich überlange Wörter zwangstrennen. Optimal ist das nicht, da es keine echte Silbentrennung darstellt, sondern das Wort am Ende des Platzes einfach umbricht (ohne Trennzeichen), aber besser als die Alternativen »komplett abschneiden« oder »aus dem Kasten laufen« ist es allemal. Dazu passt ganz gut die Eigenschaft `text-overflow: ellipsis`, die bei einer Zeile überstehenden Text abschneidet, aber mit »...« darauf hinweist, dass hier noch etwas fehlt. Hier ist es ausnahmsweise einmal Firefox, der diese Eigenschaft nicht unterstützt (aus der Spezifikation zu CSS3 wurde sie allerdings auch wieder entfernt).

Mit dem Thema Platzverbrauch befasst sich die Eigenschaft `resize`. Dank `resize: vertical`, `resize: horizontal` und `resize: both` können Sie ein Element durch den Besucher veränderbar machen, allerdings nur in den neuesten Versionen von Firefox und WebKit. In anderen Browsern schadet die Eigenschaft allerdings auch nicht.

17.2.4 Übergänge, Transformationen und Animationen

Insbesondere die WebKit-Browser unterstützen die CSS3-Eigenschaften, die sich mit der Bewegung von Elementen befassen: *CSS Transitions* regeln den Übergang von einem Zustand in einen anderen – z. B. kann ein Hover-Effekt, statt vom Normalzustand in den »gehoverten« zu springen, dies in einer weichen Überblendung tun. Details dazu finden Sie in Abschnitt 9.10.1, »Animierte Übergänge«.

Mit *CSS Transforms* können Sie Elemente der Seite drehen, skalieren, verzerren und bewegen. Das ist prinzipiell auch im dreidimensionalen Raum vorgesehen. Und schließlich liefern Animationen die Möglichkeit, Elemente beliebig auf der Seite zu bewegen und mittels Keyframes auch komplexere Animationen aufzubauen.

Die Unterstützung durch aktuelle Browser nimmt bei diesen Technologien doch deutlich ab: Während Übergänge und 2D-Transformationen immerhin noch von Firefox, WebKit und Opera in den aktuellen Versionen unterstützt werden (letztere sogar im IE9), bleiben 3D-Transformationen und Animationen im Moment auf WebKit-Browser und den Firefox (ab Version 5) beschränkt. Über diese Eigenschaften finden Sie mehr Informationen und Anwendungsbeispiele in Abschnitt 9.10.2, »Animationen mit Keyframes«.

17.3 CSS3 Zen Ocean

Am besten lassen sich die neuen Möglichkeiten von CSS3 an einem Beispiel zeigen. Ich habe daher mein Beispiellayout für den CSS Zen Garden aus den vorherigen Auflagen von CSS-Praxis einmal auf CSS3 umgestellt. Einige Effekte lassen sich nun sehr viel einfacher erreichen, andere werden jetzt erst möglich. Das vorliegende Design ist für Firefox und WebKit-Browser optimiert. Opera mit leichten, die Internet Explorer 8 und 9 mit etwas größeren Einschränkungen können es auch noch ganz gut darstellen. Die HTML-Struktur ist vorgegeben und aus Gründen der besseren Gestaltbarkeit deutlich überkomplex – das zumindest sollte kein Vorbild für Sie sein.

Ich beginne mit dem Hintergrund; für einen Ozean möchte ich einen Blau-Verlauf von Hellblau zu Dunkelblau. Außerdem sollen eine Wasseroberfläche und der Meeresboden entstehen. Für die letzteren beiden Elemente habe ich passende Grafiken vorbereitet. Ich nutze die Elemente <html>, <body> und ein seitenumfassendes Element mit der ID #container:

```
html {
    background: #023177 url(bg-ie.png) repeat-x 0 221px;
```

```
    background: -moz-linear-gradient(top, #3662CF 517px, #002F73);
    background: -webkit-linear-gradient(top, #3662CF 517px, #002F73);
    background: -o-linear-gradient(#3662CF 517px, #002F73);
    background: linear-gradient(#3662CF 517px, #002F73);
    background-position: 0 -296px;
}
body {
    background: url(bg-top.jpg) top center repeat-x;
}
#container {
    background: url(bg-boden.jpg) bottom left repeat-x;
}
```

Zunächst bekommt der Internet Explorer eine Hilfskonstruktion, die sich aus einer Farbe und einem Verlauf als Grafik zusammensetzt. Für die anderen Browser setze ich einen Hintergrundverlauf ein. Da ich gleich oben und unten zwei Grafiken ansetze, die exakt an die Start- und Endfarbe des Verlaufs passen, muss ich mir etwas überlegen, damit mein Verlauf nicht bei 0 beginnt, sondern bei 221 Pixeln (Höhe der oberen Grafik), und 296 Pixel vor Ende der Seite aufhört (Höhe der unteren Grafik). Oben ist es noch einfach: Sie können einen Startwert angeben, bei dem ein Verlauf beginnt. Allerdings zählen diese Werte immer von oben, und da ich nicht genau weiß, wie lang meine Seite sein wird (durch Verändern der Fenstergröße ändert sich die Seitenlänge), hilft mir das für die untere Grafik nicht. Daher schiebe ich den gesamten Hintergrund um die Höhe der unteren Grafik nach oben und setze den Startwert auf die gesammelte Höhe beider Grafiken. Nun habe ich einen Verlauf, der immer genau zwischen den Grafiken verläuft, egal, wie lang die Seite wird (siehe Abbildung 17.1).

Für WebKit- und Firefox-Nutzer (ab Version 5) gibt es noch ein Zusatzgimmick – die Wasseroberfläche bewegt sich. Dazu habe ich mit

```
@-webkit-keyframes wasser {
    0% { background-position: 0 0; }
    50% { background-position: 80px 0; }
    100% { background-position: 0 0; }
}
```

eine Animation (leichte Bewegung des Hintergrunds) definiert, die ich dann mit

```
body {
    background: url(bg-top.jpg) top center repeat-x;
    -webkit-animation: wasser 5s infinite ease-in-out;
}
```

aufrufe. Browser, die das nicht verstehen, bekommen einfach das statische Bild zu sehen.

Abbildung 17.1 Flexibler Hintergrund aus Grafiken und Verlauf

Im nächsten Schritt kümmere ich mich um den Seitenkopf. Ursprünglich steht dort der Text »CSS Zen Garden«, und in älteren Version haben Autoren oft Image-Replacement-Techniken benutzt, um eigene Inhalte einzusetzen. Mit CSS geht das aber viel eleganter. Zunächst blende ich den Originaltext aus:

```
#pageHeader h1 span{
    display: none;
}
```

Dann schreibe ich mittels generierten Inhalts meinen eigenen Text davor und formatiere ihn:

```
#pageHeader h1:before {
    font-family: "Carter One", arial, serif;
    font-size: 300%;
    content: "CSS3 Zen Ocean";
    line-height: 1em;
    color: rgba(255,255,255,1);
    opacity: 0.65;
}
```

Um eine eigene Schriftart zu nutzen, habe ich diese bereits vorher von Google eingebunden:

```
@import url("http://fonts.googleapis.com/css?family=Carter+One");
```

Wundern Sie sich über die Farbzuweisung per RGBA (`color: rgba(255,255,255,1)`? Ich wollte die Schrift leicht transparent haben und hatte sie zunächst mit einem Alphawert ausgestattet. Dann scheint aber der Schlagschatten durch, und statt eines transparenten Weiß erhielte ich Grau. Daher habe ich mit der Eigenschaft `opacity` dann die gesamte Ebene durchscheinend gestaltet. Sie fragen sich, woher der Textschatten kommt? Er ist bereits weiter oben im übergreifenden Kasten `#container` definiert und gilt so für alle Texte.

Ähnlich bin ich mit der Unterzeile verfahren und habe dort mit der gleichen Technik direkt in den Text eine »3« injiziert – dank dem Akronym-Element war das möglich.

```
#pageHeader h2 {
    padding-top: 10px;
    font-size: 160%;
    opacity: 0.9;
}
#pageHeader h2 span acronym:after {
    content: "3";
}
```

Abbildung 17.2 Halbtransparente Schrift mit eigener Schriftart und modifiziertem Text – alles ohne Grafiken

Als Nächstes kommt eine Art Erklärung; die will ich etwas hervorheben:

```
#quickSummary {
    font-family: "Carter One", arial, serif;
    font-size: 110%;
    margin: 2em auto;
    padding: 1em;
    -moz-box-sizing: border-box;
    -webkit-box-sizing: border-box;
    box-sizing: border-box;
    width: 70%;
```

Ich weise dem Element die Breite 70% und das Boxmodell zu, in dem Rahmen und Innenabstände mitgezählt werden – so kann ich es leicht mit den später definierten Boxen auf eine Breite bringen.

```
    color: #FC3;
    text-shadow: none;
    border: 3px double rgba(255,255,255,0.8);
    -moz-border-radius: 8px;
    -webkit-border-radius: 8px;
    border-radius: 10px;
```

Der Kasten bekommt einen doppelten Rahmen und auf 10 Pixel abgerundete Ecken.

```
    background: -moz-linear-gradient
    (top, rgba(204,204,255,0.3), rgba(15,75,164,0.6));
    background: -webkit-linear-gradient
    (top, rgba(204,204,255,0.3), rgba(15,75,164,0.6));
    background: -o-linear-gradient
    (top, rgba(204,204,255,0.3), rgba(15,75,164,0.6));
```

Als Hintergrund wähle ich wieder einen linearen Verlauf – diesmal ohne Tricks, einfach von oben nach unten.

```
box-shadow: 0 0 15px #006;
-moz-transition: box-shadow 2s;
-webkit-transition: box-shadow 2s;
transition: box-shadow 2s;
```

Als Letztes bekommt der Kasten einen Schatten in Dunkelblau, den ich gleich noch animiere. Um diese Animation bzw. Transition vorzubereiten, muss ich jetzt schon definieren, was später verändert werden soll.

```
}
#quickSummary:hover {
    box-shadow: 0 0 15px white;
}
```

Beim Hover wird der Schatten in ein Glühen verändert, wie oben definiert in einem animierten Übergang von 4 Sekunden Dauer.

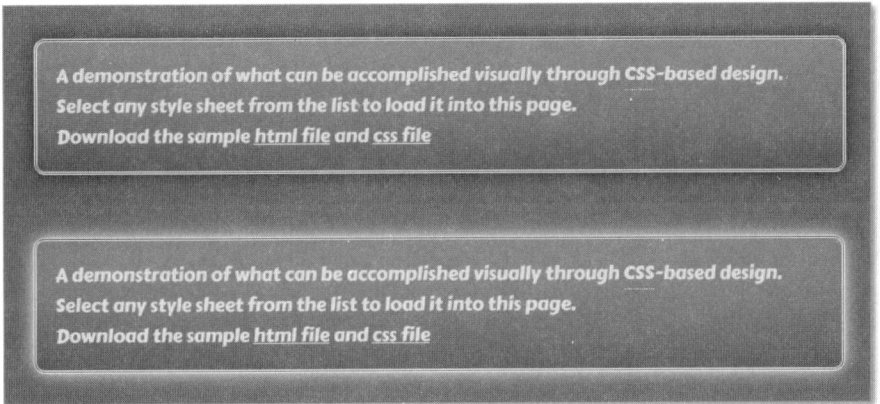

Abbildung 17.3 Der Infokasten leuchtet bei Berührung.

Alle weiteren Textkästen bringe ich ebenfalls auf 70% Breite:

```
#preamble,
#supportingText {
    margin: 1em auto;
    width: 70%;
}
```

Da ich hier auf Innenabstände und Rahmen verzichte, sind diese Kästen exakt so breit wie der Infokasten mit Rändern und horizontalen Innenabständen – gelobt sei das neue alte Boxmodell.

Der nächste Kniff aus der Trickkiste des CSS3 bezieht sich auf das Layout. CSS3 macht mehrspaltigen Satz möglich – in Verbindung mit Media Queries ermöglicht das sehr schicke Effekte. Ich werde die folgenden Textabschnitte mit einem Layout versehen, das je nach Größe des Browserfensters eine, zwei oder drei Spalten anbietet:

```css
#explanation, #participation, #benefits, #requirements {
    -moz-column-count: 2;
    -webkit-column-count: 2;
    column-count: 2;
    margin-top: 3.5em;
    position: relative;
}
```

Die entsprechende Eigenschaft heißt `column-count`. Es gibt weitere verwandte Eigenschaften, mit denen Sie die Lücke zwischen den Spalten regeln oder eine Linie darin ziehen können, aber ich belasse es hier bei der einfachsten Variante. Im Normalfall sollen es zwei Spalten sein. Die beiden anderen Anweisungen benötige ich gleich zur Positionierung der Überschrift.

Nun die Berücksichtigung der Fensterbreite: Wenn die Seitenbreite kleiner oder gleich 800 Pixel ist, gibt es nur eine Spalte; ist sie größer oder gleich 1.300 Pixel, werden es drei. Mit CSS3 ist das simpel:

```css
@media (max-width: 800px) {
    #explanation, #participation, #benefits, #requirements {
        -moz-column-count: 1;
        -webkit-column-count: 1;
        column-count: 1;
    }
}
@media (min-width: 1300px) {
    #explanation, #participation, #benefits, #requirements {
        -moz-column-count: 3;
        -webkit-column-count: 3;
        column-count: 3;
    }
}
```

Ein Problem gibt es noch: Die Überschriften fügen sich in den Spaltensatz ein – das sieht nicht so schön aus. Sie sollen über den Spalten stehen. Hätte ich überall nur einen Absatz, könnte ich die Spalten diesen Absätzen (`<p>`) zuweisen. Da in diesem Beispiel allerdings in einem Textblock mehrere sehr kurze Absätze auftreten, sieht das unschön aus und ist schlecht lesbar. Daher habe ich die Spalten dem gesamten Textblock (jeweils erkennbar durch ein `<div>` mit einer ID) zugewiesen und die Überschriften mit absoluter Positionierung nach oben ausgerückt. Dazu muss ich dann per `margin-top` (siehe etwas weiter oben) den entsprechenden Platz freisperren.

```
#explanation h3, #participation h3,
#benefits h3, #requirements h3 {
   position: absolute;
   top: -1.7em;
}
```

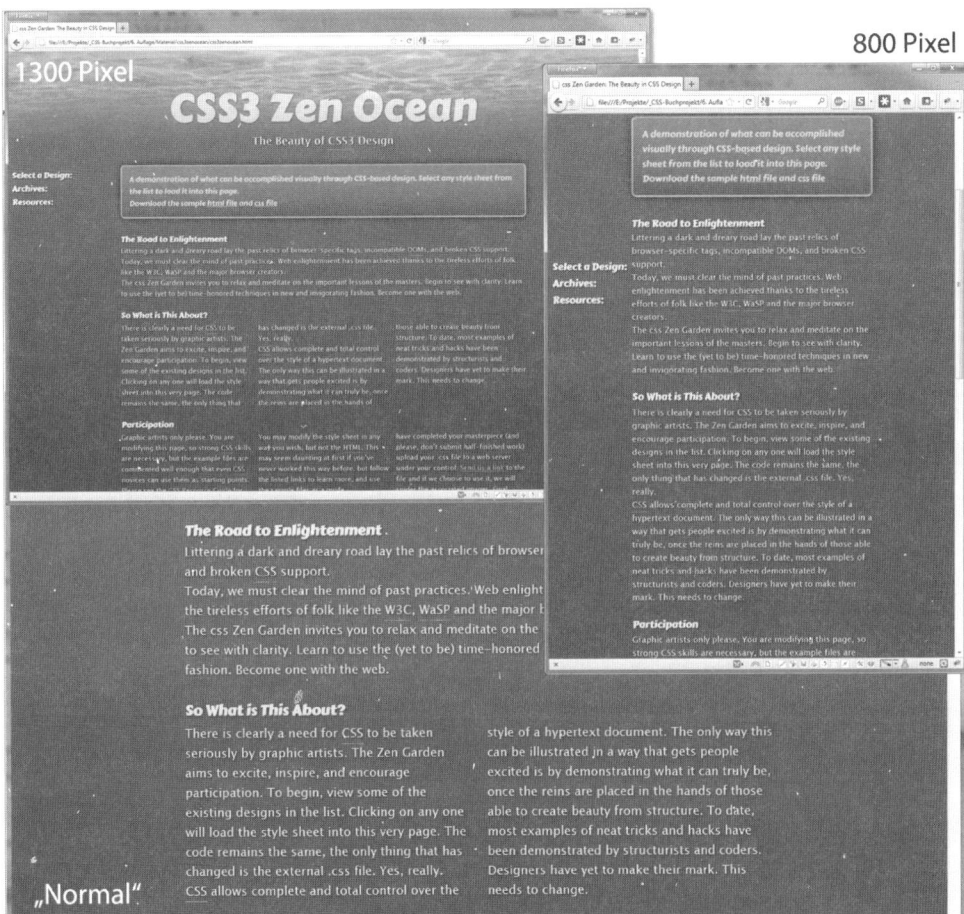

Abbildung 17.4 Auflösungsabhängiges Layout mit Spalten

Nun kann ich mich den Bedienelementen widmen. Auf der Seite sind drei Menüs vorgesehen: eine Liste der aktuellsten Designs, das Archiv mit allen Einreichungen und Links zu weiterführenden Ressourcen. Alle diese Elemente sind als ungeordnete Listen ausgeführt – vorbildlich.

Ich möchte diese Elemente allerdings nicht immer im Bild haben, sondern nur bei Bedarf sehen. Aber dafür sollen sie auch beim Scrollen nicht verschwinden. Daher blende ich die Listen selbst erst einmal aus. Nur die Titel müssen stehen bleiben, damit die Besucher sie wieder einblenden können.

```
#lselect,
#larchives,
#lresources {
   position: fixed;
   top: 260px;
   left: 0px;
   width: auto;
   padding: 4px 8px;
   border-radius: 0 6px 6px 0;
   border-left: none;
}
```

Erst einmal positioniere ich alle drei Menüs fixiert und ordne sie passend an; so liegen die Texte übereinander.

```
#larchives {
   -moz-transition: top 1.6s;
   -webkit-transition: top 1.6s;
   transition: top 1.6s;
   top: 290px;
}
#lresources {
   -moz-transition: top 1.6s;
   -webkit-transition: top 1.6s;
   transition: top 1.6s ease-in;
   top: 320px;
}
```

Das zweite und dritte Menü rücke ich entsprechend nach unten. Außerdem bereite ich schon einmal die Animation vor, mit der ich die Menüs später erscheinen lasse.

```
#lselect ul,
#larchives ul,
#lresources ul {
   -moz-transition: left 1.6s;
   -webkit-transition: left 1.6s;
   transition: top 1.6s;
   position: absolute;
   left: -200px;
   list-style: none;
```

```
    font-size: 0.8em;
    background: rgba(255,255,255,0.4);
    padding: 10px;
    border-radius: 0 6px 6px 0;
    white-space: nowrap;
}
```

Die innerhalb der Menü-`<div>`-Elemente liegenden `<ul>`-Listenpunkte (sie enthalten die Menüpunkte) positioniere ich absolut und schiebe sie nach links aus dem Bild (`left: -200px;`). Außerdem lege ich mit `white-space: nowrap;` fest, dass die Zeilen nicht umbrechen sollen.

Jetzt folgt das Einblenden. Dazu habe ich die Situation ausgenutzt, dass die drei Menüs unmittelbar untereinander im Quellcode stehen. Ich kann sie also über Folgeelement-Selektoren ansprechen. Ich brauche eine doppelte Animation: Einerseits will ich die Menü-Links vom linken Seitenrand hineinfahren lassen, andererseits muss ich auch die Titel der darunterliegenden Menüs verschieben, damit sich die Elemente nicht überlagern.

```
#lselect:hover+#larchives{
    top: 480px;}
#lselect:hover+#larchives+#lresources{
    top: 510px;}
#larchives:hover+#lresources{
    top: 410px;}
```

Hier werden die Titel nach unten versetzt.

```
#lselect:hover ul,
#larchives:hover ul,
#lresources:hover ul {
    left: 0;
}
```

Und hier blende ich die Menü-Links ein. Durch die vorher definierten Transitions regelt der Browser den sanften Übergang ganz von allein. So habe ich ein animiertes, fixiertes Menü ganz ohne JavaScript – das auch noch bei etwas älteren Browsern funktioniert (siehe Abbildung 17.5).

Um die normalen Textabschnitte etwas aufzulockern, habe ich sie mit Effekten verziert. Ich habe eine GIF-Animation mit Luftblasen vorbereitet, die ich bei Hover in einem Absatz anzeige:

```
#explanation:hover {
background: url("blubba6.gif") no-repeat scroll
40px 0 transparent;
}
```

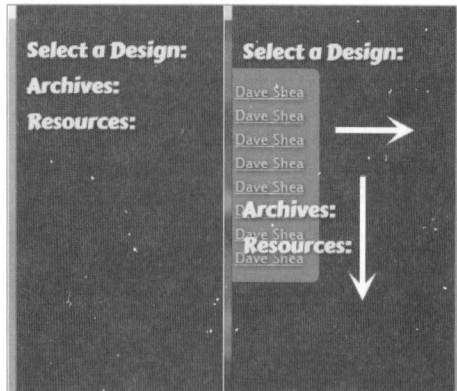

Abbildung 17.5 Animiertes Menü mit CSS

In zwei anderen Absätzen setze ich animierte Fische ein. Auch hier ist es genau genommen keine Animation, zumindest nicht im CSS-technischen Sinne (das sind die Funktionen mit Keyframes, die nur WebKit beherrscht), sondern ich verwende Übergänge zwischen einem Normalzustand und einem Hover-Status.

```
#participation {
    background: url(fische1.png) no-repeat 200px 100px;
    background-position: -300px -100px;
}
#participation:hover {
    -moz-transition: background-position 15s ease-out;
    -webkit-transition: background-position 15s ease-out;
    transition: background-position 15s ease-out;
    background: url(fische1.png) no-repeat 800px 100px;
}
```

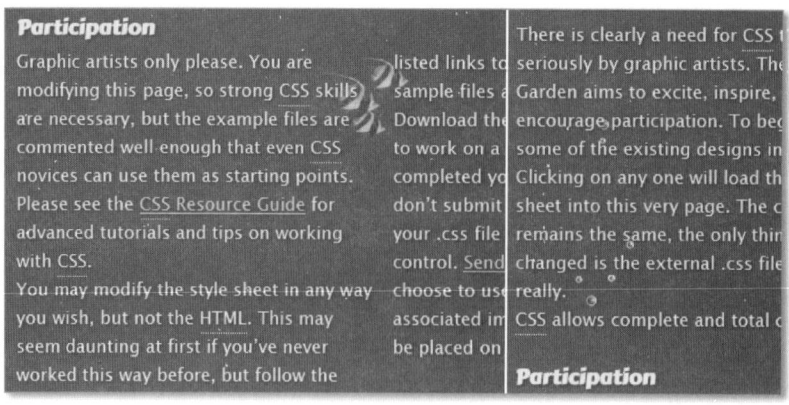

Abbildung 17.6 Fische und Luftblasen bevölkern den Ozean.

Mit animierten GIFs als Hintergrund lassen sich verblüffende Effekte erzielen – sehen Sie sich den Boden des Ozeans einmal etwas länger an ...

Ein Ozean ist natürlich nicht vollständig ohne einen Taucher. Um ihn zu Wasser zu lassen, nutze ich einige der bereitgestellten zusätzlichen `<div>`-Container (`#extraDiv1-6`).

```
body:hover>#extraDiv1 {
    -moz-transition: right 1.5s ease-in-out;
    -webkit-transition: right 1.5s ease-in-out;
    transition: right 1.5s ease-in-out;
    bottom: 200px;
    right: 60px;
}
```

Der Taucher soll nicht von Anfang an anwesend sein, sondern ins Bild schweben. Daher habe ich sein Erscheinen – wieder mit einer Transition – an einen Hover für `<body>` geknüpft. Das heißt, erst wenn der Besucher mit der Maus in das Browserfenster kommt, erscheint auch der Taucher.

```
#extraDiv1 {
    position: fixed;
    bottom: -200px;
    right: -50px;
    width: 90px;
    height: 130px;
    z-index: 60;
    background: url(taucher.png) no-repeat top right;
}
```

Und zwar habe ich den Taucher fixiert am rechten Seitenrand angebracht; er bleibt also auch beim Scrollen im Blickfeld.

So ein Taucher benötigt natürlich auch Licht. Das erzeuge ich über ein weiteres `extraDiv`-Element und einen radialen Verlauf.

```
#extraDiv2 {
    position: fixed;
    -moz-transition: -moz-transform 5s;
    -webkit-transition: -moz-transform 5s;
    transition: -moz-transform 5s;
```

Das Licht soll später sanft eingeschaltet werden.

```
bottom: 200px;
right: 60px;
width: 90px;
height: 130px;
z-index: 50;
background: -moz-radial-gradient(38px 71px, circle
contain, white, rgba(204,204,0,0.9), rgba(204,204,0,0.0)) ;
background: -webkit-radial-gradient(38px 71px, circle
contain, white, rgba(204,204,0,0.9), rgba(204,204,0,0.0)) ;
background: radial-gradient(38px 71px,circle contain,
white, rgba(204,204,0,0.9), rgba(204,204,0,0.0)) ;
```

Dieser Abschnitt definiert einen radialen Verlauf ausgehend von der Hand des Tauchers in Kreisform von Gelb zu Transparenz.

```
-moz-transform: scale(0);
-webkit-transform: scale(0);
transform: scale(0);
```

Außerdem lege ich noch eine Transformation an – im Ausgangszustand ist das Element auf 0 % verkleinert (also quasi unsichtbar).

```
}
#extraDiv1:hover+#extraDiv2 {
    -moz-transform: scale(1);
    -webkit-transform: scale(1);
    transform: scale(1);
}
```

Erst beim Hover wird die Skalierung – mit einem sanften Übergang – auf 100 % erhöht. Das sieht dann aus wie in Abbildung 17.7

Abbildung 17.7 Taucher mit Lampe

Als Letztes möchte ich noch eine Schatzkiste einbauen – so etwas gehört ja irgendwie auch zum Ozean. Was liegt da näher, als die »Schätze« der Webstandards zu verwenden …

Dazu habe ich ein paar Grafiken vorbereitet: Einmal eine Truhe in geschlossenem und offenem Status als CSS-Sprite in einer Grafik verpackt und eine Animation mit ein paar funkelnden Sternen, siehe Abbildung 17.8.

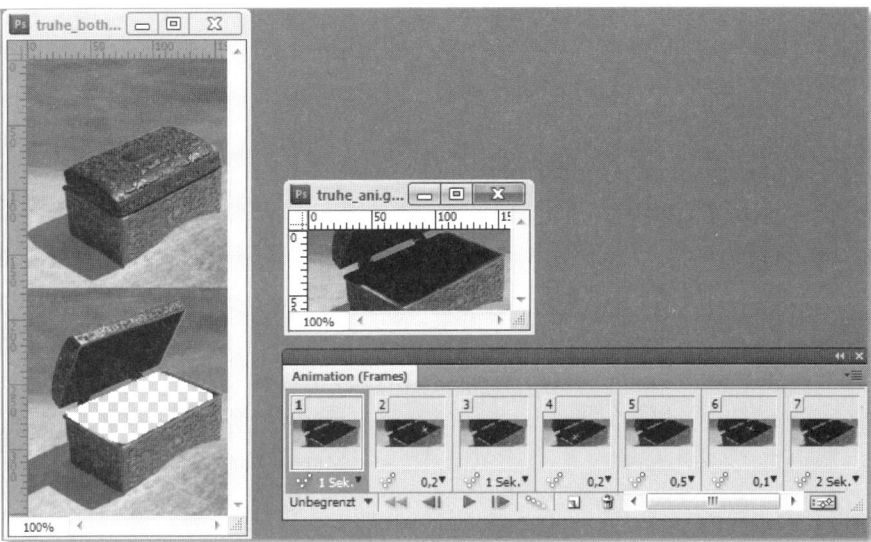

Abbildung 17.8 Vorbereitete Elemente für die Schatzkiste

Die Kiste lege ich auf den Boden ab:

```
#footer {
    position: absolute;
    background: url(truhe_both.gif) no-repeat 0 0;
    margin-top: -42px;
    left: 0px;
    width: 160px;
    height: 176px;
    z-index: 20;
    font-size: 0.8em;
}
```

Ich öffne sie per Hover (ich verschiebe das Hintergrundbild so, dass der offene Zustand zum Vorschein kommt):

```
#footer:hover {
   background-position: 0 -176px;
}
```

Für den Inhalt benötige ich zunächst noch einmal ein zusätzliches Element (#extraDiv5), um den Hintergrund mit Funkeln anzusetzen:

```
#extraDiv5 {
background: url("truhe_ani.gif") no-repeat scroll left
top transparent;
   margin-top: -132px;
   height: 62px;
   left: 0;
   padding: 50px 0 0 30px;
   position: absolute;
   width: 130px;
   z-index: 10;
}
```

Per z-index setze ich den Hintergrund unter die Truhe. Da im offenen Zustand ein Teil der Grafik durchsichtig ist, scheinen die Sterne durch.

Nun noch die Schätze: Im vorgegebenen Text der Webseite weise ich auf die verwendeten Standards hin und verlinke sie:

```
<div id="footer">
   <a href="http://validator.w3.org/check/referer"...>xhtml</a>
    
   <a href="http://jigsaw.w3.org/css-validator/check/referer"...>
   css</a>  
   <a href="http://creativecommons.org/licenses/by-nc-sa/
   1.0/"...>cc</a>  
   <a href="http://mezzoblue.com/zengarden/faq/#s508"...>508</a>
    
   <a href="http://www.mezzoblue.com/zengarden/faq/#aaa"...>
   aaa</a>
</div>
```

Diese Texte sollen in die Truhe. Da die Links nicht gesondert mit Klassen markiert sind, muss ich sie über Attributselektoren ansprechen – dazu nutze ich das Attribut href, das bei allen Links unterschiedlich ist. Mit

```
a[href^="http://validator"] {
```

teste ich, ob das Attribut href am Anfang den String http://validator enthält.

```
    position: absolute;
    top: 84px;
    left: 49px;
    text-decoration: none;
    -moz-transform: rotate(-25deg);
    -webkit-transform: rotate(-25deg);
    transform: rotate(-25deg);
}
```

Ich positioniere die Texte absolut und drehe sie so, dass sie in die Schatzkiste passen. Bei den beiden unteren Links ist es zweckmäßiger, die URL von hinten beginnen zu analysieren ($ statt ^).

Da die Links über dem Hintergrund liegen, muss ich sie erst einmal verstecken:

```
#footer a {
    color: #FEEB01;
    visibility: hidden;
}
```

Erst wenn die Kiste geöffnet ist, werden auch die Schätze wieder eingeblendet.

```
#footer:hover a {
    visibility: visible;
}
```

Zum Abschluss noch ein wenig Glühen beim Selektieren:

```
#footer a:hover,
#footer a:focus,
#footer a:active {
    text-shadow: 0 0 2px white;
}
```

Fertig ist das CSS3-Beispiellayout CSS Zen Ocean!

Sie finden das CSS und HTML auf der beiliegenden DVD im Verzeichnis */listings/ css3zengarden/* oder direkt im CSS Zen Garden.

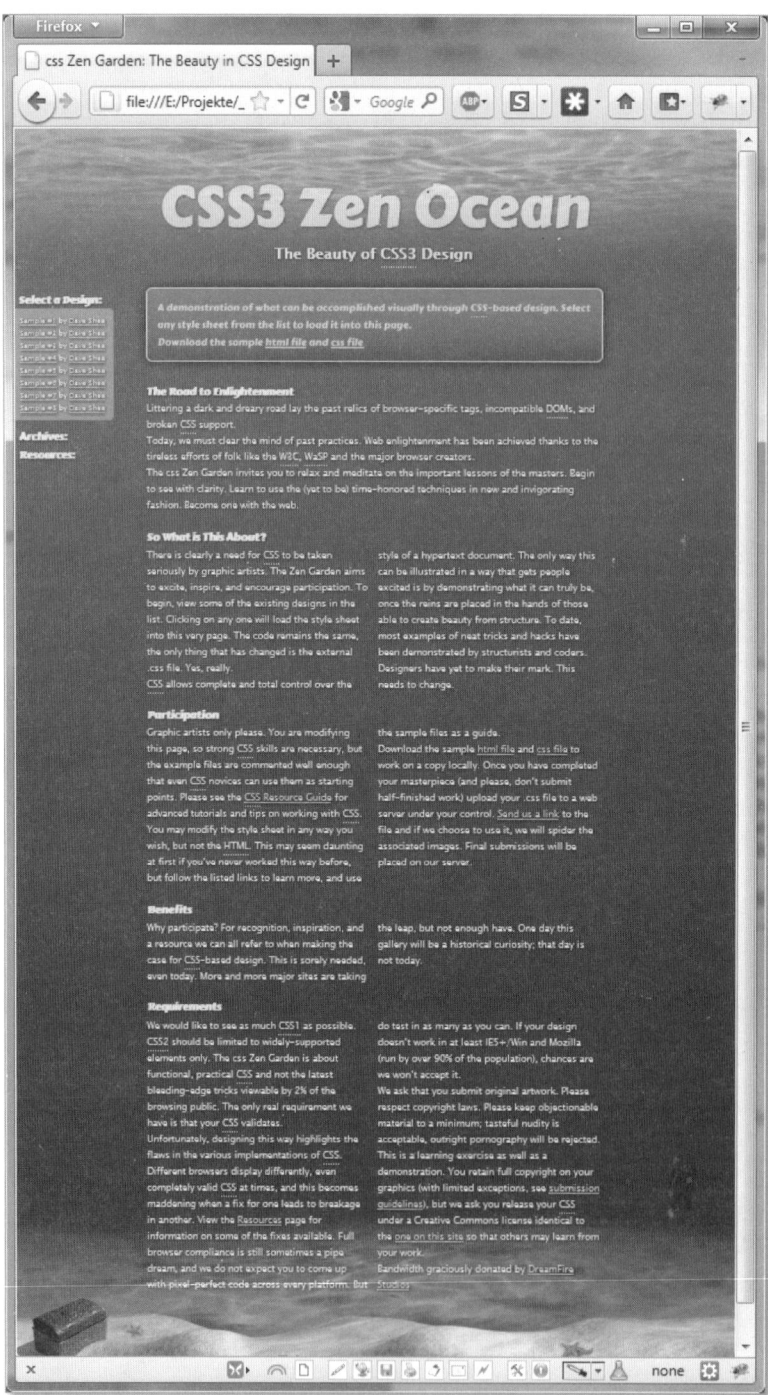

Abbildung 17.9 CSS3 Zen Ocean komplett

Grundsätzlich reicht ein Texteditor zum Entwickeln von Stylesheets aus. Ein Website-Editor oder ein »echter« CSS-Editor machen das Leben aber in vieler Hinsicht leichter. Um diese Editoren und andere nützliche Helfer geht es im folgenden Kapitel.

18 Werkzeuge für CSS-Entwickler

Werkzeuge für CSS-Entwickler umfassen sowohl Editoren zum Schreiben von CSS als auch Analysewerkzeuge, Simulatoren und kleinere Tools, die die Arbeit schneller und effizienter machen. Als Erstes möchte ich Ihnen einige Editoren vorstellen, mit denen ich arbeite.

18.1 CSS-Editoren

Cascading Stylesheets sind reine Textdokumente; Sie können sie also mit jedem beliebigen Editor bearbeiten (er sollte UTF-8 beherrschen). Wenn Sie also bereits einen Lieblingseditor verwenden, mit dem Sie sich auskennen – verwenden Sie ihn weiter. Die meisten für HTML oder Programmiersprachen geeigneten Editoren besitzen auch Definitionen für CSS, so dass Sie Syntax-Highlighting und Code-Vervollständigung nutzen können.

18.1.1 TopStyle

Einer der bekanntesten und weitverbreiteten reinen CSS-Editoren ist *TopStyle* (ehemals Bradsoft, inzwischen vertrieben von Stefan van As). Aktuell ist die Version 4 verfügbar, Version 5 wird für Ende 2011 erwartet.

TopStyle wird in einer kostenpflichtigen Version angeboten, ist aber auch noch als deutlich reduzierte kostenfreie Light-Version einer älteren Ausgabe erhältlich. TopStyle Light ist auf die reine CSS-Bearbeitung reduziert. Ihm fehlen außer der Vorschau und dem »Style Inspector« sämtliche Hilfsfunktionen, die das Arbeiten mit TopStyle 4 so angenehm machen. Auch das Bearbeiten von HTML ist nicht möglich. Daher ist TopStyle Light kaum eine Alternative gegenüber anderen freien Editoren oder gegenüber TopStyle 4. Ich beschreibe im Folgenden die kostenpflichtige Version TopStyle 4.

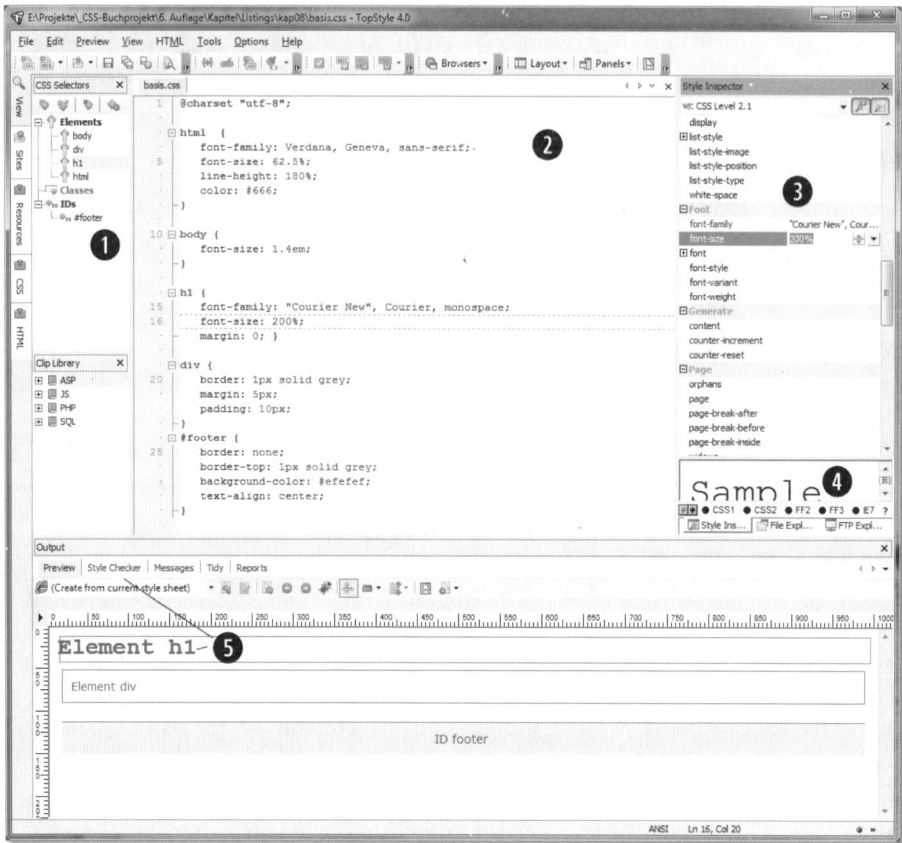

Abbildung 18.1 Hauptbildschirm von TopStyle 4

TopStyle 4 ist ein voll ausgestatteter CSS-/HTML-Editor für den professionellen Einsatz. Der Schwerpunkt der Funktionen liegt auf der Bearbeitung von Stylesheets. Er enthält eine riesige Menge an Funktionen und Hilfsmitteln, die das tägliche Arbeiten mit Stylesheets erleichtern. Durch die enorme Anzahl von Funktionen sieht der Bildschirm in der maximalen Ansicht etwas überladen aus. Daher lässt TopStyle 4 den Anwender zwischen drei Layouts wählen, die mehr oder weniger viele Paletten anzeigen. Natürlich lassen sich diese Anzeigen auch individuell ein- und ausblenden. In der Standardanzeige sieht der Hauptbildschirm so aus wie in Abbildung 18.1.

Auf den ersten Blick etwas verwirrend, aber dafür sind alle wichtigen Informationen stets im Blick: Alle im Stylesheet enthaltenen Elemente, Klassen und IDs werden im Fenster ❶ angezeigt und können von dort schnell ausgewählt werden (wie in einem Inhaltsverzeichnis). Das wichtigste Fenster ist natürlich die Quellcode-Ansicht ❷, in der das vollständige Stylesheet angezeigt wird. Rechts daneben finden Sie den CSS-Inspektor ❸, mit dem Sie die Eigenschaften der Stile bearbeiten können. Dort werden alle Eigenschaften und Werte für den ausgewählten Selektor angezeigt und können einfach editiert werden. Am unteren Rand dieses Bereichs zeigt TopStyle auch an, welche Browser die gerade aktiven Optionen unterstützen ❹.

Im unteren Bereich des Bildschirms können Sie den CSS-Code mit dem integrierten CSS-Checker überprüfen lassen ❺. Dies können Sie ganz nach Bedarf an verschiedene Browserversionen und CSS-Level anpassen.

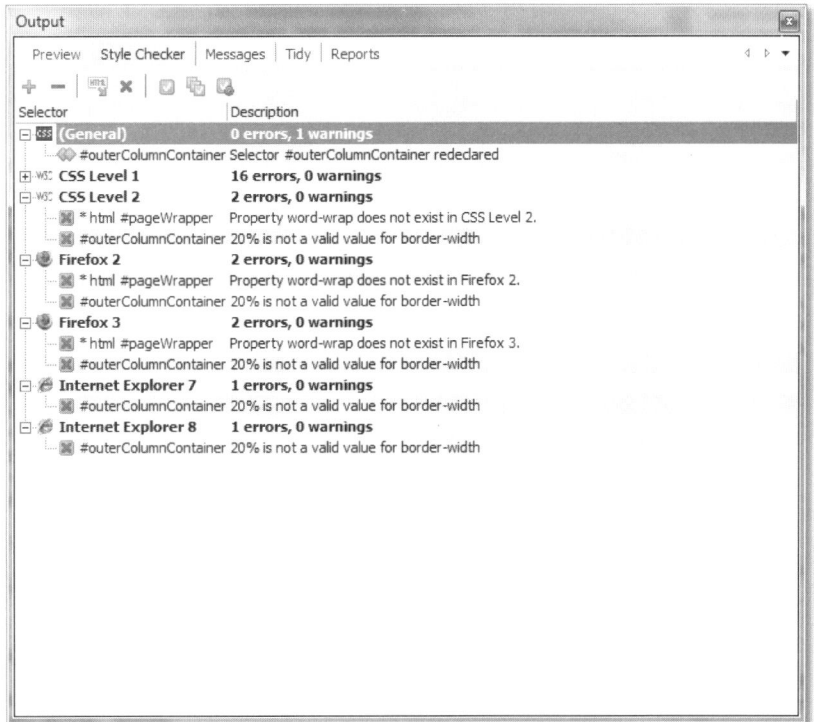

Abbildung 18.2 Ergebnisse des CSS-Checkers nach CSS-Versionen und Browsern geordnet

Sie können dort auch eine Vorschau anzeigen lassen. Sehr praktisch ist, dass Sie für die Vorschau ein eigenes HTML-Dokument angeben können, so dass die Vorschau auch der geplanten Webseite entspricht (siehe Abbildung 18.3).

TopStyle 4 hat auch sonst alles, was das Herz des CSS-Entwicklers begehrt: Von Standardfeatures wie Syntax-Highlighting, einer Element- und Stilansicht und einer Voransicht bis hin zu einem integrierten (X)HTML-Editor, der Integration des HTML-Säuberungswerkzeugs »Tidy« ❻ und einem iPhone-Simulator fehlt nichts.

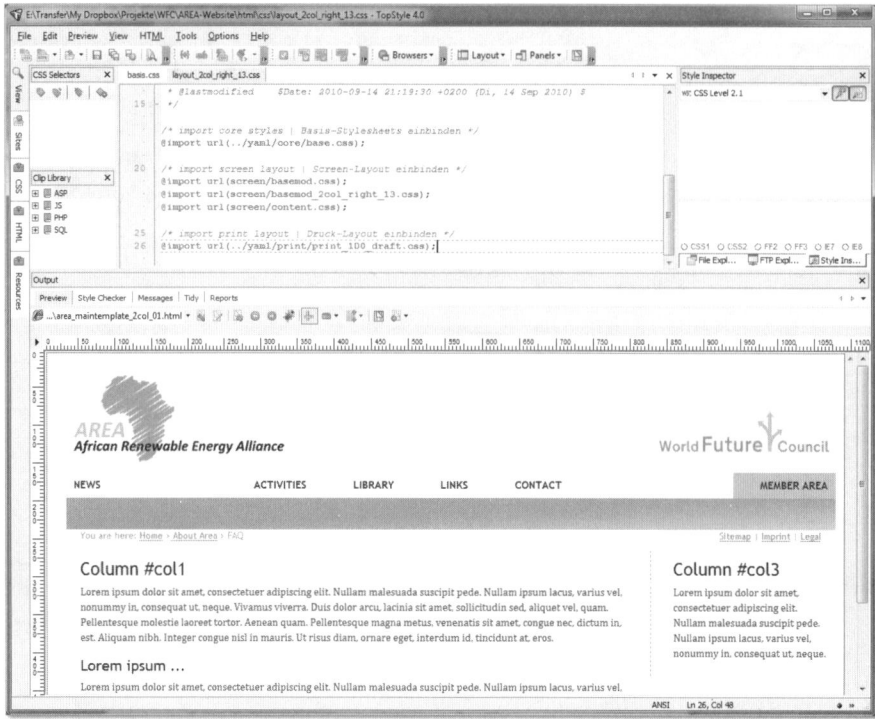

Abbildung 18.3 Echtzeitvorschau am Originaldokument

Sehr nützlich finde ich auch die Funktion »Related Styles«: Mit einem Rechtsklick auf eine Stildefinition rufen Sie das Kontextmenü auf – dort finden Sie unter RELATED STYLES ähnliche Stile. Bei großen Stylesheets kann das viel Suchen ersparen, wenn Sie beispielsweise herausfinden wollen, wo überall Link-Farben definiert sind.

Anlegen von Stilen mit TopStyle

TopStyle bietet zwei grundlegende Arbeitsweisen an. Der erfahrene CSS-Autor wird sicher die schnelle Arbeit im Quellcode-Fenster bevorzugen. Dabei unterstützt ihn TopStyle durch Code-Vervollständigung (tippen Sie die ersten Buchstaben eines bekannten Begriffs ein, so wird eine Liste der möglichen Begriffe angezeigt) und eine Fehlerkontrolle bei der Eingabe.

Noch nicht so versierte Anwender können den Selektoren-Wizard verwenden. Dazu wählen Sie im Fenster CSS SELEKTORS ❶ (in Abbildung 18.1) den Button NEW CSS SELECTOR (im Bild umrahmt) und folgen den Anweisungen des Wizards.

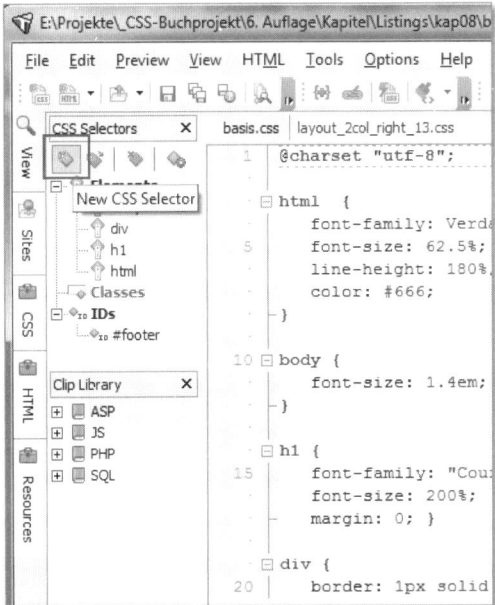

Abbildung 18.4 Ein neuer Style mit TopStyle

Dem fertigen Selektor (oder den Selektoren) können Sie dann über den Stil-Inspektor Eigenschaften per Auswahl zuordnen (siehe ❸ in Abbildung 18.1).

TopStyle versteht sich als vollwertiger HTML-Editor und kann problemlos als alleiniges Programm für das CSS-orientierte Entwickeln verwendet werden. Außerdem ist TopStyle für die Zusammenarbeit mit Adobe Dreamweaver vorbereitet. Mit einem Mausklick können Sie dies unter OPTIONEN • THIRD PARTY INTEGRATION aktivieren und bearbeiten dann mit TopStyle ab sofort alle in Dreamweaver verwendeten Stile. Auch in den HTML-Quelltext-Editor Phase 5 (*http://www.qhaut.de/*, Linkcode 0070) oder Aptana (siehe Abschnitt 18.2.2) können Sie TopStyle unter Zuhilfenahme eines Zusatzprogramms integrieren (siehe Abbildung 18.5).

Das Arbeiten mit TopStyle 4 macht Spaß, da die durchdachte Anordnung das Erledigen üblicher Aufgaben schnell und unkompliziert macht; so ist jederzeit direkt das Bearbeiten des CSS-Codes möglich.

Andererseits unterstützt TopStyle den Entwickler durch Vorschaufunktionen (eingebunden sind eine Gecko-Voransicht, eine Ansicht für den Internet Explorer 9 und eine Safari-Ansicht – externe Browser können hinzugefügt werden), einen Stylechecker (Syntax-Fehlertest), Kompatibilitätshinweise und eine umfangreiche CSS-Referenz.

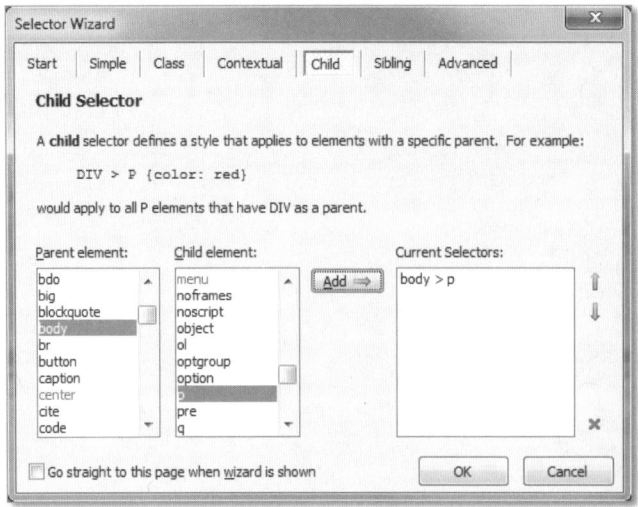

Abbildung 18.5   Der Selektoren-Wizard führt Schritt für Schritt zur Stildefinition.

[o]   TopStyle 4 ist ein mächtiges Werkzeug, sowohl für den Anfänger als auch für den fortgeschrittenen CSS-Entwickler. Eine Testversion von TopStyle 4 (Windows) liegt der Buch-DVD-ROM bei. TopStyle ist nur für Microsoft Windows erhältlich. Weitere Informationen finden Sie auf der Produkt-Website: *http://www.topstyle4.com/* (Linkcode 0071).

18.2   Website-Editoren

Neben den reinen CSS-Editoren bieten die meisten Website-Editoren auch die Möglichkeit, Stylesheets zu bearbeiten.

18.2.1   Adobe Dreamweaver CS5.5

Adobe Dreamweaver CS5.5 ist kein einzelner CSS-Editor, sondern ein integrierter Website-Editor mit umfangreichen Möglichkeiten (siehe Abbildung 18.6).

Das Besondere an Dreamweaver ist die nahtlose Integration von Code-Editor ❶ und grafischer Anzeige ❷. Damit ist Dreamweaver sowohl für HTML-Einsteiger geeignet (gerade das Lernen von HTML fällt damit leicht) und bietet auch dem HTML-Experten viele Arbeitserleichterungen, ohne dessen Flexibilität einzuschränken. Während Sie Elemente über Buttons und Eingabemasken einfügen können, ohne eine Zeile Code zu schreiben, zeigen sich alle Änderungen sofort als HTML-Code im CODE-Fenster. Dabei produziert Dreamweaver vergleichsweise sauberen Code und beherrscht XHTML und HTML5.

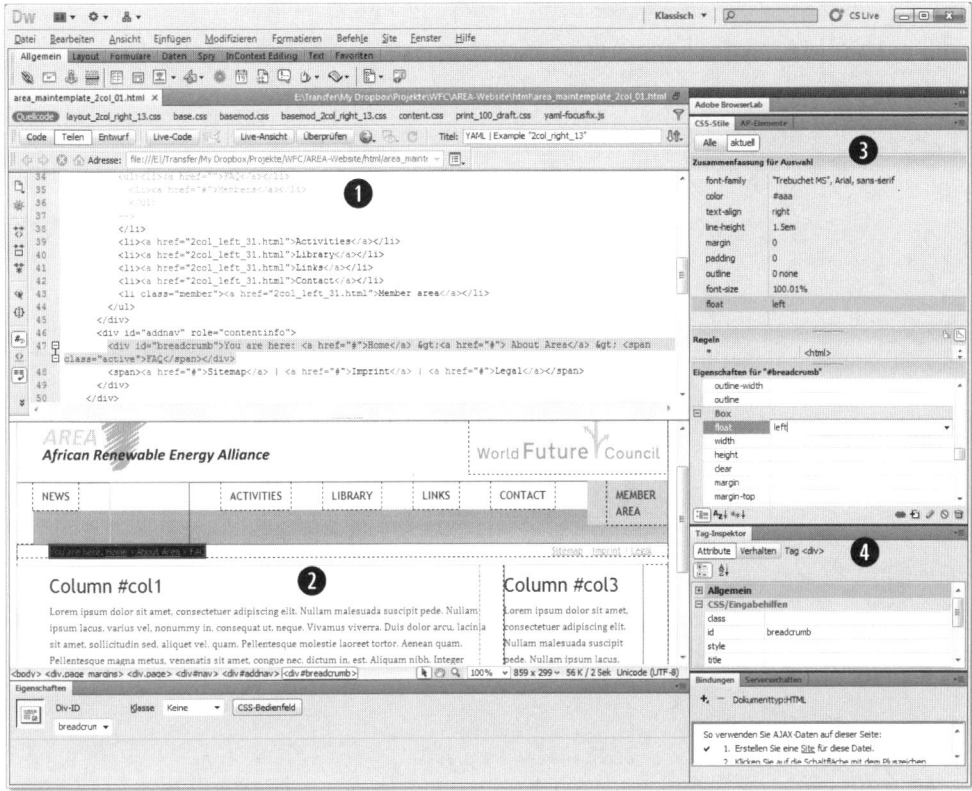

Abbildung 18.6 Hauptfenster von Adobe Dreamweaver CS5.5

Zusätzlich enthält Dreamweaver Funktionen zur Erstellung dynamischer datenbankgestützter Websites. Dreamweaver ist damit auch eine Entwicklungsumgebung für CFML (ColdFusion Markup Language) und PHP (»PHP: Hypertext Preprocessor«). So wird der Funktionsumfang von Dreamweaver deutlich erweitert und erlaubt es auch Webdesignern, die noch keine großen Erfahrungen mit servergestützter Programmierung haben, einfache datenbankgestützte Webanwendungen zu entwickeln. Zusätzlich ist das Spry-Framework integriert, das zur Erstellung von dynamischen Ajax-Anwendungen dient.

Außerdem ist Dreamweaver mit anderen Produkten der Adobe Creative Suite wie Photoshop und Flash integriert. Grafische Elemente (Buttons) oder Flash-Filme fügen sich nahtlos in den mit Dreamweaver erstellten Code ein. Kleinere Änderungen an Grafiken (Beschneiden und Skalieren) können Sie sogar direkt in Dreamweaver vornehmen. Dreamweaver kann auch Photoshop-Dateien (in)direkt verwenden. Wenn Sie eine Photoshop-Datei (Endung .psd) als Bild in Dreamweaver einfügen, öffnet sich automatisch ein Dialog zum Erstellen einer webfähigen Version ❶, die dann in die Seite eingefügt wird. Die Verbindung zur Originaldatei bleibt allerdings bestehen, so dass Sie wie in Abbildung 18.7 (❷) später das Original-PSD über Dreamweaver in Photoshop öffnen können.

Abbildung 18.7 Optimaler Workflow zwischen Dreamweaver und Photoshop

Dreamweaver bietet einen eigenen CSS-Inspektor, der alle für CSS relevanten Informationen zusammenfasst (siehe Abbildung 18.6 ❸). Die CSS-Unterstützung ist auch in der Designansicht verfügbar. Mit Hilfe detailliert konfigurierbarer Visualisierungsanzeigen können Sie in der Designansicht Hintergründe, die Grenzen von Ebenen und weitere CSS-Auswirkungen anzeigen lassen. Mit einer Schnellanzeige können Sie direkt dort die Eigenschaften ansehen.

Eine Medientyp-Leiste erlaubt es, medienspezifische Stylesheets (z. B. Print-Stylesheets) gezielt einzeln anzusprechen.

Abbildung 18.8 CSS-Layouthilfsmittel

Standards und Barrierefreiheit

Adobe hat Webstandards und die Unterstützung für barrierefreies Webdesign als Thema erkannt und bietet dazu die nötigen Voraussetzungen. Von Grund auf ist der Code, den Dreamweaver produziert, valide, und auch die mitgelieferten Vorlagen sind ein guter Startpunkt für eine moderne sowie semantische HTML-Struktur.

In den Eingabemasken für Elemente (Bilder, Tabellen usw.) werden die zur Unterstützung der Barrierefreiheit erforderlichen Angaben abgefragt. So werden Sie beim Einfügen von Bildern nach dem Alternativtext gefragt, und Datentabellen können Sie mit den erforderlichen Zusatzinformationen ausstatten. Den in früheren Versionen vorhandenen »Barrierefreiheitsbericht« gibt es allerdings in der Version CS5.5 nicht mehr. Stattdessen wird auf verfügbare Tools von Dritten verwiesen – eine lange Liste solcher Tools mit Bewertungen finden Sie auf der (englischsprachigen) Website des WebAIM-Projekts: *http://www.webaim.org/articles/tools/* (Linkcode 0566).

Dreamweaver-Erweiterungen

Für den Einsatz mit Dreamweaver bietet Adobe das Konzept der *Extensions* an. Extensions sind kleine Skripte, die in Dreamweaver integriert werden können und den Funktionsumfang von Dreamweaver erweitern.

Auf der Website von Adobe stehen inzwischen Hunderte von Extensions zur Verfügung, angefangen von einfachen JavaScript-Effekten bis hin zur Einbindung externer Software wie Tidy in das Dreamweaver-Interface. Passend zum Zeitgeist gibt es dazu auch einen »Marketplace«, auf dem Sie diverse Erweiterungen herunterladen können: *http://www.adobe.com/cfusion/exchange/index.cfm* (Linkcode 0076).

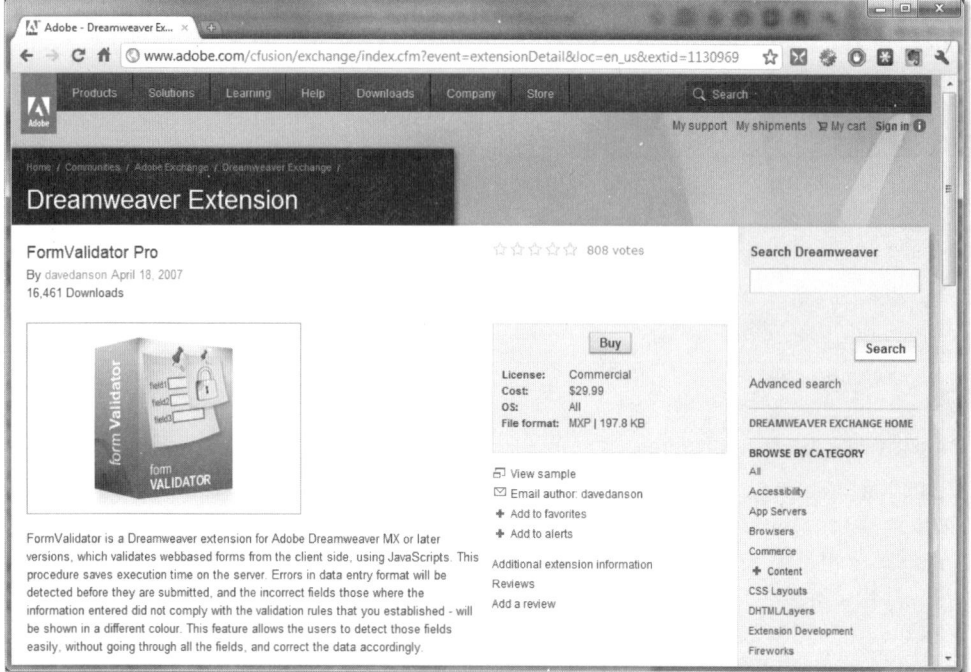

Abbildung 18.9 Auf dem Marktplatz gibt es jede Menge Erweiterungen – meist allerdings nur gegen Bares.

Stile anlegen mit Dreamweaver

Das Anlegen von Stilen ist mit Dreamweaver CS5.5 auf verschiedene Arten möglich. Im Tag-Inspektor (❹ in Abbildung 18.6) zeigt Dreamweaver die Eigenschaften eines im CODE-Fenster ausgewählten Tags an – auch zugeordnete Styles. Sie können alle Stile oder nur die des aktuell markierten Bereichs ansehen (Auswahl unter ❸ AKTUELL oder ALLE). Hier werden – analog zu den Eigenschaften des HTML-Tags – die wirksamen CSS-Eigenschaften aufgelistet; die nicht vererbbaren Eigenschaften sind durchgestrichen.

Alle Stilinformationen werden auch in einem eigenen CSS-Fenster (❸ in Abbildung 18.6) angezeigt und können dort zugeordnet oder bearbeitet werden. Dabei hat Dreamweaver auch mit den ziemlich komplizierten Verschachtelungen keine Probleme und zeigt die auf den markierten Bereich wirkenden Stile an, auch wenn diese in unterschiedlichen Deklarationen stecken. Weiter unten im Fenster können Sie dann einzelne Eigenschaften untersuchen und erkennen, wo diese im Stylesheet definiert sind. Die einzelnen Regeln selbst editieren Sie dann im unteren Bereich des Fensters, dort (unten rechts) können Sie der ausgewählten Regel auch neue Eigenschaften hinzufügen. Mit »A–Z« ❶ blenden Sie dazu alle für die Regel möglichen Eigenschaften ein.

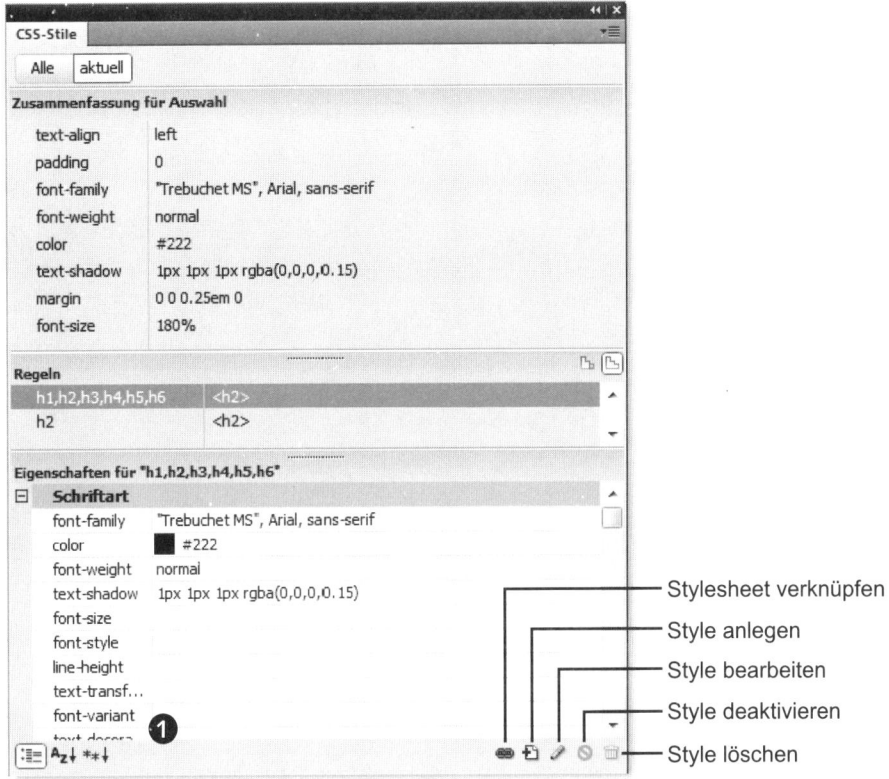

Abbildung 18.10 Übersicht der Stile im CSS-Fenster

Durch Doppelklick auf die Klassennamen starten Sie das Stylesheet in einem neuen CODE-Fenster oder einem vorhandenen externen CSS-Editor (z. B. TopStyle), und Sie können die Stile bearbeiten. Neue Stilanweisungen erstellen Sie mit dem Button STIL ANLEGEN unten rechts. Dabei können Sie festlegen, ob Sie den Stil in die Datei einbetten oder ein externes Stylesheet erstellen wollen (per `<link>` verknüpft).

Über den Button STYLESHEET BEARBEITEN erhalten Sie Zugriff auf die Stilanweisungen im Dreamweaver-eigenen CSS-Editor. Die einzelnen Stileigenschaften können Sie dort recht einfach festlegen. Allerdings bietet der Editor keine Möglichkeit, den Quelltext eines verknüpften Stylesheets direkt zu bearbeiten, und macht es damit unmöglich, manche Tricks zu verwenden.

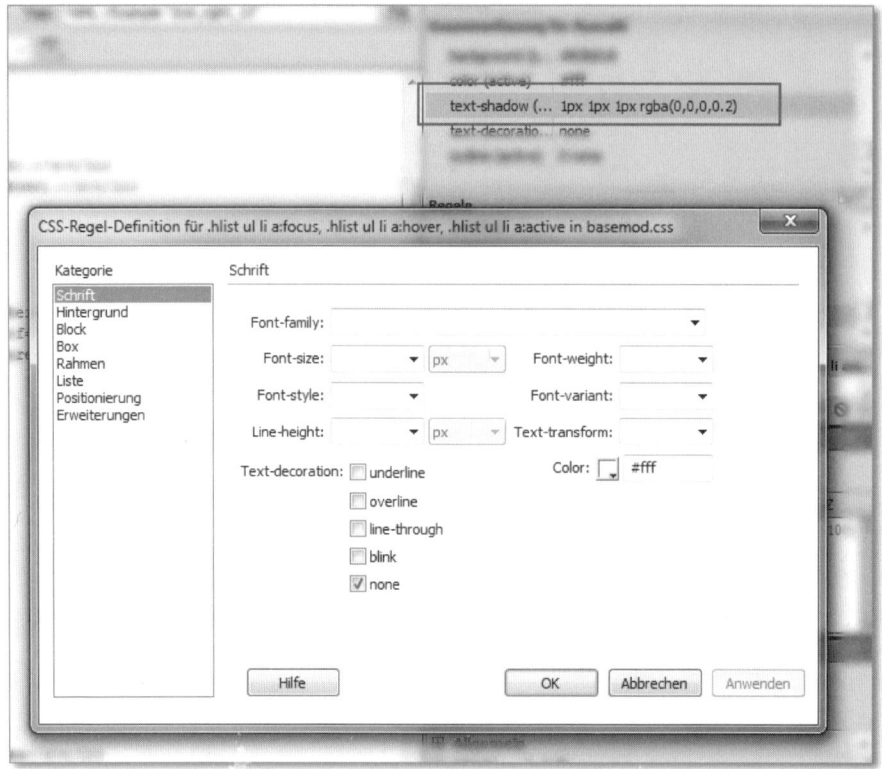

Abbildung 18.11 Der integrierte Editor kennt nicht alle modernen Anweisungen.

Aber Sie können den CSS-Quellcode auch im Code-Editor ❶ in Abbildung 18.6 anzeigen und bearbeiten. Dreamweaver bietet dabei Syntax-Highlighting, Einklappen von Selektoren und Autovervollständigen an. Auch ist es möglich, den CSS-Code automatisch formatiert einrücken zu lassen.

Sehr gut gefällt mir auch, dass beim Laden einer HTML-Datei alle verlinkten oder importierten Stylesheets mit geladen werden und zur Bearbeitung bereitstehen (siehe Abbildung 18.12).

Um CSS-Code im eigenen Code-Editor zu bearbeiten, reicht ein Doppelklick auf den Stil im Designfenster. Unter Umständen müssen Sie bei den VOREINSTELLUNGEN unter DATEITYPEN • EDITOREN (FILE TYPES • EDITORS) ».css« im Feld IN CODEANSICHT ÖFFNEN hinzufügen.

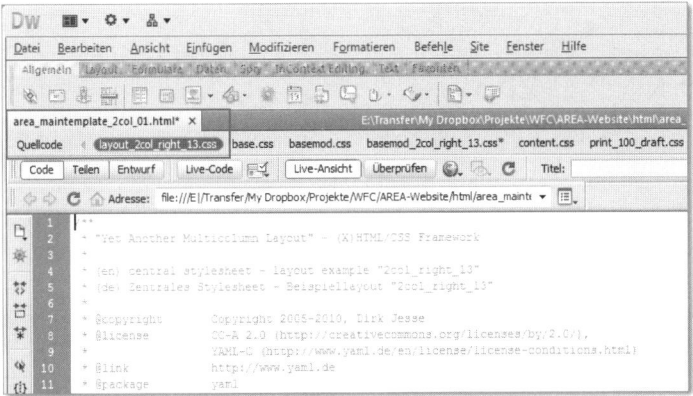

Abbildung 18.12 Praktischerweise lädt Dreamweaver verknüpfte Stylesheets automatisch.

Arbeiten mit Stilen

Das Arbeiten mit bereits definierten Stilen ist sehr angenehm. Das Zuweisen von Klassen zu HTML-Tags geschieht einfach, indem Sie das HTML-Element im grafischen oder im Code-Editor auswählen und dann die gewünschte Klasse über das EIGENSCHAFTEN-Fenster ❶ in Abbildung 18.13 zuweisen.

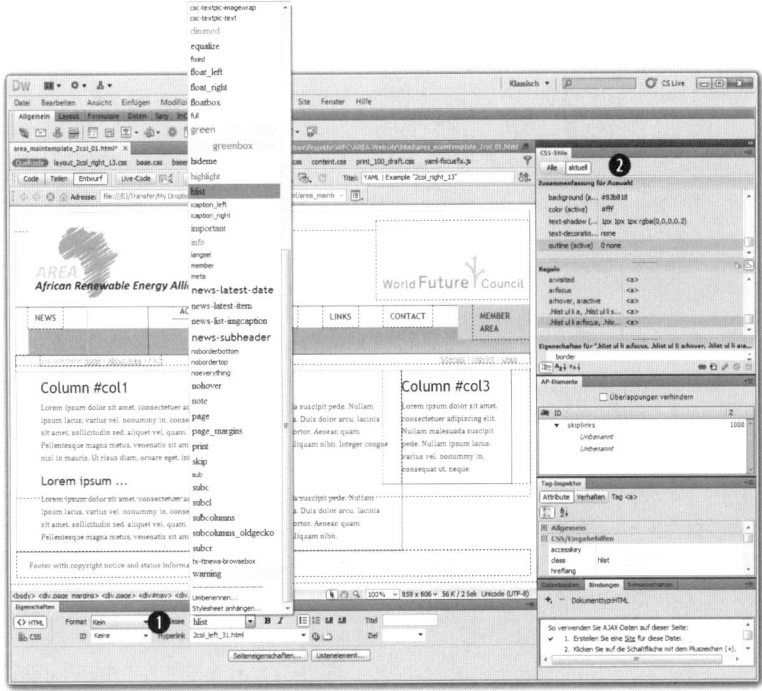

Abbildung 18.13 CSS-Unterstützung in allen Bereichen

Sehr nützlich ist hier die Übersicht AKTUELL ❷, in der alle auf das aktuelle Element wirkenden CSS-Deklarationen gezeigt werden. So ersparen Sie sich bei umfangreichen Stylesheets viel Sucherei. Mit Hilfe der Browserkompatibilitätsüberprüfungen finden Sie fehlerhafte oder problematische Anweisungen.

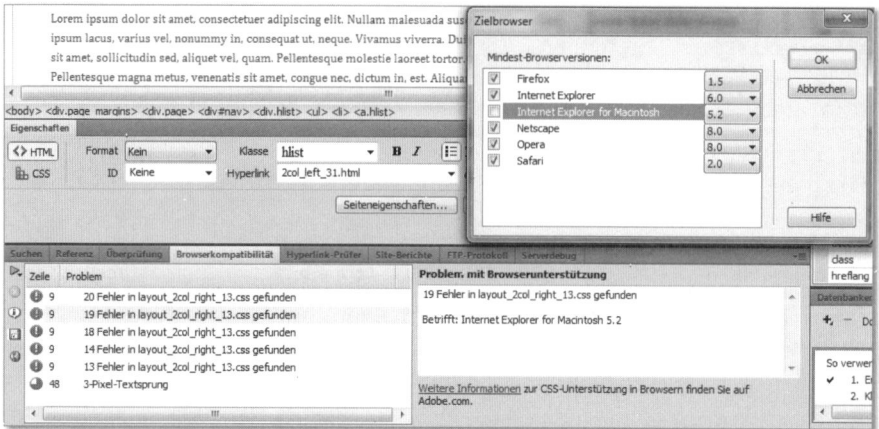

Abbildung 18.14 Auch Dreamweaver bietet eine Überprüfung. In der Standardeinstellung wird sogar noch der Internet Explorer 5/Mac berücksichtigt.

Das Verschieben von einzelnen Stilen von einem Stylesheet in ein anderes (auch aus dem Seitenkopf) ist eine neue Funktion, die ich wirklich zu schätzen gelernt habe. So können Sie in der Entwicklungsphase schnell mit Stilen im Seitenkopf oder einem einzigen Stylesheet arbeiten. Nach Abschluss der Entwicklung sortieren Sie dann einfach per Drag & Drop die Stylesheets und teilen sie gegebenenfalls weiter auf. Dazu wählen Sie im CSS-Inspektor (❷ in Abbildung 18.13) ALLE und schieben die Styles von einem Stylesheet zum anderen. Dabei warnt Dreamweaver sogar, falls der betreffende Selektor am Zielort schon vorhanden ist.

Externe Editoren einsetzen

Dreamweaver bietet außerdem die Möglichkeit, einen externen Editor festzulegen, der die Bearbeitung von Stylesheets übernimmt. Das geht ganz einfach, indem Sie im Designfenster per Klick mit der rechten Maustaste das Kontextmenü öffnen und dort EXTERNEN EDITOR NUTZEN wählen. Ab sofort werden Stylesheets nicht mehr im CODE-Fenster, sondern mit dem dafür zuständigen Editor geöffnet. Welcher das ist, legen Sie bei den VOREINSTELLUNGEN unter DATEITYPEN • EDITOREN fest. Im Designfenster können Sie dann je nach Bedarf die Stile im externen Editor oder im internen Editor von Dreamweaver bearbeiten.

TopStyle-Integration

Insbesondere mit dem bereits besprochenen Editor TopStyle arbeitet Dreamweaver sehr gut zusammen. In Dreamweaver sichtbare Stile werden beim Bearbeiten mit TopStyle auch gleich an der richtigen Stelle des Stylesheets geöffnet.

Arbeiten mit Vorlagen

Dreamweaver bietet eine Reihe von Vorlagen, auf deren Grundlage sich eigene Seiten erstellen lassen. Unter DATEI • NEU erreichen Sie über die Optionen LEERE VORLAGE einfache Vorlagen, die nur ein bestimmtes Layoutgerüst zur Verfügung stellen, und über SEITE AUS BEISPIEL Vorlagen für komplette Seiten mit Farbschemata für bestimmte Anwendungsbereiche.

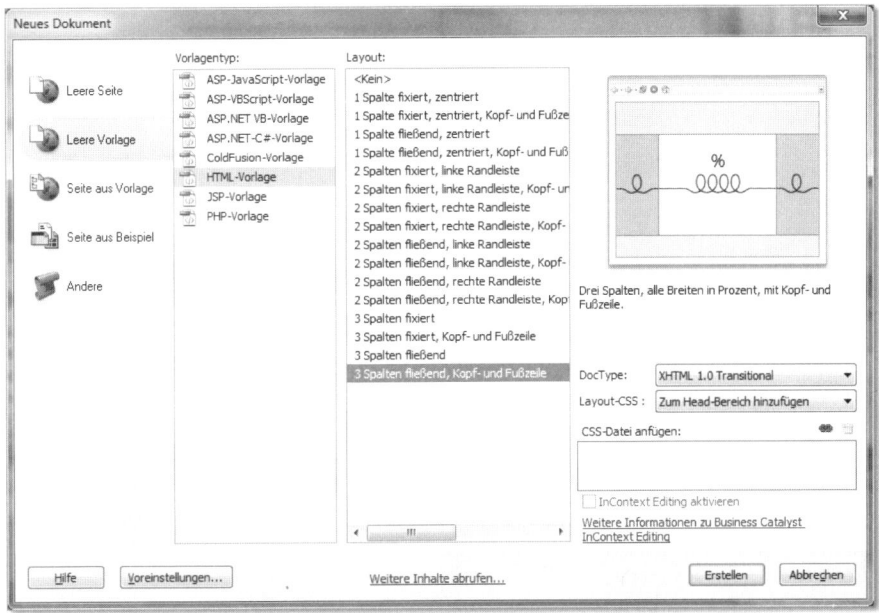

Abbildung 18.15 Dreamweaver unterstützt Sie mit Vorlagen für typische Seitentypen.

Zusätzlich können Sie eigene Seitenlayouts als Vorlage speichern, um sie bei zukünftigen Projekten einzusetzen. Dazu wählen Sie einfach (bei im Editor geöffneter Datei) aus dem Menü DATEI • SEITE ALS VORLAGE SPEICHERN. Sie müssen die Vorlage einer Dreamweaver-Site zuordnen und können danach auf dieser Basis neue Seiten mit DATEI • NEU • SEITE AUS VORLAGE erstellen.

Unterstützung der Produktivität

Dreamweaver bringt einige Hilfsmittel mit sich, die abseits des Editierens von Stylesheets oder HTML-Dokumenten die Arbeit erleichtern. Ich habe insbesondere die Siteverwaltung und die damit verbundenen (S)FTP- und Synchronisationsfunktionen schätzen gelernt. Dreamweaver erlaubt es, zu einem Projekt eine entfernte und eine lokale Site zu definieren. Beim Editieren werden Dateien immer zuerst auf die lokale Site übertragen, auch wenn Sie sie von der entfernten Site öffnen. Nach der Bearbeitung können Sie dann die lokalen Daten wieder mit der entfernten Site synchronisieren.

Sehr angenehm ist dabei, dass auf der lokalen Site beim Übertragen einer neuen Datei die Verzeichnisstruktur des Servers nachgebildet wird, so dass beim Wiederhochladen stets das richtige Verzeichnis erwischt wird.

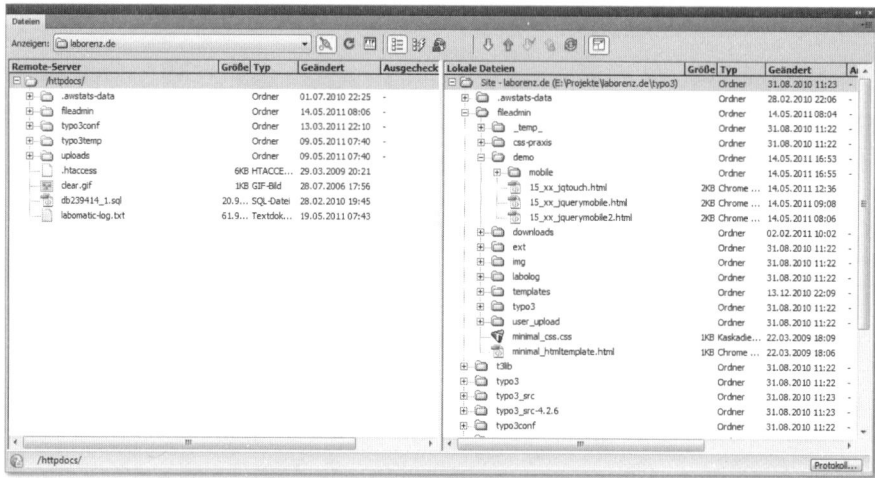

Abbildung 18.16 Siteverwaltung von Dreamweaver

Arbeiten Sie im Team mit mehreren Personen an einem Projekt, so können Sie Dateien aus- und einchecken. Ausgecheckte Dateien können von anderen erst wieder bearbeitet werden, wenn der bearbeitende Entwickler sie wieder eingecheckt und damit für andere freigegeben hat.

Versionsverwaltung mit Adobe Version Cue

Als Bestandteil der Creative Suite liefert Adobe das Programm *Version Cue* aus, das eine Versionsverwaltung für die gesamte Adobe-Produktpalette zur Verfügung stellt.

Im Unterschied zum später besprochenen Plug-in für Aptana erlaubt es Version Cue allerdings nicht, Textdateien, wie HTML-Dokumente oder Stylesheets, inhaltlich zu vergleichen und einzelne Unterschiede in den Versionen zu erkennen und zu verwalten. Dafür ist Version Cue komfortabel in das »Look-and-Feel«-Prinzip der Produktpalette von Adobe integriert. Da aber das Ein- und Auschecken von Dateien bereits über die Dreamweaver-Siteverwaltung möglich ist, bietet Version Cue für reine Coding-Projekte eigentlich keinen Vorteil.

Integration von Subversion

Interessanter wäre die Möglichkeit eines echten Subversion-Zugriffs, den Version Cue nicht liefert. Das Sourceforge-Projekt *SubWeaver* hingegen bietet eine solche Integration an. Genutzt wird dabei der freie SVN-Client *Tourtoise* (nur für Windows).

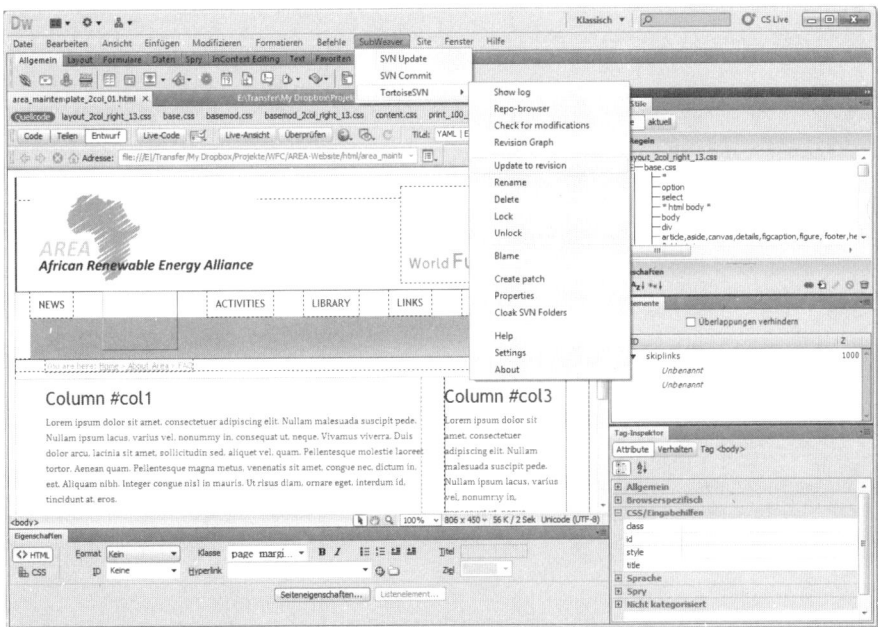

Abbildung 18.17   Echtes Subversion auch mit Dreamweaver

Download

▸ *http://sourceforge.net/projects/subweaver/* (Linkcode 0568)

▸ *http://tortoisesvn.tigris.org/* (Linkcode 0569)

Dreamweaver CS5.5 wird von der Firma Adobe vertrieben. Eine Demoversion (Windows, Mac) liegt der DVD-ROM zum Buch bei. [O]

18.2.2 Aptana Studio 2.0

Aber auch die Konkurrenz aus dem Open-Source-Lager braucht sich nicht zu verstecken. *Aptana* ist ein auf dem Eclipse-Projekt (*www.eclipse.org*) basierender vollwertiger Webeditor, der insbesondere auf die Erstellung von Websites mit Ajax-Frameworks spezialisiert ist. Er kann neben CSS natürlich auch HTML und JavaScript bearbeiten und bietet gerade für Letzteres eine besonders reichhaltige Unterstützung. Wenn Sie bereits Eclipse einsetzen, können Sie Aptana auch als Plug-in einbinden.

Im Gegensatz zu Dreamweaver unterstützt Aptana kein grafisches Arbeiten, bietet aber eine integrierte Browservorschau an, so dass sich Arbeitsergebnisse schnell überprüfen lassen.

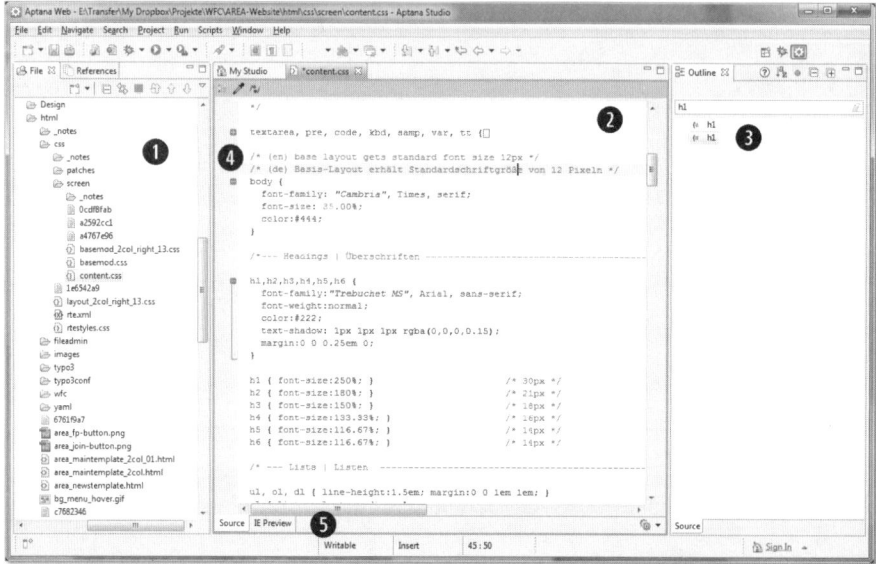

Abbildung 18.18 Hauptfenster von Aptana Studio 2.0

Grundsätzlich verwendet Aptana ein dreispaltiges Layout, wobei Sie das Aussehen beliebig verändern können. In der Mitte befindet sich die Codeansicht ❷ mit Syntax-Highlighting (Farben konfigurierbar) und der Möglichkeit, CSS-Selektoren einzuklappen ❹ – das ist gerade bei umfangreichen Stylesheets sehr hilfreich, um die Übersicht zu behalten. Unter dem CODE-Fenster werden die zur Verfügung stehenden Browservoransichten angezeigt ❺.

Im (standardmäßig) linken Bereich ❶ werden die Projekte verwaltet, das Dateisystem angezeigt und vorhandenen (S)FTP-Verbindungen zum Übertragen der

Dateien auf den Webserver. Aptana bietet auch die Möglichkeit, Daten zu synchronisieren, sowie einen Subversion-Client.

Ganz rechts in Abbildung 18.18 sehen Sie den filterbaren Selektorbaum ❸ (Outline), der alle Eigenschaften der Selektoren des aktuellen Dokuments in einer ausklappbaren Ansicht zeigt.

Arbeiten mit Aptana

Um ein neues Stylesheet mit Aptana zu erstellen, wählen Sie einfach File • New • Untitled CSS File. Vorher sollten Sie sich aber einmal mit den Voreinstellungen befassen.

Hier können Sie unter Window • Preferences • Aptana • Editors • CSS eine Standardvorlage für alle neuen Stylesheets vorgeben. Verwenden Sie hier Vorgaben für immer benötigte Stile, und legen Sie eine Struktur für alle Ihre Stylesheets fest (siehe auch Abschnitt 11.6, »Stylesheets organisieren«). So erreichen Sie, dass alle Stylesheets identisch strukturiert sind und Sie auch in hektischen Projekten keine Elemente vergessen.

Nun können Sie Ihr Stylesheet editieren. Aptana unterstützt Sie dabei durch eine Autovervollständigen-Funktion für HTML-Elemente und CSS-Eigenschaften (dabei werden auch gleich die kompatiblen Browserversionen angezeigt) und eine Validierung (Abbildung 18.19).

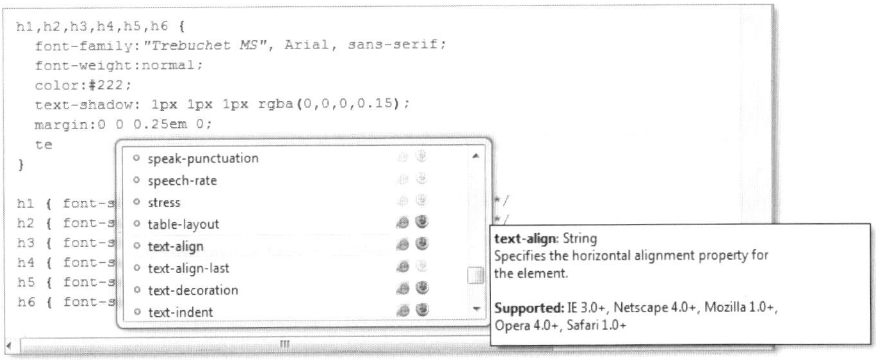

Abbildung 18.19 CSS-Autovervollständigen mit Kompatibilitätshinweisen

Der eingegebene Code wird automatisch formatiert und eingerückt. Über den Selektorenbaum finden Sie auch in großen Stylesheets schnell die gesuchten Eigenschaften – editieren können Sie im Selektorenbaum allerdings nicht.

Dateiübertragung mit Aptana

Aptana bietet eine Reihe von Werkzeugen, mit denen Sie die fertigen Stylesheets (oder andere Dokumente) zum Webserver übertragen können. Um bei vielen Projekten die zugehörigen Daten gesammelt aufrufen zu können, verwendet Aptana das Konzept der Projekte (»Projects«). In der Dateiansicht werden angelegte Projekte mit allen zugehörigen Ressourcen und Funktionen angezeigt (siehe Abbildung 18.20 ❶).

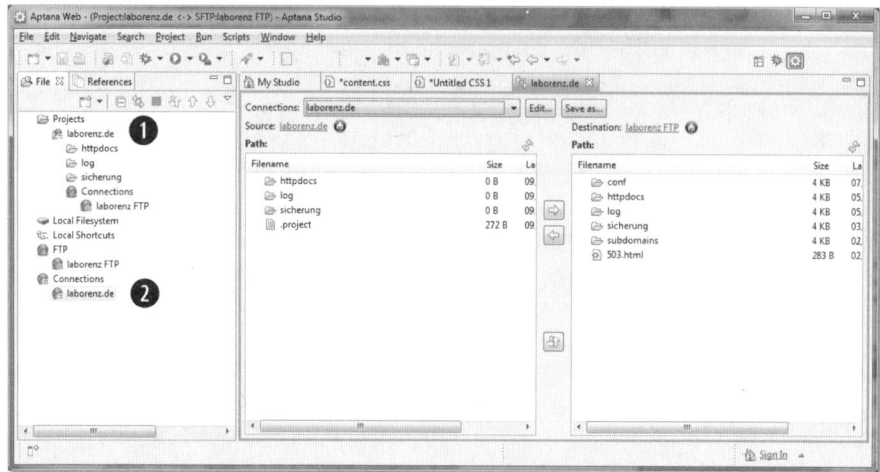

Abbildung 18.20 Auch Aptana bietet einen Dateimanager für Datenübertragung zum (S)FTP-Server.

Mit Aptana können Sie sowohl Dateien direkt auf einem verbundenen Server editieren als auch eine lokale Kopie verwenden und diese erst am Ende auf den Server überspielen. Dazu legen Sie Synchronisationsverbindungen an, die ein Verzeichnis des lokalen Rechners mit einem entfernten Verzeichnis verbinden und in beide Richtungen abgleichen. Wie in Dreamweaver existiert eine Parallelansicht von lokaler und entfernter Site (Aufruf über CONNECTIONS ❷).

Aptana ist über Plug-ins flexibel erweiterbar. Das Plug-in »Subversive« rüstet zum Beispiel einen Subversion-Client nach. So können Sie direkt aus Aptana Ihre Dateien mit einem Subversion-Repository synchronisieren.

Aptana mit CSSDoc verwenden

In Abschnitt 11.6.4, »Ein Standard für CSS-Kommentare: CSSDoc«, habe ich Ihnen das CSS-Dokumentationsschema CSSDoc vorgestellt. Dirk Jesse stellt Snippets für Aptana bereit, mit denen Sie diese Dokumentationen komfortabel erzeugen können.

Dazu laden Sie ein entsprechendes Projekt von der Website von Dirk Jesse herunter *http://www.highresolution.info/weblog/entry/cssdoc_snippets_fuer_aptana/*, Linkcode 0677) und importieren es in Aptana. Danach stehen Ihnen im »Snipplet-View« die verschiedenen CSSDoc-Kommentartypen zur Verfügung. Im Unterschied zu der Anleitung auf der Website schlage ich Ihnen aber vor, den initialen Dateikommentar direkt in die oben erwähnte Vorlage einzubauen. Damit erstellen Sie den Startkommentar deutlich schneller – vor allem, wenn Sie Ihre Daten dort auch schon eintragen.

Fazit

Aptana ist ein vollwertiger Webeditor für Entwickler, die im Wesentlichen mit dem Quellcode arbeiten. Seine CSS-Unterstützung ist sehr brauchbar, wenn auch deutlich weniger luxuriös als beispielsweise bei TopStyle 4. Dafür punktet Aptana durch die Erweiterbarkeit mittels Eclipse-Plugins und den Open-Source-Charakter.

Weitere Informationen finden Sie auf der Projekt-Website: *http://www.aptana.org/* (Linkcode 0571). Dort können Sie sich ein paar interessante Screencasts zu den Funktionen von Aptana ansehen (in Englisch).

18.3 Analysewerkzeuge

18.3.1 Firebug

Mein persönlicher Star unter den CSS-Tools ist die Firefox-Erweiterung *Firebug*. Firebug ist eine in den Browser integrierte Analyseumgebung, die zu ausgewählten Elementen der Webseite die zugehörigen Stile anzeigt – unabhängig davon, durch welches Stylesheet diese erzeugt werden. Dabei ist es auch möglich, einzelne Stile gezielt auszublenden oder zu verändern, um die Auswirkungen zu testen (die dann natürlich nur im eigenen Browser sichtbar werden). Noch nie war CSS-Debugging so einfach!

Analyse-Tools

Die wichtigste Funktion von Firebug ist das Analysewerkzeug. Firebug wird über ein kleines grünes Symbol ❶ in der Statusleiste gestartet und öffnet dann unterhalb der aktuellen Webseite ein Analysefenster. Das können Sie im Übrigen auch vom Browser lösen und als eigenes Fenster beliebig platzieren – verwenden Sie dazu das »Pfeil-nach-oben«-Symbol rechts oben ❷ im Firebug-Fenster.

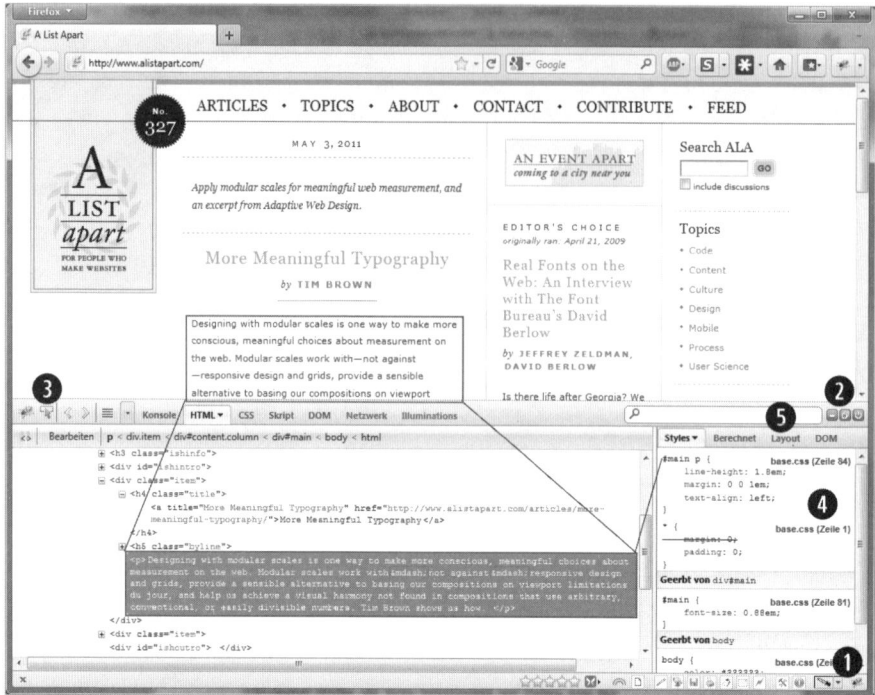

Abbildung 18.21   CSS-Analysator Firebug im Einsatz

Wenn Sie im Modus »Inspect« ❸ mit der Maus über Elemente der Webseite fahren, werden die zugehörigen HTML-Codes (links) und das angewandte CSS angezeigt. Dabei berücksichtigt Firebug für die Anzeige das DOM, also den tatsächlich im Browser wirksamen HTML- und CSS-Code. Bei der CSS-Anzeige werden alle Styles berücksichtigt, und Firebug zeigt ihre Herkunft an ❹. Stile, die durch andere überschrieben werden, sind durchgestrichen markiert.

Über den Schalter Layout ❺ können Sie sich sogar die Abmessungen des aktuell ausgewählten Elements und seine Position auf der Webseite anzeigen lassen – natürlich nach dem korrekten Box-Modell (siehe Abbildung 18.22).

Der Vorgang funktioniert auch in umgekehrter Richtung: Fahren Sie mit der Maus über Codezeilen in der HTML-Ansicht, so markiert Firebug die entsprechenden Abschnitte im Browserfenster.

Wenn Sie sich ein Element genauer ansehen wollen, können Sie den Fokus durch einen Klick auf das Element fixieren. So können Sie nun zum Beispiel im CSS-Fenster durch die wirksamen Stilanweisungen scrollen. Wenn Sie wieder neue Elemente untersuchen wollen, klicken Sie wieder auf Inspect ❸.

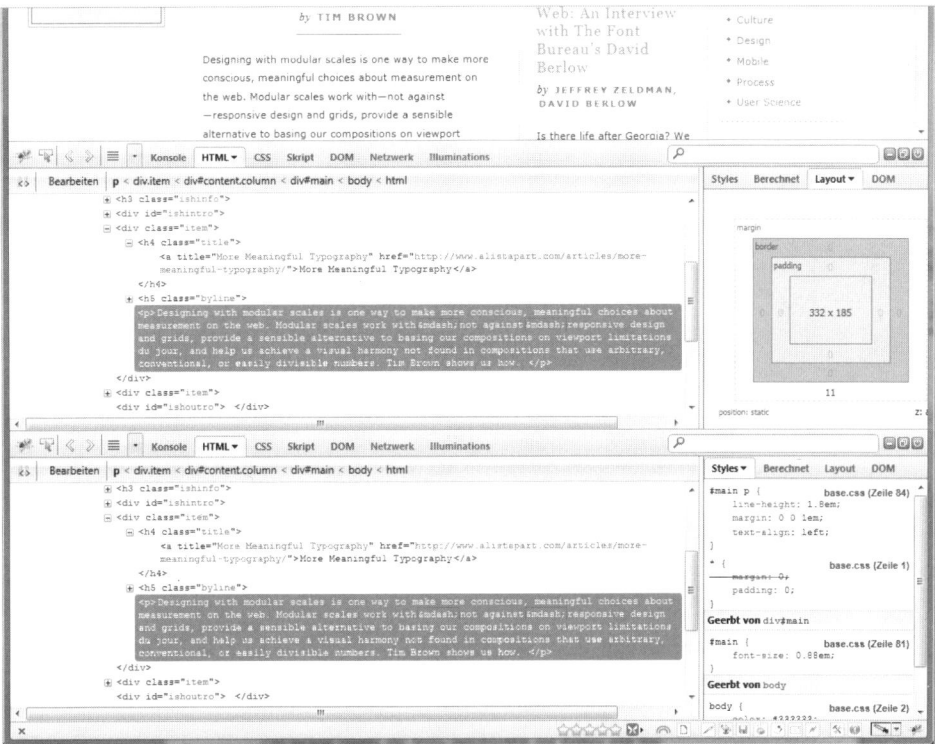

Abbildung 18.22 Layoutansicht in Firebug (Montage zur Verdeutlichung)

Live-Editieren

Firebug beschränkt sich allerdings nicht nur auf das Gucken – auch Anfassen ist erlaubt. CSS-Eigenschaften können Sie direkt im CSS-Fenster durch Klicken auf die Eigenschaft oder den Wert editieren; das Ergebnis wird sofort sichtbar (natürlich nur in Ihrem Browser).

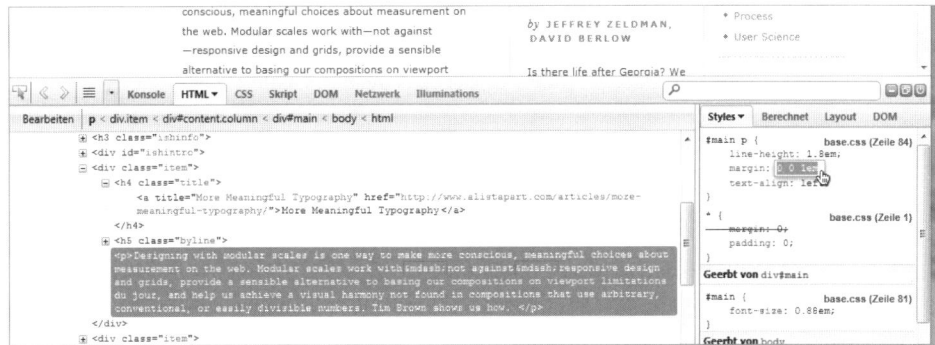

Abbildung 18.23 Direktes Editieren der CSS-Eigenschaften ist die Stärke von Firebug.

Über den Button Edit können Sie auch das HTML der aktuellen Seite verändern. Wenn Sie das Stylesheet im Ganzen editieren wollen, rufen Sie Edit • CSS auf und wählen dann aus dem Dropdown-Menü das zu editierende Stylesheet aus.

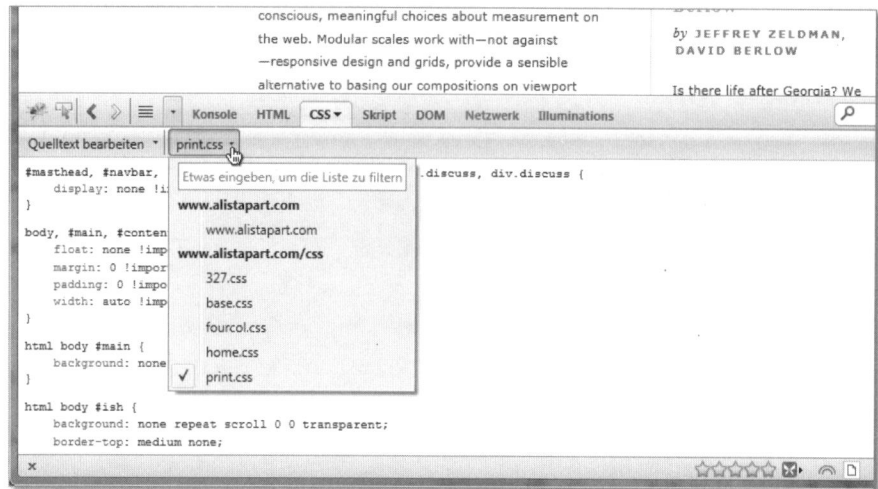

Abbildung 18.24 Ansicht und Auswahl der verfügbaren Stylesheets

Browsertesting mit Firebug und Browserlabs

Adobe bietet noch bis 2012 kostenlos einen Browsertestservice unter *http://browserlab.adobe.com/* (Linkcode 0656) an. Dort können Sie sich nach einer Registrierung Websites in verschiedenen Browsern ansehen. In Firebug lässt sich eine *Browserlab*-Erweiterung integrieren, die den Aufruf und das Testen direkt aus Firebug ermöglicht. Die Extension finden Sie bei Firefox-Add-ons: *https://addons.mozilla.org/en-us/firefox/addon/adobe-browserlab-for-firebug/* (Linkcode 0727).

Sonstige Funktionen

Firebug bietet eine Vielzahl von Funktionen, die weit über die Anwendung als CSS-Analyse hinausgehen. Die zusätzlichen Funktionen deute ich nur kurz an; auf der Website des Entwicklers gibt es dazu detailliertere Informationen:

- Messen der Ladezeiten verschiedener Seitenelemente
- JavaScript-Debugging
- PHP-Debugging (mit der zusätzlichen Erweiterung *FirePHP*)

Download

Sie können Firebug über die Erweiterungsseite von Firefox installieren: *http://www.getfirebug.com/* (Linkcode 0574).

18.3.2 Web Developer Toolbar(s)

Das »Schweizer Taschenmesser« für Webdesigner ist die *Web Developer Toolbar* für Firefox. Sie vereint ein ganzes Bündel von nützlichen Funktionen, angefangen bei der Möglichkeit, Tabellen oder andere beliebige Elemente auf einer Seite sichtbar zu machen, bis hin zur Integration von diversen Validatoren zum Schnellcheck.

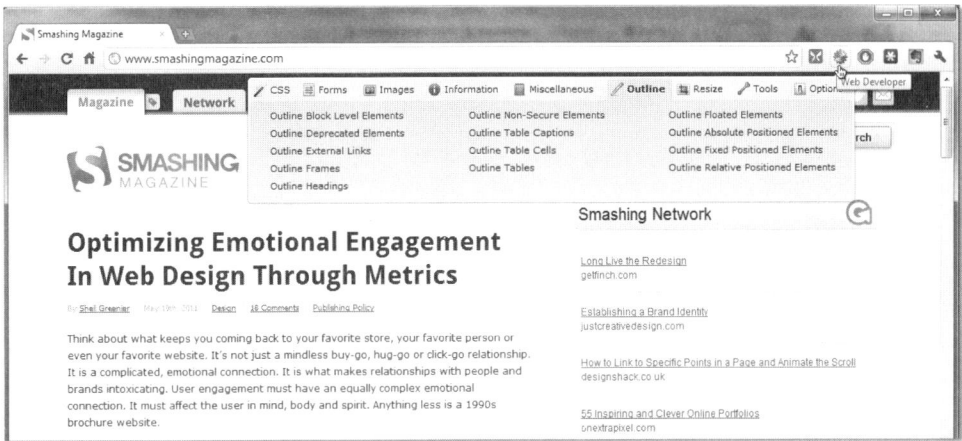

Abbildung 18.25 Die »Web Developer Toolbar« – Sie werden sie nicht wieder hergeben wollen (Chrome).

Inzwischen sind auch Web Developer Toolbars für Chrome und Opera erschienen.

Download

Sie finden die »Web Developer Toolbar« für Firefox und Chrome unter: *http://www.chrispederick.com/work/firefox/webdeveloper/*(Linkcode 0108). Dort wird sie auch noch ausführlicher beschrieben. Sie können sie natürlich auch direkt bei den Erweiterungsmarktplätzen der Browserhersteller laden. Opera bietet seine Version der Toolbar im Entwickler-Wiki an: *http://operawiki.info/WebDevToolbar* (Linkcode 0576).

In Internet Explorer ist inzwischen von Hause aus eine solide Debug-Hilfe integriert. Mit F12 rufen Sie die Entwicklertools auf, die nicht nur ähnlich wie bei Firebug die einem Element zugeordneten Styles zeigen, sondern auch eine Simulation für ältere IE-Versionen anbieten. Damit ist das leidige Problem erledigt, dass sich verschiedene Versionen des Internet Explorers nicht nebeneinander installieren lassen.

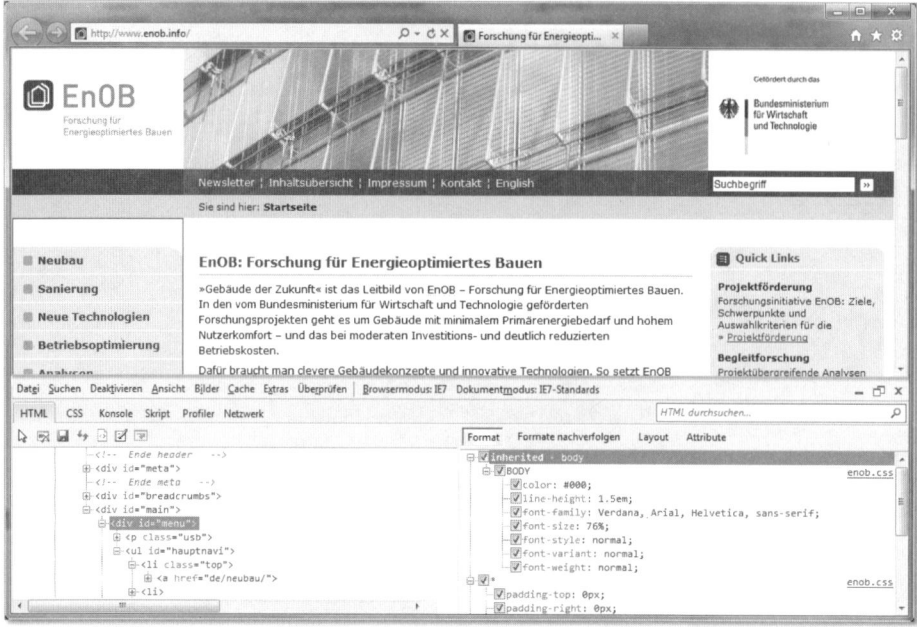

Abbildung 18.26 Fast wie bei Firefox: die Entwicklertools des IE9

18.3.3 Accessibility-Toolbar

Ähnlich wie die bereits besprochenen Developer-Toolbars funktioniert auch die *Accessibility-Toolbar* für Firefox. Als Symbolleiste bietet sie verschiedene hilfreiche Funktionen an, um Websites auf ihre Zugänglichkeit hin zu testen.

Im Bereich »Navigation« können Sie verschiedene Strukturelemente der Seite, wie zum Beispiel die Überschriften und die Links, anzeigen lassen. Das ist nützlich, da blinde Nutzer sich oft zuerst diese Elemente als Sammlung vorlesen lassen, um sich daran zu orientieren.

Sie können Bilder durch ihre Alternativtexte ersetzen oder gleich komplett entfernen, Skripte und Stylesheets deaktivieren, die Schriftgröße verändern oder sich die Seite in einem Kontrastmodus ansehen. Neben den obligatorischen HTML-Validatoren werden auch Links zu Accessibility-Testern wie »Cynthia says« oder »WAVE« angeboten.

Sie finden die Erweiterung über den Firefox-Erweiterungsmanager oder direkt beim »Illinois Center for Information Technology Accessibility«: *http://firefox.cita.uiuc.edu/* (Linkcode 0589).

Auch hier existiert eine Version für den Internet Explorer, die nicht ganz deckungsgleich aufgebaut ist, aber ähnliche Funktionen bereitstellt: *http://www.paciellogroup.com/resources/wat-ie-about.html* (Linkcode 0590).

18.3.4 Calipers

Nicht nur für die Arbeit mit Stylesheets, sondern ganz allgemein für pixelgenaues Arbeiten am Bildschirm ist das Bildschirm-Lineal *Calipers* nützlich.

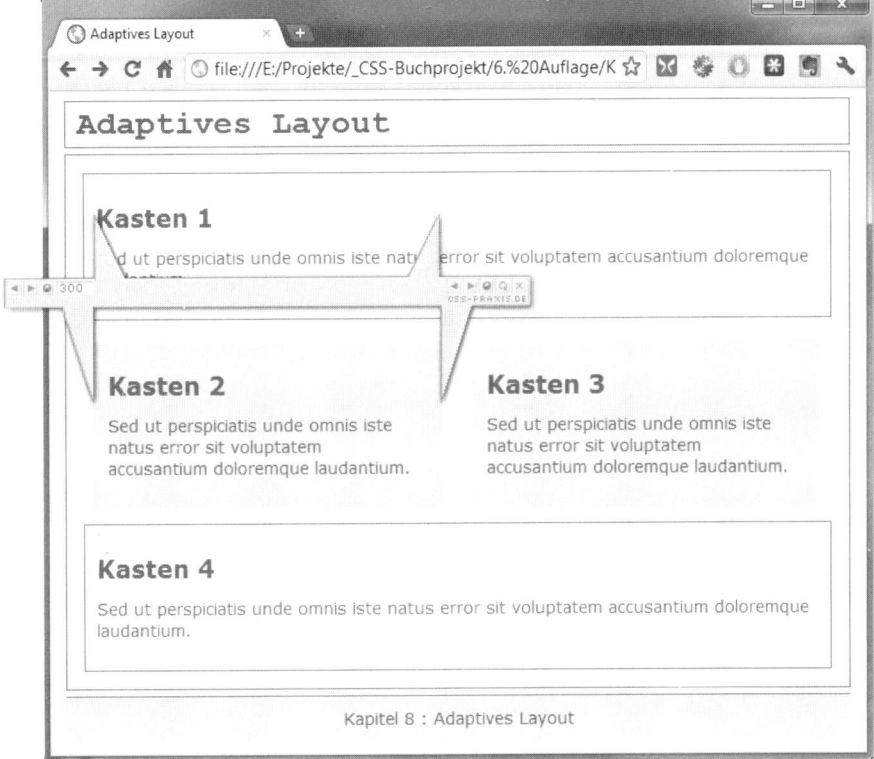

Abbildung 18.27 Screenshot »Calipers«

Die Bedienung des in Form einer Schieblehre gestalteten Tools ist denkbar einfach: Mit den beiden Zangen markieren Sie das zu messende Element und lesen den Abstand ab. Zum genauen Positionieren können Sie die Zangen per Button pixelweise bewegen. Ein weiterer Button schaltet zwischen horizontalem und vertikalem Messen um. Selbst das Äußere des Programms ist beliebig gestaltbar. Auf der Website des Herstellers stehen einige Skins zur Verfügung, und eine Anleitung beschreibt den Weg zur eigenen Oberfläche.

[o] Sie können Calipers unter *http://iconico.com/caliper* (Linkcode 0607) herunterladen. Auf der DVD-ROM finden Sie einen CSS-Praxis-Skin.

18.4 Optimierungswerkzeuge

Die folgenden Tools helfen Ihnen dabei, Ihre Stylesheets für den Produktiveinsatz zu komprimieren und dadurch performanter zu machen.

18.4.1 CSS-Minifier

Bei größeren Projekten nehmen auch die Stylesheets schnell einen Umfang an, der die Ladezeit einer Seite spürbar beeinflusst – insbesondere, wenn Sie umfangreiche Kommentare und CSS3-Eigenschaften mit den (noch) erforderlichen Doppelnotationen verwenden.

Ein Lösungsansatz sind *Minifier*, die auf dem eigenen Rechner oder als serverbasierte Varianten CSS (und JavaScript) durch Entfernen von Leerzeichen und Kommentaren und teilweise Zusammenlegen von Eigenschaften verkürzen. Dabei lassen sich Stylesheets durchaus bis um den Faktor 5–10 verkleinern – je nach Kommentarstil.

YUI-Compressor

Der *YUI-Compressor* von Yahoo! ist ein kommandozeilenbasiertes Java-Programm und kann auf dem Desktop und dem Server verwendet werden. Er komprimiert CSS und JS. Ein typischer Aufruf sieht z. B. so aus:

```
> java -jar yuicompressor-2.4.7pre.jar -o content_
min.css content.css
```

Die Option -o spezifiziert den Dateinamen des minimierten Stylesheets.

Für ein Stylesheet führt der Compressor die folgenden Optimierungen durch:

- Entfernen aller Kommentare (Sie können Kommentare gegen das Entfernen schützen, indem Sie sie mit /*! beginnen lassen)
- Entfernen aller doppelten und des letzten Semikolons einer Deklaration
- Entfernen aller leeren Deklarationen
- Entfernen der Einheiten bei Werten von 0
- Entfernen aller Nullen bei Dezimalwerten
- Umwandeln aller Farben in hexadezimale Schreibweise
- Entfernen doppelter Charset-Deklarationen

- Verwendung einer kurzen Variante des Microsoft-Opacity-Filters
- Verwendung von 0 an Stelle von none, wo möglich
- Entfernen von Leerzeichen und Zeilenumbrüchen

Der YUI-Kompressor erkennt eine Reihe der verbreiteten Hacks (z. B. den Box-Model-Hack und die Verwendung des Unterstrichs oder des Asterisks, um Internet Explorer auszuschließen) und belässt diese im Stylesheet.

Wenn Ihnen die Kommandozeile nicht vertraut ist (und Sie einen Macintosh-Rechner verwenden), können Sie auch das Tool *Smaller* (kostenpflichtig) einsetzen, das ein grafisches Drag-and-Drop-Interface zu YUI bietet.

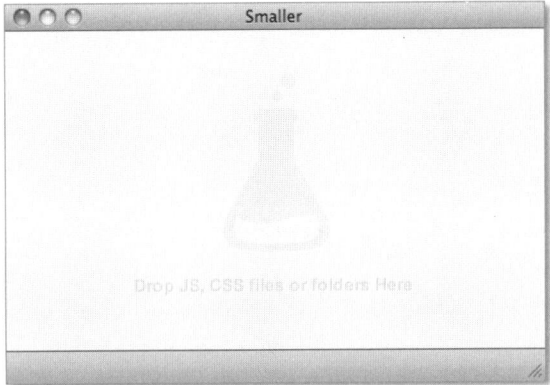

Abbildung 18.28 Grafisches Frontend für YUI – Macintosh-only

Download
- *http://developer.yahoo.com/yui/compressor/* (Linkcode 0727)
- *http://smallerapp.com* (Linkcode 0728)

Minify

Minify ist eine PHP-Lösung, die auf dem Webserver installiert wird und neben der Komprimierung der einzelnen Skripte diese auch noch zusammenfasst, per GZIP komprimiert und mit geeignetem Caching-Header ausstattet. Minify wirkt für CSS und JavaScripts. Über ein Webinterface können sie Stylesheets angeben, die Minify dann komprimiert und zusammenfasst.

Für Minify existieren Integrationen in verschiedenen beliebten Blogging- und Content-Management-Systemen, wie z. B. WordPress (*http://wordpress.org/extend/plugins/wp-minify/*, Linkcode 0729) oder TYPO3 (*http://typo3.org/documentation/document-library/extension-manuals/scriptmerger/3.1.0/view/1/1/*, Linkcode 0730).

Minify selbst finden Sie unter *http://code.google.com/p/minify/* (Linkcode 0731).

Online-Kompressionstools

Zum Testen oder für kleinere statische Seiten lohnt es sich unter Umständen nicht, eine umfangreiche Software zu installieren; da helfen Online-Kompressionstools weiter. Hier können Sie den CSS-Code einfügen und dann nach unterschiedlichen Kriterien optimieren lassen.

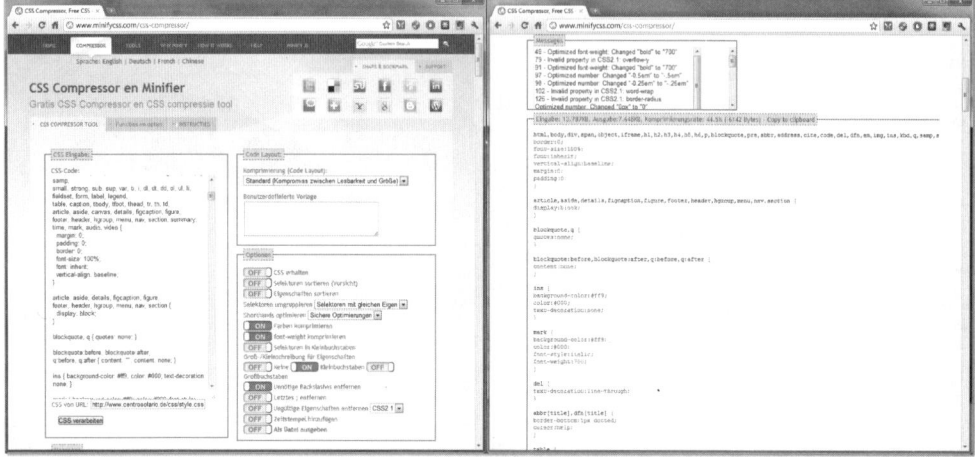

Abbildung 18.29   Online-Minifier: 50 % Ersparnis

Ein solches Tool ist der *CSS Compressor* unter *http://www.minifycss.com/css-compressor/* (Linkcode 0732). Dort können Sie per Copy & Paste CSS-Code einfügen oder direkt über eine URL einsetzen. Für die Komprimierung stehen unterschiedliche Stärken und Optionen zur Verfügung. Vorsicht ist bei der Option der Fehlerbereinigung geboten: Da der Compressor (noch) kein CSS3 versteht, werden entsprechende Anweisungen rücksichtslos entfernt.

Ein umfangreiche Liste verschiedener anderer Stand-alone- und Server-Kompressoren finden Sie ebenfalls auf der Site: *http://www.minifycss.com/minify-tools/minify-css-tools.php* (Linkcode 0733).

18.5   Eigene Tools herstellen: Benutzer-Stylesheets

Nicht nur ein Webdesigner kann die von ihm erstellten Seiten mit Stylesheets formatieren, auch der Benutzer eines Browsers kann eigene Stilanweisungen entwerfen. Seit CSS2 überschreiben Benutzer-Styles immer alle anderen Stilanweisungen, die vom Browser oder einer Webseite vorgegeben werden. Das ist vor allem für Menschen mit Sehbehinderungen sehr nützlich, damit sie im Zweifelsfall eine für sie erkennbare Schriftgröße einstellen können.

Bookmarklets

Um diese Benutzer-Stylesheets passend einzubinden, empfehlen sich kleine JavaScript-Programme, die auf die Bookmarkleiste des Browsers gezogen und von dort aktiviert werden können – sogenannte *Bookmarklets*. Es gibt eine ganze Reihe von Sites, die sich mit solchen nützlichen kleinen Tools befassen, beispielsweise die Site von Jesse Ruderman: *http://www.squarefree.com/bookmarklets/* (Linkcode 0077).

Der Bookmarklet-Generator

Praktischerweise stellt er – neben vielen nützlichen Bookmarklets – auch einen Online-Bookmarklet-Generator zur Verfügung, mit dem Sie die nachfolgend beschriebenen Benutzer-Stylesheets als Bookmarklets erstellen können.

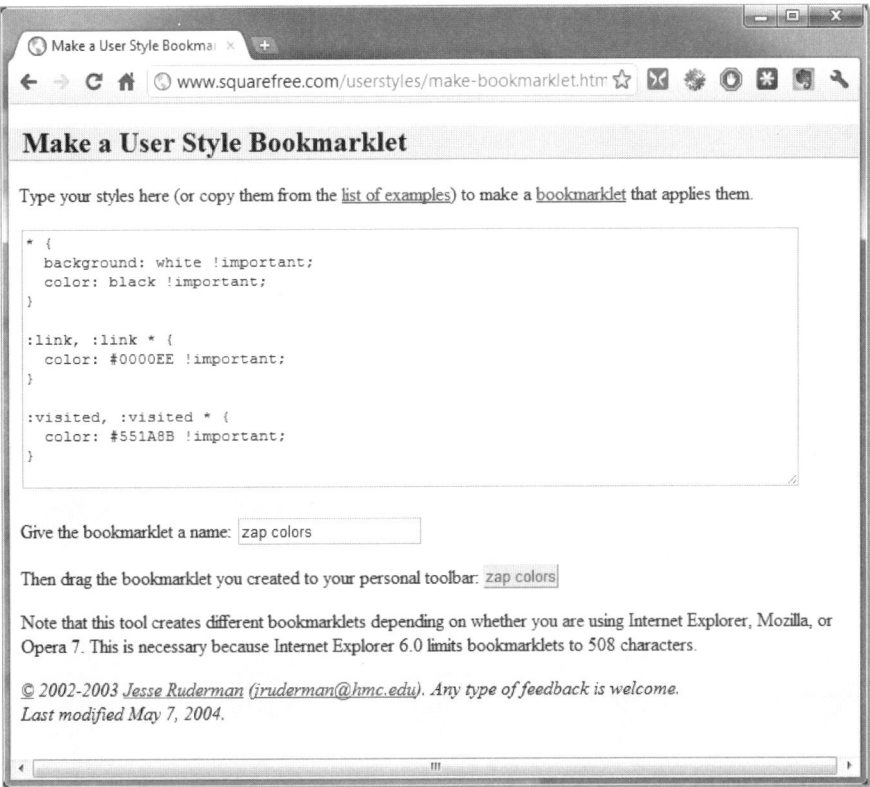

Abbildung 18.30   Bookmarklets auf die einfache Tour: per Drag and Drop

Die Anwendung ist denkbar einfach: Tippen Sie lediglich den Stylecode in das Fenster, geben Sie dem Style einen Namen, und ziehen Sie den Link auf die persönliche Bookmarkleiste oder speichern Sie ihn einfach als Bookmark (Favorit). Sie finden den Bookmarklet-Generator unter *http://www.squarefree.com/userstyles/make-bookmarklet.html* (Linkcode 0078).

[»] Zwei ebenfalls sehr nützliche Bookmarklets finden Sie bei Simon Wilson: *Test Style* und *Edit Styles* helfen bei schnellen Tests an bereits veröffentlichten Seiten: *http://simonwillison.net/2003/Jun/3/bookmarkletsAndCSS/* (Linkcode 0079).

Alt-Finder

Diese Art von Fehlersuche ist auch für andere Elemente möglich. Mit dem Attribut-Selektor (siehe auch Abschnitt 4.1.7, »Attribut-Selektoren«) lassen sich Tags nach der Verwendung bestimmter Attribute auswählen. Die Skripte funktionieren allerdings nur in Browsern, die diesen Selektor unterstützen.

Welche Links einer Website werden in einem neuen Fenster geöffnet? Das folgende Stylesheet sagt es uns. Immer vorausgesetzt, es handelt sich bei der Seite nicht um ein Frameset, oder die Links werden aus anderen Gründen mit dem Attribut target versehen.

[zB]
```
1:  <style type="text/css">
2:    a[target] { border: 1px solid #00ff00; }
3:  </style>
```
Listing 18.1 Externe Links anzeigen

Das gelingt auch, um zu prüfen, ob alle Bilder mit alt-Angaben versehen sind – eine wichtige Forderung der Accessibility.

[zB]
```
1:  <style type="text/css">
2:    img { border: 1px solid red; }
3:    img[alt] { border: 1px solid green; }
4:    img[alt=""] { border: 1px solid blue; }
5:  </style>
```
Listing 18.2 »Alt-Finder«

Mit diesen Anweisungen legen Sie einen Rahmen um alle Grafiken. Grafiken mit einem alt-Attribut werden grün umrandet, Grafiken ganz ohne alt-Attribut erscheinen rot markiert, und solche mit einem leeren alt-Attribut erhalten einen blauen Rahmen.

The poor man's Adblocker – Bannerkiller per CSS

Eric Meyer hat eine weitere interessante Möglichkeit gefunden, Benutzer-Stylesheets einzusetzen. Erkennen Sie, was dieses Stylesheet bewirkt?

```
1:   <style type="text/css">
2:     img [height="60"][width="468"],
3:     img [height="60px"][width="468px"]{
4:     display: none !important; }
5:   </style>
```
Listing 18.3 Bannerkiller

Richtig. Es blendet die meisten Werbebanner aus – himmlische Ruhe beim Surfen. Zwar funktioniert es so nur mit den Standardbannern in der Größe 468 × 60 Pixel. Aber natürlich kann Sie niemand daran hindern, weitere Formate hinzuzufügen.

Anhang

A	**CSS-Referenz**	641
B	**Benennungen und Werte für Stylesheets**	783
C	**HTML5-Elemente**	789
D	**DVD zum Buch**	793

A CSS-Referenz

In dieser Referenz finden Sie noch einmal alle CSS-Eigenschaften zum Nachschlagen. Ich habe sie inhaltlich gegliedert und am Anfang zusätzlich eine alphabetische Liste eingefügt.

Zunächst beschreibe ich detailliert die Elemente, Klassen und Eigenschaften der aktuellen CSS-Spezifikationen CSS1, CSS2 und CSS3. Bei CSS3 habe ich mich auf Eigenschaften beschränkt, die zumindest eine gewisse aktuelle Praxisrelevanz haben und von wenigstens einem verbreiteten Browser unterstützt werden.

Die Beschreibungen sind dabei immer gleich aufgebaut:

- Zunächst erläutere ich kurz, wofür Sie das Element oder die Eigenschaft verwenden können.
- Dann gebe ich die möglichen Werte (soweit das sinnvoll ist) und den Standardwert sowie die Vererbung an.
- Als Nächstes zeige ich einige Beispiele der Syntax, also wie Sie das Element oder die Eigenschaft notieren.
- Abgeschlossen wird die Beschreibung mit einer Tabelle, die auflistet, welche Browser das Element oder die Eigenschaft unterstützen, und speziellen Bemerkungen zu einzelnen Browsern, falls vorhanden.
- Zu jedem Element gebe ich an, ob es Bestandteil von CSS1, 2 oder 3 ist.

Die Eigenschaften sind in funktional zusammenhängende Gruppen eingeteilt. [«]
Zur schnelleren Übersicht finden Sie hier am Anfang eine alphabetische Übersicht.

A.1 Alphabetische Übersicht

Eigenschaften	Seite	Eigenschaften	Seite
@font-face	680	background-image	700
:active	649	background-position	702
azimuth	773	background-repeat	701
background	704	background-size	704
background-attachment	702	::before und ::after	656
background-color	699	border	722

Eigenschaften	Seite
border-collapse	754
border-color	717
border-image	720
border-radius	721
border-spacing	755
border-style	718
border-width	716
bottom	737
box-shadow	743
box-sizing	734
caption-side	753
clear	731
clip	727
color	698
column-count	744
column-gap	745
column-rule	745
content	662
counter() und counters()	664
counter-increment	666
counter-reset	667
cue	769
cursor	757
direction	697
display	750
elevation	774
:empty	659
empty-cells	756
:enabled, :disabled, :checked	660
:first-child	655
::first-letter	654

Eigenschaften	Seite
::first-line	652
:first-of-type, : last-of-type, :nth-of-type(), :nth-last-of-type()	661
float	729
:focus	648
font	679
font-family	669
font-size	676
font-size-adjust	677
font-stretch	678
font-style	673
font-variant	674
font-weight	675
height	725
:hover	647
:lang	650
:last-child, :nth-child(), :nth-last-child()	660
left	737
:left :right :first	762
letter-spacing	688
linear-gradient	706
line-height	690
:link	644
list-style	749
list-style-image	748
list-style-position	748
list-style-type	746
margin	713
marks	761
:not	658
:only-child, :only-of-type	662
opacity	739

Eigenschaften	Seite
orphans, widows	765
outline	723
overflow	726
padding	715
page	765
page-break-before, page-break-after	763
page-break-inside	764
pause	768
pitch	771
play-during	770
position	733
quotes	668
radial-gradient	707
repeating-linear-gradient	709
repeating-radial-gradient	711
resize	759
richness	772
right	736
size	760
speak	766
speak-header	757
speak-numeral	775
speak-punctuation	775

Eigenschaften	Seite
speech-rate	768
stress	772
table-layout	752
:target	659
text-align	692
text-decoration	683
text-indent	691
text-overflow	693
text-shadow	685
text-size-adjust	687
text-transform	686
top	735
unicode-bidi	697
vertical-align	694
visibility	738
:visited	646
voice-familiy	771
volume	767
white-space	690
width	724
word-spacing	689
z-index	740

A.2   Pseudo-Elemente und Pseudo-Formate

Pseudo-Elemente und Pseudo-Formate sind besondere Elemente, die im HTML-Dokument nicht notiert werden, sondern spezielle Eigenschaften oder Zustände eines anderen Elements beschreiben, zum Beispiel die erste Zeile eines Absatzes.

A.2.1   :link

Beschreibung

Mit der Pseudo-Klasse :link werden Hyperlinks (Anker mit Verweisziel) angesprochen, so wie sie auch im <body>-Tag eines HTML-Dokuments mit dem Attribut link definiert werden können. Im Gegensatz dazu können Sie per CSS allerdings nicht nur die Farbe des Links ändern.

Standardwert

Keiner

Vererbung

Ja

Syntax-Beispiele

```
:link {
   color: red;
   font-size: 1.2em
}
a:link {
   color: red;
   font-size: 1.2em
}
a.second:link {
   color: red;
   font-size: 1.2em
}
```

Kompatibilität :link

Firefox	Internet Explorer	Chrome	Safari	Opera
✓	8[1]	✓	✓	✓

Bemerkungen: [1] Bis zur Version 7 unterstützt der IE :link nur für das Element <a>.

Sie können durch die Kombination von :link mit einer Klasse auch mehrere verschiedene Link-Formatierungen festlegen. Dabei sind die Änderungen natürlich nicht auf die Link-Farbe beschränkt. Schriftart, Schriftgröße oder Hintergrundfarbe sind nur einige Möglichkeiten. Beliebt ist auch das Abschalten der Unterstreichung durch a:link {text-decoration: none}.

Dazu ein Beispiel: Auf einer Webseite befinden sich zwei farbige Bereiche – die Farbe des einen ist der Link-Farbe so ähnlich, dass »normale« Links dort nicht sichtbar wären. Also wollen Sie die Link-Farbe für diesen Abschnitt ändern. Sie verwenden dazu eine eigene Klasse für den betreffenden Bereich und einen kombinierten Selektor (siehe Abschnitt 4.1.3, »Kombinierte Selektoren«). So sieht der Code aus: [zB]

```
1:   <!DOCTYPE html>
2:   <html>
3:   <head>
4:   <title>Unterschiedliche Links</title>
6:   <style type="text/css">
7:    a:link {
8:     color: #003399;
9:    }
10:  .linkbereich2 {
11:    background-color: #003399;
12:    color: #dedede;
13:    padding: 2em;
14:  }
15:  .linkbereich2 a:link {
16:    color: #ccff99;
17:    font-weight: bold;
18:  }
19:  </style>
20:  </head>
21:  <body>
22:  <p>Dies ist ein Dokument mit unterschiedlichen Links. In
     diesem ersten Abschnitt werden die <a href="#">Links
     ganz normal</a> formatiert: blau mit Unterstreichung.</p>
23:  <div class="linkbereich2">
24:  <p>In einem zweiten Abschnitt ist die Hintergrundfarbe
     so, dass die <a href="#">Links</a> nicht sichtbar
     wären – darum <a href="#">färben</a> wir sie um.</p>
25:  </div>
26:  </body>
27:  </html>
```

Listing A.1 Unterschiedliche Links

Das Resultat sehen Sie in Abbildung A.1.

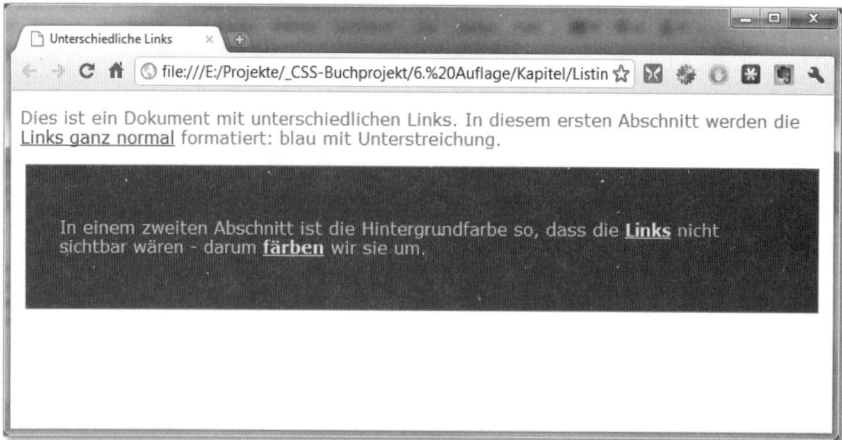

Abbildung A.1 Unterschiedlich formatierte Links

Usability-Tipp

Bei allen Möglichkeiten, Links zu formatieren – auch in den folgenden Abschnitten –, sollten Sie nicht vergessen, dass Links einen wesentlichen Teil der Bedienelemente einer Website ausmachen und als solche klar erkennbar sein müssen. Die im Web üblichen Kennzeichen von Links sind ihre blaue Farbe und die Unterstreichung. Wenn Sie beides ändern – woher soll der Besucher wissen, was ein Link ist?

A.2.2 :visited

Beschreibung

`:visited` markiert bereits besuchte Hyperlinks und entspricht damit dem HTML-Attribut `vlink` von `<body>`.

Standardwert

Keiner

Vererbung

Ja

Syntax-Beispiele

```
a:visited {
   color: red;
```

```
      font-size: 1.2em
}
a.hauptmenue:visited {
   color: red;
   font-size: 1.2em
}
```

Kompatibilität :visited

Firefox	Internet Explorer	Chrome	Safari	Opera
✓	8[1]	✓	✓	✓

Bemerkungen: [1] Bis zur Version 7 unterstützt der IE :visited nur für das Element <a>.

`a:visited` muss im Stylesheet nach `a:link` definiert werden, damit die :visited-Anweisungen nach den Regeln der Kaskadierung (siehe Kapitel 4, »Selektoren«) die :link-Anweisungen überschreiben.

Da Sie mit Hilfe der Eigenschaft :visited unter bestimmten Umständen die Liste besuchter Seiten so abfragen könnten, dass sich daraus ein Profil des Besuchers errechnen ließe, wurden die durch :visited änderbaren Eigenschaften stark reduziert. So können Sie z. B. nicht mehr die Hintergrundgrafik ändern – sehr unangenehm für mit Hintergrundgrafiken erstellte Menüs.

A.2.3   :hover

Beschreibung

Mit :hover wird der Zustand markiert, wenn der Mauszeiger über einem aktiven Element schwebt, ohne dass der Benutzer bereits geklickt hat.

Standardwert

Keiner

Vererbung

Ja

Syntax-Beispiele

```
a:hover {
   color: red;
   font-size: 1.2em
}
```

```
a.hauptmenue:hover {
   color: red;
   font-size: 1.2em
}
```

Kompatibilität :hover

Firefox	Internet Explorer	Chrome	Safari	Opera
✓	7[1]	✓	✓	✓

Bemerkungen: [1] Bis zur Version 6 unterstützt der IE :hover nur für das Element <a>.

a:hover muss im Stylesheet nach a:link und a:visited definiert werden, damit die :hover-Anweisungen nach den Regeln der Kaskadierung (siehe Kapitel 4, »Selektoren«) die :link-Anweisungen bzw. die :visited-Anweisungen überschreiben.

A.2.4 :focus

Beschreibung

:focus markiert ein Element, das vorausgewählt ist, also mit der ⏎-Taste aktiviert werden könnte. Sie können beispielsweise mit der ⇆-Taste durch die Links einer Webseite navigieren. Manche Browser kennzeichnen vorausgewählte Elemente durch eine dünne Linie um das Element.

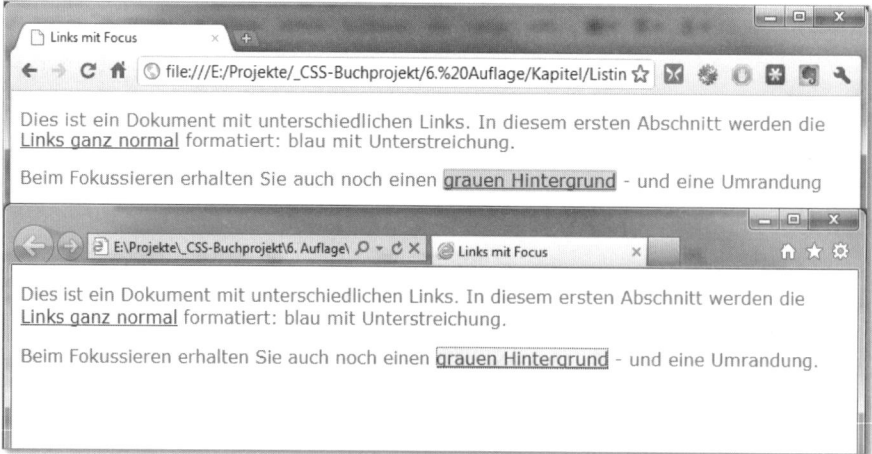

Abbildung A.2 Ein vorausgewählter Link mit hellgrauer Hintergrundfarbe (siehe Syntax-Beispiele)

Standardwert

Keiner

Vererbung

Ja

Syntax-Beispiele

```
a:focus {
   background-color: #deded;
}
a.hauptmenue:focus {
   color: red;
   font-size: 1.2em;
}
```

Kompatibilität :focus

Firefox	Internet Explorer	Chrome	Safari	Opera
✓	8[1]	✓	✓	✓

Bemerkungen: [1] Bis zur Version 7 unterstützt der IE :focus nur für das Element <a>.

Pseudo-Klassen für Links können Sie auch kombinieren. So markiert a:focus:hover ein vorausgewähltes Element, über dem der Mauszeiger schwebt.

:focus ist die Entsprechung von :hover für die Tastaturbenutzung und sollte für alle mit :hover ausgezeichneten Elemente zusätzlich angegeben werden. Auch wenn :focus momentan nur von Mozilla-Browsern unterstützt wird, so schadet es sicher nicht, eine zusätzliche Hilfe für Tastaturbenutzer anzugeben. Im Zusammenhang mit Formularfeldern ergeben sich interessante Möglichkeiten, die ich an einem Beispiel in Abschnitt 9.4, »Schönere Formulare«, zeige.

A.2.5 :active

Beschreibung

:active markiert den Hyperlink, der gerade aktiviert ist (»gedrückt« wird).

Standardwert

Keiner

Vererbung

Ja

Syntax-Beispiele

```
a:active {
   color: red;
   font-size: 1.2em;
}
a.hauptmenue:active {
   color: red;
   font-size: 1.2em;
}
```

Kompatibilität :active

Firefox	Internet Explorer	Chrome	Safari	Opera
✓	8[1]	✓	✓	✓

Bemerkungen: [1] Bis zur Version 7 unterstützt der IE :active nur für das Element <a>. Der Internet Explorer wendet :active auf fokussierte Links zusätzlich an, behandelt es also wie :focus.

[!] :active muss im Stylesheet nach :hover (und nach :link und :visited und :focus) definiert werden, damit die :active-Anweisung nach den Regeln der Kaskadierung (siehe Abschnitt 4.3, »Rangfolge und Kaskade«) die vorangegangenen Anweisungen überschreibt. Damit ergibt sich eine eindeutige Reihenfolge, in der Sie Anweisungen zur Formatierung von Links notieren müssen:

1. a:
2. link
3. visited
4. focus
5. hover
6. active

A.2.6 :lang

Beschreibung

Mit :lang ist es möglich, ein Element anhand der ihm zugewiesenen natürlichen Sprache anzusprechen.

Standardwert

Keiner

Vererbung

Ja

Syntax-Beispiele

```
html:lang(en-us) { background: url(starsandstripes.gif); }
html:lang(en) { background: url(unionjack.gif); }
```

Diese Anweisung würde US-amerikanischen Besuchern eine US-Flagge als Hintergrundbild anzeigen, während britische Websurfer den ihnen vertrauten »Union Jack« sehen.

Noch raffinierter ist es, mit Hilfe von :lang sprachspezifische Zeichen eines Dokuments zu ersetzen. So werden Anführungszeichen in vielen Sprachen unterschiedlich dargestellt. :lang in Verbindung mit dem HTML-Tag <q> (*quotation* = »Zitat«) bietet (im Prinzip) auch das:

```
1:  <html lang="de">
2:  <head>
3:  <title>Quotes</title>
4:  <style type="text/css">
5:  <!--
6:    html:lang(de) {quotes: '»' '«' }
7:    html:lang(en) {quotes: '"' '"' }
8:  -->
9:  </style>
10: </head>
11: <body>
12:   <p><q>Dies ist ein Zitat</q></p>
13: </body>
14: </html>
```

Listing A.2 Zitieren mit »quotes«

Ersetzen Sie das de in der HTML-Definition durch ein en, und die Zitatzeichen werden länderspezifisch ausgetauscht.

Kompatibilität :lang

Firefox	Internet Explorer	Chrome	Safari	Opera
✓	8	✓	✓	✓

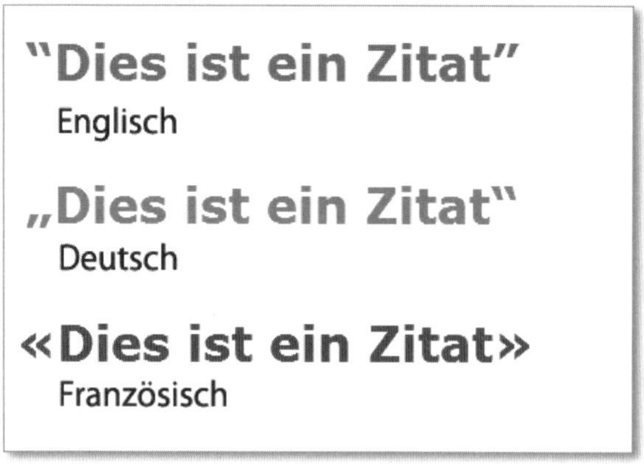

Abbildung A.3 Zitatzeichen passend zur Landessprache

[»] In XML legen Sie die natürliche Sprache eines Dokuments durch das Attribut `xml:lang` fest. Dies lässt sich auch mit XHTML nutzen. In HTML können Sie die natürliche Sprache eines Dokuments beispielsweise durch ein Meta-Tag oder das HTML-Attribut `lang` angeben.

A.2.7   ::first-line

Beschreibung

Mit `::first-line` sprechen Sie die erste Zeile eines Elements, zum Beispiel eines Absatzes, an. Damit können Sie erste Zeilen fett darstellen, in Kapitälchen setzen oder ein- oder ausrücken. In CSS3 werden alle Pseudo-Elemente mit zwei Doppelpunkten geschrieben. Die einfache Notation funktioniert aber auch noch.

Standardwert

Keiner

Vererbung

Ja

Syntax-Beispiele

```
p::first-line { font-weight: bold; }
p:first-line { padding-left: 5em; }
```

Das folgende Beispiel rückt die erste Zeile eines jeden Absatzes um 5em ein. Wenn der Absatz als wichtig markiert ist, wird auch die Schrift fett gesetzt.

Pseudo-Elemente und Pseudo-Formate | **A.2**

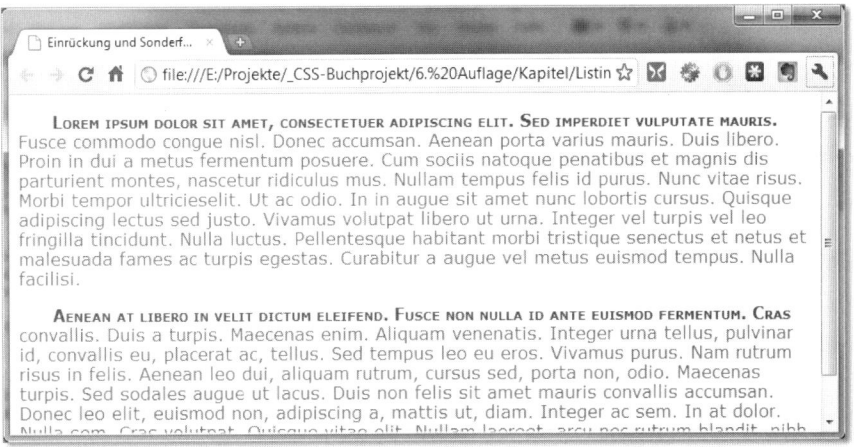

Abbildung A.4 Erste Zeilen eines Bereichs lassen sich mit »first-line« gesondert formatieren.

```
1:  <!DOCTYPE html>
2:  <head>
3:  <meta http-equiv="Content-Type" content="text/html;
    charset=utf-8">
4:  <title>Einrückung und Sonderformatierung der
    ersten Zeile</title>
5:  <link href="basis.css" rel="stylesheet" media="all"
    type="text/css">
6:  <style type="text/css">
7:  <!--
8:  p:first-line {
9:     font-weight: bold;
10:    font-variant: small-caps;
11:    color: #444;
12: }
13:
14: p:first-letter {
15:    padding-left: 2em;
16: }
17: -->
18: </style>
19: </head>
20: <body>
21: <p> Lorem ipsum dolor sit amet, ...</p>
22: <p>Aenean at libero in velit dictum ...</p>
23: </body>
24: </html>
```

[zB]

Listing A.3 »first-line«-Selektor

Kompatibilität ::first-line

Firefox	Internet Explorer	Chrome	Safari	Opera
✓	✓	✓	✓	✓

A.2.8 ::first-letter

Beschreibung

::first-letter spricht den ersten Buchstaben eines Elements an. Dieses Pseudo-Element eignet sich, um am Anfang eines Textes den ersten Buchstaben besonders groß darzustellen (Initial). In CSS3 werden alle Pseudo-Elemente mit zwei Doppelpunkten geschrieben. Die einfache Notation funktioniert aber auch noch.

Standardwert

Keiner

Vererbung

Ja

Syntax-Beispiele

```
::first-letter {
   font-size: 2em;
   color: green
}
```

oder

```
p { font-size: 1em }
p:first-letter {
   font-family: serif;
   font-size: 400%;
   margin: 0 5px 0 0;
   font-weight: bold;
   float: left
}
```

Hiermit formatieren Sie den ersten Buchstaben eines Absatzes auf die vierfache Größe und rücken ihn ein.

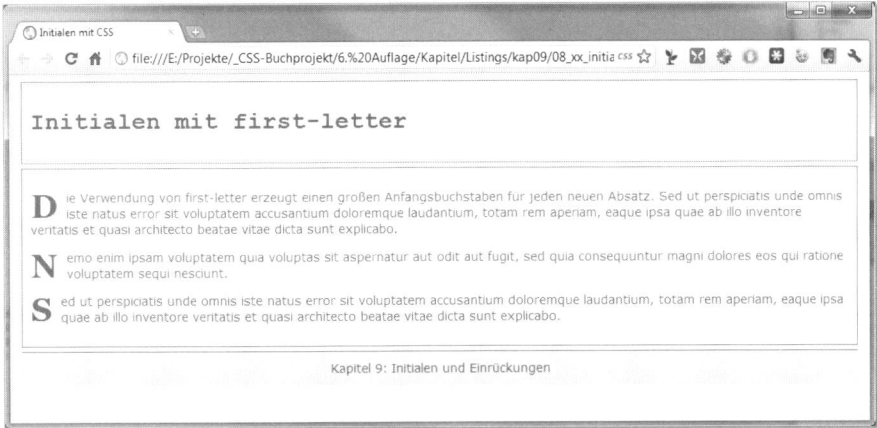

Abbildung A.5 Initialen lassen sich mit CSS einfach erstellen.

Kompatibilität ::first-letter

Firefox	Internet Explorer	Chrome	Safari	Opera
✓	✓	✓	✓	✓

Bemerkungen: Leider positionieren die verschiedenen Browser die Initialen in Bezug auf die Textzeile leicht unterschiedlich.

A.2.9   :first-child

Beschreibung

Mit :first-child sprechen Sie generell das erste Kind-Element eines Elements an. Eine Erläuterung zu Eltern- und Kind-Elementen finden Sie in Abschnitt 4.1.5, »Kind-Selektoren«.

Standardwert

Keiner

Vererbung

Nein

Syntax-Beispiele

```
p { color: gray }
strong { font-weight: bold; }
p strong:first-child {
   color: black;
```

```
    background-color: #de00de;
}
```

Alle mit <strong> ... </strong> markierten Bereiche werden fett formatiert. Das erste auftretende <strong>-Element eines jeden Absatzes erhält zusätzlich die Textfarbe Schwarz und einen gelben Hintergrund zugewiesen.

Kompatibilität :first-child

Firefox	Internet Explorer	Chrome	Safari	Opera
✓	7	✓	✓	✓

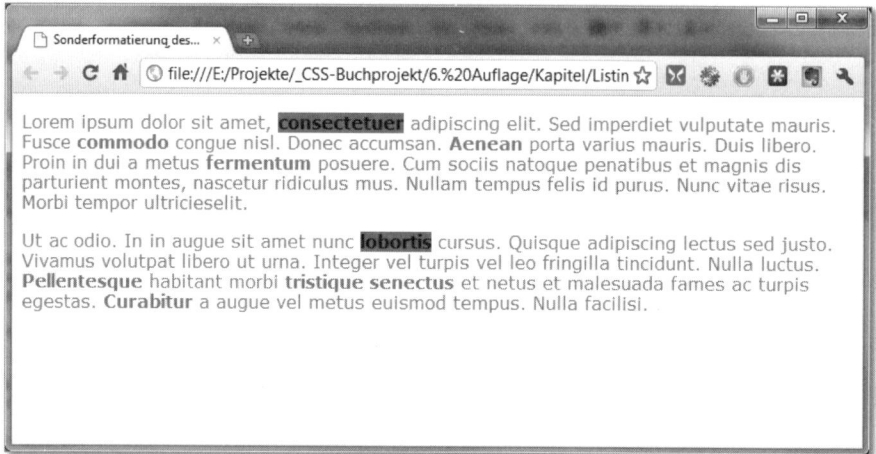

Abbildung A.6 Die zuerst auftretenden Elemente mit <strong>-Auszeichnung werden besonders markiert.

A.2.10 ::before und ::after

Beschreibung

Mit ::before und ::after blenden Sie vor oder hinter einem Element zusätzliche Inhalte ein. Das ist beispielsweise nützlich, um Währungsbezeichnungen an Zahlen anzuhängen. In CSS3 werden alle Pseudo-Elemente mit zwei Doppelpunkten geschrieben. Die einfache Notation funktioniert aber auch noch.

Werte

content: [Werte für content]

Die möglichen Werte für content beschreibe ich in Abschnitt A.3.1, »content (CSS2, Änderung in CSS 2.1)«.

Standardwert

Es wird kein zusätzlicher Inhalt angezeigt.

Vererbung

Nein

Syntax-Beispiele

```
.dmwert { color: black; }
.eurowert {
   color: black;
   font-weight: bold;
   font-size: 120%;
}
.dmwert::before { content: "DM "; }
.dmwert::after { content: ",-"; }
.eurowert::after { content: " Euro"; }
```

Im HTML-Dokument:

```
<p>Unsere Preise: <span class="eurowert">125</
span>, das sind <span class="dmwert">250</span></p>
```

Abbildung A.7 Währungsumstellung à la CSS

```
.zitat { font-style: italic; }
.zitat:before { content: open-quote; }
.zitat:after { content: close-quote; }
```

Diese Anweisungen erzeugen im HTML-Dokument für die Klasse .zitat eine kursive Schrift und blenden vor und nach dem Zitat die passenden Anführungszeichen ein.

Kompatibilität ::before und ::after

Firefox	Internet Explorer	Chrome	Safari	Opera
✓	7	✓	✓	✓

::before und ::after sind potentiell sehr mächtige Werkzeuge, um Inhalte nach Bedarf einzublenden.

Ärgerlich, dass der Internet Explorer ::before und ::after erst ab der Version 8 unterstützt.

A.2.11 :not (CSS3)

Beschreibung

Mit :not selektieren Sie Elemente, die ein bestimmtes Attribut nicht aufweisen.

Standardwert

Keiner

Vererbung

Nein

Syntax-Beispiele

```
a:not([href]) { color: red; }
```

selektiert einen Anker, der kein href-Attribut besitzt.

[»] Als Accessibility-Schnelltest können Sie ein eigenes User-Stylesheet verwenden (oder ein passendes Bookmarklet), das folgende Angaben enthält:

```
img:not([alt]) { border: 1px solid red; }
img:not([title]) { border: 1px dashed red; }
```

Sie sehen alle Grafiken, für die Sie kein `alt` oder `title` notiert haben. Das lässt sich natürlich auch für Links und beliebige Elemente durchführen, so dass Sie Auszeichnungslücken schnell bemerken.

Kompatibilität :not

Firefox	Internet Explorer	Chrome	Safari	Opera
✓	9	✓	✓	✓

A.2.12 :empty (CSS3)

Beschreibung

Mit `:empty` selektieren Sie Elemente, die keine Kind-Elemente besitzen (die »leer« sind).

Standardwert

Keiner

Vererbung

Nein

Syntax-Beispiele

`div:empty { border: 2px solid red; }`

markiert ein `<div>` ohne Inhalte mit einem roten Rahmen. Damit das Element nicht mehr als leer gilt, genügt bereits ein Leerzeichen.

Kompatibilität :empty

Firefox	Internet Explorer	Chrome	Safari	Opera
✓	9	✓	✓	✓

A.2.13 :target (CSS3)

Beschreibung

`:target` markiert das Ziel eines Links.

Standardwert

Keiner

Vererbung

Nein

Syntax-Beispiele

`:target { background-color: red; }`

markiert ein Element, das gerade durch einen Link angesprochen wird.

Kompatibilität :target

Firefox	Internet Explorer	Chrome	Safari	Opera
✓	9	✓	✓	✓

A.2.14 :enabled, :disabled, :checked (CSS3)

Beschreibung

Die drei Selektoren `:enabled`, `:disabled` und `:checked` markieren verschiedene Stadien von Formularelementen.

Standardwert

Keiner

Vererbung

Nein

Syntax-Beispiele

`input:disabled { color: gray; background-color: lightgray }`

zeigt durch Graufärbung, dass ein Eingabefeld nicht aktiv ist.

Kompatibilität :enabled, :disabled, :checked

Firefox	Internet Explorer	Chrome	Safari	Opera
✓	9	✓	✓	✓

A.2.15 :last-child, :nth-child(), :nth-last-child() (CSS3)

Beschreibung

Die Selektoren markieren das letzte oder jedes bestimmte Kind-Element eines Elements. Dabei zählt `:nth-child()` von vorn und `:nth-last-child()` von hinten.

Standardwert

Keiner

Vererbung

Nein

Syntax-Beispiele

`div p:last-child { ... }`

markiert den letzten Absatz `<p>` eines `<div>`-Containers.

`table tr:nth-child(2n) { background-color: lightgray; }`

markiert jede zweite Zeile einer Tabelle in grauer Hintergrundfarbe.

`ul li:nth-last-child(2n+3) { background-color: lightgray; }`

färbt jedes zweite Listenelement ab dem dritten Element von »unten« an gezählt grau.

Kompatibilität :last-child, :nth-child(), :nth-last-child()

Firefox	Internet Explorer	Chrome	Safari	Opera
✓	9	✓	✓	✓

A.2.16 :first-of-type, :last-of-type, :nth-of-type(), :nth-last-of-type() (CSS3)

Beschreibung

Die Selektoren markieren jeweils Elemente eines bestimmten Typs, das erste, das letzte, das n-te und das n-te von hinten.

Standardwert

Keiner

Vererbung

Nein

Syntax-Beispiele

`h3:last-of-type { color: red; }`

selektiert die letzte Überschrift 3. Ordnung einer Seite.

Kompatibilität :first-of-type, :last-of-type, :nth-of-type(), nth-last-of-type()

Firefox	Internet Explorer	Chrome	Safari	Opera
✓	9	✓	✓	✓

A.2.17 :only-child, :only-of-type (CSS3)

Beschreibung

Hiermit markieren Sie jeweils das einzige Kind-Element oder das einzige auf der Seite vorkommende Element eines Typs.

Standardwert

Keiner

Vererbung

Nein

Syntax-Beispiele

```
ul li:only-child { color: red; }
```

markiert ein Listenelement, das in einer Liste mit nur einem Element steht (also das einzige Kind einer Liste ist).

Kompatibilität :only-child, :only-of-type

Firefox	Internet Explorer	Chrome	Safari	Opera
✓	9	✓	✓	✓

A.3 Inhaltserzeugung

A.3.1 content (CSS2, Änderung in CSS 2.1)

Beschreibung

content erlaubt es, den Inhalt eines Elements zu verändern oder zusätzliche Inhalte einzubinden.

Werte

```
[text] | [uri] | [counter] | [counters] | attr() |
open-quote | close-quote | no-open-quote | no-close-quote |
```

[text]	Der angegebene Text wird eingefügt.
[uri]	Die unter der URL verfügbare Ressource (z. B. ein Bild) wird eingefügt. Dieser Wert existiert in CSS 2.1 nicht mehr.
[counter], [counters]	Definiert einen Zähler oder spricht einen oder mehrere bestimmte Zähler an. Siehe dazu auch Abschnitt A.3.2, »counter() und counters()«.
attr()	Der Wert des in Klammern festgelegten Attributes wird eingefügt.
open-quote	Fügt ein öffnendes Anführungszeichen ein.
close-quote	Fügt ein schließendes Anführungszeichen ein.
no-open-quote	Fügt kein öffnendes Anführungszeichen ein, erhöht aber die Verschachtelungstiefe um eins.
no-close-quote	Fügt kein schließendes Anführungszeichen ein, verringert aber die Verschachtelungstiefe um eins.

Standardwert

Keiner

Vererbung

Nein

Syntax-Beispiele

```
a[href]:before { content: uri('pfeil.gif'); }
```

fügt eine Grafik (*pfeil.gif*) vor jedem Link eines Dokuments ein.

```
img:after { content: '<br>' attr(alt); }
```

Dies setzt den Wert des alt-Attributs als Bildunterschrift unter jede Grafik.

Kompatibilität content

Firefox	Internet Explorer	Chrome	Safari	Opera
✓	8	✓	✓	✓

Wie in Abschnitt 11.4, »Alles auf null: Reset-Stylesheets«, besprochen, geben Browser für die meisten HTML-Elemente Standardeigenschaften vor. So auch für das Element q (*quotation*, Zitat), das per content() mit Anführungsstrichen versehen wird, sofern der Browser dies unterstützt. Wenn Sie also Zitate korrekt mit <q> auszeichnen und trotzdem per Hand Anführungszeichen verwenden, erhalten Sie diese in modernen Browsern doppelt.

[x]

A.3.2 counter() und counters()

Beschreibung

Mit counter() definieren Sie einen Zähler oder sprechen einen bereits definierten Zähler an, um ihm zusätzliche Eigenschaften zuzuweisen. Mit counters() referenzieren Sie alle Zähler gleichen Namens an. Dies ist erforderlich, da durch verschachtelte Listen mehrere unterschiedliche Zähler gleichen Namens entstehen können.

Werte

[Zählername]

Standardwert

Keiner

Vererbung

Nein

Syntax-Beispiele

Mit dem folgenden Stylesheet erzeugen Sie eine automatische Kapitelnummerierung auf zwei Ebenen (<h1> und <h2>). Zunächst wird der Zähler für die Überschriftenebenen definiert. Die doppelte Definition ist notwendig, weil Opera aufgrund eines Bugs die eigentlich mögliche Notation in einer Definition nicht akzeptiert. Dann werden die Zählschritte mit counter-increment definiert, und mit Hilfe von counter-reset wird der Zähler für die Subkapitel immer dann auf null zurückgesetzt, wenn eine <h1>-Überschrift auftaucht.

```
 1:   style type="text/css">
 2:   <!--
 3:   h1 {
 4:     font-family: Arial, sans-serif;
 5:     font-size: 1.2em;
 6:     font-weight: bold;
 7:   }
 8:   h2 {
 9:     font-family: Arial, sans-serif;
10:     font-size: 1.2em;
11:     font-weight: normal;
12:     margin-left: 2em;
13:   }
14:   h1:before { content: counter(kapitelzaehler ' '; }
15:   h2:before { content: counter(kapitelzaehler) '.'
```

```
16:     counter(subkapitelzaehler) ' '; }
17:   h1 {
18:     counter-increment: kapitelzaehler;
19:     counter-reset: subkapitelzaehler;
20:   }
21:   h2 { counter-increment: subkapitelzaehler; }
22:   -->
23: </style>
```
Listing A.4 Counter

Im HTML-Code:

```
<h1>Erstes Kapitel</h1>
<h1>Zweites Kapitel</h1>
<h2>Unterkapitel vom zweiten Kapitel</h2>
<h2>Zweites Unterkapitel vom zweiten Kapitel</h2>
<h2>Drittes Unterkapitel vom zweiten Kapitel</h2>
<h1>Drittes Kapitel</h1>
<h1>Viertes Kapitel</h1>
<h2>Unterkapitel vom vierten Kapitel</h2>
<h2>Zweites Unterkapitel vom vierten Kapitel</h2>
```

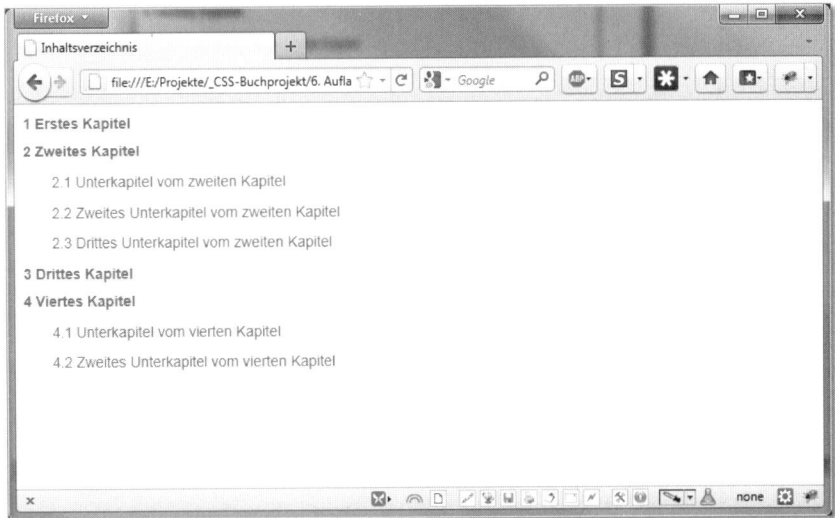

Abbildung A.8 Automatische Kapitelnummerierung mit »counter()«

Kompatibilität counter() und counters()

Firefox	Internet Explorer	Chrome	Safari	Opera
✓	8	✓	✓	✓

A.3.3 counter-increment (CSS2)

Beschreibung

counter-increment verändert den Wert des angegebenen Zählers um den angegebenen Wert bei jedem Auftreten des Elements, für das er definiert ist.

Werte

none | [Zählername] [Inkrement]

none	Der Zähler wird für dieses Element nicht erhöht.
[Zählername]	Der Name des Zählers oder der Zähler, der verändert werden soll.
[Inkrement]	Wert, um den der Zähler bei jedem Auftreten des Elements verändert werden soll. Es sind positive und negative ganze Zahlen erlaubt.

Standardwert

none

Vererbung

Nein

Syntax-Beispiele

```
h1:before { content: counter(kapitel); }
h1 { counter-increment: kapitel 1;}
```

definiert einen Zähler mit der Bezeichnung kapitel vor Überschriften erster Ordnung und setzt den Zähler für jede Überschrift erster Ordnung um 1 hoch. Die Trennung in zwei Zeilen dient nur der Veranschaulichung; es ließe sich kürzer auch so schreiben:

```
h1:before {
   content: counter(kapitel);
   counter-increment: kapitel 1;
}
```

Kompatibilität counter-increment

Firefox	Internet Explorer	Chrome	Safari	Opera
✓	8	✓	✓	✓

Bemerkungen

Der Startwert eines Zählers ist 0 (Null), i (römisch) oder a (alphabetisch).

A.3.4 counter-reset (CSS2)

Beschreibung

counter-reset erlaubt es, den Wert eines Zählers explizit zu verändern. Sinnvoll ist dies vor allem, um den Zähler wieder auf null zu setzen.

Werte

none | [Zählername] [Wert]

none	Zähler werden nicht verändert.
[Zählername]	Name des Zählers, dessen Wert verändert werden soll.
[Wert]	Wert, auf den der Zähler gesetzt wird. Dieser Wert ist optional. Fehlt er, wird der Zähler auf null gesetzt.

Standardwert

none

Vererbung

Nein

Syntax-Beispiele

Das Beispiel des letzten Abschnitts

```
h1:before {
   content: counter(kapitel);
   counter-increment: kapitel 1;
}
```

wird ergänzt durch:

```
h2:before {
   content: counter(kapitel) "." counter(subkapitel);
   counter-increment: subkapitel 1;
}
h1 { counter-reset: subkapitel; }
```

Damit wird ein zusätzlicher Zähler für Überschriften zweiter Ordnung definiert, der jedes Mal auf null gesetzt wird, wenn eine Überschrift erster Ordnung auftritt. Siehe auch das Beispiel für Abschnitt A.3.2, »counter() und counters()«, etwas weiter oben.

Kompatibilität counter-reset

Firefox	Internet Explorer	Chrome	Safari	Opera
✓	8	✓	✓	✓

A.3.5 quotes (CSS2)

Beschreibung

quotes bestimmt das Format der Anführungszeichen, die einem (z.B. mit <q>...</q>) als Zitat markierten Text zugewiesen werden.

Werte

none | ['öffnendes Anführungszeichen' 'schließendes Anführungszeichen']

none	keine Anführungszeichen
['öffnendes Anführungszeichen' 'schließendes Anführungszeichen']	Zeichen für die zu verwendenden Anführungszeichen; Sie können mehrere, durch Leerzeichen getrennte Paare angeben. Das erste Paar bestimmt dann das Aussehen der äußeren Anführungszeichen, das zweite Paar die Anführungszeichen innerhalb von Anführungszeichen usw.

Standardwert

Keiner (wird durch länderspezifische Einstellungen des Browsers vorgegeben)

Vererbung

Ja

Syntax-Beispiele

```
q:lang(de)  { quotes: "\201E" "\201C"; }
q:lang(en)  { quotes: "\201C" "\201D"; }
q:lang(fr)  { quotes: "\00AB" "\00BB"; }
```

definiert je nach erkannter Sprache des Dokuments länderspezifische Anführungszeichen.

```
q:lang(de) { quotes: "\00BB" "\00AB" "\203A" "\2039"; }
```

definiert ein verschachteltes Zitat mit der zweiten Variante deutscher Anführungszeichen (» und « sowie › und ‹).

Kompatibilität quotes

Firefox	Internet Explorer	Chrome	Safari	Opera
✓	8	✓	✓	✓

Siehe zum Pseudo-Element `:lang` und zur natürlichen Sprache eines Dokumentes auch Abschnitt 9.1.8, »Styling von Zitaten«.

Quotes für alle

Der Internet Explorer 7 versteht weder `quotes` noch mit Hilfe von `:before` und `:after` erzeugten generierten Inhalt. Hier hilft nur JavaScript weiter. Es existieren zwei Lösungsansätze:

- Juicy Studio (mit einer Diskussion verschiedener Ansätze): *http://juicystudio.com/article/fixing-ie-quotes.php* (Linkcode 0603)
- Paul Davis: *http://willcode4beer.com/tips.jsp?set=fixIEQuotes* (Linkcode 0604)

A.4 Schriftformatierungen

A.4.1 font-family

Beschreibung

`font-family` bezeichnet eine Schriftart, eine Schriftfamilie oder eine generische Schriftfamilie, die für die Textanzeige des entsprechenden Elements verwendet werden soll.

Werte

`[Schriftfamilie(n)], [generische Schriftfamilie(n)]`

Es gibt insgesamt fünf generische Schriftarten:

`serif`	Serifenschriften erkennen Sie an den »Häkchen« an den Enden der Buchstaben. Bekannte Schriften aus dieser Familie sind *Times New Roman* (Windows), *Georgia* (Mac) oder *Garamond*.
`sansserif`	Im Gegensatz zu den Serifenschriften verzichten die serifenlosen Schriften auf solche Verzierungen und bieten gemeinhin klare, einfache Formen. Serifenlose Schriften sind daher auf Monitoren generell besser lesbar als Serifenschriften. Zu den serifenlosen Schriften zählen *Arial* (Windows), *Verdana*, *Helvetica* (Mac) und *Futura*.

monospace	Bei Monospace-Schriften haben alle Buchstaben die gleiche feste Breite, so dass sie sich gut zur Darstellung von verschachtelten (mit Leerzeichen eingerückten) Programmcode-Beispielen eignen. Monospace-Schriften sind *Courier* oder *Lucida*.
cursive	Kursive, d. h. schräg gestellte Schriften. Die meisten Schreibschrift-Imitate sind kursive Schriften.
fantasy	Schmuckschriften, also Schriften, die dekorativen Zwecken dienen. Generell sehen solche Schriften sehr unterschiedlich aus und können auch Piktogramme oder Ornamente enthalten.

Standardwert

Standardschrift des Browsers

Vererbung

Ja

Syntax-Beispiele

```
p { font-familiy: Times, "Times New Roman", serif; }
```

Kompatibilität font-family

Firefox	Internet Explorer	Chrome	Safari	Opera
✓	✓	✓	✓	✓

Bemerkungen

Falls Sie mehrere Schriftarten angeben wollen, trennen Sie sie durch Kommata. Schriftnamen, die Leerzeichen enthalten, müssen in Anführungszeichen stehen. Die Reihenfolge gibt die Priorität des Formatierungswunsches an: Zunächst wird versucht, die zuvorderst notierte Schrift anzuzeigen.

Ohne Schrifteinbettung per `@font-face` können Browser nur die Schriften anzeigen, die auf dem System des Betrachters installiert sind. Daher ist es sinnvoll, eine Reihe von Schriften anzugeben und am Ende eine generische Schriftfamilie zu notieren. Generische Schriftfamilien vereinen bestimmte typografische Merkmale. Es wird auf jedem System die vorhandene Schrift angezeigt, die als Standard für die jeweilige Familie definiert ist.

Die folgenden Tabellen zeigen, welche Schriftarten auf Windows-, Macintosh- und Linux-Systemen installiert sind. Schriften, die auf allen drei Systemen vorkommen, sind fett gesetzt.

Windows-Systemschriften

Schrift	Verbreitung
Microsoft Sans Serif	>99 %
Arial Black	98 %
Verdana	>99 %
Franklin Gothic Medium	98 %
Arial	>99 %
Comic Sans MS	99 %
Courier New	>99 %
Lucida Console	99 %
Tahoma	>99 %
Impact	99 %
Trebuchet MS	>99 %
Sylfaen	96 %
Lucida Sans Unicode	99 %
Georgia	99 %
Arial Narrow	88 %
Times New Roman	>99 %
Century Gothic	>87 %
Book Antiqua	85 %
Lucida Sans	80 %

Tabelle A.1 Verbreitete Schriften (80 %) auf Windows-Systemen
Stand: Mai 2011; nach www.codestyle.org

Macintosh-Systemschriften

Schrift	Verbreitung
Monaco	>99 %
Arial	>98 %
Arial Black	95 %
Courier	>99 %
Helvetica	100 %
Verdana	>98 %

Tabelle A.2 Verbreitete Schriften auf Macintosh-Systemen
Stand: Mai 2011; nach www.codestyle.org

Schrift	Verbreitung
Georgia	>96 %
Trebuchet MS	>95 %
Courier New	94 %
Comic Sans MS	92 %
Gill Sans	94 %
Geneva	>99 %
Lucida Bright	95 %
Arial Narrow	92 %
Lucida Sans	95 %
Lucida Sans Typewriter	95 %
Apple Chancery	92 %
Futura	93 %
Baskerville	91 %
American Typewriter	91 %
Lucida Grande	100 %
Impact	93 %
Arial Rounded MT Bold	>92 %
Didot	>91 %
Optima	>91 %
Times	>98 %
Zapfino	91 %
Papyrus	90 %
Andale Mono	92 %
Copperplate	90 %
Brush Script MT	88 %
Big Caslon	90 %
Herculanum	89 %
Tahoma	>88 %

Tabelle A.2 Verbreitete Schriften auf Macintosh-Systemen (Forts.) Stand: Mai 2011; nach www.codestyle.org

Linux-Systemschriften

Schrift	Verbreitung
Bitstream Charter	91 %
Nimbus Mono L	97 %
URW Chancery L	98 %
Century Schoolbook L	98 %
URW Gothic L	98 %
DejaVu Sans Mono	95 %
URW Bookman L	98 %
URW Palladio L	98 %
Nimbus Sans L	72 %
Bitstream Vera Serif	69 %
DejaVu Sans Condensed	86 %
DejaVu Serif Condensed	86 %
Arial	71 %
DejaVu Sans	95 %
Courier New	62 %
Times New Roman	70 %
Verdana	69 %
Arial Black	68 %
Impact	67 %
Georgia	69 %
Comic Sans MS	67 %
Trebuchet MS	69 %
Andale Mono	67 %

Tabelle A.3 Verbreitete Schriften auf Linux-Systemen Stand: Mai 2011; nach www.codestyle.org

A.4.2 font-style

Beschreibung

font-style bezeichnet den Schriftstil eines Textes. Mit italic wählen Sie einen vorhandenen kursiven (schräg gestellten) Schriftschnitt einer Schrift. Mit oblique wird der normale Schriftschnitt schräg gestellt.

Werte

normal | italic | oblique

Standardwert

normal

Vererbung

Ja

Syntax-Beispiele

p { font-style: italic; }

Kompatibilität font-style

Firefox	Internet Explorer	Chrome	Safari	Opera
✓	✓	✓	✓	✓

Bemerkungen

Da als italic ausgezeichneter Text bei Fehlen eines passenden Schriftschnittes als oblique (also als schräg gestellt) formatiert wird, sollten Sie für kursiven Text immer italic wählen. Die Variante oblique gilt unter Typografen ohnehin nur als Notlösung.

A.4.3 font-variant

Beschreibung

font-variant gibt an, ob ein Text in normaler Darstellung oder in Kapitälchen (kleinen Großbuchstaben) dargestellt wird.

Werte

normal | small-caps

Standardwert

normal

Vererbung

Ja

Syntax-Beispiele

```
p { font-variant: small-caps }
```

Kompatibilität font-variant

Firefox	Internet Explorer	Chrome	Safari	Opera
✓	✓	✓	✓	✓

Bemerkungen

In vielen Schriftschnitten sind keine »echten« Kapitälchen vorhanden. Daher skaliert der Browser normale Großbuchstaben, um einen entsprechenden Effekt zu erzielen.

A.4.4 font-weight

Beschreibung

`font-weight` gibt an, wie fett ein bezeichnetes Element dargestellt werden soll.

Werte

```
normal | bold | bolder | lighter | 100 | 200 | 300 | 400 |
500 | 600 | 700 | 800 | 900
```

bolder	Formatiert das Element in der nächstfetteren Stufe als sein Eltern-Element.
lighter	Formatiert es entsprechend feiner.
normal	Entspricht einer numerischen Angabe von 400.
bold	Entspricht 700.

Standardwert

`normal` (entspricht 400)

Vererbung

Ja

Syntax-Beispiele

```
b { font-weight: bold; }
b em { font-weight: bolder; }
```

Kompatibilität font-weight

Firefox	Internet Explorer	Chrome	Safari	Opera
✓	✓	✓	✓	✓

Bemerkungen

Viele Schriften bieten nicht genug Schnitte an, um eine so feine Abstufung nachzubilden, wie sie mit numerischen Angaben möglich ist. Falls nur zwei Schriftschnitte zur Verfügung stehen, werden Werte von 100 bis 500 als normal gesetzt und Werte von 600 bis 900 als bold.

A.4.5 font-size

Beschreibung

font-size gibt die Größe der verwendeten Schriftart an.

Werte

xx-small | x-small | small | medium | large | x-large |
xx-large | larger | smaller | [numerische Angabe] |
[prozentuale Angabe]

Als numerische Werte sind die in Anhang B.2 genannten Längen- und Größenangaben möglich. Es sind nur positive Werte erlaubt.

larger und smaller beziehen sich auf die Schriftgröße des Eltern-Elements und formatieren das Element in der nächstgrößeren bzw. -kleineren Schriftgröße.

Standardwert

medium

Vererbung

Ja

Syntax-Beispiele

```
p { font-size: 14px; }
.hauptmenue { font-size: large; }
```

Kompatibilität font-size

Firefox	Internet Explorer	Chrome	Safari	Opera
✓	✓	✓	✓	✓

A.4.6 font-size-adjust (CSS, nicht in CSS 2.1, wieder da in CSS3)

Beschreibung

Der subjektive Größeneindruck einer Schrift ist nicht nur von der gewählten Schriftgröße abhängig, sondern auch vom Verhältnis der Schriftgröße zur »x-Höhe« (Höhe des kleinen x). So wirkt ein Text in Verdana bei einer Schriftgröße von 12 px deutlich größer als zum Beispiel in Arial oder Times gesetzter Text. Diese Eigenschaft existiert nicht in CSS 2.1.

Abbildung A.9 Trotz gleicher Schriftgröße wirken Texte in verschiedenen Schriftarten unterschiedlich groß.

Mit `font-size-adjust` legen Sie fest, wie eine per `font-family` definierte Ersatzschrift angepasst wird, um dem optischen Eindruck der zuerst genannten Schrift zu entsprechen.

Werte

none | [numerische Angabe]

none	Keine Veränderung
[numerische Angabe]	Die Schrift wird mit dem genannten Faktor multipliziert.

Standardwert

none

Vererbung

Ja

Syntax-Beispiele

```
p { font-face: Verdana, Arial;
    font-size-adjust: 1.07; }
```

Kompatibilität font-size-adjust

Firefox	Internet Explorer	Chrome	Safari	Opera
✓	–	✓	3.1	–

Bemerkungen

font-size-adjust wurde in CSS 2.1 gestrichen; in CSS3 ist es allerdings wieder vorgesehen.

A.4.7 font-stretch (CSS2, nicht in CSS 2.1, wieder da in CSS 3)

Beschreibung

font-stretch beschreibt, wie weit Text zusammengestaucht (»condensed«) oder gestreckt (»expanded«) werden soll.

Werte

```
ultra-condensed | extra-condensed | condensed |
semi-condensed | normal | semi-expanded | expanded |
extra-expanded | ultra-expanded
```

Standardwert

normal

Vererbung

Ja

Syntax-Beispiele

```
.breit { font-stretch: ultra-expanded; }
```

Kompatibilität font-stretch

Firefox	Internet Explorer	Chrome	Safari	Opera
–	–	–	–	–

Bemerkungen: font-stretch wurde in CSS 2.1 gestrichen; in CSS3 ist es allerdings wieder vorgesehen. Im Moment unterstützt kein Browser diese Eigenschaft.

A.4.8 font

Beschreibung

Mit der Kurzschreibweise `font` können Sie alle einzelnen Eigenschaften für die Schriftformatierung zusammenfassen.

Werte

```
font-style | font-variant | font-weight | font-size |
line-height | font-family | caption (CSS 2) | icon (CSS 2) |
menu (CSS 2) | message-box (CSS 2) | small-caption (CSS 2) |
status-bar (CSS 2)
```

Mit den Werten `caption`, `icon`, `menu`, `message-box`, `small-caption` und `status-bar` werden systemeigene Schriftformatierungen verwendet. Dabei können Sie immer nur einen der Werte allein setzen. Es werden die Eigenschaften der folgenden Betriebssystemelemente verwendet. Dann wird die Schrift so formatiert:

`caption`	Beschriftungen, z. B. von Buttons oder Überschriften von Dropdown-Menüs
`menu`	Einträge in Dropdown-Menüs oder Listen
`icon`	Symbolbeschriftungen
`message-box`	Dialogboxen (z. B. Systemmeldungen)
`small-captions`	kleine Kontrollfelder
`status-bar`	Statuszeile von Fenstern

Standardwert

Standardwerte der einzelnen Eigenschaften

Vererbung

Ja

Syntax-Beispiele

```
p { font: italic bold 1.2em/1.4em Arial, sans-serif; }
```

ist die Kurzform von

```
p {
   font-style: italic;
   font-variant: normal;
   font-weight: bold;
```

```
font-size: 1.2em;
line-height: 1.4em;
font-familiy: Arial, sans-serif; }
```

oder:

```
.hauptmenue { font: caption; }
```

Verwendet die Schrifteinstellungen, die vom System für Beschriftungen vorgegeben sind.

Kompatibilität font

Firefox	Internet Explorer	Chrome	Safari	Opera
✓	✓	✓	✓	✓

Bemerkungen: Die Einschränkungen entsprechen den bei den Einzel-Eigenschaften genannten. Für nicht gesetzte Eigenschaften wird bei der Verwendung von font der Standardwert eingesetzt.

[!] Die Eigenschaft line-height können Sie nur notieren, wenn Sie auch eine font-size-Eigenschaft gesetzt haben. Dann muss zwischen line-height und font-size ein Schrägstrich stehen (siehe Beispiel oben).

A.4.9 @font-face (CSS2, nicht in CSS 2.1, wieder da in CSS3)

Beschreibung

Mit dieser Eigenschaft ist es möglich, beliebige Schriftarten zu definieren und Schriftartendateien zum Download anzugeben.

Werte

Zur Beschreibung der Schriftart werden im Wesentlichen diejenigen Werte verwendet, die wir auch schon von font her kennen:

```
font-family | font-style | font-variant | font-weight | font-stretch | font-size
```

Die Werte können jeweils eine Angabe oder mehrere Angaben (durch Kommata getrennt) aufweisen.

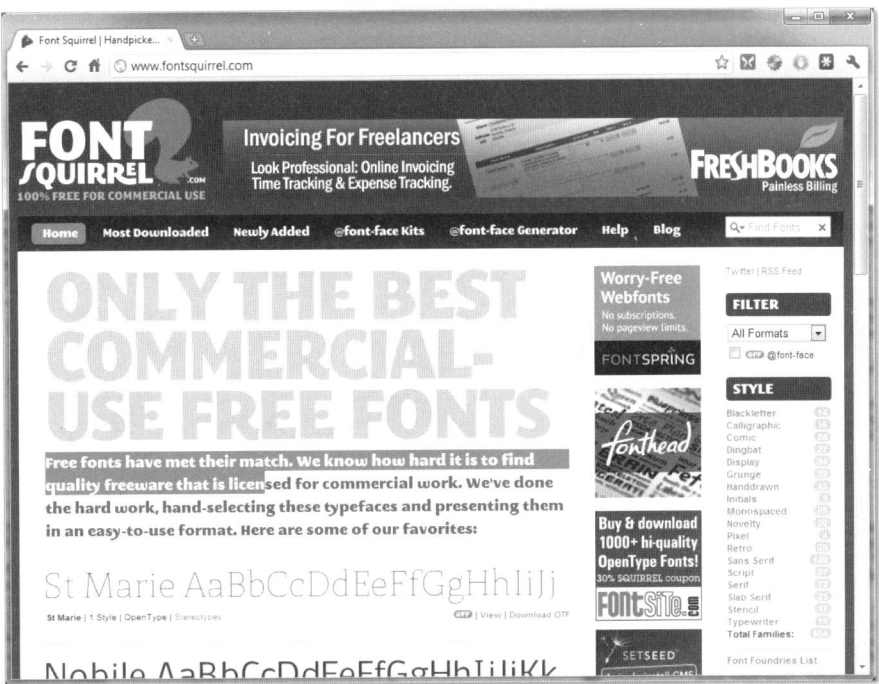

Abbildung A.10 Viele Schriften werden zum Einbetten angeboten.

Um zu vermeiden, dass eine Schrift heruntergeladen wird, die gar nicht über die erforderlichen Schriftzeichen verfügt, oder um nur einen bestimmten Zeichenvorrat zu übertragen, geben Sie optional einen Zeichenumfang an. Die Notation erfolgt in folgendem Format:

```
unicode-range: U+[hhhh]-[hhhh]
```

Die Werte in Klammern beschreiben den Zeichenbereich in hexadezimaler Schreibweise. `unicode-range: U+0000-00ff` ist beispielsweise der in Westeuropa verwendete Zeichenbereich Latin-1. Eine genaue Beschreibung des Unicode-Systems würde hier den Rahmen sprengen. Sie finden weitere Angaben zu den Unicode-Bereichen unter: *http://www.unicode.org/charts* (Linkcode 0084).

Für die Referenz der Schriftartdatei wird der Descriptor `src` verwendet. Er verweist auf eine lokale Schriftartendatei oder eine per URL ansprechbare Schriftressourcendatei.

Bezeichnung	Format
truedoc-pfr	TrueDoc Portable Font Resource (*.pfr)
embedded-opentype	Embedded OpenType (*.eot)
type-1	PostScript Type 1 (*.pfb, *.pfa)
truetype	TrueType (*.ttf)
truetype-gx	TrueType mit .gx-Suffix (*.gx)
opentype	OpenType/TrueType Open (*.ttf)
intellifont	Intellifont (*.type oder *.lib)
speedo	Speedo

Tabelle A.4 Formate von Schriftartendateien

Syntax-Beispiele

```
@font-face {
   font-family: "Stone Sans";
   src: url("http://www.website.de/fonts/stone.eot")
        format ("embedded-opentype") };
   h1 { font-family: "Stone Sans"; }
```

sorgt dafür, dass für alle Überschriften erster Ordnung die Schrift »Stone Sans« von der angegebenen URL heruntergeladen und verwendet wird.

```
@font-face {
   font-family: sans-serif;
   src: local ("Frutiger"),
   src: local ("Humnst777 BT"),
   src: url("http://www.website.de/fonts/frutiger.eot")
        format ("embedded-opentype");
   font-style: normal;
   font-size: all;
}
```

bestimmt, dass eine vorhandene Schrift »Frutiger« verwendet werden soll; ist sie nicht vorhanden, soll nach einer lokal verfügbaren Schrift »Humnst777 BT« (eine »Frutiger« sehr ähnliche Schrift) gesucht werden. Und falls auch diese nicht vorhanden ist, soll eine Schriftartendatei von *http://www.website.de/fonts/frutiger.eot* (URL nur als Beispiel) geladen werden. Diese Schrift soll für normale Schriftschnitte und alle Größen verwendet werden.

Standardwert

Keiner

Vererbung

Ja

Kompatibilität @font-face

Firefox	Internet Explorer	Chrome	Safari	Opera
3.6	x[1]	✓	✓	11

Bemerkungen: [1] Der Internet Explorer erfordert bis zur Version 8 ein eigenes proprietäres Format (.eot).

Unter *http://www.microsoft.com/typography/web/embedding/* (Linkcode 0085) stellt Microsoft kostenlos ein Werkzeug zur Erstellung von einbettbaren Schriftressourcendateien zur Verfügung (WEFT3).

Bei der Verwendung von eingebetteten Schriften beachten Sie bitte Folgendes:

- Das Laden und Darstellen von eingebetteten Schriften verlängert die Ladezeit und verlangsamt den Bildschirmaufbau.
- Sie benötigen eine gültige Lizenz, die das Einbetten von Schriften gestattet. Gerade bei kommerziell vertriebenen Schriften müssen solche Lizenzen oft zusätzlich erworben werden.
- Aus gestalterischen Gründen sollten Sie nicht zu viele unterschiedliche Schriften verwenden.

Lesen Sie mehr zum Einbetten von Schriften in Abschnitt 9.1.4, »Einbindung von Schriftarten per CSS«.

A.4.10 text-decoration

Beschreibung

Mit `text-decoration` verzieren Sie Schriftelemente.

Werte

`none | underline | overline | line-through | blink`

Es ist auch möglich, mehrere Werte, z. B. `underline` und `overline`, zu definieren.

Standardwert

`none`

Vererbung

Im Prinzip nein – tatsächlich aber teilweise doch (siehe Bemerkungen).

Syntax-Beispiele

`a:link { text-decoration: none; }`

schaltet die Link-Unterstreichung aus.

`a:visited { text-decoration: line-through; }`

streicht besuchte Links durch.

`a:hover { text-decoration: underline overline; }`

verziert den Text mit einem Unterstrich und einem Überstrich.

Kompatibilität text-decoration

Firefox	Internet Explorer	Chrome	Safari	Opera
✓	✓	✓	✓	✓

[!] Obwohl `text-decoration` laut Spezifikation nicht vererbt wird, beeinflusst es untergeordnete Elemente. In folgender HTML-Konstruktion ist das innere `<strong>`-Element unterstrichen, obwohl es laut Spezifikation nicht den Wert `underline` geerbt hat:

```
Hier ist ein <a href="#">Link mit einem <strong>fetten Teil
</strong> im Innern</a>.
```

In der Praxis können Sie also so verfahren, als ob `text-decoration` vererbt würde.

`text-decoration` eignet sich hervorragend, um Links etwas aufzupeppen. So können Sie mit `underline` und `overline` eine Art Kasten um einen Link legen. Das geht auch mit der Eigenschaft `border`, die ich in den Abschnitten A.6.3 bis A.6.8 noch beschreibe.

```
body {
   background-color: #ffffcc;
   color: #000;
}
:link, :visited {
   color: #333399;
   text-decoration: none;
}
:hover {
```

```
    background-color: #fff;
    color: #000;
    text-decoration: underline overline;
}
```

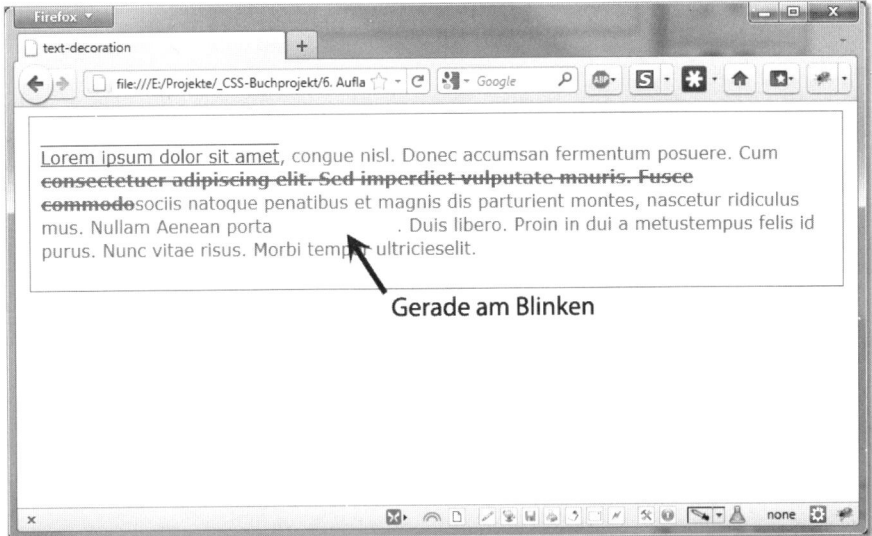

Abbildung A.11 Verschiedene Werte für »text-decoration«. Das Blinken ist leider nicht so richtig deutlich zu erkennen.

A.4.11 text-shadow (CSS2, nicht in CSS 2.1, wieder da in CSS3)

Beschreibung

text-shadow erzeugt einen weichen Schatten für das markierte Textelement.

Werte

```
none | [Farbe] | [horizontale Entfernung vom Text] |
[vertikale Entfernung vom Text] | [Weichzeichnungsradius]
```

| Weichzeichnungsradius | Gibt an, um wie viele Pixel der Schatten weichgezeichnet und damit »verteilt« wird. |

Standardwert

none

Vererbung

Nein

Syntax-Beispiele

```
p { text-shadow: #ccc 2px 2px 3px; }
h1 {
   color: white;
   text-shadow: black 0px 0px 5px;
}
```

Kompatibilität text-shadow

Firefox	Internet Explorer	Chrome	Safari	Opera
✓	–[1]	✓	✓	✓

Bemerkungen: [1] Kann via filter() simuliert werden (siehe Abschnitt 9.8.2, »CSS-Schatten«).

A.4.12 text-transform

Beschreibung

Mit text-transform erzwingen Sie die Ausgabe in der definierten Kombination von Groß- und Kleinbuchstaben.

Werte

none | capitalize | uppercase | lowercase

none	Keine Veränderung
capitalize	Der erste Buchstabe jedes Worts wird großgeschrieben.
uppercase	Alle Buchstaben werden in Versalien (Großbuchstaben) umgewandelt.
lowercase	Alle Buchstaben werden in Minuskeln (Kleinbuchstaben) umgewandelt.

Standardwert

none

Vererbung

Ja

Syntax-Beispiele

```
.wichtig { text-transform: uppercase; }
```

Kompatibilität text-transform

Firefox	Internet Explorer	Chrome	Safari	Opera
✓	✓	✓	✓	✓

A.4.13 text-size-adjust

Beschreibung

`text-size-adjust` legt fest, wie stark ein Benutzer die vorgegebene Schriftgröße verändern kann. In der Regel wird dies nur auf Mobilgeräten eingesetzt.

Werte

auto | none | [Skalierung]

none	Text kann vom Nutzer nicht skaliert werden
[Skalierung]	Skalierung des Textes

Die Skalierung wird in Prozenten angegeben.

Standardwert

auto

Vererbung

Ja

Syntax-Beispiele

```
p {
    -webkit-text-size-adjust: 200%;
}
```

Kompatibilität text-size-adjust

Firefox	Internet Explorer	Chrome	Safari	Opera
–	✓[1]	✓[2]	✓[2]	–

Bemerkungen:
[1] Mit Präfix `-ms` auf dem Mobile IE für Windows Phone 7
[2] Mit Präfix `-webkit`

Bemerkungen

Beachten Sie, dass die Eigenschaft auch vom Desktop-WebKit interpretiert wird. Eine Notation `-webkit-text-size-adjust: none` führt dazu, dass die Schriftskalierung auch für den Desktop abgeschaltet wird.

A.4.14 letter-spacing

Beschreibung

`letter-spacing` regelt die Abstände zwischen den Zeichen eines Textes, unter Typografen als *Kerning* bekannt.

Werte

`normal | [Abstand]`

Der Abstand kann absolut oder relativ angegeben werden (siehe Anhang B, »Längen- und Größenangaben«) und kann auch negative Werte annehmen.

Standardwert

`normal`

Vererbung

Ja

Syntax-Beispiele

```
p {
   letter-spacing: normal;
   line-height: 2em;
}
.luftig { letter-spacing: 1em; }
```

Kompatibilität letter-spacing

Firefox	Internet Explorer	Chrome	Safari	Opera
✓	✓	✓	✓	✓

Es empfiehlt sich, `letter-spacing` in relativen Werten anzugeben, damit das Kerning sich gleichmäßig mit verändert, wenn die Schriftgröße geändert wird. Außerdem sollten Sie bei vergrößertem `letter-spacing` auch die Zeilenhöhe erhöhen, um die einzelnen Zeilen voneinander zu trennen.

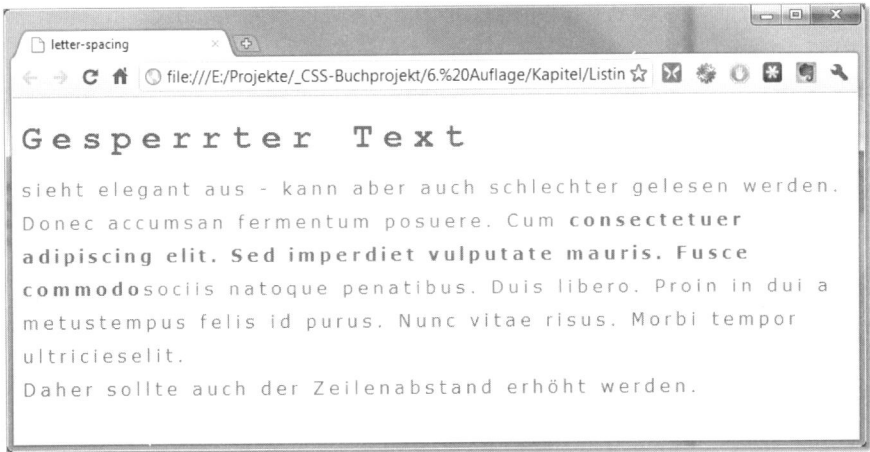

Abbildung A.12 Unterschiedliches Kerning mit »letter-spacing«

A.4.15 word-spacing (CSS2)

Beschreibung

word-spacing regelt analog zu letter-spacing die Abstände zwischen den Wörtern eines Textes.

Werte

normal | [Abstand]

Der Abstand kann absolut oder relativ angegeben werden und kann auch negative Werte annehmen.

Standardwert

normal

Vererbung

Ja

Syntax-Beispiele

p { word-spacing: 1.5em; }

Kompatibilität word-spacing

Firefox	Internet Explorer	Chrome	Safari	Opera
✓	✓	✓	✓	✓

Wie für `letter-spacing` empfehle ich, bei `word-spacing` relative Einheiten zu verwenden.

A.4.16 white-space

Beschreibung

`white-space` beschreibt, wie mit Leerzeichen und Tabulatoren in Elementen umgegangen werden soll.

Werte

`normal | pre | nowrap`

normal	Wenn mehrere Leerzeichen hintereinander stehen, wird nur eines angezeigt. Bei Bedarf wird bei einem Leerzeichen der Text umbrochen.
pre	Leerzeichen werden wie in präformatiertem Text behandelt: Alle Leerzeichen werden angezeigt. Es findet kein automatischer Umbruch statt.
nowrap	Leerzeichen werden normal behandelt, es findet jedoch kein automatischer Umbruch statt.

Standardwert

normal

Vererbung

Ja

Syntax-Beispiele

`.code { white-space: pre; }`s

Kompatibilität white-space

Firefox	Internet Explorer	Chrome	Safari	Opera
✓	✓	✓	✓	✓

A.4.17 line-height

Beschreibung

`line-height` gibt die Höhe einer Zeile im Text an.

Werte

normal | [Multiplikator] | [Zeilenhöhe]

[Multiplikator]	Die Zeilenhöhe wird auf den Wert »Schriftgröße mal Multiplikator« gesetzt. Es sind nur positive Werte erlaubt.
[Zeilenhöhe]	Die Zeilenhöhe kann absolut oder relativ angegeben werden und kann auch negative Werte annehmen.

Standardwert

normal

Vererbung

Ja

Syntax-Beispiele

```
p { font-size: 12px; line-height: 14px; }
p.doppelt { line-height: 2; }
```

setzt für die Klasse doppelt die doppelte Zeilenhöhe.

Kompatibilität line-height

Firefox	Internet Explorer	Chrome	Safari	Opera
✓	✓	✓	✓	✓

A.4.18 text-indent

Beschreibung

Die erste Zeile eines Textes können Sie mit text-indent ein- oder ausrücken.

Werte

[Einrückung]	Die Einrückung kann absolut oder relativ angegeben werden und kann auch negative Werte annehmen. Dann wird die Zeile ausgerückt (nach links verlängert).

Standardwert

0

Vererbung

Ja

Syntax-Beispiele

```
p { text-indent: 3em; }
```

Kompatibilität text-indent

Firefox	Internet Explorer	Chrome	Safari	Opera
✓	✓	✓	✓	✓

A.4.19 text-align (Änderung in CSS 2.1)

Beschreibung

text-align gibt die Ausrichtung des Inhalts eines Elements an.

Werte

left | right | center | justify | [Zeichen]

left	Der Text wird linksbündig ausgerichtet.
right	Der Text wird rechtsbündig ausgerichtet.
center	Der Text wird zentriert.
justify	Blocksatz, das heißt, der Text wird sowohl rechts- als auch linksbündig formatiert.
Zeichen	Wenn der Zelleninhalt an einem Zeichen (z. B. einem Komma bei Geldbeträgen) ausgerichtet werden soll, können Sie hier ein Zeichen in Anführungsstrichen angeben. Dieser Wert existiert ab CSS 2.1 nicht mehr.

Standardwert

Keiner – die Ausrichtung eines Textes wird vom Browser anhand der landesüblichen Leserichtung vorgegeben.

Vererbung

Ja

Syntax-Beispiele

```
p { text-align: justify; }
```

Kompatibilität text-align

Firefox	Internet Explorer	Chrome	Safari	Opera
✓	✓	✓	✓	✓

`text-align` dient auch dazu, die Inhalte einer Webseite zu zentrieren. In Abschnitt 8.4.2, »Zentrieren«, beschreibe ich, wie das funktioniert.

A.4.20 text-overflow (CSS3)

Beschreibung

`text-overflow` kürzt einen Text und zeigt Fortsetzungspunkte an (»...«).

Werte

ellipsis | clip

ellipsis	Zeigt »...« am Ende eines Textes an, der nicht mehr in einen Kasten passt.
clip	Schneidet den Text einfach ab.

Standardwert

clip

Vererbung

nein

Syntax-Beispiele

`p { text-overflow: ellipsis; }`

Kompatibilität text-overflow

Firefox	Internet Explorer	Chrome	Safari	Opera
–[1]	7	✓	✓	✓

Bemerkungen: Aus der Spezifikation von CSS3 wurde die Eigenschaft unterdessen wieder entfernt.

[1] In Firefox können Sie `ellipsis` simulieren: *http://www.jide.fr/english/emulate-text-overflowellipsis-in-firefox-with-css* (Linkcode 0734).

Bemerkungen

`text-decoration` wirkt nur, wenn die Breite des Elements kleiner ist als der benötigte Platz und `overflow: hidden` definiert ist. Wenn der Text aus mehreren Wörtern besteht, würde er eher umbrechen als abgeschnitten werden – es sei denn, `white-space: nowrap` ist definiert.

A.4.21 vertical-align

Beschreibung

`vertical-align` bestimmt die vertikale Ausrichtung der Grundlinie eines Elements in Bezug auf die Zeilenhöhe. Auf Tabellen angewandt haben die Werte geringfügig andere Auswirkungen.

Werte

`baseline | sub | super | top | text-top | middle | bottom | text-bottom | [Ausrichtung]`

baseline	Das Element wird an der `baseline` des Eltern-Elements ausgerichtet. Falls das Element keine `baseline` hat, wird stattdessen die untere Kante als Bezugspunkt verwendet.

`baseline` ist ein typografischer Begriff, der die Grundlinie einer Schrift bezeichnet, und zwar die Linie, auf der alle Buchstaben liegen. Der eigentliche untere Rand der Schrift wird im Beispiel durch die nach unten über die Grundlinie ragenden Buchstaben wie »q«, »g« oder »p« bestimmt.

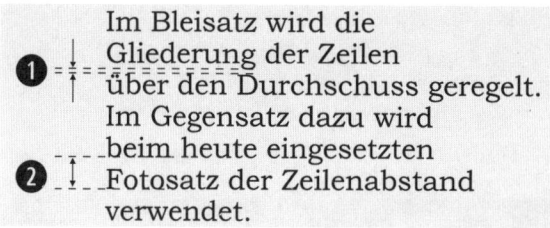

Abbildung A.13 Textkanten ❶ und Grundlinie (»baseline«) ❷

In Tabellen wird das Element an der Grundlinie der Tabellenzeile ausgerichtet. Diese ergibt sich aus der Grundlinie des ersten Elements der Zelle, dessen Grundlinie am weitesten vom oberen Rand der Zelle entfernt ist. Das klingt etwas kompliziert, bedeutet aber lediglich, dass von zwei Zellen diejenige mit der größeren oder weiter unten platzierten Schrift die Grundlinie der gesamten Zeile bestimmt.

`sub`	Das Element wird tiefer gestellt. (Im Gegensatz zum HTML-Element `<sub>` wird der Text jedoch nicht automatisch verkleinert.)
`super`	Das Element wird höher gestellt.
`top`	Das Element wird oben bündig mit dem größten Element der Zeile ausgerichtet. In Tabellen wird das Element oben bündig mit dem oberen Rand der Tabellenzeile ausgerichtet.
`text-top`	Das Element wird mit seinem oberen Rand am oberen Rand des Textes des Eltern-Elements ausgerichtet.
`middle`	Das Element wird mittig zur Zeile ausgerichtet.
`bottom`	Das Element wird unten bündig mit dem größten Element der Zeile ausgerichtet. In Tabellen wird das Element unten bündig mit dem unteren Rand der Tabellenzeile ausgerichtet.
`text-bottom`	Das Element wird mit seiner Unterkante an der Textoberkante des Eltern-Elements ausgerichtet.
`Ausrichtung`	Die Ausrichtung in Prozentwerten der Zeilenhöhe (CSS1) oder mit absoluten Angaben (ab CSS2); 0 % bzw. 0px entsprechen `baseline`.

In Tabellen haben die Werte `sub`, `super`, `text-top` und `text-bottom` keine Bedeutung. Damit ausgezeichnete Zellen werden wie `baseline` ausgerichtet.

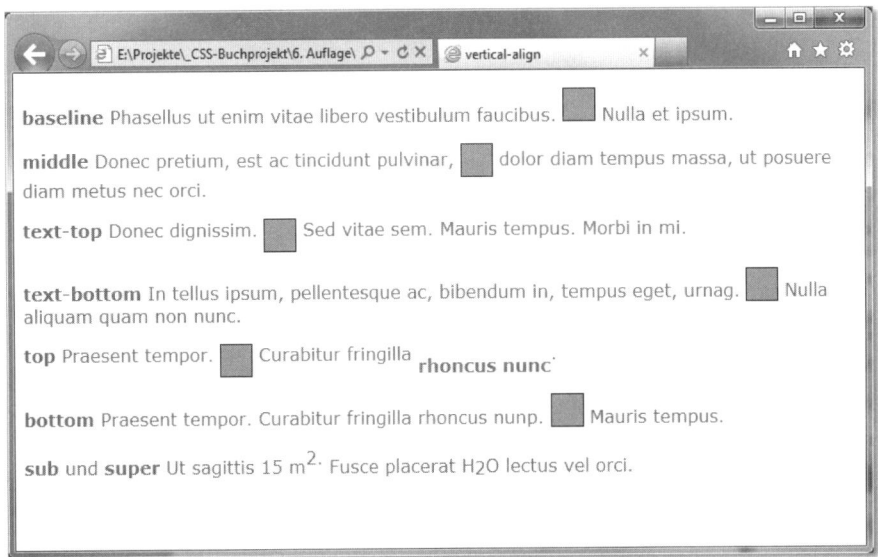

Abbildung A.14 Auch der IE9 kann »vertical-align« umsetzen.

Standardwert

baseline

Vererbung

Nein

Syntax-Beispiele

```
sup {
   font-size: 0.7em;
   vertical-align: super;
}
```

Kompatibilität vertical-align

Firefox	Internet Explorer	Chrome	Safari	Opera
✓	✓[1]	✓	✓	✓[2]

Bemerkungen:
[1] Fehler bei bottom bis IE7 und sub bis IE8
[2] Fehler bei bottom

[x] Probleme beim Ausrichten von Text in einem Kasten

Die Eigenschaft vertical-align sollten Sie dazu verwenden, Text in einem Kasten vertikal mittig auszurichten. In dieser Kombination funktioniert das leider nicht:

```
<div style="height: 3em; vertical-align: middle; ">
   Der Text soll zentriert werden.
</div>
```

Wenn Sie jedoch die Zeilenhöhe ebenfalls auf denselben Wert setzen, funktioniert die Zentrierung:

```
<div style="height: 3em; vertical-align: middle;
line-height: 3em; ">
   Der Text soll zentriert werden.
</div>
```

A.4.22 direction (CSS2)

Beschreibung

Da es Schriftsysteme gibt, in denen der Textfluss nicht von links nach rechts, sondern umgekehrt verläuft, existiert seit CSS2 die Eigenschaft direction, mit der Sie die Leserichtung angeben.

Werte

rtl | ltr

| rtl | Die Leserichtung verläuft von rechts nach links. |
| ltr | Die Leserichtung verläuft von links nach rechts. |

Standardwert

ltr

Vererbung

Ja

Syntax-Beispiele

p { direction: rtl; }

Kompatibilität direction

Firefox	Internet Explorer	Chrome	Safari	Opera
✓	✓	✓	✓	✓

A.4.23 unicode-bidi (CSS2)

Beschreibung

unicode-bidi ist eine Eigenschaft, die das Verhalten von bidirektionalen Unicode-Schriften beschreibt.

Werte

normal | embed | bidi-override

normal	Die Leserichtung verläuft wie durch direction angegeben.
embed	Das Element wird mit seiner angegebenen Leserichtung in den ansonsten unveränderten Textfluss eingebettet.
	Dies ist beispielsweise sinnvoll, wenn Sie in einem deutschen Text ein Zitat einfügen. Das Zitat soll in Originalschreibweise erscheinen, während der umgebende Text natürlich weiterhin in der in Mitteleuropa üblichen Leserichtung bleiben soll.
bidi-override	Die angegebene Leserichtung übersteuert die durch andere Elemente vorgegebenen Leserichtungen.

Standardwert

normal

Vererbung

Nein

Syntax-Beispiele

Mit

```
.zitatheb { direction: rtl; unicode-bidi: embed; }
```

und folgendem HTML-Code

```
<p>Schon im Alten Testament steht geschrieben:
<q class="zitatheb">[ Hier müsste nun ein Zitat auf
Hebräisch stehen - leider kenne ich keines ...]</q>
```

sollte das Zitat in hebräischer Leserichtung von rechts nach links erscheinen.

Kompatibilität

Firefox	Internet Explorer	Chrome	Safari	Opera
–	–	–	–	–

A.5 Farben und Hintergründe

A.5.1 color

Beschreibung

Mit color setzen Sie die Textfarbe (Vordergrundfarbe) des markierten Elements.

Werte

Farbangaben entsprechend Anhang B.4, »Farben«. Ab CSS3 können Sie auch einen Alpha-Kanal angeben.

Standardwert

Keiner – verwendet wird der Standardwert des Browsers. Voreingestellt ist dort in der Regel Schwarz, dies kann aber vom Benutzer verändert werden.

Vererbung

Ja

Syntax-Beispiele

```
p { color: black }
.wichtig { color: #ff0000; }
```

Kompatibilität color

Firefox	Internet Explorer	Chrome	Safari	Opera
✓	✓[1]	✓	✓	✓

Bemerkungen: [1] Keine Transparenz nach RGBA-Modell

A.5.2 background-color

Beschreibung

Mit `background-color` setzen Sie die Hintergrundfarbe des markierten Elements.

Werte

`transparent | [Farbangaben nach Abschnitt B.4, »Farben«]`

Standardwert

`transparent`

Vererbung

Nein

Syntax-Beispiele

```
p { background-color: rgb(245,245,245); }
```

Kompatibilität background-color

Firefox	Internet Explorer	Chrome	Safari	Opera
✓	✓	✓	✓	✓

A.5.3 background-image (Änderung in CSS3)

Beschreibung

background-image legt eine Grafik als Hintergrund fest. Ab CSS3 können Sie auch mehrere Grafiken verwenden. Der zuerst notierte Hintergrund wird an oberster Stelle angezeigt.

Werte

[url] | none

Standardwert

none

Vererbung

Nein

Syntax-Beispiele

```
body { background-image: url(background.gif); }
table { background-image: url(http://www.css-
        praxis.de/images/background2.gif); }
div { background-image: url(background_01.gif), url(background_
02.gif);}
```

Kompatibilität background-image

Firefox	Internet Explorer	Chrome	Safari	Opera
✓[1]	✓[2]	✓	✓	✓

Bemerkungen:
[1] ab Version 3.6 mehrere Hintergründe
[2] ab Version 9 mehrere Hintergründe

A.5.4 background-repeat

Beschreibung

Ob und wie sich eine Hintergrundgrafik wiederholt, die kleiner ist als der angezeigte Bereich, legen Sie mit der Angabe `background-repeat` fest.

Werte

repeat | no-repeat | repeat-x | repeat-y

repeat	Die Grafik wird horizontal und vertikal wiederholt.
no-repeat	Die Grafik wird nicht wiederholt.
repeat-x	Die Grafik wird nur horizontal wiederholt.
repeat-y	Die Grafik wird nur vertikal wiederholt.

Standardwert

repeat

Vererbung

Nein

Syntax-Beispiele [zB]

```
div {
    background-image: url(background.jpg);
    background-repeat: repeat-x;
}
div {
    background-image: url(background.jpg);
    background-repeat: repeat-y;
}
```

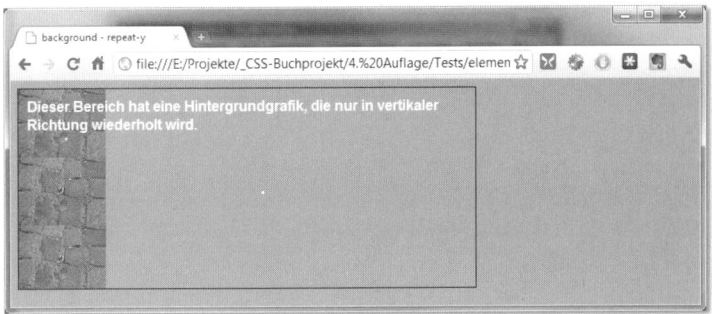

Abbildung A.15   Vertikal wiederholte Hintergrundgrafik (»repeat-y«)

Kompatibilität background-repeat

Firefox	Internet Explorer	Chrome	Safari	Opera
✓	✓	✓	✓	✓

Bemerkungen

Das Hintergrundbild beginnt in der linken oberen Ecke des Elements, kann aber mit background-position auch an anderer Stelle positioniert werden.

A.5.5 background-attachment

Beschreibung

Mit der Angabe von background-attachment können Sie festlegen, ob der Hintergrund beim Scrollen der Seite mit scrollt oder stehen bleibt.

Werte

scroll | fixed

Standardwert

scroll

Vererbung

Nein

Syntax-Beispiele

```
body {
   background-image: url(background.gif);
   background-attachment: fixed;
}
```

Kompatibilität background-attachment

Firefox	Internet Explorer	Chrome	Safari	Opera
✓	✓	✓	✓	✓

A.5.6 background-position (Änderung in CSS 2.1)

Beschreibung

background-position gibt an, an welcher Stelle der Hintergrund beginnt.

Werte

[Horizontalwert] [Vertikalwert] oder

top | center | bottom **und** left | center | right

[Horizontalwert] bzw. [Vertikalwert]	Gibt die horizontale bzw. vertikale Entfernung von der linken oberen inneren Ecke des Elements an. Es sind positive und negative numerische Werte und Prozentwerte erlaubt, die Sie auch gemischt verwenden dürfen. Bei negativen Werten wird nur der Teil der Grafik angezeigt, der sich innerhalb des Elements befindet. Geben Sie nur einen Wert an, wird dieser als Horizontalwert interpretiert, und als Vertikalwert wird 50 % angenommen.

Bei der Verwendung von Schlüsselwörtern müssen Sie jeweils ein Schlüsselwort für die horizontale und eines für die vertikale Ausrichtung angeben. Die gleichzeitige Verwendung von numerischen Angaben und Schlüsselwörtern ist nicht erlaubt.

Ab CSS 2.1 ist die gleichzeitige Verwendung von Schlüsselwörtern und Prozentwerten erlaubt.   [«]

Standardwert

Der Hintergrund beginnt in der oberen linken Ecke des Elements.

Vererbung

Nein

Syntax-Beispiele

```
body {
    background-image: url(background.gif);
    background-position: top left;
}
```

verwendet die Grafik »background.gif« als Hintergrund und positioniert sie beginnend an der oberen linken Ecke der Seite.

```
div {
    background-image: url(background2.gif);
    background-position: 50% 50%;
}
```

Kompatibilität background-position

Firefox	Internet Explorer	Chrome	Safari	Opera
✓	✓	✓	✓	✓

A.5.7 background-size

Beschreibung

Mit `background-size` skalieren Sie einen Hintergrund.

Werte

`auto | contain | cover | [Wert]`

Standardwert

`auto`

Vererbung

Nein

Syntax-Beispiele

```
body {
    background-image: url(background.gif);
    background-size: 50% 10%;
}
```

Kompatibilität background-size

Firefox	Internet Explorer	Chrome	Safari	Opera
✓	9	✓	✓	✓

A.5.8 background

Beschreibung

`background` fasst alle Eigenschaften für Hintergrundbilder in einer Kurzform zusammen.

Werte

`[background-color] [background-image] [background-repeat] [background-attachement] [background-position]`

Für alle Werte, die Sie nicht explizit setzen, wird der Standardwert der jeweiligen Einzeleigenschaft verwendet.

Standardwert

Standardwerte der jeweiligen Eigenschaften

Vererbung

Ja

Syntax-Beispiele

```
body { background: blue url(background.gif) repeat-y fixed
  top left; }
```

Kompatibilität background

Firefox	Internet Explorer	Chrome	Safari	Opera
✓¹	✓²	✓	✓	✓

Bemerkungen:
¹ ab Version 3.6 mehrere Hintergründe
² ab Version 9 mehrere Hintergründe

Bemerkungen

Die Einschränkungen für `background` entsprechen denen, die für die jeweiligen Einzeleigenschaften genannt sind.

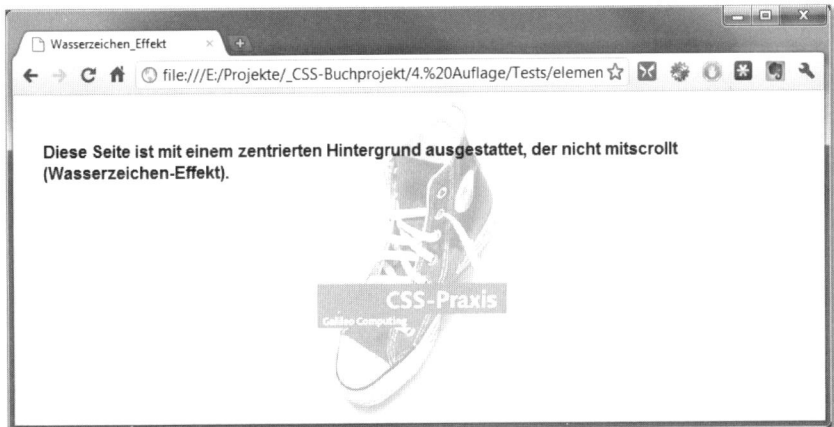

Abbildung A.16 Wasserzeichen-Effekt

Mit den Möglichkeiten der Hintergrundformatierung lassen sich sehr einfach Wasserzeichen-Effekte erzeugen. Mit folgendem Code generieren Sie ein Hintergrundbild, das sich nicht wiederholt und immer in der Mitte des Anzeigefensters stehen bleibt:

[zB]
```
 1:  <!DOCTYPE html>
 2:  <html>
 3:  <head>
 4:  <meta http-equiv="Content-Type" content="text/html;
     charset=utf-8">
 5:  <title>Wasserzeichen-Effekt</title>
 6:  <style type="text/css">
 7:  body {
 8:    font-family: Arial, sans-serif;
 9:    padding: 3% 20%;
10:    background-image: url(img/wasserzeichen_blume.jpg);
11:    background-repeat: no-repeat;
12:    background-attachment: fixed;
13:    background-position: center;
14:  }
15:  </style>
16:  </head>
17:  <body>
18:  <h3>Diese Seite ist mit einem zentrierten
19:    Hintergrund ausgestattet, der nicht mitscrollt (
20:    Wasserzeichen-Effekt).</h3>
21:  <p>In Bologna/Italien kennzeichneten die Papiermühlen
       ihre Ware, ... [Quelle: Wikipedia]</p>
22:  </body>
23:  </html>
```
Listing A.5 Wasserzeichen-Effekt

A.5.9 linear-gradient (CSS3)

Beschreibung

Gradient ist eigentlich ein Wert der Eigenschaft background. Aufgrund der Vielzahl von Eigenschaften und Möglichkeiten beschreibe ich ihn hier getrennt. Mit linear-gradient lassen sich lineare Verläufe erstellen – zumindest in modernen Browsern.

Werte

[start] [winkel], [startfarbe], [stop] (,[stop2]...)

start	Beginn des Verlaufs; möglich sind Pixelangaben, Prozentwerte oder die Schlüsselwörter top, right, bottom, left, center; geben Sie nur einen Wert für den horizontalen oder vertikalen Start an, wird der jeweils andere als center angenommen.

winkel	Winkel, in dem der Verlauf verläuft
startfarbe	Kombination aus Farbe und Längeneinheit; die Längeneinheit gibt an, wo der eigentliche Verlauf beginnt (alles vorher hat die reine Farbe).
stop	Kombination aus Farbe und Längeneinheit; die Längeneinheit gibt an, wo der eigentliche Verlauf endet (alles danach hat die reine Farbe).
stop2 ... stopN	weitere Farben für Verläufe mit mehr als zwei Farben

Standardwert

none

Vererbung

Nein

Syntax-Beispiele

```
background: -moz-linear-gradient(top, black, white);
background: -webkit-linear-gradient(left 45deg, #567643, #95BD66);
background: linear-gradient(top, blue, yellow 60%, red);
```

Verlauf von Blau über Gelb bei 60 % nach Rot (für die Start- und Endfarbe sind keine Stopp-Positionen angegeben, was automatisch als 0 % und 100 % angenommen wird)

Kompatibilität

Firefox	Internet Explorer	Chrome	Safari	Opera
3.6[1]	10[2]	10[3]	6[3]	11.10[4]

Bemerkungen:

[1] mit Präfix `-moz-`

[2] voraussichtlich, mit Präfix `-ms-`, vorher über Filter

[3] mit Präfix `-webkit-`

[4] mit Präfix `-o-`

A.5.10 radial-gradient (CSS3)

Beschreibung

Gradient ist eigentlich ein Wert der Eigenschaft `background`. Aufgrund der Vielzahl von Eigenschaften und Möglichkeiten beschreibe ich ihn hier getrennt. Mit `radial-gradient` lassen sich radiale Verläufe erstellen – zumindest in modernen Browsern.

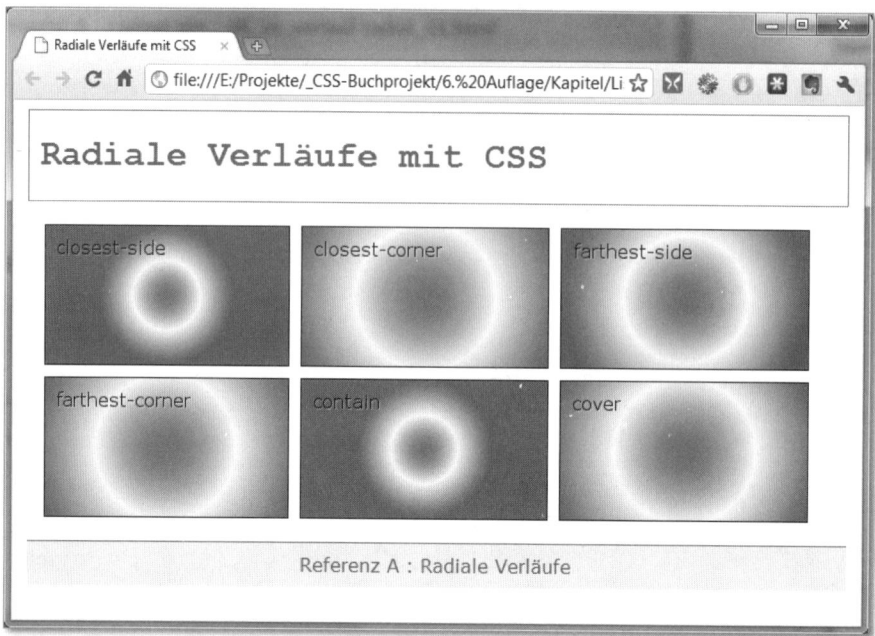

Abbildung A.17 Verschiedene Varianten radialer Verläufe

Werte

[start], [form] [größe], [startfarbe], [stop] (,[stop2]...)

start	Beginn des Verlaufs; möglich sind Pixelangaben, Prozentwerte oder die Schlüsselwörter `top`, `right`, `bottom`, `left`, `center`; geben Sie nur einen Wert für den horizontalen oder vertikalen Start an, wird der jeweils andere als `center` angenommen.
startfarbe	Kombination aus Farbe und Längeneinheit; die Längeneinheit gibt an, wo der eigentliche Verlauf beginnt (alles vorher hat die reine Farbe).
form	Kreis oder Ellipse
größe	Größe des Verlaufs. Angegeben werden die Schlüsselwörter `closest-side` (Verlauf geht bis zur nächstliegenden Seite), `closest-corner` (Verlauf geht bis zur nächstliegenden Ecke), `farthest-side` (Verlauf geht bis zur entferntesten Seite), `farthest-corner` (Verlauf geht bis zur entferntesten Ecke), `contain` (Verlauf passt komplett in das Element – hat den gleichen Effekt wie `closest-side`) oder `cover` (Verlauf bedeckt das Element – hat den gleichen Effekt wie `farthest-corner`).

stop	Kombination aus Farbe und Längeneinheit; die Längeneinheit gibt an, wo der eigentliche Verlauf endet (alles danach hat die reine Farbe).
stop2 ... stopN	weitere Farben für Verläufe mit mehr als zwei Farben

Standardwert

none

Vererbung

Nein

Syntax-Beispiele

```
background: radial-gradient(circle, blue, red);
background: radial-gradient(bottom left, farthest-
side, black, white 80px, red);
```

Kompatibilität radial-gradient

Firefox	Internet Explorer	Chrome	Safari	Opera
3.6[1]	–[2]	✓[3,4]	✓[3,4]	–

Bemerkungen:

[1] mit Präfix `-moz-`

[2] voraussichtlich, mit Präfix `-ms-`, vorher über Filter

[3] mit Präfix `-webkit-`

[4] vor Version 6 (Safari) bzw. 6 (Chrome) mit komplett anderer Syntax (http://developer.apple.com/library/safari/#documentation/InternetWeb/Conceptual/SafariVisualEffectsProgGuide/Gradients/Gradients.html – Linkcode 0735)

A.5.11 repeating-linear-gradient (CSS3)

Beschreibung

Gradient ist eigentlich ein Wert der Eigenschaft `background`. Aufgrund der Vielzahl von Eigenschaften und Möglichkeiten beschreibe ich ihn hier getrennt. Mit `repeating-linear-gradient` lassen sich wiederholende lineare Verläufe erstellen – zumindest in modernen Browsern. Die Syntax ist dabei dieselbe wie beim einfachen linearen Verlauf, nur wird der Verlauf in Verlaufsrichtung wiederholt.

Werte

`[start] [winkel] [startfarbe], [stop] (,[stop2]...)`

start	Beginn des Verlaufs; möglich sind Pixelangaben, Prozentwerte oder die Schlüsselwörter `top`, `right`, `bottom`, `left`, `center`; geben Sie nur einen Wert für den horizontalen oder vertikalen Start an, wird der jeweils andere als `center` angenommen.
winkel	Winkel, in dem der Verlauf verläuft
startfarbe	Kombination aus Farbe und Längeneinheit; die Längeneinheit gibt an, wo der eigentliche Verlauf beginnt (alles vorher hat die reine Farbe).
stop	Kombination aus Farbe und Längeneinheit; die Längeneinheit gibt an, wo der eigentliche Verlauf endet (alles danach hat die reine Farbe).
stop2 ... stopN	weitere Farben für Verläufe mit mehr als zwei Farben

Standardwert

none

Vererbung

Nein

Syntax-Beispiele

```
background: -moz-repeating-linear-gradient(top right 30deg, black,
black 10px, white 10px, white 20px);
background: -webkit-repeating-linear-gradient(30deg, black,
black 10px, yellow 10px, yellow 20px);
```

Abbildung A.18   Beispiel für linear wiederholenden Verlauf

Kompatibilität

Firefox	Internet Explorer	Chrome	Safari	Opera
3.6[1]	–[2]	10[3]	6[4]	11.10[4]

Bemerkungen:

[1] mit Präfix `-moz-`

[2] voraussichtlich, mit Präfix `-ms-`, vorher über Filter

[3] mit Präfix und ohne Aliasing (Kantenglättung)

[4] mit Präfix `-o-`

A.5.12 repeating-radial-gradient (CSS3)

Beschreibung

Gradient ist eigentlich ein Wert der Eigenschaft `background`. Aufgrund der Vielzahl von Eigenschaften und Möglichkeiten beschreibe ich ihn hier getrennt. Mit `repeating-radial-gradient` lassen sich wiederholende radiale Verläufe erstellen – zumindest in modernen Browsern.

Die Syntax ist dabei die gleiche wie bei `radial-gradient`, nur dass der Verlauf (unendlich) wiederholt wird.

Werte

`[start], [form] [größe], [startfarbe], [stop] (,[stop2]...)`

start	Beginn des Verlaufs; möglich sind Pixelangaben, Prozentwerte oder die Schlüsselwörter `top`, `right`, `bottom`, `left`, `center`; geben Sie nur einen Wert für den horizontalen oder vertikalen Start an, wird der jeweils andere als `center` angenommen.
startfarbe	Kombination aus Farbe und Längeneinheit; die Längeneinheit gibt an, wo der eigentliche Verlauf beginnt (alles vorher hat die reine Farbe).
form	Kreis oder Ellipse
größe	Größe des Verlaufs. Angegeben werden die Schlüsselwörter `closest-side` (Verlauf geht bis zur nächstliegenden Seite), `closest-corner` (Verlauf geht bis zur nächstliegenden Ecke), `farthest-side` (Verlauf geht bis zur entferntesten Seite), `farthest-corner` (Verlauf geht bis zur entferntesten Ecke), `contain` (Verlauf passt komplett in das Element – hat den gleichen Effekt wie `closest-side`) oder `cover` (Verlauf bedeckt das Element – hat den gleichen Effekt wie `farthest-corner`).

stop	Kombination aus Farbe und Längeneinheit; die Längeneinheit gibt an, wo der eigentliche Verlauf endet (alles danach hat die reine Farbe).
stop2 ... stopN	weitere Farben für Verläufe mit mehr als zwei Farben

Standardwert

none

Vererbung

Nein

Syntax-Beispiele

```
background: -moz-repeating-radial-
gradient(circle, black, black 5px, white 5px, white 10px);
```

Abbildung A.19 Wiederholender radialer Verlauf

Kompatibilität repeating-radial-gradient

Firefox	Internet Explorer	Chrome	Safari	Opera
3.6[1]	–[2]	x[3]	6[3]	–

Bemerkungen:

[1] mit Präfix -moz-

[2] voraussichtlich, mit Präfix -ms-, vorher über Filter

[3] mit Präfix -webkit- und ohne Aliasing (Kantenglättung)

A.6 Kastenformatierungen

A.6.1 margin

margin-top | margin-right | margin-bottom | margin-left

Beschreibung

Mit den Angaben zu margin setzen Sie den äußeren Abstand um ein Element. Dabei können Sie den Abstand für jede Seite des Elements einzeln oder in einer verkürzten Schreibweise für alle gemeinsam festlegen.

Werte

[Abstand]	Der Abstand kann absolut oder relativ angegeben werden und kann auch negative Werte annehmen.
	Wenn Sie die verkürzte Schreibweise wählen, notieren Sie die Abstände in der Reihenfolge des Uhrzeigersinns.
[Abstand oben] [Abstand rechts] [Abstand unten] [Abstand links]	Sollen alle Abstände gleich breit sein, so brauchen Sie nur einen Wert zu notieren. Wenn Sie zwei Angaben machen, gilt der erste Wert für oben und unten und der zweite Wert für rechts und links. Geben Sie drei Werte vor, so gilt der erste Wert für oben, der dritte Wert für unten, und der zweite gilt für rechts und links gleichermaßen.

Standardwert

0

Vererbung

Nein

Syntax-Beispiele

```
div { margin: 10px 5px; }
h2 { margin-bottom: 0; }
```

Kompatibilität margin

Firefox	Internet Explorer	Chrome	Safari	Opera
✓	✓	✓	✓	✓

Bemerkungen

Generell sollten Sie margin nicht für die Elemente <tr> und <td> einsetzen. Für <td> existiert stattdessen border-spacing.

Die vertikalen Abstände untereinander angeordneter Elemente werden nicht addiert. Es wird stattdessen der Wert des größeren Abstands verwendet; siehe auch Kapitel 6, »Kastenmodell (Box-Modell), Elementtypen und Layoutmodelle«.

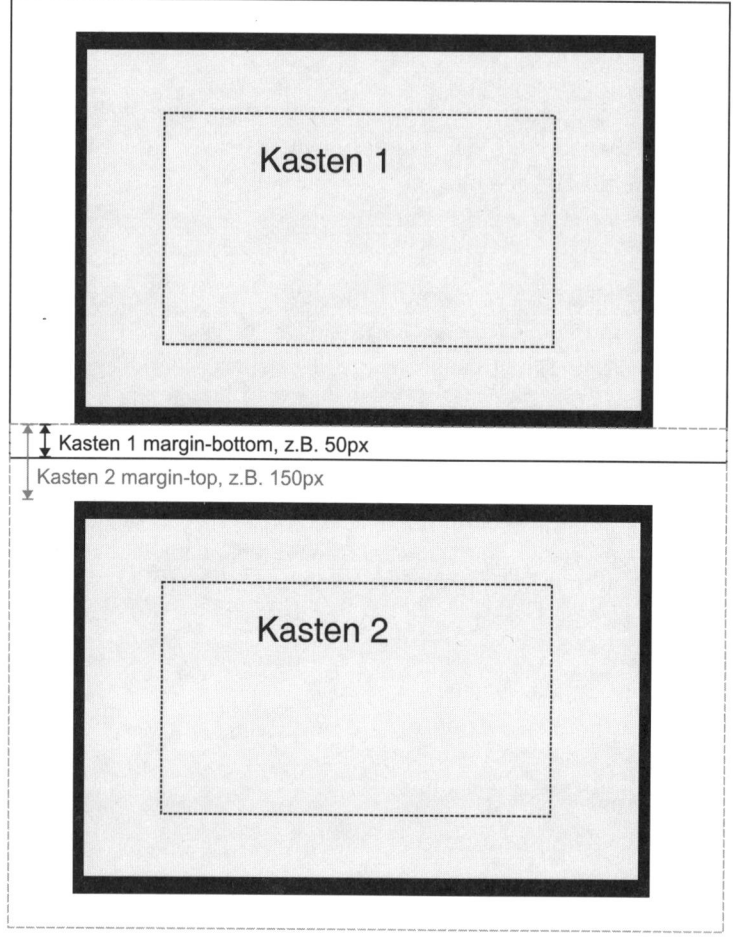

Abbildung A.20 Bei vertikal untereinander stehenden Kästen überlappen sich die äußeren Abstände.

Bei eingebundenen Elementen wie beispielsweise <span> (siehe ebenfalls Kapitel 6) werden nur die horizontalen Abstände verwendet. Im Bereich des äußeren Abstands eines Elements entspricht der Hintergrund dem des Eltern-Elements (er »scheint durch«).

A.6.2 padding

padding-top | padding-right | padding-bottom | padding-left

Beschreibung

padding markiert den inneren Abstand eines Elements zwischen dem Rand und dem Inhalt. Auch hier können Sie allen Seiten den gleichen Wert oder jeder Seite einzeln einen Wert zuweisen.

Werte

[Abstand]	Der Abstand kann absolut oder relativ angegeben werden und kann ausschließlich positive Werte annehmen. Wählen Sie die verkürzte Schreibweise, notieren Sie die Abstände in der Reihenfolge des Uhrzeigersinns.
[Abstand oben] [Abstand rechts] [Abstand unten] [Abstand links]	Sollen alle Abstände gleich breit sein, so brauchen Sie nur einen Wert zu notieren. Wenn Sie zwei Angaben machen, gilt der erste Wert für oben und unten und der zweite Wert für rechts und links. Geben Sie drei Werte vor, so gilt der erste für oben, der dritte für unten und der zweite für rechts und links gleichermaßen.

Standardwert

0

Vererbung

Nein

Syntax-Beispiele

```
p { padding-left: 2em; }
.schmal { 0 10px 0 10px; }
```

Kompatibilität padding

Firefox	Internet Explorer	Chrome	Safari	Opera
✓	✓	✓	✓	✓

Bei eingebundenen Elementen – siehe Kapitel 5, »Kastenmodell (Box-Modell), Elementtypen und Layoutmodelle« – werden nur die horizontalen Abstände verwendet. Im Bereich des inneren Abstands wird der Hintergrund des Elements angezeigt.

A.6.3 border-width

`border-top-width | border-right-width | border-bottom-width | border-left-width`

Beschreibung

`border-width` gibt die Breite des ein Element umgebenden Rahmens an. Sie können einzelne Seiten des Rahmens formatieren oder die Kurzschreibweise verwenden.

Werte

`thin | medium | thick | [Rahmenbreite]`

thin	dünner Rahmen
medium	mittlere Rahmenbreite
thick	dicker Rahmen
Rahmenbreite	Die Rahmenbreite kann absolut oder relativ angegeben werden und nur positive Werte annehmen.

Wählen Sie die verkürzte Schreibweise, notieren Sie die Abstände in der Reihenfolge des Uhrzeigersinns.

[Rahmenbreite oben] [Rahmenbreite rechts] [Rahmenbreite unten] [Rahmenbreite links]	Sollen alle Rahmen gleich breit sein, so muss nur ein Wert notiert werden. Wenn Sie zwei Angaben notieren, gilt der erste Wert für oben und unten und der zweite für rechts und links. Werden drei Werte notiert, so gilt der erste für oben, der dritte für unten und der zweite Wert für rechts und links gleichermaßen.

Standardwert

medium

Vererbung

Ja

Syntax-Beispiele

```
div { border-right-width: 4px; }
.reiter { border-width: thick thin 0 thin; }
```

Kompatibilität border-width

Firefox	Internet Explorer	Chrome	Safari	Opera
✓	✓	✓	✓	✓

A.6.4 border-color

`border-top-color` (CSS2) | `border-right-color` (CSS2) | `border-bottom-color` (CSS2) | `border-left-color` (CSS2)

Beschreibung

Mit `border-color` legen Sie die Farbe eines Rahmens fest. Ab CSS2 können Sie einzelne Seiten des Rahmens formatieren. Für nicht gesetzte Bereiche gilt die Farbe des Vordergrunds (die Textfarbe).

Werte

`[Rahmenfarbe]`

Standardwert

Vordergrundfarbe des Elements

Vererbung

Nein

Syntax-Beispiele [zB]

```
div {
   border-left-color: silver;
   border-top-color: silver;
}
.button {
   background-color: #dedede;
   border-style: solid;
   border-width: 2px;
   border-color: #dedede #333333 #333333 #dedede;
}
```

Dies erstellt einen zwei Pixel breiten Schlagschatten für den markierten Bereich. (Der obere und linke Rahmen werden in der Hintergrundfarbe gefärbt, rechts und unten wird ein dunkles Grau gewählt.)

Kompatibilität border-color

Firefox	Internet Explorer	Chrome	Safari	Opera
✓	✓	✓	✓	✓

A.6.5 border-style

border-top-style (CSS2) | border-right-style (CSS2) | border-bottom-style (CSS2) | border-left-style (CSS2)

Beschreibung

Mit border-style lässt sich die Art der Linien eines Rahmens festlegen. Ab CSS2 können Sie einzelne Seiten des Rahmens formatieren.

Werte

none | dotted | dashed | solid | double | groove | ridge | inset | outset

none	kein Rahmen (setzt border-width auf 0)
dotted	gepunktete Rahmenlinie
dashed	gestrichelte Rahmenlinie
solid	durchgehende Linie
double	Rahmen mit doppelter Linie
groove	3D-Rahmen, der wie ein Graben aussieht
ridge	3D-Rahmen, der wie ein Hügel aussieht
inset	3D-Rahmen, der in die Seite versenkt ist (gedrückter Button)
outset	3D-Rahmen, der aus der Seite herausragt (Button)

Standardwert

none

Vererbung

Nein

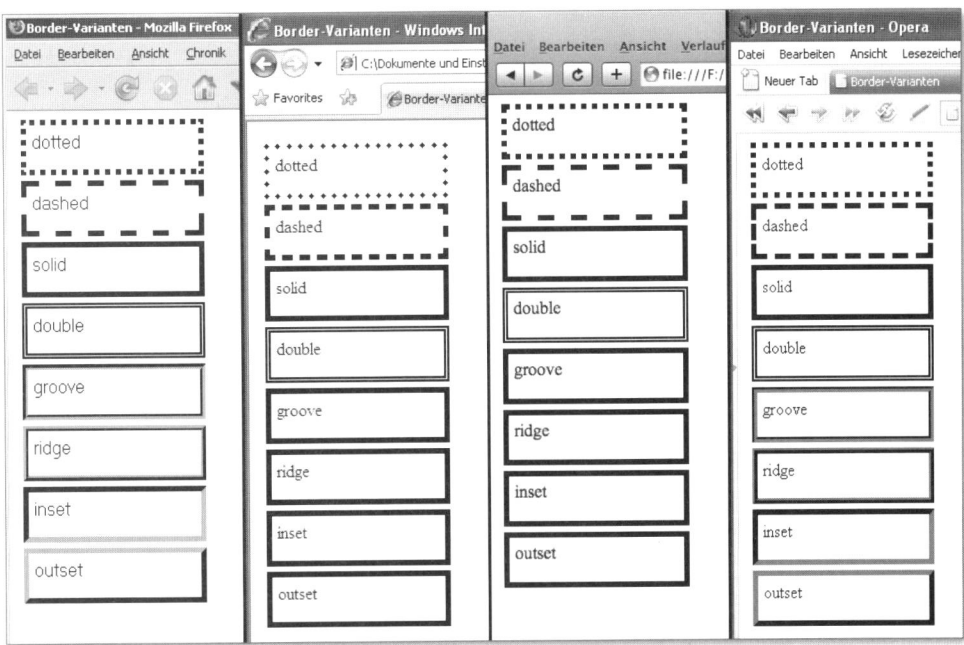

Abbildung A.21 Von links nach rechts: Firefox 2, Internet Explorer 7, Safari 3 und Opera 9.2

Syntax-Beispiele

Der folgende HTML-Code erzeugt einen CSS-Button, der wie ein »echter« Button beim Klicken nach innen gedrückt wird.

```
1:  <!DOCTYPE html>
2:  <html>
3:  <head>
4:  <title>CSS-Button mit border</title>
5:  <meta http-equiv="Content-Type" content="text/html;
    charset=utf-8">
6:  <style type="text/css">
7:  <!--
8:  .button {
9:    font-weight: bold;
10:   text-decoration: none;
11:   border-color: #6666cc;
12:   background-color: #ccccff;
13:   padding: 5px;
14:   border-width: 4px;
15:   border-style: outset;
16: }
17: a.button:active {
```

[zB]

```
18:    border-color: #6666cc;
19:    background-color: #6666cc;
20:    color: white;
21:    border-width: 4px;
22:    border-style: inset;
23: }
24: -->
25: </style>
26: </head>
27: <body>
28: <p> </p>
29: <p><a href="#" class="button">Dies ist ein CSS-Button
    </a></p>
30: </body>
31: </html>
```

Listing A.6 CSS-Buttons mit »border-style« (nur Firefox und Opera)

Kompatibilität border-style

Firefox	Internet Explorer	Chrome	Safari	Opera
✓	✓	✓	✓	✓

Bemerkungen: Geben Sie keinen Wert für `border-style` an, so gilt der Standardwert none, und es wird kein Rahmen angezeigt.

Bei `border-style: double` bezieht sich die Breitenangabe auf die Gesamtdicke des Rahmens. Eine Angabe von 2px führt zu einer zwei Pixel dicken einfachen Linie, und 1px ergibt bei `border-style: double` keinen Sinn – es wird ein einfacher oder kein Rahmen angezeigt.

A.6.6 border-image (CSS3)

Beschreibung

Mit `border-image` verwenden Sie Grafiken als Rahmen für Elemente.

Werte

`[url] [ausschnitte] (width) stretch|repeat|round|space`

url	Quelle für die Rahmengrafik
ausschnitte	ein oder vier Werte, die angeben, wie viel der Grafik als Rahmen verwendet wird.
width	Breite des Rahmens (zum Zeitpunkt der Manuskripterstellung nur in Firefox)

stretch	Grafik wird bis an die Ecken gedehnt
repeat	Grafik wird bis an die Ecken wiederholt
round	Grafik wird ganzzahlig wiederholt und dabei gedehnt, um bis an die Ecken zu reichen
space	Grafik wird ganzzahlig wiederholt – der Rest bleibt leer

stretch|repeat|round|space können Sie einmal für alle Seiten notieren oder zweimal; in diesem Fall gilt der erste Wert für oben und unten, der zweite für links und rechts.

Standardwert

Keiner

Vererbung

Nein

Syntax-Beispiele [zB]

```
div {
    border-image: url("rahmen.png") 10 round stretch;
}
```

Kompatibilität border-image

Firefox	Internet Explorer	Chrome	Safari	Opera
3.6[1]	–	x[2]	x[2]	11[3]

Bemerkungen:
[1] mit Präfix -moz-
[2] mit Präfix -webkit-
[3] mit Präfix -o-

A.6.7 border-radius (CSS3)

border-top-radius | border-right-radius |
border-bottom-radius | border-left-radius

Beschreibung

Mit border-radius erzeugen Sie die beliebten »runden Ecken«.

Werte

[Abrundungsradius]

Standardwert

0

Vererbung

Nein

[zB] Syntax-Beispiele

```
div {
    border-radius: 10px;
}
```

Kompatibilität border-radius

Firefox	Internet Explorer	Chrome	Safari	Opera
3.6[1]	9	✓[2]	✓[2]	✓

Bemerkungen:
[1] mit Präfix `-moz-`
[2] mit Präfix `-webkit-`

A.6.8 border

`border-top | border-right | border-bottom | border-left`

Beschreibung

Zusammenfassende Angaben zu allen Rahmeneigenschaften. Sie können Werte für einzelne Rahmenseiten angeben oder in der Kurzschreibweise alle Rahmenseiten gleichermaßen formatieren.

Werte

[Rahmenbreite] | [Rahmenart] | [Rahmenfarbe]

Standardwert

Standardwerte der jeweiligen Eigenschaften

Vererbung

Nein

Syntax-Beispiele

```
h1 { border-bottom: 3px double red;}
div { border: 2px dotted #ff0877; }
```

Kompatibilität border

Firefox	Internet Explorer	Chrome	Safari	Opera
✓	✓	✓	✓	✓

Bemerkungen: Die Einschränkungen entsprechen den bei den Einzeleigenschaften genannten.

A.6.9 outline (CSS2)

outline-style | outline-width | outline-color

Beschreibung

outline ist eine Art Rahmen, der aber im Gegensatz zu border keinen Platz im Dokument verbraucht. Die Standardmarkierung fokussierter Links ist über outline gelöst.

Werte

outline-style
none | dotted | dashed | solid | double | groove | ridge | inset | outset

Die Werte entsprechen den angegebenen Werten in Abschnitt A.6.8, »border«.

outline-width
thin | medium | thick | [Breite]

Die Breitenangaben erläutere ich in Abschnitt B.2, »Längen- und Größenangaben«.

outline-color
[Farbe] | invert

| [Farbe] | Das Festlegen von Farben bespreche ich in Anhang B. |
| invert | Der Rahmen hat die invertierte Farbe des Hintergrunds. |

Standardwert

outline-style: none
outline-width: medium
outline-color: invert

Vererbung

Nein

Syntax-Beispiele

```
a { outline-style: dotted; }
.ersteWahl {outline: thin dotted red; }
```

Kompatibilität outline

Firefox	Internet Explorer	Chrome	Safari	Opera
✓	8[1]	✓	✓	✓

Bemerkungen: [1] nur für Blockelemente fehlerfrei

A.6.10 width

`min-width` (CSS2) | `max-width` (CSS2)

Beschreibung

Mit `width` legen Sie die Breite eines Elements fest. Ab CSS2 können Sie mit `min-width` und `max-width` die minimale und maximale Breite eines Elements bestimmen.

Werte

auto | [Breite]

Die Breite kann absolut oder relativ angegeben werden (siehe Abschnitt 7.2) und kann ausschließlich positive Werte annehmen. Seit CSS2 sind auch Prozentwerte erlaubt. Diese beziehen sich auf die Breite des Eltern-Elements.

Standardwert

auto (min-width und max-width: none)

Vererbung

Nein

Syntax-Beispiele

```
#kasten { width: 200px; }
#standardkasten {
    width: 80%;
    min-width: 150px;
    max-width: 500px;
}
```

Dies erzeugt einen Kasten, der 80 % der Seitenbreite einnimmt, aber nicht größer als 500 Pixel oder kleiner als 150 Pixel wird. Damit wird es endlich möglich, auf einfache Art teilflexible Layouts zu erstellen, die sich in vorgegebenen Grenzen verändern.

Kompatibilität width

Firefox	Internet Explorer	Chrome	Safari	Opera
✓	✓[1]	✓	✓	✓

Bemerkungen: [1] `min-width` funktioniert erst ab Version 7.

Inline-Elementen können Sie keine Breite zuweisen.

Es gibt verschiedene Ansätze, älteren Internet Explorern `max-width` (gilt auch für `max-height` und die anderen `min-max`-Eigenschaften) mittels Scripting beizubringen; lesen Sie dazu auch Abschnitt 8.4.3, »Minimale und maximale Breiten für flexible Layouts«.

[«]

A.6.11 height

`min-height` (CSS2) | `max-height` (CSS2)

Beschreibung

Mit `height` legen Sie die Höhe eines Elements fest. Ab CSS2 können Sie mit `min-height` und `max-height` auch Werte für die minimale und maximale Höhe eines Elements angeben.

Werte

`auto` | [Höhe]

Die Höhe kann absolut oder relativ angegeben werden und kann ausschließlich positive Werte annehmen. Seit CSS2 sind auch Prozentwerte erlaubt. Diese beziehen sich auf die Höhe des Eltern-Elements.

Standardwert

`auto` (`min-height` und `max-height: none`)

Vererbung

Nein

Syntax-Beispiele

```
#kasten2 { height: 150px; }
#langerkasten {
   height: 50%;
   min-heigth: 150px;
   max-height: 450px;
}
```

Kompatibilität height

Firefox	Internet Explorer	Chrome	Safari	Opera
✓	✓[1]	✓	✓	✓

Bemerkungen: [1] `min-height` funktioniert erst ab Version 7.

Die Höhe eines Elements können Sie nur dann in Prozent angeben, wenn das Eltern-Element ebenfalls eine Höhe besitzt. Das gilt dann auch für dieses Element, so dass eine prozentuale Höhenangabe nur möglich ist, wenn alle Elemente des Dokumentbaums bis hinauf zu `<html>` eine Höhe aufweisen. Als 100 Prozent gilt hier im Übrigen das sichtbare Browserfenster (der Viewport), so dass ein 100 Prozent hoher Kasten nicht so hoch wird wie die Seite, falls diese gescrollt werden muss.

Inline-Elementen können Sie keine Höhe zuweisen.

Lesen Sie zu den Fehlern des Internet Explorers auch die Anmerkungen zu `width`.

A.6.12 overflow (CSS2)

`overflow-x` (CSS3) | `overflow-y` (CSS3)

Werte Beschreibung

`overflow` gibt an, was mit Inhalten geschieht, die nicht in den sie umgebenden Bereich passen.

`visible | hidden | scroll | auto`

Standardwert

`auto`

Vererbung

Nein

Syntax-Beispiele

```
#infokasten {
   width: 200px;

   height: 350px;
   overflow: scroll;
}
```

Kompatibilität overflow

Firefox	Internet Explorer	Chrome	Safari	Opera
✓	✓	✓	✓	✓

A.6.13 clip (CSS2, Änderung in CSS 2.1)

Beschreibung

Mit `clip` zeigen Sie einen Ausschnitt eines Elements an.

Werte

auto | [Form]

Als Form ist bislang nur ein Rechteck erlaubt:

`rect ( [oben], [rechts], [unten], [links] )`

CSS2: Die Werte werden jeweils als Abstände von der betreffenden Seite gewertet (also [oben] von der oberen Kante des Kastens, [rechts] von der rechten Seite usw.). [!]

CSS 2.1: Alle Werte werden von der linken oberen Ecke des Elements aus gemessen.

Standardwert

auto

Vererbung

Nein

Syntax-Beispiele [zB]

```
1:    <!DOCTYPE html>
2:    <html>
3:    <head>
```

```
 4:    <title>clip</title>
 5:    <meta http-equiv="Content-Type" content="text/html;
       charset=utf-8">
 6:    <style type="text/css">
 7:    <!--
 8:    body {
 9:      background-color:#FFCC99;
10:    }
11:    div {
12:      position: absolute;
13:      border: 1px solid green;
14:      background-color: #de0000;
15:      width: 500px;
16:      height: 800px;
17:    }
18:    p {
19:      position: absolute;
20:      border: 1px solid green;
21:      background-color: #dedede;
22:      width: 300px;
23:      height: 200px;
24:      clip: rect(10px, 10px, 150px, 150px);
25:    }
26:    -->
27:    </style>
28:    </head>
29:    <body>
30:    <div>
31:      <p>Dieser Text beginnt oben und wird durch das
       clip-Kommando abgeschnitten.</p>
32:    </div>
33:    </body>
34:    </html>
```

Listing A.7 Clip

Kompatibilität clip

Firefox	Internet Explorer	Chrome	Safari	Opera
✓	✓	✓	✓	✓

A.6 Kastenformatierungen

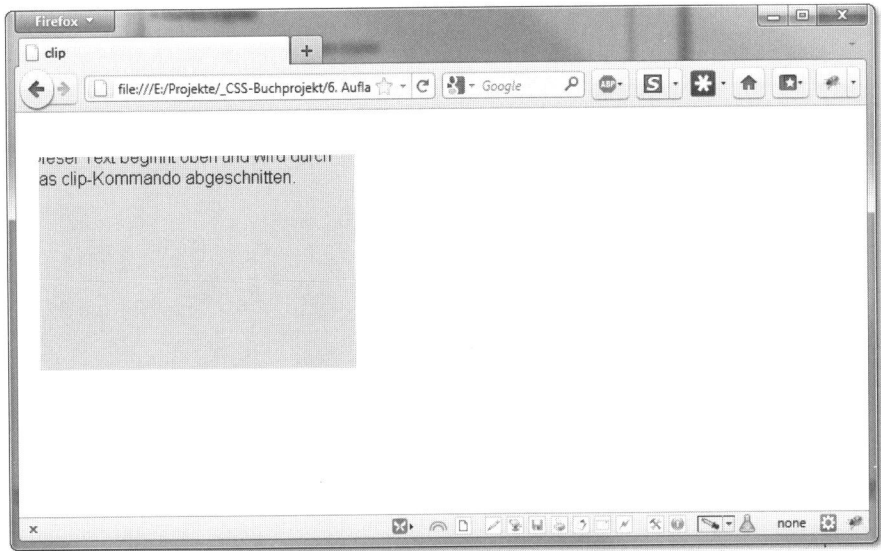

Abbildung A.22 Der Text wird durch den Fensterausschnitt abgeschnitten.

A.6.14 float

Beschreibung

float gibt an, wie folgende Elemente in Bezug auf das aktuelle Element positioniert werden.

Werte

left | right | none

left	Das Element steht links, und folgende Elemente werden rechts von ihm positioniert.
right	Das Element steht rechts, und folgende Elemente werden links von ihm positioniert.
none	Das nächste Element beginnt unter dem aktuellen Element (kein Textumfluss).

Standardwert

none

Vererbung

Nein

A | CSS-Referenz

[zB] **Syntax-Beispiele**

```
 1:  <!DOCTYPE HTML PUBLIC "-//W3C//DTD HTML 4.01//EN"
        "http://www.w3.org/TR/html4/strict.dtd">
 2:  <html>
 3:  <head>
 4:  <title>float</title>
 5:  <meta http-equiv="Content-Type"
        content="text/html; charset=utf-8">
 6:  <style type="text/css">
 7:  <!--
 8:  #inhalt {
 9:  padding: 10px;
10:  background-color: #dedede
11:  }
12:  #randbemerkung {
13:        width: 200px;
14:  float: right;
15:        border: 1px solid;
16:  background-color: #ffffcc
17:      }
18:  -->
19:  </style>
20:  </head>
21:       <body>
22:  <div id="randbemerkung">Hier könnten Randbemerkungen
       stehen. Dieser Text liegt rechts vom eigentlichen
23:  Inhalt.</div>
24:  <div id="inhalt">Dies ist normaler Text, der
       beispielsweise zu einem Artikel gehört.</div>
25:  </body>
26:  </html>
```

Listing A.8 »float«

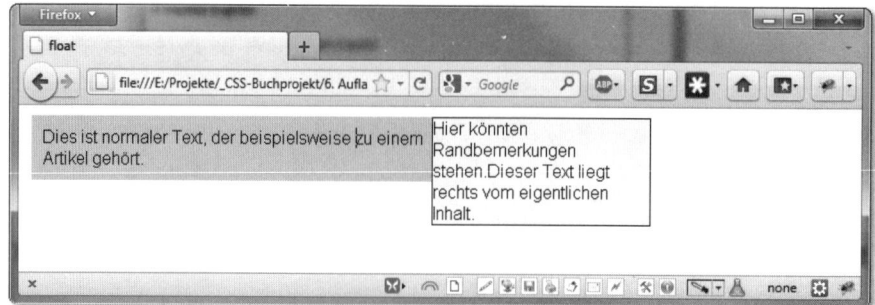

Abbildung A.23 Ein per »float« rechts vom Inhalt angeordneter Bereich für Randbemerkungen

Kompatibilität float

Firefox	Internet Explorer	Chrome	Safari	Opera
✓	✓	✓	✓	✓

Falls Sie `float` setzen, müssen Sie auch eine Breite für das Element angeben. [!]

Die Umsetzung von `float`, insbesondere bei vielen beteiligten Elementen, führt manchmal zu erstaunlichen Anzeigeergebnissen – vor allem im Internet Explorer. Typische Probleme bei der Verwendung von `float` sind:

▸ Ein Kasten nach einem `float`-Kasten ragt in diesen hinein oder befindet sich dahinter.

`float`-Elemente verbrauchen keinen Platz auf der Seite. Geben Sie dem folgenden Abschnitt einen Abstand `margin`, in den der `float`-Kasten hineinrutschen kann, oder floaten Sie auch das folgende Element.

▸ Elemente sitzen nicht nebeneinander, sondern untereinander.

Die Gesamtbreite der Elemente ist größer als die verfügbare Seitenbreite. Schaffen Sie genug Platz, oder verkleinern Sie die Elemente.

Im Internet Explorer können übergroße Elemente Kästen auseinanderdrücken, so dass `float`-Layouts umbrechen. Generell kann dies passieren, wenn Sie flexible Kästen mit fixen Elementen (z. B. Grafiken) oder fixe Kästen mit flexiblen Elementen (z. B. Text) verwenden. Handelt es sich um Bilder, können Sie diese als Hintergrundbilder einsetzen; handelt es sich um überlange Wörter, so können Sie die CSS3-Eigenschaft `word-wrap: break-word` verwenden.

Tritt das Problem nur im Internet Explorer auf, kann es sich auch um einen von mehreren Bugs handeln. Der Internet Explorer lässt `float`-Elemente fallen, wenn sie kursiven Text enthalten (nicht immer), wenn ein `float`-Element mit 100 Prozent Breite in einem Element ohne Größenangabe sitzt (dann müssen Sie nur dem IE z. B. `height: 1 %` zuweisen).

Die Positionierung von Kästen mit Hilfe von `float` beschreibe ich in Abschnitt [«]
7.1, »Die Positionierungsart ›position‹«.

A.6.15 clear

Beschreibung

Falls mit `float` Elemente neben anderen positioniert sind, kann diese Positionierung mit `clear` durchbrochen werden. Ein mit `clear` ausgezeichnetes Element wird unter einem mit `float` formatierten Element angeordnet.

Werte

none | left | right | both

none	Keine Änderung. Das Element wird wie durch die `float`-Anweisung im vorangegangenen Element angegeben positioniert.
left	Eine Anweisung `float: left` wird aufgehoben.
right	Eine Anweisung `float: right` wird aufgehoben.
both	Jede `float`-Anweisung wird aufgehoben.

Standardwert

none

Vererbung

Nein

Syntax-Beispiele

```
#randbemerkung {
    width: 200px;
    float: right;
    border: 1px solid;
    background-color: #ffffcc;
}
#haupttext { background-color: white; }
.weiter { clear: right; }
```

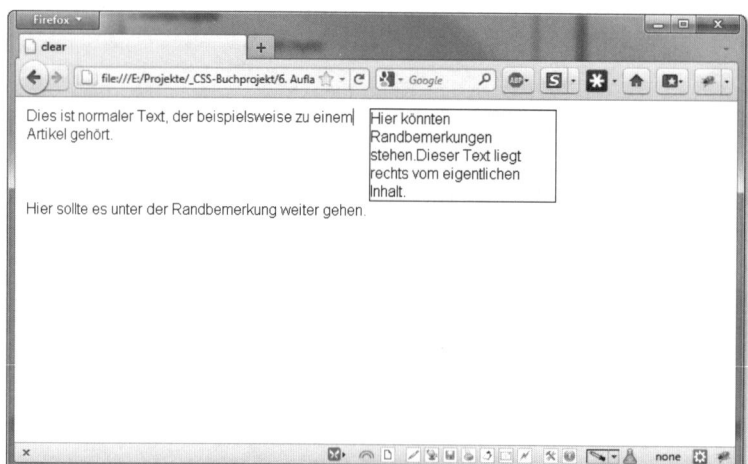

Abbildung A.24 Der Abschnitt mit der Klassenzuweisung ».weiter« beginnt erst unterhalb der Randbemerkung.

Kompatibilität clear

Firefox	Internet Explorer	Chrome	Safari	Opera
✓	✓	✓	✓	✓

A.6.16 position (CSS2)

Beschreibung

Die `position`-Eigenschaft beschreibt die Art der Positionierung des bezeichneten Elements.

Werte

static | absolute | fixed | relative

static	Das Element wird in der Reihenfolge angezeigt, wie es im Dokument definiert ist. Es erscheint nach dem Element, das im HTML-Code vor ihm notiert wurde. Scrollt man das Dokument, so wird das Element mitgescrollt.
absolute	Das Element wird dort abgebildet, wo es positioniert wurde. Entfernungsangaben beziehen sich auf das nächstgelegene Eltern-Element, das absolute, fixed oder relative positioniert wurde. Existiert kein solches Element, beziehen sich die Angaben auf das Browserfenster. Scrollt man das Dokument, bewegt sich das Element mit. Für die Positionierung nachfolgender Bereiche wird ein mit absolute positionierter Bereich nicht berücksichtigt.
fixed	Das Element wird an der Stelle fixiert, an der es positioniert wurde. Scrollt man das Dokument, bleibt das Element stehen.
relative	Das Element wird am vorhergehenden Element ausgerichtet. Entfernungsangaben beziehen sich auf dieses Element. Für die Positionierung nachfolgender Bereiche wird ein mit relative positionierter Bereich so berücksichtigt, als ob er mit static positioniert wäre (die zusätzliche Verschiebung wird nicht berücksichtigt).

Standardwert

static

Vererbung

Nein

Syntax-Beispiele

```
div { position: absolute; }
```

Kompatibilität position

Firefox	Internet Explorer	Chrome	Safari	Opera
✓	✓	✓	✓	✓

[»] Mehr zur Positionierung von Kästen finden Sie in Abschnitt 7.1, »Die Positionierungsart (›position‹)«.

A.6.17 box-sizing (CSS3)

Beschreibung

box-sizing entscheidet, mit welchem Box-Modell Kästen gezeichnet werden.

Werte

```
border-box | content-box | padding-box (Mozilla-only) |
inherit
```

border-box	Angaben zur Größe eines Kastens beziehen sich auf den Kasten inklusive der Rahmen (border) und des Innenabstandes (padding). So verwendet der Internet Explorer 5 es.
content-box	Die Größenangaben werden allein auf den Inhalt des Kastens bezogen. Dies ist die Vorgabe des W3C und wird bei modernen Browsern standardmäßig verwendet.
padding-box	Sonderwert von Mozilla. Die Angaben beziehen sich auf den Inhalt und den Innenabstand (also ohne Rahmen).

Standardwert

Je nach Browser unterschiedlich (siehe oben)

Vererbung

Nein

Syntax-Beispiele

```
div { box-sizing: content-box; }
```

Kompatibilität box-sizing

Firefox	Internet Explorer	Chrome	Safari	Opera
✓[1]	✓[2]	✓[3]	✓[3]	✓

Bemerkungen:
[1] mit Präfix `-moz-`
[2] mit Präfix `-ms-`
[3] mit Präfix `-webkit-`

A.6.18 top (CSS2)

Beschreibung

`top` gibt an, wie weit der obere Rand des markierten Elements vom oberen Rand des umgebenden Elements entfernt ist.

Werte

`auto | [Abstand]`

Der Abstand kann absolut oder relativ angegeben werden (siehe Abschnitt 7.2) und kann positive oder negative Werte annehmen. Bei negativen Werten können sich Bereiche überlagern. Dabei entscheidet dann der Wert für den `z-index` (siehe Abschnitt A.6.21, »z-index [CSS2]«), welche Ebene die andere überdeckt.

Es sind auch Prozentwerte erlaubt. Diese beziehen sich auf die Breite des Eltern-Elements.

Standardwert

`auto`

Vererbung

Nein

Syntax-Beispiele

```
#oben {
   width: 200px;
   position: absolute;
   top: 14px;
}
```

Kompatibilität top

Firefox	Internet Explorer	Chrome	Safari	Opera
✓	✓	✓	✓	✓

A.6.19 right (CSS2)

Beschreibung

right gibt an, wie weit der rechte Rand des markierten Elements vom rechten Rand des umgebenden Elements entfernt ist.

Werte

auto | [Abstand]

Der Abstand kann absolut oder relativ angegeben werden (siehe Abschnitt 7.2) und kann positive oder negative Werte annehmen. Bei negativen Werten können sich Bereiche überlagern. In diesem Fall wird der Wert für den z-index (siehe Abschnitt 20.6.21, »z-index [CSS2]«) interessant.

Es sind auch Prozentwerte erlaubt. Diese beziehen sich auf die Breite des Eltern-Elements.

Standardwert

auto

Vererbung

Nein

Syntax-Beispiele

```
#rechts {
    width: 200px;
    position: absolute;
    right: 2em;
}
```

Kompatibilität right

Firefox	Internet Explorer	Chrome	Safari	Opera
✓	✓	✓	✓	✓

A.6.20 bottom (CSS2)

Beschreibung

bottom gibt an, wie weit der untere Rand des markierten Elements vom unteren Rand des umgebenden Elements entfernt ist.

Werte

auto | [Abstand]

Der Abstand kann absolut oder relativ angegeben werden (siehe Abschnitt 7.2) und kann positive oder negative Werte annehmen. Bei negativen Werten können sich Bereiche überlagern. Dabei entscheidet der Wert für den z-index (siehe Abschnitt 20.6.21, »z-index [CSS2]«), wie sich die Bereiche überlagern.

Es sind auch Prozentwerte erlaubt. Diese beziehen sich auf die Höhe des Eltern-Elements.

Standardwert

auto

Vererbung

Nein

Syntax-Beispiele

```
#unten {
    width: 200px;
    position: absolute;
    bottom: 20%;
}
```

Kompatibilität bottom

Firefox	Internet Explorer	Chrome	Safari	Opera
✓	✓	✓	✓	✓

A.6.21 left (CSS2)

Beschreibung

left gibt an, wie weit der linke Rand des markierten Elements vom linken Rand des umgebenden Elements entfernt ist.

Werte

auto | [Abstand]

Der Abstand kann absolut oder relativ angegeben werden (siehe Abschnitt 7.2) und kann positive oder negative Werte annehmen. Bei negativen Werten können sich Bereiche überlagern. Dabei wird dann der Wert für den z-index (siehe Abschnitt 20.6.21) interessant.

Es sind auch Prozentwerte erlaubt. Diese beziehen sich auf die Breite des Eltern-Elements.

Standardwert

auto

Vererbung

Nein

Syntax-Beispiele

```
#links {
    width: 200px;
    position: absolute;
    left: 0;
}
```

Kompatibilität left

Firefox	Internet Explorer	Chrome	Safari	Opera
✓	✓	✓	✓	✓

A.6.22 visibility (CSS2)

Beschreibung

visibility steuert wie display (siehe Abschnitt A.7.1, »display [CSS1, Erweiterung in CSS2]«) die Anzeige eines Bereichs. Im Gegensatz zu display: none wird jedoch bei visibility: hidden für den Bereich trotzdem Platz auf der Seite reserviert.

Werte

visible | hidden | collapse

visible	Das Element ist sichtbar.
hidden	Das Element wird nicht angezeigt, es wird jedoch auf der Seite Platz für das Element freigehalten.
collapse	(Nur in Tabellen sinnvoll.) Die bezeichnete Tabellenzeile oder Tabellenspalte wird nicht angezeigt und die Tabelle dementsprechend zusammengeschoben.

Standardwert

visible

Vererbung

Ja

Syntax-Beispiele

```
a:visited { visibility: hidden; }
```

Diese Zeile lässt besuchte Links verschwinden (nicht zur praktischen Anwendung empfohlen!).

Kompatibilität visibility

Firefox	Internet Explorer	Chrome	Safari	Opera
✓	✓	✓	✓	✓

A.6.23 opacity (CSS3)

Beschreibung

Mit opacity steuern Sie die Deckkraft einer Ebene.

Werte

0–1

Standardwert

Ein Element erbt die Anzeige seines Eltern-Elements.

Vererbung

Ja

Syntax-Beispiele

```
.halbdurchsichtig { opacity: 0.5; }
```

Kompatibilität opacity

Firefox	Internet Explorer	Chrome	Safari	Opera
✓	9[1]	✓	✓	✓

Bemerkungen: [1] Bis zur Version 8 nur mittels `filter()` – siehe auch Abschnitt 9.6.1, Deckkraft von Ebenen steuern«.

Lesen Sie auch Abschnitt 9.6, »Arbeiten mit Transparenz«, mit Praxistipps zum Einsatz von Transparenz.

A.6.24 z-index (CSS2)

Beschreibung

Falls Sie mehrere Ebenen übereinander positionieren, gibt der `z-index` die Reihenfolge der Schichten an.

Werte

`[Reihenfolge] | auto`

Die Reihenfolge ist eine ganze positive oder negative Zahl. Elemente mit höheren Zahlen überdecken solche mit niedrigeren.

auto	Die Reihenfolge ergibt sich aus der Dokumentenstruktur (später referenzierte Kästen überdecken früher genannte).

Standardwert

`auto`

Vererbung

Nein (Aber die Hierarchie hat Auswirkungen auf die Anzeige – siehe Bemerkungen.)

Syntax-Beispiele

```
#oben {
    background-color: red;
    z-index: 20;
}
#unten {
    background-color: yellow;
```

```
    z-index: 10;
}
```

Kompatibilität z-index

Firefox	Internet Explorer	Chrome	Safari	Opera
✓	✓	✓	✓	✓

Obwohl Elemente mit höherem `z-index` solche mit einem niedrigeren Wert überlagern, kann durch die hierarchische Gliederung eines Dokumentes auch genau das Gegenteil passieren.

Überlagerung von Elementen

Im folgenden XHTML-Code werden zwei Kästen definiert: Kasten 1 hat einen `z-index` von 10, Kasten 2 mit einem `z-index` von 20 überdeckt ihn also. Innerhalb dieser Kästen werden zwei weitere Kästen definiert: Kasten 3 mit einem `z-index` von 100 und Kasten 4 mit einem `z-index` von 21. Innerhalb ihrer Hierarchie werden die beiden neuen Kästen über ihren Eltern dargestellt – sie haben die höheren Werte für den `z-index`. Aber trotz des niedrigen Wertes von 21 überdeckt Kasten 4 Kasten 3, da sein Eltern-Kasten (das ist Kasten 2) über dem Eltern-Kasten von Kasten 3 liegt.

[zB]

```
 1:  <!DOCTYPE html>
 2:  <html>
 3:  <head>
 4:  <title>z-index</title>
 5:  <meta http-equiv="Content-Type" content="text/html;
         charset=utf-8">
 6:  <style type="text/css">
 7:  <!--
 8:  #kasten1 {
 9:    z-index: 10;
10:    background-color: #00CCFF;
11:    position: absolute;
12:    height: 100px;
13:    width: 300px;
14:    padding: 10px;
15:  }
16:  #kasten2 {
17:    z-index: 20;
18:    background-color: #ff99CC;
19:    position: absolute;
20:    height: 100px;
```

```
21:     width: 300px;
22:     top: 70px;
23:     left: 100px;
24:     padding: 10px
25:   }
26:   #kasten3 {
27:     z-index: 100;
28:     background-color: #FFFF33;
29:     position: absolute;
30:     height: 50px;
31:     width: 150px;
32:     padding: 5px;
33:   }
34:   #kasten4 {
35:     z-index: 21;
36:     background-color: #33FFCC;
37:     position: absolute;
38:     height: 50px;
39:     width: 150px;
40:     padding: 5px;
41:   }
42:   -->
43: </style>
44: </head>
45: <body>
46: <br>
47: <div id="kasten1">Kasten 1
48:   <div id="kasten3">Kasten 3</div>
49: </div>
50: <div id="kasten2">Kasten 2
51:   <div id="kasten4">Kasten 4</div>
52: </div>
53: </body>
54: </html>
```

Listing A.9 Sich überlagernde Kästen

Mehr zur Positionierung von Kästen finden Sie in Abschnitt 7.1, »Die Positionierungsart (›position‹)«.

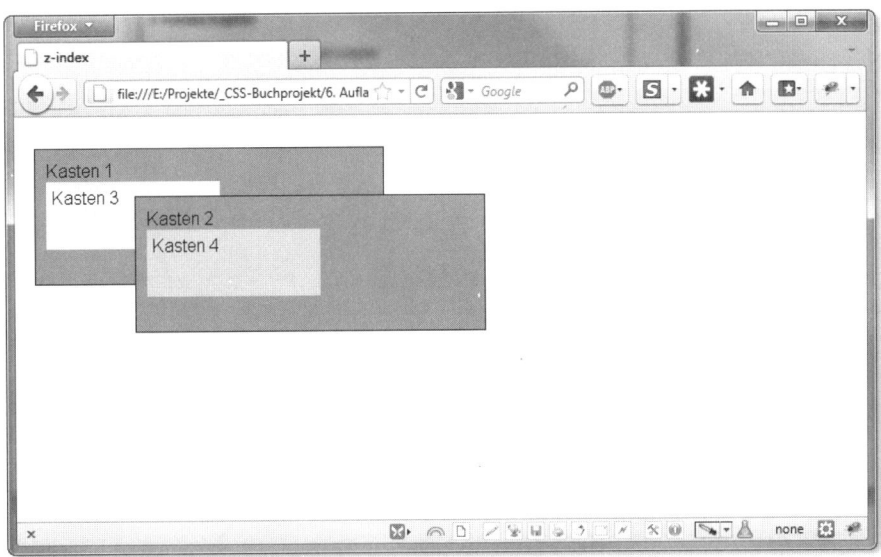

Abbildung A.25 Geschachtelte Kästen, die sich überlagern

A.6.25 box-shadow (CSS3)

Beschreibung

Erzeugt einen Schatten für (Block-)Elemente.

Werte

inset [horizontal] [vertikal] [Weichzeichnungsradius] [Ausbreitung] Farbe

inset	Gibt an, dass der Schatten nach innen gesetzt werden soll. Ohne inset wird der Standardwert (Schatten anch außen) verwendet.
[horizontal] [vertikal]	Abstand des Schattens vom Element in Pixeln
[Weichzeichnungsradius]	Radius für die Weichzeichnung des Schattens in Pixeln
[Ausbreitung]	Eine Art Vergrößerungsfaktor für den Schatten. Mit spread können Sie einen Schatten erzeugen, der größer ist als das zugehörige Element.
Farbe	Farbe des Schattens

Standardwert

0

Vererbung

Nein

Syntax-Beispiele

```
div { -moz-column-count: 2; }
```

Kompatibilität box-shadow

Firefox	Internet Explorer	Chrome	Safari	Opera
3.6[1]	9	✓[2]	✓[2]	✓
Bemerkungen: [1] mit Präfix `-moz-` [2] mit Präfix `-webkit-`				

A.6.26 column-count (CSS3)

Beschreibung

Anzahl der Spalten für ein Spaltenlayout

Werte

Ganze Zahlen

Standardwert

1

Vererbung

Nein

Syntax-Beispiele

```
div { -moz-column-count: 2; }
```

Kompatibilität column-count

Firefox	Internet Explorer	Chrome	Safari	Opera
3.6[1]	–[2]	✓[3]	✓[3]	11
Bemerkungen: [1] mit Präfix `-moz-` [2] vermutlich ab Version 10 verfügbar [3] mit Präfix `-webkit-`				

A.6.27 column-gap (CSS3)

Beschreibung

Abstand zwischen den Spalten eines mehrspaltigen Layouts

Werte

Alle Größenangaben entsprechend Abschnitt B.2, »Längen- und Größenangaben«

Standardwert

1

Vererbung

Nein

Syntax-Beispiele

```
div {
   -moz-column-count: 2;
   -moz-column-gap: 1em;
}
```

Kompatibilität column-gap

Firefox	Internet Explorer	Chrome	Safari	Opera
3.6[1]	–[2]	✓[3]	✓[3]	11

Bemerkungen:
[1] mit Präfix `-moz-`
[2] vermutlich ab Version 10 verfügbar
[3] mit Präfix `-webkit-`

A.6.28 column-rule (CSS3)

Beschreibung

Linie zwischen den Spalten eines mehrspaltigen Layouts

Werte

[linienbreite]|thin|medium|thick [linienstil] [farbe]

[linienbreite]	Breite der Linie gemäß Abschnitt B.2, »Längen- und Größenangaben«, oder als Schlüsselwort
[rahmenstil]	Linienstil; vergleiche `border-style`
[farbe]	Farbe der Trennlinie

Standardwert

none

Vererbung

Nein

Syntax-Beispiele

```
div {
   -moz-column-count: 2;
   -moz-column-gap: 1em;
   -moz-column-rule: dotted 1px #333;
}
```

Kompatibilität column-rule

Firefox	Internet Explorer	Chrome	Safari	Opera
3.6[1]	–[2]	✓[3]	✓[3]	11

Bemerkungen:
[1] mit Präfix `-moz-`
[2] vermutlich ab Version 10 verfügbar
[3] mit Präfix `-webkit-`

A.7 Listenformatierungen

A.7.1 list-style-type

Beschreibung

Mit `list-style-type` wird legen Sie Aufzählungszeichen (bei nicht nummerierten Listen) bzw. die Art der Nummerierung (bei nummerierten Listen) fest.

Werte

```
none | binary | box | circle | disc | square | decimal |
decimal-leading-zero | octal | lower-alpha | upper-alpha |
lower-latin | upper-latin | lower-roman | upper-roman |
lower-greek | georgian | hebrew | armenian | hiragana |
hiragana-iroha | katakana | katakana-iroha | cjk-ideographic
```

none	kein Aufzählungszeichen oder keine Nummerierung
binary	Nummerierung in Binärzahlen

`box`	Kästen als Aufzählungszeichen
`circle`	Kreise als Aufzählungszeichen
`disc`	Karos oder gefüllte Kreise als Aufzählungszeichen
`square`	Quadrate als Aufzählungszeichen
`decimal`	Nummerierung mit Dezimalzahlen (1, 2, 3, ... , 98, 99, ...)
`decimal-leading-zero`	Nummerierung mit Dezimalzahlen mit führender Null (01, 02, 03, ... , 98, 99, ...)
`octal`	Nummerierung mit Zahlen im Oktalsystem
`lower-alpha`, `lower-latin`	Nummerierung mit kleinen ASCII-Zeichen (a, b, c, ... , z)
`upper-alpha`, `upper-latin`	Nummerierung mit großen ASCII-Zeichen (A, B, C, ... , Z)
`lower-roman`, `upper-roman`	Nummerierung mit kleinen bzw. großen römischen Ziffern (i, ii, iii, ...) bzw. (I, II, III, ...)
`lower-greek`	Nummerierung mit kleinen griechischen Buchstaben (, , , ... ,)
`hebrew`	Nummerierung mit hebräischen Zahlen
`georgian`	Nummerierung mit georgischen Zahlen
`armenian`	Nummerierung mit armenischen Zahlen
`hiragana`, `hiragana-iroha`, `katakana`, `katakana-iroha`	japanische Zeichen
`cjk-ideographic`	Nummerierung mit ideografischen Zahlen

Standardwert

`disc`

Vererbung

Ja

Syntax-Beispiele

```
li { list-style-type: circle; }
li li {list-style-type: square; }
```

setzt für die erste Ebene einer Liste Kreise und für die zweite Verschachtelungsebene Quadrate als Auflistungszeichen.

Kompatibilität list-style-type

Firefox	Internet Explorer	Chrome	Safari	Opera
✓	✓[1]	✓	✓	✓

Bemerkungen: Einige eher exotische Werte wie binary, box, octal, ...hexadezimal oder ...norwegian werden durchgehend nicht unterstützt.

[1] armenian, gregorian, decimal-leading-zero, ...greek, ...latin werden erst ab Version 8 unterstützt.

A.7.2 list-style-image

Beschreibung

Zusätzlich zu den vorhandenen Aufzählungszeichen können Sie auch eigene Zeichen verwenden. Diese stellen Sie mit list-style-image als Grafik bereit.

Werte

url([url]) | none

Mit url referenzieren Sie eine Grafik für das Aufzählungszeichen (siehe Anhang B.5, »URLs«).

Standardwert

none

Vererbung

Ja

Syntax-Beispiele

ul { list-style-image: url(pfeil.gif); }

Kompatibilität list-style-image

Firefox	Internet Explorer	Chrome	Safari	Opera
✓	✓	✓	✓	✓

A.7.3 list-style-position

Beschreibung

list-style-position gibt an, ob die Aufzählungszeichen für eine Liste innerhalb oder außerhalb des Textblocks platziert sind.

Werte

inside | outside

inside	Das Aufzählungszeichen wird innerhalb des Textblocks platziert (kein Einzug für den Text).
outside	Das Aufzählungszeichen wird außerhalb des Textblocks platziert, und der Text wird eingezogen.

Standardwert

outside

Vererbung

Ja

Syntax-Beispiele

ul, ol { list-style-position: inside }

Kompatibilität list-style-position

Firefox	Internet Explorer	Chrome	Safari	Opera
✓	✓	✓	✓	✓

A.7.4 list-style

Beschreibung

Kurzschreibweise für alle Parameter zur Listenformatierung

Werte

[Listentyp] | [Position des Aufzählungszeichens] | url([url])

Standardwert

Standardwerte der jeweiligen Eigenschaften

Vererbung

Ja

Syntax-Beispiele

ul { list-style: square outside url(quadrat.gif) }
ol { list-style: lower-greek }

Kompatibilität list-style

Firefox	Internet Explorer	Chrome	Safari	Opera
✓	✓	✓	✓	✓

Bemerkungen

Die Einschränkungen entsprechen denen bei den jeweiligen Einzeleigenschaften genannten.

A.8 Anzeigemodus

A.8.1 display (CSS1, Erweiterung in CSS2: table, Änderung in CSS 2.1, Erweiterung in CSS3: icon)

Beschreibung

Mit `display` steuern Sie den Anzeigemodus für ein Element. Das Element existiert seit CSS1; in CSS2 und CSS3 sind neue Werte insbesondere zur Darstellung von Tabellen hinzugekommen.

Werte

```
none | block | inline | inline-block | list-item | marker |
run-in | compact | table |
inline-table | table-header-group | table-footer-group |
table-row-group | table-column-group | table-row |
table-column | table-cell | table-caption |
icon
```

none	Das Element wird nicht angezeigt. Es wird auch kein Platz im Dokument für das Element reserviert.
block	Das Element wird wie ein Block-Element behandelt. Das bedeutet, dass das Element in einer neuen Zeile beginnt und ein folgendes Element ebenfalls.
inline	Das Element wird wie ein eingebundenes Element behandelt. Damit können auch Elemente, die normalerweise einen eigenen Absatz erzeugen (wie z. B. `<h1>`), mitten im Text stehen. Angaben für Außenabstände wirken nicht.
inline-block	Das Element wird wie ein Inline-Element in einer Zeile platziert, verhält sich ansonsten aber wie ein Block-Element (es kann z. B. eine Breite zugewiesen bekommen).
list-item	Das Element wird wie ein Listenelement `<li>` behandelt.

Anzeigemodus | **A.8**

Die Werte `marker`, `run-in` und `compact` werden im Zusammenhang mit `:before` **[!]**
und `:after` eingesetzt und regeln, wie erstellte Inhalte dargestellt werden.

`marker`	Das Element wird wie ein Aufzählungszeichen für Listen verwendet. Dieser Wert existiert ab CSS 2.1 nicht mehr.
`run-in`	Das Element wird am Anfang des folgenden Elements in die erste Zeile eingeschoben, jedoch nicht, wenn das Folgeelement entweder die Eigenschaft `float` besitzt oder absolut positioniert wurde.
`compact`	Das Element wird am Anfang des folgenden Elements als erste Zeile(n) eingeschoben. Dies geschieht nicht, wenn das Folgeelement entweder die Eigenschaft `float` besitzt oder absolut positioniert wurde. Dieser Wert existiert ab CSS 2.1 nicht mehr.
`table`	Ein mit `table` ausgezeichnetes Element wird wie das HTML-Element `<table>` behandelt – als Kasten, der tabellarische Daten enthält.
`inline-table`	Das Element wird als Tabelle behandelt, bleibt aber im Textfluss.
`table-row-group`	Eine Gruppe von Tabellenzeilen, die gemeinsam angesprochen wird, beispielsweise zu Formatierungszwecken – analog zum HTML-Element `<tbody>`.
`table-column-group`	Eine Gruppe von Tabellenspalten, die gemeinsam angesprochen wird, beispielsweise zu Formatierungszwecken – analog zum HTML-Element `<colgroup>`
`table-header-group`	Eine Gruppe von Tabellenzeilen, die als erste Zeilen angezeigt werden (über allen anderen Zeilen, aber gegebenenfalls unter einer Tabellenbeschreibung [`caption`]) – analog zum HTML-Element `<thead>`.
`table-footer-group`	Eine Gruppe von Tabellenzeilen, die als letzte Zeilen angezeigt werden (unter allen anderen Zeilen, aber gegebenenfalls über einer Tabellenbeschreibung [`caption`]) – analog zum HTML-Element `<tfooter>`.
`table-row`	Alle Zellen einer Tabellenzeile – analog zum HTML-Element `<row>`
`table-column`	Alle Zellen einer Tabellenspalte – analog zum HTML-Element `<col>`
`table-cell`	Eine Tabellenzelle – analog zum HTML-Element `<td>`
`table-caption`	Eine Tabellenüberschrift – technisch gesehen eine Tabellenzelle, die sich über die gesamte Breite (oder Höhe) einer Tabelle erstreckt und ganz oben bzw. ganz unten angezeigt wird
`icon`	Anstelle des Elements wird ein Icon verwendet, das Sie über die Eigenschaft `icon` angeben.

Standardwert

inline – es ist aber davon auszugehen, dass Webbrowser in ihren Default-Stylesheets diese Eigenschaft für Block-Elemente mit display: block überschreiben.

Vererbung

Nein

Syntax-Beispiele

```
#unsichtbar { display: none }
h1 { display: run-in }
```

Kompatibilität display

Firefox	Internet Explorer	Chrome	Safari	Opera
✓	✓[1]	✓	✓	✓

Bemerkungen: [1] table und run-in werden erst ab Version 8 unterstützt.

[»] Mit display: none erzeugen Sie einen Hinweis für Browser ohne Stylesheet-Unterstützung:

```
1:  <div style="display: none">
2:    Diese Seite verwendet Stylesheets. Sie haben Style-
3:    sheets abgeschaltet oder verwenden ein Anzeigegerät,
4:    das Stylesheets nicht darstellt.
5:  </div>
```

Der innerhalb des Kastens befindliche Text wird von CSS-tauglichen Browsern nicht dargestellt. Andere Anzeigegeräte können mit den Anweisungen nichts anfangen und zeigen den Text an.

A.9 Tabellenformatierungen

A.9.1 table-layout (CSS2)

Beschreibung

Mit table-layout können Sie festlegen, ob die Breite einer Tabelle automatisch vom Browser berechnet wird oder einer von Ihnen festgelegten Breite entspricht.

Werte

auto | fixed

Standardwert

auto

Vererbung

Nein

Syntax-Beispiele

```
table {
   table-layout: fixed;
   width: 250px;
   height: 400px;
}
```

Kompatibilität table-layout

Firefox	Internet Explorer	Chrome	Safari	Opera
✓	✓	✓	✓	✓

A.9.2 caption-side (CSS2, nicht in CSS 2.1, wieder da in CSS3)

Beschreibung

Mit dem HTML-Tag `<caption>` oder einer entsprechenden Zuweisung für `display` kennzeichnen Sie eine Über- oder Unterschrift für eine Tabelle. `caption-side` legt fest, wo diese angezeigt wird.

Werte

top | bottom | left | right

top	Die Tabellenbeschriftung wird über der Tabelle angezeigt.
bottom	Die Tabellenbeschriftung wird unter der Tabelle angezeigt.
left	Die Tabellenbeschriftung wird links neben der Tabelle angezeigt. Dieser Wert existiert in CSS 2.1 nicht mehr, wird in CSS3 aber wieder eingeführt.
right	Die Tabellenbeschriftung wird rechts neben der Tabelle angezeigt. Dieser Wert existiert in CSS 2.1 nicht mehr, wird in CSS3 aber wieder eingeführt.

Standardwert

top

Vererbung

Nein

Syntax-Beispiele

```
caption {
   caption-side: bottom;
   font-size: 0.8em;
   font-style: italic;
}
```

Kompatibilität caption-side

Firefox	Internet Explorer	Chrome	Safari	Opera
✓	8	✓	✓	✓

A.9.3 border-collapse (CSS2, Änderung in CSS 2.1)

Beschreibung

Mit `border-collapse` legen Sie fest, ob die Zellen einer Tabelle über jeweils eigene Rahmen verfügen oder Zellenrahmen mit denen der benachbarten Zellen zusammenfallen.

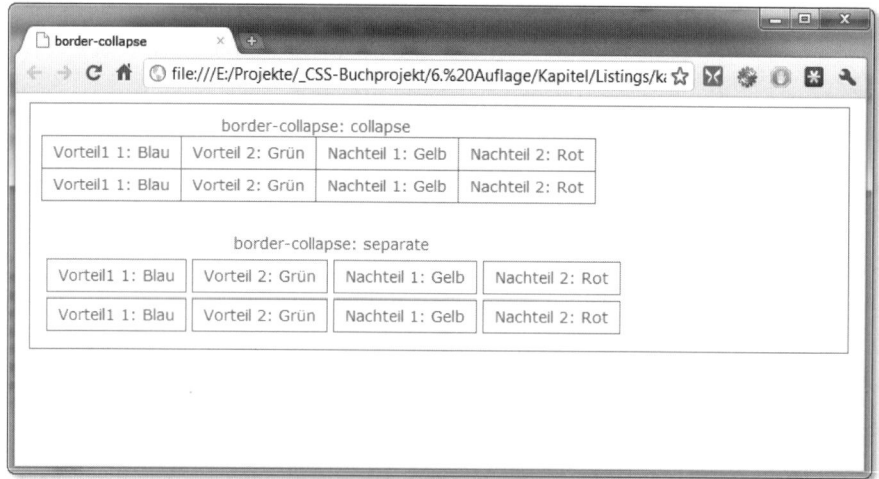

Abbildung A.26 Rahmenmodelle in CSS

Werte

collapse | separate

collapse	Tabellenrahmen werden zusammengelegt.
separate	Rahmen werden für jede Zelle einzeln gezeichnet.

Standardwert

collapse (in CSS 2.1 separate)

Vererbung

Nein

Syntax-Beispiele

table { border-collapse: separate }

Kompatibilität border-collapse

Firefox	Internet Explorer	Chrome	Safari	Opera
✓	✓	✓	✓	✓

A.9.4 border-spacing (CSS2)

Beschreibung

Mit border-spacing legen Sie die Abstände zwischen benachbarten Tabellenzellen fest. Diese Eigenschaft ist nur für Elemente vom Typ display: table oder display: inline-table anwendbar und entspricht dem aus HTML bekannten cellspacing.

Werte

[Abstand] | [horizontaler Abstand] [vertikaler Abstand]

Sie können entweder einen Wert für alle Abstände angeben oder die horizontalen und vertikalen Abstände getrennt einstellen.

Standardwert

0

Vererbung

Ja

Syntax-Beispiele

```
table { border-spacing: 10px }
```

Kompatibilität border-spacing

Firefox	Internet Explorer	Chrome	Safari	Opera
✓	✓	✓	✓	✓

A.9.5 empty-cells (CSS2)

Beschreibung

empty-cells gibt an, ob Rahmen auch um leere Zellen gezeichnet werden sollen.

Werte

show | hide

show	Auch leere Zellen werden formatiert (z. B. mit Rahmeneigenschaften).
hide	Leere Zellen werden nicht formatiert.

Standardwert

hide

Vererbung

Ja

Syntax-Beispiele

```
table {
   border: 2px solid red;
   empty-cells: show
}
```

Kompatibilität empty-cells

Firefox	Internet Explorer	Chrome	Safari	Opera
✓	8	✓	✓	✓

A.9.6 speak-header (CSS2)

Beschreibung

Für denn Fall, dass Tabellen von einem akustischen Ausgabegerät (z. B. einem Screenreader) interpretiert werden, können Sie hier angeben, wie oft die Kopfzeile vorgelesen werden soll.

Werte

once | always

once	Jede Kopfzelle wird nur einmal am Anfang (bei der ersten zugeordneten Inhaltszelle) vorgelesen.
always	Die Kopfzelle wird bei jeder zugeordneten Inhaltszelle vorgelesen.

Standardwert

Keiner

Vererbung

Ja

Syntax-Beispiele

table { speak-header: always; }

Kompatibilität speak-header

Firefox	Internet Explorer	Chrome	Safari	Opera
–	–	–	–	–

Bemerkungen: Wie alle Eigenschaften für die Sprachausgabe wird auch diese Eigenschaft von aktuellen Browsern nicht unterstützt.

Diese Angabe ist natürlich auch nur dann sinnvoll, wenn die Tabelle logisch mit Tabellenkopfzellen (<th>) und Tabelleninhaltszellen (<td>) formatiert wurde.

A.10 Benutzeroberfläche

A.10.1 cursor (CSS2)

Beschreibung

Mit cursor können Sie das Aussehen des Mauszeigers verändern.

Werte

auto | default | crosshair | help | move | pointer | wait | text | n-resize | e-resize | w-resize | s-resize | ne-resize | nw-resize | se-resize | sw-resize | url

auto	Der Browser bestimmt anhand des Elements unter dem Mauszeiger, welcher Cursor angezeigt wird.
default	Standard-Mauszeiger
crosshair	Fadenkreuz
help	Hilfe-Mauszeiger
move	Verschieben-Mauszeiger
pointer	Zeichenstift
wait	Warten-Mauszeiger (Sanduhr)
text	Eingabe-Mauszeiger
n-resize, e-resize, w-resize, s-resize, ne-resize, nw-resize, se-resize, sw-resize	Größenveränderungs-Cursor nach oben, rechts, unten, links, rechts oben, links oben, rechts unten, links unten
url	Anzeige eines eigenen Cursors durch Angabe einer Cursor-Datei (*.cur, *.ico oder *.ani). Ähnlich wie bei font-face können Sie auch mehrere Grafiken angeben.

Standardwert

auto

Vererbung

Ja

Syntax-Beispiele

```
textarea { cursor: pointer }
.tipp {
   cursor: url("ausrufezeichen.ani"),
   url("alternative.cur"),
   help
}
.mycursor {
   cursor: url('customcursor.cur'),
   auto;
}
```

Hiermit legen Sie die Grafik *ausrufezeichen.ani* als Cursor fest. Falls diese nicht angezeigt werden kann, wird *alternative.cur* verwendet, dann der systemübliche Hilfe-Cursor. Für Firefox und Safari müssen Sie zusätzlich einen System-Cursor als Fallback-Variante notieren (z. B. `default` oder `auto`).

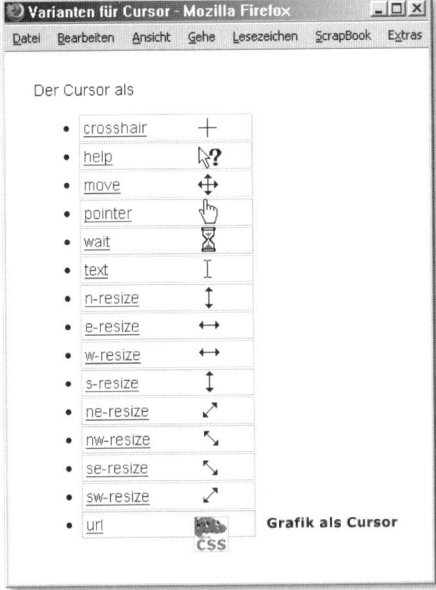

Abbildung A.27 Cursor-Varianten zur Auswahl

Kompatibilität cursor

Firefox	Internet Explorer	Chrome	Safari	Opera
✓[1]	✓[2]	✓	✓	✓[3]

Bemerkungen:

[1] Firefox benötigt bei der Angabe von `url(...)` noch einen zweiten Wert, z. B. `auto`, um einen eigenen Cursor anzuzeigen.

[2] Eigene Cursors können Sie nur als *.cur*-Datei angeben.

[3] `url(...)` wird nicht unterstützt.

A.10.2 resize (CSS3)

Beschreibung

Legt fest, ob Elemente der Webseite durch Benutzer vergrößert werden können. Sinnvoll z. B. bei Texteingabefeldern.

Werte

none | both | horizontal | vertical | inherit

horizontal	Element kann horizontal vergrößert werden.
vertical	Element kann vertikal vergrößert werden.
both	Element kann in beiden Dimensionen vergrößert werden.

Standardwert

none

Vererbung

Nein

Syntax-Beispiele

```
input {
   overflow: auto;
   resize: both;
}
```

`resize` erfordert, dass die Eigenschaft `overflow` nicht auf `visible` gesetzt ist.

Kompatibilität resize

Firefox	Internet Explorer	Chrome	Safari	Opera
5	–	✓	✓	–

A.11 Seitenlayout mit @page

CSS2 berücksichtigt auch die Ausgabe von HTML-Dateien über andere Medien als den Bildschirm. Mit `@page` können Sie Angaben zur Formatierung von (druckbaren) Seiten machen.

A.11.1 size

Beschreibung

Mit `size` legen Sie die Höhe und Breite einer Seite fest.

Werte

auto | portrait | landscape | [Breite Höhe]

auto	Seitenmaße werden automatisch nach Vorgabe des Ausgabeblattes festgelegt.
portrait	Seitenmaße werden automatisch nach Vorgabe des Ausgabeblattes festgelegt, und die Seite wird im Hochformat angelegt.
landscape	Seitenmaße werden automatisch nach Vorgabe des Ausgabeblattes festgelegt, und die Seite wird im Querformat angelegt.
[Breite Höhe]	Abmessungen mit Größenangaben nach Abschnitt 7.2. Sie können einen oder zwei positive Werte angeben. Verwenden Sie nur einen Wert, gilt er für die Höhe und Breite der Seite. Bei zwei Werten beschreibt der erste Wert die Breite, der zweite die Höhe des Blattes.

Standardwert

auto

Vererbung

Nein

Syntax-Beispiele

@page { size: 210mm 297mm }

legt als Seitenformat DIN A4 fest.

Kompatibilität size

Firefox	Internet Explorer	Chrome	Safari	Opera
–	–	–	–	✓

A.11.2 marks

Beschreibung

Mit marks erzeugen Sie Schnitt- und Registermarkierungen. Solche Markierungen werden hauptsächlich in Druckereien verwendet, um Seiten auszurichten und zuzuschneiden.

Werte

none | crop | | cross

none	Es werden keine Schnittmarkierungen erstellt.
crop	Es werden Schnittmarkierungen erstellt.
cross	Es werden Registermarkierungen erstellt.

Schnittmarkierungen und Registermarkierungen können gleichzeitig verwendet werden.

Standardwert

none

Vererbung

Nein

Syntax-Beispiele

```
@page {
   size: 210mm 297mm;
   marks: crop cross;
}
```

Kompatibilität marks

Firefox	Internet Explorer	Chrome	Safari	Opera
–	–	–	–	–

Bemerkungen: marks wird momentan von keinem Browser unterstützt.

A.11.3 :left :right :first

Beschreibung

Für doppelseitigen Ausdruck existieren die Pseudo-Formate :left und :right, mit denen sich unterschiedliche Formate für linke und rechte Seiten definieren lassen, sowie :first, um die erste Seite einer Publikation zu formatieren.

Werte

Für die Pseudo-Formate können Sie die gleichen Eigenschaften verwenden wie für die Seite selbst.

Standardwert

Keiner

Vererbung

Nein

Syntax-Beispiele

```
@page { size: 210mm 297mm }
@page :left {
   margin-left: 50mm;
   margin-right: 15mm;
}
@page :right {
   margin-left: 15mm;
   margin-right: 50mm;
}
@page :first { margin: 50mm; }
```

Kompatibilität :left :right :first

Firefox	Internet Explorer	Chrome	Safari	Opera
–	–	–	–	✓

A.11.4 page-break-before, page-break-after

Beschreibung

Mit den Angaben `page-break-before` und `page-break-after` können Sie den Umbruch (wann eine neue Seite begonnen wird) vor oder nach Elementen gezielt steuern.

Werte

```
auto | avoid | always | left | right
```

auto	Der Umbruch wird vom Drucker festgelegt.
always	Es findet vor oder nach dem Element ein Seitenumbruch statt.
avoid	Es findet kein Umbruch statt.
left	Vor oder nach dem Element wird eine neue linke Seite begonnen.
right	Vor oder nach dem Element wird eine neue rechte Seite begonnen.

Standardwert

auto

Vererbung

Nein

Syntax-Beispiele

`h1 { page-break-before: always; }`

erzwingt vor jeder Überschrift ersten Grades einen Seitenumbruch.

`.letzterabsatz {page-break-after: left; }`

Kompatibilität page-break-before, page-break-after

Firefox	Internet Explorer	Chrome	Safari	Opera
✓	✓	✓	✓	✓

A.11.5 page-break-inside

Beschreibung

Mit den Angaben `page-break-inside` können Sie den Seitenumbruch innerhalb von Elementen erlauben oder verhindern.

Werte

auto | avoid

auto	Der Umbruch wird vom Drucker festgelegt.
avoid	Es findet kein Umbruch innerhalb des bezeichneten Elements statt.

Standardwert

auto

Vererbung

Nein

Syntax-Beispiele

`p {page-break-inside: avoid; }`

sorgt dafür, dass kein Seitenumbruch innerhalb von Absätzen erfolgt.

Kompatibilität page-break-inside

Firefox	Internet Explorer	Chrome	Safari	Opera
–	–	–	–	✓

A.11.6 page

Beschreibung

Mit `page` können Sie einer bestimmten Seitenformatierung eine Bezeichnung geben und diese dann später gezielt ansprechen.

Werte

auto | [Seitenbezeichnung]

Standardwert

auto

Vererbung

Ja

Syntax-Beispiele

```
@page quer { size: landscape; }
table.breit {
   page: quer;
   page-break-before: always;
}
```

Dies definiert eine Seite im Querformat und legt fest, dass als `.breit` formatierte Tabellen in diesem Format gedruckt werden.

Kompatibilität

Firefox	Internet Explorer	Chrome	Safari	Opera
–	–	–	–	✓

A.11.7 orphans, widows

Beschreibung

`orphans` bestimmt, wie viele Zeilen Text mindestens vor dem Ende einer Seite stehen müssen. `widows` legt fest, wie viele Zeilen Text mindestens am Anfang einer Seite stehen müssen.

Werte

[Zeilenanzahl]

Standardwert

2

Vererbung

Ja

Syntax-Beispiele

```
p { orphans: 3; }
p { widows: 3; }
```

Kompatibilität orphans, widows

Firefox	Internet Explorer	Chrome	Safari	Opera
–	–	–	–	✓

A.12 Sprachausgabe

CSS2 unterstützt Eigenschaften für die Sprachausgabe von Dokumenten. Leider existieren bislang keine Browser oder Ausgabegeräte mit einiger Bedeutung, die mit diesen Eigenschaften etwas anfangen können.

[!] Ab CSS 2.1 werden alle Eigenschaften, die sich auf die Sprachausgabe beziehen, als optionale Bestandteile in einem Anhang aufgeführt; in CSS3 sind sie ein eigenes Modul.

A.12.1 speak

Beschreibung

speak legt fest, ob und wie ein Element ausgesprochen werden soll.

Werte

normal | none | spell-out

normal	Normale Aussprache
none	Das Element wird nicht ausgegeben.
spell-out	Der Text wird buchstabenweise ausgesprochen.

Standardwert

normal

Vererbung

Ja

Syntax-Beispiele

.abk { speak: spell-out; }

A.12.2 volume

Beschreibung

Mit volume legen Sie die Lautstärke des Elements fest.

Werte

silent | x-soft | soft | medium | loud | x-loud | [Lautstärke]

silent	Das Element wird lautlos ausgegeben.
x-soft	minimale Lautstärke (Lautstärke = 0)
soft	Lautstärke = 25
medium	Lautstärke = 50
loud	Lautstärke = 75
x-loud	Lautstärke = 100
[Lautstärke]	ein Wert zwischen 0 und 100 oder eine prozentuale Angabe, die sich auf das Eltern-Element bezieht

Standardwert

medium

Vererbung

Ja

Syntax-Beispiele

.wichtig { volume: loud; }

A.12.3 speech-rate

Beschreibung

speech-rate gibt die Geschwindigkeit an, mit der ein Text gesprochen wird.

Werte

```
x-slow | slow | medium | fast | x-fast |
slower | faster | [Geschwindigkeit]
```

x-slow	sehr langsames Tempo (Geschwindigkeit = 80 Wörter pro Minute)
slow	langsames Tempo (Geschwindigkeit = 120 Wörter pro Minute)
medium	mittleres Tempo (Geschwindigkeit = 180 bis 200 Wörter pro Minute)
fast	hohes Tempo (Geschwindigkeit = 300 Wörter pro Minute)
x-fast	sehr hohes Tempo (Geschwindigkeit = 500 Wörter pro Minute)
slower	Das Tempo wird um 40 Wörter pro Minute verringert.
faster	Das Tempo wird um 40 Wörter pro Minute gesteigert.
[Geschwindigkeit]	Anzahl der gesprochenen Wörter pro Minute

Standardwert

medium

Vererbung

Ja

Syntax-Beispiele

```
.wichtig {
   volume: loud;
   speech-rate: slow;
}
```

A.12.4 pause

pause-before
pause-after

Sprachausgabe | **A.12**

Beschreibung

Mit Angaben zu pause können Sie Sprachpausen vor und nach Elementen bestimmen. Sie können die Pause vor einem Element (pause-before), nach einem Element (pause-after) oder in der Kurzschreibweise für Pausen vor und nach dem Element (pause) festlegen.

Werte

| [Pausenlänge] | Geben Sie die Pausenlänge entweder in Sekunden oder Millisekunden an oder prozentual bezogen auf die Sprachgeschwindigkeit des Textes. |

Standardwert

Der Standardwert hängt vom Ausgabegerät ab.

Vererbung

Nein

Syntax-Beispiele

```
p.ende { pause-after: 10s; }
.wichtig { pause: 15ms 20ms; }
```

A.12.5 cue

cue-before
cue-after

Beschreibung

Mit cue spielen Sie ein akustisches Signal vor oder nach einem Element ein. Sie können das Signal vor einem Element (cue-before), nach einem Element (cue-after) oder in Kurzschreibweise ein Signal vor und nach dem Element (cue) abspielen.

Werte

none | [url]

Standardwert

Keiner

Vererbung

Nein

Syntax-Beispiele

```
.telefonnummer { cue-before: url("ringring.wav"); }
.zitat {
   cue-before: url("../zitatbeginn.au";
   cue-after: url("../zitatende.au");
}
```

A.12.6 play-during

Beschreibung

Mit `play-during` legen Sie eine Hintergrundmusik für ein Element fest.

Werte

auto | none | [url] (mix) (repeat)

auto	Spielt die Hintergrundmusik des Eltern-Elements weiter ab.
none	keine Hintergrundmusik, während das Element ausgegeben wird
[url]	Angabe der abzuspielenden Musikdatei
mix	Falls Sie dieses Schlüsselwort angeben, wird die Hintergrundmusik dieses Elements mit der Hintergrundmusik des Eltern-Elements gemixt. Ansonsten wird nur die Hintergrundmusik dieses Elements ausgegeben.
repeat	Wenn Sie repeat notieren, wird eine zu kurze Hintergrunddatei so lange wiederholt, wie die Ausgabe des Elements andauert.

Standardwert

auto

Vererbung

Nein

Syntax-Beispiele

```
p { play-during: url("background.wav"); }
```

A.12.7 voice-familiy

Beschreibung

Mit `voice-family` stellen Sie eine bestimmte Stimmart (vergleichbar mit Schriften für die visuelle Ausgabe) ein.

Werte

[Stimmart] | [generische Stimmart]

Als generische Stimmarten stehen `male` (männlich), `female` (weiblich) und `child` (kindlich) zur Verfügung.

Standardwert

Hängt vom Ausgabegerät ab.

Vererbung

Ja

Syntax-Beispiele

`#ferientipps { voice-family: child; }`

A.12.8 pitch

pitch-range

Beschreibung

`pitch` beschreibt die Frequenz bzw. den Frequenzbereich (`pitch-range`) der Stimme.

Werte

pitch:
x-low | low | medium | high | x-high | [Frequenz]

(x-)low	(sehr) tiefe Stimme
medium	mittlere Stimme
(x-)high	(sehr) hohe Stimme
[Frequenz]	Frequenz der Stimme in Hertz (Hz)
pitch-range: [Umfang]	eine Zahl zwischen 0 (sehr geringer Stimmumfang = monotone Stimme) und 100 (sehr lebhafte Stimme)

Standardwert

```
pitch: medium
pitch-range: 50
```

Vererbung

Ja

Syntax-Beispiele

```
.begeistertermann {
    pitch: 120hz;
    pitch-range: 90;
}
```

A.12.9 stress

Beschreibung

stress bestimmt die »Spannung« einer Stimme.

Werte

[Spannung]

Eine Zahl zwischen 0 (ausgeglichene Stimme) und 100 (aufgeregte Stimme)

Standardwert

50

Vererbung

Ja

Syntax-Beispiele

```
.spannend { stress: 90; }
```

A.12.10 richness

Beschreibung

richness definiert die Tragweite oder Fülle einer Stimme.

Werte

[Tragweite]

Eine Zahl zwischen 0 (helle, »dünne« Stimme) und 100 (weit tragende, »gewichtige« Stimme)

Standardwert

50

Vererbung

Ja

Syntax-Beispiele

.pavarotti { richness: 100; }

A.12.11 azimuth

Beschreibung

Mit Angaben zu azimuth steuern Sie die räumliche Sprachausgabe.

Werte

(behind) left-side | (behind) far-left | (behind) left |
(behind) center | (behind) center-left |
(behind) center-right | (behind) right-side |
(behind) far-right | (behind) right | leftwards |
rightwards | [Winkel]

left-side	Der Klang kommt von der linken Seite (270°).
far-left	Der Klang kommt von weit links (300°).
left	Der Klang kommt von links (320°).
center-left	Der Klang kommt von vorn links (340°).
center	Der Klang kommt von vorn.
center-right	Der Klang kommt von vorn rechts (20°).
right	Der Klang kommt von rechts (40°).
far-right	Der Klang kommt von weit rechts (60°).
right-side	Der Klang kommt von der rechten Seite (90°).
leftwards	Die Klangposition wird um 20° verschoben.
rightwards	Die Klangposition wird um 20° verschoben.

Mit dem zusätzlichen Schlüsselwort behind verschieben Sie die Klangposition um 180°.

[Winkel]	Der Winkel, aus dem der Klang kommt.

Standardwert

center

Vererbung

Ja

Syntax-Beispiele

```
.hintenrechts { azimuth: behind center-right; }
.monika { azimuth: 285deg; }
.peter { azimuth: 15deg; }
```

A.12.12 elevation

Beschreibung

Mit Angaben zu elevation steuern Sie die räumliche Sprachausgabe in der Vertikalen.

Werte

below | level | above | higher | lower | [Winkel]

below	Der Klang kommt von unten (90°).
level	Der Klang kommt aus der Zuhörerebene (0°).
above	Der Klang kommt von oben (90°).
higher	Die Klangposition wird um 10° erhöht.
lower	Die Klangposition wird um 10° gesenkt.
[Winkel]	Winkel, aus dem der Klang kommt

Standardwert

level

Vererbung

Ja

Syntax-Beispiele

```
.oben { elevation: 60deg }
```

A.12.13 speak-punctuation

Beschreibung

speak-punctuation gibt an, ob Satzzeichen ausgesprochen werden.

Werte

code | none

code	Satzzeichen werden ausgesprochen (»Punkt«).
none	Satzzeichen werden nicht ausgesprochen.

Standardwert

none

Vererbung

Ja

Syntax-Beispiele

```
.zitat { speak-punctuation: code }
```

A.12.14 speak-numeral

Beschreibung

speak-numeral gibt an, ob Zahlen als einzelne Ziffern ausgesprochen werden.

Werte

digit | continuous

digit	Zahlen werden als einzelne Ziffern ausgesprochen (»100« = »eins – null – null«).
continuous	Zahlen werden normal als komplette Zahlen ausgesprochen (»100« = »einhundert«).

Standardwert

continuous

Vererbung

Ja

Syntax-Beispiele

```
.ziffer { speak-numeral: digit; }
```

Kompatibilität Sprachausgabe (alle Eigenschaften)

Firefox	Internet Explorer	Chrome	Safari	Opera
–	–	–	–	–

A.13 Proprietäre CSS-Eigenschaften

Zusätzlich zu den offiziellen CSS-Eigenschaften verwenden die meisten Hersteller einen mehr oder weniger umfangreichen Satz eigener Konstrukte oder Vorabimplementierungen noch nicht fertiggestellter Spezifikationen. Manchmal handelt es sich dabei um zusätzliche Werte, manchmal um komplett eigene Eigenschaften.

Unterschieden werden muss zwischen proprietären Eigenschaften, die von Herstellern selbst entwickelt wurden und die in keinem Standard vorkommen, und Implementierungen von z. B. CSS-3-Eigenschaften, die noch nicht vollständig festgelegt sind. Hier schreibt die CSS-Spezifikation sogar vor, dass solche Eigenschaften mit einem Herstellerpräfix verwendet werden müssen.

Generell sollten Sie »reine« proprietäre Eigenschaften (also solche, die nicht einen voraussichtlich kommenden Standard vorwegnehmen) möglichst nicht verwenden. Schließlich geht es ja gerade beim Arbeiten mit CSS darum, eine Website so zu gestalten, dass alle Besucher etwas davon haben. Andererseits bieten diese Eigenschaften manchmal die einzige Möglichkeit, einen Effekt zu erreichen, der zwar mit standardgemäßem CSS auch funktionieren würde, aber vom betreffenden Browser (noch) nicht unterstützt wird – z. B. die Microsoft-Filter. Hier gilt prinzipiell das, was ich schon zur Verwendung von Browserweichen geschrieben hatte: so wenig wie möglich und mit Vorsicht anwenden.

A.13.1 Microsoft

scrollbars (Microsoft)

```
scrollbar-3dlight-color | scrollbar-arrow-color |
scrollbar-base-color | scrollbar-darkshadow-color | scrollbar-face-
```

Proprietäre CSS-Eigenschaften | **A.13**

```
color | scrollbar-highlight-color |
scrollbar-shadow-color | scrollbar-track-color
```

Beschreibung

`scrollbar` und seine zahlreichen Ausprägungen verändern bei Microsoft-Browsern das Aussehen der Scrollbar für ein bestimmtes Element. Abbildung A.27 zeigt, welche Teile der Scrollbar gemeint sind.

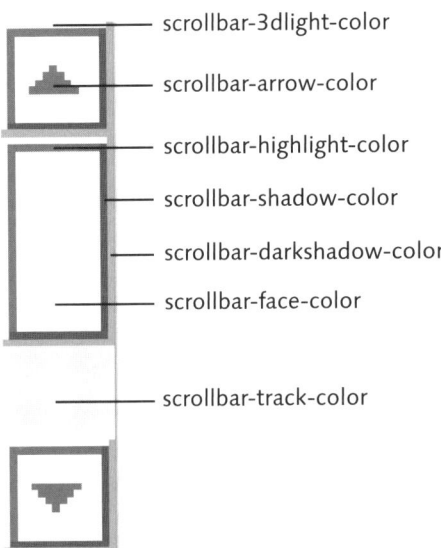

Abbildung A.28 Bestandteile der Scrollbar

Beachten Sie bitte, dass diese Eigenschaften kein Bestandteil der offiziellen CSS-Spezifikationen sind und nur bei Microsoft-Browsern funktionieren. Außerdem ist ein Stylesheet mit diesen Eigenschaften automatisch nicht valide! [!]

Und zu guter Letzt ist es zumindest fragwürdig, die Scrollbars, die ja nicht Teil einer Webseite sind, sondern Bestandteile des Browsers, einzufärben.

Werte

Alle Farbangaben entsprechend Abschnitt B.4, »Farben«

Standardwert

Keiner

Vererbung

Nein

Syntax-Beispiele

```
body {
    scrollbar-3dlight-color: silver;
    scrollbar-arrow-color: gray;
    scrollbar-base-color: white;
    scrollbar-darkshadow-color: darkgray;
    scrollbar-face-color: lightgray;
    scrollbar-highlight-color: silver;
    scrollbar-shadow-color: gray;
    scrollbar-track-color: white;
}
```

filter (Microsoft)

Alpha | Blur | Chroma | Dropshadow | FlipH | FlipV | Glow | Grayscale | Invert | Light | Mask | Shadow | Wave | Xray | revealTrans

Beschreibung

Mit filter erzielen Sie für Microsoft-Browser bestimmte Effekte wie teilweise Transparenz oder Übergangseffekte.

Alpha	Gibt einen Transparenzwert für das Element an.
Blur	Verwischt das Element.
Chroma	Macht eine Farbe durchsichtig (wie bei GIF-Grafiken).
DropShadow	Erzeugt eine solide Umrandung.
FlipH	Spiegelt das Element horizontal.
FlipV	Spiegelt das Bild vertikal.
Glow	Erzeugt ein »Glühen« um das Element.
Grayscale	Entfernt die Farbinformationen.
Invert	Invertiert das Element (kehrt die Farbwerte um).
Light	Projiziert eine Lichtquelle auf das Element.
Mask	Erzeugt eine Transparenzmaske des Elements.
Shadow	Erzeugt einen soliden Schatten.
Wave	Erzeugt einen Welleneffekt entlang der x-Achse.
Xray	Zeigt nur die Umrisse des Objekts an.
RevealTrans	Erzeugt einen Übergangseffekt für das Element.

Beachten Sie bitte, dass diese Eigenschaften keine Bestandteile der offiziellen CSS-Spezifikationen sind und nur bei Microsoft-Browsern funktionieren. Außerdem ist ein Stylesheet mit diesen Eigenschaften automatisch nicht valide!

Daher sollten sie diese Eigenschaften nur in Notfällen einsetzen. Zum Beispiel lässt sich mit dem Filter `Alpha` das korrekte Verhalten von halbtransparenten PNG-Grafiken auch beim Internet Explorer erreichen, beschrieben von Michael Lovitt im Webdesign E-Zine »alistapart«: *http://www.alistapart.com/stories/pngopacity/* (Linkcode 0086).

Stile mit Microsoft-proprietären Anweisungen sollten Sie mittels Conditional Comments (siehe Abschnitt 10.3.3, »Conditional Comments«) vor anderen Browsern verbergen.

Werte

Die Werte richten sich nach den jeweiligen Filtern. Eine genaue Beschreibung der Filterwerte finden Sie unter:

http://msdn.microsoft.com/workshop/author/filter/filters.asp
(Linkcode 0087).

Standardwert

Keiner

Vererbung

Nein

Syntax-Beispiele

```
<img id="semitrans" src="sample.png" style="filter:
progid:DXImageTransform.Microsoft.Alpha(opacity=50)">
```

Bemerkungen

Detaillierte Beschreibungen der Filter und ihrer Einsatzmöglichkeiten finden Sie in englischer Sprache im Microsoft-Developer-Netzwerk:

http://msdn.microsoft.com/workshop/author/filter/filters.asp
(Linkcode 0087).

A.13.2 Firefox

Firefox-spezifische Eigenschaften und Werte erkennen Sie am vorangestellten -moz-.

Firefox nutzt proprietäre Eigenschaften vor allem zur Unterstützung von zum Standard vorgeschlagenen Eigenschaften, z. B. aus dem CSS3-Sprachschatz. Diese CSS3-Eigenschaften sind in den jeweiligen Kapiteln aufgeführt. Darüber hinaus gibt es einige zusätzliche Werte, die sich vor allem auf das Benutzerinterface beziehen.

Eine Liste aller von Firefox (und anderen Gecko-Browsern) unterstützten proprietären CSS-Eigenschaften und CSS-Werten finden Sie im Mozilla-Developer-Netzwerk:

▶ *http://developer.mozilla.org/en/docs/Category:CSS:Mozilla_Extensions*
 (Linkcode 0598)

▶ *http://developer.mozilla.org/en/docs/CSS_Reference:Mozilla_Extensions*
 (Linkcode 0599)

cursor (Zusätzliche Werte für Firefox)

Zusätzliche Werte für die Eigenschaft cursor.

Werte

-moz-grab | -moz-grabing | -moz-zoom-in | - moz-zoom-out

-moz-grab	Cursor als Hand, die anzeigt, dass etwas festgehalten werden kann
-moz-grabbing	Cursor als Hand, die anzeigt, dass etwas festgehalten wird
-moz-zoom-in	Cursor als Lupe mit Plus-Zeichen (+)
-moz-zoom-out	Cursor als Lupe mit Minus-Zeichen (–)

Syntax-Beispiele

```
.kleiner {
   cursor: -moz-zoom-out;
}
```

A.13.3 WebKit

Die für WebKit spezifischen CSS-Ergänzungen beginnen ab der Version 3.0 mit -webkit-. Ältere Safari-Browser unterstützen -khtml- (diese Ergänzungen funktionieren auch im Konqueror-Browser).

WebKit-Browser nutzen proprietäre Eigenschaften einerseits zur Unterstützung von zum Standard vorgeschlagenen Eigenschaften, z. B. aus dem CSS3-Sprachschatz, andererseits für komplett eigene Ideen. Die CSS3-Eigenschaften sind in den jeweiligen Kapiteln aufgeführt: *http://developer.apple.com/documentation/ AppleApplications/Reference/SafariCSSRef/Introduction.html* (Linkcode 0600)

Im Blog von Ankur Kothari finden sich einige besonders für die Arbeit mit dem iPhone interessante Sondereigenschaften: *http://lipidity.com/apple/iphone-web⤦ kit-css-3* (Linkcode 0601).

-webkit-text-size-adjust (WebKit)

Beschreibung

Bestimmt einen Vergrößerungsfaktor für Text, beispielsweise um auf dem kleinen Bildschirm des iPhones lesbare Texte zu erzielen.

Werte

```
Prozentangaben | auto | none
```

Standardwert

```
auto
```

Vererbung

Nein

Syntax-Beispiele

```
body {
    -webkit-text-size-adjust: 200%;
}
```

cursor (Zusätzliche Werte für WebKit)

Zusätzliche Werte für die Eigenschaft cursor.

Werte

```
-webkit-zoom-in | -webkit-zoom-out
```

-webkit-zoom-in	Cursor als Lupe mit Plus-Zeichen (+)
-webkit-zoom-out	Cursor als Lupe mit Minus-Zeichen (–)

Syntax-Beispiele
```
.groesser {
   cursor: -webkit-zoom-in;
}
```

-webkit-marquee (WebKit)

Wer schon immer dem HTML-Element `marquee` nachgetrauert hat, kann – zumindest bei Safari – dieses Element wiederbeleben. Mit `-webkit-marquee` lässt sich jede Box in eine Laufschrift verwandeln. Als zusätzliche Parameter dienen `style`, `direction`, `speed` und `repetition`.

Weitere WebKit-Eigenschaften finden Sie unter: *http://qooxdoo.org/documentation/general/webkit_css_styles* (Linkcode 0736).

A.13.4 Opera

Opera unterstützt einige wenige herstellerspezifische Eigenschaften, die mit `-o-` beginnen; sie spielen aber lediglich für die Arbeit mit XML eine Rolle und sollen hier nicht weiter betrachtet werden: *http://www.opera.com/docs/specs/* (Linkcode 0602).

B Benennungen und Werte für Stylesheets

Um mit einer Stilanweisung einem Element eine bestimmte Formatierung zuzuordnen, stehen Ihnen verschiedene Werte zur Verfügung. Neben Längen- und Größenangaben können Stileigenschaften Farbwerte, prozentuale Angaben oder Schlüsselwörter enthalten. Schließlich ist es bei einigen Eigenschaften auch möglich, externe Ressourcen über eine URL zu referenzieren.

B.1 Namen für Stylesheets, Klassen und IDs

Bei der Benennung von Stylesheets, Klassen und IDs sind ein paar Einschränkungen zu beachten.

Laut CSS-Spezifikation wird bei der Benennung von Klassen und ID-Bereichen zwischen Groß- und Kleinschreibung unterschieden. Die Unterscheidung ist allerdings etwas unzuverlässig, so dass Sie keine zwei gleichen Namen – auch in unterschiedlicher Schreibweise – in einem Stylesheet verwenden sollten. Ähnliches gilt für den Unterstrich (_). In Bezug auf ihre Verwendung wurden die CSS-Spezifikationen geändert, so dass einige Browser die Verwendung erlauben, andere dagegen nicht. Ansonsten dürfen Sie Ziffern, Buchstaben und den Bindestrich einsetzen. Das erste Zeichen darf jedoch weder eine Ziffer noch ein Bindestrich sein.

Generell ist es eine gute Idee, bei der Benennung von Stylesheets (wie im Übrigen generell bei Dateinamen) nur Kleinbuchstaben des ASCII-Zeichensatzes (also auch keine Umlaute) zu verwenden und Klassen und IDs so zu benennen, dass der Name einen Hinweis auf die Funktion bietet.

[«]

B.2 Längen- und Größenangaben

Prinzipiell können Sie Längen oder Größen in relativen oder absoluten Werten angeben. Diese Werte bestehen aus einer Zahl und einer unmittelbar dahinter notierten Einheit. Für manche Elemente sind positive oder negative Werte möglich (z. B. für den Abstand), für andere sind nur positive Werte möglich und sinnvoll. (Wie sollte auch ein Rand mit einer negativen Breite aussehen?)

B.2.1 Absolute Einheiten

Einheit	Benennung im Stylesheet	Beschreibung
Zentimeter/ Millimeter	cm/mm	In Mitteleuropa übliche Längeneinheit.
Zoll (Inch)	in	Amerikanische Längeneinheit. 1 Inch (Zoll) entspricht 2,54 cm.
Punkt	pt	Typografische Maßeinheit. 72 Punkt ergeben 1 Zoll, so dass 1 pt etwa 0,35 mm entspricht.
Pica	pc	Ebenfalls eine typografische Maßeinheit. 1pc entspricht 12 pt bzw. etwa 0,4 cm.

Beispiele

```
font-size: 18pt
size: 210mm 297mm
```

B.2.2 Relative Einheiten

Einheit	Benennung im Stylesheet	Beschreibung
em	em	Eine weitere Einheit aus dem Bereich der Typografie. 1 em entspricht der Schrifthöhe einer bestimmten Schriftart. Im Fall von Webseiten bezieht sich dies auf die Schriftgröße der Standardschrifteinstellung des Webbrowsers.
x-Höhe	ex	1 ex entspricht etwa 1/2 em.
Pixel	px	Ein Pixel ist der kleinste auszugebende Punkt eines bestimmten Ausgabegeräts. Die meisten Bildschirme haben eine echte Auflösung zwischen 96 und 130 Pixel pro Zoll (ppi). Wie groß aber ein Pixel auf dem Bildschirm angezeigt wird, bestimmt nicht die tatsächliche Auflösung des Monitors, sondern das Betriebssystem.

Beispiele

```
font-size: 12px
line-height: 1.2em
```

[x] Obwohl Punkte genau genommen absolute und Pixel relative Werte sind, ergeben sich durch unterschiedliche Umrechnungsmethoden der verschiedenen

Betriebssysteme gerade bei Größenangaben in `pt` stark unterschiedliche Anzeigen. Pixel hingegen werden – obwohl laut Definition relativ – vom Internet Explorer nicht skaliert.

B.3 Prozentwerte

Prozentwerte werden in ganzen positiven oder negativen Zahlen angegeben und beziehen sich immer relativ auf andere Werte.

Beispiel

```
width: 120%
```

B.4 Farben

B.4.1 Hexadezimal (#RRGGBB oder #RGB)

Hexadezimale Farbangaben, wie sie auch aus dem HTML-Standard bekannt sind, werden als maximal zweistellige Werte zwischen 0 und F für Rot, Grün und Blau angegeben. Wenn bei allen Farbanteilen beide Stellen gleich sind, genügt es, jeweils eine Zahl zu schreiben: `#00ffbb` beschreibt also die gleiche Farbe wie `#0fb`.

`color: #ff0000` oder `color: #f00` ergibt die Farbe Rot.

B.4.2 Prozentwerte rgb(rrr.rr%,ggg.gg%,bbb.bb%)

Hierbei geben Sie die Farbanteile in Prozentwerten von 0 % bis 100 % mit zwei Nachkommastellen an.

`color: rgb(100%,0%,0%)` oder `color: rgb(100.00%,0.00%,0.00%)` ergibt die Farbe Rot.

B.4.3 Dezimalwerte rgb(rrr,ggg,bbb)

Die Farbanteile werden in Dezimalzahlen zwischen 0 und 255 angegeben und bilden damit die dezimale Variante der hexadezimalen Schreibweise.

`color: rgb(255,0,0)` ergibt die Farbe Rot.

B.4.4 Dezimalwerte mit Alpha-Kanal (CSS3)

Das Farbmodell von CSS3 sieht eine erweiterte Notation für das RGB-Modell vor, in der Sie auch einen Transparenzwert übergeben können. Mit

```
color: rgba(255,0,0,0.5)
```

definieren Sie ein 50-prozentiges Rot.

Kompatibilität Farbangaben mit Alpha-Kanal

Firefox	Internet Explorer	Chrome	Safari	Opera
3	9	✓	✓	10

Bemerkungen: Der Internet Explorer bis zur Version 8 benutzt statt der Transparenz Schwarz (!). Bei der Verwendung von rgba müssen Sie für ihn daher eine Browserweiche verwenden, um die Angabe zu verstecken.

Mehr zum Thema Transparenz finden Sie in Abschnitt 9.6, »Arbeiten mit Transparenz«.

B.4.5 Schlüsselwörter

Die 16 Farben des VGA-Standards können Sie durch ihre Schlüsselwörter aqua, black, blue, fuchsia, gray, green, lime, maroon, navy, olive, purple, red, silver, tea, white und yellow ansprechen. In der Spezifikation für CSS 2.1 ist außerdem orange vorgesehen.

Eine komplette Liste aller Farbdefinitionen finden Sie beim W3C: *http://www.w3.org/TR/CSS2/syndata.html#value-def-color* (Linkcode 0737).

[»] color: red ergibt die Farbe Rot.

B.5 URLs (url)

Grafiken oder andere Dateien referenzieren Sie in CSS durch Angabe von url relativ zum Stylesheet.

```
url("http://www.css-praxis.de/images/pfeil.gif")
```

Durch eine bestimmte Schreibweise von URLs können manche Browser gezielt vom Laden eines Stylesheets abgehalten werden (siehe Abschnitt 11.3.1, »@import-Weiche«).

B.6 Schlüsselwörter

Für bestimmte Eigenschaften sieht CSS Schlüsselwörter vor, zum Beispiel `font-size: large` oder `font-weight: bold`. Hierzu finden Sie die jeweiligen Angaben bei den entsprechenden Eigenschaften in Anhang A, »Referenz«.

B.7 CSS-Kommentare

Auch in CSS-Dateien können Sie Kommentare notieren werden. Dazu verwenden Sie die folgende Syntax:

```
/* Dies ist ein Kommentar */
```

Alles zwischen `/*` und `*/` wird bei der Interpretation durch den Browser nicht berücksichtigt. Auch mit Kommentaren lassen sich Browserweichen realisieren (siehe Abschnitt 11.3, »Browserweichen und Filter«).

C HTML5-Elemente

Im Folgenden finden Sie alle Elemente von HTML5 in alphabetischer Reihenfolge. Neue Elemente sind fett gesetzt. Zur Orientierung nenne ich auch – ohne Beschreibung – die Elemente, die in HTML5 im Vergleich zu HTML 4 entfernt wurden.

HTML5-Element	Bedeutung
`<!--...-->`	Kommentar
`<!DOCTYPE>`	Dokumententyp
`<a>`	Link
`<abbr>`	Abkürzung
`<acronym>`	–
`<address>`	Adresse
`<applet>`	–
`<area>`	Bereich innerhalb einer Image Map
`<article>`	**inhaltlich zusammengehöriger Bereich, Artikel**
`<aside>`	Nebeninhalt
`<audio>`	eingebundenes Audio
`<b>`	fett
`<base>`	Basis-URL für die Seite
`<basefont>`	–
`<bdo>`	Textlaufrichtung
`<big>`	–
`<blockquote>`	Zitat (Absatz)
`<body>`	inhaltlicher Bereich der Webseite
` `	Zeilenumbruch
`<button>`	Schaltfläche
`<canvas>`	**Bereich für generierte Grafik**
`<caption>`	Tabellenunterschrift
`<center>`	–
`<cite>`	Zitat

Tabelle C.1 HTML5-Elemente

HTML5-Element	Bedeutung
`<code>`	Quellcode
`<col>`	Tabellenspalte
`<colgroup>`	Gruppe von Tabellenspalten
`<command>`	**Kommandoschaltfläche**
`<datalist>`	**Dropdown-Liste**
`<dd>`	Beschreibung einer Definition
`<del>`	Textlöschung
`<details>`	**Einzelheiten eines Elements**
`<dfn>`	Definition
`<dir>`	–
`<div>`	Bereich eines Dokuments
`<dl>`	Definitionsliste
`<dt>`	definierter Begriff
`<em>`	betont
`<embed>`	eingebettetes Element oder Plug-in
`<fieldset>`	Bereich zusammengehöriger Formularfelder
`<figcaption>`	**Unterschrift für eine Gruppe von Medien**
`<figure>`	**Gruppe von Medien**
`<font>`	–
`<footer>`	Fußzeile
`<form>`	Formular
`<frame>`, `<frameset>`, `<noframes>`	–
`<h1>`, `<h2>`, `<h3>`, `<h4>`, `<h5>`, `<h6>`	Überschriften
`<head>`	Kopfbereich eines HTML-Dokuments (unsichtbar)
`<header>`	**Kopfbereich in inhaltlichem Bereich (sichtbar)**
`<hgroup>`	**zusammengehörige Überschriften**
`<hr>`	horizontale Linie
`<html>`	HTML-Dokument
`<i>`	kursiv
`<iframe>`	eingebundenes Fenster

Tabelle C.1 HTML5-Elemente (Forts.)

HTML5-Element	Bedeutung
`<img>`	Grafik
`<input>`	Texteingabefeld
`<ins>`	Texteinfügung
`<keygen>`	**generierter Schlüssel**
`<kbd>`	Tastaturtext
`<label>`	Bezeichnung für ein Eingabefeld
`<legend>`	Titel für einen Formularbereich
`<li>`	Listenelement
`<link>`	verlinkte Ressource
`<map>`	Image Map
`<mark>`	**Textmarkierung**
`<menu>`	Menü
`<meta>`	Metainformation
`<meter>`	**Messergebnis**
`<nav>`	**Navigationsbereich**
`<noscript>`	Alternative für Skriptinhalte
`<object>`	eingebundenes Objekt
`<ol>`	sortierte Liste
`<optgroup>`	Gruppe von Auswahloptionen
`<option>`	Auswahloption
`<output>`	Ausgabe
`<p>`	Absatz
`<param>`	Parameter für Objekt
`<progress>`	**Fortschrittsanzeige**
`<pre>`	vorformatierter Text
`<q>`	Zitat
`<rp>`	–
`<rt>`	–
`<ruby>`	–
`<s>`	Korrektur

Tabelle C.1 HTML5-Elemente (Forts.)

HTML5-Element	Bedeutung
`<samp>`	Beispielcode
`<script>`	Skript
`<section>`	**Bereich eines Dokuments**
`<select>`	Auswahl
`<small>`	kleine Schrift
`<source>`	**Quelle für ein eingebundenes Medium**
`<span>`	Bereich eines Dokuments innerhalb eines Absatzes
`<strike>`	durchgestrichen
`<strong>`	stark betont
`<style>`	Stylesheet
`<sub>`	tiefgestellt
`<summary>`	**Zusammenfassung für Einzelheiten (<detail>)**
`<sup>`	hochgestellt
`<table>`	Tabelle
`<tbody>`	Tabellenkörper
`<td>`	Tabellenzelle
`<textarea>`	mehrzeiliges Texteingabefeld
`<tfoot>`	Tabellenfußbereich
`<th>`	Tabellenkopfzeile
`<thead>`	Tabellenkopfbereich
`<time>`	**Datum-Zeit-Angabe**
`<title>`	Titel eines Dokuments
`<tr>`	Tabellenzeile
`<tt>`	–
`<u>`	–
`<ul>`	unsortierte Liste
`<var>`	Variable
`<video>`	**eingebundenes Video**
`<wbr>`	**Trennungsmöglichkeit**
`<xmp>`	–

Tabelle C.1 HTML5-Elemente (Forts.)

D DVD zum Buch

Auf der beiliegenden DVD-ROM finden Sie alle Beispiele und Skripte, die im Buch besprochen sind. Außerdem eine Reihe von nützlichen Programmen und Werkzeugen für die tägliche Arbeit.

Inhalt der DVD-ROM

/listings/

Die nach Kapiteln geordneten abgedruckten Beispiele und alle Screenshots aus dem Buch

/css3zengarden/

Der vollständige Quellcode für das im Buch vorgestellte Beispiel für CSSZengarden in CSS3

/software/

Software aus den folgenden Bereichen:

- **/editoren/**
  CSS-Editoren (Demos, Freeware oder Shareware). Hier finden Sie auch eine Trial-Version des Website Editors Adobe Dreamweaver CS5.5
- **/tools/**
  Werkzeuge zur Erleichterung der täglichen Arbeit

/scripte/

Hier finden Sie die im Buch beschriebenen Frameworks und weitere Bibliotheken.

- **/frameworks/**
  CSS Frameworks
- **/bibliotheken/**
  Helferbibliotheken

/tutorials/

Als besondere Beigabe finden Sie ausgewählte Lektionen zum Thema »CSS-Grundlagen verstehen und anwenden« und »Formulare mit CSS aufwerten« des Video-Trainings »CSS-Praxis«, von Bernhard Stockmann, erschienen bei Galileo Press. (Mehr Informationen zu diesem Video-Training erhalten Sie auf *http://www.galileocomputing.de/2552*.)

Um das Video-Training zu starten, legen Sie bitte die DVD-ROM in das DVD-Laufwerk Ihres Rechners ein. Der Kurs startet automatisch nach wenigen Augenblicken. Sollte das Training auf Ihrem PC nicht von alleine starten – beispielsweise weil in Ihrem System die Autoplay-Funktion ausgeschaltet ist –, so können Sie es auch selbst starten, indem Sie im Windows-Explorer im Verzeichnis »Video-Training« die Anwendungs-Datei »start.exe« per Doppelklick aufrufen.

Am Mac starten Sie das Video-Training mit der Datei »start.app«. Sollten Sie Probleme mit der Leistung Ihres Rechners feststellen, können Sie alternativ die Datei »start.html« aufrufen.

Unter Linux rufen Sie bitte die Datei »Start_Linux.html« auf.

Bitte vergessen Sie nicht, die Lautsprecher zu aktivieren oder gegebenenfalls die Lautstärke zu erhöhen. Die erforderliche Bildschirmauflösung beträgt mindestens 1024 × 768 Pixel.

Wählen Sie im Hauptmenü per Mausklick ein Kapitel aus. Das jeweils ausgewählte Kapitel ist markiert. Bewegen Sie nun die Maus im rechten Feld des Hauptmenüs auf das Video, mit dem Sie starten wollen. Mit einem Klick rufen Sie das ausgewählte Video auf, und das Training beginnt! Aus dem laufenden Videokurs heraus können Sie nach Belieben mit einem Klick auf den Titel des Videos die Schnellnavigation aufrufen und jedes Kapitel und jedes dazugehörige Video auswählen.

Folgende Video-Lektionen können Sie sich ansehen:

1 CSS-Grundlagen verstehen und anwenden
1.1 Einleitung
1.2 Die Trennung von Inhalt und Design
1.3 Die Arbeitsumgebung einrichten
1.4 Wichtige HTML-Grundlagen
1.5 Die Verbindung von HTML und CSS
1.6 Selektoren - A und O der Stylesheets
1.7 Kaskadierung und Vererbung
1.8 Kind- und Nachbar-Selektoren
1.9 Die Pseudoklassen
1.10 CSS in CSS einbetten

2 Formulare mit CSS aufwerten
2.1 Einleitung
2.2 Formulare in HTML aufbauen
2.3 Eingabefelder gestalten
2.4 Eingabefelder ansprechen
2.5 Eingabefelder ausrichten
2.6 Felder-Sätze verwenden
2.7 Schaltflächen grafisch aufwerten

Index

!important 89, 95
$-Selektor 79
(X)HTML 27, 35
   valides 484
*-Selektor 79
:not 81
<abbr title=...> 494
<img> 488
<link> 100
@font-face 587
@import 101, 434
@import → Stylesheet
   Importierte Stylesheets
@media 103, 539
^-Selektor 79
320 and up 551
3D-Effekt 281
960 Grid System 479

A

A List Apart 374
<abbr title=...> 494
Absolute Einheiten 784
Absolute Positionierung 116
Abstand
   negativer 159, 164
Abstand → margin 713
Abwärtskompatibilität 495
Accessibility 500, 636
Accessibility-Toolbar 630
adaptive Layout → responsive design
addClass 506
aDesigner 493
Adobe 621
Adobe Browserlab 409
Adobe Dreamweaver 609
Ajax 495, 503
Akronym 494
Aktenreiter 266
all 102
Allgemeiner Folgeelement-Selektor 74
Alpha-Kanal 321, 786
Alternatives Stylesheet 372
Alternativtexte 573

Alt-Finder 636
Analysewerkzeuge 625
Android 386, 534, 545
Android-Emulator 547
Anführungszeichen 240, 658, 663
Angabe
   gemischte 206
   relative 204
Animationen 310, 364
   Animationen mit Keyframes 366
   Animierte Übergänge 364
Anweisung
   Wertigkeit 88
Anzeigemodus → display 750
Apple Mail 562, 568
Aptana 622
   Browservorschau 622
   Selektorbaum 623
   Subversion 623, 624
   Validierung 623
ARIA 471
   Landmark Roles 471
Asterisk 68
Attribut 77
Attribut-Selektor 76, 636
Auflösungsflexible Layouts 194
aural 102
Ausrichtung 692
Außenabstand 106
Äußerer Abstand → margin 106, 713

B

background 567
Barrierefreiheit 613
   Testprogramme 500
Basisschriftgröße 223
Baumstruktur 71
Benutzerkennung 549
Benutzeroberfläche 757
Benutzer-Stylesheet 634
Benutzertest 445
Bereich
   feststehender 187
Berners-Lee, Tim 27

BIENE 502
Bildergalerie 33, 330
Bildschirm 102
Bildschirmgröße 534, 538
Bildschirm-Lineal 631
Bildschirmtastatur 538
Bildunterschrift 332, 663
BITV 492
Blackberry 550
Blindenschrift 102
Blindows 396
Block-Element 57, 113, 750
blockquote 239, 242
Blog-Layout 146
Blueprint CSS 473, 479, 482
Body-ID 68
Boilerplate
  Mobile Boilerplate 550
Bookmarklet 635
border 106, 567, 722
  border-bottom 722
  border-color 717, 721
  border-left 722
  border-radius 267, 341, 521
  border-right 722
  border-style 718
  border-top 722
  border-width 716
bottom 106, 119
box model → Kastenmodell
box-shadow 309, 348
braille 102
Breadcrumbs 34
Breite
  maximale 184
  minimale 184
Breite → width 106, 724
Brotkrumen-Navigation 34
Browser Sniffing 404
Browserbugs 516
Browsercam 409
Browsererkennung 519
Browserfenster 124
Browser-Hack 398, 399
Browserkennung 537
Browserreferenzkarte 58
Browsershots 409
Browser-Sniffer 404
Browserspezifisch 362

Browserstatistik 382
Browser-Stylesheet 38
Browsertest 447
Browsertesting 405
Browserweichen 377, 398, 399
Builder
  YAML-Builder 461

C

Calipers 631
Campaign Monitor 574
canvas 45
caption 278
^-Selektor 79
Cascading Stylesheets
  Definition 19
CDATA 41
Charakter Data → CDATA 41
child → Kind-Selektor
Chrome 385
cite 239, 249
Clarke, Andy 93
class 58
className 504
Class-Selektor 58
clear 119, 128, 133, 135, 567
  ohne zusätzliches Markup 135
Clearen → clear 135
clip 323
ColdFusion 611
Collapsing Margins 108, 224
color 567
Conditional Comment 161, 189, 393, 398, 399, 400, 403, 404, 435, 532
Cookie 375
CSS
  drucken 103
  Elementtyp 113
  Kommentar 787
  mobiles 104
CSS Base 464
CSS Mobile Profile 530
CSS Reset 464
CSS Zen Garden 20
CSS3 579
  CSS3-Module 579
CSS3 PIE 524
CSS-Checker 607

CSSDoc 437, 440
CSS-Expression 186
CSS-Frame 187, 191
  für ältere IE-Versionen 194
CSS-Framework 451
CSS-Icon 499
CSS-Inspektor 612
CSS-Liste 266
CSS-Menü 251
CSS-Präprozessor 427
CSS-Sprite 255
CSS-Sprites 323
CSS-Validator 500
cursive → Kursivschrift 670

D

dark side 93
Deckkraft 316
Definitionsliste 330
Deklaration 26, 55
Design Pattern 414
Developer Toolbar → Web Developer
  Toolbar 629
DIN A4 761
display 115, 119, 750
div 57
Doctype 29, 40
Doctype-Switching 400
Document Object Model 31
Dokument
  schlankes 488
Dokumenttyp 40
$-Selektor 79
DOM 31, 503
Doppeltapp 541
Dreamweaver CS5.5 610
  Erweiterungen 613
  Siteverwaltung 620
  Stil anlegen 614
  Subversion 621
  Tag-Inspektor 614
  Vorlagen 619
3D-Effekt 281
Dreispalter
  display:table 176
  *elastischer Dreispalter mit Anpassung an
    die Schriftgröße* 165
  gleich lange Spalten mit JavaScript 179

Dreispalter (Forts.)
  mit festen Spaltenbreiten 155
Dreispalter flexibel 152
Dreispalter → Dreispaltiges Layout 151
Dreispaltiges Layout 151
Drucken 103
Druckversion 312, 370
Drupal 460
Durchgehende Spalte 170
Dynamic Expression → CSS-Expression
  186

E

Easy Clearing 135
Eclipse 622
eCSStender 525
EDGE 535
Eigenschaft 26, 55
Eingebundenes Element → Inline-Element
  113, 115, 750
Einrückung 232
Elastisches Layout 144, 159
elementName 505
Element-Selektor 56
Eltern 30
em 207, 273, 494, 784
Emacspeak 396
E-Mail 561
  Acid-Test 563
  mit CSS 561
  Newsletter testen 574
  sichere Eigenschaften 576
  Tabellenlayout 574
  teilweise Unterstützung 576
Email Standards Project 563
E-Mail-Newsletter 572
embossed 102
Entwurfsverfahren 441
Ersetztes Element → Replaced Element
  116
ex 784
Expression → CSS-Expression 186
Eye-Tracking 446

F

Farbdefinition 439
Farbe 698, 785
  Dezimalwerte 318, 785
  hexadezimale Angabe 785
  Prozentwerte 785
  Schlüsselwörter 786
Farbwert 783
Faux Columns 157
Feature Detection 405
Fehlersuche 484
Fernschreiber 102
Festes Layouts 142
Feststehender Bereich 187
Filter 322, 399, 778
  Gradient 320, 357
  Shadow 348, 351
Filter-Management 435
Fire Vox 396
Firebug 625, 627
Firefox 387
first-letter 232, 235
first-line 232
Fixe Positionierung 117
Flash-Animation 495
Flexibles Layout 143
Flexibles Menü → Aktenreiter 266
float 119, 128, 133, 136, 149, 236, 567
  Drop 138
  Modell 129
Flyout-Menü 260, 535
focus 497
Folgeelement-Selektor
  allgemeiner 74
Folgeelement-Slektor 74
font 567
  size 203
  variant 674
  weight 675
@font-face 587
Formular 289, 292
  Fehlermeldung 309
  für Mobilgeräte 543
Formularelement 289
Frame → CSS-Frame 191
Frameworks
  Mobile Frameworks 550
Funktionsbereich 442

G

Galerie
  gruppierte 333
Gecko 264
Gecko → Firefox
Gemischte Angabe 206
Gleich lange Spalten 170
Glider-/Levin-Methode 231
GMX 562, 570
Google 492
Google Mail 562, 568
GPRS 535
Gracefull Degradation 249
gradient 354
  linear-gradient 355
  radial-gradient 358
Grids
  Gleich lange Spalten 472
Größenangaben 783
Grundlinie 694
GSM 534

H

Hack 399
Hack-Management 435
Hallo Welt! 49
Handheld 102, 549
Handy 102
hasLayout 133, 136, 397
height 106, 119, 567, 725
  max-height 725
  min-height 725
Hintergrund 698
  Mehrfache Hintergründe 328
Hintergrundgrafik 171, 172, 254
  in Thunderbird 567
Hochformat 761
Höhe → height 106
Homepage Reader 396
Horizontales Menü 264
hover 491, 647
href 315
HTML 27, 29
  semantisches 485
  valides 484
HTML5 39, 42
HTML-Kommentar 403

I

ID-Selektor 58
Image Map 444
Image-Replacement 231
<img> 488
@import 101, 434
@import → Stylesheet
 Importierte Stylesheets
!important 89, 95
Important-Anweisung 94
Importiertes Stylesheet 101
Inch → Zoll 784
Inhaltsverzeichnis 439
Inheritance → Vererbung 85
Initial 232, 234, 654
Inline-Block 115
Inline-Box → Inline-Block
Inline-Element 113, 114, 115
Inline-Styles 97, 571, 572, 574
Innenabstand 106
Innerer Rahmen → padding 106
Internet Explorer 129, 391
Internet Explorer 6 188
Internet Explorer 7 322, 520
Internet Explorer 8 322
iPhone 104, 534, 537
 Bildschirmtastatur 543
 Designansätze 538
 Human Interface Guidelines 543
 Touchscreen 542
 Zoom 541
iPhone-Emulator 545

J

Java-Applet 495
JavaScript 179, 241, 374, 405, 472, 503
 Austausch eines Stylesheets 503
 Browsereinschränkungen umgehen 516
 debuggen 628
 Formularvalidierung 506
 Klassen zuweisen 504
 Stile mit »style« zuweisen 505
 Überprüfung der Textlänge 509
JAWS 395, 491, 499, 500
Jesse, Dirk 453
Joomla 459
jQTouch 558

jQuery 506, 511, 515
jQuery Mobile 552
 Themen 557
JSIR → Image-Replacement

K

Kapitälchen 674
Kaskade 87
Kastenmodell 105
Keith, Jeremy 405
Kerning 688
Keyframes 310, 366
Kickstart 413
Kind-Selektor → child 29, 71
Klassen
 Mehrere Klassen 63
 visueller Klassenname 64
Kombinierte Selektoren 65, 260
Kommentar 113
Konqueror 385
Kursivschrift 670
Kurzschreibweise 60, 426, 427

L

Längen- und Größenangaben 783
 Zoll 784
Layout
 Blog- 146
 dreispaltiges Layout 151
 elastisches 144
 festes 142
 flexibles 143
 zweispaltiges Layout 146
Layoutmodelle 105
Layoutvarianten 141
left 106, 119
LESS 428
Linealhintergrund 443
linear-gradient 267
<link> 100
link 99, 644
Link-Auszeichnung 498
Linker Abstand → left 106
Link-Vergrößerung 543
Liste
 als Menü 251
Listen-Element 116

Listenelement 750
Lotus Notes 562
Lynx 394

M

Madmanimation 369
margin 106, 567, 713
  margin-bottom 713
  margin-left 713
  margin-right 713
  margin-top 713
Marginalie 467
max-height → height 185, 725
max-width → width 724
@media 103, 539
Media Query 104, 531, 532, 538, 549
  Mediaqueries.js 524
media-Attribut 102
Medienspezifisches Stylesheet 102
Medientypen 104, 313
Menü
  flexibles → Aktenreiter 266
  horizontales 264
  mit Liste 251
  verschachteltes 259
  vertikales 252
Meyer, Eric 422
Microformat 485
Microsoft Outlook 565
Millimeter 784
min-height → height 119, 185, 725
Mobile Chrome 545
Mobile Frameworks → Frameworks
  Mobile Frameworks
Mobile Safari 537
Mobiles CSS 104
Mobiles Web 529
  Einschränkungen 529
  Standards 530
Mobilgeräte
  Marktanteile 536
Modernizr 517
Moll, Cameron 530
monospace → Monospace-Schrift 670
Mozilla 387
MS Word 565

N

Nachbarschafts-Selektor 74
Nachbarschafts-Selektor → Folgeelement-Selektor
Namensraum 40
Namespace → Namensraum 40
Negativer Abstand 159, 164
Netrenderer 409
Nicht ersetztes Element → Non-replaced Element 116
960 Grid System 479
Non-replaced Element 116
Normalize 425
:not 81
Notationsreihenfolge 433
Nummerierung 746

O

Oberer Abstand → top 106
Object Detection 404
Objekthierarchie 30
Online-Screenshot-Dienst 408
opacity 316, 317, 321
Opera 389, 396
  Opera Mini 390
  Opera Mobile 390
Opera Mini 547, 549
Opera Mobile 547
Organisation 433
outline 723, 776, 778
  color 723
  style 723
Outlook 562
Outlook 2007 574
overflow 136, 137, 726
overflow-y → overflow 726
Overhead-Projektor 102

P

padding 106, 567, 715
  padding-bottom 715
  padding-left 715
  padding-right 715
  padding-top 715
Paged Media 314
Parallels 406

Parent → Eltern
Phase 5 609
PHP 611
  debuggen 628
Pica 784
Pixel 205, 784
PNG 321
position 116, 119
  absolute 124, 188
  fixed 125, 128, 187, 188
  relative 122
  static 120
Positionierung 119, 731, 734, 742
  absolute 116
  fixe 117
  relative 116
  statische 116
Premailer 574
Presto → Opera
print 102
Progressive Enhancement 249, 311
projection 102
proprietär 362
Prototyping 445
Prozentangabe 207
Prozentuale Angabe 783
Prozentwert 785
Pseudo-Element 80, 644
Pseudo-Format 644
Pseudo-Klasse 80
Pull Quote → Textauszug 245
Punkt 205, 784
px 784

Q

Qualitätssicherung 484
Quellcode 608
Quellenverweise 249
Querformat 761
Quote 239

R

Rahmen → border 106
Rahmeneigenschaften → border 722
Rand
  äußerer 106
Rangfolge 87, 91

Rapid Prototyping 441
Raster 478, 479
Rechter Abstand → right 106
Registerhaltigkeit 226
Reihenfolge → Notationsreihenfolge
Reiter
  skalierbarer 272
Reiternavigation 266
Relative Angabe 204
Relative Einheiten 784
Relative Positionierung 116
removeClass 506
Rendering-Engines 385
Rendering-Modi 402
Replaced Element 116
Reset-Stylesheet 421, 423
responsive design 194
Ressource
  externe 783
RGBA 318, 321, 786
richness 772
right 106, 119
Rollover-Effekt 491
rotate 363
Runde Ecken 341
  Kreise 341

S

Safari 385
sans-serif → serifenlose Schrift 669
SASS 428
scale 363
Schatten für Texte 350
Schatten für Texte → text-shadow
Schlüsselwörter 203, 207, 783, 787
Schnittmarkierungen 762
Schrift
  Größe in Pixel 203
  kursive 670
  serifenlose 669
Schriftart 669
Schriftfamilie
  generische 669
Schriftgröße 201, 203, 207, 314, 370
  flexible 207
  gemischte 206
  relative 204
Schriftschnitt 673

Schriftstil 673
scope 278
Screen 549
screen 102
Screenreader 102, 395, 472, 491, 500
Seitenlayout 760
Seitenstruktur 442, 491
Seitenzoom 144
Sektion 436
Selectivizr 519
Selektor 25, 55, 79, 89
   Allgemeiner Folgeelement-Selektor 74
   Attribut-Selektor 76
   CSS3-Attribut-Selektor 79
   Folgeelement-Selektor 74
   Kind-Selektor 71
   kombinierter 65
   Universal-Selektor 68
   Wiederholungs-Selektor 82
Selektoren 55
   Element-Selektoren 56
Selektoren-Wizard 608
Selenium 406
SelfHTML 27
Semantik 445, 489
serif → Serifenschriften 669
Serifenlose Schrift 669
Serifenschrift 669
sIFR → Image-Replacement
Simovic, Vladimir 413
Sinnesbehinderung 492
Skalierbar 266
Skalierungsfunktion 537
Skin 370
Sliding Door → Reiter, skalierbarer 272
Small-Screen-Modus 548
Spalte 171
   durchgehende 170
   gleiche Länge 170
Spaltengestaltung
   flexible 172
Spaltenreihenfolge 159
Spamming 492
span 57
Spezifität
   Spezifität von Pseudo-Klassen und -Elementen 94
Sprachausgabe 766

Sprung-Link 439
   barrierefreier 496
Spry-Framework 611
Standards 613
Standardvorlage 413
Stapelung 123
Star Wars 93
Statische Positionierung 116
Sternchen-Hack 399
*-Selektor 79, 422
Stilrichtung 370
style 98, 505
Stylesheet
   Alternative Stylesheets 100, 372
   Benennungen 783
   Dauerhafte Stylesheets 100
   einbinden 97
   für mobile Browser 531
   Importierte Stylesheets 101
   iPhone 537
   kommentieren 436
   medienspezifische Stylesheets 102
   organisieren 433
   Standard 100
   Stilanweisung im Dokumentenkopf 98
   Verlinkte Stylesheets 99
   Werte 783
Stylesheet-Modul 434
Stylesheet-Wechsler 370
Styleswitcher 374
   tageszeitabhängig 511
Suchmaschinenoptimierung 488
Supportlevel 380
Symbian 536
Syntax-Highlighting 607, 622

T

Tabelle 514
   Datentabelle 276
Tabellen-Selektor 82
Tabellenspalte 751
Tabellenzeile 751
Template-Generator 413
Textauszug 245
Textfarbe 698
Textlänge 509
text-shadow 350
Thinderbox 413

320 and up 551
Thumbnail 330
Thunderbird 562, 567
Tidy 607
top 106, 119
TopStyle 433, 605, 619
Touchscreen 542
Tourtoise 621
transform 362
Transformationsmodus 364
Transparenz 316
Trennung 46
Trident → Internet Explorer
tty 102
Turbine 428
tv 102
TV-Gerät 102
TYPO3 377, 459
Typografie 208
Typografische Ordnung 223

U

Umrandung → outline 776, 778
UMTS 534, 535
Unicode 240, 681
Universal-Selektor 68, 71
Unterer Abstand → bottom 106
Unterstreichung 315
URL 681, 783, 786
User-Agent 377, 533
User-Agent → Browserkennung 537
User-Agent-Sniffing 533

V

Validator → W3C-Validator 486
Vererbung 85
Verläufe 352
    Lineare Verläufe 355
    Radiale Verläufe 358
Verlinktes Stylesheet 99
Verschachteltes Menü 259
Version Cue 621
vertical-align 182
vertikaler Rhythmus 226
Vertikales Menü 252
Video-Beamer 102

Viewport 104, 124, 540, 541, 546
    Viewport-Meta-Tag 542
VirtualBox 408
Virtualisierung 406
VirtualPC 407
Virtuelle Pixel 538
visited 646
VMWare 408

W

W3C 42
W3C-Validator 486
Währungsbezeichnungen 656
WAI 492, 502
Web Accessibility Initiative → WAI 492
Web Content Accessibility Guidelines 492
Web Developer Toolbar 629
Web.de 562, 571
WebAIM 613
WebFX 186
WebKit 385, 542
    Mobile WebKit 386
Webkrauts 486
Website
    standardkonforme 483
Webstandard 39, 483, 486
Werbebanner ausblenden 637
Wert 26
Wertigkeit 88
width 106, 119, 567, 724
    max-width 724
    min-width 724
Windows Eyes 396
Windows Live Mail 569
Windows Mobile 7 550
WML 530
Wordpress 460

X

x-Höhe → ex 784
XHTML 27, 35, 39, 40, 610
    valides 484
XML-Prolog 40
xt:commerce 460

Y

Yahoo! 423
Yahoo! Grids → YUI Grids
Yahoo! Mail 562, 569
YAML 434, 453, 482
  Gleich lange Spalten 472
  Raster mit YAML 457
  Subtemplates 457
YUI Grids 482
YUI Grids Builder 469
YUI-Bibliothek 423

Z

Zähler 664
Zeilenhöhe 691
Zentimeter 784
Zentrieren 179
  horizontal 179
  vertikal 182
z-index 123
Zitat 239, 242
Zoll 784
Zugänglichkeit 484, 485
Zusammenfallende Außenabstände 108
Zweispalter → Zweispaltiges Layout
Zweispaltiges Layout 146, 456

Die Bibliothek für Ihr IT-Know-how.

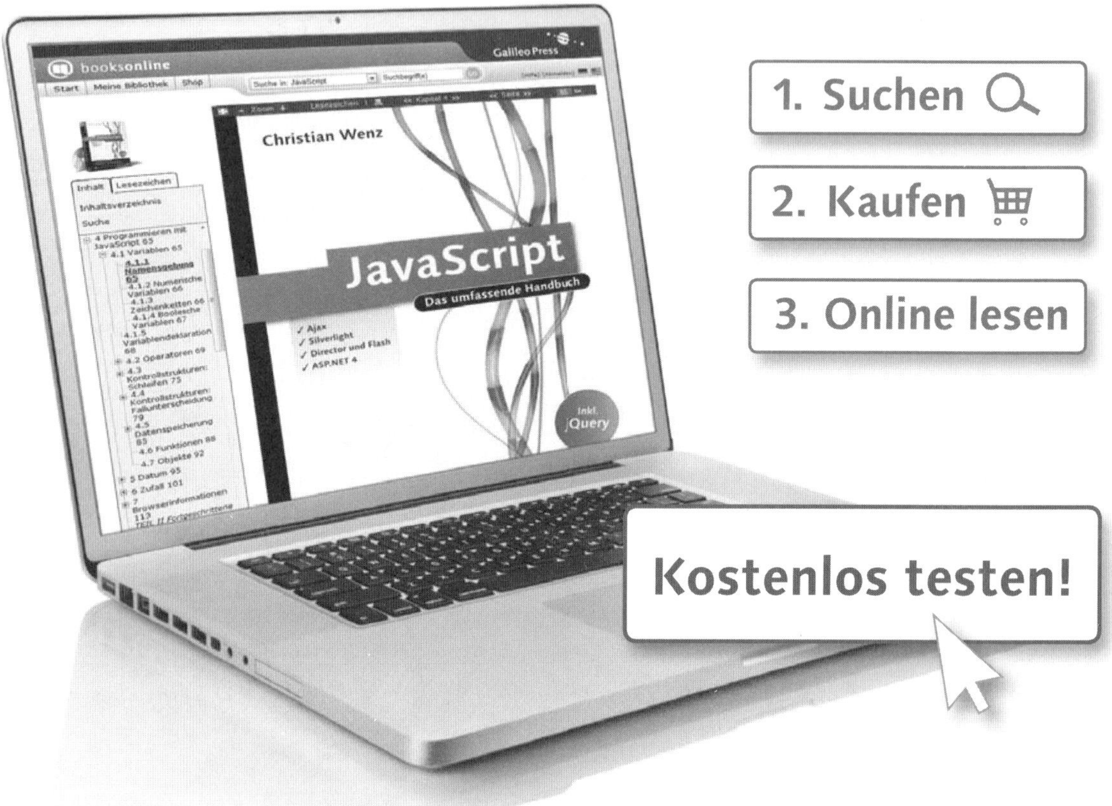

1. Suchen 🔍

2. Kaufen 🛒

3. Online lesen

Kostenlos testen!

www.galileo-press.de/booksonline

✓ Jederzeit online verfügbar
✓ Schnell nachschlagen, schnell fündig werden
✓ Einfach lesen im Browser
✓ Eigene Bibliothek zusammenstellen
✓ Buch plus Online-Ausgabe zum Vorzugspreis

www.galileodesign.de

Von den Grundlagen zum perfekten Seitenlayout

Navigationen, Bildergalerien, Formulare, Mikroformate, Weblogs, Online-Shops u. v. m.

Mit DVD: Alle Beispieldateien zu den Workshops, über 1 Stunde Video-Lektionen zu CSS und Testversion Adobe Photoshop CS 5

Heiko Stiegert

Modernes Webdesign mit CSS

Schritt für Schritt zur perfekten Website

In ausführlichen Praxisworkshops zeigt Ihnen dieses Buch, wie Sie moderne und professionelle Webdesigns standardkonform mit CSS realisieren. An attraktiven Beispielen wird dazu sowohl die Gestaltung einzelner Seitenelemente als auch das Layout unterschiedlicher Arten von Websites demonstriert. Die zahlreichen Profi-Tipps und -Tricks lassen garantiert keine Frage offen!

444 S., 2011, komplett in Farbe, mit DVD, 39,90 Euro
ISBN 978-3-8362-1666-1

>> www.galileodesign.de/2455

Galileo Design

www.galileocomputing.de

Grundlagen, Funktionsweisen, Ranking-Optimierung

Planung und Durchführung für Google und Co.

Konversionsraten steigern, Google AdWords, Web Analytics

Sebastian Erlhofer

Suchmaschinen-Optimierung

Das umfassende Handbuch

Das Standardwerk von Sebastian Erlhofer zur Suchmaschinen-Optimierung bietet Grundlagenwissen zur Arbeitsweise von Google & Co. und zeigt in einem umfangreichen Praxisteil, wie Ihr Internetauftritt optimiert werden kann.

692 S., 5. Auflage 2011, 39,90 Euro
ISBN 978-3-8362-1659-3

>> www.galileocomputing.de/2447

»Empfehlung der Redaktion!«
Webselling, 01/2011

Galileo Computing

www.galileocomputing.de

Suchmaschinen-Optimierung, SEM, Online-Marketing, Affiliate-Programme

Google AdSense, Web Analytics, Social Media Marketing

E-Mail-, Newsletter- und Video-Marketing und Mobile Marketing u.v.m.

Esther Düweke, Stefan Rabsch

Erfolgreiche Websites

SEO, SEM, Online-Marketing, Usability

Alles, was Sie für Ihren erfolgreichen Webauftritt benötigen. Zahlreiche Praxisbeispiele zeigen Ihnen anschaulich den Weg zu einer besseren Webpräsenz. Inkl. SEO, SEM, Online-Marketing, Affiliate-Programme, Google AdWords, Web Analytics, Social Media-, E-Mail-, Newsletter- und Video-Marketing, Mobiles Marketing u.v.m.

778 S., 2011, mit DVD, 34,90 Euro
ISBN 978-3-8362-1652-4

>> www.galileocomputing.de/2442

www.galileocomputing.de

Einstieg, Praxis, Referenz

Web 2.0: DOM, CSS, XML, Webservices

Für Einsteiger, Fortgeschrittene und Profis

Christian Wenz

JavaScript

Das umfassende Handbuch

Eine gründliche Einführung und viele praktische Beispiele, das zeichnet dieses Handbuch aus! In dieser Auflage wurde das Kapitel zu jQuery deutlich erweitert, neu hinzugekommen sind die Themen Ajax Performance und Ajax Best Practices. JavaScript werden Sie nach der Lektüre verstehen und sicher anwenden können.

837 S., 10. Auflage 2010, mit DVD, 39,90 Euro
ISBN 978-3-8362-1678-4

>> www.galileocomputing.de/2481

www.galileocomputing.de

Grundlagen, Einsatz, Praxisbeispiele

Professionelle Techniken, Effekte und Animationen

Plug-ins nutzen und eigene Plug-ins erstellen

Frank Bongers, Maximilian Vollendorf

jQuery

Das Praxisbuch

Mit jQuery kann man zaubern. Auch JavaScript-Muffel kommen mit dem Framework schnell zu Ergebnissen, die sich sehen lassen können. Dieses Buch zeigt Ihnen, wie Sie die Funktionen von jQuery effektiv auf Ihren Webseiten einsetzen können. Inkl. Entwicklung mobiler Anwendungen mit jQuery Mobile

730 S., 2. Auflage 2011, mit DVD, 34,90 Euro
ISBN 978-3-8362-1810-8

>> www.galileocomputing.de/2930

Galileo Computing

www.galileodesign.de

Kunden gewinnen, überzeugen und binden

Projekte professionell planen, kalkulieren und umsetzen

Inkl. zahlreicher Checklisten, Fragebögen und Handouts

Nils Pooker

Der erfolgreiche Webdesigner

Der Praxisleitfaden für Selbstständige

Wenn Sie wissen möchten, wie Sie als Webdesigner noch erfolgreicher werden können, hält Nils Pooker in diesem Buch die passenden Antworten parat. Er vermittelt Ihnen praxiserprobte Techniken, Strategien und Lösungen zu sämtlichen Themen, die bei der professionellen und effizienten Arbeit eines Webdesigners eine Rolle spielen, wie z. B. Kundengewinnung, Marketing, SEO, Usability und Konzeption u.v.m.

641 S., 2. Auflage 2011, mit DVD, 39,90 Euro
ISBN 978-3-8362-1529-9

>> www.galileodesign.de/2287

www.galileodesign.de

Leicht verständlich und ohne Juristen-Deutsch erklärt

Für Existenzgründer, Selbstständige und Angestellte in Kreativberufen

Mit fertigen Vertragsmustern und Checklisten

Uwe Koch, Dirk Otto, Mark Rüdlin

Recht für Grafiker und Webdesigner

Der praktische Ratgeber für Kreative

Das Standardwerk für Kreative in der 10. Auflage! In diesem Buch beantworten drei Anwälte Ihre dringendsten Fragen: Wie kann ich meine kreativen Arbeiten vor dreistem Klau schützen? Was muss ich beachten, wenn ich selbst fremde Inhalte verwenden möchte? Wie gelingt der Schritt in die Selbstständigkeit? Wie sollten Verträge und Honorarvereinbarungen formuliert sein? Dieses Buch schafft Klarheit – mit fertigen Vertragsmustern und Checklisten zum Download.

ca. 420 S., 10. Auflage, 49,90 Euro
ISBN 978-3-8362-1844-3, November 2011

>> www.galileodesign.de/3001

Galileo Design

www.galileocomputing.de

Schnell und einfach dynamische Webseiten entwickeln

Mit vielen Beispielprojekten und Übungsaufgaben

Formulardaten auswerten und speichern, Sessions, Sicherheit, Grafiken, automatisierter E-Mail-Versand u. v. m.

Thomas Theis

Einstieg in PHP 5.3 und MySQL 5.5

Für Programmieranfänger geeignet

Webseiten mit PHP und MySQL – hier lernen Sie, wie es geht! An leicht nachvollziehbaren Beispielen werden Sie Schritt für Schritt mit allen Themen der Webprogrammierung vertraut gemacht, so dass Sie zum Schluss auch fortgeschrittene Anwendungen wie ein eigenes Forum oder einen Blog mühelos entwickeln werden!

607 S., 7. Auflage 2011, mit CD, 19,90 Euro
ISBN 978-3-8362-1739-2

>> www.galileocomputing.de/2687

www.galileocomputing.de

Grundlagen, Anwendung, Praxiswissen

Objektorientierung, Sicherheit, MVC, inkl. CakePHP

Fortgeschrittene MySQL-Techniken, Web 2.0, Datenbank-Tuning

Stefan Reimers, Gunnar Thies

PHP 5.3 und MySQL 5.5

Das umfassende Handbuch

Das Buch für ambitionierte Einsteiger und fortgeschrittene Entwickler, die umfangreiches Grundwissen in der Datenbankentwicklung und Programmierung mit PHP erhalten möchten. Die Autoren bieten Ihnen eine praxisorientierte Einführung in Techniken, Arbeitsweisen und Werkzeuge für Ihre Website mit PHP und MySQL.

1085 S., 3. Auflage 2010, mit CD, 39,90 Euro
ISBN 978-3-8362-1645-6

>> www.galileocomputing.de/2428

Galileo Computing

www.galileocomputing.de

Social Media Marketing mit Facebook, Twitter und Co.

Inkl. Mobile Marketing und Mobile Advertising

Empfehlungsmarketing, Crowdsourcing, Social Commerce

Anne Grabs, Karim-Patrick Bannour

Follow me!

Erfolgreiches Social Media Marketing

Für Unternehmen jeder Branche und jeder Größe ist es interessant, in Social Media aktiv zu werden. Folgen Sie der Erfolgsstrategie: Was ist Social Media? Wie gehen Sie damit um? Welche Schritte müssen in welcher Reihenfolge erfolgen? Welche Gefahren drohen und wie können Sie diese Gefahren minimieren?

442 S., 2011, komplett in Farbe, 29,90 Euro
ISBN 978-3-8362-1672-2

>> www.galileocomputing.de/2467

In unserem Webshop finden Sie unser aktuelles
Programm mit ausführlichen Informationen,
umfassenden Leseproben, kostenlosen Video-Lektionen –
und dazu die Möglichkeit der Volltextsuche in allen Büchern.

www.galileocomputing.de

Galileo Computing

Wissen, wie's geht.